DIÁRIOS DE
ANDY
WARHOL

Vol.2 (1982–1987)

Leia também na Coleção **L&PM** POCKET:

Diários de Andy Warhol (volume 1)
Andy Warhol – Mériam Korichi (Série Biografias)

DIÁRIOS DE ANDY WARHOL

Vol.2 (1982–1987)

EDITADO POR PAT HACKETT

Tradução de CELSO LOUREIRO CHAVES

www.lpm.com.br

L&PM POCKET

Coleção **L&PM** POCKET, vol. 1001

Texto de acordo com a nova ortografia.

Título original: *The Andy Warhol Diaries*

Diários de Andy Warhol foi publicado pela L&PM Editores em 1989, em um único volume, em formato 16x23cm.
Primeira edição na Coleção **L&PM** POCKET: janeiro de 2012

Tradução: Celso Loureiro Chaves
Capa: foto de Andy Warhol © Andrew Unangst, Corbis
Revisão: Patrícia Yurgel

CIP-Brasil. Catalogação na Fonte
Sindicato Nacional dos Editores de Livros, RJ

W236d
v.2

Warhol, Andy, 1928-1987
   Diários de Andy Warhol, volume 2 / [editado por] Pat Hackett; tradução de Celso Loureiro Chaves. – Porto Alegre, RS: L&PM, 2012.
   2 v. (624, 544 p.) : il. ; 18 cm. – (Coleção L&PM POCKET, v. 1001)

   Tradução de: *The Andy Warhol Diaries*
   Apêndice
   ISBN 978-85-254-2523-2

   1. Warhol, Andy, 1928-1987 - Diários. 2. Artistas - Estados Unidos - Diários. I. Hackett, Pat. II. Título. III. Série.

11-6684.   CDD: 927
                            CDU: 929:7.036

Copyright © 1989, The Estate of Andy Warhol
All rights reserved

Todos os direitos desta edição reservados a L&PM Editores
Rua Comendador Coruja, 326 – Floresta – 90220-180
Porto Alegre – RS – Brasil / Fone: 51.3225.5777 – Fax: 51.3221.5380

Pedidos & Depto. comercial: vendas@lpm.com.br
Fale conosco: info@lpm.com.br
www.lpm.com.br

Impresso no Brasil
Verão de 2012

Meus sinceros agradecimentos a Steven M.L. Aronson, que me ajudou a editar os Diários e que provou mais uma vez – como tinha feito no passado em livros com Andy e comigo – ser diligente, vigilante e brilhante.

P.H.

AGRADECIMENTOS

Jamie Raab, na Warner Books, foi uma editora solidária e astuta. Ela vasculhou o livro tão cuidadosamente e deu conselhos tão bons e infalíveis para tantas decisões que tinham de ser tomadas num trabalho deste tamanho e dimensão, que é difícil imaginar como tudo poderia ter sido feito sem ela.

Agradecimentos também a: Vincent Fremont, Ed Hayes; Helen B. Childs, Rob Wesseley; Bob Miller, que deu início ao projeto junto à Warner Books; Lee Seifman, que trabalhou tão rápido e com inteligência e bom humor; Tony Bugarin, Allen Goldman, Heloise Goodman, Suzanne Gluck, Lew Grimes, Margery King, Harvey-Jane Kowal, Jesse Kornbluth, Gary Krampf, Jane Krupp, Alex Neratoff, Barbara O'Connell, Jay Shriver, David Stenn, Allison Weiser.

Profunda gratidão aos meus pais.

E, por último, agradecimentos a Frederick W. Hughes, o executor do Espólio Warhol e de longa data empresário de negócios e amigo de Andy, que compreendeu que a franqueza-do-momento é a essência do diário como forma literária, e que foi o primeiro a defender o espírito franco *deste* diário – mesmo quando a franqueza de Andy incluía Frederick W. Hughes.

P.H.

Introdução

Pat Hackett

Conheci Andy Warhol no outono de 1968 – oito anos depois de ele ter pintado seus primeiros quadros pop e apenas três meses depois de ter sido baleado e quase morto por uma mulher que tinha atuado como figurante num dos seus filmes underground. Durante a primavera anterior, o espaço de ateliê/estúdio de cinema/ponto de encontro conhecido nas lendas dos anos 60 como "Factory" tinha se mudado do seu primeiro endereço, um estúdio prateado na Rua 47 Leste, para um estúdio branco e cheio de espelhos que ocupou todo o sexto andar do número 33 da Union Square Oeste.

Andy adorava a Union Square – as árvores no parque e o estúdio com vista para o imponente edifício da Con Edison, com seu relógio brilhando como uma lua de bairro, dando as horas dia e noite. Considerada sempre como a fronteira não oficial entre uptown e downtown, Union Square fica perto da área de comércio barato da Rua 14. Para o sul, pode-se facilmente ir a pé até o Village Leste e Oeste e até o Soho.

E, é claro, a um quarteirão de distância na Park Avenue South ficava o Max's Kansas City, a incubadora de tantos personagens que apareceram nos filmes da Factory. Toda noite, celebridades da arte, da moda, da música e do cinema underground se acotovelavam nos seus cantos favoritos na sala dos fundos do Max's e controlavam as roupas, a maquiagem, o humor e os interesses amorosos uns dos outros, enquanto celebridades de "intercâmbio" de fora da cidade eram recepcionadas – diretores e produtores da Europa ou Hollywood – e aguardavam serem arrancadas de "tudo isso" (a notoriedade nova-iorquina) e serem levadas para "tudo aquilo" (a fama internacional). A arte de Andy decorava as paredes.

Naquela época, eu era uma estudante universitária no Barnard e me pareceu que procurar Andy para descobrir se ele precisava de uma datilógrafa ocasional seria uma boa maneira de colocar algum glamour nos meus anos de estudo. Eu me apresentei a Andy, explicando que era estudante, e ele sugeriu que eu trabalhasse para ele sempre que eu pudesse. Então comecei a ir à Factory alguns dias por semana depois das aulas. Ele e eu repartíamos um escritório de 1,5 x 3,5m cheio – depois eu vim a descobrir que *todos* os escritórios dele, fossem de que tamanho fossem, estavam sempre cheios – de quinquilharias. Ele lia os jornais e bebia suco de cenoura do Brownies, o bar de comida natural na esquina da Rua 16, enquanto eu transcrevia as fitas que ele me passava de conversas telefônicas do tempo em que ele estivera em recuperação, primeiro no hospital e depois na estreita casa vitoriana da Lexington com a 89, na qual ele morava com a mãe.

Andy chegou em Nova York em 1949 vindo de Pittsburgh e de início dividiu um apartamento com outras pessoas. Depois ele conseguiu manter um lugar que fosse só seu. Então sua mãe chegou subitamente à cidade e se mudou para o apartamento dele, o filho mais moço, dizendo que queria cuidar dele. Talvez tenha decidido – ou, o que também é provável, ele talvez tenha dito a ela – que estava trabalhando tanto que não tinha tempo para encontrar uma *esposa* que cuidasse dele, porque quando eu conheci Julia Warhola numa tarde de 1969 ela disse olá, pensou um segundo e então concluiu "Você seria boa para meu Andy – mas ele está muito ocupado". (A mãe de Andy morou com ele na casa da 89 com a Lexington Avenue até 1971. Por essa época, aparentemente senil, ela requeria atenção constante e Andy a mandou de volta para Pittsburgh para ser cuidada por John e Paul, os irmãos dele. Depois de sofrer um colapso, ela morreu num asilo de Pittsburgh em 1972, mas mesmo para seus amigos mais chegados, que frequentemente perguntavam "Como está sua mãe?", Andy continuou a dizer por vários anos "Ah, está bem".)

Nas minhas primeiras semanas na Factory, amigos que Andy não via desde antes do atentado – superstars como Viva e Ondine e Nico, ou Lou Reed ou os outros integrantes do Velvet Underground – iam ao estúdio da Union Square para perguntar como ele estava. Normalmente ele assegurava que estava "Ah, bem" ou ocasionalmente fazia piadas dizendo "Com minhas mãos". Brigid Berlin, também conhecida como Brigid Polk, a filha mais velha do veterano diretor da Hearst Corporation, Richard E. Berlin, estrelara *Chelsea Girls,* o filme de Andy, e agora vinha ganhar um pouco de dinheiro permitindo que Andy gravasse a conversa dela sobre, digamos, o que tinha acontecido na noite anterior na sala dos fundos do Max's ou com quem ela tinha conversado ao telefone naquela manhã no seu quartinho do George Washington Hotel, ali perto; quando ela terminava ele tirava o talão de cheques e a recompensava pela performance com $25 (algumas vezes aumentados até $50). Em cada uma dessas reuniões pós-atentado com seus amigos, algo no rosto de Andy dizia que ele estava deslumbrado por ainda estar vivo para vê-los. Num determinado momento no hospital, um pouco antes de conseguirem revivê-lo, os médicos pensaram que ele estava morto e Andy, num estado de semiconsciência, ouviu quando eles disseram isso; a partir de junho de 1968, ele passou a se considerar um homem que tinha oficialmente "voltado da morte".

De início Andy e eu não conversávamos muito. Por muitas semanas eu só transcrevia e ele ficava só sentado ali, a uns poucos metros de distância da minha máquina de escrever, lendo e atendendo telefonemas. Na maior parte do tempo o rosto dele ficava impassível. Havia definitivamente uma sensação esquisita em relação a ele – ele se movia de um jeito estranho. Finalmente me dei conta que era porque o seu peito ainda estava enrolado em gaze cirúrgica – algumas vezes o sangue dos ferimentos em cicatrização passava para a camisa. Mas quando Andy ria, o que era esquisito desaparecia e todo o seu rosto se transformava – aí eu o achava encantador.

Andy era polido e humilde. Raramente *dizia* a alguém o que fazer – ele apenas perguntava num tom esperançoso: "Você acha que você poderia...?". Tratava a todos com respeito, nunca criticava ninguém. E fazia todos se sentirem importantes, pedindo opiniões e perguntando sobre a vida de cada um. Esperava que cada um que trabalhasse para ele cumprisse sua tarefa, mas mesmo assim ficava agradecido quando isso acontecia – sabia que *qualquer* grau de competência é difícil de encontrar, mesmo quando você se dispõe a pagar. E ficava especialmente grato por qualquer coisa extra que alguém fizesse por ele. Eu nunca ouvi ninguém dizer "Obrigado" mais do que Andy e, da maneira como dizia, se sabia que estava falando sério. "Obrigado" foi a última coisa que ele disse para mim.

Dependendo do seu humor, Andy tinha três maneiras de tratar a incompetência dos empregados. Algumas vezes os observava por vários minutos e aí, levantando as sobrancelhas e fechando os olhos filosoficamente, dava meia-volta e saía sem dizer nada; às vezes reclamava e resmungava por meia hora a respeito do transgressor, embora ninguém jamais fosse despedido; e algumas vezes ele subitamente começava a improvisar uma imitação da pessoa, nunca uma imitação literal, mas mais a *sua* interpretação da visão que *eles* tinham de si próprios – e era sempre divertido.

As piores coisas que Andy podia pensar em dizer de alguém era "Ele é o tipo de pessoa que pensa que é melhor que a gente" ou, simplesmente, "Ele pensa que é um intelectual". Andy sabia que uma boa ideia pode surgir de qualquer lugar; nunca se impressionava com currículos.

Com o que ele se impressionava, então? Fama – velha, nova ou desbotada. Beleza. Talento clássico. Talento inovador. Toda pessoa que fizesse algo *primeiro*. Um certo tipo de insolência escandalosa. Gente de bom papo. Dinheiro – especialmente muito dinheiro, sólido, totalmente americano. Ao contrário do que muitos leitores de colunas sociais possam pensar depois de terem visto o nome de Andy na imprensa tantas vezes nesses anos todos em tantos acontecimentos envolvendo a realeza europeia, títulos de nobreza estrangeira não o impressionavam – ele sempre os entendia completamente mal ou, no mínimo, os pronunciava absolutamente mal.

Nunca considerou que o seu sucesso fosse natural: ficava excitado por tê-lo. A sua humildade constante e a sua polidez eram as duas coisas de que eu mais gostava nele e, tanto quanto tenha mudado e evoluído através dos anos em que o conheci, essas qualidades nunca diminuíram.

Depois de poucas semanas de datilografia voluntária, tive de estudar para exames de meio de semestre e deixei de ir até downtown. Eu supus que Andy provavelmente nem notaria a minha ausência (eu ainda não tinha compreendido que a sua expressão passiva não queria dizer que não estivesse observando até os mínimos detalhes) e fiquei surpresa quando alguém bateu na porta do meu quarto no dormitório dizendo que um "Andy" estava no telefone. Eu não podia acreditar que sequer se lembrasse em que escola eu estudava, muito menos em qual dormitório eu morava. Onde eu estava, ele queria saber. E, para se certificar que eu voltaria, "adoçou a dose" oferecendo-se para pagar minha passagem de metrô até o "trabalho". Uma passagem custava então vinte centavos.

A maior atividade da Factory nos anos 1968-72 era a filmagem de longas-metragens em 16mm (ampliados para 35mm para o lançamento comercial) com o pessoal desconhecido que vivia no Max's ou que vinha à Factory para ser "descoberto". Durante o verão de 1968, quando Andy estava em casa, acamado, recuperando-se dos ferimentos, Paul Morrissey, um diplomado da Fordham que havia trabalhado numa companhia de seguros e que até o atentado tinha auxiliado Andy nos filmes da Factory, fez um filme por conta própria: *Flesh*. O ator principal era o lindo recepcionista/faz-tudo da Factory, Joe Dallesandro, um irresistível garoto de programa que estava tentando conseguir dinheiro para o aborto da namorada, e no outono de 1968 *Flesh* começou a ser exibido comercialmente no Garrick Theater da Bleecker Street.

O auxiliar de Paul em *Flesh* era Jed Johnson, que tinha começado a trabalhar na Factory na primavera, logo depois que ele e Jay, seu irmão gêmeo, chegaram de Sacramento. As primeiras tarefas de Jed na Factory foram raspar a pintura das esquadrias das janelas que davam para o Union Square Park e construir estantes nos fundos do estúdio para acomodar as latas de filme. No tempo livre ele aprendeu por si mesmo a montar filmes na moviola da Factory, brincando com rolos de *San Diego Surf* e *Lonesome Cowboys*, dois filmes que tinham sido feitos por Andy numa viagem de filmagens da Factory ao Arizona e à California um pouco antes do atentado.

Quando a Factory se mudou para Union Square, Billy Name, o fotógrafo que tinha sido responsável pela atmosfera prateada da Factory da Rua 47 e pela sua vida social centrada nas anfetaminas, passou a morar no pequeno quarto escuro que montou nos fundos do estúdio. No espaço de uns poucos meses em 1968 e no começo de 1969, começou a evitar as atividades diurnas da Factory e passou a emergir do quarto escuro somente à noite e quando todo mundo já tinha ido embora. Pratos vazios de comida comprada jogados no cesto de lixo eram os únicos indícios, no dia seguinte, de que estava vivo e se alimentando. Depois de mais de um ano dessa vida eremita e noturna, uma manhã Jed chegou como sempre para abrir o estúdio e encontrou a porta do quarto escuro aberta – Billy tinha ido embora.

Gerard Malanga, um dos assistentes de pintura de Andy nos anos 60 e ator dos primeiros filmes como *Vinyl* e *Kiss*, compartilhava uma das duas grandes mesas da parte da frente do estúdio com Fred Hughes, que estava recém chegando à sua posição de empresário da carreira artística de Andy. Fred tinha entrado no mundo dos marchands através do seu trabalho com a família De Menil, mecenas e filantropos de Houston, sua cidade natal. Andy ficou muito impressionado com Fred por duas coisas: primeiro, a curto prazo, Fred o tinha apresentado para uma família rica e generosa e depois, a longo prazo, teve uma rara compreensão e respeito pela arte de Andy e um sexto sentido para como, quando e onde mostrá-la. Da sua metade da mesa, Gerard atendia telefones enquanto escrevia poesia, e em 1969 Andy decidiu criar uma revista chamada *inter/VIEW*. Durante pouco tempo Gerard foi o editor da revista, antes de trocar Nova York pela Europa.

A outra grande mesa pertencia a Paul, que fez ampliações coloridas das superstars atrás de si, incluindo duas "Garotas do ano", Viva e International Velvet (Susan Bottomly). Paul fez *Trash* (1970) e *Heat* (1971). *Women in Revolt* e *L'Amour*, filmados durante esse mesmo período, foram projetos conjuntos da Factory com Andy, Paul, Fred e Jed, todos envolvidos na escolha do elenco, na filmagem e na montagem. Então em 1972 Paul foi para Itália dirigir dois filmes para a produtora de Carlo Ponti que foram finalmente "apresentados" por Andy – *Andy Warhol's Frankenstein* e *Andy Warhol's Dracula*. Jed e eu fomos para a Itália trabalhar nesses filmes e depois de terminados Paul ficou na Europa, praticamente encerrando sua participação como uma grande influência na Factory.

Nessa época Fred estava tratando de todos os assuntos de escritório e auxiliando Andy a tomar decisões de negócios. Vincent Fremont, que viera a Nova York de carro atravessando o país desde San Diego e tinha começado a trabalhar na Factory no outono de 1969, era agora o gerente geral do escritório.

No verão de 1974 a Factory se transferiu da 33 Union Square Oeste para o terceiro andar da 860 Broadway – a apenas meio quarteirão de distância. Por essa época, Andy orientou as telefonistas para que parassem de atender o telefone dizendo

"Factory" – "Factory" tinha se tornado "muito cafona", ele disse – e o lugar se transformou simplesmente no "escritório". Bob Colaciello, que tinha se diplomado na School of Foreign Service da Georgetown University e que viera à Factory para escrever uma resenha de *Trash* para o *Village Voice*, estava agora trabalhando a maior parte do tempo na revista (então chamada, com uma pequena mudança de nome, *Andy Warhol's Interview*), escrevendo artigos e assinando sua coluna, "OUT", que era a crônica da sua própria vida social diária e que todos os meses lançava uma carga enorme de nomes. Em 1974, Bob Colacello (que já tinha abandonado o "i") se tornou oficialmente o editor-executivo da revista, formando a sua imagem política, conservadora e sexualmente andrógina. (Não era uma revista de família – uma pesquisa no final dos anos 70 concluiu que "o leitor médio de *Interview* tinha ao redor de 0,001 filhos"). A política editorial e de anúncios da revista era elitista a ponto de ser dedicada – como uma vez Bob explicou, às gargalhadas – à "restauração das mais glamourosas, e mais esquecidas, ditaduras e monarquias do mundo". Era um objetivo, muitos destacaram, que parecia incongruente com o sotaque do Brooklyn de Bob, mas isso não o impediu de especificar exatamente de quais monarquias ele mais sentia falta e por quê.

Quando Andy decidiu lançar a revista, em 1969, a ideia era de orientá-la para o cinema. Ele queria que os astros falassem – nas suas próprias palavras, sem retoques – e, sempre que possível, que fossem entrevistados por outros astros. Isso era algo novo no mundo das revistas. E já que a filosofia comercial de Andy era iniciar as coisas com um orçamento reduzido e ir crescendo aos poucos – de início financie a si mesmo para que, quando o negócio valer mais, você, e não um investidor, seja o proprietário majoritário –, a revista foi publicada com um orçamento minúsculo. Para dar uma ideia de *quão* minúsculo era o orçamento: no primeiro número, um entrevistado tinha se referido a um crítico de cinema muito conhecido que tinha acabado de aparecer como uma "drag queen" num filme de Hollywood sobre um transexual. Foi só depois que o número já tinha sido impresso que os advogados advertiram que "drag queen" era passível de processo mas, que só "queen" não teria problema. Então Andy, Paul, Fred, Jed, Gerard e eu, mais quem por acaso aparecesse por lá, gastamos umas seis horas sentados na frente do estúdio com pilhas e pilhas de *inter/VIEWS* riscando a palavra "drag" com canetas hidrográficas pretas, enquanto Paul reclamava "Isto é como fazer penitência – nunca vou chamá-lo novamente de drag queen, nunca vou chamá-lo novamente de "drag queen...".

Na 33 Union Square Oeste, os escritórios da revista eram duas salas no décimo andar, a quatro andares de distância da Factory, mas depois da mudança para 860 Broadway eles ficaram no mesmo andar do escritório de Andy e do ateliê de pintura, separados apenas por uma parede. Andy parecia considerar os empregados da *Interview* como enteados, diferentes das pessoas que trabalhavam diretamente para ele e que formavam a "família". (Um visitante, notando a distância psicológica que Andy tinha estabelecido entre os seus empregados pessoais e o pessoal da revista, observou, só meio de brincadeira, "tenho a sensação de que se perguntassem ao pessoal que trabalha para a *Interview* qual a celebridade do mundo inteiro que eles mais gostariam de conhecer todos diriam 'Andy Warhol'.") Havia exceções: pessoas que trabalhavam na *Interview* mas que eram também amigos pessoais de Andy e saíam com ele socialmente – gente como Bob Colacello e Catherine Guiness, da família de cervejeiros anglo-irlandeses –, mas geralmente para Andy o pessoal da *Interview* era parte da sua vida comercial e não da sua vida emocional. Ele se referia a eles como "eles" e a nós como "nós".

Embora a vida social de Andy no final dos anos 60 e início dos anos 70 fosse orientada principalmente por Fred, por volta de 1975 Bob Colacello também estava promovendo muitos encontros sociais e alguns negócios. (Todos os negócios, no entanto, tinham de ser aprovados por Fred.) No círculo crescente de pessoas ricas de quem estava se tornando amigo, Bob conseguiu muitas encomendas de retratos e também conseguiu contratos de edição para Andy. No primeiro livro, *The Philosophy of Andy Warhol (From A to B and Back Again)*, fiz oito entrevistas isoladas com Andy que usei como base dos capítulos 1 a 8 e 10. Depois, utilizando material das conversas que Andy tinha gravado entre ele mesmo e Bob Colacello e Brigid Berlin, escrevi um capítulo de introdução e os capítulos 9, 11, 12, 13 e 14. Foi o primeiro grande projeto no qual Andy e eu trabalhamos juntos, e depois que o livro foi publicado, em 1975, ele me convidou para ser a coautora de um segundo livro – as suas memórias dos anos 60, que nós decidimos chamar *Popism*.

A partir de 1975, a revista foi fonte de grande atividade para Andy. Naquele ano ele comprou as ações do editor de revistas/colecionador de arte Peter Brant e se tornou o único proprietário e editor, com Fred assumindo o título de presidente. Até então Andy tinha se mantido ausente das operações cotidianas da revista, mas agora subitamente ele estava indo conferir o layout com o diretor de arte Marc Balet ou marcando almoços na sala de reuniões para falar sobre a *Interview* para possíveis anunciantes.

Foi a revista, mais do que qualquer outra coisa, que impediu Andy de ficar cristalizado na história dos anos 60. Encontrar gente nova criativa – especialmente jovens – era sempre importante para ele, que se desenvolvia a partir disso. Mas ele sabia que as pessoas só chegam a alguém se alguém tem algo a oferecer a elas. No meio dos anos 60, quando estava produzindo seus primeiros filmes underground baratos à razão de praticamente um por semana, era a possibilidade de participar dos filmes de Andy que atraía as pessoas à Factory. Nos anos 70, no entanto, com o custo proibitivo de filmes exibíveis comercialmente, Andy tinha poucos papéis a oferecer, e nem sempre a certeza de que o filme em discussão viesse realmente a ser feito. A revista *Interview* mais do que preencheu esse vácuo.

A tiragem crescia a cada ano. Em 1976 *Interview* tinha um cacife de bobagens sofisticadas e autoironia que fazia com que celebridades na realidade *quisessem* participar dela. Frequentemente o próprio Andy, com alguém da equipe, fazia a entrevista de capa. Todo número tinha de ser recheado com pessoas e esse era o estoque de novos rostos que agora vinham constantemente ao escritório. "Colocaremos você na revista" substituiu "Colocaremos você no filme" como a promessa mais constante de Andy. Os termos "Interman", "Viewgirl", "Upfront" e "First Impression" eram todos títulos das páginas da *Interview* que apresentavam fotos de belezas masculinas e femininas, jovens nunca-antes-vistas-numa-revista. *Interview* se transformou na revista mais glamourosa do meio. Uma vez ouvi Bob ao telefone tranquilizando uma velhota: "Não se preocupe com sua fotografia – aqui nós retocamos todo mundo com mais de *vinte* anos".

1976 também foi o ano em que *Andy Warhol's Bad* foi filmado em Nova York, em 35mm e com uma equipe profissional.

O elenco era uma combinação de nossas próprias "estrelas da casa" – pessoas como Geraldine Smith, de *Flesh*, e Cyrinda Foxe, ali da esquina da Rua 17 Leste – e profissionais de Hollywood como Carroll Baker e Perry King. Jed dirigiu *Bad* – eu coescrevi o roteiro – e o filme foi bem-recebido (a crítica de Vincent Canby no *New York Times* disse que o filme era "mais claro em mostrar a que se propõe do que qualquer outro filme de Andy Warhol... até agora").

Apesar do sucesso de crítica, depois de dirigir *Bad* Jed nunca mais voltou a trabalhar na Factory – no "escritório" – novamente. Ele começou a comprar e vender antiguidades e depois abriu seu próprio negócio de decoração, embora tenha continuado a morar no quarto andar da mansão em estilo federal da Rua 66 Leste que ele havia conseguido para Andy e para a qual Andy se mudara em 1974. Enquanto isso, Fred tinha se mudado do apartamento da Rua 16 Leste para a casa na Lexington que Andy tinha acabado de desocupar.

Durante a maioria dos anos 70 e até a morte de Andy, encontrar pessoas que encomendassem retratos foi uma atividade primordial, já que significava uma parcela considerável da sua renda anual. Não importava que ele estivesse trabalhando em outras telas para exposições em museus ou galerias; sempre havia retratos sendo feitos em algum canto do estúdio. Qualquer pessoa – marchands, amigos ou empregados – que propusesse uma encomenda *ganhava* uma encomenda. Como o artista Ronnie Cutrone, um bailarino do Exploding Plastic Inevitable nos anos 60 e assistente de pintura de Andy nos anos 70, disse uma vez: "A Pop Art tinha terminado e havia uma porção de movimentos novos. Enquanto isso, Andy tinha um escritório para manter e uma revista que ele sentia que ainda precisava da sua ajuda financeira. Depois de fazer os seus retratos pop de celebridades dos anos 60 – as Marilyns, as Lizes, os Elvis, os Marlons etc. –, foi uma evolução natural que ele fizesse retratos de particulares – ou pelo menos de pessoas que não fossem do show business –, assim tornando-os iguais, em certo sentido, àquelas figuras legendárias". E na realidade, mesmo nos anos 60, mas numa escala bem menor, Andy fez alguns retratos sob encomenda de pessoas não artistas como a colecionadora de arte Ethel Scull, a dona de galeria Holly Solomon e Happy

Rockefeller. Fred Hughes acrescenta: "O meio artístico considerou a ideia de que Andy estivesse fazendo retratos por encomenda algo muito não convencional – artistas não deveriam *fazer* esse tipo de coisa. Mas Andy sempre foi não convencional. E o fato é que ele *gostava* de fazê-los – depois que tivemos as primeiras encomendas ele me disse 'Ah, me consiga mais'."

O processo de Andy ao fazer um retrato era complicado. Começava com a pessoa posando para que ele tirasse aproximadamente sessenta fotos Polaroid. (Ele usava exclusivamente a câmera Big Shot da Polaroid e quando este modelo deixou de ser fabricado ele fez um acordo especial com a companhia e comprou todo o estoque que eles ainda tinham disponível.) Depois, dessas sessenta fotos ele escolhia quatro e passava para o impressor de tela (ele trabalhava exclusivamente com um impressor de cada vez; antes de 1977, o impressor era Alex Heinrici, depois foi Rupert Smith) para obter imagens em positivo em acetatos de 20 x 25cm. Quando os acetatos voltavam para ele, escolhia uma imagem, decidia como cortá-la e aí começava a retocá-la cosmeticamente para fazer com que a pessoa parecesse o mais atraente possível – alongava pescoços, afinava narizes, aumentava lábios e esmaecia peles como achava que fosse necessário; ou seja, ele fazia para os outros o que gostaria que os outros fizessem para ele. Então a imagem retocada de 20 x 25cm era ampliada para um acetato de 1 x 1m, do qual o impressor fazia a gravura.

Para estar sempre preparado para a série constante de retratos, Andy fazia seus assistentes pintarem rolos de telas em uma de duas cores básicas: cor de pele para retratos masculinos e uma cor de pele diferente, mais rosada, para retratos femininos. Usando papel carbono sob papel de desenho, ele traçava a imagem do acetato de 1 x 1m na tela cor de pele e depois pintava as áreas coloridas como cabelo, olhos e lábios nas mulheres e gravatas e paletós nos homens. Quando a gravura estava pronta, a imagem detalhada era sobreposta às áreas pré-pintadas e os detalhes da fotografia eram impressos na tela. Eram as pequenas variações no alinhamento da imagem com as cores pintadas sob ela que davam aos retratos de Warhol o seu característico estilo "cambiante". Os retratos, como regra, custavam aproximadamente $25 mil pela primeira tela e $5 mil cada tela adicional.

Manter a sua adorada "rotina" diária era tão importante para Andy que ele se afastava dela apenas quando obrigado. Depois de "fazer o Diário" comigo ao telefone, ele dava ou recebia mais alguns telefonemas, tomava banho, se vestia, levava seus queridos dachshunds Archie e Amos para o elevador e descia do terceiro andar da casa, onde ficava o seu quarto de dormir, até a cozinha no porão, onde ele tomava café com suas duas empregadas filipinas, as irmãs Nena e Aurora Bugarin. Depois ele colocava algumas cópias da *Interview* embaixo do braço e saía para fazer compras por algumas horas, normalmente na Madison Avenue, depois nas casas de leilão, na zona das joias em torno da Rua 47 e nas lojas de antiguidades do Village. Ele distribuía as revistas para o pessoal das lojas (na esperança que eles se decidissem a colocar anúncios) e para fãs que o reconheciam na rua e o paravam – Andy se sentia bem tendo sempre algo para *dar* a eles.

Ele chegava ao escritório entre uma e três da tarde, dependendo de haver ou não um almoço de negócios com anunciantes. Logo na chegada procurava algum dinheiro no bolso – ou nas botas – e mandava um dos garotos até o Brownies do quarteirão buscar o lanche. Então, enquanto bebia o seu suco de cenoura ou seu chá, conferia os eventos da tarde e da noite na agenda, respondia às ligações e atendia alguns dos telefonemas que viessem enquanto estava parado ali. Também abria as pilhas de correspondência que recebia todo dia e decidia quais cartas, convites, presentes e revistas deveriam ser colocados numa "Cápsula do tempo", isto é, uma das centenas de caixas de papelão de 25 x 46 x 36cm que ele fechava, datava, colocava no depósito e rapidamente substituía por uma idêntica caixa vazia. Menos de um por cento de todos os objetos que lhe davam ou enviavam constantemente era conservado ou dado para alguém. O resto ia "para a caixa": coisas que ele achava "interessantes", o que para Andy, que se interessava por tudo, significava literalmente tudo.

Um recado manuscrito de Andy era uma raridade. Ele podia ser visto frequentemente com uma caneta na mão e a mão podia estar se movendo, mas quase sempre estava apenas assinando o nome, seja como um autógrafo ou numa obra de arte ou num contrato. Anotava números de telefones em pedaços de papel, mas nunca os organizava numa caderneta de endereços. E, quando escrevia um bilhete, raramente era mais do que uma frase – algo como "Pat – use isto" junto com um recorte de jornal que ele achava útil para um projeto no qual estivéssemos trabalhando. Uma exceção era quando alguém ditava palavras que queria que ele escrevesse – num cartão de presente, por exemplo –, e nesse caso não se importava de ficar escrevendo, mas só até o final do ditado.

Ele ficava na área principal de recepção por uma ou duas horas falando com o pessoal do escritório sobre suas vidas amorosas, dietas e o que eles tinham feito na noite anterior. Depois se transferia para a borda da janela ensolarada perto dos telefones e lia os jornais do dia, folheava revistas, atendia alguns telefonemas ao acaso, falava um pouco de negócios com Fred e Vincent. Finalmente ia para seu local de trabalho nos fundos do estúdio perto do elevador de carga e lá pintava, desenhava, cortava, trocava imagens de posição etc., até o final do dia, quando sentava com Vincent e pagava contas e falava ao telefone com amigos, combinando o itinerário noturno.

Entre seis e sete da noite, quando o tráfego da hora do rush acalmava, caminhava até Park Avenue e tomava um táxi para uptown. Em casa gastava alguns minutos fazendo aquilo que chamava "colagem" – lavando o rosto, penteando o "cabelo" grisalho que era sua marca registrada e talvez, *talvez*, trocando de roupa, mas só se fosse uma noite especialmente "pesada". Depois ele conferia se havia filme na sua câmera instantânea. (Do meio dos anos 60 ao meio dos anos 70, Andy ficou famoso por suas intermináveis gravações de conversas dos amigos. Mas no final dos anos 70 ficou enfadado com gravações ao acaso e usualmente gravava pessoas apenas por uma razão específica – ou seja, se ele achava que poderia usar o que diziam como um diálogo numa peça ou num roteiro de cinema.) Então ele saía para a noite – algumas vezes para múltiplos jantares e festas, às vezes apenas para uma sessão de cinema mais cedo e para jantar. Mas embora pudesse ficar na rua até tarde, ele sempre estava pronto para o Diário cedo na manhã seguinte.

Por alguns anos antes de 1976 eu vinha mantendo para Andy um caderno de notas da Factory muito geral e esquemático. Eu fazia uma lista dos visitantes comerciais que tinham vindo ao escritório durante o dia e uma outra lista com os principais acontecimentos da noite anterior – ainda que eu mesma tivesse estado em algum ou em todos eles, eu pedia que diversas pessoas me dessem suas versões do mesmo jantar ou vernissage. O objetivo era simplesmente determinar o que tinha acontecido, quem estava lá e quanto tinha custado a Andy em dinheiro – e não obter o ponto de vista pessoal de Andy sobre aquilo. Muito frequentemente eu só perguntava a ele quanto tinha gasto e essa era a sua contribuição ao caderno de notas.

Em 1976, depois da filmagem de *Bad*, eu disse a Andy que não queria trabalhar mais no escritório, mas que eu ainda escreveria *Popism* com ele. Ele me perguntou se eu continuaria a manter o caderno de notas e a discriminar as despesas dele – "Só vai te ocupar cinco minutos por dia", ele disse. Eu disse que não queria ser obrigada a continuar telefonando para todo mundo no escritório todos os dias para descobrir o que tinha acontecido no dia anterior – que, se eu fosse fazer isso, então era melhor que eu ainda estivesse trabalhando lá. Assim nós decidimos que daquele ponto em diante as informações diárias seriam dadas pelo próprio Andy. Neste momento o caderno de notas se transformou na própria narrativa pessoal de Andy.

No outono de 1976, Andy e eu estabelecemos uma rotina para conversarmos por telefone todas as manhãs nos dias de semana. Aparentemente ainda com o propósito de conservar um registro de tudo o que ele tinha feito e de todo o lugar ao qual tinha ido no dia e na noite anteriores e das despesas em dinheiro que tinha feito nesse processo, este relato de atividades diárias terminou por ter a função maior de fazer com que Andy examinasse sua vida. Numa palavra, era um diário. Mas fosse qual fosse seu objetivo mais amplo, o seu objetivo mais estreito – satisfazer os fiscais do imposto de renda – esteve sempre na mente de Andy.

O registro que ele mantinha inclui até os telefonemas de dez centavos feitos de telefones públicos. Não que ele estivesse sendo cauteloso demais – a Receita Federal tinha submetido os seus negócios a uma primeira grande auditoria em 1972 e esse processo foi repetido todos os anos até a sua morte. Andy estava convencido que essas auditorias tinham sido encomendadas por alguém do governo Nixon por causa do pôster que ele havia feito para a campanha de George McGovern em 1972 com um Richard M. Nixon com a cara pintada de verde e os dizeres "Vote McGovern". (Filosoficamente, Andy era um democrata liberal, embora nunca tenha votado porque, ele disse, não queria ser chamado para servir de mesário. No entanto, ele oferecia folgas aos seus empregados nos dias de eleição se eles prometessem votar no Partido Democrata.)

Eu telefonava para Andy por volta das nove da manhã, nunca depois das 9h30. Algumas vezes eu o acordava, algumas vezes ele dizia que já estava acordado há horas. Se acontecia de eu dormir até mais tarde, ele *me* ligava e dizia alguma coisa como "Bom dia, Miss Diário – o que há de errado com *você*?" ou "Queridinha! Você está despedida!". Os telefonemas eram sempre conversas. Nós nos aquecíamos um pouco só conversando – ele era sempre curioso sobre tudo, fazia um milhão de perguntas: "O que você está comendo de café da manhã? Você está vendo o canal 7? Como é que se limpa um abridor de latas – tenho de usar uma escova de dentes?". Então ele passava as despesas em dinheiro e contava tudo sobre o dia e a noite anteriores. Nada era tão insignificante que não merecesse ser contado ao Diário. Essas sessões – às quais ele se referia como meu "emprego de cinco minutos por dia" – podiam levar de uma a duas horas. Mais ou menos de duas em duas semanas eu ia ao escritório com as páginas datilografadas referentes a cada dia e grampeava no verso de cada folha todos os recibos de táxis e restaurantes que ele tivesse me passado durante esse tempo – recibos que se referiam a despesas que ele já tinha mencionado no telefone. As folhas eram então guardadas em caixas da loja de papéis.

O Diário era feito todas as manhãs de segunda a sexta, mas nunca durante os fins de semana, mesmo se acontecesse de Andy e eu falarmos por telefone ou nos encontrarmos. O Diário sempre esperava até a manhã de segunda-feira, quando fazíamos uma sessão tripla e ele recontava as atividades de sexta-sábado-e-domingo. Eu tomava muitas notas num bloco enquanto conversávamos e, logo depois de desligar, enquanto eu ainda tinha as entonações de Andy na memória, sentava para datilografar e passar tudo para o papel.

Quando Andy estava fora da cidade, ele telefonava de onde estivesse ou rabiscava notas, normalmente em papel timbrado de hotel, e as lia para mim por telefone quando voltava, muitas vezes parando para decifrá-las – e nessas ocasiões o trabalho era mais lento e usualmente eu tinha tempo de datilografar enquanto ele lia. (Ocasionalmente ele falava para um gravador e me dava a fita quando voltava.) Quando *eu* ia viajar, a combinação variava – às vezes eu telefonava periodicamente de onde eu estivesse e ele lia as notas que tinha escrito. Fosse qual fosse o processo, nenhum dia ficava sem Diário.

Os telefonemas para o Diário não eram necessariamente as únicas vezes em que Andy e eu falávamos durante o dia. Se estivéssemos trabalhando juntos num projeto – escrevendo *Popism*, por exemplo –, nos falávamos várias vezes durante o dia e a noite. E, negócios à parte, éramos amigos, o tipo de amigo que se telefona quando tem vontade – quando algo divertido aconteceu ou quando se está enfurecido com alguma coisa. (Aliás, brigar e rir são as duas coisas das quais eu mais me lembro de ter feito com Andy.) Muitas vezes durante esses telefonemas que não eram para o Diário, e ocasionalmente em pessoa, Andy acrescentava ou corrigia algo que tinha dito durante o telefonema matinal regular e me dizia para "colocar aquilo no Diário".

Andy mudou tanto através dos anos que algumas pessoas que o conheceram nos anos 60 e no início dos anos 70 poderão se perguntar por que certos aspectos da personalidade dele que eles conheceram (e sobre os quais muito se escreveu) não aparecem mais no Diário – particularmente uma maneira cruel, enlouquecedora, de levar as pessoas quase à histeria através de comentários planejados para provocar exatamente isso. A resposta tem duas partes: primeiro, e de maneira mais óbvia, este é um *diário* – a perspectiva de um homem –, e a forma do diário impede confrontos dramáticos entre duas ou mais pessoas; segundo, Andy gradualmente ultrapassou o impulso de causar problemas. Ele teve uma adolescência tardia – nos seus vinte anos, trabalhou muito na própria carreira de arte comercial; na realidade ele não teve muito tempo para se divertir até entrar nos trinta anos. Assim, ele atormentava as pessoas da mesma maneira, por exemplo, que uma garota muito popular numa escola – criando grupinhos e estabelecendo rivalidades apenas pelo "divertimento" de observar as pessoas lutando por sua atenção. Mas no final dos anos 70 ele começou a amadurecer. Muito raramente provocava alguém deliberadamente – na realidade, ele tentava apaziguar mais do que incitar. E os problemas pessoais e emocionais pelos quais passou durante os anos cobertos pelos diários o fizeram procurar, por conforto e não por drama, as suas amizades. No último ano de sua vida, ele era mais gentil e mais fácil de conviver do que em qualquer outra época em que o conheci.

Algumas idiossincrasias às quais o leitor deve estar atento: as conversas de Andy eram cheias de observações superficialmente contraditórias – ele descrevia alguém como "uma gracinha de cretino" ou dizia "Estava tão bom que tive de ir embora". (E naturalmente, como em qualquer diário, as opiniões dele sobre qualquer pessoa ou coisa específica poderão ter se alterado bastante através do tempo.) Ele exagerava nas dimensões – descrevia uma pessoa de 1m75cm como tendo 68cm ou um homem que pesava 114kg como tendo 181kg. "Dezoito" era o número favorito – se havia acontecimentos múltiplos na sua agenda noturna, dizia que tinha tido "dezoito festas para ir". Ele usava os termos "bicha" e "sapatão" numa acepção livre, como ao descrever homens levemente efeminados ou mulheres que falavam alto. "Namorado" e "namorada" ele também usou assim livremente. Quando Andy trabalhava longas horas como um artista comercial free lancer nos anos 50, desenhando em casa à noite e carregando seu portfólio por Manhattan durante o dia, ele conheceu centenas de publicitários, editores e comerciantes; depois que ele deixou a arte comercial e se tornou um pintor pop, o fato de ele se referir a cada uma dessas pessoas como "aquela que me deu meu primeiro emprego" se transformou numa piada corrente – essa era apenas a maneira de ele descrever alguém daquele período da sua vida. Tem sido escrito frequentemente que Andy usava o "'nós' majestático". Até certo ponto isso é verdade – sempre dizia "nossos filmes", "nossa revista", "nossa festa", "nossos amigos" – mas apenas quando isso se aplicava aos seus dias da Factory: qualquer pessoa que ele tivesse conhecido antes de ter alugado a primeira Factory era simplesmente "um amigo *meu*". E qualquer coisa relacionada à sua arte, é claro, era sempre descrita na primeira pessoa do singular: "minha pintura", "minha exposição", "meu trabalho".

A falência era o grande medo de Andy. Isso e ter câncer – uma dor de cabeça ou uma sarda era sempre um possível tumor no cérebro ou um câncer de pele. Ironicamente, agora em retrospecto ficou claro que quando estava *realmente* preocupado com um problema de saúde raramente o mencionava – episódios como o caroço no pescoço em junho de 1977, que os médicos finalmente constataram ser benigno, ou o problema de vesícula em fevereiro de 1987, que o levou à morte.

Para que o Diário pudesse ser publicado num único volume, filtrei as 20 mil páginas originais para aquilo que considero o melhor material e o mais representativo de Andy. Naturalmente isso teve como consequência a supressão de dias inteiros, ocasionalmente até semanas inteiras, mas mais frequentemente apenas partes de dias. Num dia em que Andy foi a cinco festas, posso ter incluído apenas uma. Apliquei o mesmo princípio aos nomes, para dar ao Diário uma fluência narrativa e para impedir que ele se parecesse com colunas sociais nas quais o leitor é inundado por listas de nomes que frequentemente pouco significam para ele. Suprimi muitos nomes. Se Andy mencionou, digamos, dez pessoas, posso ter decidido incluir apenas os três com os quais ele conversou ou dos quais ele falou com mais detalhe. Essas omissões não estão assinaladas no texto porque isso serviria apenas para distrair e deter o leitor.

O Diário não inclui um glossário porque explicações simplistas de quem eram as pessoas em relação a Andy iriam contra – ou simplesmente trairiam – a sensibilidade do seu esforço e o mundo desestruturado que ele construiu à sua volta. Andy se esforçava para *não* colocar as pessoas em categorias – ele se esforçava para deixar que elas entrassem e saíssem das categorias. As pessoas nos seus filmes underground dos anos 60 eram chamados superstars, mas exatamente o que isso quer dizer? Poderia se referir tanto ao mais lindo modelo de Nova York ou ao boy que veio trazer um maço de cigarros durante as filmagens e terminou diante da câmera.

Para Andy, colocar coisas num formato que fizesse sentido já era uma concessão demasiada. Ele se exasperava quando eu ocasionalmente o fazia repetir ou reformular alguma coisa até que eu compreendesse. Sua primeira "novela", *a*, publicada em 1968, tinha sido na realidade uma experiência literária – transcrições de conversas que gravou com superstars e amigos enquanto eles viviam a subcultura anfetamínica e pansexual de Nova York tinham sido "transcritas" por datilógrafos amadores que, adivinhando o sentido de palavras e frases das quais eles não tinham certeza, perpetraram uma enormidade de erros técnicos e conceituais que Andy fez questão de reproduzir, um por um, no texto publicado.

Outra preocupação foi reduzir as explicações editoriais, que aparecem ocasionalmente entre colchetes, a um mínimo de tal forma que a fluência da voz do próprio Andy com suas locuções peculiares pudesse ser preservada sem interrupções. Senti que, embora material de explicações pudesse ser incluído através de muitas observações editoriais para fazer a tarefa do leitor um pouco mais fácil, os benefícios que tais recursos trariam seriam pequenos em proporção ao efeito dissonante que teriam no tom pessoal de Andy e ao desnecessário efeito de distanciamento que causariam no leitor. É verdade que a exata natureza de algumas das relações de Andy com vários personagens deste Diário pode ser apreendida apenas depois de algum esforço, mas acredito que ter de *trabalhar* um pouquinho para compreender coisas é parte da experiência única de ler um diário – observar a vida desenrolando-se naturalmente, com suas confusões ocasionais. Para reduzir essas confusões a um mínimo, no entanto, *os diários devem ser lidos em sequência.*

Finalmente, ao preparar o Diário para publicação eu eliminei a dimensão interpessoal de Andy e meu discurso – suas referências diretas a mim ou a coisas que teriam significado apenas para mim. Nas relativamente poucas ocasiões em que conservei referências pessoais, tomei a liberdade de colocar-me na terceira pessoa, usando minhas iniciais, PH. Meu objetivo foi o de possibilitar que o Diário seja lido dentro do mesmo espírito casual e íntimo através do qual Andy o passou para mim todas as manhãs, para que o leitor seja sempre o "você" do outro lado do telefone.

Nova York
Janeiro de 1989

DIÁRIOS DE ANDY WARHOL

Vol.2 (1982–1987)

Sexta-feira, 1º de janeiro, 1982 – Aspen. Resolvi ir ao hospital conferir se quebrei o braço quando caí ontem. Fui até a sala de emergência, foram realmente amáveis lá. Uma mulher foi muito divertida, era de Pittsburgh ou da minha escola primária ou algo assim, e aí tiraram radiografias, enquanto a gente esperava pelo resultado me colocaram num daqueles cubículos feitos com roupa de cama, e aí trouxeram um homem numa cadeira de rodas que perguntou, "Estou no céu?", e disse que não sentia nada abaixo do pescoço, todos ficaram assustados e o levaram para a máquina de raios X. Havia também uma porção de garotos com ossos saindo das pernas, assustador.

E aí eram 4 da tarde e Jon tinha um encontro com um cara da Paramount Pictures chamado Dawn Steel no United City Bank.

Fui jantar na casa de Barbi Benton. Zev Bufman, o produtor de *Little Foxes*, estava lá. Com mrs. Bufman, que me dei conta que jamais permitiria que ele tivesse um caso com Elizabeth Taylor. Barbi nos mostrou a casa, é como a Watts Tower, tudo feito à mão – o arquiteto ia até um córrego e buscava o mármore para usar nas escadas. Até que seria agradável, mas sem as coisas que Barbi colocou lá dentro.

Segunda-feira, 4 de janeiro, 1982 – Aspen-Nova York. Voltei, liguei para o escritório e quase fui até downtown para trabalhar, mas já eram 5h30. Vincent ia à sua aula de método Lamaze. Fiquei em casa e desfiz as malas.

Deixei um anel cair na pia, ficou trancado lá. Busquei Jon e fomos até a casa de Halston. Só estavam Steve Rubell e Victor, e Halston disse que dois dias atrás comprou cem acres em Montauk em sociedade com Lauren Hutton. Então agora ninguém vai construir um condomínio entre a propriedade de Dick Cavett e a nossa. E Bianca quer alugar Montauk enquanto Halston estiver construindo. Meu braço ainda dói.

Terça-feira, 5 de janeiro, 1982. Acordei cedo, ainda me senti como se estivesse em Aspen. Um pouco tonto e aéreo como numa viagem de LSD, que eu nunca tomei. Meus pulmões ainda não funcionam bem por causa do tiro, acho eu.

Recebi uma porção de convites para jantar. Conversei com Jon e ele achou que deveríamos trabalhar nos roteiros.

Ele veio, trabalhamos, foi embora às 9h30. Vi TV e como meu braço estava realmente doendo tomei uma aspirina, e as últimas notícias na TV diziam que Hans Conried morreu.

Quarta-feira, 6 de janeiro, 1982. Heiner Friedrich estava dando um chá na sua casa na Rua 82. A gente tinha que tirar os sapatos, não tirei mas deveria ter tirado. E o motorista que nos levou lá foi o melhor motorista do mundo, Manny, meio negro. Fred me disse que eu não podia dizer nada a Heiner sobre nos emprestar dinheiro para o edifício. Mas Heiner vai dar outra festa semana que vem e aí vou tocar no assunto. Porque ele vai reformar o estúdio de John Chamberlain e fazer um museu para ele e eu fico pensando e acho que ele deveria alugar a parte do nosso novo edifício que dá para a Madison Avenue e fazer um museu para mim lá. Eu deveria sugerir isso a ele, mas as pessoas só gostam de fazer as coisas que elas mesmas pensaram, portanto só vou ficar dando indiretas, uma atrás da outra. Já sugeri que abrisse um bar no prédio e ele disse que não, não, muçulmanos não bebem – agora que ele e Philippa são dos Whirling Dervishes viraram muçulmanos.

Sábado, 9 de janeiro, 1982. Outro grande vernissage para mim – dose dupla: "Cifras de Dólar" na Castelli da Greene Street e "Contrários" na Castelli da West Broadway.

Bob Rauschenberg estava no vernissage, Joseph Beuys e Hans Namuth, era como um daqueles dias movimentados dos anos 60. E sempre me esqueço como artistas são atraentes. São realmente atraentes.

As escadas eram o melhor lugar para ficar vendo as pessoas e dando autógrafos. Depois fui para a coisa na Greene Street, e os pesos-pesados estavam lá. Rosenquist não sabia o que falar, então disse que adorou minha fotografia.

Domingo, 10 de janeiro, 1982. Nenhum telefonema. Isso é o que acontece quando a gente foi a grande estrela da noite anterior, ninguém liga na manhã seguinte. Finalmente às 12h45 o telefone tocou, era meu irmão. Brigid ligou e disse que foi ao Chelsea visitar Viva, que acaba de ter um bebê.

Liguei para Jon e ninguém atendeu. Jane Holzer ligou e disse que estava em Washington com o sujeito que escreveu *Shampoo* e *Chinatown*, Robert Towne. O novo filme dele, *Personal Best*, é sobre assumir, sobre atletas sapatões. Eles chegariam a Nova York mais tarde e ela queria ir jantar. E disse, "Traga seu gravador, porque ele é fascinante, muito fascinante". Não sei o que ela estava tentando fazer.

Às 10h20 fui para o Elaine's (táxi $4) e Elaine está *gorda* de novo! Muito gorda. Depois de tudo o que passou para emagrecer. Jane já estava lá com Robert Towne e tinham conseguido uma mesa ótima. Durante as primeiras três horas detestei aquele cara. Na verdade, talvez ainda deteste, não tenho certeza. É tipo aquelas pessoas da Califórnia. Dizendo todas aquelas palavras que eu odeio, tipo "asshole" e "bimbo". "Bimbo" me faz subir pelas paredes. Disse que não queria gravar porque tem trabalhado muito no "meu bebê", mas "se *você* quer que eu grave, Jane, eu gravo".

A mulher dele, Julie, estava lá, abandonou a carreira artística para se dedicar aos negócios imobiliários. É bonita, mas está chegando naquele estágio de ser trocada por outra. Quase virando a esquina. E ficamos lá aquele tempo todo e só quando Jane me deixou em casa foi que contou que ela é filha de John Payne! Eu teria me divertido tanto!

Robert Towne falou muito sobre "Warren" e disse que há pouco encontrou "Jack" em Aspen. Ah, e no início ele citou minha frase – "No futuro todo mundo terá quinze minutos de fama" –, só que disse "dez minutos", e aí foi engraçado porque Mark Rydell, o diretor, veio quinze minutos depois e citou a mesma frase e disse "quinze minutos", e aí ele e Robert Towne ficaram discutindo e tive de concordar com Towne porque afinal eu estava na mesa dele. Mas o que isso quer dizer, os dois terem mencionado a frase? Então perguntei se ele queria comprar a frase para usar num título e ele disse *(riso),* "Não, eu gosto mais de títulos com uma palavra só". Aí eu disse que venderia para ele o título "THE", que uma vez Tennessee Williams me vendeu. Ele riu. Achei que Jane pagaria o jantar, mas aí ele é que pagou e fiquei constrangido. Estava de limusine e o deixamos no Carlyle, depois Jane me deixou em casa e me contou que tiveram um affair antes do casamento dele com Julie.

Sexta-feira, 15 de janeiro, 1982. Jon ligou, chegaria de Los Angeles e iríamos assistir à estreia do novo filme de Coppola no Radio City. Mas aí o avião atrasou demais e ele não chegou a tempo.

O filme, *O fundo do coração*, é chato, um horror, e Frederic Forrest é um dos meus atores favoritos, acho que engordou uns dez quilos para fazer o papel. O filme tem coisas bonitas, mas aparência não é tudo, creio que vai ser um fracasso.

E depois fiquei criticando o filme mas aí vi o pessoal da imprensa se aproximando, *People* e *Time*, aí mudei meu discurso e disse que tinha gostado demais.

Sábado, 30 de janeiro, 1982. Jon veio me buscar e fomos de táxi até Sheridan Square ver *Torch Song Trilogy,* de Harvey Fierstein (ingressos $35, táxi $7). Era lá em Sheridan Square e o teatro era uma daquelas armadilhas, e foi constrangedor porque só tinha garotos entrando e aí demos uma volta no quarteirão e quando algumas mulheres chegaram na bilheteria ficamos ao lado delas. A peça dura quatro horas mas é muito engraçada, tem umas frases engraçadas e todo mundo adorou, todo mundo riu. Por exemplo, o travesti diz, "Já tive tantos nomes – Caminha de Gato, Bife à la mode..."

E quando a peça terminou o porteiro me disse que Harvey Fierstein queria falar comigo. Sempre tive a vaga impressão que de algum modo nós nos conhecíamos, mas nunca consegui lembrar, e quando nos encontramos ele disse, "Você não se lembra de mim? Sou aquele garoto de 250 quilos que participou da sua peça *Pork,* e veja o que aconteceu – agora tenho uma peça de sucesso!" E ele é ótimo, a voz ficou bem grave. É encantador e muito talentoso – escreveu, dirigiu e interpreta a peça. Eu disse que tentaria que *Interview* fizesse alguma coisa com ele porque é um talento novo.

Deixei Jon em casa (revistas e jornais $10, táxi $6). Fui para cama por volta da 1h00.

Segunda-feira, 1º de fevereiro, 1982. Depois de três semanas planejando nosso almoço para o prefeito Koch, que seria hoje, o pai dele morre e ele diz que quer transferir. E James Brady, da Page Six, foi muito cruel porque contou que o prefeito Koch pediu uma fita com os treze episódios de *Brideshead Revisited,* dando a entender que ele tem um "problema". Foi cruel publicar isso no dia em que o pai dele morreu.

Aí, já que nosso almoço foi cancelado, fomos até o Odeon onde os empregados de Leo estavam dando um almoço surpresa para ele. Levamos uma hora para chegar lá ($10).

Repleto de estrelas. Um artista diferente em cada mesa – Jasper Johns numa, Robert Rauschenberg em outra, Dan Flavin noutra, Artschwager noutra, Richard Serra. Fiquei numa mesa com James Mayor e mr. e mrs. Sidney Lewis, cheguei lá e disse, "Quero sentar nesta mesa porque aqui todos me devem dinheiro". Aí mrs. Lewis me deu uma moedinha de dez centavos.

Dei roupa íntima para Leo e um trapo com cifras de dólar e ele adorou, ninguém mais tinha levado presentes. E Toiny, a mulher dele, estava lá, eu tinha levado *Interviews* comigo e as pessoas me pediram que as escondesse porque há a entrevista com Laura de Coppet, a namorada de Leo, ela e Leo ainda estão tendo um affair, e as pessoas me contaram que tinha causado uma briga enorme – que Leo estava indo para Roma, mas Toiny leu a entrevista e ficou tão furiosa que rasgou a passagem dele e ele foi obrigado a ficar na cidade mais um dia. Foi a maior briga de todas, segundo me contaram.

Hans Namuth levou todos os artistas para o banheiro para fotografá-los e aí resolvi ser cafona e me enrosquei, fiquei apalpando Rauschenberg e descobri que ele tem um corpo péssimo.

Quarta-feira, 3 de fevereiro, 1982. Conversei com Stuart Pivar pelo telefone e resolvemos fazer algo juntos. Fui até a casa dele na 67 Oeste e foi estranho entrar naquele prédio porque é onde Jed está morando. Resolvemos dar uma chegada na exposição de automóveis no Coliseum (ingressos $15). O carros de DeLoren são os mais engraçadinhos, com as portas que abrem para cima. Custavam $40 mil e agora custam $20 mil.

Aí Stuart me deixou no escritório e trabalhei por algumas horas nas "Cruzes" e nos "Namorados". Até as 7h. Deveria sair com Jon mas ele tinha de trabalhar no estúdio novo que acaba de comprar. Chris ligou, ele e Peter estavam indo à reinauguração da Danceteria, que agora é onde a Interferon era, mas resolvi não ir.

Quinta-feira, 4 de fevereiro, 1982. Os gêmeos Du Pont mandaram um convite para a abertura dum novo restaurante chamado Jeanie's no velho Tudor Hotel, uma coisa organizada por Nikki Haskell (taxi $4). Cornelia Guest foi, mas acho que tem lido as notícias de jornal que estão saindo sobre ela e ficou só uns minutos. A comida era boa e pedi muita. Serviram filés e Chris pediu que enrolassem o dele praticamente antes que servissem, para comer no café da manhã, e aí perguntaram se havia algo errado.

E havia uma festa para Pia Zadora no Hisae que até Frank Sinatra ia e que nós também poderíamos ter ido, mas Bob não a colocou na capa e seria tão bom se ela fosse nossa capa, eu adoro Pia. É como se Andrea "Whips" Feldman não fosse louca e tivesse um nariz melhor. Pia é como todas essas mulheres pequeninhas que a gente conhece e que sempre conseguem encontrar um lugar ao sol.

Sexta-feira, 5 de fevereiro, 1982. Jon veio me buscar e fomos ver *Venom,* na Broadway com a Rua 46 (táxi $5, ingressos $10). Jon foi conferir a bilheteria com o gerente, é um filme da Paramount. Estava com 60% da lotação.

Bem, o público é que era o verdadeiro filme de horror. Na nossa frente estava uma família, acho, uma mãe, e aí acho que duas filhas com seus namorados e todos estavam comendo e beijando e bolinando, era tão estranho, tão vulgar!

Depois porto-riquenhos sentaram atrás de nós com os pés para cima e ficaram fumando maconha, e havia uns negrões enormes por toda parte.

Saímos do cinema e fiquei nervoso porque era na rua onde alguém tem atirado pedras dos edifícios e matado gente. Fomos ao Studio 54, onde Lia Smith e aquela tal de Lumet estavam dando uma festa de aniversário chamada, acho, "15 & 50". Vi Sean McKeon do lado de fora, perguntei se queria entrar e ele disse que sim, aí entrou comigo e o apresentei a Jon (chapelaria $2).

Sábado, 6 de fevereiro, 1982. Fui à casa de Jan Cowles no 810 Quinta Avenida, onde ela estava dando uma festa de aniversário para seu filho Charlie. Dei uma pintura "Cifra de Dólar" para Charlie, Leo estava lá. Joe MacDonald estava lá, mas eu não quis nem chegar perto e falar com ele porque ele tem câncer gay. Conversei com a cunhada dele.

Às 11h fomos de táxi ao La Coupole ($5). Diana Ross estava lá com Patrice Calmette, Iman, Bianca, Barry Diller e Steve Rubell. Estavam terminando de jantar. Tentei fazer Barry Diller rir porque ele jamais ri e todo mundo diz que é impossível, convidei-o para dançar mas ele nem sorriu, aí desisti e contei que adorei seu filme *Venom.* Aí ele soltou uma gargalhada.

Calvin Klein nos convidou para ver seu novo apartamento na 66 com Central Park Oeste (táxi $6). Diana Ross foi de limusine. O apartamento é lindo, um duplex, com sala de ginástica e janelas modernizadas, foi ele quem fez tudo, é tudo branco e tem uma escada igual à da casa de Halston, de madeira sem corrimão, parece uma obra de arte e é muito assustadora. Tudo muito bem arrumado, ele coleciona as mesmas coisas que eu. Fotos que Stieglitz tirou de Georgia O'Keefe. Tapetes hindus e coisinhas de tartaruga.

Segunda-feira, 8 de fevereiro, 1982. Um dia tão lindo que decidi ficar ao ar livre até o sol se pôr, calor e muito sol.

Passaram o filme *The Day the Bubble Burst* na TV, sobre o grande crash da bolsa em 1929, e Jon perguntou se eu tinha vivido aquilo. Eu disse que não.

Terça-feira, 11 de fevereiro, 1982. Saíram as indicações para o Oscar. E Faye não foi indicada por *Mommie Dearest*. Se *aquilo* não é interpretar...

Domingo, 14 de fevereiro, 1982. Brigid está no hospital vendo se extrai a vesícula.

Marisa casou com Richard Golub no escritório de Halston, estava ótima num Halston de tule cor-de-rosa sem mangas. É só quando alguém assim usa esses vestidos que a gente vê como eles são lindos. O noivo e a noiva conversaram e riram durante a cerimônia, foi até bom. Mas ele é apenas um sujeito qualquer procurando uma mulher linda que coloque seu nome nos jornais.

Voltei de táxi para buscar Chris e assistir *A guerra do fogo*. Rae Dawn Chong está no filme, a mulher que saía com Owen Bayless, que trabalhava em *Interview*. Aparece nua, no papel da mulher que ensina a humanidade a foder na posição normal em vez de foder por trás. O público adorou. Foi uma coisa diferente. O filme não tem diálogos.

Segunda-feira, 15 de fevereiro, 1982. Brigid disse que vai ser operada na quarta-feira.

Caminhei até a Columbus Avenue pelo parque com Jon e havia um grupo com uns cinco grandalhões, é quando Jon corre, dança e gira em volta dos postes e se balança nas árvores, ele estava com fones de ouvido e aí não ouviu, mas foi aplaudido pelo grupo.

Quarta-feira, 17 de fevereiro, 1982. Brigid vai ser operada sexta de manhã no Hospital Roosevelt. Contou que Lee Strasberg acaba de morrer lá e que Joanne Woodward está operando o pé lá.

Sábado, 20 de fevereiro, 1982. Acordei cedo e fui encontrar Rupert. Brigid ligou e disse que já está caminhando. Foi difícil passar pela operação mas está feliz que tudo tenha terminado.

E Matt Dillon deu uma festa de aniversário, dezoito anos, no Studio 54. Aquele garoto, Baird Jones, que é filho do sujeito que dirige *People*, estava dando uma festa para todos os arrumadinhos ricos de Harvard e da Columbia no Savoy. Está se transformando numa Elsa Maxwell, fazendo festas a cada semana num lugar diferente, se cercando desses jovens arrumadinhos. Mas Fred estava dando um jantar em casa e eu tinha que ir.

Domingo, 21 de fevereiro, 1982. Acordei cedo, fui à igreja.

Vincent ligou e disse que Shelly teve uma menina de 3,7 kg, o parto foi fácil e o nome dela é Austin.

Segunda-feira, 22 de fevereiro, 1982. Acordei cedo e fui à aula de ginástica. Brigid não ligou, mas sei que está ok porque avisou o pessoal do escritório. O almoço com o prefeito Koch ainda está confirmado para amanhã no escritório – estou surpreso, ele há pouco anunciou que vai se candidatar a governador, achei que cancelaria o almoço.

Jane Fonda ligou e tentei ligar de volta, mas não consegui, fiquei o dia todo querendo saber o que queria. Mais tarde Kate Jackson ligou e foi divertido receber telefonemas de todas as estrelas de cinema. Disse que estava ligando só para dizer olá e eu disse que adorei seu filme, *Making Love*. E Chen, do escritório de Liz Taylor, ligou para me convidar para a festa dos cinquenta anos de Liz em Londres no sábado, mas acho que estaremos na Bélgica. Parece que vai ser uma festa de arromba.

Terça-feira, 23 de fevereiro, 1982. Dia do almoço para o prefeito Koch, Vincent estava todo deslumbrado e fiquei dizendo que ele cancelaria embora ainda não tivesse cancelado, e aí às 11h ele ligou para cancelar. Vincent ficou realmente desapontado e fiquei achando Koch um horror. Poderia ter vindo só por cinco minutos. Quer dizer, agora não vou votar nele. Eu *sei* que não voto, mas e daí, quer dizer, ele é um horror. E nos noticiários ficaram mostrando umas cenas dele tempos atrás dizendo que jamais se candidataria a governador, portanto ele só mudou o discurso, o que significa que é como qualquer outra pessoa, dança conforme a música.

Jane Fonda ligou de novo. Quer um retrato grátis para fazer pôsteres e vender para arrecadar fundos para a campanha eleitoral do marido, Tom Hayden. Fred não conseguiu decidir se devo ou não fazer o retrato.

Quarta-feira, 24 de fevereiro, 1982. Victor ligou e disse que queria assistir *Victor/Victoria* – acha que é sobre ele. Disse que depois Halston faria um jantar só para nós três.

Terça-feira, 2 de março, 1982 – Berlim. Fomos ao lugar onde Fassbinder está fazendo um filme chamado *Querelle*, de Genet. Brad Davis é o ator principal. Tirei uma fotografia com Brad e consegui o autógrafo dele para Jon num cinzeiro. Fui apresentado a Fassbinder, estava com umas roupas inacreditáveis, calças hindus de pele de leopardo, e alguém que estava por ali disse que achava que Fassbinder tinha se vestido assim só para mim, porque normalmente só usa couro preto. Parecia um treinador de circo. E Brad Davis está muito estranho, uma aparência tão delicada. Muito melhor do que na capa de *Interview*.

Sábado, 6 de março, 1982 – Paris. Às 6h30 eu tinha um vernissage na Daniel Templon Gallery sobre a qual eu não sabia nada, mas já que eu estava na cidade, tinha que ir. Chegamos lá e não foi muito ruim. Eram as "Cifras de Dólar" e parecem bastante boas. Encontramos São Schlumberger, ela não sabia que eu estava em Paris. Nos ofereceu uma carona até o hotel. Estava uma graça, vestindo couro e peles de raposa. Depois convidamos uma porção de modelos para a festa que Lord Jermyn estava me oferecendo – *disse* que era uma festa para mim, mas acho que foi só uma boa desculpa. Era às 9h. Buscamos Chris e fomos a pé até lá.

Johnny Pigozzi me contou que John Belushi morreu de overdose.

Então os modelos disseram que queriam nos levar para uma outra festa e Eric de Rothschild disse que queria ir conosco, que havia uma limusine lá fora, mas no final era só um Volkswagen e aí umas oito pessoas tiveram de se acomodar ali dentro. Chegamos na festa e foi realmente ótima, todos aqueles modelos lindos, um melhor que o outro. Dançando músicas lindas, americanas, fumando maconha e cozinhando salsichas com as janelas abertas. Aí a polícia veio e ficamos apavorados, todo mundo jogou as coisas fora mais do que depressa. Era por volta das 2h, começamos a pensar em ir embora e fazer as malas para nossa viagem de volta a Nova York.

Chris e eu saímos e voltamos de táxi para o apartamento de Fred ($10).

Segunda-feira, 8 de março, 1982 – Nova York. Victor ligou e disse que tinha estado com uns garotos de Amsterdam e que todo mundo está com medo de pegar o câncer gay e agora só fodem com o dedão. Agora é (*risos*) quem tem o maior *dedão*. Ele disse, "É uma coisa louca".

Sábado, 13 de março, 1982. Acordei cedo para encontrar Jon. Começou a chover mas estava quente. Resolvemos ir até o Met para ver como está a Rockefeller Primitive Collection (táxi $4, ingresso $7). Liz Holtzman também foi ver a exposição, foi gentil e charmosa, veio dizer olá. Havia muitas fotos daquele garoto, Michael Rockefeller, que foi comido, e um garoto e uma garota estavam olhando para uma das fotos e ouvi quando disseram, "Ele parece um hippie". A coleção é ótima, na maioria africana, mas com algumas coisas dos índios americanos e mexicanos e alguns sul-americanos, a montagem está fantástica. Caminhamos da Rua 83 à Rua 44 e paramos na Barnes and Noble para comprar livros de referências e outros que vão nos ajudar na *Interview*, sobre Dorothy Kilgallen. Bob Bach foi grande amigo dela. Encontrei-o há pouco. Ele é o que me deu aquele emprego da mão desenhando o mapa meteorológico durante o programa de Will Rogers Jr. na CBS nos anos 50, durou uma semana.

Segunda-feira, 15 de março, 1982. Recebi uma carta de Billy Name e ele quer que eu mande suas fotografias da primeira Factory na Rua 47 para Jean Stein para o livro dela sobre Edie. E eu detesto Jean, não quero que ele dê as fotografias para ela.

Brigid voltou ao trabalho, foi maravilhoso, ela está radiante e, Deus, realmente está com uma cicatriz linda, nem dá para ver os pontos. Sentamos ao redor da mesa de reuniões por uma hora e ela me contou tudo sobre a crise de vesícula e a operação.

Terça-feira, 16 de março, 1982. Paul Morrissey apareceu e disse que Jean Stein ligou e leu algo que René Ricard disse sobre ele para o livro dela, *Edie*, e ele disse que se ela publicasse aquilo seria processada e ela disse que vai publicar assim mesmo. E Fred disse que eu deveria ser generoso e encontrar as fotos de Billy e dar para Jean, mas eu disse, "Você sabe, Fred, eu realmente não me importo de perder todo esse tempo até encontrar as fotos, mas me contaram que Jean colocou umas coisas podres sobre mim no livro dela e aí não quero dar as fotos". E ele disse, "Bem, se é assim que você se sente, porque você mesmo não liga para ela e diz isso?" Aí eu disse que *ele* é que deveria ligar, mas eu mesmo liguei e disse, "Você sabe, Jean, eu levaria umas duas tardes para achar as fotos e eu até faria isso, mas fiquei sabendo que você me critica no seu livro". E ela disse, "Ah, bem – bem – bem – eu – eu – é uma coisa que foi gravada, são *entrevistas* gravadas". E eu disse, "Ah, então são outras pessoas que me criticam!", e ela prosseguiu, "Bem, eu – eu – não foi isso o que eu disse". "Bem, então será que você pode me mandar as provas?" "Ah, mas já devolvi todas as provas." "Bem, Jean, é para isso que o xerox existe." "Bem, eu – eu – mas Billy te escreveu uma carta maravilhosa." "Sim, Billy me escreveu uma carta maravilhosa."

Quer dizer, ela é só aquele tipo de mulher forte – como Brooke Hayward. São tão – Suzie Frankfurts. Você sabe? E a coisa é que nada do que está no livro dela me incomodaria, é claro, porque tenho certeza de que eu acharia fascinante. Mas o que me perturba é que ela me chama de "arrivista". Isabel Eberstadt deixou escapar essa informação – e não é – não é verdade mesmo. Conhecer garotos ricos era nada para mim, assim como ser convidado para aquelas festas idiotas dela. Me perturba porque não é verdade! As outras coisas, estou certo que são fascinantes, sejam verdadeiras ou não, mas essa coisa de "arrivista" não é verdade mesmo. Ah, *mas por que* isso me perturba tanto? Não *sei* por que, mas perturba, sei lá...

Ah, e Paul disse que viu Ondine e que ele ainda está percorrendo o país com uma cópia em 16mm de *Chelsea Girls*, exibindo e fazendo conferências. O que é que Ondine vai fazer quando essa cópia se desintegrar? Ou se perder? *Isso* é que seria uma peça. E ele está lecionando interpretação para uns garotos ricos numa escola tipo Buckley, aí vai haver um grupo inteiro de garotos que vão (*risos*) interpretar igual a Ondine. E posso até ver Billy Name vindo a Nova York. Ah, não vem, é tímido demais, não vai querer que a gente veja como está gordo. Mas se ele vier – já posso ver –, vem de ônibus com uma mochila da YMCA. E Tom Baker está fazendo a mesma coisa, viajando por aí com uma cópia de *I, a Man*.

E é claro que a grande novidade do dia foi que Claus von Bülow foi considerado culpado em Rhode Island. Acho que vai apelar.

Quarta-feira, 17 de março, 1982. Jon veio me buscar às 8 da noite e fomos para a casa de Diane von Furstenberg, que estava dando uma festa sem nenhum motivo específico, mas acho que talvez fosse para alguém rico da Indonésia. Bob vinha depois porque tinha ido a um jantar que os Hale estavam dando para o Ministro da Justiça.

Barbara Allen chegou, disse que foi abandonada por Bill Paley e caiu no choro quando brinquei com ela sobre Peter Duchin, e disse que está pensando em voltar para Joe Allen. Porque ela acaba de ser despedida do Valentino. Eu não sabia. Disse que está magoada, que devem dinheiro para ela e que não sabe por que foi despedida. Perguntei a respeito de Peter Duchin e ela disse que ele é legal, mas que está casado há dezessete anos e já tem suas manias. Contou que está cansada de ter casos rápidos, está pensando que talvez seja hora de se acalmar e se transformar numa anfitriã. Que realmente pode fazer as outras mulheres morrerem de ciúmes da maneira como ela consegue divertir as pessoas. Havia comida italiana e bebidas sul-americanas que bebi e eram muito fortes.

Quinta-feira, 18 de março, 1982. Li que o livro Edie, de Jean Stein, foi comprado por algumas centenas de milhares pelo Clube do Livro do Mês e tive uma ideia do que fazer a respeito de Billy Name e suas fotos – acho que se o livro começar a ser muito badalado e Edie se transformar num ídolo novamente, será melhor que Billy publique sua própria coleção de fotos de Edie, ganharia mais fazendo assim. Tenho que escrever uma carta dizendo isso a ele, porque não quero só dar as fotos para Jean. Quer dizer, provavelmente nem haja nada *realmente* ruim sobre mim no livro, mas mesmo assim não quero dar as fotos.

Dia frio, ensolarado. De táxi até o Mayflower Hotel ($6) para entrevistar Cher. Ela tem uma cobertura fascinante, como uma casa de dois andares lá em cima, e quis fazer a entrevista no quarto de dormir. Sua cama tem vista para o Central Park. Há quatro dias não consegue comer, nem engolir um comprimido de vitaminas, e o remédio para a garganta fez seu rosto abrir e inchar, e agora ela só está consumindo cremes vitaminados para não emagrecer demais.

Foi ótimo, contou tudo. Disse que agora tem dois namorados, aconteceu tudo numa semana, e está muito feliz porque são homens de verdade. Toquei no assunto de Ron Duguay, que nos contaram que está saindo com ele e ela disse que sim, mas que ele está interessado demais nele mesmo, e não nela. Falou de tudo exceto sobre o pai, disse que esse assunto era um "Não".

E disse que quando ligaram e contaram que ela tinha o primeiro papel depois de Meryl Streep na história de Karen Silkwood, chorou umas cinco horas, porque tudo o que fez até agora é merda, exceto aquela peça *Come Back to the Five and Dime*, e ela está muito feliz.

Deixei Bob em casa ($3.50), Jon veio me buscar e fomos para a casa de Ahmet Ertegun. Bob disse que seriam só "sanduíches", mas aquele mordomo idiota, que deveria ter nos levado para cima, nos levou exatamente para onde todas as pessoas estavam sentadas jantando, e Mica e Ahmet tiveram de se levantar.

Depois fomos todos de ônibus até o Bottom Line ver um novo lançamento de Ahmet, Laura Branigan, que é absolutamente ótima.

Quinta-feira, 25 de março, 1982. Lord Jermyn estava dando um jantar para Fred no Odeon (táxi $8). Demora tanto para chegar lá! Mick Jagger apareceu e foi o grande momento, todo mundo ficou deslumbrado. Charlie Watts estava junto. Sem Jerry. Estão solteiros. Julian Schnabel ainda quer me pintar e diz que só pode ser no sábado porque vai viajar. Ele ganha $40 mil por cada retrato, é o Jim Dine dos anos 80. Ele copia o trabalho das outras pessoas e é muito impetuoso e é amigo de Ronnie e já casou com uma mulher rica. Acho que vou ter que posar para o retrato. De qualquer maneira ele só pinta abstrato, mas acho que tenho de posar só pela inspiração.

Pedi pâncreas de vitela, uma coisa que detesto, só para não ter vontade de comer. Depois fomos à festa de aniversário de John Samuel no estúdio do pai dele na Broadway. Jane Holzer ficou falando sobre Ian Schrager, que está muito a fim dele, que ele é a melhor trepada, e ficamos conversando lá até as 2h, aí perdi a ligação de Jon da Califórnia.

Sexta-feira, 26 de março, 1982. Noite dos cinquenta anos do Radio City e Maura Moynihan ligou várias vezes durante o dia, fiquei pensando que ela seria uma boa companhia e poderíamos continuar as fitas para *Music Motel* – esse é o nome do meu musical agora – sobre ela e seus dois namorados. Aí fomos de táxi até o Radio City ($2). Estava uma chatice.

Maura ligou para seus dois namorados, mas não estavam em casa. Agora ela está trabalhando no *Post*. Ganha $100 por dia e trabalha uns três dias por semana, lendo e revisando coisas, eu acho.

Sábado, 27 de março, 1982. Jon ligou de L.A., estava indo almoçar com Bob e Thomas Ammann.

Domingo, 28 de março, 1982. Bob voltou da Califórnia, acho que só para uma festa jeans num novo café do Tribeca. Trocou Hollywood por essa coisa.

Encontrei Mary Richardson e ela disse que vai casar com o companheiro de quarto de John Samuels de Harvard. Carlos Mavroleon. Bem, isso é o que ela, diz, mas lembro que ele gagueja. Será engraçado se ele for um hétero gago, sei lá.

Segunda-feira, 29 de março, 1982. Acordei cedo, tentei chegar na hora à aula de ginástica. Lidija me contou que Sharon disse que a mulher do andar de baixo reclamou que fazemos muito barulho e com isso acho que Sharon está tentando nos dizer que não podemos mais usar a sala, creio que nossos dias lá estão contados.

Bob marcou um jantar com o prefeito. É o jantar para o aniversário de Alice Neel que estava marcado para um mês atrás mas que foi cancelado por causa da morte do pai do prefeito. E Polly Bergen estava dando uma festa por causa dos prêmios da Academia. E Lester Persky estava oferecendo um jantar e uma festa na Xenon para (*risos*) "homenagear as estrelas".

De táxi até Gracie Mansion ($6). Repleto de artistas, um pouco horrível. Henry Geldzahler estava lá com Raymond, e Duane Hanson, Alice Neel e Tom Armstrong também estavam. E todo mundo ficou reclamando que o Whitney não tinha emprestado o retrato que Alice Neel fez de mim para o jantar, a gente tem que avisar com um mês de antecedência e eu disse que por mim estava tudo bem, que era um retrato pouco revelador. E Alice estava expondo um nu dela mesma. Sua família estava lá. Ela faz essas pinturas tão depressa! O prefeito foi gentil, fez uma gracinha de discurso, repleto de piadinhas.

E aí subitamente um calhorda se levantou e discursou, era Stewart Mott e foi o discurso mais estranho do mundo. Contou como Alice Neel viveu tanto tempo no esgoto e não tinha um urinol para mijar e que aí morou para os lados da Rua 109 no East Side e depois na Rua 105 no West Side e agora, como um presente para Alice, será que o prefeito poderia falar sobre suas ideias sobre guerra nuclear e desarmamento? E o prefeito disse algo como, "Ouça aqui, seu discurso já encheu a paciência".

Bob disse para o prefeito que queremos que ele seja capa de *Interview* e o prefeito disse, "Depois da eleição", e Bob disse, "Ah, não dá para ser antes?", mas ele disse, "Será melhor depois". Foi frustrante.

E será que contei que minha pessoa favorita é a mulher do senador Al D'Amato? Ela realmente fala como Judy Holliday. Uma pessoa de verdade realmente falando daquele jeito.

Terça-feira, 30 de março, 1982. Christopher queria sair para procurar ideias. Lindo dia. Fomos até a cafeteria Dubrow's, é no bairro das fábricas de roupas, e eles colocam aquelas luzes vermelhas em cima da comida e aí tudo parece uma delícia, mas tudo é grande demais e cheio de ar. Pensei que seria barato mas não foi ($20). Só tivemos tempo para ir ao porão da Macy's porque Chris tinha um compromisso.

Conversei com Jon, ele estava recebendo Barbara Allen lá em L.A., ela está lá com John Samuels.

Depois houve o vernissage de Cy Twombly na Sperone Westwater Gallery. David Whitney, Sandro Chia e uns dois artistas italianos estavam lá. Depois fomos ao Odeon. Fiquei ao lado de Si Newhouse, que conversou sobre a nova *Vanity Fair*. Ele acaba de comprar um Jasper Johns de $800 mil. Contei a ele que até me desfaria de uns Warrens e de umas Natalies.

Sábado, 3 de abril, 1982. Fui ao Pasta & Cheese, tirei um vidro do congelador, deixei cair e se espatifou e derramou molho marinara em cima de tudo e em cima de mim, foi muito constrangedor. Disseram que não me preocupasse. Nunca tinha acontecido algo assim comigo.

Fomos para a Lafayette à festa de Bob Rauschenberg e no caminho encontramos Henry Post. Lady McCrady estava lá e está desenhando no Hellfire Club, que é um clube hétero onde as mulheres ficam puxando os homens pela coleira e essas coisas, é sadomasoquismo para héteros.

Saí de lá às 12h30. Fui ao Studio 54, onde havia uma festa para o negro de *Saturday Night Live*, que acaba de assinar um contrato para fazer um filme para a Paramount. Eddie Murphy. Ele até que é bonito. Estava lotado, mas repleto de ninguéns.

Domingo, 4 de abril, 1982. Chris ligou e disse que queria ir àquela coisa do P.S. 1 no Queens que está com boas críticas. E o namorado de Henry Post que mora com ele está expondo. Estava repleto de gente, me lembrou de anos atrás, quando eu ia a lugares como o Settlement House para coisas desse tipo. Mas anos atrás eles tinham gente melhor – Oldenburg e Whitman. Brooke Adams estava lá, foi gentil, disse olá. E a princesa Schleswig-Holstein – Pingle –, que meio que deixou de trabalhar no escritório porque é muito burra, estava lá e agora trabalha naquele lugar um dia por semana. Fizemos com que nos mostrasse tudo.

Encontramos Henry Post e vimos as coisas do namorado dele, estão ok, mas são apenas uma cópia de Jedd Garet. Jon realmente vê coisas nas pinturas que eu não vejo. Por exemplo, havia uma pintura abstrata e ele viu uma série de pessoas retratadas nela. Estavam ali, mas eu não tinha notado, e as pinturas realmente têm coisas a dizer, mas eu nunca olho para elas desse modo.

Havia um coquetel que Henry estava dando na casa de Anna Wintour, onde ela mora com aquele Michael Stone.

E Henry ficou criticando a festa de Rauschenberg do dia anterior, dizendo que a sua festa seria superluxuosa e chique. Mas estou começando a achar que talvez Henry não saiba o que seja uma festa elegante, que talvez não tenha ido a muitas. Porque esta festa – quer dizer, nem serviram comida. Era das 6h30 às 8h30 e só serviram bolachinhas. Era na Broadway com a 70 e 71. Havia árvores enormes e três empregadas, mas e daí, não tinha comida. E só estou criticando tanto porque Henry criticou muito a festa de Rauschenberg, dizendo que a dele seria muito melhor. E Jed estava lá. Eu tinha perguntado a Henry se ele estaria e ele disse que sim, que Jed é um de seus melhores amigos. E não tinha nenhuma estrela.

Steve Rubell estava lá. Mas a coisa mais estranha é que ele estava com o promotor que o mandou para a cadeia! E eu acho que foi Henry – que na verdade escreveu o artigo que iniciou o problema todo – eu acho que foi Henry que reuniu os dois. Quer dizer, é como se alguém te despejasse do apartamento e aí no ano seguinte vocês decidissem ser amigos. Ou é como tentar se envolver com o sujeito que é tão mais esperto que você que até conseguiu te pegar, e fazer com que ele se envolva com aquilo que você faz.

Segunda-feira, 5 de abril, 1982. Trabalhei toda a tarde. De repente tudo ficou movimentado. Lembrei que estava com os ingressos que Susan Blond me deu para ver aquele roqueiro que come cabeças de morcegos, Ozzy Osbourne, mas aí Thomas Ammann ligou e me convidou para jantar no Mr. Chow's e dei os ingressos para Agosto. De táxi até o Mr. Chow's ($7).

Conversamos sobre arte. Thomas me contou a história do Picasso que comprou de Paulette Goddard, custou $60 mil, e ele mostrou para um dos filhos de Picasso, que disse que era falso. Contou que Paulette dificultou as coisas, que foi "difícil", mas que devolveu o dinheiro. Mas quando você pensa bem nessa história, será que há trinta anos alguém realmente falsificaria um Picasso? Ele começou a ser importante mesmo em 1950. Eu cheguei em Nova York em 1949 e Sidney Janis e todas essas galerias já estavam funcionando e o Museu de Arte Moderna e a arte se tornaram realmente importantes e Picasso se transformou no artista número 1. Mas era muito cedo para alguém sair falsificando, aí não sei.

Thomas convidou Jerry Zipkin e ele veio. Ele critica as pessoas quando está "ligado", acha que tem que ser divertido. Eu estava contando que Holly Solomon e seu marido são donos do prédio onde Marilyn Monroe e Arthur Miller moraram e Jerry começou a criticá-la, a maneira como ela é, a maneira como se veste. Disse que o que muitas mulheres fazem é dizer aos namorados que querem um broche de $150 mil e o namorado dá o dinheiro para elas, aí elas dizem a mesma coisa para os maridos e eles dão o dinheiro e então elas compram o broche e embolsam os outros $150 mil e cada um fica pensando que foi quem comprou. E ele também disse que muitos maridos compram joias para as esposas na conta da companhia, assim quando os dois rompem as joias voltam para a companhia. Mas que muitas mulheres mandam fazer cópias das joias e vendem as verdadeiras antes que isso aconteça.

Quarta-feira, 7 de abril, 1982. Ainda não sabemos quem vai ser a capa da *Interview* e acho que decidiram colocar Dyan Cannon.

Robert Hayes contou para Bob que eu tinha dito que tudo bem, mas sei que jamais diria isso, não gosto tanto assim daquela mulher. Tentamos conseguir Rachel Ward, mas a agência dela recusou.

Resolvi ver *Cat People*. Jon veio me buscar e fomos para a Gemini (táxi $3, ingressos $10). Realmente gostei muito do filme. Acho que gosto muito da direção de arte de Scarfiotti. E desta vez gostei demais do braço sendo arrancado a dentadas, da maneira como filmaram, do estalo quando o braço salta fora.

Sexta-feira, 9 de abril, 1982. Minha última aula de ginástica na casa de lady Sharon. Estou furioso com ela, nos entusiasmou tanto e agora simplesmente nos põe na rua e diz que as pessoas do andar de baixo estavam reclamando, e eu sei que não é isso. Se aquelas pessoas não se incomodavam antes, não estarão se incomodando agora. Aí vou fazer as aulas de ginástica por um tempo na casa de John Reinhold e não deve demorar para o equipamento de ginástica que encomendei ser instalado no escritório.

Segunda-feira, 12 de abril, 1982. Não sei por que eu deveria detestar tanto Sharon, mas detesto mesmo, fiquei ressentido por ela ter me convencido a iniciar a ginástica na sua casa e aí ter me jogado na rua. Estou muito magoado.

Billy Squier veio almoçar e Issey Miyake também estava no almoço, ele vai desenvolver uma linha de roupas para homem. Contou que os japoneses gastam muito dinheiro em roupa, me contou sobre aqueles quartos de hotel de 1,80 x 1,20 onde a gente pendura uma TV na cabeça. Disse que os japoneses têm ataques de nervos quando chegam a Nova York, por causa de "todo este espaço", e que por isso eles só mandam para cá o pessoal que mora nos subúrbios de lá.

Segunda-feira, 19 de abril, 1982. Chris ligou e disse que vai haver uma projeção do filme de Fassbinder que vimos sendo filmado na Alemanha. Eu tinha que ir a um almoço, por isso só vi uma hora e meia do filme, até aquele ponto foi legal mas ainda faltavam quarenta minutos.

Terça-feira, 20 de abril, 1982. Tarde cheia. Fassbinder e seu produtor vieram, contei que adorei o filme. Depois foram embora e o produtor voltou e disse que deixou Fassbinder numa porno-shop do Village. Ele é estranho, Fassbinder. Foi gentil quando o apresentei aos garotos do escritório, mas reagiu de uma forma estranha quando o apresentei à Lidija, a professora de ginástica.

Liguei para Edmund Gaultney porque Calvin Klein tinha me pedido que entrasse em contato com Georgia O'Keeffe, queria ser apresentado a ela e comprar uma pintura. E aí liguei para Juan Hamilton e ele ficou se fazendo de importante, disse que Calvin poderia ir até Albuquerque mas que não sabia se Georgia concordaria em se encontrar com ele, aí eu disse que Calvin não faz coisas desse tipo e ele disse, "Bom, a coisa é assim". Então liguei para Calvin e disse que ele mesmo deveria ligar para Juan porque, realmente, isso é só coisa de ego.

Quarta-feira, 21 de abril, 1982. A limusine veio nos pegar para me levar até a Butler Aviation, onde fui fazer um anúncio para U.S. Air. Havia umas cem pessoas no comercial, inclusive as Rockettes e Dick Cavett, que tinha acabado de ir embora. Fui apresentado ao diretor e ao diretor assistente e detestei os dois, tão estilo Hollywood! – correntes de ouro, tênis de corrida, jeans.

A maquiadora disfarçou minha espinha e então me colocaram no avião ao lado de uma mulher de peruca grisalha. Eu tinha que segurar uma rosquinha e dizer, "O que é arte?", e não consegui dizer direito – a primeira vez perguntei, "O que é uma rosquinha?" – tive que filmar vinte vezes.

Ah, estou com vontade de gritar com Paul Morrissey porque abri o jornal e descobri que agora *Frankenstein* está em cinquenta cinemas. Quer dizer que durante todo este tempo que ele ficou brigando e argumentando comigo sobre todos os pontos do contrato que devem dizer por extenso qual a porcentagem dele no filme, e enquanto ficou obrigando Chase Mellen, seu advogado, a escrever item por item – por exemplo, se daqui a vinte anos eu já não estiver aqui, o que vai acontecer? – Ponti, alguma companhia da Máfia ou *alguém* estão ganhando uma fortuna com *Frankenstein*. Então por que é que Paul não está tomando conta *disso*? Acho que agora vou ler de verdade o contrato que ele quer que eu assine e aí vou dizer que *eu* não assino até que as coisas estejam ainda *mais* especificadas – quer dizer, o que acontece se *ele* não estiver mais aqui daqui a vinte anos? Não quero ser obrigado a discutir com a mãe dele sobre direitos de distribuição no exterior. Acho que vou fazer isso. Sim, acho que vou.

E será que mencionei que mrs. Rupert Murdoch me escreveu uma carta sobre cuidar da igreja? Aquela igreja que eu vou na Rua

66, St. Vincent Ferrer. Está correndo o perigo de ficar vazia. Era uma igreja católica chique, mas agora está quase sempre vazia.

Quinta-feira, 22 de abril, 1982. O desfile de Halston foi ótimo, com as roupas simples e maravilhosas que ele faz. Ele utilizou dez ou doze mulheres. Tem um novo tecido que é lindo, é como seda e papel, e as pessoas ficaram tocando com a mão para descobrir o que era. Vem em cinza metálico e verde metálico, é como se tivesse uma cascata passando através dele, iridescente assim. E machões por toda parte, repleto de machões. Lauren Hutton ficou ao meu lado, estava usando a mesma câmera que eu, mas apoiando a máquina na cintura, e eu disse a ela que jamais conseguiria uma boa foto se não olhasse pelo visor e focasse o círculo no lugar certo. Ela perguntou se não era ótimo que agora fôssemos vizinhos em Montauk – ela, Halston e o irmão de Peter Beard compraram cem acres e ela e Halston vão dividir a terra e construir.

Discuti a respeito do portfólio "Animais Extintos" com Ron Feldman.

Domingo, 25 de abril, 1982. Busquei Jon para irmos ao parque. Por acidente encontramos Barry Diller, o chefe dele, que estava dando uma caminhada junto com Calvin Klein, David Geffen e Steve Rubell. De certa forma foi um momento chocante. Por um instante todos ficaram com cara de culpa.

Segunda-feira, 26 de abril, 1982. Jane Fonda ligou e vem quinta-feira para fazer o retrato. Resolvi fazê-lo depois que Fred leu sobre a biografia e as ideias políticas do marido dela e me disse que eu deveria.

Terça-feira, 27 de abril, 1982. É bom sair na chuva com um guarda-chuva, ninguém te incomoda.

Chris chega e está com problemas conjugais – Peter esteve na rua até as 3h e Chris ficou histérico, chorando, e aí está uma pessoa que a gente sempre viu forte e que eu jamais sonharia que ficaria assim, fiquei muito chocado, cheguei à conclusão de que realmente gosto muito dele, porque na realidade ele é uma manteiga derretida. Resolvi que realmente tenho que ajudar a manter esse casamento, por isso convidei os dois para jantar.

Trabalhei toda a tarde.

Fui à Coach House e é fascinante – pãezinhos de milho e coisas do gênero, é tão bom. Agora estou pesando 54, mas gostaria de emagrecer de novo, acho que jamais vou ver aqueles 51,5 de novo. Não estou mais anoréxico, mas queria estar. Lidija diz que são os músculos que estão me deixando mais pesado. Quer dizer, a gente vê uns garotos que ficaram se exercitando um ano ou quase, como Marc Balet, que antes parecia uma ampulheta magrinha e agora parece que está sempre vestindo um casaco! É muito estranho (jantar $250).

Quarta-feira, 28 de abril, 1982. O casamento de Chris e Peter está em recuperação.

Refiz os lábios no retrato de Agnelli. Gostaria de saber o que vai acontecer com todos esses retratos daqui a dez anos, quando todos esses pontinhos da serigrafia que formam a imagem começarem a descascar.

Quinta-feira, 29 de abril, 1982. Jane Fonda vinha às 2h e tive uma aula de beleza à 1h. Fred e eu tivemos uma briga enorme sobre a maquiadora e ele teve de sair para se acalmar. Aí voltou. Jane Fonda veio com seu próprio cabeleireiro e sua própria maquiadora, estava de muletas e foi ah-tão-charmosa porque queria o retrato grátis. Charmosa de verdade. Perguntou por Geraldine Smith e Eric Emerson, que uma vez ela e Roger Vadim levaram de volta para o quarto de hotel depois de terem se conhecido na Factory. Contei a ela que Eric está no céu e que Geraldine está no catálogo telefônico.

Mandei Brigid ficar fazendo pontos na nova máquina de costura que comprei porque quero costurar todas as minhas fotos umas nas outras, mas no final descobrimos que o melhor costureiro é o meu guarda-costas, o ex-marine Agosto, ele trabalhou numa loja de camisetas no Havaí antes de se alistar nos marines.

Quarta-feira, 5 de maio, 1982. De táxi até 720 Park Avenue, que fica na altura da 70, um edifício muito chique. Mrs. Landau quer que a cor de seu cabelo no retrato seja mudada de preto para castanho. Um garoto-mordomo trouxe comida, cogumelos recheados com patê e depois vagens de ervilhas recheadas com queijo. Que tipo de comida é essa? Será francesa? Eu sabia que aquilo devia ter sido muito manuseado mas mesmo assim comi porque estava faminto. E ela tem muitos Picassos. Depois eu disse que tinha que ir porque Steve Rubell me buscaria para irmos a um jantar black-tie dos democratas.

Ele estava com uma motorista de minissaia, loura, parecia Blondie, mas dirigia muito devagar, e aí Steve empurrou-a para o lado e tomou a direção. Fomos para o Sheraton Center, ao salão de baile. Lá é tão lotado. Steve quer recuperar a licença para vender bebidas alcoólicas, por isso fica dando contribuições para a campanha de todo mundo.

Quinta-feira, 6 de maio, 1982. No final, o jantar de aniversário que Silvinha estava dando para Richard Gere era só às 10h, aí voltei para casa e trabalhei um pouco (táxi $5.50).

Fui para a casa de Richard Gere na Rua 10 Leste (táxi $7). É uma cobertura com um terraço enorme, parece que tem um quarteirão de comprimento, é lá que Silvinha pinta. Diane von Furstenberg estava lá e os garotos sul-americanos. E John Samuels também, ele disse que foi escolhido como ator principal em *Hotel New Hampshire* com Diane Lane e Amanda Plummer, dirigido por Tony Richardson. Jann Wenner e sua mulher estavam lá e agora parece que ele está emagrecendo. Fui embora por volta das 2h.

Domingo, 9 de maio, 1982. Thomas Ammann veio para a cidade e quis saber sobre o mercado de arte. Perguntei se queria ir à estreia do musical *Nine* comigo aquela noite e ele disse que sim. Era a noite da festa de aniversário que Elizinha Gonçalves daria para Bob no novo Club A.

Busquei Jon e fomos para o Club A no 333 da Rua 60 Leste (táxi $7). Realmente uma festa ótima, fascinante, jamais a gente pensaria que era para Bob, todas aquelas pessoas ótimas estavam lá. Sentei ao lado de Betsy Bloomingdale e conversei com ela, ela disse que Alfred ainda está doente. "Suzy" estava lá e Lynn Wyatt voou só para a festa, e Farrah Fawcett e Ryan O'Neal. Havia vários velhos servindo, pareciam gente daqueles restaurantes do Lower East Side de anos atrás, o tipo ótimo de garçons. Deve ter dado um bocado de trabalho, essa festa, e muito planejamento. E a comida estava realmente ótima. Tinha salmão defumado recheado com caviar e aí numa mesma garfada a gente comia dois pratos diferentes.

Segunda-feira, 10 de maio, 1982. Jon me convidou para ver *A força do destino*, com Richard Gere e Debra Winger. Não consigo dizer se gostei ou não. Jon disse que chorou três vezes durante o filme. Richard Gere se transformou num ator muito bom. E Debra Winger é uma boa atriz, mas tem aquele nariz que sempre fica no caminho. Se ela fizesse uma boa plástica nele poderia ficar parecida com Ava Gardner – ou alguém como ela.

Terça-feira, 11 de maio, 1982. Acordei cedo, dei telefonemas. Tinha uma consulta com o Doc Cox, fui a pé até lá. A recepcionista fez um escândalo dizendo que não pago minhas contas em dia, que Vincent é horrível quando ela telefona, e eu ia começar a reclamar mas parei. Dava para o Doc Cox ouvir tudo, por isso acho que foi ele quem pediu para ela me dizer todas aquelas coisas. E Rosemary ainda é a grande chefona lá. A consulta era às 11h mas só saí de lá à 1h ou 1h30.

O *New York Times* publicou um artigo enorme sobre o câncer gay dizendo que ninguém sabe o que fazer com ele. Já é um tipo de epidemia e dizem que esses garotos que trepam o tempo todo têm a coisa no sêmen e já passaram por todos os tipos possíveis de doença – hepatite 1, 2 e 3 e mononucleose, estou com medo de ser contagiado se usar o mesmo copo ou só por estar com esses garotos que vão ao Baths.

Quinta-feira, 13 de maio, 1982. Ronnie ficou criando dificuldades no escritório. Um dia antes brigamos e pedi que ele se acalmasse. Como naquela vez que pedi para ele sair e buscar qualquer coisa menos torta de lima e ele trouxe torta de lima, não deu para entender por que fez aquilo. Bem, ele estava estendendo as telas e entortando tudo, aí a gente discutiu e ele disse, "Bem, você não pinta, você não fotografa, você não estende as telas – o que mais você *não faz*?". Não sei o que ele está pretendendo. Está igual a quando bebia e se drogava, só que agora não faz mais isso. Trabalhei até as 6h30.

Sábado, 15 de maio, 1982. Fui downtown para a galeria onde Chris Makos estava mostrando os retratos que fez comigo vestido de mulher e onde havia uma exposição de fotografias de Candy Darling de vários fotógrafos diferentes. A coisa estava lotada, era o vernissage, gente como Jackie Curtis e Gerard Malanga estavam lá (táxi $6). Deixei Jon em casa (táxi $6.50).

Segunda-feira, 17 de maio, 1982. Cheguei no final do almoço para Jody Jacobs, do *Los Angeles Times*, e Joan Quinn e Bianca Jagger vieram. Bianca disse que quer fazer comigo a entrevista com Steven Spielberg. E agora que estou pensando nisso estou me dando conta de que o que fez Joan Quinn ficar tão estranha é que seu cabelo não estava pintado, aquele cabelo rosa e verde – era cabelo normal. E até que enfim ela não pediu para ganhar uma pintura.

Terça-feira, 18 de maio, 1982. Tentei obter algumas informações de background sobre Steven Spielberg para a entrevista com ele. Resolvi não ficar chateado com aquela relações públicas horrorosa que não me deixou ir à projeção de *E.T.* outro dia. Ela mandou orquídeas pedindo desculpas e é idiota ficar pensando em coisas desse tipo.

Quarta-feira, 19 de maio, 1982. Fui ao Sherry Netherland com Bianca para entrevistar Spielberg e ele foi realmente amável (táxi $3). Estava na cama e nos convidou para jantar. Bianca está louca por ele porque quer participar de um de seus filmes, e ele está louco por Bianca porque gostou dela no filme *dela*. Disse que viu meu filme *Sleep* quando tinha doze anos e que foi a inspiração para um filme que ele fez chamado *Snore*. Disse que foi a entrevista mais divertida que já fez. Íamos convidá-lo a ir ao escritório para tentar vender alguns trabalhos, mas aí foi ele mesmo quem sugeriu. Contou que estará de volta dia 27, eu disse que estaria viajando, mas que combinaríamos alguma coisa. Deixei Bianca no Carlyle e fui até a casa de Jon buscar um roteiro (táxi $4). Fiquei vinte minutos.

Quinta-feira, 20 de maio, 1982. Assisti W.C. Fields de bigode num filme que eu nunca tinha visto.

Fred estava trabalhando no nosso roteiro e nos nossos planos para a Europa. Brigid e eu fomos até o salão de beleza da Terceira Avenida e fiz os pés e as mãos. As pessoas que passavam olhavam pela vitrine e não conseguiam acreditar que estavam me vendo ali.

Duas garotas da Visual Arts me viram e entraram e aí voltaram correndo para a escola para buscar os portfólios nos armários e me mostrar. Na saída Brigid encontrou Gerard Malanga na rua e o levou para dentro, ele estava com a câmera, mas com as lentes erradas e enlouqueceu porque não conseguiu tirar uma foto minha fazendo os pés. Aí as garotas da Visual Arts voltaram e as apresentei a Gerard e foi como nos velhos tempos, vê-lo atrás das mulheres jovens e lindas. Enquanto eu estava lá dois homens entraram e marcaram consultas. Acho que porque me viram lá. Um era daqueles que segue cegamente os modismos. A manicure disse que só tinha vaga dali a três dias e ele disse, "Bem, marque assim mesmo".

Engordei. Não sei o que fazer, minhas camisas estão ficando justas demais.

Segunda-feira, 31 de maio, 1982. Conversei com Brigid, ela engordou, está com 76,5, as pessoas ficam perguntando se está grávida. Liguei para Jay Shriver e ele veio apesar do feriado, este fim de semana foi muito sem graça. Trabalhei toda a tarde. Mandei Jay comprar materiais ($30). Fiz algumas pinturas à mão. Terminei as "Cruzes". Deixei Jay em casa (táxi $5.50).

E a Inglaterra está vencendo a Guerra das Malvinas.

Sexta-feira, 4 de junho, 1982. Sessão de fotos no estúdio de Avedon às 2h para um anúncio da Christian Dior. André Gregory estava lá, está se apresentando downtown numa peça que ele mesmo escreveu. Ele coescreveu e produziu o filme *My Dinner with André*, e me contou que quando estava tentando levantar $500 para o filme as pessoas perguntavam, "O que você está tentando fazer? Um filme tipo Andy Warhol?".

Todo mundo estava com roupas Dior e queriam me fotografar pintando, mas eu disse que seria mais moderno se eu não pintasse, que deveriam deixar as coisas mais simples para não estragar a foto. Doon Arbus estava lá e era a primeira vez que estava trabalhando com Avedon de novo, os dois tiveram uma briga feia.

Sábado, 5 de junho, 1982. Acordei cedo. Comprei materiais para o escritório ($22.73, $33.82). Fui a uma dessas mercearias coreanas e havia umas quinze pessoas lá, estava lotada, fiquei ouvindo um sujeito levar dez minutos para descrever um abacaxi e quando terminou até eu estava louco de vontade de comprar um. Ele ficou dizendo, "Eu quero que esteja maduro e no ponto de comer! Suculento! Saboroso! Pronto para comer, sem mais nem menos!". E aí me virei e era Nixon. Uma das filhas estava com ele, mas parecendo mais velha – talvez Julie, acho. E ele está inchado, como um personagem de Dickens, gordo e com barriga. Pediram que assinasse a nota. Havia gente do Serviço Secreto com ele. E a mulher da caixa disse que ele é o "Pendurador Número 1".

Fui assistir *My Dinner with André* (táxi $4) e havia uma fila, então disse para a mulher que André tinha nos convidado e que por favor ela nos deixasse entrar e ela pensou que eu queria dizer grátis, mas eu disse que pagaria. Caí no sono, o filme é muito chato. Conversa de hippie. Acho que os garotos ficam pensando que é intelectual porque fala de sentimentos. Para casa, na cama à 1h (táxi $4).

Terça-feira, 8 de junho, 1982 – Nova York-Baltimore-Nova York. Tive que ir a Baltimore para ver o pai de Richard Weisman, Fred, apresentar as "Dez Personalidades do Esporte" na Universidade de Maryland. Aliás, será que o Diário sabe que Frank Sinatra quebrou a cabeça de Fred Weisman nos anos 60? No Polo Lounge de Los Angeles. Não se conheciam. Sinatra bateu nele com um telefone.

Decidi voar pela New York Air porque fiz um comercial para eles, foi um erro porque o avião demorou 45 minutos para decolar, disseram que estavam esperando umas peças, mas acho que só estavam esperando que o avião lotasse. E ninguém mencionou meu comercial, nem mesmo a aeromoça que me serviu uma rosquinha.

Cheguei à Universidade de Maryland e uma mulher vem correndo e diz, "Como é que você se sente na escola onde Valerie Solanis se formou?". E eu não sabia que Valerie tinha estudado lá! Nunca tinha ouvido falar disso, foi uma novidade.

Fui fotografado e convidado a ir à casa do reitor. E aí atravessamos o campus até a casa dele, sentamos, conversamos com alguns poucos escolhidos, uma coisa que é sempre muito chata. Tomei a ponte aérea e estava de volta a Nova York às 3h45.

Rupert chegou e trabalhamos no pôster para o filme de Fassbinder até as 8h00.

Quarta-feira, 9 de junho, 1982. Alguém me parou na Park Avenue e disse, "Você é aquele cara do comercial", e eu disse que era e lhe dei uma *Interview* e ele disse, "Talvez você possa me ajudar", e eu perguntei qual era o problema porque estava meio com pressa e ele contou que escreve roteiros e será que eu poderia dar uma olhada e aí perguntou, "E como é mesmo o seu nome?".

Curley estava comemorando seus 25 anos, aí mandamos buscar algumas coisas e bebemos.

Thomas Ammann acaba de ligar para dizer que Fassbinder se matou. Bem, ele realmente andava muito estranho. Quando veio ao escritório estava muuuuito estranho. E quando *eu* digo que alguém está estranho, você sabe que está estranho. Tinha 37 anos e fez quarenta filmes.

Deixei Rupert (táxi $5). Fui para casa e Richard Weisman me pegou para irmos à estreia de *Grease II*. Jon levou Cornelia Guest. O filme é tudo o que sonhei. Adorei a garota Pfeiffer e o garoto Caulfield e a direção de Pat Birch é ótima. Muito bom. John Travolta foi tão idiota por não ter feito *Grease II*! O que ele tem feito ultimamente? Dá para entender um astro que não trabalha? Será que fica no seu palácio e recebe (*risos*) aulas de interpretação ou o quê?

Sexta-feira, 11 de junho, 1982. De táxi até o "21". Fui encontrar Richard Weisman que estava dando uma festa por causa da luta entre Cooney e Holmes. Depois fomos a pé até o Radio City para assistir à luta (ingressos $30). Acho que colocaram uma tela nova, a imagem estava *tão* nítida, dava para ver as espinhas no rosto dos lutadores. Tínhamos feito apostas e a minha era "Holmes no quarto round" e quase deu isso, ele foi nocauteado no segundo, mas no final a namorada de Richard ganhou. Eu estava com o dinheiro das apostas. Todo mundo estava torcendo por Cooney no Radio City, todos irlandeses. Holmes ganhou por nocaute técnico no décimo terceiro round e todo mundo vaiou.

Domingo, 13 de junho, 1982. Assisti *Um dia de cão* na TV e quem é que interpreta o travesti? Interpretação ótima. Ele fica um pouquinho demais com a mão no pescoço, mas é só. Fora isso, é realmente perfeito, e um bom texto, uma frase era como um texto de Candy Darling.

Terça-feira, 15 de junho, 1982. Mandei Agosto até a Madison Avenue Bookshop para comprar exemplares de *Edie* e disseram que "está vendendo que é uma loucura" ($60). E no livro há uma foto de uma certidão de nascimento absolutamente errada que dizem que é minha. Não consigo entender. É de um Andrew Warhola, numa outra cidade, e diz 29 de outubro de 1930, eu acho. Onde é que conseguiram uma coisa dessas? O que é isso? E riscaram o nome da mãe. Não entendi.

Chris e Peter vieram me buscar às 6h para ver *Grease II*, fui assistir de novo. Vimos numa tela maior e aí o filme não se sustenta. Sem aquele som a todo volume do Ziegfeld dá para compreender por que os críticos disseram que é tão chato.

Depois que terminou fui ao jantar na casa de Ashton Hawkins. Annette Reed e eu meio que encontramos assunto. Ela disse que viu *Firefox*, o filme de Clint Eastwood, numa sessão beneficente segunda-feira no Museu de Arte Moderna e que Clint estava lá com a namorada, Sondra Locke. E depois do filme todos foram jantar no Pierre e ela disse que poderia ter sido muito melhor, queridinho, se ela apenas tivesse ido a qualquer "espelunca italiana com amigos". Disse que Clint estava "fascinante" e que o filme foi "interessante", mas que preferia ter estado com *amigos*, queridinho, e ter deixado o cinema para o final.

Quarta-feira, 16 de junho, 1982. Resolvi ver *Grease II* pela terceira vez. Lorna Luft estava fazendo uma projeção na Paramount (táxi $5.50). Mas Lorna nem estava lá. Seu marido, Jake Hooker, estava e disse que Lorna já viu o filme muitas vezes. Sentei na última fila e da terceira vez foi melhor do que quando sentamos lá na frente na sala de projeção.

Quinta-feira, 17 de junho, 1982. Esqueci de dizer que na quarta-feira Jay Johnson levou Marianne Faithfull ao escritório. Ele não bebeu, mas ela sim, e estava com o namorado, acho. Quando chegou estava mais para lá do que para cá, mas aí bebeu mais vinho e na hora de irem embora estava alucinando. Tom Cashin assinou um contrato de modelo com Pierre Cardin, então agora vai viajar bastante.

Saí com John Reinhold. Fomos ao Odeon e Henry Geldzahler estava comendo sozinho aí o levamos para jantar ($198.85). Contou histórias sobre Jean Stein e foi aí que tivemos a ideia de ele contar para ela que estou escrevendo um livro sobre *ela*.

Sexta-feira, 18 de junho, 1982. Brigid fez Jay Shriver sair para beber com ela. Acho que está chateada com o livro sobre Edie Sedgwick porque pensa que deveria ter sido um livro sobre *ela*. Aí levou Jay para beber durante o almoço e contou para ele suas histórias de San Simeon, do tempo que era uma menininha e ia para lá quando o pai dirigia a Hearst Corporation. Depois ela voltou para o escritório e queria ser divertida, aí ficou rolando pelo chão mas era apenas uma pessoa gorda rolando pelo chão.

Segunda-feira, 21 de junho, 1982. Fui encontrar Sean McKeon, Chris e Peter no Mayfair (drinques $20). Chris estava com seu carro e fomos até a festa de Couri Hay para Cornelia Guest, um churrasco na Rua 81 Oeste. E o debut de Cornelia que eu não fui na outra noite foi noticiado pelo *New York Times*. Deveria ter ido. Cornelia está tão gorda que parece o Garoto de Massa da Pillsbury.

Quando estávamos caminhando entre a Amsterdam e a Broadway passou uma mulher com dois dobermans e um homem carregando uma chave-inglesa.

E agora Bob Colacello tem sua própria vida. Não o vejo mais depois do trabalho. Será que tem feito coisas boas? Estará se divertindo?

Conversei com Jon na Califórnia e ele disse que vai ficar mais um dia porque está tentando se transferir da mídia para a produção.

Quarta-feira, 23 de junho, 1982. Jane Holzer me buscou e estava bonita num Halston vermelho. Fomos ao City Center para aquela coisa da Martha Graham. Depois do espetáculo, Bianca se perdeu do Escorregadiço Dick Cavett e teve de ir procurá-lo, mais tarde fomos para a casa de Halston. Dick me contou que um transexual de Nova Orleans anda atrás dele e me perguntou o que deveria fazer, e eu apenas disse que ele deveria trepar com ela, sei lá o que ele queria que eu dissesse. E ficou fazendo anagramas durante uma hora inteira. Saí totalmente da minha dieta. Comi batatinhas fritas, bebi e me senti como Brigid.

Fui embora com Dick e Jane, e Dick ficou bolinando Jane no carro e eu perguntei onde estava a patroa dele. Dick me deixou em casa às 2h.

Sexta-feira, 25 de junho, 1982. Rupert e todos os garotos disseram que estavam indo viajar durante o fim de semana, aí resolvi não ir para o escritório, tive medo de ficar trancado no elevador.

Conversei com Jon e ele vai ficar em casa depois da consulta com o médico porque está esgotado.

Consegui ingressos para o Feld Ballet no velho Elgin Theater, que agora chamam de Joyce Theater. Encontrei Chris e Peter lá. Figurinos divertidos e uma graça de garotos. Havia um número só com garotas e um número só com garotos, tipo *Grease*, depois um número com garotos e garotas juntos. O número de *Amor, sublime amor* com todos os garotos dava a impressão que eles estavam trepando.

Mas fico tão desapontado com dança. Se a gente tem mais de 25, está acabado. Porque depois de 25 a gente perde o brilho, fica muito estilizado. E sempre há alguém com quinze anos cheio de brilho para te jogar para um lado.

Depois fomos para o Claire's na Sétima Avenida no West Side, é um desses lugares novos, enormes, como os da Califórnia, cheio de treliças, lotado de bichas. Way Bandy apareceu e está horrível, só bebeu café e contei para ele que ainda quero que faça minha maquiagem quando eu for viajar.

Sábado, 26 de junho, 1982. Fui até a Heartbreak, a nova discoteca perto da Vandam, perto do Paradise Ballroom. Durante o dia é uma cafeteria e à noite é uma discoteca só com música dos anos 50 e alguma coisa dos anos 60, e todo mundo se veste como quer e dança como quer. Se alguém fizesse um filme lá, seria muito discreto. E todos os garotos na Heartbreak vinham e diziam que eu tinha prometido para eles no Studio 54 que daria uma olhada em seus trabalhos, e tudo o que eu conseguia dizer era, "Bem, quando é que você aparece no escritório?", acho que até o porteiro da Heartbreak virá me mostrar seu trabalho.

Domingo, 27 de junho, 1982. De táxi até a 45 com a Broadway ($6) para ver *Blade Runner* (ingressos $10) no Criterion. O filme é sombrio. Não sei se é muito abstrato ou muito simples. E tem até uma história. É como Dick Powell interpretando Philip Marlowe. Se eu tivesse lido o roteiro, não saberia o que pensar. E eles dizem aquelas frases a sério, tudo é feito como se fossem problemas muito importantes. Igual às peças de Ronnie Travel nos anos 60, ou às de Charles Ludlam. Deixei Jon (táxi $8). Vi TV a cabo até a 1h30.

Terça-feira, 29 de junho, 1982. Trabalhei toda a tarde. Fui àquela coisa no Plaza para os chocolates Bill Blass e lá um sujeito me disse que minha cunhada, Ann, e a mãe dele estão juntas numa coisa de fanáticos religiosos. A princípio fingi que não tinha nenhuma cunhada porque não a suporto. Mas depois contei do meu sobrinho Paul que deixou a batina e ele me contou que sua irmã abandonou o convento e agora está fodendo com negros. Comi morangos cobertos com chocolate. E saí de lá deprimido por causa do excesso de açúcar.

Quarta-feira, 30 de junho, 1982. Geraldine Smith veio com Liz Derringer, que me entrevistaria para o jornal de Southampton. Gary Lajeski está fazendo uma exposição das minhas gravuras ou algo assim lá, e não estou sabendo de nada, é daqui a duas semanas e Fred acha que eu deveria ir porque aí a gente fica na cabeça das pessoas e então elas compram.

Resolvi não ir à festa de despedida de Lena Home. Resolvi ir à terceira festa anual de aniversário de Roy Cohn em sua casa em Greenwich. Steve Rubell não iria porque tem bebido muito, aí Ian dirigiu, éramos eu, Steve, Ian e Bob. Bob está de muito mau humor, não fala mais comigo. Não coloquei gravata. Vesti uma camiseta da *Interview* e ele ficou furioso. Não sei qual é o problema dele.

A casa de Roy é quase no centro de Greenwich. É uma casa realmente pequena. E quando a gente diz que vai a uma dessas coisas de Roy Cohn todo mundo diz, "É tão divertido, é tão interessante, porque a gente nunca sabe quem vai estar lá". Dizem que a gente encontra todo mundo, do pessoal da Máfia ao sapateiro. O que é verdade, porque um sujeito apareceu e me disse, "Sou o mecânico da garagem que arrumou o seu carro anos a fio. Sempre quis conhecer você". C.Z. Guest estava lá, colocou as rosas na casa de Roy, e Cornelia estava com ela. Fiz uma coisa idiota. Acho que o vinho anda me atingindo mais rápido. O tal de Combemale, cuja mulher é irmã de Freddy Woolworth, estava me contando uma piada e aí rasgou uma nota de $1 ao meio. Aí eu peguei uma nota de $100, rasguei *aquilo* ao meio e dei uma metade para mrs. Bassirio e outra para Doris Lilly, e disse que agora tinham de ser amigas para sempre porque cada uma tinha uma metade.

A comida estava muito boa, mas as pessoas pareciam uns animais enchendo os pratos. Todo mundo diz que Roy tem sete namorados, um para cada dia da semana. E acho que deve ter ido a um açougueiro para fazer plástica, porque dá para notar as cicatrizes cheias de sangue da última plástica, dá mesmo para notar.

Terça-feira, 6 de julho, 1982. Com o eclipse da lua, recebemos cartas dos fiéis redatores de cartas enlouquecidas, gente como Joey Sutton e Crazy Rona. E Paul America ligou – não sei de onde –, mas o escritório tem uma lista das "pessoas que não são atendidas" e aí não me passaram a ligação. Falaram que ele ficou dizendo que é um dos meus superstars, mas acho que jamais participou de nenhum dos meus filmes. Ah, espere! *My Hustler!* Esqueci, (*risos*) ele foi o *astro*. Ele (*risos*) *foi My Hustler*.

E Jean Stein vai fazer o circuito dos programas de entrevista, provavelmente com Viva. Ah, tenho de soprar no ouvido de Viva que ela está sendo usada por Jean.

Sexta-feira, 9 de julho, 1982. Fui convidado a um almoço-surpresa para o aniversário de 64 anos de Phyllis Diller, num restaurante da Rua 48. Aí resolvi ficar uptown até a hora, 1h30.

Quando entrei uma senhora de óculos disse que ainda tinha o livro da minha mãe, fiquei tentando me lembrar para quem eu teria dado o livro no meu tempo de agência de publicidade, e não consegui identificar aquela mulher igual a uma avó, aí alguém disse "Kaye!" e então me dei conta – Kaye Ballard. Daí voltei correndo e tive de fingir que tinha apenas estado fora de órbita. Ela é divertida, está em *The Pirates of Penzance*. É engraçado, esse pessoal foi tão importante na TV e aí perderam a audiência e se transformaram em pessoas comuns.

E Phyllis Diller chegou às 2h. Contou que tinham dito que era uma entrevista para o *New York Times* e que queriam que ela fosse com um vestido bem colorido porque fotografaria melhor, mas ela não tinha entendido por que, já que o *Times* é em preto e branco.

Tommy Tune chegou cheio de charme sulista, disse que ainda lê o livro *Philosophy,* porque foi o que o fez como é hoje, que ainda folheia o livro e relê em busca de inspiração, e que fica se sentindo bem novamente.

O pessoal de imprensa estava lá e ficou fotografando. Foi constrangedor, porque eu levei uma gravura "Vaca" enrolada numa *Interview* para Phyllis e ela pensou que o embrulho fosse o trabalho e foi muito cuidadosa com o papel e disse [*imita*] "Fantáaaaastico".

Sábado, 10 de julho, 1982. Brigid estava lendo seus velhos arquivos, tem todos os anos 70 documentados. Anotou e gravou tudo o que fez todos os minutos. Fez muita coisa. Se as pessoas descobrissem tudo o que é possível fazer sob o efeito das anfetaminas, elas voltariam a ser muito populares.

Quarta-feira, 14 de julho, 1982. Trabalhei nos portfólio "Animais em Extinção", conversei por telefone com Ron Feldman e mandei Chris até lá com o portfólio, Ron ficou deslumbrado, realmente deslumbrado, e agora vamos ter que descobrir uma estratégia de venda. Deixei Rupert em casa (táxi $5.50).

Sábado, 17 de julho, 1982. Dia terrivelmente quente. Fui ao Whitney Museum (ingresso $4). Vi a exposição de Ed Ruscha, interessante. Fui assistir *Médicos loucos e apaixonados* (ingressos $10) e é muito bom (táxi $3). Dirigido por Garry Marshall, que eu não sabia que é velho. E há uma cena engraçada em que aquele sujeito dos anúncios de Calvin Klein é levado para a sala de cirurgia vestindo jeans na mesma posição dos anúncios, é muito engraçado se a gente se dá conta. Nem todo mundo se dá conta.

Domingo, 18 de julho, 1982 – Nova York-Fire Island-Nova York. Chris ligou e disse que iríamos para Fire Island no avião das 10h para fotografar. Busquei Jon e fomos para a Rua 23 (táxi $8). Chegamos a Fire Island e almoçamos num lugar ao ar livre. Resolvi ligar para a casa de Calvin e ele disse que fôssemos até lá (telefone $.20). A casa dele fica bem perto do Ocean Walk e uns 8 mil garotos ficam por ali, muitas garotas também, apenas circulando à espera de serem descobertos para um anúncio de jeans.

O mesmo piloto nos levou de volta e quando sobrevoamos o mar ouvimos um barulho, acho que alguma coisa quebrou, e quando finalmente conseguimos chegar a Manhattan o pouso foi muito violento. Acho que não era um bom piloto, e quando saímos vimos um vazamento de gasolina (ida e volta $360 mais $40, gorjeta). Calvin disse que a gente não tem que dar gorjeta, mas como o piloto não me deu troco nem na ida nem na volta, acho que a gente tem que dar.

Terça-feira, 20 de julho, 1982. Acordei cedo. Dia quente. Fui à Bloomingdale's só para me refrescar. Fui à consulta com Janet Sartin e John Duka, o sujeito que escreve sobre moda no *Times,* estava lá, olhou para o meu rosto e provavelmente vai escrever sobre ele, e quando Janet terminou de me atender eu disse para ele que me sentia uma nova mulher. Acho que meu rosto está melhorando, não tenho certeza. Janet (*risos*) diz que tudo é por causa do tempo.

Sexta-feira, 23 de julho, 1982 – Nova York-Montauk. Em 45 minutos aterrissamos em Montauk e pegamos o carro novo de Halston. Victor estava lá com "Ming Vauze", que na verdade é seu amigo Benjamin travestido. Bianca estava lá, mas fingiu que não estava, mais tarde Jon encontrou-a na praia, e ela fez ele jurar por Deus que não contaria que tinham se visto, porque ela estava com Chris Dodd, o senador de Connecticut que está se divorciando da mulher.

Sábado, 24 de julho, 1982 – Montauk. Dia muito bonito, Jon trouxe *Indecent Exposure*, o livro de David Begelman. E todo mundo ficou lendo *Edie*. Era engraçado olhar e ver todo mundo com aquela capa. Acho que Jon começou a ficar contra mim à medida que lia *Edie*. Mas à medida que Ian Schrager lia, foi ficando *mais* interessado, ficou só fazendo perguntas sobre a Paraphernalia. Dezenas de perguntas sobre a Paraphernalia – quem era o dono, quem projetou, quem era *realmente* o dono. E é a coisa mais sem importância do livro. Acho que ele ficou meio interessado por causa de Norma Kamali, embora eu ache que eles não estejam mais saindo juntos.

Os garotos de corpos lindos estavam jogando fliperama na cidade. Parece todos aqueles filmes que tenho visto, tipo *Porky's,* são tão lindos. Gosman's estava muito cheio de gente velha, aí fomos para um lugar do pessoal da cidade onde estavam os garotos e modelos, foi $40. Comprei uma escova de dentes ($2) no White's, a farmácia. Voltamos, assistimos TV e conversamos assuntos intelectuais. Li os ótimos livros de arte que Victor sempre tem por lá.

Steve Rubell e Ian foram a East Hampton jogar tênis com o irmão de Steve e trouxeram milho, chegaram a tempo para o jantar e Steve só elogiou o milho, porque *ele* é que tinha trazido. O projeto de Steve e Ian de comprar um hotel deu em nada.

Domingo, 25 de julho, 1982 – Montauk-Nova York. Quando acordei fui para a cozinha, Steve estava bebendo sua Coca-Cola matinal e lendo o livro sobre os Annenberg, ele é fascinado por escroques.

Christopher ligou e disse que tinha ido passar o dia em Fire Island. Nena foi para o hospital para ser operada. Pedi para o Doc Cox conferir o médico dela, depois ele me disse que ela está em boas mãos. Pedi que ficasse de olho no caso dela.

Segunda-feira, 26 de julho, 1982. Acordei às 9h. Liguei para Nena no hospital, conversei com o médico dela, disseram que a cirurgia vai ser de manhã e que depois vai ficar dois dias na UTI.

Uma mulher de Santa Fé veio ao escritório, já trabalhou na *Interview*. Não consigo lembrar o nome dela. Uma dessas mulheres de Aspen que olham bem dentro de você e querem saber o seu verdadeiro significado. Me lembrou aquelas mulheres da Califórnia que sempre vinham visitar Jed, aquele tipo. E ela ficou a fim de Agosto e eu fiquei seríssimo e mandei ele ir para os fundos e não voltar para a parte da frente até que ela tivesse ido embora. Quer dizer, não vou deixar que ela arrase com a vida dele só para encontrar o seu *significado*! Deixou um bilhete com seu número, mas rasguei e não contei nada para ele. Não vou deixar que ela cause problemas.

E fiquei encontrando Doria Reagan com aquele vestido solto dela e acho que não parei de perguntar se era um Perry Ellis. Estava nervoso por causa do desfile que eu faria como modelo no Studio 54 às 9h30 e aí bebi café o dia inteiro e tentei fingir que sou magro.

De táxi até o Studio 54 ($4), não consegui encontrar a porta dos fundos, mas aí um mendigo negro encontrou para nós ($50). Lá dentro havia 25 modelos estonteantes e eu, e todos com bundas enormes e roupa de baixo justíssima. Conversei com Michael Holden e disse que não podia acreditar que ele ainda não fosse um astro de cinema, mas não caiu bem porque eu estava muito nervoso. Tive de desfilar duas vezes. Fui números 33 e 49.

Depois Chris ficou me criticando como modelo, disse que já que sou mais velho deveria caminhar de cabeça erguida e mostrar quem sou e não ser tímido e ficar de cabeça baixa, acho que tenho de encontrar um jeito de ser mais um bobo da corte, tipo cair no chão ou algo assim.

Depois fomos a uma festa na Heartbreak (táxi $8). Chris e Peter ficaram brigando porque Chris queria que Peter tivesse caçado um modelo, mas ele não caçou.

Fiquei apavorado no táxi indo para casa porque o motorista era um negro enorme e não tinha nenhuma foto no cartão de identidade. Cheguei em casa e liguei para Jon para contar da minha experiência como modelo. Ele estava na cama em L.A.

Terça-feira, 27 de julho, 1982. Fui ao Madison Square Garden (táxi $4) ver Billy Squier, estava quase começando. Havia umas cinquenta mulheres nuas nos camarins servindo cachorros-quentes, cerveja e lutando na lama. Tirei fotos, depois me dei conta de que não tinha filme na câmera. E uma mulher absolutamente nua veio e disse, "Eu te vejo todos os domingos na igreja St. Vincent". O pessoal do Queen foi realmente gentil conosco, nos trouxeram bebidas.

Fomos ao Palace, que é a nova discoteca na Rua 14, naquele lugar que Luchow desocupou. Estava lotado, lotado, como uma armadilha. Uma porção de salinhas. Não sei para quê.

Cheguei em casa e conversei com Jon na Califórnia.

Quarta-feira, 28 de julho, 1982. Fui com Jay a uma loja de dentaduras que ele descobriu, é num nono andar na 21, é ótimo, aquele monte de dentaduras. Eu queria uma de alumínio tamanho gigante, disseram que era uma antiguidade. Me reconheceram porque Jay estava com uma camiseta do *Andy Warhol's TV* (dentadura $484). Saí carregando a dentadura gigante pela rua. Foi divertido.

Calvin Klein me convidou para ir a Fire Island durante o fim de semana, conversei com Steve Rubell e ele disse que Bianca ligou e perguntou se eu ia estar lá, porque ela também foi convidada.

Quinta-feira, 29 de julho, 1982. Telefonei para John Reinhold e o convidei para ir à casa de Suzie Frankfurt comigo, mas ele disse que queria ficar um tempo com Berkeley, sua filha de doze anos que acaba de voltar do acampamento de férias. Aí eu convidei os dois para ir ao Serendipity, então fomos (táxi $8) e pedimos coisas enormes só para ficar olhando. Foi divertido falar com Berkeley, ela desistiu de ser atriz e agora quer ser cartunista. Saiu do acampamento dez dias antes. Era um daqueles acampamentos onde a gente tira leite de vacas e dá comida para as galinhas.

Deixei os dois ($6) e fui com Curley para a 33 com a Quinta Avenida buscar um amigo dele, era numa casinha com fachada de tijolos, ele tem 1,87 e estava dormindo no chão, a casa é uma sujeira e é divertido ver como esses garotos moram, eles que são tão chiques com suas roupas dos Brooks Brothers e mocassins de veludo ficam ali, morando numa lixeira. Fomos à Xenon (táxi $6).

Howard Stein estava lá. E Cornelia Guest ligou e me convidou para uma festa na casa dele domingo em East Hampton. Ele está usando Cornelia para entrar na sociedade de East Hampton e (*risos*) está sendo usado por ela para entrar na Xenon.

Ah, e Bob está se fazendo de importante, não me conta nada das fofocas internas sobre aquelas coisas dos Bloomingdale. Ontem os jornais publicaram que agora Vicki Morgan, a amante de Alfred Bloomingdale, está processando a mulher dele, Betsy, porque diz que foi Betsy quem fez Alfred parar de mandar dinheiro para ela. Vicki Morgan disse, "E depois de todas aquelas coisas tipo Marquês de Sade que ele me obrigava a fazer". E esse é o melhor amigo do presidente.

Sábado, 31 de julho, 1982 – Nova York-Fire Island, Nova York. Cheguei ao Pines e liguei para a casa de Calvin do Boardwalk para dizer que Chris estava comigo só passando o dia. Disseram que tudo bem. Fomos para lá e só Chester Weinberg e David Geffen estavam acordados. Dia cinzento, tomamos café da manhã. Aí Calvin e Steve Rubell acordaram e contaram o quanto tinham se divertido na noite anterior.

Fomos à festa havaiana na casa de Gil de la Cruz, que fica na mesma rua. De dia a gente pode ver de verdade a cara desse pessoal, realmente pode ver. Egon von Furstenberg era o único que eu conhecia. Embora eu tenha achado que reconheci o cachorro do anúncio da Breakstone na TV, aquele com uma mancha preta em cima do olho que Sam Breakstone afugenta. Depois fomos comer pizza e na luz dava para ver quem eram os cachorros (pizza $20). Voltamos para a casa de Calvin, mas quando entramos Calvin e Steve estavam com Knoll e Ford, aquelas duas estrelas pornô, aí ficamos constrangidos, saímos e voltamos para a festa havaiana.

Mais tarde voltamos novamente para casa e àquela altura Chester Weinberg também voltou da festa e surpreendeu dois sujeitos que disseram que ele fosse embora, aí ele foi se esconder em seu quarto. Depois fizemos bifes grelhados e todo o assunto foi gay gay gay. Se eu tivesse gravado você não iria acreditar. E aí o que acontece é que todo mundo vai para a cama às 12h e coloca o despertador para as 2h porque "as coisas só ficam animadas de verdade às 4h". Ouvi todo mundo se levantando às 2h mas fiquei deitado, mais tarde ouvi quando todos voltaram da sua caçada das 4 da madrugada.

Domingo, 1º de agosto, 1982 – Fire Island-Nova York. Acordei no Pines. No quarto de empregada lá embaixo. Conversei com Jim, o camareiro que quer ser bailarino. Passei um protetor solar porque fiquei vermelho ontem naquele dia cinzento. Continuei a ler *Indecent Exposure* e abri exatamente na página em que falam de David Geffen, aí li o trecho em voz alta para ele.

Conversei bastante com David Geffen. O pai dele fazia soutiens. Ele se revelou uma pessoa que eu não conhecia, apenas mais uma dessas pessoas que ficavam por perto de Danny Fields, e ele conhecia Nico do tempo em que ela estava com Leonard Cohen. O novo álbum de Donna Summer que ele produziu ganhou a melhor crítica de todas, ele vai faturar $2,5 milhões até o final da semana.

Fui até a casa de Gil de la Cruz por alguns minutos. Diane von Furstenberg estava lá. Acho que ela emprestou o tecido para a festa havaiana.

Entramos num hidroavião, decolamos e berraram pelo rádio que havia uma porta aberta e era a minha, eu poderia ter caído ($100).

Encontramos Michael Coady, do *Women's Wear*, quando pousamos, ele não estava bebendo e aí foi gentil. Então o piloto, que parece que era de Nova York, perguntou, "Onde consigo um táxi?". Mostramos para ele e ele caminhou conosco e disse, "Talvez eu possa ajudar vocês". Eu perguntei o que ele queria dizer e ele disse que tinha a melhor cocaína e eu disse ah, não não, que eu não cheiro, e aí ele ficou constrangido e então caminhamos os três quarteirões lado a lado sem dizer nada.

Segunda-feira, 2 de agosto, 1982. Mark Ginsburg traria a filha de Indira Gandhi ao escritório e ficou ligando e Ina ficou ligando e Bob ficou ligando e dizendo que isso seria importante, então desisti da aula de ginástica, e no fim era só a nora, que é italiana, nem se parece indiana.

Fomos para a casa de Michaele Vollbracht no 25 da Rua 39 Leste (táxi $4.50). Encontrei Mary McFadden na estrada e disse-lhe que fica linda sem maquiagem, e ela disse que nunca usou mais do que estava usando. Disse a ela que, neste caso, de uma pessoa produzida para outra, parecia que estava sem maquiagem nenhuma. Giorgio Sant'Angelo estava lá. A comida parecia realmente chique, mas eu não comi nada.

Fui à festa de Diane von Furstenberg para o lançamento de sua linha de cosméticos (táxi $4). E todos os garotos na festa eram os mesmos que tinham estado em Fire Island. Foi divertido ver Diane, ela estava exalando perfume. Mas as roupas dela são muito feias, parecem de plástico ou algo assim. E tinha várias mulheres de alta moda usando aquelas roupas. Barbara Allen estava lá e até ela fica horrível com aquelas roupas. Mas mesmo assim tive uma nova ideia para decoração – grandes caixas coloridas que a gente pode colocar numa sala, movimentar e mudar todo o esquema de cores da decoração.

Quinta-feira, 5 de agosto, 1982. Assisti *Tarzan* na TV a cabo e Bo Derek é a pior atriz do mundo. Tem que comer uma banana e nem isso consegue fazer. É como se não tivesse dentes.

E Susan Pile disse para Jon que meu aniversário na verdade é dia 6 de agosto, eu tinha dito que era dia 15 porque achei que poderia escapar, mas agora vão dar uma festa, eu acho. Tive grandes brigas no escritório. Alguém deixou comida lá e fiquei gritando e disse para Paige Powell, nossa vendedora de anúncios da *Interview*, que descobrisse e gritasse com quem tinha feito aquilo, e no final era um garoto novo da *Interview* que é uma graça e é sempre gentil e sempre sorri para mim e vai comigo até a esquina para conseguir um táxi e essas coisas, e aí fiquei constrangido e neguei que tivesse mandado Paige fazer aquilo – eu disse que ah, ela deveria ter cheirado cocaína ou algo assim – e Robyn repetiu a palavra "cocaína" para ela e ela enlouqueceu, e aí fiquei furioso por Robyn ter lhe contado, e ele culpou Jay por tudo e Jay disse que não tinha feito nada e fiquei distribuindo demissões uma atrás da outra e gritei com Jennifer, a nova recepcionista, porque disse para ela não me dar café numa xícara e ela fez isso, disse que não tinha outra coisa lá, e eu berrei que havia uma porção de taças de champagne e por que ela não tinha me trazido café numa delas e não numa dessas xícaras nojentas que todo mundo usa e, Deus, foi um dia daqueles.

E apresentei Robyn a Iolas, achei que seria a solução para a carreira artística de Robyn. Robyn é um garoto muito bom, mas não tem ambição e quer ser artista, então achei que já que Ronnie foi embora e as coisas deram tão certo para ele – a carreira dele está realmente indo bem – que isso talvez também pudesse acontecer com Robyn. Aí o Iolas, com seus 74 anos, agarrou a mão de Robyn e ficou acariciando. Dizem que assim a gente ganha energia, e acho que é verdade. Iolas achou que ganharia a energia de Robyn. Mas eu esperava que Robyn ganhasse a energia *de Iolas*.

Paul Morrissey vai para a Alemanha, está recebendo propostas para fazer todos os filmes que Fassbinder deveria fazer. *Eu* é que deveria ter recebido essas propostas!

Sexta-feira, 6 de agosto, 1982. Dia depressivo, meu aniversário. Caminhei pela vizinhança. Liguei para John Reinhold para tomarmos um café, mas ele estava muito ocupado porque está se aprontando para uma viagem ao Japão. Jon foi para Nova Hampshire.

Encontrei Robert Hayes e ele disse que Greg Gorman, o fotógrafo da *Interview*, ligou e queria que eu fosse até a Rua 18 perto da Quinta para fazer uma foto de publicidade com Dustin Hoffman, que estava lá travestido filmando *Tootsie,* e me pareceu que seria divertido.

Mas quando cheguei lá disseram, "Muito bem, vamos filmar sua cena daqui a pouco". Na realidade queriam me colocar *no* filme. Acho que Greg Gorman foi realmente desonesto, porque deveria saber que eu cobro por essas coisas. Acharam que poderiam me conseguir num estalar de dedos, e conseguiram. Dustin está ótimo. Quando penso em todas as minhas professoras que realmente deveriam ser travestis! Mas aí acharam que Dustin deveria usar um vestido mais sexy para a cena comigo, então queriam que trocasse a roupa e me pediram para voltar às 3h15.

E Ruth Morley é a figurinista. Conheço Ruth porque trabalhei numa peça de Thurber que tinha Kaye Ballard no elenco, eu é que fiz os figurinos, mas Ruth assinou por causa do sindicato. Em 1954 ou 55. Acho que fui explorado. E era um daqueles produtores importantes, e a gente realmente vê pessoas dando escândalo e chorando porque o espetáculo não está dando certo.

Aí voltei para o escritório e havia uns pacotinhos por ali e ficaram ligando para que eu voltasse para as filmagens de *Tootsie*. Levei Susan Pile comigo, está na cidade vinda de L.A. Era meu aniversário e tentei ficar de bom humor, mas estava rabugento. Quando chegamos de volta às filmagens, Dustin estava usando uma coisa mais gay. E o aniversário de Dustin é dia 8 e contei para ele que também era o meu (*risos*). Conheci a nova mulher de Dustin, muito bonita, parecida com Debra Winger. Agora muitas mulheres se parecem com Debra Winger. Mas o bebê parece um dos que Barbra Streisand poderia ter tido com Elliott Gould.

Caminhei pela Columbus e pela Central Park West e vi Ron Galella filmando na Central Park West e no final era em frente à casa de Linda Stein, onde ela daria uma festa para Elton John depois da estreia do show dele no Madison Square Garden. Liguei para lá ($.20) e ela ainda não tinha chegado, aí fui até a casa de Jon e liguei de novo e ela disse que eu podia ir, mas que não levasse muita gente.

No final eram cem modelos da Zoli. Elton tinha pedido a Linda que arranjasse uma coisa assim, e foi o que ela fez. Timothy Hutton estava lá com Jennifer Grey.

Terça-feira, 10 de agosto, 1982. Passeei pelo East Village e isso me fez sentir estranho. Está entrando na moda novamente, com os lugares todos iluminados. Gem Spa ainda está lá. Pensei sobre os anos 50, quando morei em St. Mark's Place, e depois sobre os anos 60, quando dirigimos a discoteca Dom, lá, com os Velvets e Nico tocando, e sobre todas as coisas psicodélicas que a gente assistia no Fillmore e os jantares na delicatessen Ratner's e tudo. Deu saudade.

Sábado, 14 de agosto, 1982. O motorista da limusine disse que não sabia direito como chegar a Nova Jersey mas que tentaria. Buscamos Christopher e Peter e fomos até Meadowlands ver Blondie, e antes deles Duran Duran tocou e David Johansen também.

Fomos aos camarins encontrar com Blondie. Chris Stein emagreceu treze quilos, tem andado doente, acho que é todo esse ar viciado dos condicionadores de ar. Debbie está muito gorda, nos chutou para fora porque queria se vestir com suas roupas Stephen Sprouse.

Nossos lugares eram no camarote do ecônomo, foi divertido. Tirei fotos da mãe, da mulher, do filho, três gerações de ecônomos (cachorros-quentes $20). E os milk shakes eram tão espessos que deviam ser de plástico, era como beber margarina. Marianne Faithful apareceu e leu um poema que escreveu, alguém criticou as drogas e ela disse, "Ah, não critique as drogas, porque acabei de cheirar cocaína". Gostei muito dela, bem diferente de quando passou no escritório algumas semanas atrás com Jay Johnson. Muito inteligente e muito coerente. E não tem sotaque inglês, é como se fosse americana, tão ligada e nem um pouco fora de órbita.

Segunda-feira, 16 de agosto, 1982. Assisti um daqueles programas matinais e um dos convidados era Ken Wahl, ele é muito bonito, mas quis se fazer de esperto e ficou dizendo aquelas besteiras que atores idiotas dizem. Por exemplo, que poderia "voltar a trabalhar num posto de gasolina". Ele disse, "Bem, sou do centro-oeste".

Mas me diga por que todo mundo agora é tão bonito. Nos anos 50 havia as pessoas realmente bonitas e todo o resto que não era bonito. Hoje, todo mundo é pelo menos atraente. Como é que isso aconteceu? É porque não há guerra para matar os bonitos?

Sexta-feira, 20 de agosto, 1982. Christopher encontrou um garoto chamado Christopher, na Christopher Street, que contou que também foi visto por Paul Morrissey na rua e convidado para participar de um filme que Paul está dirigindo em Berlim.

Sábado, 21 de agosto, 1982. Dei uma passada no Schrafft's da 58 com a Madison e todas as garçonetes ficaram perguntando, "Será que é ele?", "É ele", "Não é ele". E aí quando saí eu disse, "Sou eu", e elas ficaram deslumbradas.

Encontrei Claudia Cohen na Central Park South, ela mora lá num lugar com pés-direitos de 12 metros, resolvemos fazer como os porto-riquenhos e sentar num banco e fofocar. Me contou que aquela fofoca enorme sobre as "namoradas" Joan Hackett/Marsha Mason, que está circulando por toda cidade, foi espalhada por Bobby Zarem porque ele ficou furioso com Joan Hackett, que era cliente dele. E aí nos separamos e um minuto depois vi Bobby Zarem caminhando, falando sozinho.

Segunda-feira, 23 de agosto, 1982. Os garotos do Duran Duran vieram e trouxeram umas namoradas maiores e mais altas. Tentei fazer dieta, mas à noite não consegui. O garoto alemão que nos pediu para fazer os pôsteres para o filme de Fassbinder veio. Na verdade Paul não está pegando todos os filmes de Fassbinder, só foi contratado por esse garoto para fazer um filme e vai ser, Paul disse, sobre um garoto de programas que se vende para comprar roupas. Mas não é isso o que *todos* eles fazem?... Não, acho que não é por isso que Joe Dallesandro se vendia. Contei para o sujeito que Paul é doido, que cheguei à conclusão de que realmente acredita em todas as teorias loucas que inventa. Não importa sobre quem Paul esteja falando: ou ele diz que a pessoa é comunista, ou que é da Máfia. Antes costumava dizer que eram realmente bichas ou sapatões.

Quarta-feira, 25 de agosto, 1982. Acordei e estava chovendo. Resolvi ficar uptown porque Mercedes Kellogg estava dando um almoço e sei lá por que fui convidado, e achei que seria uma boa chance para espremer Bob sobre a fofoca a respeito da morte do Bloomingdale, porque ele também estaria lá.

De táxi até a Park com 74 ($2). No final era uma festa de aniversário para Claus von Bülow. Doris Duke estava lá com Franco Rossellini. Ele contou que Isabella está ganhando $1,5 milhão num dos seus contratos de modelo e que ela e Marty Scorsese ainda estão tentando se ajeitar.

Aí, quando consegui ficar sozinho com Bob no táxi, perguntei sobre a morte do Bloomingdale, porque saiu nos jornais de domingo ou segunda que ele morreu na sexta e Bob tinha estado com Betsy na Califórnia sexta à noite, mas Bob disse que Jerry Zipkin sabia, mas tinha mantido segredo absoluto e não tinha contado nem para Bob quando foram juntos ao supermercado.

Domingo, 5 de setembro, 1982 – Montauk. Bianca chegou com seu namorado, o senador Dodd, que é um cruzamento entre Teddy e Bobby Kennedy. É o senador mais jovem, 38 anos. Caminhei um pouco, tirei fotos, voltei para casa. Halston tinha se aprontado, se despediu de todo mundo e ficamos chocados porque não sabíamos o que tinha acontecido.

Aí Jon descobriu que a mãe de Halston morreu. Halston manteve segredo durante todo o jantar noite passada, agiu como se nada tivesse acontecido, mas pediu que Victor nos contasse depois que ele tivesse ido embora.

Tivemos uma conversa muito boa com o senador. Robert Redford é o melhor amigo dele. Ele está mantendo o romance em segredo porque só faltam quarenta dias para conseguir o divórcio. Bianca está totalmente na dele (jantar $120 com gorjeta).

Terça-feira, 7 de setembro, 1982 – Montauk. Contratei Benjamin "Ming Vauze" Liu para vir me buscar todas as manhãs e me vigiar enquanto caminho pelas ruas. Chegou tarde. Fiquei por ali esperando e me enfurecendo. Descobri que Richard Gere está na capa da nova *Rolling Stone*, reclamei para *Interview* que por isso é que ele nos recusou. Assisti a *Mr. Goodbar*, Richard Gere participa do filme e o detestei muito por ter nos recusado. Na verdade ele está bem no filme. Não consegui assistir ao final porque é louco demais.

Sábado, 11 de setembro, 1982. Caminhei com Jon, que está procurando um apartamento para comprar. Porque decidi fazer um livro fotográfico de verdade de apartamentos de verdade. Apartamentos de Verdade. Não casas fotográficas como a *Architectural Digest* faz, mas só mostrando como as pessoas realmente moram. Não é uma boa ideia? Bianca acaba de conseguir um apartamento de dez quartos no El Dorado, que acaba de se transformar num condomínio, e aí todos os apartamentos estão à venda e as pessoas estão tentando lucrar o mais que podem. De táxi até o El Dorado ($5). A mulher nos mostrou três apartamentos e o primeiro era de duas bichas que acabam de comprar um estúdio e por isso estão vendendo, e um outro pertence a uma mulher acho que já entrada nos oitenta, e tinha guardanapinhos de crochê e coisas sobre os sofás. Parecia um lugar tipo Barbra Streisand.

Ah, e na Page Six do *Post* uns dias atrás havia uma manchete: "Amigo de Warhol Decora Apartamento de Mick Jagger", e aí a notícia dizia que Jed foi o diretor de *Bad* e que agora decora apartamentos e disseram que perguntaram a ele sobre tudo isso e ele respondeu, "Sem comentários". E há um artigo sobre sobreviventes no *Daily News* do último domingo – perguntaram a Lester Persky sobre mim e ele me criticou, disse que estou acabado, foi engraçado.

Acho que não contei ao Diário, mas Tom Baker, astro de *I, a Man*, morreu. De overdose. Mickey Ruskin organizou um funeral para ele.

Quinta-feira, 16 de setembro, 1982 – Nova York-Washington, D.C. Fiquei nervoso o dia todo porque sabia que iria à Casa Branca à noite para o jantar oficial para os Ferdinand Marcos. Tomei Valiums. Não suporto ir a Washington, com todas aquelas luzes de TV.

Cheguei às 4h (táxi $10). Fui para o Watergate (gorjetas $2, $4, $2). Jerry Zipkin e Oscar de la Renta estavam lá. Fiz ligações, estava muito nervoso, pedi o almoço, tomei mais Valium, pedi uma limusine, fui para a Casa Branca e entrei sem problemas.

Bob e eu com nossas acompanhantes. A minha foi Frances Bergen, (*risos*) mãe de Charley McCarthy. E ela não estava nem um pouco interessada em mim, fugiu assim que pôde.

E o marine me apresentou na fila como "mr. Mundo" e aí a mulher sargento que estava me escoltando disse que estava nervosa, que era a primeira vez que fazia aquilo. Me perguntaram por que fui convidado e eu disse que era porque mrs. Marcos mora na minha rua.

Os Valiums realmente não funcionaram, mas o jantar foi ao ar livre, num jardim, e estava tão lindo e tão escuro que aí não houve problema. Eles se arriscaram, não armaram nenhum toldo, e ficou lindo assim, mas aí te empurram até puxam muito de um lugar para o outro. Só umas oitenta pessoas. Ligaram uns 40 bilhões de lâmpadas. Mas nenhuma câmera de TV, por isso não fiquei nervoso.

A mesa do presidente era bem atrás de mim. O presidente da U.S. Steel estava na minha mesa e eu disse, "Ah, sou de Pittsburgh, e o pobre do meu irmão perdeu o emprego na usina de aço" – menti feito louco – "e ele perdeu o emprego e o que vocês deveriam fazer era pegar um daqueles prédios desocupados e transformar numa Disney World, fazer excursões e cobrar $10 para as pessoas ficarem com um pouco de carvão nos rostos e ver a lava quente sendo derramada", e ele disse, "Ah, que ideia ótima, por que não pensei nisso?" Os Bush, o casal vice-presidente, estavam na nossa mesa, e ela disse que conhecia alguém que eu conhecia, mas que agora não lembrava quem era.

Aí começaram os discursos e o presidente fez um rápido e Marcos fez um longo. Relaxei. E aí o Fifth Dimension apareceu e cantou "Up, Up and Away", e há mais novos integrantes do que velhos. Perguntei para um dos marines se havia um telefone público e todo mundo riu na minha cara. Bob queria ficar e dançar. Peguei a limusine e voltei para o hotel. Liguei para Jon e então caí no sono à meia-noite.

Sexta-feira, 17 de setembro, 1982 – Washington, D.C.-Nova York. Voltamos para Nova York. Fui ao escritório, trabalhei com Benjamin toda a tarde. Saí com Chris, que tinha acabado de receber os resultados totalmente "negativos" dos seus exames de câncer gay. Fui convidado para a festa de aniversário que Marisa Berenson estava dando no Mortimer's para seu marido, Richard Golub, que é o homem que fez Brooke Shields chorar. No banco das testemunhas. O advogado. Karen Black veio e foi divertido. Tirei fotos. Fui embora às 12h (táxi $5).

Sábado, 18 de setembro, 1982. Acordei cedo, lindo dia. Não podia trabalhar com Jon porque ele tinha que ir a um funeral de câncer gay na Paramount, um secretário de lá. E, quer dizer, fico tão nervoso, eu nem *faço* nada e posso ter essa coisa.

Cometi um erro e contei a Maura sobre Bianca estar saindo com aquele senador de Connecticut, Dodd, que ainda não se divorciou, e aí me dei conta de que Maura trabalha para Page Six, mas ela é uma boa democrata e disse, "Não se preocupe, sei quando alguma coisa pode arruinar a carreira política de alguém".

Domingo, 19 de setembro, 1982. Vi o namorado de Robert Hayes, Cisco, chorando pela rua com uma outra pessoa e vi Robert chorando e aí pensei que tinham rompido e perguntei a Marc

Balet e ele me disse que Cisco acaba de descobrir que tem câncer gay mas que é segredo. De qualquer forma mais tarde Robert me contou. Contaram para ele que fazia três anos que tinha aquilo, mas que leva três anos para aparecer, mas eu não sei como sabem isso, já que não sabem nada sobre a coisa, nem mesmo o que seja. Robert disse que já fez testes e deram negativos. Mas ele tem ido à Janet Sartin e ao mesmo tempo que eu, só não sei se ela não usou as mesmas agulhas em mim, não sei se esteriliza as agulhas. Eu só gosto quando usam a agulha uma vez e depois jogam fora. De qualquer maneira não vou mais lá, porque continuo todo coberto de espinhas, não sei para que serve tudo aquilo.

Segunda-feira, 20 de setembro, 1982. Dia cheio, mas saí mais cedo para chegar a tempo de ver Lana Turner na Bloomingdale's ($8). Comprei um de seus livros ($16). Depois fui até onde estava e ela disse, "Não sei se quero falar com você, tirei você das minhas orações, você disse que eu era melhor quando não tinha encontrado Deus, então agora rezo por você – *desejando o mal*". Acho que foi alguma coisa que eu disse na entrevista de Faye Dunaway na *Interview*, ela deve ter lido. E eu não sabia o que fazer, fiquei num estado de nervos terrível, disse, "Ah, não, Lana, você *tem* que rezar por mim, por favor me coloque de volta nas suas orações!". E disse, "Ah, será que você poderia autografar o livro para mim?". Finalmente ela autografou e escreveu, "Para um amigo", com um ponto de interrogação, e depois, "Deus te abençoe", com outro ponto de interrogação. Lana, seu cabeleireiro bicha e eu estávamos todos com o mesmo penteado.

Terça-feira, 21 de setembro, 1982. Encontrei Lynn Wyatt, que acaba de voltar do funeral de Grace Kelly. Disse que o príncipe Rainier chorou e que o príncipe Albert não conseguia falar.

Fui à casa de Diane von Furstenberg (táxi $4). Barry Diller estava lá, e Valentino. Mas com o canto do olho vi George Plimpton e sua mulher, Freddy, e quando ela me viu ficou dando voltas em torno de mim e agindo como louca. Está se sentindo culpada porque George ajudou Jean Stein no livro *Edie*. Era como uma galinha sem cabeça dando voltas, fazendo aqueles barulhos. E eu lhe disse "Olha, não sei por que você está se preocupando tanto com isso, não me importo com aquele livro idiota". Deveria ter dito que, se ela quisesse se justificar, que simplesmente mandasse um cheque. Vi Jon conversando com George e mais tarde ele me contou que lhe perguntou como podia ter colocado todas aquelas coisas no livro quando me conhece pessoalmente e sabe que são mentiras, e que Edie saiu da Factory muito antes de morrer.

Segunda-feira, 4 de outubro, 1982. Fui encontrar Bruno Bischofberger (táxi $7.50). Veio com Jean Michel Basquiat. É o garoto que usava o nome "Samo" quando sentava na calçada no Greenwich Village e pintava camisetas, e de vez em quando eu dava $10 para ele e o mandava ao Serendipity para tentar vendê-las. Era apenas um daqueles garotos que me enlouqueciam. É negro, mas algumas pessoas dizem que é porto-riquenho, aí sei lá. E então Bruno o descobriu e agora ele está com a vida ganha. Tem um estúdio ótimo na Christie Street. É um garoto de classe-média do Brooklyn – quer dizer, foi à universidade e essas coisas – e ficou tentando ser daquele jeito, pintando em Greenwich Village.

Então almocei com eles e aí tirei uma polaroid e ele foi para casa, duas horas depois mandou uma pintura, ainda molhada, dele e de mim juntos. E, quer dizer, só chegar até Christie Street deve ter levado uma hora. Me disse que foi o assistente quem pintou.

Aliás, os trabalhos de Ronnie Cutrone estão sendo vendidos como nunca, também – o irmão de Steve Rubell acaba de comprar um Cutrone.

Terça-feira, 5 de outubro, 1982. Havia um almoço e Gaetana Enders trouxe um político da Venezuela e a mulher dele. Realmente bonito, anda de bengala, e a mulher é linda. Conheci-o na casa de Halston anos atrás. Mas escaparam de novo – ele disse que "talvez um dia a surpreenda com um retrato".

E aí a mulher do governador Carey – a grega, Evangeline – veio preparada para ser retratada grátis. Não estava de chapéu, como sempre está, e então eu disse, "Onde está seu chapéu?", e ela disse, "Nenhuma das mulheres usa chapéu nos seus retratos". Tirei fotos dela e então não sabia o que fazer, aí pedi que Bob viesse e conversasse com ela e ele lhe disse o preço dos retratos e acho que ela deve ter desmaiado, porque depois que foi embora um sujeito ligou e disse que a mulher do governador não poderia gastar tanto num retrato enquanto ele estivesse no cargo. E antes ela tinha dito que queria fazer o retrato enquanto ele estivesse *no* cargo porque daria "mais prestígio". Ela estava era tentando todas as desculpas.

E esqueci de acrescentar que um dia antes Jean Michel Basquiat meteu a mão no bolso e disse que me pagaria os $40 que me devia do tempo em que pintava camisetas e pedia dinheiro emprestado para mim e eu disse ah, não, está bem, fiquei constrangido – fiquei surpreso de só ter dado isso para ele, achei que tivesse dado mais.

E assim ficamos ocupados toda a tarde. E as minissaias realmente voltaram. Mais tarde Cornelia estava usando uma na Xenon.

Quarta-feira, 6 de outubro, 1982. Fui à Sotheby's e encontrei mr. Dannenberg, que agora tem uma loja em Paris, e ele disse, "Tenho que vigiar você, porque tudo o que você compra se transforma na próxima grande moda". E aí havia uma porção de coisas realmente lindas de David Webb, mas depois que ele disse aquilo só olhei, empinei o nariz e me certifiquei de que ele tivesse visto (*risos*).

Domingo, 10 de outubro, 1982. Acho que acordei com um resfriado. Fui à igreja. Jay Shriver ligou e disse que não iria trabalhar. Estava só me "comunicando". Aí disse que ele não precisava ir trabalhar, que eu poderia fazer tudo sozinho. Benjamin Liu ligou e disse que queria folga na segunda-feira para comprar maquiagem.

Segunda-feira, 11 de outubro, 1982. Tomei aspirina, ainda estou tentando me livrar do resfriado que está começando. Levei umas trinta *Interviews* comigo. Passei pela Fiorucci na Rua 58 e um sujeito estava dando uma aula para uns garotos ali em frente, aí distribuí *Interviews* para todos. Era um "trabalho de campo" na Fiorucci, por isso estavam lá. De lá fui até o Crazy Eddie's e olhei computadores, peguei um Atari para descobrir do que se trata, foi excitante. Havia uma parada por causa do Dia de Colombo (táxi $7).

Trabalhei com Lidija e Chris Makos. Tinha marcado um encontro com Doc Cox à noite e aí tive de reunir um pessoal para diverti-lo. Trabalhei numa pintura "Mijo".

Às 9h Doc Cox veio me buscar no seu Rolls. Não sei por que decidiu vir com esse carro, e aí lá fomos de Rolls até o Mr. Chow's.

Quarta-feira, 13 de outubro, 1982. De táxi para encontrar Rupert ($5). Iolas estava saindo, não ficaria para o almoço, estava chateado porque tinha perdido $1 milhão em joias num táxi em Paris. Não queria deixar no quarto de hotel e levou consigo e simplesmente esqueceu e deixou no táxi. Isso pode acontecer com qualquer pessoa. É tão assustador! Disse que nunca conseguiria substituir as joias, que só tinham valor sentimental, lembranças de toda a vida. Aí o almoço foi só para o filho de Linda Christian.

Terça-feira, 19 de outubro, 1982. Essa coisa Retin-A para a acne está funcionando, mas só em metade do rosto. Metade do meu rosto está perfeito e a outra metade está marcada, cheia de espinhas. Faz a pele cair do rosto. Fui a um outro esteticista e ele me deu raiz de alcaçuz para tomar. Acho que talvez ele distribua essas coisas para se livrar delas. E é tão cafona, também. Esses charlatões. A primeira vez que tocou meu rosto com os dedos disse, "Não parece que está tenso?", e na segunda vez tocou o rosto da mesma maneira e no mesmo lugar e disse, "Não parece que está relaxado?".

Táxi ($6) até o jantar de B. Altman para os ricaços. Encontrei Sid e Anne Bass e Ashton Hawkins. Fiquei bêbado e disse coisas terríveis – disse coisas divertidas – fui chocante, acho. Quando bebo fico – chocante. Fui embora às 11h. Queria ver os Go-Go's mas estava bêbado demais.

Quarta-feira, 20 de outubro, 1982. O sujeito que está fazendo um programa de TV sobre nossa viagem a Hong Kong estava trabalhando. Vamos para a abertura do "I" Club que uma graça de garoto está organizando com o Citibank. É por isso que vamos a Hong Kong – para a inauguração de uma discoteca.

Quinta-feira, 21 de outubro, 1982. Sinto dores por causa dos exercícios. Talvez não devesse fazer tantos. Acho que Lidija está me forçando demais.

O leilão de joias outro dia foi bem, portanto acho que a economia está se recuperando.

E Pontus Hulten ligou e quer uma coisa grátis, aí fui de táxi encontrar com ele (táxi $6.50, materiais $7, $6.62, $2.79, $3.19). É sempre a mesma coisa – uma pintura grátis para um museu grátis para uma coisa beneficente grátis e ele faz essas coisas que são ótimas e aí é despedido. Como no Beaubourg, foi despedido porque não é francês, depois de todas as coisas ótimas que fez lá. E agora está inaugurando um museu na Califórnia. Mas, quer dizer, quer as coisas grátis, acha que mora num país socialista. É como Jonas Mekas, o mesmo tipo de coisa.

E esqueci de dizer que outro dia o governador Jerry Brown ligou e disse, "Olá, Andy, é bom conversar com você. A gente se conhece e você sabe as minhas opiniões sobre arte, e, se você pudesse fazer alguns trabalhos para mim, aí eu colocaria seus trabalhos junto com os de outros artistas como caução para um empréstimo bancário para financiar minha campanha para o Senado...". Pedi que ele falasse com Fred. Quer dizer, poderia ter conseguido que eu pintasse o seu retrato enquanto era governador e a cidade ou o estado poderia ter pago, teriam que mandar pintar o retrato dele de qualquer maneira. Bem, quer dizer, Marcia Weisman ou alguém poderia ter pago o retrato.

A dor está mais forte abaixo da cintura. Vou ter que reduzir as aulas de ginástica.

Sexta-feira, 22 de outubro, 1982. Passeei pela Quinta Avenida. Distribuí *Interviews*. Tentei distribuir para uma porção de operários de construção e riram na minha cara, fiquei constrangido, mas aí um grupo de operários de construção no quarteirão seguinte *pediu* algumas e ficou tudo equilibrado.

Mais tarde, depois do trabalho, fui buscar Chris (táxi $5) para ir à grande festa de aniversário de Calvin Klein no Studio 54. Mark Fleishman tinha dito que a melhor hora de chegar seria bem cedo, mais ou menos às 10h. Maura veio nos encontrar e estava bem-vestida, mas a gente riu porque ela é – meio desarrumada. Sempre tem uma mancha ou uma marca em algum lugar (táxi $5).

Havia balões na entrada do Studio 54 e grandes pianos brancos e laçarotes de fita no chão. Me senti preterido porque Calvin estava numa mesa com Bianca e umas pessoas da família dele, tipo mães e avós. Gostaria de ter sido apresentado a elas (táxi $8).

Quarta-feira, 27 de outubro, 1982 – Nova York-Hong Kong. Chegamos a Hong Kong, noite. Quente e úmido. Tempo tipo Flórida. Doze horas de diferença de horário, aí não precisamos alterar os relógios, o que foi ótimo.

Alfred Siu, nosso anfitrião, foi nos buscar. Rolls Royces e limusines. Jeffrey Deitch, do Citybank, também estava no aeroporto para nos receber, é adorável, um sujeito muito amável.

Foi ele quem nos envolveu nesse projeto todo. Mandarin Hotel. Ficamos todos em andares diferentes – eu fiquei no 1.801. Chris no 1.020. Fred no 820 e a namorada dele, Natasha Grenfell, no 722. Fiquei numa suíte com vista para a baía, muito lindo, mas todo mundo diz que há uma recessão em Hong Kong.

E depois que nos arrumamos, Alfred queria que a gente fosse dar uma olhada no I Club, é só a um quarteirão do Bank of America, no primeiro andar, e ainda não terminaram tudo, têm três dias para fazer isso. Fomos apresentados ao decorador, Joe D'Urso. Disse que fez a decoração de todos os apartamentos de Calvin. Alfred é tão bonito – um garoto mimado, uma graça, adorável. E Joe D'Urso é apenas um gordo nojento, mas muito talentoso. Voltamos para o hotel, ligamos para Nova York.

Quinta-feira, 28 de outubro, 1982 – Hong Kong. Acordei cedo para percorrer os dois lados de Hong Kong procurando alfaiates. Todos os garotos estavam indo comprar roupas, menos eu. Realmente roupas não me atraem (táxi $4.50, $5, $6). Almoço no I Club com Alfred Siu e umas oito mulheres que ele pensou que queriam fazer retratos. Uma era americana casada com um chinês, as outras eram tipo Miss América – Miss Taiwan, Miss Isso e Miss Aquilo, e são casadas com sujeitos ricaços do ramo da construção e todas se detestam e todas são lindas. Birmanesas e chinesas, todas bonecas estonteantes vestidas para arrasar. E depois do almoço a mulher linda de Alfred nos levou a um lugar onde leem a sorte, eram umas 8 mil cartomantes e a gente tinha que escolher a que queria, escolhi uma e perguntei como ia minha vida afetiva e (*risos*) ela disse que sou casado com uma mulher mais jovem e que estou tendo problemas.

E aí Chris começou a fotografar e tirou algumas fotos de cartomantes dormindo, o flash acordou todas e nos expulsaram de lá – acho que nenhuma queria ser fotografada por causa do mau-olhado ou sei lá o quê.

Alfred deu um jantar e foi muito charmoso, levamos umas coisa para seu barco particular. Ele trouxe uma equipe de Nova York para nos fotografar enquanto estávamos lá e eles foram terríveis, sete ao todo, não quero nem lembrar os nomes. Fomos à Disco-Disco, um lugar de travestis, e uma inglesa queria dançar comigo e eu não queria e ela disse, "Você não é nem parecido com aquilo que contam nos jornais", e eu disse, "Bem, isso eu sei".

Sexta-feira, 29 de outubro, 1982 – Hong Kong. Úmido. Pegamos um barco para atravessar o rio até Kowloon ($12, ida e volta). Tínhamos que encontrar os Siu na casa deles lá em cima de uma colina de onde dá para ver toda Hong Kong. A equipe nos seguiu por toda parte, todo tempo.

A festa de pré-inauguração era "exclusiva", minha querida, muito elegante, cheia de gente. O show foi ok. A academia de ginástica estava aberta e deram aulas. Me colocaram num aparelho e me viraram de cabeça para baixo com todos os meus comprimidos caindo dos bolsos e o meu cabelo quase sendo arrancado. Depois fomos para a discoteca. Terminaram tudo um minuto antes de abrir. Dancei com Natasha Grenfell, dei uns empurrões nela, estava bêbado.

Todos nossos possíveis retratos deram em nada e Alfred estava constrangido. Demos o fora por volta das 2h.

Sábado, 30 de outubro, 1982 – Hong Kong. Tive ideias de materiais na Peking Communist Store ($250). E finalmente descobri que na verdade Hong Kong é dos chineses, que a Inglaterra só *aluga*! Então agora sei por que todo mundo aqui está tão nervoso, o aluguel está quase esgotando.

A grande inauguração do I Club era das 8h30 à 1h30. Em casa às 4h30. Liguei para Nova York.

Segunda-feira, 1º de novembro, 1982 – Pequim. Duas horas de carro e todo mundo cantando músicas americanas ótimas. Finalmente chegamos à Grande Muralha e ela é realmente uma maravilha. Eu tinha criticado, mas foi chocante. Fomos para o lado esquerdo porque não é tão íngreme e não havia tanta gente, e todos os chineses estavam tirando fotos deles mesmos, Meu cabelo quase foi arrancado pelo vento e acho que fotografaram. Soldados vão lá com as namoradas. É como subir no Empire State.

Depois fomos de ônibus até os túmulos Ming e também foi chocante, da mesma forma ficava a umas duas horas de distância. Levou a tarde toda.

Dormi de roupa. Hotel Pequim. O lugar estava infestado de armadilhas para baratas.

Quarta-feira, 3 de novembro, 1982 – Pequim. Acordei às 6h30, outro dia de filmagem. Fomos à feira de pássaros, é onde as pessoas se reúnem e vendem pássaros, é o que eles fazem com seu tempo – vendem minhocas, aranhas e pássaros. Aí pegamos um ônibus e fomos ao Palácio de Verão. Encontramos alguns americanos conhecidos – Lita Vietor, que foi tão gentil conosco em San Francisco, e algumas pessoas de Palm Beach, estavam numa excursão. Paramos no hotel projetado por I.M. Pei e tiramos fotos.

Fomos a uma comuna e as crianças saíram e cantaram "God Bless America" e "Jingle Bells", foi nojento porque é muito triste ver essas criancinhas tendo que agir como animais. Outro ônibus cheio de gente viria depois do nosso e seria a mesma coisa e elas abraçariam as pessoas, o mesmo espetáculo.

Quinta-feira, 4 de novembro, 1982 – Pequim-Hong Kong. Saímos do hotel para pegar o voo das 8h45. Bebi chá ($12). A gente não deve dar gorjeta para as pessoas. Todo mundo denuncia todo mundo. Aí descobrimos que se a gente dá cigarros, isso é o que elas realmente querem. Deveríamos ter feito coisas assim, mas não tínhamos nos dado conta. Chegamos no aeroporto e ficamos horas sentados. Uma mulher e seu marido tinham perdido seus passaportes e por uma hora e meia ficaram procurando por tudo, a mulher ficou gritando com o marido, igual a uma cena de cinema, e dois minutos antes do avião decolar a mulher colocou a mão no bolso e encontrou os passaportes. Os dois eram muito velhos, foi triste. Foi horrível. Eram velhos e não conseguiriam sair da China. "Onde estão?" "Você foi o último a pegar."

Encontramos um daqueles grupos ingleses, talvez o Clash, no elevador. No mesmo andar que nós.

Sábado, 6 de novembro, 1982 – Hong Kong-Nova York. Tomei um Valium porque ia enfrentar um voo de dezoito horas. Li o livro de Neil Sedaka e o de Britt Ekland e ambos são muito ruins. A filha de Neil, Daryl, é um grande sucesso em Singapura e em Tóquio.

Segunda-feira, 8 de novembro, 1982. Mandei Benjamin até Chinatown (*risos*) porque eu não tinha comprado nenhum presente para ninguém na China. E também lhe disse (*risos*) que estava na lista de demissões porque estou cansado de ver chineses na minha frente.

Conferi a correspondência no escritório e só consegui fazer um terço do que tinha para fazer. Comecei a sentir o jetlag. Decidi ficar em casa.

Quarta-feira, 10 de novembro, 1982. Bob foi almoçar com Jann Wenner no Le Cirque. Mas eu sei que Jann não vai poder tirá-lo de nós porque Bob ganha muito dinheiro conosco. Acho que Jann só quer ver o que ele tem na cabeça. E Bob disse que John Fairchild e James Brady também estavam no Le Cirque, aí acho que lá é o novo local dos fofoqueiros.

Trabalhei toda a tarde. Decidi ficar em casa e me livrar do resfriado. Assisti *Dinastia* e a melhor coisa foi o bebê sendo sequestrado, porque usaram um bebê de verdade. Você sabia que normalmente os programas de TV usam um boneco? Bem, *Dinastia* usou um bebê de verdade sendo carregado pelas ruas com a cabeça rodando e sacudindo para os lados. E ai!, todo mundo naquele programa tem uns penteados horrorosos.

Sábado, 13 de novembro, 1982. Chris nos convidou para o encerramento da exposição de Keith Haring na Shafrazi Gallery, aquele que desenha figuras por toda cidade, faz grafites. O namorado dele é negro, então havia 440 garotos negros lá, umas graças, adoráveis. Exatamente como nos anos 60, só que (*risos*) negros.

E Ronnie estava lá, muito chique, com sua namorada. Os trabalhos dele estão vendendo que é uma loucura.

Depois teve uma festa para a exposição no porão, onde só havia luz negra, e queriam que eu descesse, mas eu sabia que meu cabelo ficaria completamente azul, aí não fui.

Segunda-feira, 15 de novembro, 1982. Jean Michel Basquiat, que costumava pintar grafites como "Samo", veio almoçar, eu convidei. Às 3h30 fomos até a casa de Julian Schnabel, onde eu estava posando para ele. E eu estava com uma camiseta da Paramount com a qual seria bom posar, mas ele me fez tirar, fiquei posando acho que por umas duas horas, lá parado. Tirei meus óculos para poder olhá-lo bem no rosto e continuar sem vê-lo.

Quinta-feira, 18 de novembro, 1982. Tive que vestir black-tie para ir a uma festa dos De Menil para o vernissage de Yves Klein no Guggenheim (táxi $5). Encontrei mrs. Klein, casou de novo. Depois fui para cima e Fred estava lá com Natasha Grenfell. E aí Jean Stein chegou e eu apenas meio que a ignorei.

Depois de táxi ao Guggenheim ($4). Subi até o último andar pela rampa, vi a exposição e aí desci ao térreo e vi a exposição. Aí fui para casa e às 10h estava na cama.

Sexta-feira, 19 de novembro, 1982. Donahue fez um programa sobre o câncer gay, mas eu não quis assistir, me deixa nervoso (táxi $3, $5, ligações $.40).

Muito trabalho no escritório, *Interview* estava dando um almoço. Trabalhei toda a tarde. Tive de sair mais cedo para ir ao médico das espinhas, dr. Silver.

Dr. Silver disse para não usar sabonete ($6.50).

Sábado, 20 de novembro, 1982. Tom Cashin ligou e disse que Zoli morreu de câncer gay.

Thomas Ammann me buscou de limusine e fomos ao Odeon, estava lotado de artistas – John Chamberlain, Joseph Kosuth, Christos e uma porção de marchands e Barbara Jakobson. E uma mulher horrorosa que disse que tem ido ao escritório me ver mas Robyn não a tem deixado entrar. Quer tanto que eu veja o seu trabalho, que vou ter que vê-lo ou ela vai enlouquecer (jantar $256.80).

Segunda-feira, 22 de novembro, 1982. Percorri as ruas com *Interviews*. O número com Calvin Klein está pesado (utensílios de cozinha $94.02, $9.75, $5.36, $30.85, táxis $3.50, $5, ligações $.40).

Fiz ginástica com Lidija.

Trabalhei nos planos para a escultura de cimento toda a tarde. Pintei um pouco.

Depois táxi, me colei [*v. Introdução*] ($5.50). Fui para a casa de Sandro Chia no 521 da Rua 23 Oeste, no mesmo edifício onde Julian Schnabel pinta ($7). Sandro me mostrou suas novas pinturas.

Terça-feira, 23 de novembro, 1982. Vincent ia sair e aí ficamos até mais tarde e pagamos contas, Jay estava fazendo coisas só para que a gente berrasse com ele. Quando quer que a gente grite com ele, faz algo errado de propósito. Como pintar alguma coisa com a cor errada e depois dizer que sabia que estava errado. Logo que a gente berra ele fica como se nada tivesse acontecido, mas satisfeito. E ficamos lá até tarde.

Fui convidado para o jantar do Dia de Ação de Graças na casa de Halston.

Quarta-feira, 24 de novembro, 1982. Este fim de semana Bianca me acusou de contar sobre ela e o senador Dodd para a revista *People*, disse que as únicas pessoas que sabiam eram eu, Steve

Rubell e Halston. Aí acho que Steve contou para eles. E Page Six, no *Post*, tem uma coisa dizendo que agora ela está saindo com Woodward, além de sair com Bernstein, e ela pegou o telefone e ligou para o *Post* e fez com que corrigissem a notícia no dia seguinte, que ela só está saindo com Bernstein.

Quinta-feira, 25 de novembro, 1982. Dia de Ação de Graças. Parecia frio lá fora. O escritório ficou fechado. Acordei às 4h, liguei a TV e estavam passando um filme com Margot Kidder que eu não consegui compreender mas que me assustou muito. Já estava no final e a polícia deixou-a sozinha numa casa – sei lá por que, porque ela estava traumatizada – acho que pensaram que os crimes tinham terminado, e aí a gente ouve um sujeito no andar de cima, descendo, chamando por ela. E a gente não sabe o que vai acontecer. E me assustou muito. Levantei. A casa estava vazia.

Conversei com Chris e Peter. A mãe de Peter veio de Massachusetts e estavam cozinhando peru, me convidaram para ir downtown.

Assisti ao desfile da Macy's na TV. Pela primeira vez mostraram um balão feminino – Olive Oyl.

Liguei para Berkeley Reinhold e ela estava assistindo da janela. Disse que sua mãe estava fazendo um jantar de Ação de Graças pela primeira vez. O pai está em Hong Kong, aí liguei para John Reinhold lá, liguei direto. Está no mesmo hotel em que ficamos, por isso foi fácil lembrar – o Mandarin. Cometi um *faux pas*. Contei a John que sua mulher estava fazendo um jantar de Ação de Graças e ele ficou chateado porque ela nunca tinha feito um antes.

Assisti a todas as novelas e por causa do feriado cada uma delas tinha todos os personagens reunidos para seus jantares de Ação de Graças. Antigamente era só gente de classe alta nas novelas, agora é só em *Dallas* e *Dinastia*. Agora o pessoal das novelas que passam de dia é de classe média baixa – sem mordomos e empregadas.

Conversei com Jon em Nova Hampshire.

Fui jantar na casa de Halston e Martha Graham estava lá, parecia frágil, como se estivesse nos seus últimos dias. E aí Steve Rubell chegou, e Jane Holzer e seu filho Rusty, que agora está muito bonito. E é esperto. Conversamos bastante tempo. Ele estuda na Buckley e tem a melhor média, estuda todo o tempo depois do colégio até a hora de dormir, e aí estuda um pouco mais de manhã antes do colégio e mantém sua média 93. Disse que ele e outro garoto foram os únicos que souberam responder à pergunta "Quem pintou as 'Latas de Sopa Campbell's'?"

Jade chegou com Bianca, ela estuda na Spence. E fiz Rusty dizer olá para ela, ela foi fria e disse, "Será que te conheço?", e ele disse, "É claro", e ela disse, "Ah sim, foi mais ou menos um ano atrás", e ele disse, "Não, dois anos atrás", e aí ele ficou chateado, ela ficou fazendo pouco dele, mas Jane explicou para ele que as meninas ficam nervosas e fazem assim.

O peru não tinha hormônios, era da fazenda de Jane na Pennsylvania. Fui embora de fininho sem me despedir de ninguém.

Sexta-feira, 26 de novembro, 1982. Fiquei sabendo que depois que saí Rusty descobriu um incêndio que tinha começado numa lareira e passado para uma escultura de Marisol e depois para um armário, e se Rusty não tivesse notado a casa de Halston teria queimado.

Estou dando roupa íntima emoldurada para todo mundo no Natal. Fui até a Rua 86 e depois voltei (táxis $5, $4).

Jon ligou, disse que estava de volta.

Sábado, 27 de novembro, 1982. Brigid ligou e convidei-a para assistir a *Cats* (ingressos $200). De táxi até o teatro ($6). Lugares na primeira fila, mas na lateral.

O primeiro ato é muito chato, mas percebi as bucetas das mulheres através das roupas de gato. Fiquei revoltado. Dava para ver o rego bem-delineado na frente. Realmente deveriam usar enchimentos. E dava para ver os pentelhos saindo das bucetas, mas aí também colocaram pele de gato ali, uma confusão. Mas ah!, dava para ver tudo! Talvez seja por isso que todos os velhos estão indo ver o show. E finalmente descobri o que é o cenário, é uma coisa Pop Art enorme, umas garrafas de Coca-Cola com meio metro de altura e latas de sopa Campbell's com meio metro de altura, tudo o que a gente encontraria numa cozinha. Mas do tamanho de um Oldenburg. E as pessoas ficaram fazendo sinais para que eu olhasse. E uma mulher perto de nós colocou o casaco e o chapéu do marido numa caixa na frente deles, e no final era uma caixa de Brillo que fazia parte do cenário e o chapéu ficou todo amassado porque um gato sentou em cima. Ah, mas aquelas bucetas. Dava para ver os – regos – os lábios – da – da – da – vulva. Entendeu? De tão óbvio que era.

Segunda-feira, 29 de novembro, 1982. Convidei Pierre Restanay e sua mulher para almoçar. Ele foi tão gentil comigo nos anos 60 que eu quis ser gentil com ele. É o crítico de arte francês. E sua mulher é muito impressionante, 1m90cm de altura – acho que foi modelo. Mulheres francesas, se são chiques, têm uma aparência de sapatão. Mrs. Restanay estava com um velho casaco masculino de Lanvin.

Ronnie Cutrone apareceu e enquanto fiquei fazendo ginástica com Lidija ele se ocupou de Pierre e da mulher, não sabia quem eram e Pierre disse que viu a exposição dele na Shafrazi e gostou. Ronnie está vendendo tudo o que faz. Poderia ter feito isso há anos. Na realidade ele fazia todas aquelas coisas que agora os italianos estão fazendo.

E aí mais tarde resolvi ver a coreografia de Twyla Tharp para as músicas de Frank Sinatra. Liguei para Jon. Fui buscá-lo (táxi $6). E, quando subimos de elevador para o Rainbow Room, nos demos conta de que havia uma festa da Paramount no andar de baixo.

Chegamos ao Rainbow Room e estava lotado de estrelas. Vi Sam Spiegel e Peter Duchin, que disse, "Esta é minha namorada que mora comigo", e era Brooke Hayward. Formam um casal estranho. Leo Castelli estava lá e não me abraça mais. Também não tem estado mais com Laura de Coppet. E esse espetáculo, acho que Twyla apenas decidiu fazer algo simples, colocou nove casais fazendo nove danças tradicionais, mas qualquer pessoa no Roseland teria feito melhor. Depois conversei uns minutos com Twyla. E aí, quando estávamos indo embora, vi Dick Avedon, Tuesday Weld, "Laverne" e Paul Simon, e disseram que Ann Reinking estava lá e Baryshnikov e Treat Williams (chapelaria $2).

Então o elevador parou no andar da festa da Paramount e Nick Nolte e Eddie Murphy entraram. Nick Nolte está gordo e com cabelo caindo sobre os olhos, como um daqueles cachorros, mas é muito bonito. Dizem que o filme deles é muito bom, *48 Hours*. Eddie Murphy também é muito bonito. Um olhar inteligente. Dizem que vai ser mais importante que Pryor. E fiquei sem fala, disse que estava deslumbrado, mas aí lembrei que o tinha conhecido em alguma coisa antes. E aí algumas mulheres estavam em fila para pedir o autógrafo de Nick Nolte e resolvi entrar também e ele ficou de cabeça baixa e autografou, nem olhou para ver quem era (táxi $4). Cama às 12h.

Quinta-feira, 2 de dezembro, 1982. De táxi até a Xenon ($4) para a festa de aniversário de Cornelia. Acho que ela estava chateada porque ficou conosco logo de saída. Aí os fotógrafos vieram e disseram que Stallone estava do outro lado da pista e que não queria ser fotografado com nenhuma mulher, e então será que eu poderia ir lá e ser fotografado com ele. Aí fui, e Stallone foi amável, disse que vai começar a filmar em fevereiro em Nova York com John Travolta e que eu realmente deveria ficar em contato. Havia uns oito guarda-costas com ele no bar. Depois saí. Peguei um táxi depressa ($5).

Sábado, 4 de dezembro, 1982. Convidei Curley para assistir a *Tootsie*. A princípio não conseguimos entrar, estavam nos dificultando as coisas, não encontraram os ingressos que Charlie Evans deveria ter deixado. E se eu soubesse naquela altura que estou realmente no filme sem que tenham pago – que eu apareço na capa da revista *People* com Tootsie quando ela fica famosa –, eu teria sido mais agressivo e dito que poderia fazer entrar quantas pessoas eu quisesse.

E o filme, fazem tudo muito a sério, Dustin faz. Não é realmente como um travesti, é como ter uma tia que a gente não sabe que é um homem. É uma coisa completamente diferente.

Depois fomos para a casa de Charles Evans. Estava cheio de estrelas, sentamos ao lado da comida para conseguir ver todo mundo. Dustin foi gentil e o diretor Sidney Pollack também. Conversei com Teri Garr, que está ótima no filme, e falamos sobre Henry Post e se ele tem câncer gay – é o que andam dizendo. Curley me trouxe uma bebida. Bebi vodka.

Terça-feira, 7 de dezembro, 1982. Fui ao escritório encontrar Jeff Bridges (táxi $4.50). Bianca deveria fazer a entrevista junto conosco, mas cancelou semana passada. Cheguei lá, fizemos um vídeo. Jeff Bridges é grande e robusto, uns 1m90cm, é um sujeito comum, foi gentil e difícil de conversar. Aí ele disse que é artista, tirou polaroids de mim e eu mostrei a ele meus materiais de pintura, mostrei tudo a ele e ele vai fazer um retrato de mim a partir das polaroids.

E os garotos que fotografaram Jeff para *Interview* não sabiam como fotografar, ficaram pedindo que ele fizesse uns negócios idiotas – não sabem que quando a gente tem um homem normal e bonito a gente simplesmente deixa que ele fique ali. Dei meu livro *Philosophy* para ele.

Sexta-feira, 10 de dezembro, 1982. Caminhei até a Rua 17 desde a 77. Liguei para o escritório e perguntei se tinha algum compromisso e Jennifer, a voluntária que atende os telefones depois da escola, me disse que não, e quando cheguei lá Paul Bochicchio, que faz meu cabelo, estava esperando por mim há cinco horas, aí gritei com ela. Depois ela ficou fazendo grinaldas de azevinho e eu pensei, ok, é para a casa dela, mas aí saiu a pendurar pelas paredes e comecei a berrar dizendo que tirasse tudo dali porque no escritório não tem essa coisa de espírito de Natal, acabou levando na cabeça duas vezes no mesmo dia. E então levou as grinaldas para o banheiro. E de repente Jennifer aprendeu os maus hábitos de trabalho com Robyn. Trabalhei até as 7h30.

Domingo, 12 de dezembro, 1982. Acordei cedo, nevou. Abri todas as janelas. Resolvi que era um bom dia para caminhar. Encontrei Chris e Peter no Plaza. Fomos para o Edwardian Room. Tivemos um grande almoço, demorado ($240 com gorjeta).

Fui à festa de Iris Love para Pauline Trigère no Dionysos, no 210 da Rua 70 Oeste (táxi $6). Cheio de estrelas – Diana Ross e um namorado, Morgan Fairchild e David Keith, que estava com uma outra mulher, mas é mulherengo e ficou atrás de Morgan. Os Herrera, da alta sociedade, estavam lá e uma porção de mulheres – Paloma e Fran, Marina e Florinda. Houve danças gregas. Iris colocou uma toga grega.

Segunda-feira, 13 de dezembro, 1982. Jodie Foster ligou e disse que tinha feito uma entrevista com Nastassia Kinski que o *Yale Daily News* não queria e será que *Interview* queria, aí vamos usar essa entrevista com Nastassia na capa para o número de fevereiro. Jodie é uma graça.

Terça-feira, 14 de dezembro, 1982. Na sua coluna, Liz Smith fez aquela festa do domingo passado no restaurante grego parecer tão ótima! Depois, quando você lê a respeito, elas sempre parecem ótimas.

Fui ao sujeito que faz massagens nas costas na Sétima Avenida e agora Chris me disse que ele não é um massagista de shiatsu de verdade, que é só um especialista de coluna. E agora dá a impressão de que só eu vou lá. É tão vazio, provavelmente sou seu único cliente. E provavelmente ele vai quebrar minhas costas para me obrigar a voltar (telefonemas $.20).

Aí voltei e trabalhei no meu retrato de Alfred Hitchcock para *Vanity Fair*. Esperei Rupert. Mr. LeFrak ligou e tenho que começar a trabalhar no retrato dele.

Havia uma projeção de *Gandhi* e fomos para a sala de projeção da Columbia na 56 com a Quinta, o filme é deslumbrante. Tem três horas de duração e a única coisa ruim é Miss Candice Bergen. É como um choque de realidade. De repente lá está ela, dizendo que é Margaret Bourke-White da revista *Life*, a fotógrafa. Está horrível. Chocante. Como eu em *The Driver's Seat*. Eu estou muito mal naquele filme. Mas poderia ter ficado bem se tivessem me usado bem. Ah! e um astro de cinema me disse recentemente que *Bad* foi o melhor filme que já viu. Agora, quem foi...? Ah, foi Jeff Bridges! Ele adorou *Bad*!

Quinta-feira, 16 de dezembro, 1982. Desci de uptown até Chinatown porque é engraçado ouvir Benjamin falando chinês (táxi $9, telefone $.20). Ficamos por ali procurando ideias, mas é difícil fazer todas essas coisas ao mesmo tempo, toda a pressão – procurando novas ideias, a pressão da pintura, a pressão de comprar um prédio. É muita tensão.

Sexta-feira, 17 de dezembro, 1982. Perdi umas dezoito festas que estavam acontecendo. Frankie Croker estava dando uma festa no Studio 54 e Laura Branigan ia cantar. Maura Moynihan estava dando uma festa de Natal e depois tocaria na Danceteria. O Ritz estava dando um show para o The Who que seria televisionado. Suzie Frankfurt estava fazendo um open-house e Couri Hay estava dando uma festa.

Domingo, 19 de dezembro, 1982. Resolvi ir à festa de Vincent e Shelly. Havia uns oito bebês lá e todos os garotos do escritório. Pedi a Jay que me conseguisse um táxi como presente de Natal.

Segunda-feira, 20 de dezembro, 1982. Tive que encontrar os LeFraks. Eles detestaram o retrato. Ela disse que a fiz parecida demais com Kitty Carlisle.

Trabalhei até as 7h. Dei uns brincos para PH de Natal – sapos de David Webb dos anos 40 – e ela ficou deslumbrada. Depois fui até o dr. Silver e ele disse que em duas semanas vou estar curado das espinhas.

Terça-feira, 21 de dezembro, 1982. Mrs. LeFrak não gostou do seu cabelo e Rupert está trabalhando nisso neste instante. Tenho que ligar e pedir que faça a tela mais fofa – dê mais destaque ao cabelo, mas provavelmente será tarde demais.

Quarta-feira, 22 de dezembro, 1982. Fui ao Waldorf para aquele tal baile de debutantes. E Cornelia deveria estar lá porque está escrevendo um livro – *Como ser uma debutante* – com Jon, mas não estava. E aí um garoto de cabelo louro encaracolado vem e diz, "Você fez umas pinturas para o meu avô", e eu perguntei quem era seu avô e ele respondeu, "Nelson Rockefeller". Todos os garotos naquela coisa eram muito bonitos. Todos se pareciam com Robyn de smoking.

Quinta-feira, 23 de dezembro, 1982. Quando entrei no escritório todo mundo estava de mau humor. Brigid começou a criticar Christopher e disse que o único presente de Natal que todo mundo quer no escritório é que Chris não apareça nunca mais lá. Quando mais tarde contei isso para ele, ele disse que talvez devesse pagar os $20 que deve para Brigid. Ela fez um trabalho para ele alguns anos atrás num projeto e aí *ele* não foi pago e ficou achando que não deveria dar nada para *ela*. Mas é claro que ele é mesquinho, e na verdade é só por isso que não pagou. E Robyn estava com seus humores. Jay foi para a casa da família em Milwaukee e era o único que na realidade teria trabalhado.

E Peter Beard ligou e queria que déssemos um ok num cheque de Cheryl Tiegs que ele estava tentando descontar no Brownies porque queria ir ali perto, na Paragon, comprar equipamento esportivo. Aí acho que ele está sendo sustentado por Cheryl. Ela realmente tem grana, tem aquele contrato com a Sears.

E Lorna Luft apareceu porque Liza vai lhe dar o retrato como presente de Natal. Estava sem maquiagem, linda. Está fazendo a dieta Cambridge e está realmente bonita. O retrato dela vai ser como Marilyn. Se ela simplesmente conservasse o castanho natural do cabelo e sua aparência natural poderia ser uma grande atriz séria. Mas em vez disso fica tentando ser o oposto de Liza para ter identidade própria.

O Natal é tão confuso. Jon foi para Nova Hampshire.

Sexta-feira, 24 de dezembro, 1982. Fiz as pessoas virem trabalhar e Brigid passou o dia inteiro como Madame Defarge, sentada bordando, pensando sobre não ter o dia de folga. Meus nervos ficaram em frangalhos. Não consegui organizar nada. Trabalhei no escritório tentando embrulhar as pinturas para o grupo de Halston. Pedi para Benjamin me encontrar em casa.

Fui buscar Sondra Gilman, os filhos dela já estão bem crescidos. A filha é tipo modelo. O garoto também é alto. São lindos, como garotos da *Village of the Damned.* A menina contou que uns fotógrafos velhos têm tentado caçá-la e um a levou para jantar no Le Relais e tentou impressioná-la, dizendo que tinha criado aquela e aquela outra – tinha feito as carreiras delas – e ela ficou me contando isso e rindo dele.

Aí finalmente fomos para a casa de Halston e não o vimos em parte alguma. Foi estranho. Embora estivéssemos quatro horas atrasados. Mas finalmente o encontramos lá em cima com Steve Rubell, junto da árvore. Halston me deu – *talvez* – duas velas Elsa Peretti da Tiffany, mas tive de assinar um termo de compromisso dizendo que devolveria se no final Halston não conseguisse outro par para ele. Acho que isso é novidade. E eu estava um lixo, tentando decidir que tamanho de pinturas dar para cada um. Foi angustiante.

Steve Rubell me deu cinco cassetes. E ficou repetindo, "Eu dei cinco cassetes para você. Não é mesmo o melhor presente?" Quer dizer, são só fitas que qualquer um pode comprar, tipo uma fita do Michael Jackson, custam $3 cada uma. Quer dizer, Steve já era pão-duro quando *tinha* dinheiro, e agora que não tem...

Sábado, 25 de dezembro, 1982. Acordei tarde. Fui à igreja. Tive um Natal miserável. Fiz Benjamin ir ao escritório antes de ir ver sua família em San Francisco (táxi $5). Trabalhei com ele toda a tarde, tentando pagar as minhas contas. Fiquei sabendo da grande nevasca em Denver. Paguei Benjamin por ter trabalhado naquele dia ($100).

Terça-feira, 28 de dezembro, 1982 – Aspen, Colorado. Barry Diller nos convidou para coquetéis às 8h30 com Calvin Klein, Marina Cicogna e Diana Ross. Diana chegou e tinha acabado de comprar um chapéu de cowboy e sapatos brancos enormes e estava a fim de se divertir.

Entramos nos carros e seguimos Barry, ele é um péssimo motorista. Depois Barry nos convidou para jantar no Andre's. A comida estava nojenta. Jon perdeu um pedaço do seu cinto Kieselstein-Cord. Diana ficou dançando em cima da mesa e todo mundo queria dançar com ela, e ela disse, "Estou dançando com *todos* vocês!". É uma grande frase.

Quinta-feira, 30 de dezembro, 1982 – Aspen. John Coleman nos contou que Barbi Benton estava dando uma festa, aí liguei casualmente e disse "Oooooi" e ela disse "Ooooooi" e aí eu disse, "Ah, só liguei porque ano passado nos divertimos tanto, você sabe..." – fazendo gênero. E aí ela disse que estava dando uma festa e será que eu gostaria de aparecer e eu disse, "Ah, mas claaaaaaro".

Chegamos às 7h e fui apresentado aos pais dela, que são adoráveis. Fiquei sabendo que ela nasceu em Nova York e que o avô comprou cinquenta bonecas, mas a mãe não quis dar para ela. E se mudaram para Sacramento quando Barbi tinha três anos.

Encontrei Zev Bufman de novo.

Buzz Aldrin chegou, da lua. O astronauta. Tirei muitas fotos dele. Envelheceu mas foi uma graça e estava feliz de nos conhecer. Resolvemos começar a mentir aquela noite – Chris contou para as pessoas que tinha um bebê de doze meses e que estava cuidando dele enquanto a mulher estava em Nova York e todos acreditaram. Contei que eu era um pescador de alto mar, e uma mulher me convidou a ir a Boca Raton. Não tenho bebido absolutamente nada.

Sexta-feira, 31 de dezembro, 1982 – Aspen. Chris foi esquiar com Cornelia na pista Buttermilk. Mark Sink ligou. É o ciclista que cuida da circulação de *Interview* em Denver.

Fomos de carro até a casa de Jimmy Buffet. Assim que chegamos Couri Hay pegou uma das nossas mesas e encheu de garotos – Tab Hunter e um namorado dengoso. Mas aí Jimmy Buffet nos deu outra mesa e então a festa começou a ficar boa. Barry Diller chegou com Diana Ross e Jack Nicholson com Anjelica Huston – Jack agora tem um barrigão. Todos vestidos de cowboy.

Cinco minutos antes do Ano-Novo resolvemos, Jon e eu, que não queríamos ficar com aquela multidão e saímos, para não ouvir ninguém cantar "Auld Lang Syne". Aí vimos os fogos de artifício e voltamos para dentro dez minutos depois. Foi ótimo, ninguém nem notou que saímos e já tinham terminado de se beijar, aquelas coisas.

Sábado, 1º de janeiro, 1983 – Aspen. Uma coisa estranha aconteceu. Achei que Jon estava tentando me matar. Estávamos num carrinho de neve e ele me empurrou por um despenhadeiro. Achei que fez isso de propósito. Mas não sei como havia umas árvores por ali e eu caí na neve fofa. Voltamos para casa, foi divertido, mas só me dei conta de como tudo tinha sido assustador quando voltamos. Aí percebi o que tinha acontecido. Fui interpelar Jon e ele me disse que era só loucura minha, fiquei aliviado.

Domingo, 2 de janeiro, 1983 – Aspen-Nova York. Não bebi nada durante todo o tempo que fiquei fora. E também não engordei. Acabo de me pesar e ainda estou com 57 quilos.

Segunda-feira, 3 de janeiro, 1983. Os LeFrak ligaram dizendo que detestaram o retrato. Mr. LeFrak perguntou por que os olhos de mrs. LeFrak não ficaram castanhos no retrato e disse que o nariz dele tinha ficado bulboso demais. Aí se a gente consertar essas coisas talvez dê para passar.

Bob ainda não voltou de férias com os Cisnero em Santo Domingo. E a revista *Time* apontou Cornelia como a Debutante do Ano.

Terça-feira, 4 de janeiro, 1983. Jantei com Chris na Post House na Rua 63 para resolver de uma vez por todas qual vai ser sua participação nos lucros do meu portfólio "Fotografias de Decoração" e *hashed it out*. Chris é tão mesquinho – mesquinho de uma maneira que a gente jamais sonharia. E é como Bob. E Paul Morrissey. Eles querem mais e mais. E Bob acaba de voltar do seu fim de semana e está com umas ideias de que tem que viver como a realeza, fica infeliz se não ganha mais e mais e, quer dizer, ele deveria apenas casar com uma daquelas antiguidades para conseguir tudo o que quer (jantar $130).

Quinta-feira, 6 de janeiro, 1983. Quando cheguei ao escritório Vincent me passou uma carta. Era de Bob. Pedindo demissão. Ninguém no escritório sabe, exceto Gael, Robert e Fred. Fiquei sabendo que ele tem um empresário chamado Janklow, um advogado famoso do pessoal de literatura. Gostaria de saber se Jann Wenner lhe ofereceu um emprego porque eles têm se encontrado muito ultimamente, mas acho que não, nunca se deram bem. Estou feliz por Bob. Realmente estou. Mas, quer dizer, ele deveria ter continuado a trabalhar até que a gente encontrasse um substituto. É tão horrível ele ter se demitido sem aviso prévio. Fred ligou e conversou com ele, mas não mudou nada. Acho que Thomas Ammann deve ter lhe dado um apoio. Thomas também está se fazendo de muito importante. Quer dizer, fico olhando essas pessoas que conheço há tanto tempo, e de repente elas estão com um rei na barriga.

Aí ninguém no escritório sabe a não ser aquelas pessoas que eu disse. Mas (*risos*) todo mundo fora do escritório sabe. Mas essa coisa vinha se formando há tempos. Antes de Bob sair para os feriados eu tinha dito que ele poderia pedir qualquer pintura que quisesse como presente de Natal e ele pediu uma "Foice & Martelo", mas só tenho duas e disse, "Ah, Bob, qualquer uma, menos essas", e ele ficou furioso. É que Bob se tornou muito importante. Vai a todos esses lugares de gente rica e fica achando que também deveria tem tudo aquilo. Só que editores de revista não ganham tanto assim. E Bob fez todo esse dinheiro com outras coisas – percentagens nos retratos e 50% do portfólio de fotografias de Bruno. Mas o que ele realmente queria era 50% de *Interview* – pelo menos acho que ele disse 50%, realmente não entendi se ele falou 50 ou 15. Aí eu disse que ele poderia ganhar uma percentagem dos *lucros*, quando *Interview* começar a dar algum lucro, o que ainda não aconteceu. E aí ele disse que *já está* dando lucro. Mas não está mesmo. E se Bob fosse esperto, ele poderia apenas ter contratado alguém para fazer a rotina dele em *Interview* e ficar só supervisionando a revista como free-lance. Talvez Fred vá pedir que ele faça isso. De qualquer modo, acho que ele vai voltar.

E John Powers trouxe um possível retrato – um cirurgião plástico da Flórida. E mr. LeFrak veio enquanto estavam aqui e John foi ótimo, constrangeu mr. LeFrak a finalmente aceitar os retratos – perguntou o que mais ele queria e aí mais tarde me disse, "Não consigo acreditar que você tenha feito mr. LeFrak tão bem".

Cheguei em casa por volta das 7h, deixei Jay (táxi $5). Resolvi ficar em casa, liguei para Christopher e Fred.

Sabe, aquela coisa do Bob se demitir não é por causa de dinheiro, porque ele ganhava bastante. E não é por causa da "Foice & Martelo", porque se não fosse por causa daquilo seria por alguma outra coisa. Ele vinha se encaminhando para isso há bastante tempo. Talvez ele também se associe com Thomas Ammann. Porque Bob vende arte muito bem. Se uma pessoa diz que não quer um retrato, Bob só dá um daqueles olhares e vira as costas. E ele não se constrange em pedir que as pessoas paguem suas contas. Até Fred fica um pouco constrangido em ter que fazer isso. Mas Bob não. Se ele conseguir um bom emprego vou ficar feliz por ele. Só que ele não deveria ter saído sem aviso prévio. Isso é que foi ruim, não foi profissional.

Sexta-feira, 7 de janeiro, 1983. Os jornais publicaram muita coisa sobre Bob Colacello e no escritório todo mundo continuava falando do assunto. Jane Holzer ligou e disse que Steve Rubell tinha lhe contado e aí mudei de assunto e perguntei quais as suas novidades e ela disse, "Você está tão calmo com essa coisa", e o que mais posso fazer? Quer dizer... vai ser uma grande economia para a folha de pagamentos do escritório. Fred acha que a gente não deve se apressar para contratar um novo editor – Robert Hayes tem sido tão bom que a gente vai ver só o que ele pode fazer.

Nick Rhodes, do Duran Duran, veio ao escritório e trouxe a namorada, Julie Anne. Ele tem vinte e ela 23. Estava com o dobro da maquiagem dela, embora seja da metade do tamanho.

Sábado, 8 de janeiro, 1983. Foi um dia de conversas ao telefone sobre Bob. Os jornais publicaram mais histórias, dizendo que Bob vai levar minha secretária favorita, Doria Reagan. Bob fica inebriado com o poder dos jornais, histórias nas colunas, porque, quer dizer, as pessoas logo esquecem essas coisas.

Terça-feira, 11 de janeiro, 1983. Vincent largou a notícia que os retratos dos LeFrak serão devolvidos, que não há pupilas nos olhos, que há uma mancha no rosto. Então no momento que pensei que não enxergaria mais essa gente...

É como *A noite dos retratos vivos*.

Gael Love veio me contar que a revista está indo muito bem, mas nunca sei se devo acreditar nela porque está sempre tão entusiasmada com tudo. E Robert Hayes está sendo realmente amável, creio que porque acha que vai ser promovido a editor.

Grace Jones chegou com sua roupa "macho" e com um sujeito sueco estonteante, uns dois metros de altura. Hans Lundgren. Apertamos as mãos e foi estranho porque o aperto dele é tão mole, tão fraquinho. Grace está ótima

Conversei com Jon, que está em L.A.

Quarta-feira, 12 de janeiro, 1983. Chris estava no escritório e me mostrou as fotos que tirou em Aspen e que quer usar na sua página mensal de fotografias na *Interview* e eu disse que vai ter que retocar algumas coisas. Quer dizem, Barry Diller está em algumas fotos com pessoas ao lado das quais ele não quer ser fotografado, e Barry é o *chefe* de Jon.

Grace Jones veio com seu namorado sueco. Dei um discurso dizendo que ela deveria ter um ar mais normal ou jamais vai ser contratada por alguém. É o mesmo discurso que usei com Debbie Harry depois de *Videodrome*, que ela deveria ter um ar normal, ficar com o cabelo ruivo para ganhar os papéis de Faye Dunaway.

Aí Barbara Allen também veio, está saindo agora com um sujeito multimultirrico, Henrik de Kwiatkowski, e todo mundo está torcendo para que desta vez ela consiga casar. Mas Barbara realmente mudou muito. Agora parece uma daquelas mulheres mais velhas. Como uma Roxanne Pulitzer. Ainda está bem, mas é a postura. Não estou falando mal, ela é muito gentil, mas é só uma mudança de postura. Essas mulheres passam de garotas a esse tipo de mulher. E ele é o sujeito com quem C.Z. saiu por um tempo depois da morte do marido.

Fomos assistir a *Peter Pan* (ingressos $10). Foi ótimo. Os filmes de Disney ainda se sustentam, os desenhos e as cores (comida $5). E aí na saída abri uma porta e derrubei uma garotinha. O que há de errado com esses pais, que levam uma garotinha ao cinema às 10 da noite? Me senti tão terrível – aconteceu porque era uma daquelas portas que abrem para dentro e para fora.

Sexta-feira, 14 de janeiro, 1983. Fui ao prédio novo achando que tudo já estaria pronto, mas eram os mesmos velhos operários ainda trabalhando. Não suporto isso. Fui até onde meu estúdio vai ser – *é* lá embaixo no escuro, no porão. Achei que seria só um depósito. Parece com algo que não deveríamos estar fazendo. Quer dizer, quando vou para o 860 Broadway é tão ensolarado e tão claro ali na parte da frente que faz a gente se sentir bem. Talvez eu só procure outro lugar para o estúdio. O prédio da Great Jones talvez seja bom. Ou talvez eu me transfira para a "Área de

Recepções" no terceiro andar, que é um terraço coberto de vidro, porque lá é claro. Mas não sei o que estamos fazendo com todo esse espaço! Fred tem uma área enorme e o que é que ele vai fazer lá? Ninguém nunca mais vai ver ninguém. Brigid ficou com uma imensa área de entrada e Vincent tem uma área enorme para suas coisas de TV. É ótimo que *Interview* tenha uma porção de espaço, faz sentido, mas não sei por que não entramos nos negócios imobiliários e alugamos a maior parte daquilo lá.

E achei que ficaríamos com um elevador enorme, mas o elevador tem 0,5m x 0,5m. Não quero pensar nisso, senão começo a gritar com todo mundo.

Cheguei em casa e assisti a *Rebelde sem causa* e é tão estranho ver Sal Mineo com cara de nenê, parecendo um verdadeiro nenê, enquanto James Dean e Dennis Hopper parecem adultos. A gente não consegue compreender o que aquela coisinha está fazendo com eles e mesmo assim todos deviam ter a mesma idade. James Dean parece bem moderno – os jeans, a camisa Lacoste e o casaco vermelho de borracha e se inclinando para mostrar nenhuma roupa de baixo. Natalie Wood nunca esteve melhor, a Adolescente Americana. E Dennis está muito bem.

É triste. A empregada é o que sobrou de *Imitação da vida*, usa uma medalha de São Cristóvão e diz, "Por que é que *ele* não tem ninguém?", se referindo ao coitadinho do Sal Mineo. É triste. Porque James Dean coloca a cabeça no colo de Natalie e Sal Mineo vem e coloca a cabeça na barriga de James Dean e dorme e aí James Dean e Natalie saem de mansinho porque querem se beijar e fazer romance, e é triste, ele não tinha mesmo ninguém.

Terça-feira, 25 de janeiro, 1983. Vi a fita que gravei para o primeiro dos programas de TV que Vincent está fazendo. São para a rede do Madison Square Garden e vão ao ar na TV a cabo. São entrevistas com pessoas falando para a câmera. Susan Blond está um pouquinho cafona e eu estou horrível. Realmente estranho. Sou apenas um louco. E não dá para mudar. Sou estranho demais. Está realmente ruim – eu lá em cima no Empire State Building apresentando os sujeitos que iluminam os prédios.

Quinta-feira, 27 de janeiro, 1983 – Nova York-Atlantic City, Nova Jersey-Nova York. Fui mais tarde para Atlantic City com Diana Ross, minha primeira vez, ver o show de Frank Sinatra e levar uma cópia do retrato dela para o sujeito que é dono do Golden Nugget. Diana acaba de assinar um contrato com o Golden Nugget para fazer um show lá, estão pagando uma dinheirama, e como ela nunca cantou num salão pequeno queria conferir.

Briguei com a diretora de arte assistente da *Interview*. Chamei-a de imbecil, mas aí me acalmei. Foi como mr. Brodovich, o famoso diretor de arte do *Bazaar*, quando gritava comigo. Sabe, são só pessoas fazendo o que querem depois de a gente ter dito o que elas deveriam fazer. Mas Fred me contou que a gente consegue mais das pessoas se diz gentilmente que elas são imbecis, então a coisa toda acalmou.

E a capa com Twiggy saiu tão ruim – tão feia, Twiggy com redinha no cabelo – que em lugar dela vamos usar uma caricatura de Robert Risko. Porque *Vanity Fair* vai ser relançada e estão roubando todos os nossos artistas, e aí queremos lançar esse tipo de imagem primeiro, já que vai ser a imagem deles.

Aí de repente eram 5h e eu tinha que estar em casa às 5h15 porque Diana Ross ia me buscar para irmos até o helicóptero (táxi $5.50). Só tive tempo de colocar as lentes de contato. A campainha tocou e era Diana sozinha, aí fiquei nervoso. Então fomos para aquele lugar na Rua 60 e pegamos um helicóptero da Pan Am que o Golden Nugget alugou.

Tivemos que esperar uns minutos pelo advogado dela, e conosco também foi o alfaiate de Frank Sinatra que tem um nome italiano, mas parece judeu. Gostei do advogado, tem alguma coisa adorável nele. Já percebi que todas essas pessoas que chegaram ao topo têm um brilho nos olhos, os olhos brilham. Ele ficou ligando toda noite para Los Angeles porque há enchentes lá, tentando descobrir se sua casa afundou com a mulher e os filhos. Na realidade, todo mundo da Califórnia estava ligando para descobrir se suas casas ainda estavam lá. Diana também ligou. E a gente ouvia coisas no telefone como, "Ah não! A casa do vizinho acaba de desmoronar!".

Disse a Diana que ela deveria realmente casar com Barry Diller e ela respondeu que não poderia roubar o namorado de uma amiga – ou seja, Diane von Furstenberg. Falei que ela tem que fazer mais filmes.

E conversamos sobre David Geffen. Disse que ela deveria ser amiga dele novamente porque ele está na crista da onda, e ela disse que foram realmente bons amigos, que ele foi ótimo quando a mãe dela teve câncer, internou-a no Sloan-Kettering quando ela não sabia o que fazer, e eu perguntei quando tinha sido isso e ela respondeu, "Ano passado". Aí perguntei, "Bem, e o que aconteceu?". E ela meio que mencionou *Dreamgirls*, o musical sobre as Supremes, mas que lá não são chamadas de Supremes. Geffen foi quem produziu. Ela disse que a princípio entraria com um processo, mas aí não entrou.

E Diana dá gorjeta ela mesma para as pessoas, ela mesma faz tudo. É realmente ótimo.

Quando saímos de Nova York o perfil da cidade estava muito lindo.

Quando chegamos a Atlantic City o sujeito que nos recebeu era alguém que Edmund Gaultney trouxe uma vez ao escritório. Ele nos levou para o Golden Nugget e no final o irmão dele, Steve Wynn, é que é o dono. Estava lá com a mulher e os filhos, é uma família americana bonita – não consegui saber se são italianos ou judeus.

E Diana não conseguia resolver qual das duas roupas usar. E eu disse que seria seu cabeleireiro e resolveria, mas também não consegui decidir. Finalmente ela colocou um vestido branco barato, mas depois mudou de ideia e colocou calças pretas justas e uma blusa. Aí me mostraram o Golden Nugget e foi excitante. Há literalmente dezoito restaurantes e o estilo de tudo é vitoriano. Perguntei ao sujeito por que tudo era assim e ele respondeu que ninguém joga se o estilo é moderno.

Subimos numa escada rolante de cinco andares. Disseram que mandariam um avião me buscar sempre que eu quisesse, mas quando disse que não costumo jogar me largaram num canto. Diana é uma grande jogadora, mas nunca jogou lá.

Disseram que Frank Sinatra sempre começa o show na hora e aí fomos para a sala, são uns 500 lugares. Vendem 200 e dão 300 para os melhores clientes. Frank chegou, cantou todas as suas músicas, foi ótimo.

E ele disse que Diana Ross e eu estávamos na plateia, disse, "Temos duas pessoas famosas, fabulosas, na plateia, cada um em seu campo, um é artista, outra é cantora", e isso continuou por um tempo. E Barbara Sinatra estava entre nós. Com um vestidinho preto, está ótima. Eu não conseguia pensar no que dizer, aí perguntei se o filho dela ainda está saindo com Barbara Allen, mesmo sabendo que não está.

Depois fomos para a suíte deles e pela primeira vez Frank apertou a minha mão. E, ah, ele está ótimo. Que idade tem? Uns 67? E não usa peruca, tenho certeza. Sou um especialista e realmente diria que ele não usa mesmo – talvez tenha feito implantes e o cabelo está ótimo. O alfaiate ficou tirando medidas para roupas, é hétero, mas ficou beijando e abraçando todos aqueles sujeitos como se fosse uma costureira gay. Tão camp. E eu não levei minha câmera, aí não tirei fotos, mas qualquer pessoa que tentasse fazer isso teria sua câmera arrancada muito discretamente pelo pessoal da segurança.

Frank disse que vai gravar uma música no próximo disco com Michael Jackson e Diana perguntou "Por que você não grava uma *comigo*?".

Quando Diana e eu ficamos sozinhos por um instante, disse-lhe que havia muita gente com "nomes estranhos" ali e ela virou o nariz para um lado e perguntou, "Você quer dizer, assim?". E foi engraçado, ficou com um ar tão mafioso! Em casa à meia-noite.

Sexta-feira, 28 de janeiro, 1983. Benjamin veio me buscar para fazer as coisas de sempre. Fomos para a Madison e vi Bob Colacello caminhando pela rua. Meu primeiro instinto foi mudar de rumo e ir para o lado oposto, mas aí resolvi ir até ele e conversar, acabar logo com aquilo. Segui Bob até aquela pequena agência colonial chique de tijolinhos do Bank of New York na Madison. No início o guarda tentou me barrar, mas consegui chegam até Bob. Também é o banco de Benjamin, o que é engraçado, porque ele tem que vir daquele lixo do Lower East Side para usar o banco.

Aí eu disse, "Ah, olá, Bob. Estive com Diana Ross na noite passada e ela me levou para ver Frank Sinatra e, ah, sei que você tentou tanto conseguir uma entrevista com ele e noite passada ele disse que provavelmente concorde em fazer, aí você ainda vai querer fazer?". Fiquei apenas tentando trazer tudo de volta para o nível da amizade, mas Bob estava muito azedo. Acho que ele detesta... bem, aí ele disse, "Meu empresário, Mort Janklow, jamais permitiria que eu fizesse isso". Aí eu disse, "Bem, ah, ei, ok, Bob, foi ótimo ver você, realmente ótimo". Saí do banco com um humor de cão. E aí para piorar as coisas foi uma daquelas vezes que tentei dar *Interviews* para as pessoas e elas recusaram (táxi $4.50, telefone $.50).

Como eu estava perto do Doc Cox, passei lá para jogar conversa fora. Rosemary está de licença por uns dois meses, ele disse, porque está com hepatite. E será que mencionei que uma vez ela me contou que um homem chegou com um aspirador grudado no caralho? Não é ótimo? Aí tentei que o Doc Cox confirmasse o que tenho ouvido dizer sobre Henry Post, que ele tem aids e está indo depressa. Pegou o vírus do seu gato. Está no New York Hospital.

Segunda-feira, 31 de janeiro, 1983. Assisti *Chinatown* na TV. Por que Robert Towne não está mais escrevendo essas coisas ótimas?

Fui encontrar Lidija (táxi $6) e fiz ginástica. Depois tinha um compromisso com Keith Haring no Soho (táxi $3.50). Fui com Chris e Peter. Ele aluga um estúdio imenso sem banheiro por $1 mil e é ótimo. E havia um garoto porto-riquenho sentado lá e perguntei o que ele fazia e Keith disse que o garoto faz os caracteres nas pinturas-grafite de Keith, aí fiquei confuso. Não sei o que *Keith* faz. Acho que pinta *em torno* dos caracteres.

Quarta-feira, 2 de fevereiro, 1983. Benjamin me deixou (táxi $10) no 277 Park, o edifício do Chemical Bank com aquele solário imenso no térreo. Uma reunião sobre financiamento para nosso prédio novo. Dá realmente para ver como esses bancos estão gastando dinheiro. Uns trinta executivos almoçaram conosco – Fred e Vincent foram se encontrar comigo lá – e para cada um havia um garçom negro.

E o banco compra toda essa arte barata, é como uma farmácia ou algo assim, e aí colocam uma placa. Sei lá, talvez essa seja a arte que se deva colecionar, quem sabe, mas meu Deus...

E colocam escadarias indo de um andar para o outro, como se a gente estivesse casando. Aquele tipo de escadarias.

Fred vai para a Califórnia com Gael Love e Barbara Colacello para promover *Interview*. Fred tem lido todas as *Vogues* antigas e as *Vanity Fairs,* novamente à procura de ideias, o que é ótimo, ele está trabalhando mais na *Interview*.

Quinta-feira, 3 de fevereiro, 1983. Fui à exposição de Antonio no Parsons com Jon (táxi $4). Estava realmente cheio e fui cercado por gente pedindo autógrafos, fiquei autografando e Grace Jones recusou-se a dar autógrafos, mandando as garotas e os garotos para o inferno, mas aí quando me viu autografando tanto acho que ficou constrangida, aí veio e explicou para seu público que se sentia melhor quando os tratava assim. Não consigo acreditar que ela tenha feito isso.

Depois fomos para o vernissage de Keith Haring (táxi $4). Era no Lower East Side, na Fun Gallery, é como se chama. Aí entramos no lugar e lá estava René Ricard gritando, "Ah meu Deus! Dos anos 60 aos anos 80 e *ainda* estou me encontrando com você por toda a parte!". E eu perguntei como ele podia ter dito todas aquelas coisas horrorosas sobre mim no livro *Edie* e ele disse que eu deveria ter lido *antes* de terem feito cortes.

E a exposição de Keith está boa, são quadros pendurados sobre uma parede cheia dos quadros dele. Igual à minha retrospectiva do Whitney – as coisas penduradas sobre meu papel de parede "Vaca". Saímos de lá e Chris e Peter queriam ir à Coach House, naturalmente, porque é o lugar mais caro de todos.

Sexta-feira, 4 de fevereiro, 1983. Está um gelo lá fora.

Steve Rubell ligou e disse que vai me mandar ingressos para a coisa de Joan Rivers no Carnegie Hall à noite e me convidou para ir à casa de Calvin para drinques antes do show. Também me disse que mandou Bob averiguar sobre o emprego na Page Six no *Post,* mas contou que eles não acreditaram no orçamento de despesas que ele apresentou. Eu sei que esses lugares não pagam muito, lembro dos tempos em que eu trabalhava para a *Harper's Bazaar*. Acho que se ganha por fora, mas dez anos atrás o *New York Times* mandou uma carta para todos os redatores dizendo que eles não podiam aceitar absolutamente nada de presente. Eu imagino que Diana Vreeland ganhava muita coisa, muitos sapatos e vestidos.

Fui para a casa de Calvin no Central Park West (táxi $4). Eu perguntei a Steve se Bob Colacello tinha sido convidado e ele me respondeu que não, que, já que Bob não estava trabalhando para ninguém, não havia por que convidá-lo. Calvin estava com catorze garotos e uma garota – Sue Mengers. Barry Diller estava lá e Sandy Gallin, a grande empresária.

Foi divertido conversar com Sue, ela fala mal de todo mundo. Depois fomos de limusine até o Carnegie Hall. Steve nos deu dois lugares bem longe, separados dos lugares centrais onde ele ficou.

Joan Rivers veio com um boá, ela é engraçada, mas não sei como pode dizer as coisas que diz e tudo ficar por isso mesmo, como é que ela não é processada. Ela diz que Richard Simmons está esperando um filho de Rex Reed e que Christina Onassis parece um macaco, e ela fez aquela coisa da Nancy Reagan mexendo no nariz com um pedaço de pão. Mas aí depois todo mundo ficou falando com ela, acho que ela é popular.

Sábado, 5 de fevereiro, 1983. Catherine Guinness está na cidade. No seu velho apartamento, o que ela manteve aqui. E vai casar com um lorde que se veste como no século XIX, Jamie, aí há jantares para ela. Tem ligado todos os dias, quer badalar.

Domingo, 6 de fevereiro, 1983. Fui à igreja. Trabalhei um pouco mais nos desenhos. Fui para a cama cedo. O telefone não tocou o dia inteiro.

Segunda-feira, 7 de fevereiro, 1983. Vesti black-tie para a festa da *Newsweek*. De táxi até o Lincoln Center ($4). Festa chata. Nenhuma estrela. Só Nancy Reagan, o presidente e mrs. Carter. Foi basicamente uma grande festa de escritório. A exposição das capas antigas de *Newsweek* está interessante. Durante todos esses anos tem sido só guerra, guerra, guerra. Queríamos sair cedo para ir à festa de Marianne Hinton para Catherine na Rua 57 Leste (táxi $5).

O noivo de Catherine estava lá, Lord Neidpath. Ele esteve em *Interview* uma vez, como uma das "Primeiras Impressões". Fui apresentado a ele anos atrás. Tem cabelo preto encaracolado, longo, e parece saído dos anos 60, diretamente da King's Road – jeans e um casaco de seda. E Fred estava lá e Shelley Wanger e Steve Aronson. Quer dizer então que Catherine vai se transformar numa lady.

Quinta-feira, 10 de fevereiro, 1983. Convidei Jane Holzer para a festa dos Rolling Stones pela estreia do filme deles, porque foi ela quem me apresentou a eles nos anos 60 e ela estava com vontade de se sentir jovem novamente. Jane está ótima. De táxi até o Corso na Rua 86 Leste, chegamos lá bem na hora. Havia uns cem policiais ($3).

E um garoto que estava de free-lancer fotografando tirou uma foto minha e disse que o *National Enquirer* ligou para ele, pedindo que conseguisse uma foto minha para a capa. Para que deve ser isso? Um processo de pensão alimentar? Morte de câncer? Fiquei nervoso tentando descobrir.

Perdi uma ligação de Jon de Las Vegas, onde a Paramount está dando sua festa de setenta anos.

Sexta-feira, 11 de fevereiro, 1983. A neve não começou a cair no começo do dia e nem pensei que cairia, a meteorologia sempre erra. Mas por volta das 12h30 começou (táxis $5, $3, telefone $.50).

Interview fez uma projeção de *The Lords of Discipline*, na Paramount, e fiquei com medo que a gente não conseguisse chegar lá, então aluguei uma limusine. E aí fui até *Interview* e convidei alguns garotos para irem de carona comigo e Fred gritou comigo e disse que eu embaralhei o protocolo do escritório. Sempre esqueço que na *Interview* eles têm todos aqueles níveis de quem é convidado para o que com quem, com base na importância dos cargos. Como um escritório normal. E eu não convidei Robert Hayes a ir de carona comigo porque ele estava com sua irmã e seu namorado, Cisco, e Cisco tem aids e eu não queria ficar perto dele.

As pessoas na rua estavam rindo e atirando neve.

O filme foi ótimo, gostei tanto, é tão decadente! Não há mulheres, só garotos lutando. Mitchell Lichtenstein está ótimo, exatamente como o pai, Roy, vinte anos atrás, e eu realmente acho que David Keith vai ser o novo John Wayne.

Domingo, 13 de fevereiro, 1983. Completamente branco de neve lá fora, estava lindo, não muito frio. Fui à igreja.

Nelson Lyon ligou e ficamos fofocando. E ele disse que Paul Morrissey falou com Bob Colacello durante o verão numa das ilhas gregas quando estavam de carona com Thomas Ammann, e Bob contou a Paul que estava pensando em pedir demissão porque eu ainda não tinha aprendido a soletrar seu nome. Veja bem, sempre pensei que tinha sido uma coisa idiota ele mudar o nome e *realmente* não mudar – só tirar o "i" de "Colaciello". Quer dizer, se Bob esperava que eu conseguisse soletrar, então que tivesse mudado para um nome realmente *simples* – alguma coisa que eu *pudesse* soletrar.

Terça-feira, 15 de fevereiro, 1983. Acordei com a mesma velha infelicidade e depressão. Ah, mas Lucy está me fazendo feliz esta manhã. *I Love Lucy*. Ela é tão engraçada. Está no Brown Derby com Ethel e Fred e ficou olhando para William Holden e aí ele ficou olhando enquanto ela comia spaghetti e Ethel tinha que cortar os fios. Ah, é ótimo. Ela está com um disfarce e o nariz falso pega fogo! É a coisa mais engraçada.

Liguei para Catherine para saber do almoço que ofereceríamos para ela no escritório. Ela convidou umas trinta pessoas.

Benjamin veio me buscar, fomos ao Doc Cox e encontrei Rosemary, que está de volta. Diz que fica acordada ouvindo Mahler e lendo livros sobre ícones e vai trabalhar às 4h da manhã e sai às 10h.

Saí de lá e fui para a Sotheby's, mas quiseram revistar minhas sacolas na entrada e eu disse que não, e aí não me deixaram entrar e então saí, disse que nunca mais vou negociar com eles. Quer dizer, é a minha "bolsa". Se não revistam a bolsa das mulheres, por que é que eu deveria?

Esqueci de dizer que Diana Ross me mandou um prato enorme de balinhas de açúcar, ela é tão amável. Tenho que mandar alguma coisa para ela. Me deu a impressão de que ela mesma enrolou o prato.

Ah, e Crazy Matty esteve no 860 e deixou uma carta horrorosa, louca, como uma carta de Hinckley ou algo assim.

E Bob Colacello foi convidado para nosso almoço para Catherine, mas recusou dizendo, "Tenho uma reunião com meu empresário".

Quarta-feira, 16 de fevereiro, 1983. Outro almoço no escritório para Catherine. Contou que se tornou grande amiga de Bob Dylan na Inglaterra. Acho que anda dando muitas festas para mostrar as suas casas. Catherine sabe das coisas. Aprendeu muito com Tom Sullivan.

Assisti *Dinastia*. Joan Collins é tão boa! E removeram as ataduras do rosto do filho bicha e é muito engraçado, como se os homens agora estivessem fazendo todas aquelas coisas de Bette Davis e Joan Crawford – por exemplo, quando a gente "remove as ataduras".

Quinta-feira, 17 de fevereiro, 1983. Lindo dia de primavera, quase. Compromisso para o almoço com lady Sharon e Jill Fuller no "21", era aniversário de Jill e levei para ela uma "Cifra de Dólar". Fiquei surpreso ao olhar para a mão dela e não ver aliança, ela disse que já está tudo terminado – era só um garoto que ela tinha conhecido numa discoteca. Ele a chamou de velha ou algo assim e ela o pôs para fora.

Contei para elas a verdadeira história da demissão de Bob depois de eu não ter lhe dado uma pintura "Foice & Martelo". E, quando mais tarde voltei para o escritório e disse para Fred que tinha cometido um engano e contado a história, ele ficou furioso e disse que agora vai sair nos jornais. O que eu acho que é verdade. E Jill e Sharon disseram que as pessoas vão isolar Bob. E, na verdade, Jill e Sharon são os tipos das pessoas que *isolariam* Bob. Sharon disse, "Bob é meu amigo, mas ele é um ninguém e é difícil de aguentar".

Mas, você sabe, é verdade, todas essas pessoas vão realmente isolar Bob se ele não conseguir uma coluna em algum lugar. O pessoal só quer aparecer numa coluna – é por isso que mandam convites para ele.

Ah, e aquela iraniana, você sabe, a amiga de Bob, Mercedes Kellogg. Sharon ficou me dizendo que Mercedes é uma coisa gorda e que a ajudou e fez com que ela perdesse vinte quilos, e agora ela pintou o cabelo de loiro, se transformou numa grande anfitriã, e nem liga para Sharon.

Sábado, 26 de fevereiro, 1983. A noite da festa de Roy Cohn. De táxi até o Studio ($5). Ethel Merman cantou "Parabéns a você". E Ivana Trump estava lá, se aproximou e quando me viu ficou constrangida e disse, "Ah, o que foi que aconteceu com aquelas pinturas?". Eu tinha um discurso na cabeça para dizer algumas verdades para ela, mas não consegui decidir se ela deveria ou não ouvir, ela ficou tentando escapar e escapou.

O pobre Earl Wilson deve ter tido um colapso. Estava lá, mas quase nem consegue caminhar, só arrasta os pés pelo chão, então acho que é por isso que ultimamente ele não tem escrito muito sua coluna.

Segunda-feira, 28 de fevereiro, 1983. Benjamin me buscou e fomos tentar alimentar os pássaros do parque com aquela enorme casa de pão de mel que a pequena Berkeley Reinhold nos deu de Natal. Mas os pássaros não gostam de pão de mel e também não gostam de doces. E também tentei me livrar de um pão de frutas e eles também não quiseram, aí fiquei com vontade de que morram de fome. Quer dizer, o que é que eles *querem*? Mas eles gostam de coisas como amendoim, aí talvez eu traga algum para eles um dia desses. Ok, aí fomos para downtown ($6).

Encontrei Lidija, fiz ginástica, depois me juntei ao almoço que estava acontecendo para Tom Armstrong, Sandy Brant, David

Whitney e Philip Johnson. Estavam lá para tentar me convencer a doar todos os meus filmes antigos para o Whitney, eles restaurariam, catalogariam e exibiriam os filmes, mas não sei. Vincent diz que eu deveria, porque essas pessoas são minhas amigas. Mas eu penso que talvez a gente mesmo devesse fazer alguma coisa para tornar os filmes comerciais. Eu disse para aquelas pessoas que, quando a gente descreve os filmes, na realidade eles soam melhor do que na realidade são, e que se as pessoas realmente vissem coisas como *Sleep* e *Eat* achariam muito chato. Também disse que não me renderia fácil, que Tom Armstrong teria que me receber no Knickerbocker Club. De qualquer modo, é o que deveria estar acontecendo, mas Vincent queria tirar esse almoço do caminho rapidamente. Aí eles disseram claro, a gente faz isso, então acho que ficaram pensando que concordei, mas na realidade não sei se vou ou não fazer. Estou resolvendo.

Depois fui encontrar Paige Powell no Berkshire Hotel, aquele onde os Rolling Stones ficaram, porque há uma convenção de roupas masculinas lá, e ela achou que seria um bom lugar para distribuir *Interviews* e tentar vender anúncios. Gosto de Paige (táxi $4). Foi incrível lá – todos os casacos iguais, todos os suéteres iguais. Cinco andares de roupas e todas iguais.

De táxi para encontrar Chris, Peter e Maura Moynihan. Depois ao Bottom Line para assistir Lou Reed (táxi $8). E agora dá para entender as letras de Lou (bebidas $140.08), e a música estava alta de verdade. Ele cantou muitas músicas conhecidas mas não deu para reconhecer, pareciam diferentes. Agora Lou é dos Alcoólicos Anônimos e também tem feito ginástica, está se definindo, ficando em forma. Chris ficou tentando limpar as unhas sujas de Maura. E havia uma mancha no vestido, ela disse que tinha acabado de manchar, mas parecia uma coisa antiga. Quer dizer, ela é irlandesa.

Quarta-feira, 2 de março, 1983. Victor me contou que viu Jon num clube gay, mas eu não disse nada para Jon. E Chris quem saber se vai receber o relógio que eu prometi para ele se Jon... e eu disse que não, ainda não. [NOTA: *Embora Jon Gould tenha conservado seu próprio apartamento, nesta época ele estava morando na casa de Andy, no quarto de hóspedes do quarto andar.*] E fiquei exausto de ouvir Victor contar todas as fofocas sobre Halston, fiquei nervoso, sobre Halston jogando-o para fora do carro e sobre Liza vestindo um YSL. E esta é a noite que vou à festa para o pai de Liza no Moma.

E foi estranho, porque enquanto Victor ficou me contando todas essas brigas com Halston ficou gritando comigo por eu não ser um amigo muito chegado a Halston, me acusando de ficar na superfície e de pegar os lucros, mas sem as responsabilidades. Eu faço isso porque não quero ser íntimo de Halston, ele realmente se vira contra a gente.

Steve Rubell ligou enquanto eu estava conversando com Victor e queria ir ao Moma conosco, aí eu lhe disse que Jane Holzer e eu iríamos primeiro à festa de Claus von Bülow para Catherine.

Liguei para Victor, ele disse que iria ao Moma no papel de mrs. Halston. O novo secretário disse que Halston não providenciou transporte, aí acho que os tempos estão mudando.

Quinta-feira, 3 de março, 1983. Como é que Tennessee Williams pode ter se sufocado com uma tampinha de garrafa, você consegue entender? Como é que uma coisa assim pode acontecer?

Sexta-feira, 4 de março, 1983. Mrs. Vreeland ligou para Fred e estava falando com sua voz mais-grave-que-o-normal. Quando penso nela fico pensando como será viver mais trinta anos.

Segunda-feira, 7 de março, 1983. Fui ao dr. Silver, o médico das espinhas (táxi $7), e ele disse que eu deveria beber mais água, vou fazer isso, mas não estou certo de que gosto de mijar muito, aí vou ter que ir mais seguido para casa, porque detesto usar banheiros públicos.

Terça-feira, 8 de março, 1983. Jon telefonou da Califórnia, disse que chegaria a tempo para o show de Bette Midler e chegou. No final ela ficou séria, caiu no choro e agradeceu à garotada que tinha passado a noite na fila para conseguir ingressos. Jann Wenner estava atrás de mim e perguntou, "O que Bob Colacello está fazendo?", e aí tentou fazer mistério do fato de ter almoçado com ele. Eu disse, "Por que você não dá um emprego para ele?".

O show terminou às 11h30 e cheguei em casa às 11h45. Não fui à festa do Club A para Bette.

Quarta-feira, 9 de março, 1983. Brigid teve uma briga com o escritório inteiro porque roubaram um grapefruit, aí Paige gritou que alguém roubou sua echarpe.

Às 3h30 fui ao 35 Rua 31 Oeste para o grande estúdio onde eu seria fotografado para o comercial da Brooklyn Bridge para a prefeitura. Acho que me convidaram no rebote de Woody Allen porque no meu texto datilografado todas as frases diziam "WOODY". As frases eram: "Isto é arte", "Talvez em vermelho" e "Uma obra-prima".

Quinta-feira, 10 de março, 1983. O telefone tocou no escritório e me disseram que era Todd, o amigo de Henry Post, fiquei todo arrepiado. De algum modo eu sabia do que se tratava. E ele me contou que Henry morreu – teve um outro cisto na cabeça, do vírus que pegou do gato. Talvez eu tenha esquecido de contar ao Diário que liguei para ele semana passada no hospital e o acordei, fiquei me sentindo muito mal. Perguntei se poderia lhe levar alguma coisa e ele disse que não, que não queria mais nada. Me contou que estava muito fraco e tinha que sair e que não sabia se conseguiria.

E estou começando a me perguntar se o Doc Cox é competente. Nem sei se realmente controlam bem o meu sangue. Talvez Henry tivesse feito melhor se tivesse ido a um desses especialistas em doenças masculinas.

E *Lords of Discipline* – a Paramount resolveu não anunciar mais o filme porque não está deslanchando. Está só ok, rendeu 9 milhões. Mas aí não dá mesmo para entender por que *Entertainment Tonight* arrasou o filme *Lords of Discipline*, da Paramount, quando poderiam apenas ter citado o filme, já que *Entertainment Tonight* é da Paramount. Eu gostaria de poder entender a psicologia, mas fico apenas confuso. Por que iriam para a TV dizer que seu próprio filme está afundando quando poderiam apenas ter ignorado isto? Gostaria de poder entender.

Sexta-feira, 11 de março, 1983. Brigid está tricotando a toda velocidade, fazendo uma substituição para a echarpe Halston de cashmere que perdi na última primavera e da qual eu gostava tanto. Como é possível perder uma echarpe de 3 metros? Ainda não sei. Christopher estava comigo e também não viu quando perdi. Três metros de echarpe vermelha e ninguém notou.

Domingo, 13 de março, 1983. Halston ligou e me convidou para jantar em sua casa. Está ficando tão cheio de si, dizendo coisas como "$3 bilhões" e "J.C. Penney" e não sei o que quer dizer, exceto que ele deixa escapar coisas sobre "se vender" e acho que na realidade ele *se vendeu* e vão colocar seu nome em coisas baratas. Acho que a coisa é essa, é com isso que ele está preocupado, não tem certeza se fez a coisa certa.

Fico muito nervoso com Halston porque não quero dizer algo errado e enfurecê-lo, afinal ele é nosso inquilino em Montauk e não quero estragar tudo. Ele queria fofocar, mas eu só disse coisas que sabia que já estão circulando.

Segunda-feira, 14 de março, 1983. Fui até a Rua 47 ver Boris, que faz tempo que não apresenta nada novo, estava em prantos. Por alguma estranha razão ninguém tem comprado nada e ninguém está vendendo. E nenhum leilão, também.

Rupert ligou e disse que Ron Feldman queria que eu fosse imediatamente até a galeria na Greene Street para autografar gravuras. Eu disse que ele mandasse Ron se foder, que eu iria quando estivesse com vontade. E aí o próprio Ron ligou e disse que não daria o meu cheque se eu não fosse, então fiquei com vontade de ir. Ele disse que mandaria alguém me buscar, porque eu disse que não queria ir até lá sozinho, então Rupert veio me buscar de táxi – pensei que Ron mandaria uma limusine. Fui lá e Ron me levou até o seu escritório e disse, "E agora vamos conversar sobre lençóis e fronhas". Eu disse, "Não, não vamos". Eu disse, "Bem, filhinho, recusei milhões de dólares em contratos para desenhar lençóis e fronhas e não vou desenhar para *você*".

Fui embora com Robert, que trabalha para Rupert (táxi $5).

Terça-feira, 15 de março, 1983. Lindo dia. Caminhei pela rua e uma garotinha, uns seis ou sete anos, com outra criança, gritou, "Olha a peruca daquele cara", e eu fiquei realmente constrangido. Me deixou irritado, arruinou minha tarde. Fiquei deprimido.

Segunda-feira, 21 de março, 1983. Benjamin foi a pé comigo até o Knickerbocker Club, onde eu iria almoçar com Tom Armstrong, Sandy Brant, que voou da Flórida só para esse almoço, David Whitney, Fred e Vincent. Ainda estão tentando conseguir meus filmes para o Whitney Museum, mas ainda não concordei, não quero, e Vincent e Fred estão contra mim.

O Knickerbocker Club é realmente chique, realmente elegante. Acho que cometi um erro dizendo "caralho" no salão grande porque David Whitney quase teve um chilique, mas aí *ele* disse "foda" umas cinco vezes. Bebemos na sala de jantar e aí fomos para nossa própria salinha de jantar. A comida estava ótima. Bebemos champagne, o que acabou comigo pelo resto do dia. Fizeram brindes para mim, embora eu ainda não tenha dado minha resposta (táxi $6).

Interview está se mudando para o prédio novo e estão reclamando porque têm que fazer a mudança na chuva. Ver a mudança de *Interview* me fez enfrentar o fato de que em breve também vou ter que me mudar do 860. Mas, depois que saíram, foi tão lindo ver todo aquele espaço livre vazio que agora não quero sair. Eu provavelmente poderia encher o prédio novo inteiro com todas as minhas coisas.

Quarta-feira, 23 de março, 1983. É ótimo agora ter todo esse espaço vazio. É como o estúdio que eu sempre quis. Jennifer veio atender os telefones no escritório porque é feriado de Páscoa e o que mais ela fica fazendo é sentar no colo de Robyn. Conseguimos ingressos para o vernissage da exposição de Arte Nova no Whitney, a Bienal. É exatamente como nos anos 60. E Keith Haring é tão importante, voou do Japão para Nova York por três dias e aí para Paris. Esses garotos vendem tudo – a exposição de Jean Michel Basquiat vendeu tudo em Los Angeles.

Sexta-feira, 25 de março, 1983. A princesa Pignatelli apareceu, o marido tem duzentas fotografias minhas e quer que eu as autografe. Conversei com ele pelo telefone e foi como falar com uma parede. Eu perguntei, "Mas são fotografias *suas*, por que você quer que eu autografe?", e ele disse, "Mas são fotografias de você", e eu disse, "Mas são fotografias que você tirou". Duzentas cópias. Aí deixamos tudo por isso mesmo.

E Ina Ginsburg estava lá com seu filho Mark, quer que os retratos sejam refeitos, e uma das coisas que quer que eu mude é a cor do seu cabelo. Mark me levou para um lado e disse "É porque lembra a ela o campo de concentração. Ela não quer se ver como aquela pessoa de cabelo castanho".

Resolvi assistir a *Vidas sem rumo*, que está estreando, e adorei, foi como ver *Cowboy solitário*. Não dá para acreditar – garotos de cabelo pintado lendo poesia ao pôr do sol. O tipo Sal Mineo. Aí se escondem numa velha igreja e o garoto diz, "Tudo o que eu realmente quero que você faça é ler *E o vento levou* em voz alta para mim". E todos os garotos são umas graças. E aquela música açucarada como se eles fossem se beijar. E aí tudo foi cortado e não faz mais sentido. Foi como ver as fotos de Bruce Weber. Cada um dos garotos é de uma beleza estonteante.

Domingo, 27 de março, 1983. Peguei um táxi na chuva para ir ao Whitney (táxi $4, ingresso $5) ver a Bienal novamente. E certamente é diferente de quando eu ia nos anos 50 – naquela época eram pinturas pequenas e – agora é – bem, é uma exposição interessante. Há dois Frank Stella, dois Jasper Johns, e Keith Haring é o único dos artistas jovens que eu conheço. Quando garotos como Ronnie começam a pintar mal, todo mundo começa a copiar. É estranho. Ficamos lá umas duas horas. Só tive que dar uns poucos autógrafos (táxi $5). Ainda estava chovendo.

Resolvi ficar em casa e assistir a *The Thorn Birds*. É doentio, todas aquelas pessoas tentando faturar um padre.

Terça-feira, 29 de março, 1983. Estou tentando chegar à conclusão se esses episódios de *I Love Lucy* em que eles vão à Europa foram feitos antes ou depois de *Auntie Mame*. São da mesma época, eu acho, mas gostaria de saber qual dos dois foi feito antes.

Ah, ontem Julian Schnabel ligou, estava no hospital, onde a mulher acaba de ter uma menininha. Ficou tentando se fazer de excitado. Porque todo mundo realmente só quer um menino. Ele já tem uma menina (materiais $40).

E ah!, estou adorando assinatura-presente do *Enquirer* que alguém me deu de Natal. Tudo o que eles dizem é verdade. Mas tenho que esconder as revistas – não posso ter o *Enquirer* em casa. Jon não gosta que eu fique lendo essas coisas.

E acho que ainda não disse como foi estranho ver o nome de Nelson Lyon na *Time* umas semanas atrás. Como se ele fosse uma pessoa de verdade! (*risos*) Você sabe o que isso significa? Sempre parece que é falso, quando falam com uma tal imponência de alguém que você conhece. Geraldine e eu conversamos sobre isso. Ela disse, "Nelson nem conversa mais com ninguém, agora que saiu na *Time*". Ele vai ser uma testemunha-chave no julgamento da morte de Belushi – ele estava com Belushi e De Niro na noite em que Belushi morreu de overdose.

Quarta-feira, 30 de março, 1983. Ofereci um almoço para Susan Sarandon para entrevistá-la. Ela foi ótima. É liberal, de uma família enorme, ex-hippie, falou pelos cotovelos até as 4h. É como Viva, mas inteligente.

Quinta-feira, 31 de março, 1983. Christopher ligou do aeroporto, estava a caminho do seu vernissage da exposição de fotografia em Washington na Govinda Gallery. Estava esperando ver as cerejeiras em flor, mas acho que ainda não floriram.

As pessoas estão em férias de Páscoa. Passei pelo prédio novo e peguei *Interviews* para distribuir. Estava movimentado, trabalhei no escritório.

Joguei braço com Jay Shriver e ele é realmente forte. A gente não sabe como. Ele não faz exercício. Não consegui vencer, tive que morder os dedos dele. E consegue fazer apoios com uma mão só, eu não posso.

Sexta-feira, 1º de abril, 1983. Tive que encontrar Miguel Bose (táxi $6). Ele veio ser fotografado e fazer aquela coisa de vídeo. A mãe é uma atriz famosa na Espanha e o pai é um toureiro.

Ele me contou que Joe McDonald é um grande amigo seu, então talvez ele estivesse tentando me dizer alguma coisa. Mas quando eu contei que Joe está com aids acho que fui eu quem realmente contou alguma coisa para ele, porque ele ficou nervoso e apavorado.

Li que Veronica e Muhammad Ali romperam, aposto que é por causa daquele hábito de gastar muito que ela adquiriu com Ronnie Levin, seu melhor amigo; ela ficava comprando antiguidades o tempo todo com ele em Beverly Hills e Muhammad é que pagava as contas.

Terça-feira, 5 de abril, 1983. Benjamin veio me buscar e fomos até a Art Expo no Coliseum do Columbus Circle para fazer uma a apresentação com o prefeito e autografar os pôsteres "Brooklyn Bridge" para a prefeitura. E tem umas pessoas tão diferentes nessas coisas. Os fotógrafos que vão lá são diferentes e o pessoal da *Time* é diferente – é uma categoria totalmente diferente. Acho que estamos apenas mal-acostumados, mais sofisticados, a gente não se dá conta dessas outras maneiras. E tudo estava tão organizado, até o último detalhe. "Prefeito entra, prefeito senta, prefeito entrega prêmio" – tudo planejado. Agora Henry não está trabalhando para a prefeitura, mas estava lá. Bess Myerson está no lugar dele, ela é a nova comissária de assuntos culturais.

Perguntei a Jon se ele queria ir a uma projeção e ele disse que não, que estava indo para a aula. Não sei que tipo de aula. Ele começa essas coisas e depois larga. Redação, talvez.

Quinta-feira, 7 de abril, 1983. Jed ligou. Foi a primeira vez em dois anos que tive uma conversa normal com ele. Disse que Keith Richards quer comprar um rubi para Patti Hansen e quer saber onde conseguir um bom avaliador, mas na verdade qualquer loja pode trocar a pedra sem a gente notar. O único que tenho certeza que não faria isso é John Reinhold. Porque aconteceu com ele em San Antonio – alguém trocou uma pedra numa coisa que ele tinha vendido e disseram que ele é que tinha feito a troca e aí, sem problemas, ele pagou. Porque a gente jamais vai conseguir provar. E até lojas de boa reputação fazem isso. Onde isso realmente acontece é nos leilões. A gente leva a pedra até um canto, dá uma olhada e consegue trocar.

Benjamin veio me buscar e fomos encontrar Paige Powell na loja enorme de Dino de Laurentiis na Columbus (táxi $3). Eu disse para o gerente que conhecia Dino e ele nos levou para o porão e através da cozinha, que tem um quarteirão de comprimento. Perguntei o que eles fazem com as sobras de comida e ele disse que os asilos vêm e levam. Mas eu pensava que os empregados é que levavam a maior parte. Você acha que estão comendo *paté de foie gras* nos asilos? E tinha uma mulher recortando massa como se fosse um vestido, realmente enorme.

Depois fomos até Salou, o florista. Dei uma *Interview* para um guarda. Fomos ao Charivari do outro lado da rua. Benjamin e Jay foram embora ($5).

Encontrei Chris, Peter e um amigo deles, que angaria fundos para os candidatos democratas e ganha mil dólares por semana com isso. O último candidato dele perdeu. Disse que a mulher do sujeito ia aos bairros pobres com diamantes e vestidos exclusivos porque queria que ele perdesse – não queria sair de Nova York e se mudar para Washington. Ela dizia, "Eu sei como é chocante para vocês, pobres, nos verem aqui com nossas roupas caras...". Disse que ela era louca. Me contou que eles têm uma máquina que coloca os selos tortos nas cartas, que assim a resposta é melhor – mais caseira.

Segunda-feira, 11 de abril, 1983. Fiquei sabendo que Joe McDonald morreu.

Cornelia ia com seu namorado Roberto à Xenon para aquela coisa do Oscar que estávamos promovendo juntos – ele é aquele agente de negócios imobiliários com quem ela sai e que é tão amável, é aquele com quem ela foi a Milão com sete malas vazias e voltou com oito abarrotadas, ele comprou tudo para ela.

Na Xenon o irmão de Cornelia, Alexander, apareceu e sentei ao lado dele, acho que ele é realmente burro. Trabalha no departamento de joias da Sotheby's. Creio que conseguiu o emprego porque devem ter achado que com aquele nome ele traria alguns espólios ótimos. Perguntei-lhe sobre aquilo que eu tinha conversado com Jed outro dia – sobre como pedras podem ser trocadas quando as pessoas levam para um canto para olhar. Ele disse que agora eles têm uma máquina em que as pedras são colocadas depois que a gente olha e antes de a gente levar, para terem certeza de que é a mesma pedra.

Detestei os prêmios. Meryl Streep estava muito cafona e não aguentei *Gandhi* ter ganho tudo. Mas eu gostaria de não ter colocado meu nome como anfitrião da festa – a gente transforma em inimigos as pessoas que esquece de convidar. Fui lá para cima e sentei com um garoto da Alemanha que eu conheci.

Terça-feira, 12 de abril, 1983. Todo mundo ficou ligando porque o *Village Voice* publicou um artigo de três páginas falando mal da minha peruca. É uma crítica sobre a festa no Studio 54 para o nosso programa de TV.

Ron Feldman e sua mulher vieram me buscar de limusine às 4h para irmos ao Museu de História Natural para o vernissage das minhas "Espécies em Extinção". Aí chegaram e ela estava usando bijuterias de plástico daquele tipo que eu colecionava anos atrás.

Cada dia Rupert fica mais bronzeado. Em vez de trabalhar, ele vai àqueles lugares de bronzeamento artificial.

Havia uma multidão na frente do museu quando chegamos e pensei que fosse por minha causa, mas é que estavam filmando um filme do Disney. E aí mais tarde, quando saímos, o pessoal do filme estava caçando um rato enorme que tinha entrado num dos trailers dos atores.

Originalmente montariam minha exposição no saguão, mas depois colocaram bem lá no fundo, aí a gente tinha que percorrer os salões com os dinossauros para chegar finalmente na salinha onde me colocaram. Mas está ótima, realmente linda. Molduras brancas.

Quinta-feira, 14 de abril, 1983 – Nova York-St. Martin. E comecei a ler a novela de Isabel Eberstadt, mas os nomes soam tão falsos que só li dez páginas e parei.

Viagem tranquila, chegamos (táxi $10) em St. Martin no Hotel La Samanna.

É o lugar mais lindo de todos. Azul e branco. Aí Jon, Chris, Peter e eu escolhemos uma casa, Villa "M", nos hospedamos e pedimos piña coladas. Coloquei protetor solar e não tirei mais. O jantar no hotel foi realmente elegante, com vista para o terraço. A gente se sente como turista no primeiro dia, mas aí outras pessoas chegam depois da gente e a gente se sente como veteranos. Peter Martins, o bailarino, estava lá, me cumprimentou (jantar $214.45).

Sexta-feira, 15 de abril, 1983 – St. Martin. O dia mais lindo do mundo. Fotografei o dia inteiro.

Sábado, 16 de abril, 1983 – St. Martin. Dia belíssimo. Céu azul e mar azul. Chris, Peter e Jon foram mergulhar. Eu caminhei até um navio naufragado e tirei fotos.

Terminei *White Mischief*, é sobre o Quênia nos anos 40 e os playboys coloniais ingleses que eram os Peter Beard da época e que viviam lá, gastando muito e trocando as mulheres. Mas a mulher não era bonita – era *uma* (*risos*) loura que usava batom na África. Sacou?

Depois do jantar fomos para o cassino, começamos com $10 e Jon ganhou algum dinheiro e eu o fiz parar, disse que era melhor largar tudo com alguns centavos no bolso.

E não sei, não sei como é que posso ser amigo de Christopher. Ele é muito parecido com uma tia minha de Pittsburgh que eu nunca queria ir visitar e que estava sempre passando a mão em tudo e tinha energia de sobra. A mulher do meu tio, o irmão do meu pai. Ela me enlouquecia mesmo. E Chris é igual, sempre passando a mão em tudo. Mas está pronto sempre que a gente precisa dele e organiza as coisas, o que já é um trabalho e tanto.

Você sabe, tenho pensado ultimamente sobre minha tia boa, a irmã da minha mãe, e numa coisa que aconteceu comigo na casa dela uma vez – ela sempre me dava moedinhas para comprar balas e por isso eu gostava de ir visitá-la, era boa para mim, morava numa casa no North Side. Lembro que um dia uma mulher sem dentes estava lá tomando um prato de sopa e não terminou a sopa e minha tia deu para mim e me fez terminar, acho que porque não tinha dinheiro e não queria desperdiçar comida...

Ah, e uma coisa engraçada sobre o La Samanna! Do lado de fora há umas flores vermelhas lindas nos arbustos e aí olhamos mais de perto e nos demos conta de que são *coladas*! São flores de verdade, mas coladas.

Domingo, 17 de abril, 1983 – St. Martin-Nova York. Houve uma briga na Villa M entre Chris e Jon e aí Jon gritou para Chris, "Eu poderia ficar com o seu emprego!", querendo dizer que poderia estalar os dedos e fazer com que eu ficasse contra Chris, e todo mundo ficou se sentindo estranho.

Tivemos que pagar impostos para deixar a ilha (4 x $5 = $20). St. Martin é metade francesa e metade holandesa, a metade francesa é mais limpa.

Terça-feira, 19 de abril, 1983. Nona Summers ligou me convidando novamente para o jantar daquela noite no Regine's. Maura me encontrou lá e me contou que Page Six perguntou a ela se estou doente. Fiquei chocado. Eu disse, "Bem, diga a eles que não estou! Você está *vendo* que não estou!". E sei que eles estavam se referindo a aids e foi assustador demais, e ela disse, "Ah, eles estavam se referindo a gripe". Mas tenho certeza que não era isso. E Marsia Trinder estava lá, finalmente casou com Lenny Holzer, ela disse, "Ah, não chegue perto de mim, acabo de ter um bebê". Eu disse, "Marsia, você sabe, quer dizer...".

Quarta-feira, 20 de abril, 1983. Depois de perguntar a Alexander Guest semana passada como é que eles fazem para as pedras não serem trocadas nos leilões, peguei o *Post* e há uma manchete enorme na primeira página "Diamante de 500 mil roubado numa troca de leilão". Aí meio que estou esperando que a polícia venha me interrogar sobre por que é que eu estava pressionando Alexander por aquelas informações. E o que aconteceu é que alguém pintou um diamante normal com esmalte de unhas cor-de-rosa transparente e trocou-o pelo diamante cor-de-rosa caro.

Ah, e estou com uma aparência tão ruim que preciso de uma plástica. Maquiagem não funciona, ainda se nota o rosto encovado e o pescoço – não há para esconder o pescoço mesmo com uma gola alta.

A peça de luta livre de Debbie Harry, *Teaneck Tanzi*, era às 6h45. Convidei John O'Connor, da *Interview*, e aí Gael Love ligou e disse que ele não podia ir a lugar nenhum comigo porque tinha que ir à festa da *Interview* no Reginette's. Estava realmente tentando mandar em mim, disse, "E também *te* quero lá". Eu disse, "Ah, está bem, Gael, claro". Agora Gael está tão agressiva, Bob realmente a controlava.

Segunda-feira, 25 de abril, 1983. A nova *Interview* com Chris Atkins na capa é realmente um grande número. A coluna de Steve Aronson está muito boa. Estamos pagando muito, mas ele é o melhor texto que já tivemos.

Na revista do *Times* de domingo só falam dos novos pintores italianos e parece que os Estados Unidos estão mesmo fora de moda. Vai ser difícil agora não falarem mal de mim.

Quinta-feira, 28 de abril, 1983. De táxi até o desfile de modas de Perry Ellis ($5.50) e no momento em que entramos demos de cara com Bob Colacello. E ele foi bem agradável. Muito agradável, e aí foi bom. Acaba de conseguir um emprego no *Parade*, aquele suplemento dominical dos jornais.

Sexta-feira, 29 de abril, 1983. Fui à casa de Si Newhouse na 70 quase na Lexington e todo mundo do passado do mundo artístico estava lá – Jasper, Roy e Leo – e foi tão louco, não deu para aguentar, fiquei nervoso e deprimido e fui embora antes do jantar.

Domingo, 1º de maio, 1983. *Edie* está nos painéis no lado de fora dos ônibus. Os anúncios para a edição em brochura. Pobre Edie – quando saía nem pegava táxis, tinha que ser uma limusine, e agora a colocaram nos ônibus.

Segunda-feira, 2 de maio, 1983. Em breve Fred vai para a Califórnia, quando mrs. Vreeland ganhar o prêmio Rodeo Drive.

E esqueci de dizer que na casa dos Newhouse na outra noite, antes de eu ter um ataque e ir embora, Jasper e eu conversamos e ele foi muito gentil, disse que tem uma casa em St. Martin. Quando contei que há pouco tinha estado lá ele disse que a casa dele fica ao lado do La Samanna e que eu poderia ficar lá sempre que quisesse.

De táxi ($3) até Mr. Chow's, bebi com Diane von Furstenberg, Barry Diller e mrs. Chow, e ao meu lado havia um cartão dizendo "Joan" e eu perguntei, "Qual Joan?", e não acreditei quando disseram que era Joan Collins. E ela chegou e estava com um falso Halston branco. Disse que conhece Halston há anos. E não tem nenhuma ruga ou mancha no rosto. Diz que não dá entrevistas nem faz o programa de Carson nem nada, mas que daria uma entrevista para *Interview*. Aí mais tarde Robert Hayes me disse que ela já foi capa de tudo. (*risos*) Eu deveria começar a dizer para as pessoas que me convidam para sair que eu *nunca* saio, mas que *por eles* eu sairia.

Quarta-feira, 4 de maio, 1983. Fiz o de sempre com Benjamin. O dia começou quente mas aí ficou frio (telefone $.20). Almocei na John's Pizzeria e no final fizeram uma coisa ótima, disseram, "É por nossa conta", e eu não consegui acreditar, isso nunca acontece em lugares normais (gorjeta para o garçom $5)! É o lugar onde Ara Gallant nos levou para entrevistar Mary Tyler Moore.

Comprei o *New York Native* porque publicaram uma crítica da minha exposição "Espécies em Extinção" ($1.25). Comprei um exemplar do livro de Steve Aronson, *Hype* (livro $15.95, táxi $4). Trabalhei numas coisas de arte. Aí resolvi ir à festa de Steve Aronson na casa de Kathy Johnson. Ela é aquela que é rica, mas que não é da Johnson & Johnson (táxi $4). Todo mundo estava lá, estava cheio. Lily Auchincloss. E Tom Wolfe, Fanley Granger, Jean Vanderbilt, Terry Southern, os Hearst, Dorothy Schiff. Todo mundo. E uma porção de jovens beldades. Fiz Steve autografar o livro que eu comprei e, quer dizer, por que não me mandaram um exemplar de cortesia? Baird Jones estava lá e disse que leu o exemplar do pai dele duas semanas atrás e foi aí que fiquei furioso. E Steve parecia meio assustado. E ainda vão fazer outras festas para ele.

Sábado, 7 de maio, 1983. Benjamin me pegou e aí buscamos John Reinhold e fomos para a 78 com a Madison para aquele lugar italiano caro, Sant Ambroeus.

E já que são tão caros fazem tudo leenttttamennte. Embrulham tudo com muita elegância umas dez vezes e a gente paga pela elegância lenta deles.

E ah, minha cunhada está na cidade, ligou e diz que vem me visitar uma noite dessas, mas fiquei dizendo que vou viajar. Seu filho James não liga mais – esteve em Nova York por uns dois anos. Conseguiu um apartamento logo depois da ponte da Rua 59 em Long Island City. Então está se fazendo. Faz arte como free-lancer, desenha umas coisas tipo Conan, o Bárbaro.

Domingo, 8 de maio, 1983. Resolvi trabalhar em casa nas caixas. Quando a gente amassa as caixas de produtos elas ficam tão lindas!

Notei que *People* está colocando gente com problemas na capa. Como a capa com David Soul que bate na mulher e agora Kristy McNichol e sua estafa emocional. E posso ver que vamos ter problemas para conseguir gente para as capas de *Interview* de agora em diante, porque acho que *Rolling Stone* está pressionando, dizendo para as pessoas que se elas querem ser capa de *Rolling Stone* não podem fazer a de *Interview*. Mas, você sabe, nossa *Interview* com Sting na capa foi a que melhor vendeu até hoje e todas as capas com gente de música vendem bem, como Michael Jackson e Diana Ross. E a razão que estou achando que *Rolling Stone* vai começar a jogar pesado é porque nós não conseguimos Travolta e Sean Penn. Aí temos que pensar que tipo de gente colocar na capa, gente jovem, garotada nova. Tem que ser exatamente na hora certa, nem muito cedo nem muito tarde.

Segunda-feira, 9 de maio, 1983. Karen Burke ligou e eu não quis atender, é a mulher que vinha com Hoveyda e que gosta de homens mais velhos ou algo assim. Mas depois ela disse a Brigid que já é quase médica e que é especialista em colágeno e transplantes de cabelo, aí atendi, e que queria ser minha médica particular para esse tipo de coisa. Disse que vai conseguir licença para exercer medicina em três meses. Veio ao escritório com umas 4 mil amostras grátis. Disse que trabalhou com Orentreich. Ela é aquela com quem Rupert conseguiu um coração humano quando eu estava fazendo os "Corações". Suponho que ela tenha tirado de um cadáver. Aqueles meus "Corações" não foram um sucesso porque não consegui descobrir como fazê-los direito. Eu estava começando a usar meu estilo abstrato. Trabalhei toda a tarde.

Assisti TV a cabo procurando pelo *Andy Warhol's TV* na MSG-TV mas não foi ao ar, aí liguei para Vincent e ele já estava dormindo e não sabia por que não tinham colocado no ar.

Terça-feira, 10 de maio, 1983. Karen, a quase-médica, veio, e acho que vou ser seu primeiro paciente quando abrir o consultório daqui a três meses. Estou pensando em fazer uma plástica no rosto, mas ela disse para esperar que ela mesma faz. Não voltei nunca mais ao dr. Rees depois daquela consulta, ainda estou devendo $200.

Aí Steve Aronson veio com uma mulher chamada Evgenia, é uma Guinness, mas tem um nome polonês e é enteada de Robert Lowell – uma garota baixinha inglesa de cabelos pretos, está tentando ser modelo. E nós todos fomos para a Worth Street, bem ali perto da Canal, e deixei que ela pagasse o táxi. Por alguma razão eu não quis pagar, queria que ela pagasse. Nós três fomos fotografados juntos, não sei por que, para a revista inglesa *Ritz*, que ouvi dizer que foi vendida por David Bailey, mas ainda está se sustentando. Alguém estava ganhando alguma coisa, mas não consegui entender o que estava acontecendo. E dava para ver que o fotógrafo era amador porque tirou fotos demais, muitos rolos de filme. Fomos embora. Deixei Steve ($5.50) e aí finalmente consegui entender o que tinha acontecido. A mulher queria as fotos para usar no seu portfólio de modelo e a *Ritz* queria fotos de mim, aí ela usou Steve para me levar até lá dizendo que precisavam de mim para simbolizar (*risos*) o "hype" porque vão publicar uma entrevista com Steve sobre seu livro *Hype*. No táxi Steve disse que a foto que tiraram de nós três vai ser a *capa* e aí só *olhei* para de – quer dizer, se é para a capa, aí mesmo é que vão deixá-lo de fora e vão usar uma foto minha e escrever "mr. Hype". Então foi uma verdadeira perda de tempo para todo mundo, menos para a mulher.

Quarta-feira, 11 de maio, 1983. Sabe, estou começando a pensar se não há algo verdadeiro em todas essas piadas de polonês. Quer dizer, o Instituto Polonês fica aqui ao lado e colocaram um cartaz na porta que diz para usar a porta ao lado e aí colocaram uma seta apontando para o segundo andar. Bem, todo mundo passa reto pela segunda porta e vem até a minha casa e toca a campainha. Realmente faz a gente ficar pensando.

Minha cunhada Ann conseguiu me pegar no telefone, fica querendo vir até aqui e fico dizendo que vou estar viajando. E acabam de fazer uma reunião de quarenta anos e fui o único da família que não fui convidado porque sabiam que eu não iria. E ela acaba de me contar que a filha agora vende túmulos, disse, "Ela casou com um sujeito de 1m93cm de altura, luterano e muito bom, que sujeito bom, uh, neste *momento* está desempregado, mas...". Sempre detestei essa cunhada. Obrigou o filho a se tornar padre, acho que ele realmente não queria. Sempre achei que ela é que deveria ser freira. E a filha, Eva, quando estava cuidando da minha mãe quando estive em Paris filmando *L'Amour* me fez voltar voando para Nova York dizendo que tinha que ir embora naquele instante para continuar a vida dela e eu perguntei, "*Que* vida?". Ela poderia ficar apenas morando em Nova York e continuar tomando conta da minha mãe, mas não quis, foi para Denver. Bem, ainda está lá. E aqui está minha cunhada me contando todas essas coisas que não quero ouvir, tipo, "Você se deu conta de que é o aniversário da morte do seu pai? Você foi à igreja no dia de Assunção?". [*NOTA: O pai de Andy morreu em maio de 1942, quando Andy tinha treze anos de idade.*]

Sábado, 14 de maio, 1983. Ensolarado, quente. A árvore em frente à minha casa não sobreviveu ao inverno e perguntei às pessoas o que posso fazer a esse respeito e disseram que tenho que ligar para a prefeitura e contar a eles o caso e eles provavelmente não farão nada até o outono.

Encontrei Benjamin e fomos downtown para a exposição de Sandro Chia na Castelli Gallery (táxi $5). Depois fomos até a Tony Shafrazi e vimos os trabalhos de alguém chamado... esqueci. São grafites de Fred Flintstone, ele é famoso por essas coisas – Kenny alguma coisa. Scharf. E aí fiquei pensando em comprar um trabalho dele e calculei que deveria custar $4 mil ou $5 mil. Aí saímos e mais tarde quando liguei depois de ter pensado no assunto disseram que custa $16 mil. Quer dizer, são garotos saídos diretamente da rua cobrando esses preços!

Fui para o escritório e John O'Connor veio ajudar. Fiz dois Rorschachs imensos e ficaram bem bons. Sei lá. Fico confuso vendo arte, a gente não sabe se deve mudar ou continuar fazendo a mesma coisa. Ah, (*risos*) sabe de uma coisa? Não vou mudar. Não vou mudar.

Domingo, 15 de maio, 1983. Liguei para PH e ela acaba de entrevistar o sujeito que dirigiu *Jogos de guerra*, contou para ela que quando dirigiu *Embalos de sábado à noite* John Travolta não queria usar a famosa roupa branca da discoteca porque achava que branco não era "cool" – queria usar uma roupa preta. Mas aí o sujeito mostrou para Travolta que se usasse preto ele desapareceria contra o fundo e só daria para ver a mulher dançando com ele, aí ele mudou rapidamente de ideia. Este vai ser um grande ponto para *Interview*.

Fomos ao Criterion ver *A força de um amor* (ingressos $10). É estranho ver Richard Gere fazendo essas coisas. Se fosse alguém como Matt Dillon seria como um filme de James Dean. É aquele negócio de Sartre, aquele negócio do nada. A gente poderia pensar que o existencialismo ainda é moderno, mas não é. Richard Gere faz coisas horríveis e mostra a bunda o tempo todo, tira as calças sempre que surge uma chance. É estranho ver alguém daquela idade fazendo essas coisas, mas talvez isso traga de volta esse tipo de pessoa. O roteiro é do nosso velho amigo Kit Carson. O filme tem um jeito antigo.

Segunda-feira, 16 de maio, 1983. Brigid acaba de me contar que Mickey Ruskin morreu de overdose às 3 da manhã. Há meses

Mickey ligava para ela, querendo que ela desse uma entrevista sobre o Max's Kansas City e sobre os anos 60 para um livro que ele estava escrevendo sobre o Max's.

Liguei para Julian Schnabel ($.50) e aí fui para lá. Ele tem quatro andares num prédio que Les Levine comprou anos atrás e depois transformou num condomínio. Schnabel era assistente dele. Julian está seguindo minha filosofia de fazer uma pintura por dia, fica tentando ser o novo Andy Warhol, e isso me fez ficar nervoso, aí fui embora e trabalhei firme no escritório até as 8h.

Quarta-feira, 18 de maio, 1983. Benjamin convidou Keith Haring e Kenny Scharf para almoçar. Tentei conseguir Keith para a capa de *Interview*. Fiquei pensando que seria bom ter um artista na capa, agora arte está na moda, mas não me deixaram. Parece que vão usar Miguel Bose.

Richard Gere não respondeu aos telefonemas de *Interview* sobre a capa, aí acho que ele não é nosso amigo.

Ah, e Paige está chateada – Jean Michel Basquiat está realmente usando heroína – ela ficou chorando, me pedindo para fazer alguma coisa, mas o que posso fazer? Ele furou o nariz e não podia mais cheirar coca, e acho que ainda queria estar chapado com alguma coisa. Acho que quer ser o mais jovem artista a desaparecer. Paige fez uma enorme exposição para ele uptown mês passado e é por causa dela que ele tem estado no escritório – estão "envolvidos".

Quinta-feira, 19 de maio, 1983. Os jornais só falam de Lord Jermyn sendo preso por "tráfico de heroína".

Sexta-feira, 20 de maio, 1983. Um dia para mais choques jornalísticos, Monique Van Vooren foi indiciada por ter descontado os cheques de aposentadoria da mãe por muitos anos depois que a mãe morreu.

Resolvi ir à festa da Fiorucci no Studio 54 e foi constrangedor a esta altura da coisa entrar num táxi e dizer (*risos*) "Studio 54, por favor".

Peter Beard estava lá, voltou da África, mas pediu para não contar nada a Cheryl.

Segunda-feira, 23 de maio, 1983. Resolvi levar Chris à Europa de novo porque fico nervoso de estar sozinho lá enquanto Fred está fora resolvendo negócios.

Aí Chris convidou John Sex a ir à casa dele com sua jiboia – a que ele usa no show – aí fui e tirei fotos, uns três rolos, mas fiquei com medo da jiboia. E ela dorme com ele. John tem o cabelo mais estranho, o estilo mais radical – um topete exagerado, enorme, enorme, pintado de louro e cheio de laquê, e ele disse que um dia entrou no táxi e o cabelo estava todo desarrumado e saindo para todos os lados e o motorista perguntou, "O que é isso? Uma peruca Andy Warhol?".

Segunda-feira, 30 de maio, 1983. Dia dos Soldados Mortos. Sombrio, começou a chover. Tinha que encontrar Bruno Bischofberger no Jockey Club do Ritz Carlton da Central Park South, aí caminhei até lá. Bruno estava esperando lá dentro com Julian Schnabel e Francesco Clemente.

E a pintura de Julian Schnabel saiu por $96 mil no leilão. Clemente é outro desses novos pintores italianos, como Chia e Cucci. E de alguma maneira Julian está nessa categoria também – está realmente decidido a se tornar uma grande estrela.

Mais tarde fiquei recebendo ligações de Victor, que estava histérico chorando e dizendo que não tinha amigos e que quando Halston chegasse em casa às 6h "algo" ia acontecer. E eu disse, "Ah, Victor, quer dizer, eu não quero me envolver porque na última vez que me envolvi você me disse para não me meter onde não era chamado. Só não faça nenhuma loucura". E ele disse que vai arrastar o nome de Halston pelos jornais e arruinar sua imagem, e disse que *ele* é que vai ser atingido. E acho que tudo isso é porque seu novo namorado acaba de abandoná-lo, as pessoas transferem essas coisas.

Terça-feira, 31 de maio, 1983. Fred me contou que quando estava indo pela 63 e Park viu dois sujeitos se abraçando e se beijando no meio da rua e no final eram Victor e seu namorado, aí acho que por um tempo não vou ter que me preocupar com Victor.

Quarta-feira, 1º de junho, 1983. Bruno veio almoçar, e Jean Michel Basquiat. E, depois daquela choradeira de Paige dizendo que ele está se destruindo com drogas e vai morrer, ele apareceu saudável como um cavalo, engordou uns dez quilos, acaba de chegar da Jamaica e na realidade está bonito. Corta o cabelo num cabeleireiro de Astor Place que ficou muito chique, costumavam cobrar $2.50 por um corte de cabelo e agora é $4 e alguma coisa.

Quinta-feira, 2 de junho, 1983. Liz Smith escreveu toda a coluna dela sobre Calvin, dizendo que sentou ao lado dele uma noite dessas e que ele negou categoricamente o rumor de que está com aids e que parecia saudável e feliz e que agora está no Marrocos.

E esqueci de dizer que ontem no *Today Show* Steve Aronson estava promovendo *Hype* e citaram minha frase, "No futuro todo mundo terá quinze minutos de fama". A mulher que fez a entrevista é a loura que está substituindo Jane Pauley esta semana. Atacou Steve, mas ele mereceu – foi muito longe no livro, foi cruel demais. Como é que alguém tão esperto e tão divertido não percebe que sempre vai se dar mal sendo cruel?

E Chris disse que visitou Anthony Perkins e Berry. Acho que *Psicose II* vai render muito dinheiro este verão. Ele disse que quando Berry foi para a outra sala Tony começou a apontar para o saco de Chris dizendo, "Gostaria de te ver", e que Chris só conseguiu dizer "Tudo bem, Norman". Realmente nunca gostei de Tony porque uma vez ele me tratou mal quando estava com Tab Hunter.

À 1h30 Curley ligou e disse que estava sentado com seu cachorro pensando em mim.

Sexta-feira, 3 de junho, 1983. A cidade está lotada de garotos lindos, todos parecem modelos. Devem vir de toda a parte. E hoje a manchete do *Post* é "Estilista de moda morre de aids". Mas não é Calvin, é um sul-americano. E me contaram noite passada que naquela festa de casamento de Santo Domingo, que eu não fui, alguém disse para Zara que trabalha para Calvin, "Ok, chega, você tem que me dizer, que história é essa sobre o Calvin?". E bem naquele momento ele entrou tão saudável e disse, "Acabo de voltar do Marrocos".

Sábado, 4 de junho, 1983. Agora é quase o décimo quinto aniversário do dia que Robert Kennedy foi assassinado e eu fui baleado. Encontraram uma carta no prédio novo dizendo "Bem-vindo ao nosso bairro", e era de Crazy Matty. Está vivendo no Hotel Seville, a uns quarteirões dali. Fui para cama cedo e foi só isso.

Domingo, 5 de junho, 1983. De táxi até o Water Basin na Rua 32 com o East River, perto de onde os helicópteros decolam ($6) para ir à festa dos dezoito anos de Brooke Shields. Brooke foi gentil, a mãe me agradeceu por ter ido. As pessoas de sempre estavam lá, Cornelia e seu beau. Couri Hay e Scavullo e Sean Byrnes. E Ted Kennedy Jr. chegou e me cumprimentou. Brooke jantou conosco, é tão engraçado vê-la com suas amiguinhas, porque ali está aquela deusa de 1m80cm de altura e ao lado aqueles patinhos feios que parecem espertos – quer dizer, elas parecem mais espertas do que Brooke, mas são coisas completamente diferentes. Ela parece que tem 25 anos. Se conseguisse fazer uma voz menos feminina, realmente poderia fazer sucesso no cinema.

E Brooke me agradeceu o presente de colocá-la na capa de *Interview*, mas eu já tinha lhe dado uma pintura, aí ela só disse aquilo para ser gentil.

E me deu fotos suas numa pequena moldura prateada, uma graça de ideia. A comida parecia ótima, todo mundo parecia bonito. Saí de leve às 12h e fui para casa levar os cachorros para passear.

Segunda-feira, 6 de junho, 1983. A manhã foi ótima. Chris ligou e disse que as ações da Coleco estão subindo dez pontos por minuto. Ele e eu temos algumas.

E adorei ver a nova revista *People* com Tony Perkins na capa, fala sobre ele ser gay, como se tudo tivesse acontecido no passado. Não é engraçado? E fala sobre Brigitte Bardot, Ingrid Bergman e Jane Fonda tentando comê-lo. Deixaram Tab Hunter e Chris Makos de fora, mas não disseram que ele contratava garotos de programa que entravam pela janela e fingiam ser ladrões. Gostaria de saber se Chris teve que fazer isso. Acho que talvez sim. Chris já foi muito louco.

Terça-feira, 7 de junho, 1983. Realmente movimentado no escritório. Jay veio até os fundos onde eu estava trabalhando e me disse que o filho de Sidney Poitier estava lá. E todo mundo no escritório, todo mundo, acreditou. Era como acreditar nos gêmeos Du Pont ou algo assim. Jay *realmente* acreditou. Finalmente nos livramos dele quando disse que sua mãe, Diahann Carroll, vinha encontrá-lo ali e aí eu disse, "Ah, você talvez se desencontre dela se não esperar lá embaixo". Ah, e Diana *Ross* vinha *com* ela. Esqueci. Diana Ross também. E *mesmo assim* todos acreditaram.

Aí fui de táxi ao Museu de História Natural ($8), enfrentando o engarrafamento. Vi a exposição de Halston e depois fui para a casa dele. E quando cheguei lá Halston disse, "Uma coisa muito estranha aconteceu. A campainha tocou e havia um garoto na porta que disse que era filho de Sidney Poitier e Diahann Carroll e que vinha encontrar *você* aqui para jantar e eu disse para ele 'Ouça, querido, você não está convidado'." Acho que quando o garoto esteve no escritório naquela tarde ouviu alguém dizer que eu estava indo jantar na casa de Halston.

Quarta-feira, 8 de junho, 1983. O falso filho de Sidney Poitier ligou para o escritório e disse (*risos*) que vinha almoçar. Ele é lindo, como uma mulata. Gago. Gritei com Jay e disse que se ele deixasse que ele pusesse um pé na porta eu jogaria *os dois* na rua. Jay ainda não está convencido de que o garoto não é de verdade! Mas aí ele não veio.

Quinta-feira, 9 de junho, 1983. Acordei cedo porque tinha um compromisso que Fred tinha marcado no escritório às 10h com Wayne Gretzky, dos Oilers (táxi $6). Quando cheguei lá disseram que Gretzky tinha acabado de ligar dizendo que estava chegando. Enquanto isso Fred, que tinha marcado a reunião cedo, muito cedo, ainda não tinha chegado. Por volta das 12h30 eu ainda era o único que tinha chegado e estava furioso. Brigid me contou que Fred estava atrasado porque levou uma negra para casa e ela deu uma de Mickey Finn e roubou todos os relógios dele, aí não gritei com ele. E finalmente Gretzky chegou e foi adorável, louro com 22 anos, uma graça. Não usa ombreiras quando toca. Eu disse que deveria tentar o cinema e ele disse que vai estar num episódio de *Fall Guy* e num com Tom Selleck. Namora uma cantora canadense.

Brigid foi à formatura de Jennifer na Spence, não consegui ir, desapontei Jennifer, porque tinha essa coisa com Gretzky e depois tinha que gravar Iolas. Mas liguei para ela e pedi que viesse almoçar depois com o pai. Mandei Brigid buscar sobremesas ($20) e bebi champagne com Jennifer e seu pai. Foi só depois que foram embora que Benjamin me contou que o pai dela foi o psiquiatra de Edie! Jennifer não contou para o pai até uns dias atrás que trabalha conosco. Jennifer ficou trabalhando.

Domingo, 12 de junho, 1983. Acordei cedo, dia lindo. Fui à igreja. Aí Jon e eu fomos de táxi até o Bronx Zoo, onde eu nunca tinha estado antes ($20, ingressos $5). E é realmente ótimo. Tirei muitas fotos, foi divertido. Resolvi ir na excursão do Safari Trail e encontrei Ron Galella, que estava com a mulher, que também nunca tinha ido lá. Aí Ron nos levou até a entrada principal e pegamos o metrô ($1.50). O metrô fez uma porção de paradas no começo, mas depois foi direto. Descemos em Columbus Circle e caminhamos até em casa.

A maior parte do dia foi de negros. Originalmente a prefeitura organizaria um Dia Porto-Riquenho, era uma boa razão para sair da cidade. Mas o Dia Porto-Riquenho era 98.9% negro. O metrô era 85% negro. O zoo era 80% negro, o parque era 99.5% negro. Brancos são realmente minoria.

Segunda-feira, 13 de junho, 1983. O agente de Eddie Murphy ligou e disse que ele recusou ser nossa capa. Gostaria de saber se tudo isso é de propósito. Será que *Rolling Stone* está espalhando a história? Bem, não vou esquecer disso. Um cachorro velho nunca esquece.

Terça-feira, 14 de junho, 1983. Acordei cedo. Benjamin foi para Boston sem me dizer nada. Foi lá fazer um show com quinze mulheres e ele de travesti. Ele ainda se veste de mulher. Quando pedem. Ele faz dublagens de discos.

Eu tinha um compromisso às 10h no Scavullo como modelo para o catálogo de Jordan Marsh. Usei minha própria maquiagem depois de ter lido a história sobre aids na *New York*. Mas esqueci meu brilho para os lábios. E pela primeira vez depois de muito tempo estou sem espinhas. O tratamento de Karen Burke está funcionando. Ela me deu um negócio chamado Ten Percent, é peróxido de benzoíla. Clearasil também tem isso. Mas Clearasil é colorido, então também posso usar como maquiagem.

Quarta-feira, 15 de junho, 1983. Chris me ligou e estava furioso porque Jon contou que eu nunca vou levá-lo com Peter para jantar novamente porque eles pedem de tudo e depois pedem para enrolar e levam para casa. E eu disse que é verdade. Mas mais tarde, quando cheguei em casa, Peter tinha me mandado uma orquídea, aí fiquei me sentindo mal.

O arquiteto do nosso antigo escritório, Peter Marino, está no *New York Times* esta semana por ter feito a decoração do apartamento de Marella Agnelli. Então acho que agora ele deve estar nadando em dinheiro.

E Richard Gere finalmente respondeu aos telefonemas, agora diz que talvez faça nossa capa. Deve estar achando que seu próximo filme vai ser uma bomba.

Quinta-feira, 16 de junho, 1983. Timothy Hutton veio ser entrevistado por Maura e por mim. Maura, percebi, não estava muito a fim dele, não vi fagulhas saltando. Mas (*risos*) eu fiquei a fim dele. Ele é tão adorável! Tem um ar meio sujinho. Acaba de terminar *Daniel*.

Frank Zappa veio ser entrevistado para nosso programa de TV e acho que depois da entrevista eu fiquei detestando-o ainda mais do que antes. Lembro que ele foi tão cruel conosco quando os Mothers of Invention tocaram com o Velvet Underground – acho que tanto na Trip, em L.A., como no Fillmore, em San Francisco. Eu detestava Zappa naquela época e ainda não gosto dele. E ele foi terrivelmente estranho em relação a Moon. Eu disse que ela era ótima e ele disse, "Ouça, eu criei Moon. Eu inventei Moon". Assim como, "Ela é nada, eu sou tudo". E quer dizer, se fosse *minha* filha eu ficaria dizendo, "Ah, ela é tão esperta", mas ele quer receber todos os louros. É curioso.

Aí Stellan, da Suécia, estava esperando e fomos até a Sandro Chia na 23 Oeste com a Décima Avenida. E agora ele é dono de quase todo o prédio. Tem uma impressora de litografias que ele quer que os outros artistas usem. Acho que está transformando a coisa numa fundação, por causa dos impostos. Ele deveria me dar uma pintura, e foi por isso que fui lá, mas me deu uma que não gostei. Eu queria um "Homem Flutuante". Benjamin disse que olhou para os olhos de Chia e que são "olhos selvagens". E depois eu perguntei para Benjamin, "Bem, o que você quer dizer?". Eu disse, "Olhe nos meus olhos, o que você vê?" e Benjamin disse, "Olhos de preocupação". Eu disse, "Ah, quem você pensa que é?"

Domingo, 19 de junho, 1983. Victor ligou e estou com medo que as drogas estejam tomando conta de seu cérebro, porque, você sabe, a gente se emociona, aí usa todas as drogas e provoca todas as brigas, e aí subitamente acontece – a gente chegou na beira do precipício. Estou com medo que ele esteja tendo um colapso nervoso. Ele disse que está num hospital e está cheio de pontos e hematomas, é louco demais. Disse que na noite passada o ar-condicionado estragou na casa de Halston, mas não tenho certeza se realmente estragou ou se Halston só queria que ele saísse de casa. Acho que realmente deve ter estragado, porque Halston não ia querer que as orquídeas morressem, e elas estavam morrendo.

Tenho pensado sobre essas pessoas que vendem coisas na rua, porque eu estava vendo TV e um repórter estava *vibrando*, fazendo uma história sobre como a prefeitura confiscou $485 mil de mercadorias dos camelôs. Mas, quer dizer, havia todos aqueles negros lá fora vendendo, tentando vender de verdade, e agora vão simplesmente começar a roubar! Quer dizer, camelôs são desarrumados, sujos e emporcalham as ruas, mas estão tentando *trabalhar*! E aí a TV fica vibrando porque tiraram o trabalho deles. E colocaram no ar os donos de loja dizendo que pagam aluguéis enormes e que não é justo mas, quer dizer, será que as lojas vendem a mesma coisa que essas pessoas da rua? Não mesmo.

Segunda-feira, 20 de junho, 1983. Timothy Hutton deu o bolo no fotógrafo e no estilista da capa dele na *Interview*. Deixou todo mundo esperando, fiquei surpreso, ficamos muito chateados com isso. Mais tarde ligou dizendo que estava com dor de ouvido e que poderiam fazer a capa em L.A. Acho que quando a gente faz sucesso aos 21...

Sexta-feira, 24 de junho, 1983 – Nova York-Montauk. Pegamos um avião para Montauk e aconteceu uma coisa que nunca tinha me acontecido antes – o avião, de dois motores, não pegava, aí colocaram outro avião ao lado, juntaram os fios e tentaram fazer pegar. Eu não consegui acreditar. E Halston ficou dizendo, "Ouça, querido, esses pilotos não querem morrer, eles sabem o que estão fazendo". E eu disse, "Já voei num bocado de aviões e nunca vi nada parecido com isso". E no fim foi ridículo demais. Não conseguiram fazer pegar e então desembarcamos. E eles (*risos*) nos ofereceram pretzels e amendoins. Estavam constrangidos. Aí pegamos um outro avião (comida $5). Então voamos e a viagem foi rápida e linda – a lua estava nascendo cheia e voamos sobre todas aquelas casas enormes.

O irmão de Halston, que é attaché em Bruxelas, estava lá com a mulher, os filhos e os enteados. Os garotos estavam usando a nova linha de Halston para a J.C. Penney. Acho que é um sucesso.

Sábado, 25 de junho, 1983 – Montauk. Paul Morrissey disse que alguém ligou e ofereceu $80 mil de aluguel por Montauk. E Halston só paga 40 mil. Mas é muito melhor com Halston, ele deixa tudo em ordem e não leva muita gente para lá e um dos motivos pelos quais está pagando 40 mil é porque mobiliou tudo. E Liza não vai mais lá – ela e Halston ainda não fizeram as pazes porque ela não usou um Halston nos Oscars. E fico perguntando para as pessoas, "Por que ela teria feito isso?". Mas acho que são os Gero. Queriam que ela rompesse com Halston, para terem mais controle. Quer dizer, quando o seu marido diz que você não fica bem com aquelas roupas... Acho que Mark sabia que Liza também vestia Halston para conseguir consignações. Mas logo Liz Taylor virá visitar Halston em Montauk – ela tem os sábados e os domingos de folga em *Private Lives*.

Fui à cidade. E Halston ficou me dizendo "Ah, querido, não seria excelente se suas pinturas custassem $1 e você pudesse cobrir todas as casas do mundo inteiro com elas, e uma pintura grande para colocar sobre a lareira custaria $50 – pense em todos os lares dos Estados Unidos que você poderia encher". Uma ideia tipo J.C. Penney.

Domingo, 26 de junho, 1983 – Montauk-Nova York. Fomos para a Gurney's Inn, eu nunca tinha estado lá. É ao lado da casa de Edward Albee. Gurney's tem um ar rústico. É moderna com uma gruta na parede. Tem terraços de 12 x 24, quando ficamos num deles olhando para um outro mais abaixo, deu para ver dois homens contando notas de $100 num feltro verde. Acho que um barco tinha acabado de trazer drogas.

Segunda-feira, 27 de junho, 1983. Esta manhã uma ponte enorme ligando Greenwich, Connecticut, a Nova York ruiu e quatro carros caíram n'água.

Sabe, não estou certo de que as pessoas queiram ler entrevistas. Porque quando a gente lê um artigo sobre alguém, a gente descobre muitas coisas íntimas. Como o artigo desta semana em *People* sobre Katy Dobbs, a amiga de Jon, que é editora da revista *Muppet*, e seu namorado, Fred Newman. Mas aí, desde os anos 60, depois de mais e mais e mais "pessoas" no noticiário, a gente ainda não ficou sabendo nada além disso sobre as pessoas. Talvez a gente saiba *mais*, mas a gente não conhece *melhor*. É como a gente viver com uma pessoa e também não ter a mínima ideia. E aí de que adianta toda essa informação?

Quarta-feira, 29 de junho, 1983. Richard Simmons meio que desapareceu. Depois de ser a maior sensação dos Estados Unidos ano passado, ele agora só vai ao ar de manhã muito cedo.

Ian Schrager veio me buscar e fomos para a festa anual de Roy Cohn em Greenwich, o tráfego estava péssimo por causa da ponte que ruiu e agora dizem que foi um pino de sete polegadas que fez com que tudo viesse abaixo. É tão abstrato. As pessoas continuaram dirigindo naquela direção mesmo quando não havia mais ponte – até que um caminhão trator enorme bloqueou a estrada.

Conversei com Bob Colacello. Vai à Europa escrever um artigo para *Parade*. Sentei num recanto perto do lago. Jantei rápido. Vi Calvin e contei a ele que Juan Hamilton está muito chateado porque Calvin não atendeu a uma ligação dele. Acho que Juan e Georgia O'Keeffe acham que trataram Calvin tão bem quando ele esteve em Novo México com eles que agora ele deveria ser gentil e fazer favores, mas tenho a impressão de que Calvin acha que gastou tanto dinheiro para comprar pinturas de Georgia que não quer mais saber deles.

Quinta-feira, 30 de junho, 1983. Vejamos, iniciei o dia com *I Love Lucy*, um dos bons – Lucy fazendo de tudo com a cabeça de Desi porque acha que ele está ficando careca.

Dei uma passada no prédio novo e agora Robert Hayes está realmente usando ternos, um tipo ótimo, o tipo Bob Colacello, fica bem. Mas, quer dizer, lá está ele com seu cachorro no escritório e cachorros podem transmitir doenças... E eu penso, ah, o que estou fazendo com meus cachorros, deixando que eles fiquem tão perto de mim depois de virem da rua! Halston nunca deixa Linda ir para a rua. Ela caga na cozinha. A única vez que Halston deixou que fosse ao parque ela voltou com as pulgas que Archie tinha pego lá naquele mesmo dia (telefone $.50, materiais $17.32).

E, quando as pessoas na rua recusam quando ofereço uma *Interview* grátis, isso me atinge fundo.

Nosso programa de TV foi mencionado na *Time* num artigo sobre *Entertainment Tonight*.

Paige Powell deu um grande almoço para o sujeito das joias da Black Star & Frost, tentando vender anúncios. E Victor ligou e perguntou se roubei seu livro sobre St. Sebastian. Tive de dizer que sim. Mas como alguém que está drogado pode se dar conta de que roubei seu livro?

Deixei Benjamin em casa ($6). Aí peguei outro táxi até o Olympic Tower para encontrar Halston, para irmos ver o show de Liza em Nova Jersey ($3). Nancy e Bill Dugan também foram e Bill agora usa um casaco sobre os ombros exatamente como Halston.

Chegamos lá e o lugar tem teto mas não tem paredes laterais, estava gelado. O show de Liza é ótimo, dois atos, melhor que *The Act*. Ela é fabulosa. Vestiu um YSL no início, mas com um cinto Elsa Peretti, e depois as roupas eram Halston. Um cabeleireiro fez seu cabelo mais punk, ela resolveu ser punk. Eu estava faminto, não tinha comido, e não estavam vendendo nem cachorro-quente nem comida.

E Liza veio conosco no carro na viagem de volta. Disse que não gostava de limusine escura, que tinha de ter uma luz, aí acendemos uma luz que ficou sobre mim, não consegui aguentar e virei-a de maneira a cair sobre ela e ela gostou. Liza ficou embaixo do spot toda a viagem de volta.

Sexta-feira, 1º de julho, 1983. Trabalhei no escritório o dia todo. Fred está planejando sua viagem à Europa. Vai na terça – uma das garotas Lambton está casando. E Catherine vai casar no dia 16 de julho, me ligou perguntando se vou e eu não vou.

Me organizei e busquei Peter Wise. De táxi até a casa de Keith Haring ($8.50). E eles tinham uns garotos maquiados tão lindos lá, todos como o Li'l Abner e Daisy Mae. Usando brincos e roupas punk divertidas.

E era uma festa porque Keith acaba de arrombar outro apartamento. Lá só tem um toldo onde ele dorme com seu namorado negro. Vamos fotografar para *Interview*. Keith é um anfitrião tão bom! O apartamento fica lá pela Bowery com Broome.

John Sex, que tem aquele penteado lindo, estava lá. Fiz umas cinquenta fotos. Estava sem minhas lentes de contato e tirei uma de uma mulher no banheiro e ela quase me bateu, e aí quando fui embora descobri que não tinha filme na câmera.

Sábado, 2 de julho, 1983. Fui até o Mr. Chow's para uma festa de aniversário para Jerry Hall, que está estonteantemente linda. A decoração no andar de baixo era de flores brancas e rosas brancas. A irmã dela, que esteve em *Cowboy do asfalto* e que casou com aquele sujeito Robin Lehman, estava lá, ela tem uma atitude diferente comigo, meio fria. E eu vi *Cowboy do asfalto* umas duas vezes na TV e ela era bem magra, agora está com aquelas ancas largas dos texanos.

Clarisse Rivers estava lá, muito divertida. E Earl McGrath foi engraçado. Mick Jagger por acaso sentou perto de mim. Jed estava lá e acho que estava com Alan Wanzenberg, e na realidade acho que era Alan quem estava sentado perto de mim, mas não estou 100% certo. Os lugares não eram marcados. Havia um bolo branco enorme com velas. A festa foi até tarde. Foi ótima. Saí à 1h30 me sentindo horrível.

Domingo, 3 de julho, 1983. Muito quente lá fora. Fui à igreja. Liguei para Jay Shriver, fui de táxi até downtown encontrá-lo ($6). Abrimos, trabalhamos toda tarde. Liguei para Earl McGrath e perguntei se poderia levar Jay ao jantar. De táxi até a Rua 57 Oeste ($8).

Muito ar-condicionado na casa de Earl. Camilla faz uma comida ótima, ótima comida italiana. Annie Leibovitz estava lá e disse que Jann Wenner está furioso com ela porque aceitou um contrato de um ano da *Vanity Fair*, disse que ela não pode trabalhar para *Rolling Stone* e também para *Vanity Fair*.

E aí todo mundo teve que ler poesia e foi a coisa mais engraçada. Eu não li, mas todo mundo leu. Eles tiravam os livros das estantes. Realmente, foi doentio. Earl é tão cafona. Eu ria, todo mundo ria. Mas seguiram lendo. Tipo Jerry Hall lendo algo assim: "Eu sou fulano de tal, Rei dos reis! / olhem para mim e se desesperem".

Terça-feira, 5 de julho, 1983. Havia uma festa para a Estátua da Liberdade, mas eu já tinha lido as notícias dizendo que eu iria, aí me senti como se já tivesse ido.

Quarta-feira, 6 de julho, 1983. Tinha um compromisso com Karen Burke porque ela vai para a Europa e quer fazer um teste comigo para ver se pode me receitar colágeno, vou fazer o teste porque funcionou muito bem com as minhas espinhas. Li que colágeno só dura de três a seis meses, aí tem que ser feito de novo.

Christopher voltou da Califórnia, conversamos durante uma hora pelo telefone. Trabalhei até as 7h30 e aí decidi levar os garotos para a noite. Fomos até o One Fifth porque começaram a anunciar conosco novamente (bebidas $59.47).

Christopher estava deprimido porque se apaixonou em L.A. e viu o garoto como uma nova versão de si mesmo. Disse que o garoto poderia ter sido o mais bem-sucedido garoto de programas de Sunset Strip, mas que em vez disso decidiu ser camareiro. E me contou que aprendeu sua lição de más maneiras quando alguém convida você para jantar, porque o garoto pediu seis sobremesas e aí levou para casa, e Chris disse que nunca mais vai fazer uma coisa dessas comigo. Mas disse isso só depois que Benjamin perguntou para mim, "E você viu que Chris pediu para enrolar o bife dele?". Eu não tinha visto. Mas Chris estava deprimido, aí acho que vou deixar ficar por isso mesmo. Estava tão melancólico que tinha lágrimas nos olhos. Colocou os óculos de sol. Estava com olheiras. Eu disse a ele que a uma certa altura ele estava tão apaixonado por Mark de Denver que estava arruinando sua vida, e agora já não se importa mais com ele, portanto também vai superar essa coisa.

Quinta-feira, 7 de julho, 1983. Bem, as notícias do dia são que Vicki Morgan de Alfred Bloomingdale foi encontrada morta à porrada. Aí eu só consegui pensar na CIA. A não ser que ela fizesse aquelas coisas de sadomasoquismo.

Catherine ligou de novo tentando me fazer ir ao seu casamento. Eu não sei mesmo o que fazer. Não quero ir. E Halston disse que só vai se eu for. Richard Weisman vai quarta-feira e está levando o vestido de casamento Halston para ela. Victor quer ir. Catherine disse que está reservando lugar no carro dela para mim.

Domingo, 10 de julho, 1983. Chris está enlouquecendo todo mundo porque está apaixonado por Byron, o garoto que conheceu na Califórnia, fica dizendo, "Ele é tão igual a mim. É como ver a mim mesmo. A mãe dele morreu quando ele tinha dezenove anos...". Eu disse, "Ah, Chris, a sua mãe ainda está viva".

E ele disse que quando estavam passando em revista as pessoas o garoto disse, "O que aconteceu com Chris e Byron?". Assim como, o que aconteceu com aquelas duas gracinhas. Aí se envolveram numa cena obscena descrevendo o que aconteceu com a inocência deles. Ah, acho que "Byron" é um pouquinho demais. (*risos*) Na realidade é *Brian*. Mas parece Byron. Conversei com John Reinhold. Fiquei em casa, deprimido porque estou doente da cabeça. Medo demais, até de sair com os cachorros porque não quero me abaixar na rua para pegar a merda deles. Aí agora eles só saem para o quintal. Jed não levou os cachorros este fim de semana.

Segunda-feira, 11 de julho, 1983. Steve Wynn apareceu, o sujeito do Golden Nugget de Atlantic City. Veio com sua mulher, que é muito inteligente, mas é velha o suficiente para ser trocada por outra em breve. Estão na cidade porque levariam Frank e Barbara Sinatra para jantar no La Grenouille. E Steve Wynn estava com dois cheques no total de $1 bilhão, de um banco downtown – mostrou para nós. Ele é muito sexy, usa aquele tipo de calças europeias. Quando Benjamin desceu até o carro com eles, era uma limusine velha e amassada. Benjamin estava esperando algo vistoso. Caminhei pelo Village e depois fui à Tower Records e comprei o disco dos Talking Heads que Rauschenberg fez a capa. Estava chateado porque só ganhou $2 mil. E eu disse que ele tinha razão, que devia ter ganho $25 mil.

Quarta-feira, 13 de julho, 1983. Ok, esta foi a noite daquele evento cintilante, a estreia de *Os embalos de sábado continuam*. Acordei cedo.

Paige estava dando um almoço para dois gays da Diener Hauser Bates. Um foi aluno do meu velho amigo George Clobber na Pratt, então conversamos sobre isso. George Clobber foi a primeira pessoa que me falou sobre o mundo gay.

Fui encontrar Maura às 6h45 (táxi $7) no Russian Tea Room. E depois fomos para o Ziegfeld e havia multidões na fila. E agora há uma coisa nova – para o *Good Morning America* – quando filmam a gente, perguntam, "Você sabe que está sendo filmado para *Good Morning America*? Permite que a gente filme?". Eu disse, "Permito".

E aí dezoito guarda-costas apareceram e Stallone e a mulher chegaram, eu estava no corredor e ele me viu e parou para dizer que estava contente que eu estivesse lá. Aí as luzes apagaram e Frank Mancuso discursou. E depois Sasha Stallone fez um discurso emocionado sobre o garoto autista para quem estavam fazendo aquela coisa beneficente e tudo o que eu conseguia pensar era em *Bad,* porque fomos os primeiros a colocar um autista num filme.

Adorei *Os embalos de sábado continuam*. A festa na Xenon era às 11h45, então fomos para lá e no caminho encontramos Garson Kanin e Ruth Gordon. Eu nunca tinha me encontrado com ele e eu tinha exemplares de *Interview* comigo, os novos, e ele disse, "Ah, eu já comprei um". E ela não tem nenhuma ruga e tem uns 110 anos de idade ou algo assim.

Aí quando saímos da Xenon havia dezoito guarda-costas e no meio estava John Travolta com seu smoking e ele me viu e veio dizer olá. Aí foram dois numa noite.

Quinta-feira, 14 de julho, 1983. Fizemos tempo para chegar ao teatro para ver Farrah Fawcett em *Extremities*. Achamos que tínhamos tempo de sobra, mas quando chegamos lá estavam esperando por nós para começar. Farrah está bem, mas não tão bem quanto Susan Sarandon foi. E é engraçado, até agora eu não gostei de Susan Sarandon em nada, exceto em *O outro lado da meia-noite*, mas aí vi que ela realmente é boa.

Algumas mulheres tentaram caçar Benjamin e eu. Depois da peça fomos falar com Farrah e Ryan nos camarins, estavam efusivos demais. É tão difícil conversar com atores, só querem falar deles próprios. E Ryan está um pouco mais velho, está com as mesmas rugas que eu tenho. E ficou falando sobre Paul Morrissey e me dizendo que eu deveria trabalhar com ele de novo. Ryan realmente quer o papel de Dick Tracy que dizem que Warren Beatty vai conseguir. Ele pensou que Jon fosse uma figura importante na Paramount e ficou em cima dele. Jon disse que uma vez fizeram jogging juntos na praia em Malibu.

Sexta-feira, 15 de julho, 1983. Maura veio à 1h me buscar para entrevistar Richard Gere no Astoria Studios, onde estão filmando *Cotton Club*.

Estávamos nervosos por causa da entrevista porque tínhamos a sensação de que seria difícil. Maura leu Stanislavsky. E aí passamos pelos cenários de Dick Sylbert para *Cotton Club*, foi excitante. Richard estava nos fundos numa área de cortiços vendo filmes antigos na TV. Então o que ele faz é ver todo filme antigo que tem alguma coisa a ver com o que ele está fazendo e fica copiando os detalhes, a maneira como os atores fazem as coisas. Na realidade, ele nos contou que seu primeiro filme foi *Cinzas no paraíso* e eu sei que não foi, mas aí você pode ver que ele não queria cooperar, não queria abrir *nada*. A única coisa interessante que nos contou foi que o tempo todo que não estava trabalhando nas trincheiras imundas no México ele passou no hospital tomando soro por causa da disenteria – que tiravam o soro para que pudesse ir trabalhar e depois ele voltava. Foi no filme com Michael Caine. *O cônsul honorário*. E ele gostou de Maura, mas ela é amiga de Silvinha, aí isso complicou as coisas.

Domingo, 17 de julho, 1983. Estava quente, mais um dia quente demais. Dormi além da hora.

Trabalhei com Chris e Peter, tentando organizar o casamento moderno deles. O garoto por quem Chris está apaixonado está sendo importado da Califórnia na terça.

Terça-feira, 19 de julho, 1983. Liguei para John Reinhold e convidei-o para tomar café (telefone $.50, café $5). Contei que precisava de alguns brinquedos porque estou fazendo um projeto com eles, fotografando, e ele disse que encontraria alguns para mim.

Victor e Farrah agora são amigos íntimos porque ele disse que ela está muito mal em *Extremities* e apontou todas as coisas erradas. E agora ela diz que sua interpretação está muito melhor e que deve tudo a Victor. Mas na realidade ela *estava* muito bem, Victor estava tão drogado quando assistiu que nem sabia o que estava se passando.

Quinta-feira, 21 de julho, 1983. Jamais poderei descrever o show de Diana Ross no Central Park. O céu ficou cheio de nuvens e aí choveu, e foi a coisa mais incrível que eu já vi. Foi o acontecimento do século – o cabelo dela voando com o vento, realmente molhado, e se pelo menos tivessem colocado uma cobertura no palco ela poderia ter continuado a cantar, a garotada teria ficado e ela conseguiria o material para o seu concerto para a TV. Mas interromperam o show no meio da tempestade e agora vão repetir tudo amanhã. Ela estava em prantos e Barry Diller ficou tentando fazê-la parar, mas ela disse que tinha esperado vinte anos para fazer aquele show. Os relâmpagos é que tornaram a coisa tão perigosa, eu acho, mas ver aquele espetáculo era como um sonho, como uma alucinação. Foi como a melhor cena de um filme. Quando fizerem a vida dela no cinema você vai poder ver esse evento gigantesco e aí mais tarde ela chorando e dizendo, "Por que isso tinha que acontecer comigo?", e depois bebendo e cortando os pulsos. Mas, ah!, os trovões e os relâmpagos estavam ótimos. Tão lindos!

Ficamos na área VIP, mas sentados embaixo de um toldinho porque fiz Benjamin levar um guarda-chuva. E Rob Lowe ficou conosco, ele é lindo. Como se as sobrancelhas e os lábios tivessem sido pintados – tudo muito perfeito. E é como todos os garotos que a gente conhece, normal, fica procurando mulheres, só consegue pensar nisso. Pedi que desenhasse um gatinho e ele desenhou uma buceta, e aí eu perguntei, "O que é isso?", e então desenhei um gatinho* para ele. Ele e a namorada estão meio que rompendo porque sempre que ela ligava para ele nas filmagens no Canadá a telefonista dizia, "Ele está no quarto de Nastassia Kinski", aí quando ele dizia para ela que o telefone estava estragado, ela dizia que ele parasse de mentir. Mas ele diz que não está apaixonado por Nastassia, que é só sexo. Mas estava usando uma cobra de brinquedo em volta do pulso, uma brincadeira com o pôster de Avedon, aí ficou pensando nela e talvez esteja apaixonado. Tem dezenove anos. E estava apenas atrás de qualquer mulher mais velha. Qualquer uma mesmo. Como Susan Sarandon. Que estava lá com Richard Gere e Silvinha.

E, ah! Você deveria ter visto aquilo. Jerry Zipkin encharcado de chuva. Fiquei com pena de Jon porque ele trabalhou duro para isso, porque a Paramount é dona da Showtime, que comprou os direitos de filmagem.

Aí finalmente as pessoas estavam saindo do parque e aí seguimos os negros e terminamos chegando na Rua 72 perto do Dakota. Tivemos que subir num muro e pular sobre um metro de lama. Era como uma zona de guerra. E depois que saímos do parque levei Rob Lowe e Benjamin ao Café Central – eu disse que todas as estrelas vão lá, Matt Dillon e Sean Penn – e então chegamos lá, pedimos bebidas e não tinha absolutamente ninguém (bebidas $83.50).

Cheguei em casa e liguei para Rob Lowe no Sherry e ele disse que estava esperando uma ligação de Nastassia e que então eu deveria ir sem ele até o prédio da Gulf + Western para a festa. Fui e quando cheguei lá ele estava desembarcando de um táxi. Foi meio cruel. Fiquei magoado. Acho que ele não queria ser visto conosco de novo porque estávamos sendo camp e chocantes. E eu disse para ele, você sabe, "Eu só ia dar uma carona para você, só isso – não era nada especial".

E Cornelia também tinha estado no parque. Um fotógrafo de jornal pegou e colocou-a ao lado de uma das pessoas que tinham sido esfaqueadas, só para conseguir aquele tipo de foto da socialite com o esfaqueado. Cornelia não se deu conta do que estava acontecendo.

---

* Há aqui um trocadilho com os dois significados da palavra "pussy" (gatinho e buceta); presume-se que Warhol tenha utilizado a palavra numa determinada acepção já certo de que Lowe a interpretaria na acepção mais vulgar. (N.T.)

E, na festa na Gulf + Western, Rob ficou atrás de Cornelia e de Maura. Ele e Cornelia desapareciam juntos o tempo todo.

Dei uma pintura "Diamante" para Diana Ross. Ela estava vendo as fitas do show. Barry Diller chegou e eu disse que o show tinha sido ótimo e ele disse, "Você sempre adora desastres. Não foi você quem gostou de *Grease II*?".

Harvey Mann, que trabalha para Liz Smith, estava lá e ficou me perguntando se eu ouvi alguma coisa sobre Calvin e aids. Disse que abafou os rumores em sua coluna. E aí Calvin veio e me beijou com muita força, sua barba estava crescida e fiquei com medo que tivesse penetrado nas minhas espinhas e que tivesse sido como uma agulha e me transmitido aids. Portanto, se eu morrer dentro de três anos...

E a propósito, Rob Lowe também disse que quando todos estavam filmando *Hotel New Hampshire*, no Canadá, Jodie Foster estava lendo o livro *Philosophy*.

Sexta-feira, 22 de julho, 1983. Dia do segundo show de Diana Ross porque decidiram refazer tudo (táxi $8). Cornelia foi. Rob Lowe não foi. O show foi um anticlímax porque foi apenas normal.

Mas depois a garotada começou a fazer confusão e se não fosse a polícia teria virado uma loucura. Eram 99% negros. O sujeito que é dono do Café Central nos levou embora do parque e saímos exatamente no lugar certo uptown para irmos ao Café Central. Ele estava com uma bengala.

Quando chegamos lá, Rob Lowe apareceu e Andrew McCarthy, que também está no filme *Class*. Ele fatura Jacqueline Bisset. E é só normal, um bom garoto.

No Café Central ficam tentando tratar as pessoas mal para ficarem parecidos com Elaine's. A garçonete veio até a nossa mesa e disse, "Vocês vão ter que sair dessa mesa, está reservada para Lorna Luft". E Cornelia simplesmente caiu na gargalhada que alguém tivesse se atrevido a pedir que ela saísse para dar lugar para Lorna Luft. Foi muito idiota, porque poderiam ter sido gentis e dito, "Vocês se importariam, já que vocês não são muitos, de se transferir para uma mesa menor?". Quer dizer, sabiam que de qualquer maneira sairíamos porque tínhamos dito que iríamos à projeção de *Class* às 11h, para a qual Rob e Andrew tinham convites. Talvez esse tipo de tratamento faça com que as pessoas queiram ir lá, mas certamente não *me* fez querer ir lá (jantar $100 com gorjeta).

Aí fomos para a 66 com Segunda e Cornelia ficou falando sem parar, ela fica repetindo as coisas, exatamente como sua mãe, tem que falar sempre. E Andrew ficou revirando os olhos.

O filme é ótimo, uma graça. Depois tentei vender os autógrafos de Andrew e Tob por cinco centavos no saguão, mas ninguém comprou.

Segunda-feira, 25 de julho, 1983. O filho de mrs. Winters, Al, que agora é o caseiro, ligou e disse que Paul Morrissey está na casa pequena em Montauk e acho que Halston e Victor não sabem. Paul fica atrás de Al dizendo o que fazer e enlouquecendo. E Al diz, "Ligue para Vincent", e Paul diz, "Ouça, metade desta propriedade é minha". E agora Paul quer que eu assine um novo contrato – chegou à conclusão de que o que fez com os advogados dele e me fez assinar tem muitas vantagens para *mim* ou algo assim. Eu disse, "Não, nem pense nisso, não vou assinar mais coisa nenhuma". Todos esses anos Paul fez uns contratos idiotas com as outras pessoas e agora está tentando ser "esperto" nos seus negócios *comigo,* concentrando toda a energia nisso, como se de qualquer maneira durante todos estes anos eu não tivesse sempre dado para ele os melhores contratos que qualquer outra pessoa.

Terça-feira, 26 de julho, 1983. Christopher levou seu novo jovem amor, que foi importado da Califórnia para morar com eles, ao escritório, e fui frio com eles. Estou tentando dar menos trabalho para Chris, mas ele veio e conseguiu que eu desse uma porção de tarefas. E a única razão pela qual me envolvi tanto com Chris e Peter e dei tantos conselhos é porque pensei que, se conseguissem fazer sua relação funcionar, então haveria esperança para mim. Mas agora Peter está saindo com George, um caixa de banco, e Chris está com Brian, esse novo garoto, e não acredito em casamentos modernos.

Benjamin e eu passamos na Bloomingdale's e todos os bichas estavam fazendo pão na vitrina – dava para ver, sovando a massa e tudo.

Quarta-feira, 27 de julho, 1983. De táxi para encontrar Lidija ($6). Fiz minha ginástica. Aí Tim Leary apareceu porque iria se encontrar com Gordon Liddy, faríamos uma entrevista promocional, uma coisa pequena porque agora os dois excursionam juntos para promover debates.

E Gordon Liddy falou sobre "takeovers". Assim como a gente estar caminhando na rua e alguém que pensa que é mais forte vai lá e nos domina. E ele apontou uma faca para a barriga, não consegui acreditar. Fiquei surpreso por ele ser tão baixinho. É do meu tamanho, de alguma forma é como mr. Milquetoast. E tirou umas fotografias dos seus três filhos de um envelope de couro. E lá estavam uns atletas enormes com roupas de banho mostrando o contorno dos caralhos. Eram fotos coloridas de 20x25 – artísticas, com ondas na água! Quer dizer, é um modo muito estranho de carregar as fotos dos filhos por aí! E ele estava deslumbrado porque um dos filhos vai ser um marine. Todos estudam na Fordham. Ele disse que as filhas não querem que ele leve fotos delas, mas tenho certeza de que ele não se importa com as filhas, só está deslumbrado com os atletas. Um dos garotos estava segurando um gato de 5cm, um gatinho. E também havia fotos da casa dele no Potomac. E Tim estava lá com sua conversa de hippie e Gordon Liddy despejou os fatos sobre quantas bombas-A já foram detonadas. Está meio perdido, o Liddy, é estranho. É como se não soubesse o que fazer consigo mesmo. Gostou muito de mim, quer que a gente se veja mais seguido. Tim foi embora e ele ficou ainda um pouco mais.

Quinta-feira, 28 de julho, 1983. Acordei cedo e tive que me apressar porque tinha um compromisso cedo no escritório com Pia Zadora, eu estava excitado.

Ela chegou e foi uma graça. Seu marido, Riklis, apareceu e mostrou fotos. Ela é tão doce, acho que vai ser uma grande estrela. Sua pele é linda. Compraram uma casa nova na Califórnia e ela gostou de algumas pinturas.

Mais tarde o escritório ficou movimentado, era véspera do aniversário de Fred e ele não queria que ninguém soubesse, mas (*risos*) Suzie Frankfurt mandou um balão enorme com cravos.

Segunda-feira, 1º de agosto, 1983. Peter Sellars e Lew Allen vieram almoçar, alugaram um apartamento para o manequim. O robô igual a mim que vai ser a estrela de *An Evening with Andy Warhol*. E a peça está prevista para estrear daqui a um ano a partir de novembro. E todas as revistas como *Life* e essas coisas devem fazer grandes coisas sobre isso. Bob Colacello vai entrar em algum ponto da história – acho que por causa disso estaremos ligados a vida inteira.

Aí Vincent veio me buscar (táxi $6) de smoking e fomos ao New York State Theater para o banquete da North American Watch. Mr. Grinberg me empurrou em direção ao General Haig e ele foi gentil, conversamos sobre sua entrevista em *Interview*. Eu não fiquei na mesa do ex-presidente Ford, mas sentei bem atrás dele.

Comi porque cheguei a 54 quilos e fiquei com medo, quando chego aos 53 perco o apetite e a gente fica mais vulnerável às coisas quando se é magro.

Haig discursou sobre guerra e mísseis e é a favor de tudo isso, e depois de escutar Gordon Liddy semana passada, bem, acho que a gente realmente precisa dessas coisas, mas não sei em quem acreditar, porque lutar é errado, mas se a gente *não* luta...

E Ford discursou sobre como está feliz agora que está aposentado e como vai trabalhar para a reeleição de Reagan e que a economia está melhor e que as pessoas podem comprar mais relógios – ele quase disse isso.

Sexta-feira, 5 de agosto, 1983. Bianca está tentando muito casar com Calvin, porque está sem dinheiro. Disse que duas semanas depois de ter dito para ele que estava muito gordo ele já tinha emagrecido. Aí Halston está mesmo detestando Bianca, e me pediu para levar Jerry Hall para vê-lo, que ele vai dar tudo para ela, tudo o que ela quiser. Ficou falando sobre Bianca, "Vou dar um jeito no trem dela", foi assustador. Horrível! Steve Rubell ligou de Fire Island e eu fiquei conversando com ele, aí Calvin pegou o telefone e me pediu para chamar Bianca e eu disse, "Bianca, é o Steve". E Halston levantou a cabeça e disse, "É o Calvin, Bianca".

Segunda-feira, 8 de agosto, 1983. A pobre Monique Van Vooren foi declarada culpada de fraude, descontando os cheques da mãe num total de $18 mil. E é muito estranho mesmo, porque para mim ela negou tudo. Quer dizer, deveria só ter dito que era culpada, deveria apenas ter dito, "Ah, meu Deus, é verdade, sou uma ladra", algo assim. E Jackie Curtis ligou durante o fim de semana para me desejar um feliz aniversário.

De táxi para encontrar Lidija ($5). Chris chegou e ficou delirando sobre a "família aumentada" que eles têm agora – aquele "casamento moderno" em que os dois estão saindo com pessoas diferentes e agindo como se vivessem numa comuna. Acho tudo tão nojento, disse para ele que não quero mais saber dessa coisa. Agora vou dizer para Vincent para dar menos trabalho para Christopher no quarto escuro, quero que ele seja punido.

Me colei e fui para o novo apartamento de Claudia Cohen no Central Park South, onde havia uma festa para ver os cinco segundos de fogos de artifício que explodiram no parque por causa da abertura de Beethoven. Havia um fogo enorme aceso no terraço. Fiquei surpreso que isso não tivesse causado problemas. Estava fazendo hambúrgueres grelhados. Comi alguns porque estava faminto.

Terça-feira, 9 de agosto, 1983. Foi interessante que, quando John Russell escreveu sobre Schnabel no domingo, o único retrato que não foi mencionado foi o que eu fiz dele. E sei que Schnabel achava que o meu seria o que traria a maior cobertura de imprensa para ele.

Paige passou a noite no estúdio pequeno, fedorento e sujo de Jean Michel downtown. Como é que sei que cheira mal? É porque Chris esteve lá e disse (*risos*) que era um estúdio de crioulo, que tinha notas de $100 amassadas num canto e cheiro de suor por toda parte e a gente pisa nas pinturas. O dia que Jean Michel veio fazer ginástica comigo fez questão de dizer que Paige tinha conseguido chegar ao trabalho a tempo, assim é que ele estava me deixando saber da situação deles. Ele pensou que Paige era namorada de Jay, o que ela foi numa certa etapa, mas aí convidou-a para sair e ela aceitou. E deram uma saída e foi assim: alugaram um caminhão de mudanças e foram para um bairro negro do Brooklyn e foram ao White Castle e comeram oito hambúrgueres e aí duas pessoas vieram com cassetetes imensos e eles acharam que seriam assassinados. Você sabe, foi uma "saída louca".

Foi um dia antes de ele ir ao St. Moritz encontrar com Bruno. Mary Boone e Bruno estão ambos empresariando Jean Michel. E Thomas Ammann, sem que nenhum dos dois saiba, tem alguns trabalhos dele para vender. Não sei onde conseguiu. Disse que são de uma "fonte secreta" – ah, espere! Aposto que foi Paige! Ah, Thomas é um calhorda, conhece todas essas pessoas através da gente e aí fica fazendo segredinho. Aposto que os trabalhos vieram de Paige porque alguns meses atrás ela fez uma exposição das coisas de Jean Michel!

Quinta-feira, 11 de agosto, 1983. Tentei fazer o pessoal do escritório começar a empacotar as coisas. Trabalhei toda tarde em Pia Zadora, liguei para ela mas está fora por duas semanas para filmar.

Fui ver *Mame* com Jon e Cornelia (ingressos $120). O público era só uma porção de decoradores velhos. Fui ao Orso's, ali ao lado, e Marion Javits entrou com Gil Shiva. E estavam com programas da *La Cage aux Folies* e todo mundo lá também estava, aí tivemos que esconder nossos programas de *Mame* porque ficamos constrangidos.

Sexta-feira, 12 de agosto, 1983. Jerry Hall veio almoçar para entrevistar Bob Mackie para nós (táxi $6, materiais $102). Contei que Halston queria se encontrar com ela e ela disse que sempre foi amável com ele, mas que ele sempre esnobou, então por que é que ele estava tentando ser gentil agora (*risos*). Ela ainda não desconfiou.

Domingo, 14 de agosto, 1983. Resolvi assistir a *Private School* (táxi $4, ingressos $10, pipoca $6). Queria ver *Phoebe Cates*. Esses filmes parecem apenas refilmagens de comédias francesas dos anos 60, nas quais há sempre mulheres mais velhas atrás de garotos jovens. Neste, são garotos horrorosos olhando as mulheres através das janelas e tomando banho e se bolinando e essas mulheres sempre têm tetas enormes. Acho que nossos filmes nunca tiveram sucesso porque nossas mulheres sempre tiveram tetas muito pequenas.

Segunda-feira, 15 de agosto, 1983. De táxi para encontrar Jean Michel Basquiat na aula de ginástica com Lidija, ele está fazendo aula conosco (táxi $5). Está apaixonado por Paige Powell.

Pia Zadora ligou e disse que quer uma "Cifra de Dólar" e vai levá-la com ela se couber no jato do marido, aí estão tirando as medidas.

Ah, e um dos Ramones teve uma operação cerebral ontem porque foi chutado na cabeça na Rua 10 Oeste numa briga por causa duma garota de ar barato.

Quarta-feira, 17 de agosto, 1983. Tenho recebido bilhetes e cartas sob a porta da minha casa de pessoas para quem distribuí *Interviews* aqui por perto e não sei o que fazer com relação a isso.

Fui lá encontrar Jean Michel e fiz aula de ginástica com ele e Lidija (táxi $5). Ele tem catinga. É como Chris, que também acha que é sexy ter catinga quando você faz ginástica, mas quero dizer que certamente não é. E toda essa catinga me fez pensar sobre minha vida e como realmente não estou perdendo nada ótimo. Quer dizer, fico pensando em Paige trepando com Jean Michel e penso, como é que consegue? Quer dizer, o que você faz, insinuar algo assim como "Ih, ei, por que não fazemos algo bem louco tipo tomar banho juntos?".

John Sex apareceu. Disse que a jiboia ficou em casa mudando de pele, foi esquisito.

Vi o show no qual Vincent está trabalhando e parece realmente bom. Ganhamos uma ótima crítica numa das revistas de vídeo.

Whitney Tower ligou e disse que estava dando uma festa no Club A ($5).

Whitney está enlouquecendo porque a mulher jovem do pai dele teve um outro bebê. Cornelia ligou para ele e disse, "Parabéns, você é irmão de novo!". E ele fica dividindo a fortuna na cabeça, vendo sua parcela minguar mais uma vez.

Aí Madelaine Netter sentou e me contou que foi atacada num elevador na Rua 96 Oeste. Já tinha sido jogada no chão e estavam rasgando as roupas dela e ela estava gritando e subitamente teve uma ideia e disse "Jesus salva". E eles ficaram paralisados e colocaram toda a roupa dela de volta.

Quinta-feira, 18 de agosto, 1983. Fui encontrar Jean Michel Basquiat e fizemos ginástica com Lidija (táxi $5).

O garoto da Scull ligou e gritou comigo porque sujei a limusine dele da última vez, derramei refrigerante.

Chris ligou e disse que a mãe de Peter quer adotar Brian, quer dizer... Keith Haring veio com seu namorado negro e tirei fotos. Ficaram tão amorosos nas fotos, é de enlouquecer. Aquele desenho enorme de giz de uma mulher grávida na 53 com a Quinta que pensamos que fosse dele – pois é dele e estamos tentando conseguir. Desenhou algum tempo atrás.

Busquei Cornelia, Sean McKeon e Maura na limusine para irmos ao Shea Stadium ver o Police e Cornelia pediu centenas de sanduíches e champagne. Chovia a cântaros.

Ron Delsener estava lá e acho que quer entrar na sociedade porque ficou alisando Cornelia e Maura. François de Menil chegou com Laverne do *Laverne & Shirley*. E Cornelia só fica ligando e desligando. Ela cai no sono no teu braço, desmaia sem mais nem menos e aí acorda cheia de energia.

Sting chegou e nos cumprimentou, me pareceu um pouco velho. Estava com uma mulher, acho que é mulher dele. E Matt

Dillon! Matt Dillon estava lá. Ah, é tão bonito! E finalmente, quando já era a hora de ir embora, as mulheres tinham chegado ao ponto de conversar com ele e não queriam sair. Talvez enfim a gente consiga que ele seja nossa capa.

Saímos, deixei todo mundo.

Minha cunhada acaba de ligar. Disse que passou pela minha casa ontem à noite exatamente quando estava começando a chover. Então acho que não a encontrei por pouco. Disse que vai dar uma passada hoje, mas eu disse que não vou estar lá.

Sábado, 20 de agosto, 1983. Fiquei lendo o livro *Life Extension* e a revista *Connoisseur* e adormeci, então acordei com eles em cima de mim.

Halston ligou, disse que interrompeu suas férias em Montauk porque Victor estava enlouquecendo e tinha ido longe demais. Disse que mandaria um carro me buscar para jantar, mas eu disse que iria a pé, e foi o que fiz. E sentamos lá e na outra sala havia três guarda-costas que Halston contratou porque Victor ameaçou vir e quebrar todas as janelas do lado de fora. Você sabe, Victor está dizendo que ama demais Halston para deixar que ele fique tão pretensioso, mas, quer dizer, é Halston quem trabalha muito, e então pode ser pretensioso se quiser. Mas eu sei que as drogas tomam conta, e esse é que é o problema de Victor. Halston ligou para o irmão de Victor, que mora aqui, para ir lá e ajudá-lo, mas o irmão disse, "Não quero interferir na vida do meu irmão".

Ah, e Chris foi ao escritório e me contou tudo o que eu queria ouvir. Disse, "Ah, está tudo terminado entre mim e Brian. Não estamos fazendo mais nada porque cansamos um do outro". A gente pode ver que Chris é um ótimo garoto de programa, porque tudo o que eu queria ouvir ele ficou me dizendo.

Domingo, 21 de agosto, 1983. Lindo dia. Ninguém por perto. Aí fiquei sozinho, mas com coragem suficiente para ir até o escritório. Levei um bastão afiado caso as portas do elevador trancassem, para conseguir sair de lá. E se vou lá sozinho durante o fim de semana sempre aviso alguém.

Halston ficou o dia todo tentando localizar Victor por telefone e finalmente parece que se acalmou porque Dick Cavett e Bianca foram lá e leram *The Importance of Being Earnest*, fazendo todos os personagens, e isso o animou. Trabalhei até as 7h. De táxi para encontrar Jean Michel Basquiat e Paige Powell ($5). Paige é mesmo muito louca, ri alto por nada. Eu a colocaria na categoria da esquizofrenia. Jean Michel contou que nunca terminou o colégio. Fiquei surpreso, porque achei que tinha cursado a universidade. Tem 22 anos. De táxi até o Mr. Chow's. Lester Persky estava lá com aquela graça de garoto com o cabelo louríssimo que está treinando para o pentatlo. Quer que o coloquemos em *Interview*. Lester está com um ar tão engraçado, como um pequeno Hitler gordinho.

Segunda-feira, 22 de agosto, 1983. Fui encontrar Jean Michel no escritório e tirei fotografias dele de sunga.

Chris ligou e está me acusando de tê-lo abandonado porque não aprovei Brian e, quer dizer, acho que é verdade, mas mesmo assim... e não sei o que fazer com Chris. Quer dizer, ele logo vai encontrar *outro* aproveitador. E de qualquer forma todo mês ele recebe pelas suas páginas em *Interview*. Trabalhei até as 7h.

Busquei Cornelia no Waldorf (táxi $6). Estava com um exemplar da nova revista *Life*, que tem um encarte enorme com ela, e tudo está tão charmoso, realmente sequestrável (gorjeta para o porteiro $5).

De táxi até o edifício da Gulf + Western para ver Timothy Hutton e Amanda Plummer em *Daniel* ($5). O filme é cativante. Cornelia ficou tão tocada. Ela é estranha. Realmente não sei se é esperta ou burra. É igual ao que era com Ingrid Superstar. Cornelia só liga e desliga e algumas vezes é uma idiota. Mas, ah, ficou tocada com o filme, foi como uma lição de história para ela, e fiz questão de fazer uma prova com ela mais tarde e ela *tinha* entendido tudo. É sobre os Rosenberg, mas como é ficção eles são chamados de Isaacson.

E fomos ao Mortimer's (táxi $4) e Fred estava lá exagerando no sotaque inglês, aí logo vi que estava bêbado, e comecei a ficar com medo porque ele ficou pulando de mesa em mesa e odiei pensar no que ele estaria dizendo em cada mesa.

Terça-feira, 23 de agosto, 1983. Cornelia queria sair e fui convidado para a inauguração de uma escada rolante no Bergdorf Goodman, aí contei isso para ela, que ficou deslumbrada – "Ah, que grande ideia. Quero ir. Quero ir!".

Busquei Cornelia. Fomos ao Bergdorf's (táxi $7) e havia um garçom para cada um dos convidados. E no topo de cada escada rolante um modelo masculino estava esperando. John Duka, do *Times*, estava lá, aí tentamos ficar dizendo coisas que poderiam ser citadas nos jornais, contando para ele que já tínhamos ido a inaugurações de portas, janelas, envelopes e agora – uma *escada rolante*!

Quarta-feira, 24 de agosto, 1983. Lindo dia. Saí de casa cedo para encontrar Karen Burke e receber injeções de colágeno. Ela usa salto alto e anda de bicicleta, e isso é muito perigoso.

Depois das injeções, dra. Karen caminhou comigo até a Rua 66. As injeções me fizeram sangrar no rosto. As rugas nos lados.

Quinta-feira, 25 de agosto, 1983. Nunca vou perdoar Rupert por ter me levado para ver *La Cage aux Folies* na "Noite Gay". Eu não sabia até chegar lá, eram só bichas e lésbicas. E pensei que por $40 sentaríamos na plateia, mas ficamos lá em cima no mezanino, porque era beneficente e os ingressos embaixo eram mais de $100 ou algo assim. E esses gays, você sabe, eles recusam *Interviews* e sempre fingem que não sabem quem a gente é e aí vão para casa e te destroem. Uns dois sapatões vieram e me cumprimentaram e eu perguntei do que se tratava aquele evento e elas disseram que era para os "Islanders" e eu disse, "Os Islanders, aquele time de hóquei, eles precisam duma festa beneficente gay?", e elas riram e disseram ah ha-ha não. E aí Rupert assoprou para mim que estavam falando de *Fire* Island. Perguntaram, "Como é que você foi parar no mezanino?", e eu apontei para Rupert e disse, "Por causa deste canalha". De qualquer modo, a peça é tão chata que caí no sono algumas vezes. Mas a plateia, a plateia. Quer dizer, saltaram, gargalharam e aplaudiram todas as frases gay – quer dizer, toda vez que qualquer pessoa se referia a *qualquer coisa* eles aplaudiam. E todo mundo usava bigode, oito entre dez pessoas lá. Finalmente terminou e demos o fora. Os dois sapatões me perguntaram (*risos*), "Você vai no Crackerjacks? Na festa?".

Mas tudo isso foi à noite. De manhã Benjamin chegou e eu não estava pronto. Não tinha *Interviews* suficientes para levar comigo, só umas poucas. Quando estávamos caminhando pela Madison entre 66 e 67, Raquel Welch apareceu vinda de uma loja. Estava com óculos de sol e aí quase não dava para reconhecê-la. Disse que está procurando uma cama Napoleão. Dei a ela o cartão da dra. Karen por causa do colágeno. Fred acha que o meu tratamento está indo bem e também vai fazer.

Estamos na Page Six por causa de nossa entrevista com Georgia O'Keeffe, na qual ela classifica Philip Johnson como um arquiteto menor, e deixamos a minha frase dizendo que agora ele não é menor, e ela disse que naquela época ele era menor, e, como agora ela não enxerga, não pode saber. Aí estou me preparando para um telefonema de David Whitney.

Fred diz que não vai beber, que noite passada foi realmente demais.

Cheguei em casa e havia um recado dizendo que Ara Gallant ligou. Aí liguei de volta e ele disse que Debra Winger e o governador do Nebraska estavam lá e me convidou para ir até lá, mas era tão tarde que eu não quis sair de novo.

Falei com Jon em L.A.

Sexta-feira, 26 de agosto, 1983. De táxi para encontrar Jean Michel Basquiat, fizemos ginástica ($6). Ele vai alugar nossa carriage-house no 57 Great Jones Street. Benjamin foi lá para tratar do aluguel e espero que tudo dê certo. Jean Michel está tentando estabelecer um cronograma diário regular para pintar. Se não estabelecer e não puder pagar o aluguel vai ser difícil despejá-lo. É sempre difícil despejar as pessoas.

Domingo, 28 de agosto, 1983. Depois de levar mais algumas picadas, desconfiei que Archie devia estar com pulgas, aí conferi e está. Alguns anos são bons para pulgas e este é um deles.

Dia cinzento com névoa. Os porto-riquenhos estão fazendo algum tipo de evento no parque. Não é nem o Dia Porto-Riquenho, eles só inventam uma festa, fingem que é alguma coisa e aí ficam com o parque o dia inteiro com a polícia montada, lindos policiais montados em cavalos. Nenhum branco por todo o parque.

Segunda-feira, 29 de agosto, 1983. Pisei numa merda de cachorro. No saguão do prédio. Normalmente estou de chinelos, mas desta vez não estava. E normalmente a gente sente o cheiro a um quilômetro de distância, mas essa merda não tinha cheiro, aí apenas terminei de limpar tudo. E estou todo mordido de pulgas. Quando a gente sabe que há pulgas, fica sentindo todo o tempo, quer estejam lá ou não. Então só tomei um banho para tirar a merda do meu pé e agora fiquei pensando que doença vou pegar por causa de todo este episódio.

Jean Michel e eu fomos ao Yanna's para fazer as unhas. E, sabe, minhas unhas estão melhorando. Nós dois seríamos uma boa história para a *Vogue* (pedicuro $30).

Victor apareceu com seu irmão, que é muito bonito. Victor diz que o caralho do irmão é tão grande que costumava bater na mesa com ele durante o café da manhã. Acho que tomavam café da manhã nus, você sabe como são esses sul-americanos. Levam anos até ficarem nervosos e viverem numa situação cheia de regras como a civilização. Mas na verdade Victor foi mais bem-sucedido do que o irmão – o irmão ainda tem que trabalhar.

Terça-feira, 30 de agosto, 1983. Chris veio ao escritório, chorando e dizendo que quer que as coisas sejam novamente da maneira como eram entre nós, eu dando muito trabalho para ele, mas fiquei sem saber o que dizer, porque não dou mais trabalho para ele. Nem telefono para ele. Talvez devesse. Mas eu penso demais em garotos quando fico com ele.

A mulher argentina veio e preencheu um gordo cheque pelos seus retratos, o que foi ótimo, paga um mês da prestação do prédio novo. E mês passado foi o cheque de Pia Zadora que fez isso, nos deu um realce.

Fred foi à dra. Karen para o seu teste de colágeno e disse que ela é desajeitada, o que pensando bem é verdade. Uma coisa que ela tem que aprender é não fazer com que as pessoas se deitem. Porque, quando a gente se deita, todas as rugas desaparecem, e como é que a gente vai saber onde colocar aquela coisa? Na verdade a gente deveria ficar inclinando para frente ou algo assim, para que as rugas ficassem realmente exageradas.

Quarta-feira, 31 de agosto, 1983. De táxi para encontrar Lidija ($5). Fiz ginástica com Jean Michel, que me trouxe um pouco do seu cabelo, cortado e colocado num elmo. Ficou ótimo. Ele fez com que Bruno pagasse o depósito e o aluguel do primeiro mês. Quer comprar a minha carriage-house da Great Jones Street, mas eu disse que junto com o nosso outro prédio logo do outro lado da esquina na Bowery ela forma um terreno ótimo, e que talvez a gente construa um teatro ali algum dia. Ele e Paige tiveram uma briga enorme porque marcaram um encontro às 9h e ele só apareceu à 1h.

E estou tão furioso com Scavullo! Aquelas fotos que ele fez de mim para o catálogo da Jordan Marsh me fizeram ficar muito feio. Nem retocou, e ele é a rainha do retoque! Mas para mim ele não retocou. Gostaria de ligar para ele e reclamar, mas aí ele diria, "Só podemos trabalhar com aquilo que você dá, querido".

Nelson ligou e disse que Joe Dallesandro está dirigindo um táxi em L.A. Por que Joe não consegue uma mulher para sustentá-lo? Ou alguém. Ainda tem um caralho enorme. Ele é burro. B-U-R-R-O. E não sei o que aconteceu com *Heat*. Estavam passando sexta à noite no New York Film Festival – estão fazendo uma série com os filmes que estrearam lá no passado. Não ouvi nada sobre isso.

Aí Christopher queria ir jantar. Disse que não tinha comido nada o dia inteiro, e prometeu que ia mesmo jantar e não ia pedir para enrolar e levar para casa. Pensamos no Water Club mas aí resolvemos ir ao Jockey Club no Ritz Carlton (jantar $250 com gorjeta).

Sexta-feira, 2 de setembro, 1983. Jean Michel não apareceu para a ginástica porque passou a noite em claro. Naquele dia estava apaixonado por Paige. Pia Zadora ligou para nos convidar para uma festa na casa de Bob Guccione terça-feira. Quer que eu apresente os retratos dela lá.

E o prédio novo, o prédio novo. Estou começando a empacotar tudo no 860 mas só o que eu queria era desistir de tudo.

Segunda-feira, 5 de setembro, 1983. Dia do Trabalho. Jean Michel ligou, queria filosofar, veio e conversamos, e ele está com medo de ser uma estrela passageira. Eu disse que ele não se preocupe, que não será. Mas aí fiquei com medo porque ele alugou nosso prédio na Great Jones e o que vai acontecer se ele for uma estrela passageira e não tiver dinheiro para pagar o aluguel (materiais $35.00, $6)?

Pia Zadora ligou e disse que estava vindo. E todos vieram – seu marido Riklis, a mãe dele e um outro sujeito. Fiz doze retratos dela. E só gostaram de dois e não eram os que achei os melhores. Aí ficamos com todos os outros retratos sobrando. Mas estávamos com sorte, ela comprou uma "Cifra de Dólar". Trabalhei sozinho até as 6h. Fiquei deprimido. Estava quente e úmido.

Terça-feira, 6 de setembro, 1983. Mandei Jay para casa para se arrumar e poder ir com Benjamin e comigo à festa da *Penthouse* para Pia Zadora e levar os retratos. Fui a pé até a festa na casa de Bob Guccione ali no bairro. Guccione disse que agora é a época "certa" para realmente fazer fotos pornô com celebridades, e eu me atrapalhei e disse (*risos*), "O que você acha de Cornelia Guest?". Não sei o que me fez dizer isso. Guccione estava com camisa e gravata cobrindo aquelas correntes de ouro que usa. Me disseram que esteve no hospital por causa de um tumor na cabeça ou algo assim, mas talvez tenha sido um transplante de cabelo.

Pia estava com um anel lindo – um diamante com safiras azuis, e estava usando um Bob Mackie, vermelho, branco e com uma estrela azul. Era realmente um vestido lindo. Levantou até a bunda quando o vento soprou uma vez e um dos fotógrafos gemeu, "Ah meu Deus, perdi a foto da buceta". E a melhor frase foi uma que Benjamin ouviu. Quando mostraram os retratos, um dos fotógrafos disse, "Como é possível Andy Warhol se afundar nessa mediocridade?", e o fotógrafo para quem ele tinha dito isso respondeu, "O que você quer dizer com isso? Ele é *famoso* por se afundar em mediocridade".

E é engraçado porque todos estavam lá na festa por causa dela e ainda ficaram falando mal. Ah, mas eu fiquei entusiasmado porque Riklis disse, "Como é que podemos conseguir os outros retratos? Vamos conversar sobre isso". Fiquei deslumbrado.

Dei o fora às 7h30. Deixei Jay lá procurando as Coelhinhas, ou o que quer que seja que *Penthouse* tem. Bichinhos de estimação.

Quarta-feira, 7 de setembro, 1983. Liguei para Robert Hayes. Conversei sobre conseguir Matt Dillon para a capa, ele ficou excitado mas não gostou da minha ideia de fazer Shirley McLaine. Estou tentando vender revistas. Talvez essas mulheres que assistem a *Donahue* comprem *Interview* se enxergarem Shirley na capa.

Segunda-feira, 12 de setembro, 1983. Jean Michel se atrasou e tinha que voltar para downtown, então perdeu a hora no pedicuro e aí fui lá e fiquei com a hora dele ($35). E o filho de Yanna veio da School of Visual Arts ali naquele quarteirão, uma graça, olhos azuis.

Aí mrs. De Menil estava dando uma festa para Lalane, aquele cara que desenhou a mobília funcional nos anos 60. É a semana francesa no Bloomingdale's. Quando chegamos lá eu disse a mrs. De Menil que, ah, ela é uma bisavó ótima – Tiya acaba de ter um bebê – e acho que não deveria ter dito isso porque ela não consegue enfrentar o fato, mas o que eu queria dizer é que ela está linda, muito melhor do que as filhas.

Conversei com Peter Schjeldahl, o crítico de arte que agora me detesta, mas estou me aplicando para que ele goste de mim, aí conversamos sobre a morte de Ted Berrigan por causa de comprimidos dietéticos e Coca – o refrigerante. Ele tomou tantas que furou o estômago.

E Jean Stein estava lá e acho que Peter acreditou em tudo que leu em *Edie*. Aí fomos embora e Benjamin foi caminhando comigo até em casa.

Terça-feira, 13 de setembro, 1983. Jean Michel apareceu, estava drogado e excitado, trouxe uma pintura para me mostrar. Me contou uma história de que queria comprar um maço de cigarros e aí fez um desenho e vendeu por 75 centavos e uma semana depois a galeria dele ligou e disse que tinha um desenho dele lá e se deveriam comprar por $1 mil. Jean Michel achou engraçado. E é. E estava subindo para ver se alguém compraria uma pintura dele por $2. Quer dizer, porque agora as pinturas dele saem por $15 mil e aí ele queria ver se alguém daria $2 por uma. Lidija estava lá, fizemos ginástica. Ah, e a mulher que Jean Michel levou numa volta ao mundo e deixou em Londres chegou a Nova York e quer uma passagem de volta para a Califórnia.

Sábado, 17 de setembro, 1983. Acordei às 6h por causa do segundo dia de filmagem do comercial da TDK no Queens. Mas vale a pena quando o resultado é um cheque gordo. Deveríamos trabalhar até as 5h30, mas ao meio-dia estava tudo terminado. Fomos para o Boulevar 45 ou o que quer que seja aquilo em Long Island City. Vinte japoneses estavam aguardando. E a equipe – dez americanos, muito bonitos. Tipo mafiosos ou irlandeses. Com esse ar gay, braceletes e camisas cor-de-rosa e cintos cor-de-rosa. São hétero, mas agora este é o estilo que as equipes de filmagem estão usando.

Resolvemos ir jantar no Café Seiyoken às 9h30. Buscamos Bianca, que está hospedada na casa do namorado de Marcie Klein. Acho que Calvin está realmente tentando um love affair através da imprensa com sua assistente Kelly. E Bianca estava muito a fim dele.

Então fomos ao Café Seiyoken e apresentei Bianca a Keith Haring. Aposto que ela quer que ele faça um mural grátis no seu apartamento. Ela disse que quer entrevistá-lo para *Interview* e também quer entrevistar Rauschenberg e todos os artistas.

Rauschenberg estava lá. Ficou bebendo Jack Daniel's e veio até nós e foi amável. Acho que ele contou que está fazendo os figurinos para Laurie Anderson, mas o Café Seiyoken é barulhento demais, não se consegue conversar com as pessoas (jantar $450). Acho que não vou voltar lá por causa do barulho, mas, como eles anunciam conosco, foi bom ter ido.

Mais tarde Steve mandou seu motorista nos buscar para encontrá-lo no restaurante VanDam. E então fomos lá e além de Steve, Ryan e Farrah, Bob Colacello estava lá. E Bob está com um ar ótimo, é aquele velho contador de histórias. Ryan está tão desesperado, chama a gente de "Baby" e "Amorzinho" e beija todos os garotos na boca, é tão doente. Farrah também foi tão estranha. Fez Keith desenhar em seu braço. E aí Ryan e Farrah ficaram nervosos e então foram dar uma volta na quadra para puxar fumo. Acho que estavam tensos porque Bianca teve um affair com Ryan.

Depois fiquei falando maravilhas para Steve sobre o Area, a nova discoteca da 157 Hudson Street, e então fomos para lá. Eu estive na inauguração e por isso nos deixaram entrar, mas Steve empurrou o porteiro para o lado e nos indicou a porta. Foi engraçado, era como se (*risos*) *ele* fosse o dono do clube e estivesse nos deixando entrar, só que ele nunca tinha estado lá antes. Marcie Klein estava lá e só conseguia dizer que estava esperando encontrar Rob Lowe.

Aí eram 3h e Bianca queria ir embora, deixei-a na casa do namorado de Marcie Klein e depois deixei Marcie na Rua 83 (táxi $10).

Domingo, 18 de setembro, 1983. Não consegui levantar depois de ter ficado acordado até tão tarde, até as 3h. Me despedi dos cachorros, que foram passar o dia fora. Ninguém ligou, porque acho que os enlouqueço durante a semana. Fui à igreja. Caminhei até a Frick (ingresso $4) e, ei, é incrível como as pessoas eram ricas. Um dos guardas, chamado Fayette, me reconheceu e me deu um catálogo grátis.

Depois Jon e eu caminhamos até o Castelo no Central Park. Fomos à casa dos barcos e alugamos um ($20). Ficamos remando por uma hora e foi como um Seurat moderno, todas aquelas pessoas no lago. Encalhamos numa pedra e aí quatro mulheres vieram para cima de nós, foi divertido. Depois se foram e Jon e eu ficamos sozinhos e aí me senti como Shelley Winters em *Um lugar ao sol*. Não sei nadar.

Mais tarde fomos para casa. Resolvi ver aquele filme *Presented by Coppola* na 57th Street Playhouse. Uma chatice. Como estar no Cinemathèque nos anos 60, aquele tipo de filme. Cenas coladas umas nas outras, alguém cortando salame, comendo um biscoitinho, nuvens atravessando o céu mais rápido do que na realidade – todas as coisas que a gente jamais quereria ver. Mas terminou rápido. Estava lotado, multidões esperando para entrar (pipoca $5).

E aí não consegui dormir porque tenho tomado coisas como taurine e largentine e cystine. E selênio. Por causa daquele livro *Life Extension* do garoto nutricionista, Shea. S-H-E-A. Sempre soletro porque ele sempre soletra. Ele diz, "Sou Shea. S-H-E-A". Tive que me levantar umas três ou quatro vezes para mijar por causa daquelas coisas.

Terça-feira, 20 de setembro, 1983. Benjamin me buscou cedo. Fui ao Häagen-Dazs e fiquei com energia de sobra e fui a pé até a *Interview* na Rua 32 (telefone $.60). De táxi para encontrar Lidija ($4). Jean Michel não apareceu para a aula de ginástica porque passou a noite em claro com Paige. Vai para Zurique. Ainda não se mudou para a Great Jones Street. Foi uma tarde movimentada. Trabalhei com Rupert no desenho de Cocteau para Pierre Berge. Pintei. Trabalhei até as 7h30 (táxi $6). Trabalhei em casa. Li revistas.

Quinta-feira, 22 de setembro, 1983. Acordei cedo e fui receber meu colágeno no 1050 Park Avenue, no consultório de Karen Burke. Ela fala pelos cotovelos. Tinha gente aguardando, mas ela matraqueou durante uma hora. Fez o meu pescoço e foi doloroso demais, como ser torturado. Me contou a história de sua vida enquanto fiquei deitado ali.

Quando cheguei ao escritório Brigid tinha acabado de mandar sacrificar seu gato Jimmy. Fiquei furioso e disse que ela não deveria ter feito aquilo sem antes consultar um outro veterinário e conseguir um segundo diagnóstico. E Rupert tinha se oferecido para levar o gato para a Pennsylvania, porque às vezes as coisas mudam e o gato poderia melhorar, mas ela nem contou nada para ele, aí o gato não teve chance nenhuma. Ela tinha que ficar dando injeções nele todos os dias, porque ele estava com problemas renais, e ela ficou com medo que ele começasse a mijar no tapete. Jimmy era uma graça.

Resolvi ir à festa de aniversário de Catherine Oxenberg dada por Richard Weisman no Le Club. A última vez que vi Catherine

Oxenberg foi numa festa na Espanha dada por Marc Rich, e ele estava nos jornais ontem porque deve mais impostos ao governo do que qualquer outra pessoa na história, centenas de milhões ou algo assim. Tirei fotos da aniversariante.

Sexta-feira, 23 de setembro, 1983. Noite da grande festa de Drue Heinz em homenagem aos 75 anos do seu marido, Jack. Foi na townhouse do Riverview Terrace, perto de Sutton Place, ao ar livre nos fundos, e ela iluminou todo o cais. Havia multidões. Umas cinquenta mesas com dez pessoas em cada, todos vestidos como em 1890. Eu era o único de black-tie. Ahmet Ertegun estava com um fez. Jerry Zipkin com um bigode. Encontrei mrs. Heinz na entrada e contei-lhe que minha acompanhante, Cornelia, tinha desmarcado e ela disse, "Bem, neste caso você não ficará ao lado de ninguém". E perguntei a ela onde estava Malcolm Forbes porque tinha uma coisa para ele e ela disse, "Ah, apenas jogue essa coisa num canto". Fiquei sem saber o que dizer, acho que ela estava só sendo despachada. Eu deveria ter ficado na mesa 2, uma mesa ótima, mas quando cheguei lá meu nome não estava em nenhum dos cartões.

Encontrei Jeane Kirkpatrick, que tenho visto na TV por causa do voo 007 dos coreanos, aquela coisa dos russos, e foi excitante.

Aí tinha me transferido para a mesa 18 e não havia ninguém lá, à exceção de um artista que está trabalhando para os Heinz. Foi estranho – lá ficamos sozinhos e todas as pessoas importantes estavam num outro nível. Tom Wolfe estava ao lado de um homem, também. Mas, quer dizer, esse artista e eu, nós estávamos lá embaixo *sozinhos*. Na realidade ele era uma graça, divertido. Achei que fosse gay porque estava sozinho, mas ele contou que lhe tinham dito que não poderia levar ninguém, aí a namorada não veio. Seu nome é Ned. Aí nos demos os presentes que tínhamos trazido para mr. Heinz. O dele ainda está enrolado – é um desenho, mas não desenrolei porque fica muito bem assim.

Havia fogos de artifício. E fiquei bêbado. A comida estava ótima, nada daqueles negócios enlatados. Havia uns cem garçons, umas bichas ótimas, e não conseguiam entender como estávamos sozinhos naquela mesa. As pessoas vinham e nos convidavam para subir, mas não fui. Henry Geldzahler estava lá e me convidou, mas não fui. Aí Ned disse que tinha que ir ao banheiro e eu disse que se ele fosse eu iria embora e ele respondeu "Te fode"

– ele também estava bêbado. Mas não fui embora. Estava muito frio. Eu realmente não consigo pensar no frio. A gente só fica sentado ali feito uma estátua. Se isso tivesse acontecido dentro da casa de alguém eu teria levantado e saído imediatamente, mas me senti preso. Fiquei apenas ali sentado no frio. E aí o artista voltou e então fui embora. Antes da sobremesa. Foi a coisa mais estranha e foi minha última festa na casa dos Heinz.

Sábado, 24 de setembro, 1983. Trabalhei com Benjamin até as 7h (táxi $6). Aí aquele sujeito da Harper & Row que quer que eu faça o livro *America* ligou e disse que queria me levar para jantar no Texarkana e combinamos de nos encontrar às 9h. Fui de táxi até lá ($6). Vai ser um livro de fotografias com muito pouco texto – talvez só legendas.

Encontrei Ronnie Cutrone e um grupo de quarenta pessoas que tinham acabado de vir da exposição de Ronnie, cujo convite dizia "Em memória de seu pai". E Benjamin e eu tínhamos pensado em ir, mas ficamos levando coisas para casa e eu esqueci mesmo, mas não dá para dizer, "Esqueci". Aí foi realmente constrangedor. Tony Shafrazi estava lá e Keith Haring e Lou Reed, com ar fúnebre, tão estranho. A mulher dele se parece cada vez mais porto-riquenha cada vez que a vejo. Não sei se Lou é hot ou não. *Rolling Stone* deu quatro estrelas para o LP dele, mas será que é um sucesso? Ronnie disse que Lou está nos Alcoólicos Anônimos, aí acho que não está mais bebendo. Mas noite seguinte Sam ficou me contando que viu Lou bebendo no Ninth Circle, mas talvez ele estivesse lá só caçando garotos. De qualquer modo ele mora naquele bairro, então talvez só estivesse passando o tempo. Ronnie disse que quando vai visitar Lou na casa de campo ele sempre acabou de comprar outra motocicleta ou outro terreno.

Depois de ficar sentado lá o tempo suficiente, aquele sujeito de Harper & Row, Craig Nelson, ainda não tinha pedido a conta. Quanto tempo se deve aguardar? Aí eu pedi a conta e ele nem se ofereceu para pagar. Foi $100 com gorjeta. Deixei Craig Nelson no apartamentinho dele na Avenida A (táxi $8).

Domingo, 25 de setembro, 1983. Acordei gelado.

Fui à igreja. Liguei para Curley e ele me desencorajou de ir jantar com ele e seus amigos, disse que estava uma noite ótima para ficar em casa, mas que se eu *realmente* quisesse sair, eles tinham feito reservas num tal lugar. Aí entendi tudo. Liguei para Mark, o garoto dos Pedantiks, e combinamos de nos encontrar no Texarkana. Ele disse que levaria aquele tal de Sam do grupo dele. Aí liguei para Jay Shriver e ele disse que tinha caído no sono e que não conseguiria se arrastar para fora naquela noite, eu disse ok (táxi downtown $6). Encontrei Sam e Mark na rua antes de entrar.

Enfim, durante o jantar conversamos sobre rock, eu acho. Mark é louro e parece normal, jamais se pensaria que é gay. Os dentes de Sam são horríveis e ele tem um ar cinzento, mas aí acho que o rock'n'roll não é saudável e todos os garotos ficam com esse ar. Estávamos lá há algum tempo e subitamente *Jay* entrou! Estava lá já há meia hora sentado no bar e achou que eu o tinha visto, mas na realidade eu não tinha. Aí depois de beber ele ficou paranoico demais e resolveu vir e me enfrentar. Mas eu nem o teria visto. Não consigo enxergar com minhas novas lentes de contato. Nem sei quais são as que coloquei. Ele tinha ido lá para buscar uma garçonete que conheceu na noite passada, fiquei realmente furioso com ele porque ele mentiu e me disse que não sairia. Quer dizer, ele só precisava falar a verdade. Quer dizer, não sou mais criança (jantar $120).

Liguei algumas vezes para Benjamin, mas ele disse que estava muito cansado porque tinha trabalhado como travesti no Pyramid Club até as 5h. Mas Mark é porteiro no Pyramid e disse que tinham fechado antes das 5h, aí não sei se Benjamin também não estava mentindo.

Deixei Mark e Sam ($6) e quando cheguei em casa eu estava muito furioso com Jay e essa garotada toda. Me sinto usado, abusado, enganado. Assisti a um programa ótimo de TV na HBO. Pela primeira vez me dei conta que Andy Kaufman é engraçado, é esperto. Tinha uma pessoa na plateia do show dele dizendo, "Você não faz nada novo – é o mesmo velho texto há dez anos", e aí ela fica gritando os textos junto com ele e então Andy Kaufman começa realmente a suar e a gente não sabe se é verdade ou não. Foi muito, muito bom. Conversei com Jon em Los Angeles.

Segunda-feira, 26 de setembro, 1983. Desde aquela noite nos Heinz tenho detestado os republicanos, mas hoje vou mudar de ideia se ficar sabendo que Ron Jr. conseguiu uma entrevista com o pai dele para *Interview*. Para a capa de janeiro. Quer dizer, isso colocaria *Interview* no mapa. Eu até votaria novamente nos republicanos. Sei que não voto, mas estou pensando em me inscrever novamente, porque agora não te convocam mais para mesário pelas listas eleitorais, eles procuram nas listas do imposto de renda, e eu acabo de receber uma convocação.

Terça-feira, 27 de setembro, 1983. Vincent filmou Joanne Winship falando sobre seu programa beneficente anual. Não se ouve mais falar nela desde que adoeceu. É tão rápido o que acontece em Nova York. A gente pode ser esquecido em cinco minutos. Ou menos. A gente encontra milhares de pessoas todas as noites durante anos e aí te esquecem num minuto. Benjamin chegou cedo para me buscar. Não estava travestido. Gostaria que estivesse. Ele fica tão mais masculino quando se veste de mulher! É estranho, porque normalmente tem um ar tão delicado e feminino, e aí se veste de mulher e você percebe que as mãos dele são tão cheias de veias e que ele tem ombros largos e mãos rudes.

Gostaria de começar a usar batom à noite para que meus lábios parecessem mais carnudos, mas estou com medo de que aí por acaso eu fique preso embaixo de um foco de luz em algum lugar.

Quarta-feira, 28 de setembro, 1983. Bianca ligou e me convidou para o almoço para o ministro de Cultura sandinista da Nicarágua no Da Silvano. Era uma mulher. Havia um americano lá que, sendo comunista, era como De Antonio – Peter Davis, ele fez um filme chamado *Corações e mentes*. E Clemente, o artista italiano, estava lá e, ei, gosto dele um bocado – ele assumiu a postura americana. E entende o humor americano, o que é muito estranho, porque não dá para entender como um estrangeiro consegue fazer isso. Ele não fala muito, só fica sentado, comendo e olhando. Bianca está tentando fazê-lo pintar um mural grátis para o apartamento dela. Ela está puxando o saco de todos os artistas.

E aquele outro sujeito no almoço foi prisioneiro político em algum lugar da América do Sul, eu acho, agora trabalha para Mitterrand.

O almoço levou cinco horas. A mulher que é ministra da cultura da Nicarágua se atrasou muito. É quase tão linda quanto Bianca. E ela diz, "Ah, sim, as pessoas acham que não há arte numa revolução, mas, mesmo quando as bombas caem e as balas voam, o povo ainda faz arte. Temos bailarinos e pintores e fotógrafos e estamos nos sindicalizando...". Quer dizer... e aí ela ficou dizendo que a revolução verdadeira está vencendo, que "está chegando a hora do povo". E, sei lá, é tudo tão abstrato, mas aí aquela noite na festa dos Heinz com todos aqueles ricaços republicanos também fiquei com uma sensação de medo. É como qualquer pessoa que tem poder, não vão querer que ninguém mais tenha. É como as esposas que tentam evitar que seus maridos descubram como são as mulheres jovens. Mas acho que não são só os ricos.

Enfim, ficaram dizendo que querem que a gente vá à Nicarágua e, sei lá, para apoiar a causa artística deles. E Clemente disse, "Ah, sim, claro, e perder o green card que lutei tanto para conseguir". E aí, quando finalmente terminou tudo, a rebelde entrou na sua limusine e o socialista que trabalha para Mitterrand entrou na *sua* limusine e fomos todos para o estúdio de Clemente, que fica bem ao lado da Tower Records. O estúdio é uma beleza. É realmente um estúdio de artista, pinturas enormes por todo o lado. Ele pinta bastante. Muitas pinturas. E aí o sujeito do Mitterrand foi desagradável, passou por cima de uma das pinturas que estava no chão e fingiu que tinha achado que era um tapete, mas eu sei bem que ele tinha se dado conta de que era uma pintura.

Então eles queriam conhecer o meu "estúdio" e aí fomos para o escritório e não havia nada lá. O contraste foi tão – evidente. Estamos tão envolvidos em moda que não sabemos mais dessas outras coisas como guerras e governos. Eu não tinha nenhuma arte para mostrar para eles. Queriam ver filmes, mas eu também não tinha filmes.

Aí finalmente foram embora. Trabalhei até as 7h30, Cornelia ligou e perguntou onde eu estava porque já estava pronta. Vesti o black-tie que tenho lá e fui para o Waldorf Towers. Pedi que ela esperasse lá embaixo mas ela disse, "Não vou esperar lá embaixo como uma prostituta". Quando cheguei o porteiro foi um idiota. Depois de quinze minutos me vendo parado lá dentro de um táxi ele veio e perguntou se havia algum mr. Warhol ali. Aí eu mesmo saí e liguei para o apartamento de Cornelia, ela desceu num vestido vermelho com um ar de piranha. Mas linda. Engordou um pouquinho. Ah, e eu vi mrs. McArthur enquanto estava esperando e ela está ótima. Tem 84, mas ainda está lúcida. E eu, que quase nem consigo caminhar! Aí Cornelia desceu e fomos para o Pierre (táxi $8) ver aquele desfile de modas beneficente organizado por Joanne Winship.

Ah, e no almoço eu passei para Bianca as histórias de Liz Smith sobre Calvin e seu modelo Kelly, contei que eles são uma história hot nos jornais. Bianca disse, "Ha-ha! Que piada!". Portanto, eis aí a opinião dela.

Quinta-feira, 29 de setembro, 1983. Acordei cheio de picadas de pulgas e fiquei histérico. Fui correndo comprar coleiras contra pulgas para colocar nos tornozelos.

De táxi downtown ($5) até aquele novo supermercado chique na Park Avenue com a Rua 18, o Food Emporium, mas quem fez meus sanduíches foi um gay, aí não consegui comer.

Kenny Scharf apareceu, acaba de comprar uma casa na Bahia por $2 mil, ele fica comendo coco o dia inteiro. Sua mulher está esperando um bebê. Seu pai deve ser um produtor semirrico. Kenny conheceu a mulher no avião quando foi ao carnaval.

Aí Keith Haring chegou depois de ter ido tomar sua injeção de B-12 com dr. Giller e foi como nos anos 60, quando a garotada tomava uma injeção e ficava toda excitada. Keith ficou falando e elogiando um artista negro de grafites que foi morto pela polícia, está nos jornais, Michael Stewart. E Keith disse que já foi preso pela polícia umas quatro vezes, só que como ele tem um ar normal apenas o chamam de bicha e o soltam. Mas aquele garoto foi morto, tinha a aparência de Jean Michel – aquelas trancinhas no cabelo.

Trabalhei toda a tarde. Deixei Benjamin (táxi $7). Me colei e fui sozinho para o Regine's, uma festa de aniversário para Julio Iglesias, e Lester Persky chegou ao mesmo tempo que eu e entramos como se fôssemos um casal e havia câmera mas todo mundo disse que era (*risos*) só a TV espanhola. As pessoas de sempre estavam lá, "Suzy", Jerry Zipkin e Cornelia. E Julio Iglesias é diferente do que nas fotos. Tem 2m10cm e é muito bonito, muito bronzeado e com dentes que são praticamente fluorescentes. Foi muito amável, como se realmente me conhecesse. Talvez ele conheça as pessoas que nós conhecemos e que ficam falando de nós todo o tempo. E Cornelia sentou ali perto para ficar na linha de visão dele. Halston ligou e disse que fôssemos para sua casa.

Fomos para a casa de Halston, Jane Holzer estava lá e Halston estava com suas mesmas histórias de "Sou muito rico", mas quer dizer, ele deve estar apavorado depois que saiu aquela matéria na *Fortune* com o sujeito que agora é dono dele dizendo que está pensando em vendê-lo.

Ah, e Halston me perguntou de novo sobre o encontro com Jerry Hall. Ainda quer fazer com que Bianca fique com ciúmes. Mas agora Jerry está grávida, vai ser difícil encontrar roupas para ela.

Sábado, 1º de outubro, 1983. Tive que acordar cedo. Maura e eu estávamos programados para entrevistar Matt Dillon na casa de Fred. Finalmente Matt chegou, sentou na cozinha e foi entrevistado por Maura. Tem só dezenove anos. Maura perguntou as mesmas coisas que sempre pergunta: "Você é católico?" e "Você é irlandês?". Ele disse que sim. Vai ser uma entrevista exatamente igual à de Brooke Shields.

Quarta-feira, 5 de outubro, 1983 – Nova York-Milão. Acordei cedo, tentei fazer as malas, Benjamin me buscou (táxi $6.50). Jean Michel Basquiat veio até o escritório para fazer ginástica com Lidija, contei que ia para Milão e ele disse que também iria, que nos encontraria no aeroporto. Trabalhei toda a tarde até as 4h30.

Não pensei que Jean Michel viesse, mas quando estávamos esperando na fila no aeroporto ele apareceu, tão louco, mas uma graça, adorável. Não dormia há quatro dias, disse que me observaria quando eu dormisse. Tinha meleca por todo o lado. Ficou assoando o nariz nos sacos de papel. Tão ruim quanto Christopher. Mas Paige o transformou numa espécie de gentleman, porque agora ele toma banho. Chegamos em Milão praticamente no horário. Chegamos ao famoso hotel, esqueci o nome.

Quinta-feira, 6 de outubro, 1983 – Milão. Hoje fizemos cinco ou dez entrevistas, vieram um de cada vez. Saímos para almoçar num restaurante ótimo. Comida realmente muito boa, pessoas lindas, acho que fizemos um bom trabalho de anúncios para *Interview*. Tivemos um jantar enorme numa nova discoteca com uns modelos lindos.

Cheguei em casa. Jean Michel veio e disse que estava deprimido, que ia se matar, e eu dei uma gargalhada e disse que isso tudo era porque ele não dormia há quatro dias, e aí depois de um tempo ele voltou para o seu quarto.

Sexta-feira, 7 de outubro, 1983 – Milão. Mais imprensa. Depois tínhamos um vernissage de duas pinturas numa galeria e 40 milhões de pessoas se aglomeraram num corredorzinho para vê-las. Gente demais. Tive que me arrumar para um grande jantar para Leandro Gualtieri e sua mulher, a designer Regina Schrecker. Jean Michel voltou e eu fiz com que ele desenhasse nos pratos e aí todo mundo ganhou um. Foi elegante, e os garotos foram dançar e Jean Michel passou uma cantada em Joanna Carson, que está em Milão.

Sábado, 8 de outubro, 1983 – Milão-Paris. Jean Michel chegou quando estávamos indo embora. Disse que ficaria com Keith Haring para conseguir publicidade – Keith veio da Espanha com Kenny Scharf para pintar a Fiorucci (concierge $30, boys $20, camareira $10, revistas $10, porteiro $5, táxi para o aeroporto $30).

Terça-feira, 11 de outubro, 1983 – Paris-Nova York. Quando cheguei em casa na Rua 66 não tomei banho porque sabia que se tomasse não conseguiria ir trabalhar. Eu estava usando (*risos*) "Essência da França" – cheiro de suor. Há uma foto estranha do prefeito Koch no jornal, fazendo uma careta para Nixon no funeral do cardeal Cooke. Uma foto esquisita (táxi $6). Encontrei Lidija. Bebi muito café.

Trabalhei até as 7h ou 7h30. Ronnie Cutrone apareceu e disse que tinha estado em Milão quando estávamos lá e que Jean Michel se foi para Madrid. Jean Michel está tentando ficar famoso muito depressa; se funcionar, acho que vai conseguir.

Quarta-feira, 12 de outubro, 1983. Tentei falar com Thomas Ammann o dia inteiro, mas ele não anda por aqui. Ainda quer alugar parte da minha casa – o segundo andar – para expor pinturas e não sei como sair dessa, porque não dá para fazer essas coisas em segredo e as pessoas saberiam que é a minha casa. É só um pouquinho difícil demais.

E Paige está realmente chateada porque Jean Michel não tem ligado para ela. Ele também não tem ligado para nós. Ela vende as pinturas dele, tem feito isso já há algum tempo. E ele deixou Mary Boone – ela levou 50% e Paige só leva 10%. Mas ele ainda está com Bruno, aí talvez seja por isso que ainda consiga mostrar seus trabalhos. Contei a Paige que Jean Michel andava atrás de Joanna Carson em Milão, e talvez não devesse ter contado. Paige disse que deveria esquecê-lo, que tem que ser tudo ou nada. Mas naturalmente pessoas são pessoas e um idiota é um idiota apesar do que possam dizer, eles apenas continuarão apaixonados.

Quinta-feira, 13 de outubro, 1983. A princesa Caroline iria ao escritório às 9h para posar para a capa de dezembro da *Vogue* francesa. Disse que é a editora convidada do número de Natal e que eu fui convidado para fotografá-la. Aí nos apressamos (táxi $6.50). Já estava lá, mas levou uma ou duas horas para se aprontar. Queriam fotos de mim tirando fotos dela e por isso liguei para Chris e ele veio. Ela é bonita, mas parece que tem quarenta anos. Parece que já viveu muita coisa. Mas essas mulheres sabem como disfarçar. Ela trouxe um maquiador japonês.

Paul Morrissey estava lá nos fazendo subir pelas paredes. Quer refilmar *Pepe Le Moko* com crianças. Paul tem boas ideias, se apenas conseguíssemos trabalhar com ele e fazê-lo não pensar da maneira nojenta e drogada dos velhos tempos... Ele fez Brigid datilografar alguns contratos novamente.

Terça-feira, 18 de outubro, 1983. Jean Michel apareceu e dei um tapa na cara dele. (*risos*) Não estou brincando. Uma bofetada. Ele ficou um pouco chocado. Eu disse, "Como você se atreveu a nos abandonar em Milão?". Benjamin é que me convenceu a fazer isso.

Quarta-feira, 19 de outubro, 1983. A árvore em frente à minha casa não cresceu nada durante todo o verão. O ginkgo. Ainda está verde, mas não cresceu. Benjamin diz que primeiro a árvore tem que lançar raízes. Ainda assim é bonita. Pequena e linda e verde.

Os jornais publicaram notícias sobre a prisão do "filho de Sidney Poitier e Diahann Carroll" pela polícia por ser um impostor. Estava se hospedando na casa das pessoas. Desta vez Halston foi esperto, pediu que ele se retirasse imediatamente. Dava para descobrir num segundo que o garoto estava mentindo. Mas essas pessoas todas o deixaram ficar nas suas casas! Quer dizer, ele poderia ser qualquer um. Poderia ter dizimado uma família inteira.

Sexta-feira, 21 de outubro, 1983. Grande almoço no escritório para a equipe inglesa mais Tab Hunter e seu novo produtor, que quer que eu faça um pôster para o filme, mais um repórter de Amsterdam. Jean Michel veio e Paige Powell estava lá com alguns clientes. Paige tinha combinado com Jean Michel que ele iria até o Vassar com Jennifer naquela noite dar uma conferência – Jennifer agora estuda lá – e um carro buscaria todos.

Mas Jean Michel me disse que não queria levar Paige ao Vassar porque ele queria foder as garotas de lá. Aí quando cheguei em casa havia um recado de Robert Hayes dizendo que Paige estava histérica porque Jean Michel não tinha ido buscá-la. Uma coisa cruel. E eu disse a ela que assim é a vida e que poderíamos sair para beber, então liguei para Sean McKeon convidando-o para ir conosco porque aí daria para controlar melhor a situação. Sean está a fim de mim há anos, e é bom ter alguém que gosta da gente à nossa volta. Era ele de óculos escuros no *People* desta semana.

Então fomos para o Mayfair e bebemos dois champagnes e café ($40). Paige estava tão chateada – ela recém tinha dado um cheque de $20 mil para Jean Michel por ter vendido algumas das suas pinturas. Ela disse que nunca mais vai mostrar ou vender os trabalhos dele. Eu disse que deixaria que ela fizesse uma exposição chamada "O Pior de Warhol", em que eu procuraria nos meus armários pelas coisas mais horríveis que nunca deram certo, e isso a animou um pouco. Mas um pouquinho depois ela foi embora porque ainda estava nervosa. Sean me deixou em casa e fui para a cama.

Domingo, 23 de outubro, 1983. Há uma pintura minha indo a leilão em breve, a cotação é apenas $100 mil. Acho que é uma "Garrafa de Coca-Cola". E as coisas do Roy estão cotadas a $500, $600 ou $700, e as coisas de Jasper saem por $1 milhão.

Segunda-feira, 24 de outubro, 1983. Está gelado e a calefação não está funcionando. E ainda estou tendo problemas com uma barata d'água. Toda noite eu a encurralo, mas aí não consigo matar. Ela tem comido minha comida há três anos.

Fiquei lendo o livro de Barbara Hutton e a melhor coisa é que ela tinha empregados para lhe limparem a bunda. Isso é no final, quando estão roubando dela sem parar. E no fim ela ficou tão pobre por causa disso que teve que procurar as pessoas para quem tinha dado presentes e pedir que devolvessem – ah, mas pode ser que só as pessoas que trabalhavam para ela tenham decidido fazer isso. Não tinha pensado nisso...

Continuo me preocupando e achando que foi um erro ter comprado o prédio da Rua 33. Talvez devêssemos apenas ter comprado para repassar imediatamente. Mas aquele prédio é a chave imobiliária de todo o quarteirão por causa da forma em T. Sexta-feira um caminhão vem levar algumas coisas do 860.

Terça-feira, 25 de outubro, 1983. Fui àquele restaurante Santa Fé (táxi $5.50) e Bianca estava no horário. Depois Calvin chegou com um repórter da *Playboy*. Jean Michel ficou com a mão no joelho de Bianca – ela deu risada. O maior momento foi quando eu quis pagar a conta e Bianca disse que Calvin já tinha pago.

Bianca disse que queria ir à filmagem de *Rhinestone* na West Broadway, numa daquelas galerias. Fomos para lá e encontramos Steve Rubell. Aí Stallone apareceu. Está a fim de Bianca, acho, viu-a e veio voando. E eu reclamei, perguntando onde estava meu papel em *Rhinestone* pelo qual eu paguei $5 mil num daqueles leilões beneficentes de Marvin Davis no Colorado. Eles transformaram uma galeria de arte num bar só para as filmagens. Dá para ver quanto dinheiro estão gastando. Foi a primeira vez que estive num set de filmagem onde realmente transformaram uma coisa em algo completamente diferente. Lentes e microfones pela rua toda. Achei que um táxi estacionado atrás de mim era parte do filme, mas no final não era, então peguei e fui para casa ($6).

Quarta-feira, 26 de outubro, 1983. Jean Michel ficou no escritório a tarde inteira. Paige veio, mas saiu depressa. Acho que está tudo terminado entre eles porque ele quer ser livre e sem compromisso e ela quer uma relação séria.

Quinta-feira, 27 de outubro, 1983. Gael Love ligou e ficou gritando que os donos de bancas de revistas estão furiosos porque fico na rua distribuindo novos números que ainda nem chegaram às bancas e eu disse a ela que faço o que estou a fim de fazer.

O número com Richard Gere é o nosso best-seller até agora, embora a entrevista seja muito ruim. Portanto não importa, se for alguém sobre quem as pessoas queiram ler.

Terça-feira, 1º de novembro, 1983. De táxi para encontrar Lidija ($6). Um garoto alemão esteve no 860 e disse que foi a um bar chamado Cowboys noite passada e que o terror da aids está por toda parte, que "o astral está baixo". E o namorado de Robert Hayes, que tem aids, está na cidade, hospedado com ele. Não pode fazer quimioterapia porque algumas outras coisas acontecem quando fazem esse tratamento.

E agora Jean Michel conseguiu uma loira WASP para foder. Acho que ele detesta mulheres brancas.

E Cornelia ficou com minha echarpe. Ela sempre sai sem roupa, com uns vestidos transparentes, e reclama do frio. Aí ela levou minha enorme echarpe vermelha que ganhei em um desfile de modas, e acho que posso dizer adeus. E até que enfim era o tom certo de vermelho.

Quinta-feira, 3 de novembro, 1983. Brooke Hayward ligou e quer fazer uma entrevista comigo sobre Mick. Está pesquisando para o livro para o qual pagaram um dinheirão adiantado para Mick. E se fez de dura comigo. Disse, "Ouça aqui", e eu pensei que se ela estava começando *daquela maneira*... ah, ela é horrível, não sabe fazer nada. Eu gostei de *Haywire*, mas ela é mulher de um livro só. E de qualquer modo a odeio porque fico me lembrando que foram ela e Jean Stein que me trouxeram todos os problemas com a Receita Federal porque me pediram para fazer o pôster de McGovern, como eu queria fazer algo esperto tive a brilhante ideia de fazer o Nixon de cara verde com os dizeres "Vote em McGovern" embaixo. E foi aí que a Receita Federal começou a se interessar tanto por mim.

Caminhei até o escritório novo na Rua 33, peguei o telefone e fiz minha primeira ligação de lá. Fui descobrir cantos para guardar coisas. Já está cheio e eu ainda nem levei *minhas* coisas. E minha casa está começando a parecer muito suja também. Eu queria tirar fotos da desarrumação, mas minha câmera foca áreas tão pequenas que tudo parece organizado, porque não dá para ter uma foto maior daquela confusão enorme da qual essas pequenas áreas fazem parte.

Robyn resolveu deixar seu emprego para trabalhar na Tower Gallery. Mas acho que não vai durar muito tempo. Ele quer ser artista e acha que lá tem mais a ver com isso.

Terça-feira, 8 de novembro, 1983. No leilão noite passada meu "Tríplice Elvis" saiu por $135 mil, isso é bom. Estava cotado a $70 ou $90 mil. Mas Thomas Ammann deu um lance de $440 mil por um dos Rauschenbergs de David Whitney.

Quinta-feira, 10 de novembro, 1983. Uma repórter do *Wall Street Journal* ligou e disse que está fazendo uma história sobre "clubes" e queria ir ao Area, ao Limelight e ao Cat Club comigo, mas acho que ela é apenas uma louca que quer percorrer os clubes e aí diz que está escrevendo esses artigos.

Sim, estou feliz com os $135 mil por uma "Garrafa de Coca-Cola". Todo mundo acha que é um preço bom. Thomas me contou que o "Elvis" saiu por $146 mil. E Thomas comprou uma pintura "Flor" por $40 mil. Mas vale muito mais. Algum dia...

Fui encontrar mrs. Fortabat no La Côte Basque, ela é a senhora argentina que comprou o Turner da avó de Whitney Tower por $6 milhões. Também está cuidando do rosto com Karen Burke. Ela disse que vai iniciar um negócio de verdade nos Estados Unidos e perguntei se isso queria dizer que ela estava se unindo à Máfia, ela riu e me disse que sou "charmoso".

Sábado, 12 de novembro, 1983. Encontrei um vizinho de Montauk, aquele da segunda casa depois da nossa, e contei a ele que estou planejando fazer um "grande trabalho de terraplenagem com os trailers de lá". Ele nem riu, não tem senso de humor, nem desconfiou que eu estava brincando, ficou chateado. E fez questão de me dizer que acaba de gastar $20 mil para impedir a formação de condomínios, então agora acho que posso esperar que ele me mande uma conta. Contei-lhe que Lauren Hutton está construindo uma casa e ele me disse que Paul Simon também.

Fui ver *Janela indiscreta* e sentei ao lado de um negro que nem se mexeu, mas quando viu quem era eu, disse, "Nós, leoninos, sabemos o que fazer, certo?". Tinha cheiro de suor. Um intelectual, riu nas horas certas. Adorei o filme, aquele Technicolor lindo que não fazem mais.

Domingo, 13 de novembro, 1983. Tentei juntar Keith Haring e Thomas Ammann num jantar porque Thomas queria, aí liguei para Keith e ele estava acordando, ele e Juan ficaram no Paradise Garage até 8 da manhã e tinham dormido o dia inteiro.

Às 9h Thomas veio me buscar e disse que Richard Gere e Silvinha nos encontrariam no VanDam, aí fomos para lá e estava vazio para uma noite de sábado. Pedi peixe grelhado, mas não comi. Richard estava com seu chapeuzinho e um bigode, é o look do *Cotton Club*. E ficou esbravejando porque os jornais nunca entendem as coisas direito, foi pretensioso. Disse que só foi lá para se encontrar com Keith Haring. Está comprando arte. Me disse que jogou uma pintura "Porra" minha na lareira. O que aconteceu é que Jean Michel tinha lhe dado uma pintura "Porra", estava com ela quando ele e Richard se embebedaram e não tinha nada onde escrever o seu número de telefone para Richard Gere, exceto minha pintura, aí escreveu nela e deu a para Richard. Na manhã seguinte Richard acordou, viu a pintura e achou nojenta e atirou no fogo. Eu disse a ele que era a *minha* porra, mas na realidade era de Victor. E Richard me contou que, se tivesse todo o dinheiro que quer ter, compraria todas as pinturas de Balthus, que faz umas garotinhas sorrindo depois do sexo. Agora custam mais de $1 milhão.

Segunda-feira, 14 de novembro, 1983. Dolly Fox veio, mas não trouxe suas companheiras de quarto nem nada. É uma lutadora querendo ter sucesso, mas como mora na 61 com a Park Avenue, então ela luta de lá mesmo.

Quarta-feira, 16 de novembro, 1983. Jay estava chateado porque eu não concordei com a ideia de transformar o prédio do lado da Madison Avenue numa discoteca que ele e Benjamin gerenciariam, ficou de mau humor.

E Vincent estava de mau humor porque foi numa reunião na TV do Madison Square Garden e parece que vão tirar nosso programa do ar. Nunca entenderam o objetivo dos nossos programas – eles são uma rede de esporte e foram eles que *disseram* que queriam diversificar, mas...

Sexta-feira, 18 de novembro, 1983. Fui ver Karen Burke, a garota do colágeno, e com toda aquela conversa acabou dando um fora. Disse que quer fazer um estudo da pele de homens homossexuais por causa de toda a porra que já teriam engolido, e me citou como um exemplo, e simplesmente olhei para ela e disse, "Ouça, eu não engoli porra nenhuma". E ela percebeu que cometeu um engano. Perguntei a ela se também iria se tratar com colágeno e disse que ah, não, que tem alergia. Foi algo como, "Eu, tomar colágeno! Você está louco?". Aí deu outro fora. E depois disse, "Ah, vou mencionar você na linha de cosméticos naturais que estou desenvolvendo". E, quer dizer, *eu* é quem tinha dado essa ideia para ela semana passada! Desenvolver cremes de manteiga e cosméticos refrigerados que a gente teria que estar sempre repondo. E então eu disse apenas, "Bem, eu vou ser seu sócio nesse negócio, aí...".

Domingo, 20 de novembro, 1983. Cornelia ligou algumas vezes cancelando seu encontro comigo para a estreia da peça "Marilyn". A peça estreou às 6h e deveria ter encerrado a temporada ali mesmo. Uma idiotice. Mas a mulher que interpreta Marilyn é boa, tem qualidades de estrela e consegue cantar, só acho que o roteiro é que é ruim. Quando terminou, menti e disse que era ótimo. Encontrei Lester Persky e Truman Capote, que parece uma múmia. Truman beijou minha mão. O que isso significa? Perguntei se ia à festa depois e ele respondeu, "Não, posso beber em casa".

Cheguei em casa e vi um pouco daquela coisa *Kennedy Years* na TV e deve ser coisa dos republicanos, porque colocaram Jackie se preocupando com cortinas durante a crise cubana. Caí no sono assistindo.

Quarta-feira, 23 de novembro, 1983. Consulta com Doc Cox, mas quando cheguei lá não tinha nada para fazer. Bubbles é doida. Disse que aquele teste anterior, em que me tiraram litros de sangue, não deu certo. Mas não fizeram outro porque só fazem exames de sangue no começo da semana. Ela disse que me cobraram por ele na última vez, mas que agora seria grátis. E, realmente, acho que só me fizeram ir lá em pessoa porque não queriam ligar e me pedir para pagar a conta, aí resolveram fazer dessa maneira. Porque realmente não havia razão para eu estar lá. Todo o consultório enlouqueceu. Mas enquanto eu estava lá um tal de "Saul Steinberg" ligou e aí talvez seja o ricaço, então Doc Cox *tem* clientes ricos e importantes. Aí me disseram que não tiro radiografias desde 1978, mas eu disse que tinha tirado e aí as encontraram, reclamei de Bubbles, dizendo que ela tinha perdido os exames, mas Doc Cox disse que Bubbles nunca chegou nem perto daquela gaveta.

Segunda-feira, 28 de novembro, 1983. Estou olhando pela janela... há uma mulher com um cachorro correndo para longe da merda que acaba de largar... ela está deixando a merda ali... foi embora e deixou a merda bem em frente da *minha casa*! E aí vem o caminhão da lavanderia Happiness Cleaners...

Fred contratou um garoto para substituir Robyn e não me consultou. Acho que este garoto não deve ser bom porque só fica sentado ali cinco horas esperando que Fred chegue sem nem procurar por coisinhas para fazer, como varrer tudo. É italiano com sotaque inglês.

Terça-feira, 29 de novembro, 1983. O *New York Times* tem uma matéria enorme sobre aids. O turismo no Haiti está reduzido a nada. Provavelmente os turistas só iam lá em segredo para procurar aqueles caralhos enormes. Porque Jean Michel é meio haitiano e realmente tem o maior de todos.

Fui ao Trump Tower e deixei uma pilha de *Interviews* e olhei as pessoas pegando grátis. Uma mulher estava tremendo quando veio me pedir um autógrafo. Ela disse, "Deus te abençoe", e espero que ela tenha razão.

Fiquei sabendo que Peter Brant acaba de comprar a revista *Antiques*. Acho que é para Sandy dirigir. Ótima ideia, é uma boa revista.

Quarta-feira, 30 de novembro, 1983. Fui àquela coisa na Tavern on the Green onde anunciariam que Don King agora é o empresário dos Jackson.

E Don King fez um discurso de uma hora e foi um abuso, ficou dizendo que Dustin Hoffman estava lá e que Muhammad Ali estava lá e todo mundo ficou vaiando porque sabiam que na verdade não estavam (*risos*). E aí começou a falar sobre "um jovem com uma câmera" e aí Benjamin me cutucou e disse, "É você! É você!". E todos os Jackson estavam com óculos de sol e se recusaram a tirá-los e não abriram a boca. E mrs. Jackson é linda.

Domingo, 4 de dezembro, 1983. Steve Rubell ligou e disse que ia me buscar às 6h30 com Bianca e Ian Schrager para irmos ao Helmsley Palace para a exposição retrospectiva de Philip Johnson com Jackie O., uma coisa beneficente da Art Society no Villard House. Vesti black-tie.

Fomos para lá e conversei com David Whitney. Os fotógrafos queriam uma foto minha com Bianca, mas ela se fez de difícil. Estava usando um Calvin.

Depois fomos para o Four Seasons no carro de Steve Rubell. Apertei a mão de Jackie O., ela nunca mais me convidou para sua festa de Natal, é uma cretina. E agora eu nem iria se me convidasse. Eu a mandaria cuidar de seu nariz. Quer dizer, temos a mesma idade, portanto posso dizer-lhe algumas verdades. Embora eu ache que ela seja mais velha do que eu. Mas, aí, acho que todo mundo é mais velho que eu.

Philip estava mesmo uma graça. Disse que não era uma exposição, era uma execução. David Whitney estava bebendo martínis e disse que logo que Philip botasse as botas ele e eu poderíamos ficar juntos. Ri meio sem jeito, mas mais tarde ele disse que tinha que me beijar na boca, nunca desconfiei que ele se sentisse assim a meu respeito! Sempre achei que ele estava brincando. E Philip discursou e David riu e aplaudiu. Ele é esperto, o David.

Bob Rauschenberg também me fez beijá-lo na boca. E aí mais tarde uma groupie linda me beijou na boca. Portanto, se eu pegar alguma coisa o Diário já sabe onde foi que peguei. Deixei Bianca lá sem me despedir (táxi $7).

Quarta-feira, 7 de dezembro, 1983. Estou falando igual a Bianca: "Alllllôôôôôô". A gente liga para ela e ouve aquela voz grave e tipo europeia. Ela está hospedada no Westbury.

E o nome do novo assistente de Fred é Sandro Guggenheim. Aquele que Fred contratou sem me consultar. Bem, o nome não é Guggenheim de verdade, mas ele é neto de Peggy Guggenheim. Só que Peggy não deixou dinheiro para ele.

Quinta-feira, 8 de dezembro, 1983. Fui até a Fiorucci autografar *Interviews* porque *Interview* tinha combinado essa coisa. E quando cheguei lá (táxi $6) foi uma loucura porque era o "Dia dos Sósias de Andy Warhol" e havia uns cinco sujeitos na loja com perucas brancas e óculos com armações cor-de-rosa, realmente engraçados. Aí autografei umas 250 *Interviews* e as vendi.

Domingo, 11 de dezembro, 1983. Grande dia. Fomos olhar as árvores na casa de Averil em Katonah, onde o marido é plantonista da sala de emergência e onde ela há pouco ganhou gêmeos. Emprestaram uma cabaninha para Fred na propriedade deles e aí fomos lá para ver a nova aventura arquitetônica de Fred.

Peter Wise alugou um carro, pegamos Fred e fomos para lá (pedágio e gasolina $10). O marido de Averil é bonito. Moram numa casa grande e confortável com uma empregada que dorme no emprego, é uma casa luxuosa, mas duma maneira descuidada. Eles são uma família perfeita com árvores de Natal e um cachorro e um marido amoroso e é incrível pensar que apenas há poucos anos Averil era tão doida.

Terça-feira, 13 de dezembro, 1983. Ontem choveu forte. Benjamin e eu caminhamos pela Madison Avenue e olhei todas as coisas que quero, mas é sempre o mesmo problema – não sei se devo comprar uma porção de coisas baratas ou apenas uma coisa cara. E este ano percebi que as pessoas estão voltando para as coisas novas. Ano passado a moda foi retrô. Se você tinha um relógio dos anos 30, ano passado era muito chique. Mas agora é de volta ao Corums e essas coisas. Relógios de bolso são out. Relógios de pulso são in, mas estão quase no final. É a segunda moda que eu lanço, esta dos relógios de pulso. A primeira foi art déco. Este ano a gente consegue relógios de bolso que ano passado estavam por $12 mil por 4 mil. E os que custavam 85 mil agora custam 35 mil.

Fomos para o escritório e li a *Rolling Stone* em que Jann Wenner fala mal de todos os seus melhores amigos. Fala mal de mim e me coloca entre "As Pessoas Mais Supervalorizadas". E a gente pensaria que, já que ele tem os meus "Maos", ele estaria falando bem. Gostaria de saber por que não fez isso. Ah, você sabe, talvez tenha vendido! E você sabia que foi Joe Allen quem vendeu o "Elvis Prateado"? E vendeu toda sua mobília e tudo, a nova mulher realmente está se mudando para lá. Jed está decorando o apartamento deles.

Resolvi ir à festa de Peter Beard no Heartbreak. Peter estava na porta mostrando slides. A coisa de sempre. África. Cheryl caçando. Barbara Allen caçando. Manchas de sangue (*risos*). Você sabe.

Quarta-feira, 14 de dezembro, 1983. Bruno veio e nos enlouqueceu. Não trouxe o aluguel de Jean Michel, aí mais tarde liguei para Jean Michel para avisar que o aluguel está atrasado e depois tive uma briga com Jay porque ele deu o número do telefone da minha casa para Jean Michel. Ele disse, "Ah, eu não sabia que você não queria...". Eu gritei, "A sua cabeça ainda está no lugar?". Quer dizer, ele sabia que não quero Jean Michel indo à minha casa – ele é viciado em drogas e por isso não é confiável. Não dá para ter – quer dizer, aí por que eu daria meu telefone de casa para ele? Jay deveria saber dessas coisas.

E Richard Weisman nos mandou ingressos para o jogo de hóquei porque Wayne Gretzky nos convidou.

E já que eu tinha ligado para Jean Michel sobre o aluguel, me senti culpado e o convidei para o jogo de hóquei, mandei Jay para casa mais cedo para deixar um ingresso lá para ele.

E Robyn Geddes veio saber se pode recuperar seu velho emprego, mas Fred teve de dizer que não. Fred ligou para me lembrar de não usar jeans no jogo porque depois vamos ao "21".

Aí fui consultar aquele sujeito de shiatsu que Richard Weisman recomendou e ele trabalhou em mim uma hora e meia, foi realmente bom, é um profissional e tanto. Me disse que quando cruzar minhas pernas devo fazê-lo da esquerda para a direita ou da direita para a esquerda – esqueci qual – porque um lado é mais fraco que o outro, mas eu disse a ele que jamais cruzo minhas pernas (*risos*). E agora estou me dando conta de que estou falando de pernas cruzadas... enfim, aí marquei uma sessão fixa para todas as quartas-feiras às 7:30. O nome dele é Eizo e sua filosofia é: "Você é jovem você é jovem você é jovem, portanto você é jovem".

Menti minha idade. Disse que tenho 44. E ele disse, "Ah, é a *minha* idade!". Acho que sabia que era mentira. Mas depois fiquei me sentindo maravilhoso.

Quinta-feira, 15 de dezembro, 1983. Fiz ginástica com Lidija e me contundi. Ou talvez eu tenha câncer na virilha, sei lá. Resolvi começar a beber água em vez de café. O escritório estava movimentado. Vincent ficou pagando contas.

Thomas Ammann mostrou algumas pinturas aqui em casa – Balthus, Picasso de 1923 e Utrecht. E o que vou fazer com as árvores de Natal que Tommy Pashun mandou? Cinco arvorezinhas. Ano passado todas as minhas árvores morreram apesar dos meus cuidados, eu reguei-as e tudo.

Sexta-feira, 16 de dezembro, 1983. Dei uma passada pelos vários lugares onde semana passada eu tinha pedido que guardassem coisas para mim, e ninguém guardou. Aí economizei muito dinheiro. Mas, por outro lado, fiquei realmente furioso e detestei todo mundo por não terem guardado nada para seu freguês de sempre. Então – fodam-se.

E Lorna Luft é tão cruel, agora vai ter um bebê porque Liza não pode ter um. Estou trabalhando numa pintura que vou dar de presente para os Gero. Talvez seja baseada numa foto de Liza e Judy que o *Post* publicou semana passada.

Saí para caminhar com Jon e encontramos Jann Wenner pela vizinhança – me viu a um quarteirão de distância, veio até nós e nos convidou para um drinque. Eu disse, "Ih, Jann, você falou mal de todos os seus melhores amigos naquele seu artigo sobre 'Pessoas Supervalorizadas'". E ele disse, "Ah, sim, pedi que eles deixassem Gilda Radner fora da lista". E não disse nada a meu respeito! Ele está com um barrigão e seu cabelo está comprido novamente.

Sábado, 17 de dezembro, 1983. Almoço para Bo Polk no "21". Perguntei se Jon queria ir. Fui buscá-lo e fomos até a 52 com a Quinta. Saí do táxi ($5) e por acaso me virei e vi um carro passando por cima de umas cinquenta pessoas. Pessoas sendo jogadas para cima. Como uma cena de filme. E quando o carro parou havia gente pelas calçadas e outras gritando e correndo. Fiquei realmente mal. Jon correu para tentar ajudar. Algumas pessoas que não tinham sido atingidas estavam tentando ajudar as outras, mas havia outras tentando roubar os pacotes Cartier das pessoas atingidas. Jon encontrou um garoto que estava no chão, um estudante de Yale, e ele pediu que Jon colocasse seu pacote Cartier no bolso de dentro do paletó para que ninguém roubasse. As ambulâncias chegaram num segundo. Uma porção de ambulâncias Empire. Gostaria de saber de onde elas vêm tão depressa. Foi um caos. E eu estava ao lado de George Plimpton e perguntei se ele ia ao almoço, mas ele não respondeu, ficou com um ar compungido. Quando Jon terminou achei que ele estaria todo sujo de sangue, mas não estava.

Mais tarde, vendo todas as notícias sobre os outros desastres, a bomba no Harrod's e o incêndio em Madrid, achei ótimo que ninguém tenha se ferido gravemente naquela coisa da Quinta Avenida. E no final o que aconteceu é que um guarda de trânsito disse para um sujeito que estava no banco de trás de um carro estacionado na frente da Doubleday's que tirasse o carro de lá, o sujeito não sabia dirigir e acho que apertou acidentalmente o pedal do acelerador, porque não vai ser acusado de nada.

No "21" a mulher da chapelaria disse, "Sei quem é você". Achei que ela estava apenas se referindo ao meu casaco imundo que outro dia eles nem quiseram pendurar, só jogaram no chão. Mas mais tarde ela me pediu um autógrafo, acho que foi por isso que ela disse aquilo.

Depois do almoço subi pela Madison me sentindo estranho por causa do acidente.

Domingo, 18 de dezembro, 1983. Conversei com Chris e Peter. Estão decorando sua árvore e seriam jurados num concurso de roupas íntimas no Pyramid Club na Avenida A. De táxi até a casa de Chris ($9). Chris está tão magro que seus olhos chegam a saltar. Está emagrecendo pela mesma razão que eu quando cheguei aos 52 quilos – acha que o faz parecer mais jovem. Mas não fica bem quando emagrece. Quando formos a Aspen vou empanturrá-lo de sorvete.

Segunda-feira, 19 de dezembro, 1983. De táxi para encontrar Lidija ($5). Quando estávamos fazendo ginástica, duas dores violentas me cortaram como se fossem espadas me furando de cima para baixo. Achei que era o fim. Especialmente depois de ter visto aquele acidente no sábado e percebendo que tudo pode terminar num segundo. Mas desapareceram. Deve ter sido um estranho espasmo muscular. Lidija ficou preocupada. Ela controla as coisas. Por exemplo, ela não faz mais abdominais porque estava aumentando o furo da bala no meu estômago. E estamos trabalhando menos com pesos. Eu levantava pesos quando era jovem. Na academia do Al Roon. Antes de se transformar no Continental Baths com shows de Bette Midler. Quando era apenas uma academia normal. Mas eu não levantava direito. Só levantava.

Terça-feira, 20 de dezembro, 1983. Jean Michel veio ao escritório, mas estava fora de órbita. Clemente trouxe algumas das pinturas que nós três fizemos e Jean Michel estava tão fora de órbita que começou a pintar fora da tela. Jean Michel e Clemente pintam um em cima das coisas do outro. Estamos trabalhando numas quinze pinturas.

Estava tão gelado lá fora que decidi ficar em casa. Conversei duas horas com John Reinhold por telefone. Dormi e acordei. Aí peguei, parti as nozes de canela de Jon e comi. Bebi um pouco de conhaque. Dormi aquele tipo de sono em que você está dormindo, mas acha que está acordado. Aí finalmente das 7h30 às 8h15 dormi um bom sono.

Estava com preguiça de ligar o umidificador, acordei com a boca e os dedos secos.

Quarta-feira, 21 de dezembro, 1983. Fui à Fiorucci e lá é tão divertido! É tudo o que eu sempre quis, tudo plástico. E, quando acaba o estoque de alguma coisa, acho que nunca conseguem de novo. E são os garotos mais lindos do mundo, também.

Trabalhei até as 7h30, então me colei e fui para a festa de Mick na Rua 81 Oeste, foi divertido. Uns seguranças na porta. Foi a primeira vez que estive na sua casa nova e fiquei desapontado porque achei que seria na Riverside Drive e, quando penso em todas as casas ótimas que eles examinaram, não sei por que compraram logo essa. Jed fez a reforma, mas é apenas uma casinha normal.

E as pessoas de sempre estavam lá. Ahmet e Camilla e Earl McGrath e Jann Wenner e Peter Wolf e Tom Cashin. Decidi meio que ficar bêbado. A comida estava ótima. Talvez fosse comprada pronta, mas era a melhor comida comprada pronta. Jerry está enorme. É tão engraçado ver essas garotas que eram tão magras ficarem grávidas. Não dá para acreditar que sejam a mesma pessoa. É como um caminhão. Estava com uma tiara e um vestido branco tipo vestido de noiva.

Quinta-feira, 22 de dezembro, 1983. Benjamin veio me buscar, estava chovendo, mas tinha esquentado. Eu estava num clima horrível de Natal. Ninguém está na cidade.

Paige ligou e disse que me mandou uma TV de chocolate feita sob encomenda por um dos anunciantes para comemorar nossos programas na MSG-TV. Ela não sabia que mais cedo tínhamos recebido uma carta dizendo, preto no branco, que tiraram o programa do ar.

Sexta-feira, 23 de dezembro, 1983. De táxi até a festa do escritório de *Interview*, tentando me sentir natalino. Robyn Geddes estava lá e deu para ver que estava se sentindo engraçado. E parece que ninguém importante estava na festa. Robert Hayes estava lá com Cisco, seu namorado que está morrendo de aids, e acho que tive um ataque e não consegui enfrentar a coisa. Os garotos foram todos para a casa dele – ele fez um jantar de Natal para Jay e Paige e eles comeram. Ele já fez jantares para eles antes. Íamos sempre ao seu restaurante.

Sábado, 24 de dezembro, 1983. A casa de Halston estava realmente natalina. Bianca estava lá com Jade, mais Peter Beard e Cheryl Tiegs, e Jennifer e Jay do escritório, e a sobrinha de Halston. Nem sinal de Steve Rubell. O jantar estava uma delícia, frutinhas e peru, comi até me fartar. Halston me deu um vestido velho, pesando umas duas toneladas. E os presentes não foram muito bons – não foi como nos outros Natais. Bianca cometeu um *faux pas*, me perguntou se eu ia à festa de Diane von Furstenberg, mas eu não fui convidado. Então acho que estou fora da sua lista. Deve ter optado por Bob em meu lugar. Bem, um presente de Natal a menos que ela vai ganhar. Não sei, de qualquer maneira nunca foi muito divertido lá. Benjamin ficou tentando me fazer ir embora para poder se divertir, aí conseguiu me tirar de lá às 12h e foi a pé comigo até em casa. Acabei simplesmente ficando por lá e me sentindo deprimido. Tomei um Valium e esqueci do mundo.

Domingo, 25 de dezembro, 1983. Acordei, era domingo. Tentei pintar minhas sobrancelhas e meu cabelo. Não estava no clima. Fui à igreja. Umas poucas ligações. Na realidade nenhuma, eu acho. Tentei embrulhar presentes. Eu ia receber Peter e Chris para planejar nossa viagem a Aspen no dia seguinte. Acho que levei o dia inteiro enrolando presentes e acho que quando eles chegaram eu já tinha visto muita TV horrorosa. Manuseei muito papel de embrulho.

Chris me deu uma foto de Georgia O'Keeffe e Peter me deu uma pequena pintura, e o tempo realmente voou. Ninguém comeu nada.

Segunda-feira, 2 de janeiro, 1984 – Aspen, Colorado-Nova York. Voltei para Nova York e peguei uma limusine da Scull ($20 para o motorista). O motorista disse que buscou Jean Michel para levá-lo ao aeroporto, foi para o Havaí por dois meses. Espero que tenha deixado o aluguel pago. Cheguei em casa realmente cansado. Vi TV, tomei um Valium.

Não tomei banho enquanto estive em Aspen, nem mudei a roupa. Vivi mesmo como um porco. É uma boa história, não é? Mas meu perfume funcionou e minha respiração estava boa, só fiquei deprimido porque Jon é muito distante.

Diz que precisa ser ele mesmo, e sempre fico com a sensação de que está prestes a ir embora, aí nunca posso relaxar.

Quarta-feira, 4 de janeiro, 1984. Vincent estava chateado porque os jornais noticiaram que estou dando uma festa no Club A para Christopher dia 10 de janeiro e agora todo mundo fica ligando para o escritório atrás de um convite e ele fica louco. Não é *minha* festa – eu disse à pessoa que está organizando a festa que meu nome só poderia ser utilizado *discretamente*, mas os convites vieram e dizem "Andy Warhol convida você...".

Peter ligou e perguntou se eu ia levá-los para comemorar, já que é aniversário de Chris. Eu não consegui nem pensar em fazer isso e comecei a brigar só para me livrar da coisa toda.

Depois levei Benjamin como meu acompanhante para uma festa na casa de Louise Melhado. Jennifer veio trabalhar só cinco minutos, tempo suficiente para nos dar o endereço errado. Mas finalmente encontramos. Estávamos ambos sujos nos nossos jeans e foi difícil explicar por que Benjamin estava lá. Mas era um pessoal velho e os velhos garotos queriam conhecê-lo. Decoradores.

Deixei Benjamin (táxi $20). Voltei para casa e assisti a *Dinastia*. Helmut Berger estava bem. Fui para a cama cedo. Mas então lembrei do caviar na cozinha que Calvin mandou e aí comecei a descer as escadas – eu estava só de meias – e foi como uma comédia. Escorreguei e caí três vezes. Fui caindo escada abaixo. E me machuquei. O Macy's e a Zabar's estão com uma guerra de caviar este ano, mas Calvin comprou o seu no William Poll e provavelmente pagou uma fortuna.

Acordei no meio da noite pensando na história da minha vida que me disseram que *Women's Wear Daily* vai publicar.

Ah, e ontem David Whitney ligou e disse que Leo Lerman foi despedido de *Vanity Fair* e que a mulher da Inglaterra que faz o *Tatler* vai ser a chefe de redação. Não sei, acho que deveriam fazer *Vanity Fair* igual ao que *Vogue* era e rebaixar *Vogue* ao nível de *Mademoiselle* e seguir rebaixando daí para adiante.

Sábado, 7 de janeiro, 1984. Tive que ir ao encerramento da exposição de Keith Haring (táxi $8). Fui até lá só para ver o que o pessoal anda fazendo e fiquei com inveja. Comprei souvenirs de Keith e pôsteres da exposição ($95). Era no anexo Disco da Tony Shafrazi Gallery. Encontrei pessoas e foi estranho. Essa coisa do Keith me lembrou dos velhos tempos, quando eu fazia sucesso.

E aí fomos ver a exposição de Lichtenstein e ele fez um mural! Não consigo entender. Bem ali na parede. Tipo copiando aqueles grafites da garotada, acho tão idiota, por que alguém quereria fazer algo assim? Mas alguém me disse que vão colocar madeira compensada em cima daquilo, o mural vai ficar coberto e aí um dia desses vão raspá-lo. Fomos para a exposição dos patos, um novo tipo de arte, patos de madeira primitivistas.

E depois fomos para a galeria de Peter Bonnier e eram pinturas de Steve Jaffe e tem um retrato de Jean Michel e Jean Michel me contou que esse sujeito trabalha exatamente como eu – tracejando.

Domingo, 8 de janeiro, 1984. Calvin ligou e queria saber se valia a pena ir à festa de Chris no Club A terça-feira. Briguei com Chris porque ele disse que não vou poder levar quem eu quero. Quer dizer, o meu nome está no convite como se eu fosse o anfitrião e não posso convidar quem eu quero? E aí quando eu pergunto a Chris quem vai, ele me diz os nomes de todos os garotos que ele já faturou.

Segunda-feira, 9 de janeiro, 1984. Fred entrou e a primeira coisa que disse foi que roubei a echarpe de Natal dele, o que é verdade. Brigid deve ter contado para ele. Contou e fez com que ele ficasse todo nervoso. Ela não tem nada melhor para fazer, foi lá e simplesmente contou que eu fiquei com a echarpe que mandaram enquanto ele estava fora. Acho que ela é doente da cabeça.

Terça-feira, 10 de janeiro, 1984. Dia da grande festa para Chris no Club A e aí todo mundo ficou ligando querendo convites, Chris ficou se fazendo de importante e dizendo não, não, não, que era uma festa muito exclusiva. Calvin e Steve Rubell ligaram algumas vezes e Calvin ficou perguntando (*risos*) o que deveria vestir.

Fiquei esperando Jerry Hall para tirar uma foto para um retrato, mas ela deu o bolo, não ligou nem nada, foi estranho. Normalmente Jerry é confiável. Não sei para quando está esperando o bebê. Não seria horrível para Mick se fosse uma outra menina? Se ela tiver um menino, tenho certeza de que vão se casar num minuto.

Conversei com Rupert e ele me deu uma ideia – um portfólio da Estátua da Liberdade.

Depois tive que sair e estava começando a nevar. Finalmente consegui um táxi ($4) e quando cheguei lá não tinha quase ninguém. A festa deveria ser "Uptown Encontra Downtown" mas acabou sendo "idiotas encontram imbecis".

Quarta-feira, 11 de janeiro, 1984. Jerry Hall ligou e disse, "É hoje que eu tenho que ir aí?", e eu apenas disse que sim.

Jean Michel ligou do Havaí. Disse que não é muito primitivo lá, que o primeiro sujeito que ele encontrou perguntou, "Você não é Jean Michel Basquiat, o grafiteiro nova-iorquino?". E disse que encontrou uns hippies lá que falaram no meu nome e disseram, "Ah, você quer dizer aquele cadáver requentado viciado em drogas?". E, quer dizer, é *dele* que eles deveriam ter dito uma coisa dessas.

Jerry chegou e estava com a filha de Mick com Marsha Hunt, mas a menina não falou, só leu o jornal enquanto Jerry e eu trabalhamos.

Jean Michel ligou de novo do Havaí. Eu disse que ele deveria cortar uma orelha. Ele provavelmente vai fazer isso. Fui para casa e o sujeito de shiatsu veio para minha massagem semanal.

Domingo, 15 de janeiro, 1984. Fui jurado num concurso de líderes de torcida para os New Jersey Generais, o time que Donald Trump comprou. Era no porão do Trump Tower. Era a prova final e eu deveria ter chegado lá ao meio-dia, mas fiz tudo com muita calma, fui à igreja e finalmente caminhei até lá por volta das 2h. Isto é porque odeio os Trump por não terem comprado as pinturas que fiz para o Trump Tower. Aí cheguei lá e já estava na garota número cinquenta, com mais vinte para serem julgadas. Um outro sujeito estava me substituindo, me passou o bloco e eu tomei nota. Não tinha ideia da pontuação. As garotas não pareciam especiais porque não havia nenhuma luz nelas. De vez em quando uma luz de câmera acendia e apagava sobre uma delas e aí ficava bem, mas era só isso. Os outros juízes eram pessoas tipo LeRoy Neiman. Disse que votou em todas as que balançaram a perna. Ivana votou em todas as que se pareciam com ela.

E há tantos tipos diferentes de corpo – umas com cadeiras grandes e cinturas pequenas, outras com corpos tipo masculinos e algumas com pernas realmente finas e com espaço enorme entre uma perna e outra. E essa coisa de torcida é só algo que elas fazem "de brincadeira", não ganham nada. Aí é melhor que se agarrem num jogador de futebol ou vão sair de mãos abanando. Alguém contou a Ivana que era melhor que ela cuidasse do marido porque poderia perdê-lo para uma dessas meninas. E vendo essas coisinhas jovens e aí uma "dama" sofisticada como Ivana, dá para ver que algum dia elas também podem chegar a esse nível – se casarem certo.

E todas tiveram que dançar ao som de "Billie Jean", de Michael Jackson, e aí tivemos que ouvir "Billy Jean" setenta vezes durante a prova, foi um nojo.

Fui ao Beulah Land na Rua 10 com a Avenida A (táxi $6) para ver uma exposição de fotos dos garotos do escritório – Benjamin, Paige e Jennifer – e era bem perto de onde morei quando cheguei a Nova York, no St. Mark's Place com Avenida A. Fiquei pensando em como tudo era difícil naquela época, caminhar com meus desenhos da parada do subway em Astor Place até minha casa e aí carregar tudo sete andares pelas escadas. E quando chegamos ao Beulah Land disseram que eu tinha perdido a mãe, o pai, os parentes de todo mundo, e fiquei muito feliz. Como a mãe e o pai de Jennifer e as tias e os tios de Paige. E as fotos de Benjamin são como as minhas ideias – tampas de bueiro que parecem as mesmas, mas que na realidade são diferentes. Benjamin foi o único que vendeu alguma coisa – Jeffrey Deitch, do Citicorp, comprou. E Paige tem tanta energia, fez uma coisa como Peter Beard – escrevendo umas coisinhas – e quase chega lá, mas quantas coisas dá para fazer com fotografia? Fiquei uma hora lá e depois fui à festa na Pyramid em homenagem à exposição. E era o mesmo pessoal. E esses dois clubes são os únicos lugares em que já estive onde a garotada realmente se veste à moda Fiorucci – tipo usar três vestidos ao mesmo tempo.

Quinta-feira, 19 de janeiro, 1984. Depois que Benjamin me buscou passamos por uma loja de doces/jornais e a dona disse que estava pensando em vender *Interviews* e nos deu uma caixa de amendoins cobertos-de-açúcar-cobertos-de-chocolate. E aí passamos pelo parque e os pombos estavam enlouquecendo, famintos, distribuímos a caixa toda. Normalmente eles não comem doces, mas estavam tão famintos que comeram.

Barbara Allen ligou de Barbados porque acaba de ser entrevistada para a história da minha vida que *Women's Wear Daily* está fazendo. Ela contou que disse "todas as coisas certas", aí só fiquei pensando. Talvez nem publiquem. Ela ainda está com o mesmo sujeito, aquele polonês.

Sexta-feira, 20 de janeiro, 1984. Às 12:30 mrs. Tisch veio para ser fotografada para um retrato. Finalmente alguém que encontrei na festa decidiu fazer um retrato (táxi para encontrar Lidija $6). Veio com todas as suas joias. Mas a plástica no nariz é péssima. Quando a vi pela primeira vez não sabia que tinha sido uma plástica, mas é. E a gente fica pensando: com todo aquele dinheiro, por que não fizeram a plástica direito? Por que não arrumaram o que saiu errado? Ela é magra como um palito e não gosta de batom porque diz que o maxilar é muito grande, mas o maxilar não deu muitos problemas. Trabalhei toda a tarde.

Segunda-feira, 23 de janeiro, 1984. Joan Quinn mandou um recorte do *Los Angeles Times* para Vincent noticiando que Ronnie Levin foi preso por ter roubado todo um equipamento de vídeo. Porém na realidade ele comprou o equipamento com o cartão – uma espécie de trambique.

E Jean Michel está conhecendo umas mulheres no Havaí e vai para L.A. pintar Richard Pryor, depois volta para o Havaí. Paige vai para lá e eu disse que ela deveria se certificar de que ele realmente vai estar lá quando chegar. Quer dizer, ela fica fazendo todos esses planos e aí chega lá e ele foi embora.

Ah, e um garoto veio e disse que é o sobrinho de Rupert Murdoch, e Jay, depois do seu engano com o "filho" de Sidney Poitier, desta vez ficou dizendo, "É falso, tenho certeza". Mas acho que é o sobrinho de verdade, porque foi embora rápido, não ficou muito tempo.

Sexta-feira, 27 de janeiro, 1984. De táxi até a Castelli Gallery para ver a exposição de Jasper Johns. Quando chegamos lá, Jasper estava na porta recebendo as pessoas e dissemos para ele que éramos furões e ele nos deixou entrar. Eu não tinha sido convidado, acho – não lembro de ter recebido um convite. Nem para o almoço que dariam. As pinturas eram maravilhosas e todas custam algo como $600 mil. Acho que Jasper é dono da maioria delas, só vende alguma quando tem que vender. Então saímos de lá e fomos para o South Street Seaport para fotografar, foi estranho porque exatamente onde Jasper, Bob Rauschenberg e Bob Indiana moravam agora tem uma cidade de mentira com 100 milhões de lojas. Entramos numa loja grega de cafés ($24).

Sábado, 28 de janeiro, 1984. Passeei pelo East Village. Gastei uns dois rolos de filmes. Encontrei René Ricard, que é o Georges Sanders do Lower East Side, o Rex Reed das artes plásticas – estava com um namorado porto-riquenho que tem um nome parecido com uma marca de cigarro. Fomos até a Fun Gallery, depois à Lochran Gallery, que era uma loja de móveis, mas agora jogam pinturas pelas paredes e dizem que é uma galeria. E depois fomos à Mary Garage. Como é o nome daquela galeria? Gracie Mansion. Na Avenida A. Tinha cinco falsificações de coisas minhas. "Cadeiras Elétricas". E alguns Jacksons Pollocks falsos. Eu não comentei nada. Saí de lá e vi uma placa dizendo "Casa Funerária", achei que era uma discoteca e quase entrei, mas na realidade estavam entrando com um cadáver e aí enlouqueci e fui para o outro lado da rua.

Domingo, 29 de janeiro, 1984. Ninguém estava disponível para ir comigo ao escritório e fiquei com medo de que o elevador trancasse, aí não fui lá. Paige conseguiu chegar ao Havaí. Jean Michel voltou de Los Angeles para se encontrar com ela, eu acho, iam para uma fazenda.

Terça-feira, 31 de janeiro, 1984. Dra. Karen Burke veio, acha que sabe o que está fazendo Brigid se coçar, são os gatos. Aí esperou até que Brigid fosse para casa às 5h e foi com ela. Perguntei a Brigid o que aconteceria se os gatos estivessem com alguma coisa e ela respondeu, "Ah, aí eu me livro deles". Sei lá, ela não tem sentimentos.

Sábado, 4 de fevereiro, 1984. Tive de resolver um problema pessoal de Jon, mas ele me fez prometer que não vou colocar nada de pessoal sobre ele no Diário. [*Jon Gould foi internado no New York Hospital com pneumonia no dia 4 de fevereiro de 1984 e foi liberado no dia 22 de fevereiro. Foi internado novamente no dia seguinte e liberado no dia 7 de março. Naquele dia, Andy deu a seguinte instrução para suas empregadas Nena e Aurora: "De agora em diante, lavem a louça e as roupas de Jon separadas das minhas".*]

Segunda-feira, 6 de fevereiro, 1984. Benjamin me buscou, lindo dia. Primeiro dia de fotografias para o meu trabalho para a *Vogue* francesa. Vão me pagar $250 por dia.

Fui ao prédio novo, 33 com Madison (táxi $4.50), André Leon Talley estava montando as cenas e tinha pedido que os Guardian Angels nos encontrassem lá, e o porão era a única sala que se parecia mais ou menos com o subway para fotografá-los.

São uns garotos ótimos. O líder, Curtis, e a mulher estavam lá e são bonitos. Acho que ainda estão com problemas, porque foram acusados de terem provocado um falso incidente e eu não ficaria surpreso se fizeram isso, porque eles *são* teatrais. Quer dizer, tudo neles é tão lindo!

Fui para casa e assisti TV. Barbara Walters é tão pegajosa com aquele seu olhar inquisidor, perguntando as mesmas velhas coisas, "Que idade você tinha quando se deu conta da sua sexualidade?".

Terça-feira, 7 de fevereiro, 1984. Foi fascinante estar no prédio novo com George, o zelador, e entrar nas salas sem mobília, como um grande salão de baile. A cozinha está sendo montada e está com um ar lindo. Fiquei lá quase uma hora.

Jean Michel ligou do Havaí e conversamos bastante tempo. Paige já voltou e está no sétimo céu, muito bem fodida, acho eu. E agora ele está pagando a passagem de avião para uma outra mulher ir até lá. Paige foi idiota e pagou a sua própria passagem, insistiu nisso porque ela é assim – e agora ele está pagando para esta outra mulher. Está pagando $1 mil por mês pela casa. Nos deve três meses de aluguel e está tentando fazer com que Bruno pague.

Conversei com Paul Morrissey algumas vezes e estamos mais ou menos amigos novamente, ele está quase normal.

Depois de táxi até uptown para vestir um smoking, convidei Benjamin para irmos à festa de Michael Jackson (táxi $7). Me colei e depois fui de táxi até a casa de Halston ($3) porque ele nos convidou para ir de limusine com ele.

Pegamos a limusine e fomos ao Museu de História Natural e chegamos exatamente quando Michael Jackson estava recebendo um prêmio no corredor central. E ele falou sem parar, é sua nova personalidade.

A garotada estava isolada do outro lado da rua quando chegamos, a coisa foi organizada assim. E para falar a verdade não havia ninguém lá. Só as pessoas que a gente já conhece, ninguém. Apenas o pessoal das gravadoras de black-tie. Ah, e Bob Colacello estava lá e finalmente fizemos as pazes. Porque eu estava bêbado. Tomei um drinque na casa de Halston e disse a Bob que o artigo dele sobre Larry Flynt na *Vanity Fair* estava ótimo e ele ficou deslumbrado por eu ter gostado.

Ah, e a pessoa que eu mais adorei na festa foi a sobrinha de Truman, que agora trabalha na *Interview* como estilista. Kate Harrington, não é um nome ótimo? Kate Harrington. É muito bonita. Como Holly Golightly deveria ter sido. E adorei porque ela vai atrás de todos os homens de quem está a fim e dá o seu cartão para eles. Ela é ótima – ela planejou a capa com Goldie Hawn.

Segunda-feira, 13 de fevereiro, 1984. Acordei de manhã sabendo que tinha um outro dia de *Vogue* francesa à minha espera. Tive que ir downtown cedo para encontrar André Leon Talley. Eu ia fotografar Benjamin travestido. Estava quente, uns dez graus.

Cheguei lá (táxi $5) e Benjamin estava ótimo, muito elegante, dá para entender por que ele se veste tanto de mulher. Ah, e também colocamos Lidija nas fotos, aí são só ninguéns e os franceses vão pensar que são alguéns. É uma novidade, porque os alguéns estão por toda parte, já cansou.

Quarta-feira, 15 de fevereiro, 1984. Maura apareceu e disse que ganha $1.3 mil mensais no seu novo emprego escrevendo *The*

New Show da NBC e que está economizando porque acha que *The New Show* vai sair do ar muito em breve. O irmão veio com ela, é um escultor que faz coisas com bolas de pingue-pongue em lugar de olhos, por aí você pode ter uma ideia. Ele estudou em Harvard. Não usa o sobrenome Moynihan.

Sexta-feira, 17 de fevereiro, 1984. A história da minha vida em *W* foi publicada. Mas Fred disse que não está muito ruim. Todas as velharias vão ficar atrás de mim, porque me fizeram parecer muito rico. E li *GQ* com os novos anúncios de Calvin, os anúncios de perfume, a mulher de sunga com – ah, ele vai faturar bilhões.

E Brigid está tricotando. Como Madame Defarge. E se você algum dia quiser saber o que há de errado com você, não se olhe no espelho. Só dê um copo de vinho para Brigid e ela dirá: "Sua peruca está torta".

Quinta-feira, 23 de fevereiro, 1984. Benjamin me buscou e saímos com *Interviews*, mas realmente não gosto de distribuir o número de Jane Fonda porque não gosto da capa, não se parece com ela e não colocaram preto. Mas a próxima, que será com Goldie Hawn, está ótima.

Ah, encontrei Bob Colacello. Ele me pediu uma *Interview*. Perguntei se o prédio dele se transformou numa cooperativa e ele disse que não, que foi transformado num condomínio.

Bem, Jean Michel volta do Havaí dia 1º e vai para a Suécia dia 2. Só por uns dias. Nosso velho amigo de Estocolmo, Stellan, diz que as suecas estão fazendo fila para esperar por ele.

Sábado, 15 de fevereiro, 1984. Bianca me contou que acaba de ir ao Japão para entrevistar Robert Wilson para *Vanity Fair* e perguntei como ela podia fazer isso para eles e não para *Interview* e ela disse, bem, será que *Interview* a mandaria ao Japão por três semanas e pagaria a conta de hotel? Deve ter sido caro. Ela disse, "Ele é um gênio". Eu também achava que era, mas a última coisa dele no Lincoln Center foi tão chata! É como esses artistas que ficam fazendo coisas – bem, sei lá, talvez *eu* esteja nesta categoria –, ficam mostrando o mecanismo das coisas em vez de nos divertir. Mas Rauschenberg é ótimo. Ele sempre faz coisas comuns de uma maneira nova.

Segunda-feira, 27 de fevereiro, 1984. Estive dando uma olhada naquelas coisas da Christie, as joias. Em todos os leilões eles têm algumas coisas de Gloria Vanderbilt. Acho que ela deu muita coisa para eles, mas são só umas coisinhas. Acho que eles gostam de ter um nome importante em todos os leilões e, de qualquer maneira, se colocassem todas aquelas coisas juntas num único leilão seria constrangedor.

John Reinhold ligou e disse que recebeu outra carta do governo sobre a permissão para furar moedas de um centavo. No telefone tinham dito que tudo bem, mas ele disse, "Quero por escrito". Aí o governo mandou uma carta abstrata dizendo que é permitido furar, mas não adulterar as moedas. Isso tudo é para que eu possa fazer mais cintos de moedas como aquele que fiz para Cornelia.

John e Kimiko vieram me buscar, fomos para o Met e a ópera era *Tannhäuser*, de Wagner. Uma chatice. Não existem mais grandes cantores, acho que agora todos os grandes cantores vão para o rock'n'roll. O público de ópera ainda são aqueles velhos senhores com rapazes, ensinando para eles as melhores coisas da vida.

Estava lendo uma revista e encontrei uma entrevista com Joe Dallesandro, feita um pouco antes de ele filmar *The Cotton Club* – o papel de Lucky Luciano que PH conseguiu para ele porque ela conhece o produtor – e lá estava Joe dizendo, "Ah, eu *nunca* saio com o pessoal da Factory, eles não são meus *amigos*".

Quarta-feira, 29 de fevereiro, 1984. *Time* mandou uma foto de Michael Jackson e eu fiquei de fazer a capa, mas aí o idiota do Hart venceu Mondale na primária de Nova Hampshire, aí eles abandonaram a capa com Michael. Disseram que talvez façam numa outra semana, duvido. Talvez tenha sido uma maneira de escaparem do meu preço. Ah, mas eles *são* uma revista de atualidades, eu acho.

Aí Liza tinha me convidado para ir ao teatro e ver as mudanças que fizeram em *The Rink* e depois ver a performance duma menina de oito ou nove anos que tem estado na entrada dos artistas há semanas com o pai tentando convencer Liza a ver sua performance.

De táxi com Benjamin ($5). E a menina, depois de semanas de súplicas, se atrasou. A coisa ficou meio estranha, porque todo mundo achou que ela estaria lá esperando. Aí ela chegou, parecendo uma pequena Barbie perfeita de cabelo longo e rosto bonito. O ar de Debra Winger. Judia. Colocou aquela música de Liza, "New

York, New York", cantou e ficamos apenas sentados por ali. O pai ficou meio escondido. O diretor foi realmente gentil. Depois que ela terminou, Liza conversou com eles e perguntou, depois de dizer que ela tinha sido ótima e tudo, "O que vocês querem de mim?". A menina era uma graça, nervosa e tudo, e disse, "Quero ser Liza Minnelli", e depois "Quero desenvolver minha carreira". Coisas do gênero. Liza perguntou o que ela já tinha feito, ela respondeu que tinha feito um comercial de TV. Aí Liza começou a fazer algumas recomendações e me deu arrepios de emoção. Foi memorável. Uma cena de verdade, era show-business, mas de verdade. Algo como *All About Eve* ou no gênero.

Depois saímos e o novo guarda-costas de Liza é um sujeito dos Hell's Angels que conheci uma vez no Café Central. Tem um gancho em lugar de uma das mãos.

Quinta-feira, 1º de março, 1984. Jay ligou de manhã, e disse que a capa da *Time* com Michael Jackson está confirmada novamente.

Sexta-feira, 2 de março, 1984. Mick e Jerry tiveram seu bebê. Uma menina. Uma menina chamada Elizabeth Scarlett.

E, sabe, esses protestos contra Jane Fonda nas lojas onde ela está tentando vender suas roupas de ginástica são engraçados. Não entendo o porquê deles agora. Quer dizer, todos esses anos os filmes dela têm conseguido muito dinheiro e o vídeo de ginástica dela é o número 1 – os veteranos do Vietnã reclamaram mas ninguém se importou. Mas agora com as roupas surgem esses protestos, tantos que a Saks cancelou o lançamento. Mas por que é que eles não ligaram para os cinemas durante todos esses anos e disseram, "Vamos explodir o cinema se você exibir o filme dela?". Aí me faz pensar que isso é coisa de alguém dos negócios de vestuário que decidiu ir atrás dela. Sabe? Porque é tão de repente e tão concentrado nesta área! E, quer dizer, em que categoria nós nos colocamos, com ela na capa de *Interview*? Será uma área onde estará tudo bem, como os vídeos em que ela é "a mulher mais respeitada da América"? Ou será que vão nos escrever cartas com ameaças?

Segunda-feira, 5 de março, 1984. Li um livro sobre Madame Mao chamado *White Boned Demon* e resolvi fazer pinturas com ela. O livro é ótimo, como ela se transformou de prostituta em mulher de Mao. Mas quer dizer, eu não sei como é que o sujeito escreveu essa coisa. Quer dizer, falando de dias específicos da infância dela e contando se ela estava alegre ou triste, quer dizer, eles nem sabem o que aconteceu com a mãe dela, imagine se vão saber que ela estava infeliz numa terça-feira em maio de 1937! O livro sobre Madame Mao não tem fotos, aí vou ter que procurar alguma.

Terça-feira, 6 de março, 1984. Trabalhei na capa de Michael Jackson para a *Time* até as 8h. Depois assisti a coisas horríveis na TV. Vi Joan Collins num filme velho tipo *Caesar* e ela estava muito ruim, e agora está num papel certo e está ótima. Tudo depende de encontrar o papel certo.

Quarta-feira, 7 de março, 1984. Encontrei a mulher cujo retrato eu acabo de pintar, mrs. Tisch, e fiquei me perguntando por que ela me pareceu tão familiar. Ela disse que adorou os retratos, mas não sabe quantos vai querer. Fred vai ligar para ela.

Terminei a capa de Michael Jackson. Não gostei, mas os garotos do escritório gostaram. E ficaram por ali dizendo que vai aumentar as vendas "uns 400", aí creio que eles pensam nessas coisas. Mais tarde o sujeito da *Time* me ligou – Rudy – e disse que vão usá-la. Acho que a amarela. Pedi que ele cruzasse os dedos para que outra história não entrasse no sábado e mudasse a capa e ele disse que faria isso.

Sexta-feira, 9 de março, 1984. Encontrei Adolfo. Benjamin disse que era ele, mas não reconheci. Adolfo disse que me vê na igreja todos os domingos, que senta ao meu lado, aí fiquei constrangido de nunca tê-lo reconhecido.

Vic Ramos ligou e disse que queria falar sobre um assunto, então vem almoçar com Matt Dillon na terça. Quero só ver, será divertido encontrar Matt de novo. Tenho certeza de que querem que eu produza um filme, deve ser isso. Porque não seria (*risos*) para dirigir. Seria muito fácil, bom demais para ser verdade. Perguntou se Paul anda por aqui e eu disse que sim, ele anda por aqui, e ele disse que poderíamos fazer a reunião só nós e depois mais tarde conversar com Paul sobre o projeto.

Domingo, 11 de março, 1984. Fui à igreja e vi Adolfo ao meu lado, exatamente como ele tinha me dito.

Segunda-feira, 12 de março, 1984. Saiu a *Time* e conseguimos colocar a capa com Jackson, nenhuma outra notícia entrou no lugar. E o artigo é uma loucura. Eles até perguntam se ele vai fazer uma operação para mudar de sexo e ele diz que não. A capa deveria ter mais azul. Dei algumas opções para eles no estilo da capa com os Fonda que uma vez eu fiz para a *Time,* mas eles queriam *este* estilo.

Jean Michel veio, está de volta do Havaí, trouxe o cheque para o pagamento do aluguel, foi uma ótima surpresa. Vincent apareceu. Todo mundo está tentando conseguir ingressos para o Hard Rock Café, aquele lugar com o qual Dan Aykroyd tem alguma coisa a ver. Rock Brynner é o gerente. Eddie Murphy deve aparecer por lá.

E não contei para o Diário que Michael Sklar morreu, não é? Quando passei pela Jean's para olhar um broche um sujeito de lá que segue minha carreira me mostrou o obituário. Morreu há uns dois dias atrás. O obituário diz que ele estrelou *Trash* e *L'Amour* de Andy Warhol. Diz que morreu de linfoma. Será que é aids? Mas, ah, Michael não perseverou. Ele trabalhava duro.

Terça-feira, 13 de março, 1984. Matt Dillon e Vic Ramos vinham almoçar. Jean Michel apareceu – queria conhecer Matt porque ele mencionou a arte de Jean Michel na entrevista que fez conosco.

Matt foi o primeiro a chegar. Depois Vic apareceu e não gostou da ideia de encontrar Jean Michel, porque nos anos 70 – lembro de ter lido isso nos jornais – o apartamento dele foi invadido e destruído por um grafiteiro. Vic disse que ainda não conseguiu tirar a tinta de tudo.

E depois de duas horas a gente ainda não sabia por que Vic tinha marcado esse almoço. Finalmente Matt começou a dizer algo sobre querer fazer um filme sobre um diretor de cinema underground dos anos 60.

Matt estava com sapatos cor-de-rosa que disse ter comprado em St. Mark's Place. Ficou falando sobre *Perdidos na noite* e imitando a bicha do filme, falando com uma espécie de sotaque afetado, um pouco como Fred na sua fase de mrs. Vreeland. E Matt tem o ouvido para ser um grande ator. Vic Ramos foi o diretor de elenco de *Perdidos na noite*, colocou Paul, Jed, Ultra e todo mundo na cena da festa. Eu não apareci na cena porque estava no hospital, foi no verão de 1968, logo depois que fui baleado.

Quando saí do trabalho estava nevando e chovendo. O cachorro mijou na minha cama e eu bati nele. Amos.

Quarta-feira, 14 de março, 1984. Ron Feldman veio conversar sobre o novo projeto, o portfólio de anúncios de revistas antigas. Mas quer que eu faça os cafonas – como os anúncios de Judy Garland para Blackglama. Não quer o anúncio da Coca-Cola, argumentou que ninguém iria querer comprar.

Quinta-feira, 15 de março, 1984. Estou violentamente doente. Bebi suco de cenoura e comi feijão no almoço ontem e quando cheguei em casa estava me sentindo estranho. E havia um jantar no Shezan para Egon von Furstenberg e mrs. Furstenberg, aí tive que resolver se me sentia bem o suficiente para ir e fui – uma hora atrasado – sentei ao lado de mrs. Egon, mas no minuto que senti o cheiro da comida comecei a ficar violentamente enjoado e tive que ir embora. Não dei escândalo. E aí cheguei em casa e os cachorros ficaram em cima de mim a noite inteira, fiquei com esperança de que eles pegassem a coisa de mim e me livrassem. É tão estranho ficar doente dessa maneira. Vincent pegou a gripe dos filhos, aí acho que peguei esta coisa dele.

Sexta-feira, 16 de março, 1984. Dia doente. Acordei, ainda doente, resolvi ficar em casa. O telefone tocou um bocado. As pessoas ficaram querendo saber notícias.

Sábado, 17 de março, 1984. Dolly Parton ia ao escritório para ser entrevistada. Chegou e foi ótima. Duas pessoas estavam com ela. Disse que tem um apartamento em Nova York e fica pra lá e pra cá, mas não sei como ela pode circular a não ser que coloque uma peruca de outro tipo. Falou sem parar por quatro horas. Ela é um monólogo ambulante.

Jean Michel apareceu e entendeu mal uma coisa que ela disse sobre "plantações" e aí não gostou dela, mas então fiz com que ele voltasse e ela o conquistou. Ela repete histórias um bocado, se chama de "lixo" um bocado. Disse que a maioria dos groupies dela são lésbicas e bichas. Tem um grupo de sapatões que vai onde ela vai. O cabeleireiro e a namorada Shirley foram buscá-la. Vieram só de táxi, não numa limusine. Trabalhei até tarde.

Domingo, 18 de março, 1984. O telefone não tocou nenhuma vez. Ah, espere, claro que tocou. Jane Holzer ligou, vai para Paim Beach na sexta-feira para ajudar na inauguração da sua loja de sorvetes, Sweet Baby Jane's. Ligou para a revista *People* por causa disso, acho que vão fazer uma história tipo "O que terá acontecido com Baby Jane" com ela.

Segunda-feira, 19 de março, 1984. Paloma ligou e nos convidou para um jantar à noite em homenagem ao perfume dela. Não mandaram perfume masculino, mas o frasco é bem bonito. Fez o jantar na velha mansão Burden da Rua 91 que agora é um colégio católico, eles alugam o salão de baile para festas.

Deixei Benjamin em casa. Me colei e me atrasei. De táxi uptown ($3.50). E fui tirado da mesa principal por causa do atraso. Terminei na mesma mesa de Rosemary Kent! Ela está circulando novamente e trabalhando para o *Post*! Tinha esquecido de contar isso para o Diário. E Fred estava na mesma mesa também, ficou louco tentando não olhar para ela. Ainda está com o mesmo marido, Henry. E, em vez de ficar com Paloma, fiquei com a horrível Rosemary Kent, que ainda está escrevendo aqueles artigos imbecis sobre quem está "In" e "Out", você sabe. – "Bolsas! Sapatos! Perucas Andy Warhol!" – tentei do fundo do coração não pensar que ela é horrível, porque Deus perdoa e eu também deveria perdoar. Entende, tenho certeza de que outro dia fiquei doente como punição por ter gritado com aquela mulher. Não contei para o Diário? Uma mulher de uma imobiliária ligou para o escritório e disse que queria mostrar nosso andar para algumas pessoas e eu gritei e disse que ela não podia, que nosso aluguel ainda não tinha terminado e que ela não se atrevesse a pôr os pés até que termine, e ela disse que não podia acreditar que uma pessoa boa e um artista como eu estivesse gritando com ela. E aí fiquei doente.

A festa de Paloma não deu certo. As pessoas eram muito estranhas ou algo assim. Resolvi que agora só vou à inauguração de lojas e galerias, é minha nova filosofia.

E a grande novidade do dia é que a casa de Rupert em New Hope, Pennsylvania, incendiou, aí ele não veio trabalhar. Uma brasa ficou presa na chaminé. Eu nunca pedi que um padre exorcizasse aquele quarto que teve aquele incêndio espontâneo. Eu mesmo benzi – consegui água benta. Mas ainda acho que há algo estranho naquele quarto. Eu tinha aquela pintura do diabo de Picabia que caiu lá e o teto também desabou.

Terça feira, 20 de março, 1984. Fui para casa e me colei e aí fui a pé até a casa de Jill Fuller, ela estava dando um jantar para Henry McIlhenny, que acaba de vender um Cézanne de $3.9 milhões. Provavelmente a casa de leilões fez um acordo e concordou com 2% ou 1% ou talvez até nenhuma percentagem só pelo prestígio de ter conseguido a pintura. E foi uma noite antiga, só velharias, ninguém jovem. O ex-marido de Jill, Gino Piserchio, um dos nossos stars dos anos 60, estava cozinhando na cozinha. Agora ele cozinha para fora. Um chef. E Henry agora tem três estômagos.

Sexta-feira, 23 de março, 1984 – Nova York-Palm Beach, Flórida. Choveu o dia todo, mas às 6h, quando Jane Holzer nos buscou, tinha parado um pouco. Aí fomos para a rua onde fica a loja de sorvetes Sweet Baby Jane's, no quarteirão que é de Jane, eu acho – aquele onde fica a Van Cleef & Arpel.

Dei entrevistas para os jornais e para *People*. Jane nem me deu um prato cheio de sorvete, só uma colherada. O lugar tem aquelas coisas comuns que a gente vende com sorvete. Biscoitos tipo sanduíches de chocolate e essas coisas. Uma chatice.

Segunda-feira, 26 de março, 1984 – Nova York. New York Central mandou três vezes a pintura errada. E Jay deslocou o ombro jogando basquete, porque alguém caiu em cima dele, o osso ficou na posição errada e ele passou o fim de semana no St. Vincent's e tinha acabado de receber alta. Deveria entrar em férias no final desta semana, aí eu sugeri que ele entrasse em férias imediatamente, mas ele não concordou. Não quer perder as férias contundido, quer trabalhar contundido. E agora temos que transferir algumas coisas para o prédio novo e ele não vai poder nos ajudar.

Terça-feira, 27 de março, 1984. Benjamin não veio me buscar porque foi direto para o escritório ajudar na mudança. Jean Michel e Paige chegaram ao mesmo tempo e brigaram. Paige agora foi chutada de seu apartamento da Rua 81 Oeste, os administradores do prédio provavelmente queriam que ela saísse porque estavam vendo negros de trancinhas entrando lá o tempo todo e ficaram com medo, não se deram conta de que são artistas. Mas Paige é tão charmosa, estou surpreso que não tenha conseguido convencê-los a mudar de ideia.

Alguém do *New York Post* ligou perguntando o que é chique e o que não é. Acho que queriam que alguém escrevesse o artigo para eles.

Quarta-feira, 28 de março, 1984. Esqueci que David Whitney estava vindo com Jasper Johns para conseguir uma pintura para a coisa beneficente de Jasper, agora ele tem uma Fundação Jasper Johns para artistas necessitados. Não sei quem determina quem é necessitado. Provavelmente alguma imbecil como Barbara Rose, certo? Ou Robert Hughes. Ah, aposto que é alguém assim, aposto mesmo. Vou perguntar a David. Aí vieram e queriam a maior pintura. A "Mancha de Tinta". A Mancha Rorschach. Jasper gostou dela.

Quinta-feira, 29 de março, 1984. Estava chovendo e nevando e este era o dia que tínhamos que passar fazendo o vídeo do The Cars para a música "Hello, Again" no Be-Bop Cafe na Rua 8. Benjamin veio me buscar para a filmagem travestido. Também vai estar no vídeo.

Eu tinha que ser um barman e vestir um smoking. A multidão de extras parecia como nos velhos tempos da Factory – Benjamin travestido, um mímico careca numa roupa de pierrô e John Sex com sua serpente. E lá estava Dianne Bill com suas tetas enormes e sua silhueta de ampulheta. Os The Cars são uma graça.

Finalmente chegaram ao meu papel às 8h e tive que cantar um música mas não lembrei da letra. Tinha que preparar um drinque enquanto cantava e com minhas lentes de contato eu não conseguia enxergar o botão da Coca-Cola na máquina de refrigerante.

E isso significou ficar cara a cara com The Cars por um tempo, foi difícil conversar com eles, eu não sabia o que dizer. Terminei às 9h15. Um dos garotos me deu uma carona até em casa.

Domingo, 1º de abril, 1984. Um dia tão bonito. Toda a cidade saiu do esconderijo. Caminhei em direção ao parque e uma mulher se atirou na minha direção e disse, "Sou Mary Rosenberg, você me deu o melhor conselho que já recebi, me disse 'Fique firme'", mas eu não sabia quem era ela. Só fechei meus olhos e me fui para o parque com as pessoas apontando na minha direção por todo o caminho – "Aquele é o famoso artista plástico".

Aí do outro lado do parque encontrei Jon e caminhamos. Eu tinha levado comigo todos os flocos de milho estragados para dar aos pássaros, mas encontrei um lugar sem pássaros, aí acho que na realidade terminei alimentando os ratos.

Comprei a *New York* ($1.50). Vi o que está em cartaz, decidi assistir a *Os dez mandamentos* (táxi $4, ingressos $10, pipoca $10). E me deixe dizer algo para a posteridade: Cecil B. DeMille é o pior diretor de todos os tempos. Chegamos uma hora atrasados, mas ainda sobraram três horas mais meia hora de intervalo. E todos aqueles atores são terríveis. Quer dizer, Edward G. Robinson, esqueça. E também esqueça Yvonne DeCarlo e Ann Baxter. Charlton Heston estava ok, bonito. A cena da orgia era (*risos*) gente jogando uvas umas nas outras – parece um velho filme de Andy Warhol, certo? E aí levantavam as saias alguns centímetros do chão. Era *só* isso. Essa era a *orgia*. Edward G. Robinson – não dá para acreditar. E Dustin Hoffman vai terminar igualzinho a ele, tenho certeza.

O filme terminou. Benjamin tinha ligado à tarde e disse que Victor estava vindo de L.A para sua festa de aniversário na casa de Halston. Fiquei nervoso com isso, depois de ter ouvido a notícia que Marvin Gaye foi baleado pelo pai. Eu conseguia imaginar Victor enlouquecendo e pulando pela janela ou algo assim dramático. E, a propósito, semana passada, quando eu estava tentando arrumar tudo, peguei uma caixa e caiu uma foto de Marvin comigo que PH tirou em 1976, eu acho.

Fui para casa, me colei, depois fui para a casa de Halston. Espere um minuto, alguém está tocando a campainha... são estes idiotas dos Polack. Continuam vindo e tocando *minha* campainha! Aí ok, na casa de Halston, à meia-noite, Victor chegou. Dei a ele uma camiseta Keith Haring emoldurada e ele odiou e jogou para um canto, mas aí disse que queria de volta por causa da moldura. Acho que está hospedado no Barbizon.

E aí Alana Stewart chegou e Bianca e Alana lutaram no chão de brincadeira, eu teria conseguido as melhores fotos se não tivesse esquecido minha câmera. Alana está na cidade para a estreia de *Where the Boys Are*.

Segunda-feira, 2 de abril, 1984. Mario Thomas, *That Girl*, ligou e foi como um rolo compressor – "Queremos que você faça o retrato de Gloria Steinen e queremos imediatamente". Aí passei para Fred e acho que combinaram tudo. É uma coisa beneficente para mulheres agredidas ou mães agredidas. Acho que vai ser leiloado e repartiremos o dinheiro.

Terça-feira, 3 de abril, 1984. Recebi a nova *Vogue* francesa com as minhas coisas e as polaroids estão boas. Ming Vauze ganhou página inteira. Estas revistas agora parecem livros, são tão grossas, tão caras. Depois de táxi downtown com o próprio Ming para encontrar Lidija ($6). Fiz ginástica alguns minutos, estava uma hora atrasado para o retrato.

Acho que não contei ao Diário que Brigid deu o gato Freddy para Rupert e ele foi pego no incêndio na casa de Rupert na Pennsylvania, mas conseguiu se esconder na estufa e se salvou.

Quinta-feira, 5 de abril, 1984. Fred me deixou furioso de manhã com aquele jeito imponente quando perguntei o que estava acontecendo com os retratos de Michael Jackson. Ficou dando umas respostas muito calmas, muito discretas, repetindo cada uma como "Está tudo sob controle" ou "Deixe tudo comigo", e coisas assim, e eu disse, "Ah, não me venha com esse papo". Aí quando ele começou a *me* fazer perguntas eu resolvi retribuir na mesma moeda, e comecei a dizer, "Está tudo sob controle...".

E Gael Love contou que Doria e Ron Reagan conseguiram um apartamento em L.A. e que Ron vai ganhar $6 mil pelos artigos que está escrevendo, aí eles não vão fazer nada mais para nós.

Maura apareceu e fez 14 mil ligações para L.A., *The New Show* saiu do ar e ela vai para lá e quer conseguir um convite para a festa de Barry Diller. Ficou dizendo, "Se você tem ações, venda todas, por causa do déficit, quer dizer...". E ela só repete o que o pai diz para ela. Aí acho que o senador Moynihan quer que todo mundo entre em pânico.

Um tempo atrás a imprensa ligou perguntando o que eu achava de as sopas Campbell serem vendidas agora em latas de plástico, aquelas amassáveis, e eu disse, "Ah, sim, claro, grande ideia, grande, grande!". Agora recebi uma graça de carta de uma pessoa das sopas Campbell dizendo, "Estou muito feliz que você concorde que nós precisávamos de um new look". Eu deveria ter dito, "Quanto a mim, vou comprar uma nova peruca".

Sábado, 7 de abril, 1984. Benjamin e seu companheiro de quarto, Rags, descobriram que haveria uma festa de aniversário para Julian Lennon no Be-Bop Cafe e aí decidimos entrar de furões. Conseguimos uma limusine que era $3 por pessoa ($20). Chegamos lá e fingimos que pensávamos que estavam abertos para os fregueses de sempre. E alguém tentou me apresentar para Julian Lennon, mas ele só olhou para mim sem muita reação, aí fomos embora, e na rua encontramos um garoto que nos perguntou se estávamos indo ao Area e dissemos que sim e ele foi conosco. E no Area fiquei conversando com as pessoas por algumas horas.

Terça-feira, 10 de abril, 1984. Benjamin me buscou e fomos para a Sotheby's. E havia só uma coisa que eu queria. Qualquer coisa de qualquer estilo vai terminar na casa de Fred Leighton. Havia um broche Verdura com um rosto de negro enorme com olhos cabochon de rubi e uma porção de incrustações.

Jean Michel ligou duas vezes esta manhã de L.A. e não falou comigo quando atendi porque achou que não era eu. Aí na terceira vez ele falou e me contou que tinha ido ao Roxy, aquele lugar de Lou Adler, com "Jack, Shirley, Debra, Warren, Richard Pryor e Timothy Hutton". Umas trinta pessoas. E aí tinha festas no Morton's e no Spago e ele chegou em casa às 5h se sentindo uma estrela de cinema.

Dra. Karen veio ao escritório e resolveu instalar um consultório lá, foi divertido.

Marquei consulta com uma nutricionista, dra. Linda Li, no West Side.

Gael Love ligou algumas vezes. Robert Hayes está fora de circulação há três semanas por causa de um resfriado e alguém me colocou uma preocupação na cabeça, tipo "O que há de errado com Robert?". Mas Gael disse, "Não, não, não é nada daquilo".

Fui buscar John Reinhold para levá-lo ao jantar black-tie de Yoko para Vasarely (táxi $4). Aí fomos para o Dakota e tivemos que deixar nossos sapatos no corredor. Ela contratou vários garotos bonitos como garçons. Não consegui descobrir qual deles era Sam Havadtoy. O caso dela. É decorador. Foi muito chique. Comemos na cozinha, legumes frescos com massa e talvez alguma coisa como vitela. Não consegui reconhecer ninguém, mas todas as pessoas eram alguém. John Cage estava lá e Merce Cunningham.

E o pequeno Sean Lennon se apaixonou por mim, loucamente. Ele perguntou, "Por que o seu cabelo é assim?". Eu disse, "Punk". Ele perguntou, "Qual é o teu nome?". Eu disse, "Adam". Aí pedi que ele me conseguisse um champagne duplo e quando ele voltou disse que alguém tinha dito para ele que eu era Andy Warhol e aí ele ficou dizendo para todo mundo, "Você sabe quem é aquele ali? Andy Warhol". E fiz meu velho truque, rasguei uma nota de $1 ao meio e dei para ele. E ele disse, "Você tem que me dar um autógrafo", e aí assinei, "Para Sean, Andy".

E ele disse, "Não estou interessado no seu primeiro nome, quero seu sobrenome". E eu contei para ele que não sou tão famoso assim, que as outras pessoas lá eram *realmente* famosas, como John Cage, e que ele deveria conseguir o autógrafo *dele*. Foi o que ele fez, e John desenhou a assinatura mais linda. E aí Sean pediu que ele assinasse um "J" e aí voltou e rasgou o "J" ao meio e deu uma metade para mim. Mas John tinha desenhado o "J" do outro lado daquele autógrafo realmente lindo, aí estragou tudo – Sean poderia ter ficado com um lindo autógrafo de John Cage.

Ah, e quando eu estava limpando a casa semana passada, umas fotos de John e Yoko caíram do armário. Eu tirei essas fotos nos anos 60 ou começo dos 70, e duas delas são exposições duplas dos rostos deles, e me matou me desfazer de uma, mas foi o que fiz. Aquela na qual você consegue separar os rostos deles eu dei para ela, fiquei com aquela em que as fisionomias se confundem. Quando é que tirei essas fotos? Vejamos... Eu estava circulando pela cidade com John e Yoko quando procurei um prédio para comprar downtown, então foi antes do prédio da Bowery, que foi por volta de 1969, e havia três prédios na Greene Street, cada um por $200 mil, estavam sendo vendidos juntos e Yoko compraria um e John compraria um e eu compraria um. Mas aí Yoko teve um ataque de ganância e quis todos os três. E aí terminaram não comprando nenhum. Mas naquela altura eu já tinha deixado os dois de lado. E aquele prédio valeria milhões hoje. *Acho* que foi o ano que ela fez uma exposição no norte do estado de Nova York para a qual ela levou todo mundo de avião numa dessas companhias aéreas fora de moda, tipo One-Way Air ou algo assim. Gastou $25 mil com isso mas não fez mais nada pelos convidados – nenhuma comida ou algo assim. Só levou todo mundo até lá. E havia uma festa in e uma festa out, aquele tipo de coisa. Que ano foi isso? Não consigo lembrar se foi antes ou depois de eu ser baleado. Poderia ter sido 1967 ou 1968 ou 1969 ou 1971. Realmente não sei. O que me faz pensar que foi antes de eu ser baleado é que fui sozinho e acho que se tivesse sido depois Jed também teria ido.

O jantar foi servido e sentei ao lado de Walter Cronkite e de Sean, e disse para Sean que se ele quisesse ser um anfitrião deveria nos conseguir comida. Fiz com que ele tirasse fotografias de todos os sapatos em fila no corredor para mim. Sean estava resfriado e a mulher ao lado de Walter Cronkite estava resfriada, então fiquei com as pessoas tossindo em cima de mim, aí não sei se vou ficar resfriado.

Conversei com Walter Cronkite, foi interessante. Contei que tinha acabado de ler o texto de Jody Powell na *Rolling Stone*. Ele disse que achava Carter o presidente mais inteligente. E contou que anos atrás, quando foi entrevistar Nixon numa das vezes que ele estava fazendo campanha para presidente, eles o deixaram do lado de fora e ele ouviu Nixon no telefone dizendo "mijo" e "chupador" e "foda" e Walter Cronkite achou que tudo era programado para fazer com que ele ouvisse essas coisas e ficasse pensando que Nixon era realmente macho, mas aí, anos depois, quando surgiram as fitas de Watergate, ele ficou surpreso de ver que Nixon falava daquela maneira o tempo todo.

E aí ouvi Sean conversando com um sujeito e perguntando seu nome e ele disse "Coppola", e aí contei que tinha adorado *Vidas sem rumo* e *O selvagem da motocicleta*. E conversamos sobre ele ter colocado tantos garotos ótimos nesses dois filmes, que era como *American Graffiti* – todos os garotos vão se transformar na nova geração de grandes estrelas.

E eu não sabia que Coppola é de Nova York. Ele contou que estudou no Hofstra e eu contei que fiz uma conferência lá uma vez com Viva. Ele disse que suas garotinhas sentem falta de mim, as conheci esquiando no Colorado. Estava com a mulher, que não disse nada. E aí Sean viu que eu estava de jeans e começou a dizer, "Você é a única pessoa de verdade aqui, você é tão cool, você é tão cool". Ele é uma graça.

Um dos garçons era alguém que descobri para *Interview* e ganhou uma página inteira por ser uma jovem e brilhante nova estrela, esteve na peça de Jack Hofsiss e morou em L.A. por um ano e agora está de volta e virou garçom – uma coisa triste. Esqueci o nome, embora tenha me dito noite passada. Da Georgia. Algo como Bruce, talvez. Deixei John Reinhold (táxi $6). Cheguei em casa às 12h30. Resolvi ler o *Daily News* e fui para a cama às 2h.

E Yoko está com uma aparência ótima.

Quarta-feira, 11 de abril, 1984. Acho que Jean Michel ligou umas duas vezes antes das 8h mas desligou. Depois às 8h ligou e conversamos. Disse que ia ao escritório à tarde, mas não foi. Eu tinha uma consulta com a dra. Linda Li, que foi recomendada por

Timothy Dunn, um modelo que passou pelo escritório, e por Joey, o cabeleireiro (táxi $4.50). É uma chinesa bonita e me pediu para estender o braço e empurrar, aí ela deu um golpe como de caratê e disse que eu estou bem, mas sei lá o que ela quis dizer. Aquela tal de Patty Cisneros, a amiga de Bob que é tão pomposa, estava na sala de espera, gorda. Depois de táxi até o 720 Park Avenue para o almoço na casa de Emily Landau (táxi $5).

Thomas Ammann estava lá e Fred chegou bêbado, falando como mrs. Vreeland e sendo pomposo, mas dizendo coisas interessantes. Mobília e tudo. Emily tinha lindos negros servindo. Ela era a dona do apartamento na Imperial House que Liza comprou. Fiz seu retrato, mas nunca ficou realmente bom e a razão que quero refazer é porque ela tem pinturas ótimas, Rauschenbergs e Picassos, e não quero que a minha pintura fique horrível ali.

Quinta-feira, 12 de abril, 1984. Jean Michel chegou. Ficou circulando a noite inteira. Fiz com que trabalhasse numa das nossas pinturas conjuntas. Queria spaghetti e aí mandamos pedir no La Colonna ($71.45). Ele dormiu e aí acordou e ficou lá na área da frente de pau duro, como se tivesse um taco de baseball nas calças. Acho que isso é ser jovem, eu esqueço essas coisas.

Gael está trabalhando dobrado já que Robert Hayes está fora. E os garotos dizem que o negócio dele é psicológico mais do que tudo, mas que quando foram visitá-lo ele estava tossindo *de verdade*. E três semanas é muito tempo para ficar resfriado, não é?

Sexta-feira, 13 de abril, 1984. Fotografamos os mendigos na frente da Biblioteca Pública e foi divertido. Um homem com correntes, dei uma esmola ($2) e aí as pessoas ficaram me entrevistando. Vou fazer isso mais vezes. Não consegui permissão para distribuir fotos, mas acho que vou começar a levar algumas comigo todo dia. Trabalhei até as 7h. Tinha que encontrar Jon, jantar no Woods ($80). Aí corri para ver *Sexta-feira 13* na Rua 86 (táxi $3) e tinha a mistura mais estranha de gente – garotos arrumadinhos ricos e garotos negros e todo o cinema ficou num constante estado de gritaria, todo mundo pulando. Foi a experiência mais estranha. E os assassinatos são horripilantes. Quero fazer um filme chamado *Stalk City*, em que há um assassinato por minuto. O filme estreou em 1.500 cinemas. É (*risos*) um filme da Paramount.

Sábado, 15 de abril, 1984. Dia miserável, chovendo a cântaros. Os cachorros ficaram correndo pela casa toda, aí não foi muito tranquilo. Fiquei em casa pesquisando, examinando as fotos de Weegee. Ele é ótimo. Pessoas dormindo e incêndios e assassinatos e sexo e violência. Quero tanto fazer esse tipo de foto! Gostaria de poder andar com a polícia. Mas cheguei à conclusão de que posso simplesmente fazer fotos montadas – usar plantas nas minhas fotos: quero jogar Benjamin na frente dos carros.

Segunda-feira, 16 de abril, 1984. Jean Michel esteve no escritório, trouxe seu almoço e estava pintando no chão sem falar muito. Acho que ele fica acordado a noite inteira e então estava na sua hora de dormir. Rupert apareceu e me contou sobre a exposição no P.S. 1, onde eles criaram uma réplica da antiga Factory da Rua 47. Montaram uma sala prateada e as pessoas ficaram distribuindo LSD e alguém vestido como Edie ficou circulando.

E Robert Hayes agora está no hospital com pneumonia. Mas não acho que ele tenha o que ele está com medo de ter. Acho que ele está só esgotado e com medo porque aquilo é o que o Cisco tem. Quer dizer, não acho que se possa pegar aquilo assim tão fácil.

Fiz uma pintura "Cachorro" em cinco minutos, às cinco para as 6h. Eu tinha uma foto e usei uma máquina de tracejar que projeta a imagem na parede, coloquei o papel sobre a imagem e tracejei. Desenhei primeiro e depois pintei como se fosse Jean Michel. Acho que essas pinturas que estamos fazendo juntos ficam melhores quando não se pode descobrir quem fez o quê.

Aí as ruas estavam desertas e finalmente me dei conta de que é a Páscoa judaica. Deixei Benjamin ($7).

Terça-feira, 17 de abril, 1984. Lindo dia. Tirei fotos de gente da rua, de uns oito artistas que estão fazendo retratos de pessoas da rua. E havia um ventríloquo negro com uma multidão em volta, coloquei a câmera acima da cabeça para tirar a foto, mas o boneco me viu, gritou meu nome e aí todo mundo se virou e tive que dar autógrafos. Tirei fotos de uns dois evangelistas, também.

Passei num lugar japonês para me nutrir um pouco e a garçonete não sabia falar inglês, mas queria meu autógrafo. Aí acho que o meu comercial ainda está sendo exibido no Japão ($75). Bebi, a primeira vez em semanas, e isso fez a vida mais insuportável. Liguei para John Reinhold. O pessoal do escritório no 860 disse que Jean Michel estava esperando lá, mas fui para o escritório novo e como eu estava meio bêbado aterrorizei todo mundo.

Fui a pé até o 860 e quando passamos por um novo restaurante chique na Rua 23 uns caminhoneiros negros gritaram, "Ei, suas bichas!", e isso me deprimiu. Especialmente porque os caminhoneiros são usualmente os que têm bom humor e me reconhecem e abanam. Talvez eles próprios fossem bichas.

Cheguei no escritório e liguei para Jean Michel, ele veio e pintou sobre uma pintura que eu tinha feito e não sei se ficou melhor ou não.

Deixei Benjamin ($6). Me colei, de táxi ao jantar no Club A ($4). Fiquei numa mesa peso-pesado ao lado de Diane von Furstenberg, ela encomendou a decoração da sua loja nova ao lado da Vieille Russie para Michael Graves. Eu disse a ela para não contar com uma inauguração em maio, contei quanto tempo levou para Michael Graves terminar o apartamento de John Reinhold e disse que ele provavelmente vai pegar aquela lojinha e dividir em quinze salas com quarenta colunas em cada uma, e aí ela ficou apavorada. E falou sobre a festa que vai dar para Michael Graves, mas não me convidou.

Quarta-feira, 18 de abril, 1984. Acabo de falar ao telefone com Christopher. Robert Hayes está na UTI, a mãe dele está vindo do Canadá. Ele tem tossido há semanas e a pneumonia é muito perigosa, você pode se ir sem mais nem menos. Antes de se internar ele ficou em casa por várias semanas, disse que estava com uma gripe violenta. Porém uma vez ele veio para um almoço de negócios e eu perguntei para Gael por que ele estava com uns pequenos curativos e ela disse que ele tinha removido há pouco uns sinais de nascença, e isso me pareceu fazer sentido.

Aí havia um almoço no escritório para os sapatos Charles Jourdan (táxi $6). Jay veio trabalhar em êxtase, está apaixonado pela nossa editora de modas, Kate Harrington. E eu disse que pensava que ela estava saindo com John Sykes, da MTV, e Jay disse, "Ouça, ela rompeu com ele no dia que *me* conheceu", aí, quer dizer, eu não quis discutir isso. Kate fica a fim de todo mundo. É tão efervescente, tão linda. Vamos esperar que Jay continue de bom humor. E Jean Michel também esteve a fim de Katie – ela preparou uma sessão de fotos para *Interview* com ele e com de Antonio numas roupas Armani e ele deixou cinco baseados para ela.

Victor ligou algumas vezes e agora ele sempre diz que eu disse que ele poderia se tornar perigoso e sempre menciona Valerie Solanis. Está hospedado no Barbizon, disse que Halston está mudando as fechaduras da casa. Halston acha que Victor roubou os candelabros Peretti, mas na realidade Victor só pediu emprestados para deixar no Barbizon como depósito pela hospedagem. Victor me deu dois desses candelabros de Natal, mas ainda era no tempo de Halston, e foi com a condição de que Halston pudesse conseguir outros. Se ele não conseguisse, aí eu teria que devolver. Mas Tiffany *tem* outros candelabros daqueles – eu descobri.

Domingo, 22 de abril, 1984 – Nova Hampshire-Nova York.
Fui para Nova Hampshire um pouquinho além da fronteira de Massachusetts em Hampton Beach com a velha amiga de Jon, Katy Dobbs, perto de onde a família de Jon tem uma casa de praia. Katy fala sem parar, o que tornou as coisas mais fáceis. É tão bonito, também quero uma casa lá. É como Montauk. Na beira do mar. Mas colocaram janelas maiores, aí a vista toda é uma janela. E todas as casas estão preparadas para o inverno. E é muito difícil baixar as cortinas, aí deixei tudo aberto e aí todas as manhãs o sol me acordou muito cedo. Fiquei lendo os diários de Ned Rorem enquanto estive lá. Dos anos 60 a 1971. Mas ele perdeu toda a cena da qual *nós* fazíamos parte – ele ainda estava preso nos elegantes anos 40 e 50. Ele fala mal de mim algumas vezes, eu acho.

Era Páscoa e fomos visitar um amigo de Katy. Fred, o namorado dela que está no Nickelodeon, aquele canal de TV a cabo, foi para o Tennessee para um concurso de assobiadores. Ele tem muito talento e é uma graça. Chamam-no de "Andy" porque ele se parece comigo por causa do cabelo branco – aquele ar de Phil Donahue – mas, depois de me conhecer e ver como sou velho, agora o chamam de "Filho de Andy". Fez as vozes de dois gremlins no novo filme de Spielberg e recebeu $500 por dia. Não é muito. Três dias de trabalho. Os gremlins aparecem quarenta minutos durante o filme.

Ah, e as missas de Páscoa, todos se levantaram às 4h30 para ir, mas não consegui. Não queria ir porque me sentiria estranho numa igreja onde poderiam me ver rezando, me ajoelhando, fazendo o sinal da cruz, porque eu faço ao contrário. Faço o sinal da maneira ortodoxa. E eles ficariam olhando.

Aí quando voltaram demos um passeio e fomos até a casa da família de Jon almoçar. Tinha umas dez pessoas. Almoço ao ar livre. Árvores tipo árvore de Natal. Os dois irmãos gêmeos, Jon e Jay, estavam usando calças verdes. Se fazem de "macho", mas gostam de enlouquecer nos fins de semana. O irmão acaba de romper com uma modelo linda que mora em Nova York e que eu encontrei uma vez. Ele está no mesmo ramo do pai. Seguros. Acaba de comprar uma casa lá.

Não fiquei sabendo nada sobre Robert Hayes.

Ned Rorem conheceu Anaïs Nin só para que ela fizesse parte dos diários dele e para que ele estivesse nos dela. Quero fazer isso, também – quero encontrar alguém que esteja fazendo um diário para que a gente possa estar um no diário do outro. E hoje de manhã o coelhinho da Páscoa veio e eu comi chocolate na cama. E aí era hora de voltar para Boston e pegar a ponte aérea para Nova York (passagens $171, revistas e jornais $5).

Segunda-feira, 23 de abril, 1984. Houve um terremoto domingo à noite às 8h40 em Nova York. E tivemos um, ano passado, também. É realmente assustador. Achei que Manhattan tivesse sido construída sobre um terreno que não pudesse ter terremotos.

Meu rosto está cheio de espinhas, punição por não ter ido à igreja no domingo de Páscoa. E eu deveria ir na segunda-feira, mas aí em vez disso fui ao Seaman Schepps. Procurar um bracelete. Benjamin e eu caminhamos por ali pela chuva e as *Interviews* sempre ficam horríveis quando se molham.

Ainda tenho uma dor no lado e então mudei minha consulta com a dra. Linda Li para terça-feira para não fazer aquilo e shiatsu no mesmo dia, ainda não fui ao Doc Cox por causa dessa dor porque estou com esperança de que seja um espasmo muscular ou algo assim, mas, se não for, acho que vou morrer.

De táxi até downtown ($7). Liguei para Jean Michel, ele veio e encomendou comida chinesa dum lugar na Sexta Avenida. E aí Keith Haring queria que eu fosse ver as pinturas dele antes de serem mandadas embora, porque diz que eu o influenciei – ele agora pinta telas. Comemos comida chinesa e essas coisas do Pie in the Sky.

Victor ligou e me convidou para uma pequena festa de aniversário para a sobrinha de Halston, e também é o aniversário de Halston.

E Robert Hayes está um pouco melhor, a febre baixou.

Deixei Benjamin ($7), fui para casa, me vesti, aí (*risos*) entrei de furão num jantar. Era para Shirley MacLaine e eu *achei* que tinha sido convidado, mas no final não tinha. Quer dizer, eu tinha pedido para Brigid ligar e ela disse, "Coquetel às 7h30 e jantar às 8h30". Aí quando cheguei no Limelight às 9h (táxi $6) o porteiro disse, "Ih, mas você está atrasadérrimo, hein?". E eu disse, "Mas fui convidado para o jantar", e ele disse, "Ah, ah, desculpe". E aí entramos e o jantar estava apenas iniciando. O sujeito disse, "Desculpe, mr. Warhol, sim, vai ficar tudo bem". Aí eu ainda não tinha me dado conta de que era furão. Mas, quer dizer, finalmente comecei a me dar conta, porque era um jantar *realmente* íntimo. Só umas trinta pessoas. Bella Abzug estava lá e depois Iris Love e Liz Smith chegaram. O tema da festa era "branco" e Liz estava com um smoking branco, Iris conversou comigo sobre cachorros porque é só isto que nós temos em comum. Eu só estava com um suéter de gola redonda e todo o mundo estava de smoking branco. E a comida estava realmente ótima. Exótica. Um legume que nunca vi antes mas que parecia vagens amarrotadas. E uma ovelha perfumada muito interessante. Todo mundo discursou. Fui o único que não discursou.

E a filha de Shirley é até bonita, uma ar de Penelope Tree, e beijou Shirley na boca. E Bella levantou e fez um discurso feminista e o marido dela levantou e aí trouxeram um bolo de noiva de três andares e Shirley fez um discurso dramático. E depois trouxeram sorvete de coco. Shirley se aproximou, me deu uma palmadinha no ombro como se eu fosse um cachorrinho e disse, "Olá, Andy". Aí finalmente estava na hora de ir embora em direção à casa de Halston.

De táxi até a Rua 63 ($8). A sobrinha de Halston agora está realmente bonita. Halston me passou um pedaço de papel na forma de um barco e fiquei fascinado, eu sabia que era o cheque de aluguel de $40 mil. Aí ganhei a noite. E, já que estava chovendo tanto, eu não levei presentes, aí escrevi uns bilhetes para Halston, Victor e a sobrinha dizendo "Fico Devendo Um Quadro". Liza contou que Mark agora só trabalha em arte, que parou de produzir peças teatrais e que trabalha apenas em seu estúdio na Prince Street. Aí acho que ele está tendo um affair lá. Ela contou que ele está quase pronto para montar uma exposição.

Bem, aí eu fui para casa e abri o barco de papel e em vez de um cheque era só nada – algo como "Feliz Aniversário" ou algo assim. Não era um cheque e deveria ter sido um cheque. Montado como um barco. Deveria ter sido um cheque.

Terça-feira, 24 de abril, 1984. Consulta cedo com dra. Linda Li (táxi $4.50). Tudo para me manter lindo para os negócios. Linda Li com seus poderes secretos, é tudo tão louco! E dá para ver porque essas chinesas sobem na vida. É só sexo. Ela coloca a mão na buceta e me aperta na barriga até o outro lado e vira o meu corpo ao contrário. Disse que nunca deixou um paciente cair, mas vá que eu seja o primeiro. Ela controla o corpo da gente. E não é feia. Aí fiquei uma meia hora lá sendo jogado de um lado para o outro. Depois telefonemas ($.50).

Jay ainda está muito contente, portanto acho que o affair dele com Kate continua ok. Fui ao Yanna's para mais sessões de embelezamento. Passei por policiais da Academia de Polícia, as policiais são uma graça, não se parecem mais com sapatões.

Quarta-feira, 25 de abril, 1984. Aquele garoto Kennedy, David, foi a grande manchete. Ele morreu, fizeram uma edição extra e ficaram berrando, os jornais se esgotaram rapidamente. Era aquele que todo mundo pensava que era gay. Louro e lindo e encantador e sem aqueles dentes de cachorro. E esta manhã num dos programas matinais colocaram Boy George no ar por quinze minutos, ficou causando polêmica, dizendo que agora grita com as pessoas que querem autógrafos. E também colocaram Count Basie no ar por meia hora porque morreu.

Segunda-feira, 30 de abril, 1984. Victor apareceu e ficou falando mal de mim, perguntando a Jean Michel por que ele circula tanto comigo. E eles foram almoçar na casa de Victor para olhar umas coisas. Odeio as pinturas que fiz ontem.

Aí Jean Michel ligou. A exposição dele na Mary Boone é neste fim de semana, acho que ele está nervoso. Mandei buscar almoço ($44.25). E a fofoca é que Julian Schnabel abandonou a galeria de Mary Boone por causa da galeria Pace porque ofereceram $1 milhão à vista. E Jay ainda está de bom humor e trabalhando duro, procurando uma empresa de mudança para nos ajudar a nos transferir completamente do 860 para o escritório novo.

Ah, e no seu diário Ned Rorem fala de uma mulher chamada Jean Stein que esteve profundamente apaixonada por ele. Algo assim. Eu gostaria de mandar essa página para ela anonimamente, para que ela sinta na pele como é ser criticado num livro. Acho que vou fazer isso.

Terça-feira, 1º de maio, 1984. Acordei cedo. Benjamin veio me buscar e fomos para o desfile de Calvin Klein. Chegamos atrasados, mas guardaram um lugar para mim bem lá na frente (táxi $6). Nan Kempner não me cumprimentou, provavelmente porque não me convidou para o almoço à noite para Jamie Wyeth. Acho que está constrangida. Mas talvez a culpa fosse minha, porque quando a gente se atrasa a gente entra voando e não sabe para quem vai olhar primeiro porque todo mundo está lá, aí a gente acaba sendo desajeitado. E as coisas de Calvin são como as coisas de Perry Ellis com toques de YSL. Acho que Marina Schiano também deu seus palpites. As cores eram todas sombrias. Pretos e cinzas.

Lindo dia, queria sair do escritório, mas não consegui. Jean Michel apareceu e trabalhamos. Fui até a Coe Kerr Gallery para o vernissage de Jamie Wyeth. Encontrei Lacey Neuhaus e Doug Wick, conversei com Ted Kennedy Jr. Jean Kennedy Smith estava lá, amável e sorridente. Jamie me convidou a ir para a fazenda dele no fim de semana, mas eu disse que estaria fazendo a mudança.

De táxi até o Ritz (táxi $4) com Jon, fomos ver o desfile de modas de Stephen Sprouse. Era cedo, mas já estava lotado. Meu lugar já tinha sido ocupado, aí fiquei no lugar de Charivari. Teri Toye, o travesti, estava no desfile. E todo mundo ficou dizendo que era como nos anos 60. O desfile foi ótimo, realmente a moda está ótima novamente com esses garotos disco, eles têm um ar ótimo. Tipo garotos com cabelo cortado de um lado e caindo sobre um dos olhos. Tão radical.

Quarta-feira, 2 de maio, 1984. Parecia bonito lá fora, mas aí ficou muito ventoso. Benjamin me buscou e fomos circular com nossas *Interviews*.

John Reinhold ligou, disse que vai viajar e que queria rasgar uma nota de $1 ao meio como a gente faz e aí quando ele voltar a gente junta os dois pedaços e gasta.

E Woody Allen ganhou seu processo contra seu sósia, assim como Jackie Onassis ganhou o dela. E agora o pobre sósia de Woody Allen não vai poder mais trabalhar em comerciais. Disseram para ele que (*risos*), a não ser que ele fique famoso por si próprio, não poderá posar para anúncios. Não é uma maravilha? Mas, quer dizer, porque não colocam somente "Modelo João-Ninguém" (táxi $3, $5)?

E eu odeio mesmo os Trump porque nunca compraram meus retratos do Trump Tower. E também os odeio porque os táxis no andar de cima daquele horroroso Hyatt Hotel deles só engarrafam o trânsito em volta da Grand Central agora e me fazem demorar muito para chegar em casa (táxi $6).

Robert Hayes está realmente bem, está melhorando, foi pneumonia dupla e ele teve uma cena de choro com Gael, contou que tem cheirado muita coca e se deixou abater e que nunca vai fazer isso de novo e que vai me escrever uma carta. Portanto, foi pneumonia dupla e não aids.

Jean Michel estava lá mas está nervoso por causa da exposição, eu é que tive que segurar sua mão para que conseguisse pintar. Pela primeira vez depois de muito tempo ele se chapou com heroína, eu acho, aí estava muito lento (táxi $7).

Fui para casa e Eizo fez seu tratamento shiatsu comigo e com Jon. Minha dor desapareceu. Vi *Dinastia*, e foi a primeira vez que Diahann Carroll apareceu, muito bom. Que cafonice. Ela encontra Alexis e serve mais champagne e mais caviar do que ela – "Este champagne está queimado. Deve ter sido congelado alguma vez".

Estou com nojo da maneira como tenho vivido, de todo este lixo, de levar sempre mais coisas para casa. Tudo o que quero são só paredes brancas e um chão limpo. Não ter nada é a única coisa chique. Quer dizer, por que é que as pessoas *possuem* coisas? É realmente idiota.

Quinta-feira, 3 de maio, 1984. Mary Richardson ligou e disse que a única coisa que aquele garoto Kennedy que morreu de overdose – David – tinha na parede do apartamento era um desenho que eu dei para ele feito num guardanapo – não lembro se desenhei um caralho ou apenas corações.

Todo mundo em *Interview* está fascinado porque Robert melhorou. Vou lhe fazer uma visita. Gael disse que ele está mais feliz e mais bem-humorado e mais jovem do que nunca.

Jean Michel ligou e quer que a gente vá até a Mary Boone Gallery ver a exposição, aí dissemos que vamos. Levei Jay e Benjamin e está ótima (táxi $5). Jean Michel estava muito nervoso. Estava com uma coreana linda que é secretária de Larry Gagosian, o representante da galeria em L.A. Mas ele só vai partir o coração dela. Todas essas mulheres lindas ficam a fim dele. Estavam feito namoradinhos, de mãos dadas. Depois Jean Michel queria ir jantar, resolvemos ir ao Odeon porque aí ficaríamos perto da festa que Vic Ramos daria no Area para Vincent Spano (táxi $6). Robert Mapplethorpe estava lá e há algo de errado com a aparência dele. Ou perdeu a boa aparência ou está doente (jantar $280).

Area fica perto de lá mas pegamos um táxi porque estava chovendo (táxi $3). E a única vantagem é que Matt Dillon e Vincent Spano estavam lá, Benjamin foi até Matt e disse, "Andy está procurando por você", mas ele perguntou, "Qual Andy?". E aí mais tarde conversei com ele e ele ficou só resmungando e procurando mulheres. É melhor que ele faça um filme ótimo em breve, está precisando desesperadamente de um.

Sábado, 5 de maio, 1984. Lindo e ensolarado, trabalhei um bocado. Liguei para Jean Michel e ele disse que viria. Veio e enrolou uns baseados. Estava muito nervoso, deu para notar, por causa do vernissage mais tarde na galeria de Mary Boone. Aí ele queria uma roupa nova e fomos naquela loja onde ele sempre compra suas roupas. Ele tem cheiro de suor. Fomos a pé e passamos pelo Washington Square Park onde eu o encontrei pela primeira vez quando ele ainda se assinava "Samo" e pintava grafites e camisetas. Aquela área traz péssimas memórias para ele.

Mas mais tarde a exposição estava ótima, realmente estava.

Segunda-feira, 7 de maio, 1984. Jonathan Scull ligou para dizer que o almoço no Whitney estava cancelado. Seria para a mãe dele, Ethel, que daria o meu retrato dela para o museu, mas ela caiu da escada e quebrou a perna em dois lugares. O que estava fazendo em cima de uma escada? Eu a vi semana passada caminhando na Rua 66, se arrastando, falando sozinha, balançando um lencinho.

Aí fomos para o escritório, estava movimentado. Bruno estava lá e Jean Michel escondeu nosso trabalho dele – aqueles trabalhos que só Jean Michel e eu estamos fazendo. Bruno tem os trabalhos que Jean Michel e eu e Clemente fizemos, mas ele não sabe desses que são só de nós dois.

Bob Colacello ligou sobre a festa de aniversário que São está lhe dando e Brigid conversou com ele. Tenho a sensação de que ainda são amigos. Fui convidado.

Terça-feira, 8 de maio, 1984. Fui buscar Benjamin, pegamos *Interviews* e fomos até a Christie's e a mulher lá foi amável, nos mostrou a exposição. Há uma falsificação enorme de um trabalho meu, mas que eu assinei. Não sei como. Mas era de Peter Gidal e ele escreveu um livro sobre mim, aí eu queria ser gentil pelo menos uma vez na vida e assinei o trabalho para ele. São quatro "Jackies" e eu nunca coloquei todas juntas numa gravura. Acho que não. Não, minhas "Jackies" são todas separadas.

E aí saímos de lá e passamos pelo Regine's, Benjamin me cutucou porque Paul Anka estava me cumprimentando e eu não o reconheci. Está tão bronzeado! E Benjamin sabia que eu fiz o retrato dele e aí me cutucou. E ainda hoje de manhã eu tinha visto na TV clips de quando ele era jovem. Agora ele está bem melhor do que naquela época – deve ter feito muitas plásticas.

Jean Michel veio e estava muito paranoico, fuma maconha e aí fica paranoico. Aí me ligou no meio da noite e disse que sua pintura no leilão saiu por $19 mil. Aposto que a minha saiu por uma ninharia. Provavelmente. Minha "Liz". Provavelmente $10 mil. Posso até ver a cena. Quer dizer que a pintura dele saiu por $19 mil. E há tantas festas para o Museu de Arte Moderna, fui convidado para todas mas não fui a nenhuma. Deixei Benjamin ($6.50). Até o Woods para jantar com Jon ($100).

Quarta-feira, 9 de maio, 1984. Acordei cedo, mas Benjamin não veio me buscar porque precisavam dele no 860 para a mudança, aí saí sozinho, foi difícil. Estou acostumado a ter um guarda-costas. Me defendi como pude distribuindo *Interviews*, levei muitas comigo. Ah, e recebi um convite para um segundo casamento de Jackie Curtis. Ele está casando novamente com um garoto. Um padre vai fazer a cerimônia. E o retrato de Jackie foi tão retocado que ele parece que tem quinze anos. Cabelo louro e olhos azuis.

O sujeito de propaganda inglês, Saatchi, que quer comprar a "Marilyn", quer parcelar o pagamento em quatro anos ou algo assim, aí agora eu não sei. O objetivo da coisa era conseguir dinheiro rapidamente para pagar os sujeitos da construção no prédio novo.

Ah, e Ruth Ansel ligou e disse que Marvin Israel morreu, mas não aceitei a ligação porque não quero aceitar que ele tenha morrido. Teve um infarto segunda-feira no Texas, fazendo algumas coisas para Avedon. Era o diretor de arte da *Harper's Bazaar*, trabalhei para ele uma vez.

Quinta-feira, 10 de maio, 1984. Fui à Sotheby's para ver como andam meus desenhos. Desenhos antigos de 1962. Fred esteve lá dando lances e aí o preço subiu, mas um outro sujeito comprou. São só os donos de galeria que colocam essas coisas em leilão e aí dão os lances. É o negócio deles. Todas as pessoas que têm essas coisas só dão lances para aumentar o preço. Encontrei Jed olhando as coisas art déco.

Sexta-feira, 11 de maio, 1984. Recebi um convite para uma exposição de serigrafias das fotos de Francesco Scavullo – feitas em serigrafia por Rupert Smith! E Fred diz que eu não devo gritar com Rupert, mas aposto que se parecem exatamente com as minhas. Quer dizer, Rupert sabia muito bem que estava fazendo algo errado ou teria me contado, teria dito, "Estou fazendo isso, espero que você não se importe".

Domingo, 13 de maio, 1984. Thomas Ammann ligou e queria que eu fosse lá ver o trabalho de um sujeito chamado Fischl sobre o qual *Vanity Fair* acaba de fazer uma matéria. Pinta coisas tipo uma menina tomando banho e outra menina olhando com os pelos pubianos à mostra e um macaco e seu filhote – cópias de Balthus.

Segunda-feira, 14 de maio, 1984. Fui até o consultório da dra. Linda Li, ela trabalhou nos lugares certos e fez a dor desaparecer. Mas aí li no *Enquirer* que você pode apertar e fazer isso você mesmo, então não sei, e no final do artigo diziam, "Mas consulte seu médico".

Quarta-feira, 16 de maio, 1984. Estou dando um gelo em Rupert. Quer dizer, todo mundo que viu a exposição de Scavullo que ele fez disse – bem, quer dizer, ele coloriu os olhos e os lábios e fez retratos duplos, tudo como eu. Estou *muito furioso*.

Fui à festa de Keith Haring na Paradise Garage e havia garotos do lado de fora vendendo ingressos, embora fosse uma festa grátis. John Sex deu um espetáculo. Madonna começou tão tarde que só ouvi o início. E Bobby, aquele garoto que vive com Madonna, estava lá, aquele para quem eu consegui um trabalho no filme de Paul. Ele estava no hospital para operar a perna – estava com sua pulseira de identificação – mas fugiu (*risos*) para ir à festa. E todos os garotos estavam vestindo roupas de Stephen Sprouse. Não sei onde conseguem dinheiro. O Juan de Keith estava com uma Day-Glo, era como nos anos 60. E tem uma frase que é como "Me assinale" quando eles querem que a gente assine os negócios deles. Talvez *seja* "Me assinale".

Quinta-feira, 17 de maio, 1984. Bem, o grande escândalo do dia foi que todos nós estávamos no escritório, estava muito movimentado e de repente entra o meu irmão que eu não via há vinte anos. Paul. Veio comprar um apartamento para o seu filho James, que estava com ele, e a namorada de James estava junto. James é o artista que não ajudei quando veio para Nova York. Queria trabalhar para *Interview* e eu disse que ele tinha que fazer sucesso pelas suas próprias mãos. E agora ele vai comprar um apartamento em Long Island City que meu irmão vai financiar. James está com um bigode tipo Salvador Dalí, e a namorada dele é bem animadinha.

Brigid adorou a coisa toda. Além do que, acabo de receber uma carta da minha cunhada. Disse que George pediu o divórcio e que a mulher está tentando ficar com a loja que meu irmão conseguiu para ele. Têm dois filhos. É um negócio de ferrovelho. Você sabe o que quero dizer – recolhem restos de ferro e maquinaria eletrônica e derretem tudo, e conseguem muito ouro nessas coisas – você derrete tudo com maçaricos de ácido e aí o ouro fica boiando. Moram em Pittsburgh. E estão comprando o bairro negro no North Side.

O meu irmão fala melhor do que eu, sempre conversou bem. Também é um grande jogador. E está se aposentando e comprando uma fazenda lá em Erie.

Encontrei Bill Cunningham na sua bicicleta. Gostaria de poder fazer o que ele faz, ir por toda a parte e tirar fotos o dia inteiro. Ele era um designer de chapéus, mas aí se transformou em fotógrafo quando os chapéus saíram de moda lá por volta de 1964. Nos encontramos perto da Serendipity. Quando os chapéus saíram de moda toda a sua vida desapareceu. E agora ele tira fotos o dia inteiro, eu o encontro até nos locais mais estranhos, como na 43 com Lexington fotografando as pessoas saindo da Grand Central. Ele é tão humilde e magro e anda de bicicleta, e a gente jamais consegue vê-lo comendo ou bebendo nas festas.

De táxi para encontrar Lidija no 860 ($5). Aquilo lá está cada vez mais vazio. Passaram o dia inteiro transferindo as coisas para a Rua 33. Trabalhei toda a tarde. Rupert apareceu e agora está mais humilde. Fomos encontrar Jon no EastWest para jantar (táxi $10).

Sexta-feira, 18 de maio, 1984. Fui com Benjamin a uma loja de material fotográfico e comprei a nova câmera Olympus que

Chris me recomendou ($410), tira 5 mil fotos com uma bateria e aí tem que ficar parada por um mês. Eles têm os modelos antigos da Polaroid ainda nas caixas e tudo, eu deveria comprá-los.

Hoje à noite na Danceteria estão montando um show "Andy e Edie" – Ann Magnuson está interpretando Edie.

Meus primos de Butler vieram almoçar. Uma delas tinha ligado e disse que viriam a Nova York, aí convidei. Ela é agradável. Não me importo com ela. Ficaram toda a tarde.

Segunda-feira, 21 de maio, 1984. Peter Beard está agora com um ótimo comercial de TV. É para a Kodak. Está do lado de fora de um helicóptero tirando fotos. Está com um novo empresário.

Fui ao jantar black-tie no Mortimer's para o designer Enrico Coveri dado por Florence Grinda. E Barbara e o namorado polonês estavam brigando lá mesmo. Tudo o que ele dizia ela contradizia. E sei lá por quê. Ele terminou comprando uma casa lá em Connecticut bem ao lado de Peter Brant. Joga polo como Peter. Tem um rosto bonito, como uma bicha velha que seria bonita assim, e tem um ar de Joe Allen – baixinho, atarracado, com cabelo grisalho e, acho, dentes recapados. Ele conhece as pessoas certas. E todo mundo diz que ele comprou seu título de nobreza, é um barão polonês ou algo assim.

Convidei Jean Michel para ir como meu acompanhante e sentei ao lado dele, aí talvez tenham pensado que fosse o nome de uma mulher. A Silvinha de Richard Gere mudou de lugar para sentar ao lado de Jean Michel. Jean Michel me deu toda a carne de seu prato para os meus cachorros e Silvinha também.

Estou vendo MTV neste instante. Não sei o que mais se pode fazer com esses vídeos para torná-los diferentes. São todos iguais. São como os filmes underground dos anos 60, pessoas se movimentando. Como Stan Brakhage e todos aqueles garotos costumavam fazer.

Terça-feira, 22 de maio, 1984. Benjamin ligou de manhã e fofocamos um pouco por telefone, depois ele veio. Chamei o homem do elevador e perguntei-lhe sobre uma fagulha que eu tinha visto, mas ele disse que sempre há fagulhas lá, que isso sempre acontece. E eu não podia comer nada, faria testes no Doc às 3h. Ficamos caminhando por ali, eu fico com muita energia por causa das vitaminas.

Jean Michel veio ao escritório cedo. Ficou lendo a crítica enorme do *Voice* sobre ele. Eles o chamam de o artista mais promissor do momento. E pelo menos não me mencionam e não dizem que ele não deveria ficar circulando comigo da maneira como disseram na crítica da *New York Times*.

Abri uma das caixas lá dos fundos que seria transportada e tinha rolos de filmes 16mm e cartas de Ray Johnson o artista e, acho, minhas roupas manchadas de sangue de quando eu fui baleado.

Me dei conta que Tony Shafrazi ainda não conseguiu colocar nenhum dos artistas da galeria dele no Moma porque foi ele quem fez aquele atentado contra o "Guernica" de Picasso. Mas não é justo. Keith Haring não está no Moma. E eles só têm *uma* coisa minha, a "Marilyn" pequena. Eu odeio essas coisas. Me incomoda.

De tarde fui ao consultório do Doc Cox (táxi $7) e reclamei do termômetro que eles usam, porque fica ali na água e usam em todo mundo, não está certo. Rosemary tirou minha pressão, mas fico achando que eles apenas jogam esses testes fora. Bubbles está bronzeada. Eles têm uma nova máquina cardíaca e aí agora eu não preciso subir e descer pelas escadas de frente (*risos*) para aumentar a pulsação – é um grande progresso. E Freddy não tira o sangue de ninguém se não sabe quem é.

Fomos encontrar Paige e Benjamin (táxi $4). Depois do jantar ($120) no Hisae e dos drinques no Jezebel's ($30) fomos para a casa de Stuart Pivar porque ele estava recebendo pessoas e eu queria aprender sobre arte. Levei um pequeno bronze que comprei há pouco, 8cm, e Stuart Pivar disse que era apenas lixo, aí amanhã vou devolver. Comprei em consignação.

E será que contei ao Diário que Benjamin e eu encontramos Virginia Dwan e sua filha, que é casada com Anton Perrich que fez todos aqueles vídeos e alugou nosso velho andar no 33 Union Square Oeste quando nos mudamos de lá? Disseram que Anton estava em casa com sua máquina de pintura e aí fiquei com inveja. Meu sonho. Ter uma máquina que pinta enquanto a gente está fora. Mas disseram que ele tem que ficar por perto enquanto a máquina pinta porque (*risos*) ela entope. Não é engraçado?

Quarta-feira, 23 de maio, 1984. Perguntei como Robert Hayes vai e disseram que ainda está no hospital.

Benjamin deveria estar travestido quando veio me buscar para me levar no jantar de Karl Lagerfeld no Moma, mas não estava. Tomamos o elevador ao mesmo tempo que Karl, ele foi gentil. Com batom e seu rabo de cavalo. Minha companhia durante o jantar foi Fran Lebowitz. Foi divertida. Não bebe nem come doces, mas fuma sem parar. Está se mudando daquele apartamento do Village, acho que perdeu o processo. Ela subaluga o apartamento e pediu que Jed fizesse aquela decoração toda mas nunca assinou o contrato com ninguém. E acho que Jed realmente a avisou que isso aconteceria mas ela não se importou. Agora ela vai se mudar para o Osborne em frente ao Carnegie Hall. Estava de black-tie, mas sem gravata.

Coloquei uma costeleta de ovelha num guardanapo para os cachorros e fiquei com o bolso manchado de sangue. O jantar terminou às 10h30.

Aí Jean Michel estava esperando no Odeon (telefone $.90, táxi $10). E aquele tal de Fischl veio e disse que quando estava saindo de casa viu que eu era a resposta a uma pergunta naquele programa de TV *College Bowl Championship* e que uma garota da Universidade de Minnesota disse a resposta num segundo. A pergunta era "Quem pintou Marilyn Monroe?". E eu encontrei aquele sapatão do *Artforum* que me fez fazer todo aquele trabalho grátis – pintando uma "Cifra de Dólar" original, e aí no mesmo número ela fez um sujeito escrever a pior crítica sobre mim já publicada numa revista.

Depois fomos para o Area e o tema era "Vermelho". E a namorada de Jean Michel, Suzanne, estava lá, a pequenina maquiadora. E Shawn Hausman, um dos donos – filho de Diane Varsi –, estava sobre uma escada, achei que era parte da exposição, mas ele estava consertando uma lâmpada. Shawn me contou que Eric Goode contou para ele que fica tão deslumbrado quando me vê que se arrepia todo.

Fred está saindo com Joan Collins, que acho que está tendo um pequeno affair com Mick Flick. Acho que é assim que essas mulheres conseguem suas joias – como agradecimento depois de uma grande noite.

Quinta-feira, 24 de maio, 1984. Jay e a equipe estão se mudando. Abri uma Cápsula do Tempo e cada vez que faço isso é um erro, porque começo a ver tudo o que tem dentro. Como encontrar alguns fragmentos de filme, e aí a gente fica querendo saber onde está o resto do filme. O Whitney agora ficou com meus filmes antigos. Finalmente os dei para eles – Vincent deu. Mas eles não podem fazer nada sem a minha permissão. Agora só estão verificando todos eles e limpando.

Jean Michel chegou e estava com um humor ótimo. Comemos comida chinesa de encomenda. Ele pintou uns negros enormes gritando. Trabalhamos até as 7h. Jill Fuller me buscou numa limusine e fomos ver o show daquele sujeito do Pink Floyd no Beacon Theater.

E depois havia um jantar que Lorne Michaels estava dando no Cafe Luxembourg, então fomos para lá. Henry Geldzahler e Clemente estavam lá e fiquei me sentindo mal porque agora Jean Michel e eu estamos fazendo telas em conjunto sem ele e estão saindo muito boas, e aquelas que nós três fizemos ganharam uma oferta muito baixa de Bruno. Mas talvez a gente dê para Clemente as nossas piores telas para ver se ele pode fazer algo com elas. Ele é realmente amável.

E Steve Martin veio! Foi fascinante. É tão bonito! Achei que estava saindo com Bernadette Peters, mas estava com uma outra mulher que não sei quem é. Tem um corpo muito bom e é realmente atraente. Alguém começou a nos apresentar e ele disse não, que nós já nos conhecíamos, que não precisavam nos apresentar. Ele me contou que teve um "Marlon Brando" meu por dois dias mas aí teve que devolver porque não combinava com sua casa, não servia. Aquela Jane Bonham Carter estava lá e por acaso chamou a mulher que estava com ele de "Vicky", e aí me dei conta de quem é ela! É Vicky Vanini, que era casada com Peppo Vanini e agora é a atriz Victoria Tennant! E eu estava lá olhando para o outro lado da mesa durante uma hora sem reconhecê-la. Não admira que as pessoas pensem que sou drogado. Aí começamos a conversar para valer e a nos divertir.

Sexta-feira, 25 de maio, 1984. Liguei e gritei por causa do retrato de Dolly Parton feito por Jean Michel para o novo número, está muito horrível – montado daquela maneira que eles acham "artística". E, quando gritei, Gael disse que Fred é quem tinha feito, aí liguei e gritei com Fred e ele disse que tinha sido uma coisa que ele tinha feito especial e pessoalmente.

Robert Hayes ainda está no hospital. John Reinhold ligou para ele, mas sua mãe não deixou John falar com ele. Ainda está com febre. Sua família está aqui há um mês e meio. A conta do hospital vai ser enorme. Acho que a Blue Cross paga 80%, mas mesmo assim. Devem ser $500 por dia.

Sábado, 26 de maio, 1984. Acordei cedo. Jean Michel ligou algumas vezes. Ele telefona às 7 da manhã porque ainda não foi para a cama. Queria ir ao casamento de Jackie Curtis aí me colei. De táxi até a igreja St. Mark's, na Segunda Avenida.

Mas o casamento foi adiado, o padre ficou chateado porque Jackie tinha avisado os jornais e largado notícias, então não faria o casamento e transferiram tudo para a casa de Mickey Ruskin no One University; fomos todos para lá. Os parentes de Jackie vinham e diziam coisas como, "Sou a tia de Jackie, de Toledo". E então Jackie chegou, muito atrasado como sempre, e é a coisa mais estranha, ela continua contando para todo mundo que fomos companheiros de quarto doze anos atrás. Estou começando a pensar que talvez ele realmente acredite nisso. Lembra quando ele costumava contar aos entrevistadores que nós éramos companheiros de quarto e era uma grande piada? Bem, agora gostaria de saber se ele acreditava nisso naquela época ou se ele começou a acreditar mais tarde, ou se ele só se alucinou por um *minuto* e a alucinação pegou. De qualquer maneira, por alguma razão ele agora acredita de verdade. Havia umas duas pessoas lá que se pareciam com Valerie Solanis que vieram e me cumprimentaram. Jackie estava com um vestido curto cheio de contas e os dentes dele estão muito estragados. O noivo era um garoto tcheco bonito, talvez com 21 ou 22 anos, e talvez retardado mental, sei lá. Não abriu a boca. Saímos de lá e fomos para o Village, está na época da Art Fair e muitas pessoas me pararam pedindo autógrafos.

Domingo, 27 de maio, 1984. Fui à igreja.

John Reinhold me buscou e caminhamos da Rua 66 à Rua 96, ida e volta, e àquela altura eu estava tão cansado que não consegui nem pensar em ir ao Village ou qualquer outro lugar. Meus ossos estavam doendo aí resolvi ficar em casa, comi metade de uma melancia porque Eizo me disse que melancias fazem bem para a saúde, que lavam os rins. E ainda tenho a dor. Doc Cox acha que pode ser uma pedra no rim, não sabe. É como um espasmo muscular. Acho que Lidija tem me feito fazer muitas coisas com muito esforço – torna minha ginástica cada vez mais difícil. Mas acho que uma pessoa com a minha idade em vez de fazer coisas mais difíceis deveria fazer mais repetições de exercícios do mesmo nível.

Terça-feira, 29 de maio, 1984. Benjamin e eu caminhamos, entramos num restaurante japonês e ligamos para John Reinhold para que ele fosse nos encontrar lá, mas aí disseram que não nos dariam uma mesa até que ele chegasse. Aí ele chegou e disseram que não *tinham* uma mesa, ficamos furiosos e saímos ofendidos, estávamos indo para o Pearl's, mas entramos no Raga e havia uma "hostess" se fazendo de importante, e não havia ninguém no restaurante – dezoito mesas vazias e ela ficou com aquele nariz empinado, como um travesti ou algo assim, flutuando com aquelas mangas. E atendeu uma ligação e nos deixou ali plantados como se a ligação fosse mais importante. Aí comemos e na verdade foi caro para o que seria só um almoço rápido ($125, e nem deixei muita gorjeta). "Sim, *talvez* tenhamos uma mesa para os senhores..." Quer dizer, essas pessoas estão *pensando* o quê? Saímos de lá, táxi para encontrar Lidija ($6).

Jean Michel estava lá, tinha pedido pizza, mas não quis comer. Depois pintamos juntos uma obra-prima africana. Uns 30 m de comprimento. Mas ele é melhor que eu. Trabalhei até as 6h30.

Quarta-feira, 30 de maio, 1984. Tina Chow estava dando um almoço no Mr. Chow's à 1h. Aí fomos para lá (telefone $.80, jornais e revistas $4.50). E a melhor coisa foi Jerry Hall. Um ar meio voluptuoso e com fotos do bebê, que é igual ao Mick. Ela me disse, "Estou tão feliz de estar ao teu lado, porque, você sabe, para abrir meu salão de beleza e de moda custaria só $1 milhão, e eu poderia ir à Europa e conseguir todos aqueles vestidos e fazer todos os tipos de tratamento de beleza – seria como o Giorgio's – e Mick não quer me dar o dinheiro, disse que seria muito fácil conseguir o dinheiro com ele, que eu deveria fazer tudo por mim mesma, aí não é maravilhoso que eu esteja sentada ao teu lado?". Foi a anedota do dia – por $1 milhãozinho eu poderia investir no negócio dela no qual Mick não quer investir.

Quinta-feira, 31 de maio, 1984. Fui ver o novo apartamento de Victor no Barbizon. Tem um terraço e é lindo. Acho que tem uns 6x6 só que custa $1.4 mil por semana. Mas a gente pode conseguir um quarto no Barbizon que custa $84 por noite. Victor é quase um artista, não sei por que não se transforma num. Guardou fotos de cada uma das vitrines que fez para Halston.

Fiquei dolorido por causa do tratamento shiatsu. Vincent trabalhou nos contratos, estamos vendendo uma pintura para tentar conseguir dinheiro para pagar todas essas novas contas que temos agora com o prédio novo. Estou tão cheio e cansado disso tudo.

Fui ao consultório da dra. Linda Li e ela fez aquele negócio todo e a dor ainda continuou, mas esta manhã desapareceu totalmente. Ela viu chá na minha bolsa e disse que não era bom e me rejeitou. Ela levanta a mão da gente, coloca vitaminas e diz que sabe se as vitaminas estão funcionando ou se são as que a gente precisa dependendo de como a mão cai. Fiquei lá até as 8h.

Ah, e será que eu disse que recebi uma carta realmente séria de George Plimpton? Não consegui acreditar. Porque dei ao pequeno Charlie Evans uma entrevista para um trabalho de escola contando que George me disse que não tinha nada a ver com todas as coisas horríveis que foram ditas sobre mim naquele livro *Edie*. Aí (*risos*) ele me escreve uma carta absolutamente séria dizendo que tudo saiu do controle dele e que não tinha nada a ver com o livro. Ah, e eu percebi uma "citação" minha em *Edie*, em que me colocaram dizendo "Talvez" e fica parecendo engraçado. *Eu* não digo "Talvez" – *George Plimpton* diz "Talvez". Quer dizer, se eles iam colocar citações falsas deveriam saber que eu diria "Pode ser".

Domingo, 3 de junho, 1984. Fui à missa das onze. Eu sempre fico tenso quando chega naquela parte do "A paz esteja convosco" e a gente tem que apertar a mão de quem está ao nosso lado. Sempre saio antes. Ou finjo que estou rezando. Não sei há quanto tempo estão fazendo isso, porque eu ia à igreja católica grega quando era jovem. Mas havia uma graça de garotinho dançando por ali, batendo palmas durante os salmos.

Assisti aos Tonys. Foi realmente chocante quando Chita finalmente conseguiu seu prêmio e não agradeceu a Liza. Quer dizer, *The Rink* não teria sido montado sem Liza. E Chita também não mencionou a filha. Agradeceu à mãe, que, segundo ela, ainda não assistiu à peça.

Segunda-feira, 4 de junho, 1984. Trabalhei no escritório, ficou movimentado. Tinha que embarcar a "Marilyn", foi um pouco deprimente. Para aquele tal Saatchi na Inglaterra. Vai ajudar no nosso pagamento da hipoteca e coisas assim, mas não sei se foi uma boa ideia vender.

Terça-feira, 5 de junho, 1984. Fui encontrar Benjamin no leilão de joias da Sotheby's e aquela coisa do Seaman Schepps que eu queria por $1 mil saiu por 21 mil.

Há uma mosca enorme aqui, vou abrir a janela para deixar sair... há um negro do outro lado da rua com sacos plásticos indo de porta em porta. Poderia mesmo ser alguém da lavanderia? Uma porta acaba de abrir... Vou esperar e ver se ele sai com mais sacos... mas, se eu puxar a veneziana para a mosca sair não vou conseguir ver.., ah, aí vem ele, está com mais um saco, mas... está caminhando em direção à Park com o saco.

Jon disse que vai haver grandes mudanças na Paramount hoje, querem se livrar de um pessoal.

Pobre Arthur Bell, o colunista do *Village Voice* morreu e ele tinha duas idades. O *Voice* deu 44 e o *Times* deu 51.

Quarta-feira, 6 de junho, 1984. Rupert disse que Rosemary do Doc Cox ligou e contou que ele tem um vazamento no coração.

Ah, e Keith Barish ligou e queria que eu fizesse uma participação curta em *Nove semanas e meia de amor* com Mickey Rourke. Aí ele ofereceu $250 dólares e depois subiu para 500 e aí para 2 mil e no fim eu disse não. Deveria ter dito sim? Sei lá. Me exploraram tanto em *Tootsie*. Não me pagaram nem um centavo. Ah, não vale a pena, a gente tem que ficar sentado lá o dia inteiro. Ou a noite inteira. Acho que era uma cena noturna.

Quinta-feira, 7 de junho, 1984. Diane Lane ia ao escritório para ser entrevistada e aí tive que encontrar Gael Love (telefone $.50, táxi $5). Perguntei a Gael sobre Robert Hayes e ela me pediu que eu não tocasse no assunto e começou a chorar. Disse, "Depois de você ter trabalhado com uma pessoa oito anos e meio...". E aí eu perguntei mesmo assim e os olhos dela se encheram d'água. Então acho que ele está com o que todo mundo pensa que ele está. Ela contou que a irmã dele foi visitá-la e disse que "há sempre uma chance".

Diane Lane chegou e estava linda e gentil, só que não tinha muito a dizer. Mas tem uma boa filosofia sobre seus filmes – acha que, se o trabalho dela é bom, então o filme é bom. Ela tem que filmar mais cenas com Richard Gere quando ele voltar de *King David* e não quer cortar o cabelo novamente, aí vai ter que fazer todas as cenas de amor de peruca. E disse que toda a vez que "não estava no clima", Coppola conversava como um pai com ela e dizia, "Não existem climas".

Gael estava sendo muito analítica, aí perguntei a Diane, "Como vai sua vida sexual?". E ela riu e disse que era exatamente como a de Joan Rivers. Eu disse, "Você alguma vez dormiu com Warren Beatty?". E aí ela se revelou e disse que na realidade *saiu* com ele e que ele a fez sentar em sua perna e pediu que ela não tivesse medo de sexo, deu "conselhos de pai" e coisas assim. Ela disse que o pai é que a levava a todos os lugares.

Yoko Ono está promovendo uma venda na Sotheby's, mas é só lixo – joias art déco que ela tinha espalhadas pela casa e, você sabe (*risos*), papel higiênico que John tocou.

Sexta-feira, 8 de junho, 1984. Almoço no 860 foi para o diretor da Carnegie-Mellon, cujo terno cheirava a naftalina. Queria que eu doasse uma pintura ou algo assim ou fizesse uma doação em dinheiro e eles me dariam a direção de uma comissão e todo aquele papo de bolsas de estudos para jovens. Não sei. Foi (*risos*) a conversa mais séria que eu tive no escritório nestes últimos oito anos. Ele quer que eu faça umas coisas beneficentes. Disse que estudou arte dramática, mas aí não conseguiu vencer na vida como ator e voltou para a escola e se tornou diretor.

Segunda-feira, 11 de junho, 1984. O ar-condicionado, a instalação hidráulica e a TV aqui de casa estragaram todos ao mesmo tempo. E descobrimos por que a casa é tão quente – a *calefação* ficou ligada durante toda a onda de calor!

Conversei com Rupert e ele foi a um outro médico que disse que o coração dele não tem vazamento, que não há nada de errado com ele.

E não consigo nem pensar em ligar para Robert Hayes. Não consigo mesmo... Veja, liguei para Henry Post e conversamos e aí ele morreu, e não sei o que significa, é tão abstrato. Não vou conseguir ligar. E de qualquer modo nunca fui muito amigo dele. Quer dizer, seria diferente se fosse Christopher ou alguém assim.

PH ligou à tarde e disse que parece que vamos fazer nosso livro sobre festas para a Crown, metade fotos, metade texto.

Domingo, 17 de junho, 1984. Eu estava indo para o 860, mas transferiram uma porção de coisas para a Rua 33, aí fui para lá. Foi divertido. Não tinha me dado conta de que nossa parte é muito maior que a parte da *Interview*. *Interview* na realidade tem só uma pequena área. A nossa é realmente grande com uma porção de espaços que eu nem tinha me dado conta.

Fui para casa e assisti à coisa que fizeram sobre mim na MTV. Mostraram *Heat* e um pouco de *Kiss*. Don Munroe falou e mostraram clips do vídeo "Hello Again" que fiz para The Cars. E eu falei que estava legal.

Tentei dormir sem Valium, mas o vinho que bebi no jantar me enlouqueceu. Valium é a droga perfeita para mim.

Sábado, 23 de junho, 1984. Foi um dia triste no 860 porque a mobília foi encaixotada e removida. Contratamos a companhia chamada Nice Jewish Boys para a mudança e eles realmente são todos garotos judeus. Um louro era uma graça, mas está voltando para Israel. Todos queriam livros, aí dei alguns *Philosophys*. Procurei numa das caixas de 1968 e uma tinha uma foto muito estranha. Na universidade, éramos os únicos loucos lá. Eram Viva e mais vinte. Antes de eu ser baleado. Realmente éramos os únicos loucos. Os garotos não tinham cabelo comprido e ainda assim não tinham o cabelo normal curtinho que se usa hoje. Agora todo mundo vai a Astor Place e consegue um corte de cabelo ótimo, mas aqueles garotos nem sabiam o que era moda. Deve ter sido num lugar estranho, porque em 1968 praticamente todo mundo tinha cabelo comprido. E eram atarracados. Talvez estivéssemos naquela universidade católica, St. Paul's. Talvez fosse isso, mas foi tão triste de ver – ver todas aquelas fotos de mim mesmo!

Encontrei Bob Colacello sexta-feira. Agora age como um ricaço elegantérrimo.

Domingo, 24 de junho, 1984. Bem, Fred está esperando o diagnóstico do médico sobre esclerose múltipla e eu estou esperando o de linfo... linfo alguma coisa. Por que será que nos assustam desta maneira? Disseram para Rupert que ele tinha um vazamento no coração, Fred caiu do cavalo, fizeram um exame cerebral porque ele ficou sem sentir uma das mãos e com formigamento nas pernas e agora estão fazendo um monte de exames nele.

Comprei maquiagem na Patricia Field (maquiagem $28.70, táxi $7.50). Comprei vermelho japonês. Mas gosto daquelas coisas da Fiorucci que são apenas uma mancha que dá aos lábios da gente um marrom natural. Porque meus lábios eram tão carnudos e agora não são, desapareceram. Para onde terão ido?

Fomos ver a parada do Dia Gay. Os policiais gay e eu ganhamos os maiores aplausos e (*risos*) tirei fotos. Comprei filme (filme $6.90, almoço $60). E havia exércitos de Bichas e Sapatões, os grupos de Oklahoma City e da Virginia. E a organização Homens & Jovens. Tão doente. O carro alegórico que ganhou mais atenção foi um de sadomasoquismo com dois sujeitos vestindo couro com as chaves e tudo. Todas as beldades devem ter ido fazer compras no Soho ou viajado para Fire Island, porque certamente não estavam na parada. E todos os sujeitos de cadeiras de rodas empurrados pelos amantes. Sério! Parecia o Dia das Bruxas, mas sem as fantasias. E ficaram tocando um disco da Kate Smith.

Segunda-feira, 25 de junho, 1984. Dra. Linda Li voltou à cidade e eu tinha uma consulta às 11h com ela. Fui até lá e como ela tinha ido a um seminário ou a um congresso estava com alguns novos truques. Colocou uma porção de rolimãs em cima de mim e me bateu com martelos, foi divertido.

Ah, e o escritório está tão triste, todo vazio. Transportaram até a cafeteira para o prédio novo em uptown e aí Brigid quis comprar outra para o período de transição e eu a mandei para o inferno.

Grace Jones ligou e me convidou para uma projeção de *Conan the Destroyer* às 6h, aí fui (táxi $4), mas Grace estava atrasada e não começaram na hora. Richard Bernstein estava lá e me fez sentir péssimo – disse que foi ao hospital visitar Robert Hayes e todos têm que usar máscaras. Ele também foi visitar Peter Lester e Peter tem aquele tipo de aids com feridas. Richard disse que Robert está com um ar horrível, mas que Peter Lester está ótimo, só que usa uma camisa para esconder as feridas.

Ah!, tive que ligar para o consultório do Doc Cox para saber o resultado dos meus testes, e aí finalmente me preparei e resolvi ser corajoso, se fosse alguma coisa horrível eu aguentaria firme. Aí liguei e disseram que não há nada errado. Depois de todo o drama que fizeram, nada está errado. Desliguei o telefone com a sensação de que saúde é mesmo riqueza.

Aí, como eu ia dizendo, Grace estava ótima, é uma presença e tanto. Há uma grande cena onde ela vê um rato e fica histérica, é tão idiota.

Terça-feira, 26 de junho, 1984. Tenho feito uma porção de retratos comerciais ultimamente – garrafas de bebidas, coisas em lugar de pessoas.

Quinta-feira, 28 de junho, 1984. Brigid me fez escrever uma carta para Robert Hayes. Um bilhete. Aí copiei o que ela tinha escrito e ela mandou para ele. Ele está indo morrer no Canadá.

Steve Rubell ligou para dizer que não me vê há muito tempo e que estava mandando um carro me buscar para me levar à festa do Go-Go's no Private Eyes, e foi exatamente a festa do ano, excitante. Paige fotografou. Deram uns adesivos amarelos que significavam que você podia ganhar bebida grátis. Não é engraçado?

Segunda-feira, 2 de julho, 1984. Jean Michel ligou às 8h da manhã e filosofamos. Ele ficou apavorado lendo o livro sobre Belushi. Eu disse que se ele também quiser se transformar numa lenda deve continuar fazendo o que tem feito.

Mas na realidade se ele está até falando comigo no telefone é porque está ok. E os telefones públicos agora custam 25 centavos. Não vou mais fazer ligações. Todos os telefones públicos em uptown já foram convertidos para 25 centavos, em downtown ainda há alguns que custam 10 centavos.

Terça-feira, 3 de julho, 1984. Chris chegou exatamente quando a ex-assistente dele, Terry, estava lá – veio buscar um trabalho meu de fotografia para copiar. Aí quase houve um grande confronto, mas Benjamin salvou o dia dizendo que eram fotos *dele*.

Sábado, 7 de julho, 1984. Quando eu estava caminhando no West Side um dia desses, vi uma figurinha a um quarteirão e meio de distância caminhando na minha direção e, você sabe, não reconheci, mas de alguma maneira prestei atenção porque ele tinha aquele tipo de caminhar que é como dobrado em si mesmo e que diz, "Vou caminhar sempre em frente, não vou olhar para ninguém, não vou olhar olhos nos olhos". Mas eu só fiquei querendo dizer, "Oi, te acho ótimo", aí fiz isso e ele se desenrolou todo. Sean Penn. Não sei se ele se deu conta de quem eu era ou não.

Terça-feira, 10 de julho, 1984. Acordei com o pé esquerdo. Tive uma briga enorme com PH. O vulgo Ming Vauze veio me buscar e percorremos a vizinhança. Comprei revistas e jornais ($4).

Paige estava dando um grande almoço no prédio da Rua 33 para os garotos negros da Noite dos Amadores de Ralph Cooper no Apollo com suas mães e algumas avós (táxi $6). E todos os garotos têm nomes empolados – como Latosha e Emanon – e aí as mães e as avós são Grace, Mary, Ann. E o garoto, Emanon, faz rap com ruídos em lugar de vozes. São todos umas graças.

E parece que vou pintar no salão de baile por enquanto, o porão onde deveriam me colocar para pintar está cheio de cópias e pinturas. Bom. Eu não queria pintar num depósito de lixo escuro. Mas algum dia vamos ter que usar o salão de baile para grandes almoços e festas.

Peguei Benjamin e corremos uptown e só troquei de roupa e fomos direto para o cinema onde haveria uma projeção de *Muppets Take Manhattan*. Frank Oz, que escreveu e dirigiu o filme – ele faz a voz de Miss Piggy e de um outro muppet também –, veio e disse, "Você não se lembra de mim, mas eu fui um dos seus amigos naquela época da Filmmaker's Coop". Disse que adorou meu livro *Philosophy*. Diz que lê o tempo todo, que o livro é "gentil".

Quarta-feira, 11 de julho, 1984. Fui pelas lojas promovendo *Interview*, e agora eu peço para usar o telefone nesses lugares para não ter que pagar 25 centavos ligando das cabines telefônicas. E depois, de tarde, Chris foi ao escritório e (*risos*) fez exatamente a mesma coisa.

Ih, estou assistindo a MTV agora e eles usam as minhas pinturas um bocado nos vídeos. Acabo de ver minha "Liz Taylor" e vi meu "Joseph Beuys" num outro.

Terça-feira, 17 de julho, 1984. Resolvi trabalhar até as 7h. Depois de táxi até o Limelight ($3). E foi uma chatice. Chris fez camisetas com as fotografias dele e *deu* uma camiseta para todo mundo, mas me disse que eu teria que *comprar* uma. Não consegui acreditar. Fiquei olhando aqueles vagabundos para quem ele ficou *dando* camisetas. O ar-condicionado estava ligado lá, estava gelado. Uma das filhas de Sidney Lumet, Amy ou Jenny, sentou ao meu lado e ela é uma negrinha mimada. Mas é amável e eu não deveria falar mal dela, mas, ah Deus, ela é tão burra. Ficou se fazendo de sabida. Disse, "Fiz tudo quando eu tinha treze anos e agora nem circulo mais", essas coisas. Mas acho que dá para gostar dela, ela tenta demais. Disse que quando era mais jovem odiava a avó, Lena Horne, mas que agora a adora.

Quarta-feira, 18 de julho, 1984. Si Newhouse está vindo almoçar. Ligou e disse que quer conversar sobre *Interview*. Mas convidei para o 860, não para o prédio novo, para que ele não perceba que é tão elegante, caso queira comprar. Tentarei vender arte em lugar da revista. Mas você sabe como todas essas coisas terminam – ele provavelmente vai dizer que queria me perguntar que tipo de tinta *Interview* usa! Ele é dono de *Vogue* e *Vanity Fair* e mil jornais, mas vai ficar me perguntando onde compramos nossos lápis ou algo assim.

A convenção do Partido Democrata é chata demais. Sentei ao lado de Jesse Jackson no jantar da revista *Time* e ele foi sério demais. "Acima" de todos nós.

Quinta-feira, 19 de julho, 1984. Si Newhouse veio almoçar no 860, do qual nós já estamos quase totalmente mudados, aí não havia nada lá e ele se ofereceu para comprar *Interview*. Mas depois fiquei pensando nisso, acho que eles só querem nos comprar para se livrar da competição. Não sei quanto ele iria oferecer. Ninguém estava por lá. Fred está em L.A. e Vincent tinha ido almoçar, aí eu não quis saber de nenhuma oferta. Ele vem almoçar novamente e Fred vai estar junto. Mostrei-lhe uns trabalhos antigos e alguns trabalhos novos e ele ficou interessado numa "Natalie". Perguntou se eu podia fazer uma um pouco maior para ele.

Sexta-feira, 20 de julho, 1984 – Nova York-Aspen, Colorado. Benjamin veio me buscar realmente cedo. Voamos diretamente para Aspen para o leilão de celebridades. Marty Raynes pagou a viagem. Richard Weisman está envolvido. Howard Cosell fez o leilão. Venderam um apartamento por $400 mil. E aí venderam quatro retratos meus, portanto arrecadei $160 mil para a paralisia cerebral.

Sábado, 21 de julho, 1984 – Aspen. Fui cumprimentado por ter conseguido $160 mil com minha arte para eles. John Forsythe me contou que deu lances num retrato, mas largou na altura dos $25 mil. Agora seria realmente época de ir atrás do pessoal de Hollywood, porque agora eles viram que os retratos neste leilão saíram por $40 mil, aí perceberiam que $25 mil é preço de liquidação. Se pelo menos a gente tivesse alguém em L.A. para fazer contatos! Bob Colacello teria sido muito bom para fazer isso.

Jack Nicholson estava lá todo o fim de semana, o vimos por toda a parte. Agora está gordo. Jack Scalia me deu o número do telefone dele para jantar comida italiana na casa dele em L.A.

Depois contei a Dionne Warwick que a conheci vinte anos atrás no show de rock'n'roll do Brooklyn Fox e ela se lembrava, não estou surpreso porque foi muito estranho – eu estava com Isabel Eberstadt, que está escrevendo um artigo acho que para *Vogue* e estava conversando com Dionne com aquela voz ofegante de alta sociedade tipo Jackie.

Domingo, 22 de julho, 1984 – Aspen-Nova York. Benjamin me mostrou que seu assento no avião poderia ser transformado num vaso sanitário – se a gente tivesse que ir ao banheiro teria de pedir que ele se levantasse e aí uma cortina fecharia em torno da gente. Isso me fez evitar de beber qualquer coisa durante o voo – a gente teria que dizer "Me desculpe, mas eu gostaria de transformar seu assento num vaso sanitário". Mas Vitas bebeu seis refrigerantes e mesmo assim não usou o banheiro.

Aí, enfim, o aviãozinho teve que parar em Denver para ser abastecido, porque uma carga de combustível suficiente para nos levar a Nova York teria sido muito pesada para ultrapassar as montanhas, é a lei. E aí paramos em Pittsburgh por um minuto (balas $3). Eram seis lugares mais o assento sanitário de Benjamin. Chegamos a Nova York.

Segunda-feira, 23 de julho, 1984. De táxi para encontrar Lidija ($6.50). Todo o equipamento de ginástica foi transferido durante o fim de semana e aí ficamos só com o mínimo essencial no 860. Fechei algumas caixas e isso me cansou mais do que tudo, mais do que fazer dez pinturas. Porque é tão tocante.

Grandes novidades sobre Robert Hayes e eu não quero pensar nisso. Os garotos da *Interview* estavam todos chateados. Fred diz que temos que fazer uma página sobre ele, e eu não sei se é mesmo uma boa ideia. Mas Fred diz que temos.

Fui a pé até o Private Eyes e comecei a conversar com John-John Kennedy, agora ele está muito grande e bonito. Aí um garoto começou a fotografar e John-John disse que estaria ok se não fosse muito óbvio, mas aí foi óbvio e John-John foi embora. Muitas pessoas bonitas. Timothy Hutton apareceu e isso foi excitante, e Antony Radziwill. Uma festa para o The Cars.

Terça-feira, 24 de julho, 1984. Jean Michel me acordou para conversar sobre a namorada. Ela tem uma infecção nos ovários. É aquela loura muito alta, Ann. Ele está subindo na vida. Começou com mulheres baixinhas e agora está ganhando mais confiança e saindo com louras altas que têm ar normal, mas daí ele vai passar para beldades suecas, aposto. Aí vai ter um bebê branco com uma delas e trocá-la por uma negra, certo?

Fui encontrar Grace Jones no escritório e esperamos três horas. Benjamin saiu, fez algumas ligações e finalmente conseguiu localizá-la na Bergdorf's comprando um casaco de peles no depósito refrigerado da Revillon. Ela gasta todo o seu dinheiro em peles. Diz que só se importa com isso, que não se importa com dinheiro, só com peles. Eu lhe disse que é louca, que não se pode revender peles ou coisas assim, e que ela deveria comprar joias, mas ela é louca por peles. É tão maluca. Ela compra e guarda nos depósitos refrigerados. Eu tirei fotos de Grace para *Vogue* e a entrevistamos para a capa da *Interview*. Mas, enfim, ela chegou realmente atrasada e ficamos falando mal dela horas a fio, e subitamente ela apareceu e foi só "Ah, querido!". Aí seria engraçado ter toda a falação na entrevista e depois mostrar como tudo se alterou quando ela chegou (ligações de Benjamin $5).

André Leon Talley perguntou a Grace se ela achava que é branca e ela respondeu que sim. Ele é muito discreto, ótimo. Mandei buscar champagne, mas aí estávamos sem gelo. Todo mundo se foi do escritório.

Quarta-feira, 25 de julho, 1984. Caminhei um pouco e depois peguei um táxi para encontrar Fred na Spring Street com Sexta Avenida para autografar as gravuras que fiz para o prédio (táxi $8). E a mulher que é dona de lá tem 1,5 x 1,5. E é muito metida a besta. Fiquei perguntando quanto custou o prédio e ela disse, ah, bem, não conseguia lembrar, você sabe, assim de supetão, e, quer dizer, ela é uma daquelas pessoas que sabe o quanto pagou por parquê até os mínimos centavos. E era um salão de recepções elegante e fiquei com inveja da organização, tudo muito limpo e organizado, e faz anos que ela edita Norman Rockwell.

Aí Fred pediu a conta, por favor, e não tinham. Aí aquela mulher de 1,5 x 1,5 trouxe mais uma gravura e disse, "Ah, seria tão bom se você autografasse para mim", e eu disse que não. E aí mais tarde ela fez um escândalo para Fred. Quer dizer, ela era tão metida a besta, aquela gorda nojenta, e nem tinham fechado a nossa conta.

Mas tenho certeza de que eles fazem muitos extras, essas coisas que estão sempre mostrando na Macy's ou lugares assim. Gravuras são tão fáceis de falsificar. E, quer dizer, pôsteres para museus? Esqueça! *Qualquer pessoa* pode transformar isso ou aquilo num pôster e expor neste ou naquele museu. Quer dizer, vejo a minha gravura da Brooklyn Bridge à venda em toda a parte e onde está a *nossa* parte em dinheiro?

E a empáfia de Fred está aparecendo novamente desde que parou de beber, é meio assustador. Só costumava aparecer quando ele bebia e agora surge sem ele beber. Está indo consultar com Linda Li. Ele não sabe se ela realmente acredita naquele negócio ou se está apenas a fim de faturar uma nota. Acho que ela descontrolou os nervos dele. Ele disse que só queria ver qual era a minha última moda.

Quinta-feira, 26 de julho, 1984. De táxi para encontrar Lidija ($6). Fiz ginástica e fechei caixas, ou tentei, toda a tarde no 860. Só vou tentar ficar lá o máximo possível até nos jogarem para fora porque eu adoro aquilo lá, agora que está vazio e tão ensolarado na parte da frente, odeio ter que deixar Union Square – vou sentir saudade das árvores. Enquanto eu tiver um telefone, é tudo o que eu preciso.

Sábado, 28 de julho, 1984. Fui ao Soho para a sessão de fotografias de Robert Mapplethorpe com Grace Jones para *Interview* com maquiagem especial de Keith Haring (táxi $6). Parei no Central Falls para almoçar porque são anunciantes, ficaram emocionados de nos ver lá (almoço $40). Depois caminhei pelo Soho, sabendo que Grace estaria bem e atrasada. Dei autógrafos. Liguei para Keith e ele disse que eu fosse para lá em quarenta minutos. Aí para passar o tempo fomos para a Avenida D com a Rua 2, onde Keith fez algo chamado "Candy Store" – pintou uma casa de tijolos como se fosse uma frente de loja em vermelhos e verdes e azuis e púrpuras e dentro os garotos vendem drogas. Heroína. Keith disse que quer circular com garotos "hot".

Fui ao estúdio de Mapplethorpe na Bond Street. Keith maquiou Grace e Mapplethorpe fotografou, ficamos lá três horas. Depois fui para casa assistir à abertura das Olimpíadas na TV e foi fascinante, aí (táxi $3) para o jantar que Grace estava dando no Holbrook's.

David Keith estava lá. Ele subalugou o antigo apartamento de Jon na Rua 76 quando Jon comprou aquele apartamento de um dormitório no Hotel des Artistes. A carreira de David Keith ficou animadíssima por alguns minutos lá. Foi quando Jon o conheceu, a partir de *A força do destino*. Tinha chegado lá às 9 em ponto – não sabia da história de Grace Jones. Aí explicamos para ele que duas horas de atraso é o normal para chegar a tempo de ver Grace chegar, mas *mesmo assim* ela chegou meia hora depois de nós. E a mãe de Grace estava lá. É exatamente como uma mãe normal.

David saiu e voltou com Twiggy. Grace insistiu que a gente esperasse até ele voltar, o que aconteceu às 2h30 da manhã, e aí fomos lá para o Private Eyes.

Domingo, 29 de julho, 1984. Levei todo meu pão velho para o parque e dei para os pássaros, mas eles não chegaram perto e os odiei por isso. Fui à igreja. Depois Jon veio me buscar, estava de carro, e fomos para o grande apartamento dos Brant em Greenwich. Jed fez a decoração da casa e tudo, foi a primeira vez que vi. Altos e baixos e colunas brancas. Impressionante. Peter ainda está bem dentro dessa coisa de polo e cavalos. Havia uma porção de jogadores de polo na casa dele. Eu estava malvestido, porque Sandy tinha dito que estaria bem se eu fosse como estava, me senti ordinário, ainda mais quando vi que Jed estava lá. Fred veio com Averil e o marido dela, era o aniversário dele. Vi um sofá que é uma cópia daquele que tenho no meu primeiro andar, e mandaram fazer por $2 mil, contei a eles que poderiam ter conseguido um de verdade no espólio de Roosevelt por $85 mil. Há uma pintura minha em cada sala. Peter pagou acho que $500 mil pelo novo Jasper Johns que não se parece com um Johns, é a nova fase dele, parece mais uma ilustração.

Barbara Allen estava lá com o sujeito polonês, Kwiatkowski, ele realmente tem dentes recapados. Quer dizer, ela poderia ficar com os dentes recapados de Joe Allen, se era isso o que queria. Não dá para entender. E Joe Allen estava lá com a nova mulher, Rhonda.

Uma banda tocou durante o jantar e todo mundo dançou. PH estava com Jed.

Fui para o salão onde colocaram minha "Marilyn" sobre um console numa moldura dourada e está lindo de verdade. Realmente lindo. Parece uma pintura de $1 milhão. Ficou tão bem naquela sala com todos aqueles negócios americanos! Mas eu gostaria de ter pintado melhor naquela época. Aquela pintura – não está muito bem pintada. Mas eu não sabia como então. E o meu "Merce Cunningham" está na mesma sala onde colocaram o Jasper Johns. E minha "Mona Lisa" ficou no meio da escada. Tentei levar Jon de volta para ver a "Marilyn" mas aí havia garçons da Glorious Food pedindo para as pessoas não entrarem nas salas.

Segunda-feira, 30 de julho, 1984. Eu não queria ir à cerimônia em memória de Robert Hayes. Fiquei pensando em dar uma pintura que fiz dele para a família, mas no final resolvi que seria melhor ir, para evitar que as pessoas ficassem falando.

E Chris acaba de ligar para conversar sobre a cerimônia, dizendo que era tudo uma fantasia e por que os antigos namorados de Robert não subiam lá e falavam. Disse que deveria vestir um véu negro e ir lá para cima e dizer que foi a primeira Sr. Hayes. Eu disse que discursos fúnebres são *sempre* uma fantasia, mas é isso que a gente faz. Acho que ele deve estar nervoso, também, por causa da morte de Robert. Mas acho que vamos ter que fazer alguma coisa a respeito dessa doença. Quer dizer, uma coisa beneficente, porque é como pólio ou algo assim. Quer dizer, não sabem ao certo se é uma doença transmitida sexualmente – é só um vírus!

Chris foi tão chocante. Depois de meses de aulas de ginástica grátis com Lidija por estar sempre comigo, quando ela precisou uma foto para o anúncio ele disse que custaria $750!

Às 4h fui para a 22 com a Park para a igreja para a cerimônia em memória de Robert Hayes e estava absolutamente lotado.

Terça-feira, 31 de julho, 1984. Susan Blond ligou e queria saber quem eram as pessoas para as quais eu queria dar ingressos para o show de Michael Jackson, se eram pessoas que poderiam fazer algo por ela. E disse que Michael talvez queira ir a uma galeria de arte comigo enquanto estiver aqui. Ela disse que fechariam o Moma para ele, o que seria divertido. Steve Rubell disse (*risos*), "Michael talvez queira ver umas coisinhas artísticas".

Algumas pessoas ligaram para falar sobre Bill Pitt – ele morreu. Pode ser que tenha se suicidado. O melhor amigo dele ligou e conversamos. Ele acha que talvez Bill tenha ido a um médico para fazer teste de aids e tenha descoberto que estava com aquilo e resolveu tomar uma overdose. Estava infeliz. Trabalhei até as 7h. Fui para a cama às 11h30.

Vou a um médico que coloca cristais na gente para dar energia. Pedi que dra. Li me recomendasse um e ela me deu um nome. Jon está interessado nesse tipo de coisa – diz que dá "poderes" para a gente e acho que parece uma boa coisa para fazer. Saúde é riqueza.

Quarta-feira, 1º de agosto, 1984. Alguém me contou que há uma coisa enorme no *New York Times Review of Books* de domingo sobre mim, numa crítica escrita por um iraniano, dizendo que o xá e alguma outra pessoa se reuniram e comentaram que eu era pouco atraente. Ouvir isso arruinou o meu dia.

Fui ao médico dos cristais e levou quinze minutos, eu até conhecia as três pessoas na sala de espera. Custa $75 e ele me disse que o meu pâncreas é a única coisa que ainda me dá espinhas. Foi fascinante. Fascinante de verdade. Ele e as enfermeiras usam cristais em volta do pescoço. Disse que seu cristal é especial porque foi programado pelo chefe da cristaleira. E a enfermeira estava piscando como um show de luz. Ele não me deu um cristal, me deu o nome de um lugar para comprar um e aí tenho que levá-lo para ele conferir.

Christopher passou pelo escritório. Viu muitas fotos e perguntou, "Ah, será que você tem trabalho para mim?". Ele ainda não sabe que estou usando sua ex-assistente Terry, mas algum dia vou ter que sentar com ele e dar a notícia. Quer dizer, ela faz pela metade do preço, $3 a cópia, e ele cobra $6. Quer dizer, depois de todas as viagens grátis que fez conosco e tudo, ele é doido. Bem, *eu sou* doido. Por que eu *levei* Chris nas viagens?

Ah, e Dotson Rader está escrevendo um livro sobre Tennessee Williams e entrevistou Chris. Chris trabalhava para Tennessee – ganhava $400 dólares por semana para cuidar de seu cachorro, é o que ele diz. Lembra, conheci Chris na minha retrospectiva no Whitney em 1971 quando Dotson Rader levou-o lá, e Dotson era amigo de Tennessee.

Sexta-feira, 3 de agosto, 1984. Fui ao Bernsohn, o médico dos cristais, e ele trabalhou no meu pâncreas.

Sábado, 4 de agosto, 1984. Trabalhei toda a tarde até as 7h. Susan Blond ligou e disse que poderíamos talvez ir encontrar Michael Jackson num quarto de hotel antes do show dele no Madison Square Garden. Aí de táxi até o Penta Hotel ($5). É o hotel que era chamado de Statler Hilton até a semana passada ou algo assim e agora é o Penta. Mas o táxi não chegou nem perto de lá por causa das multidões esperando por Michael e aí descemos e fomos a pé.

Finalmente encontramos o lugar, entramos no elevador B e subimos, Calvin estava lá, furioso por ter chegado tão cedo. E Marina Schiano estava com ele e a namorada dele, Kelly. E Rosana Arquette, a atriz, apareceu e foi muito gentil, perguntei-lhe se já tínhamos feito algo sobre ela na *Interview* e ela disse, "Não, e vocês *têm* que fazer!". Mas aí lembrei que *fizemos* algo – foi só uma "First Impression". O pequeno Sean Lennon estava lá e foi excitante. E aí um fantasma apareceu e era Michael Jackson.

Susan Blond me empurrou para os braços dele e ele ficou constrangido, e aí as pessoas me tiraram dali e Keith deu camisetas para ele e todo mundo ficou sendo apresentado para todo mundo e aí me empurraram de volta para ele e foi um anticlímax e aí tudo terminou. Apertei sua mão e tive a sensação de que era espuma de borracha. A luva de lantejoulas não é só uma luvinha de lantejoulas, é como uma luva de jogador de beisebol. Tudo tem que ser maior do que a realidade para aparecer no palco.

Fomos para o show e haviam raios laser e um filme em que uma espada tem que ser tirada de uma pedra e Michael é quem tira. Bianca chegou tarde e o pai de Jackson estava na poltrona dela e ela não sabia quem ele era e tentou tirá-lo de lá, mas Susan Blond se levantou e deu o *seu* lugar para ela.

E aí depois do show ligamos para o Mr. Chow's para ver se estavam abertos e disseram que estavam, que tinham comida requentada. E no Mr. Chow's sentamos numa mesa ao lado de Anthony Quinn e ele me cumprimentou e eu não sabia se deveria ir até a mesa dele, nunca sei o que fazer, então me fingi de tímido, mas aí quando ele estava saindo veio e meio que me abraçou e eu lembrei que ele é um artista, ele pinta.

Domingo, 5 de agosto, 1984. Jean Michel queria ir à festa de Jermaine Jackson no Limelight. Aí fomos para lá (táxi $7) e foi uma daquelas festas em que os garotos de programa são idiotas tipo Máfia que não conhecem ninguém. Jean Michel nos levou para o lado errado e nos disseram para dar o fora e ele disse, "Agora você vê o que é ser negro". E todas as pessoas que eu não conheço, Jean Michel só sentado ali dizendo "Oi, cara". Ele foi ao colégio com eles ou algo assim. Ele me disse que foi ao colégio no Brooklyn, St. Ann's, que é meio chique porque é pago. E aí me disse que quando o pai perdeu o dinheiro ele tinha que ser levado de ônibus até um colégio público que tinha uma porção de italianos e os garotos de lá batiam nele e ele não gostava. Mas acho que a educação foi boa, é por isso que ele é esperto.

Depois fomos para a sala VIP e foi como uma nova versão de uma festa velha. Janet Villella estava lá e Linda Stein, e bebidas grátis (gorjeta $10). E aí vieram e disseram que todos tinham que sair e ir embora porque Jermaine estava chegando, e que poderíamos voltar mais tarde, que (*risos*) alguns de nós seriam escolhidos para voltar. Havia alguns tipos de travestis lá com joias e todos tiveram que sair, foi tão idiota. E a gente tinha que caminhar um quarteirão para chegar até a outra sala. E os fotógrafos estavam entediados de me ver lá, nem me cumprimentaram mais. Espere um pouquinho, o outro telefone está tocando...

Ah, ih, era Benjamin ligando e dizendo que ele e Paige estavam no Limelight e ouviram que eu estava na sala VIP e tentaram ir lá mas não conseguiram. E – isto é engraçado – ele disse que havia três sujeitos das Olimpíadas com suas medalhas de ouro lá. Aí acho que *esses* eram os que eu pensei que fossem travestis com joias! Ih!

Enfim, Jean Michel queria que eu fosse ver suas pinturas na Great Jones Street, então fomos lá e é um chiqueiro. O amigo dele, Shenge – o negro – mora com ele e deveria estar tomando conta daquilo, mas é um chiqueiro. E tudo cheira a maconha. Me deu algumas pinturas para eu trabalhar. Fui embora (táxi $8).

Segunda-feira, 6 de agosto, 1984. O dia abominável. Avisei a todo mundo que não queria ouvir a palavra "aniversário". Benjamin me buscou e fomos de táxi até a 70 com a Broadway ($40). Dra. Li contou que foi ao show de Michael Jackson e fiquei surpreso. Mas depois juntei as coisas – Benjamin disse que viu Roberta Flack no show e a dra. Li tem uma foto de Roberta Flack no consultório, aí perguntei se ela estava com Roberta Flack e ela disse que sim. Agora estou tentando descobrir se elas são sapatões.

Depois de táxi até o Whitney, onde havia um almoço em que Ethel-Scull apresentaria o retrato que fiz dela nos anos 60 (táxi $4). Serviram o almoço em frente à pintura.

Ethel ainda não tinha chegado e, quando ligaram para ela, estava no banho, achava que o almoço era na terça. Finalmente chegou de cadeira de rodas e de chapéu com um gesso enorme na perna. Foi tão triste. Como um momento de cinema em que todo mundo fica à espera. A pintura nem é muito boa. Foi só – sei lá. E ela disse todas aquelas coisas sobre como eu queria $1.2 mil em dinheiro pela pintura. Em dinheiro, ela disse e, quer dizer, não lembro disso – eu nem teria discutido sobre dinheiro. Não consigo fazer isso nem agora, não consigo me ver dizendo, "Quero

$1.2 mil em dinheiro". Deve ter sido uma daquelas pessoas da Bellamy Gallery, ou Ivan Karp ou alguém assim que recebeu o dinheiro. E ela disse que foi até minha casa e que minha mãe atendeu a porta, mas por que minha mãe atenderia a porta se eu estava esperando alguém – eu estaria ali aguardando. Não sei, foi uma coisa enlouquecida.

E encontrei aqueles antigos garotos do Max's e me disseram que finalmente leram *Edie* durante o fim de semana e que não ficaram chocados pelas drogas ou por causa de nada que as pessoas disseram sobre mim – que a única coisa que os chocou foi quando leram que eu *vendi* alguns dos meus primeiros filmes para alguém, que não podiam acreditar que eu não tivesse ficado com eles. Mas, veja, na realidade eu *não vendi* os filmes – eu os consegui *de volta*, o contrato daquele sujeito terminou.

Ah, e é por culpa de Fred que estou no livro. Ele ficou insistindo que eu conversasse com Jean Stein. Porque ela era "social", minha querida, dava festas. E aí como eu conversei com ela parece que autorizei o livro.

Foi uma chatice e, ih!, é uma família tão triste – Ethel não fala com os filhos. Mas David Whitney nos mostrou a exposição de Fairfield Porter, se parece com Mondrian, ele apenas pegou fita adesiva e pintou e aí, como Sidney Janis era o dono dessas coisas, virou um negócio.

Às 3h fomos para downtown (táxi $6). Drue Heinz ligou para desejar feliz aniversário. E algumas outras pessoas também. Recebi uma planta de 4m de altura de Renny, o florista.

Paige escolheu um lugar para jantarmos e convidei Jay, mas aí ele ligou de volta, Benjamin atendeu e Jay perguntou se eu me importaria se ele levasse Kate Harrington e eu não disse nada, e daí ele perguntou a Benjamin, "Andy fez uma careta?". Ele queria era criar problemas. Faz essas coisas para que as pessoas se sintam culpadas quando realmente ele não aparece. Mas Benjamin foi ótimo, disse apenas "Aqui vai o endereço – se você quiser ir, vá". E eu *teria* gritado com Kate se ela fosse, ela foi embora da *Interview* aquela tarde dizendo que estava doente.

Bem, fomos para a 79 com a Lexington num lugar chamado Jams, pelo qual a gente passa todo dia sem se dar conta que existe, é um lugar chique. Foi caro, mas a comida é muito boa. A coisa toda é como era o Four Seasons quando aquele sujeito que plantava coisas no seu próprio terreno em Connecticut trabalhava lá. A sobremesa estava incrível. Jean Michel pediu muito champagne e disse que pagaria por tudo mas não deixei (jantar $550). Foi discreto demais, ninguém disse "Feliz aniversário" e foi tudo muito suave. Paige estava com um tomara que caia cor-de-rosa e foi para a cozinha com a câmera para filmar. Jean Michel me deixou e parece que Paige não se importou muito de estar com ele, deve ter superado tudo. Aí, quando ele estava me levando para casa, disse que queria trepar com ela. Eu disse a ele que isso só iria reiniciar os problemas. Falei que deveria dar a ela um de seus trabalhos, porque ela é a única mulher que o ajudou, organizou sua primeira exposição e vendeu muitas pinturas. E ela nunca deixou que ele pagasse as coisas por ela, sempre foi muito independente, pagando sua própria passagem para o Havaí e coisas assim, e eu não sei por que, mas de alguma maneira ele nunca gostou disto.

E foi bom ver a pequena Suzanne, a maquiadora, a noite passada no Limelight querendo não ficar presa nele – foi refrescante ver uma mulher tentando fugir, para variar.

Terça-feira, 7 de agosto, 1984. Fui consultar o dr. Bernsohn. Contei que depois da última consulta saí da linha e ele disse que talvez fosse uma boa coisa. Ele meio que ficou falando mal de dra. Li. Foi ela que me mandou consultar com ele. Ele ficou dizendo que não acredita em vitaminas. Vou parar de tomar e ver se me sinto melhor.

Fui encontrar David Whitney e Philip Johnson para jantar no Four Seasons. Convidei Keith, Juan e Jean Michel. Philip vai para a cama às 9h, aí queria jantar às 6h30, mas combinei para as 7h30.

O Four Seasons estava lotado. Esperei por uma comida ótima, fiquei mal-acostumado com o Jams noite passada, mas a comida estava horrível. Doc Cox estava lá. Usei minha gravata Stephen Sprouse de néon. Eu realmente estava com um ar de anos 60.

Helen Frankenthaler estava numa outra mesa com André Emmerich e mandou um bilhete para Philip dizendo que o estava observando com todos aqueles garotos, eu fiquei com o bilhete, vou colocá-lo nos meus arquivos. Todo mundo meio quieto, sem muita fofocagem.

Aí David se embebedou e começou a fazer o que sempre faz quando bebe alguns drinques, fala que quando Philip bater as botas ele vai morar comigo. É assustador.

Keith queria ir ao Rounds, o bar gay da 53 com a Segunda, e eu não queria, aí eu disse que nunca tinha ido lá porque realmente fazia cinco anos que não ia e então entramos, a primeira coisa que o garçom disse foi (*risos*) "mr. Warhol! É tão bom vê-lo novamente!". Jean Michel se recusou a ir ao Rounds. Esta manhã ele ligou e me disse que nos velhos tempos, quando não tinha dinheiro, ele ia caçar para ganhar $10 e não queria nem lembrar disso.

Aí Jean Michel foi downtown com Keith. Caminhei com Doc até uptown e ele me beijou no rosto, foi muito carinhoso.

Quarta-feira, 8 de agosto, 1984. Dezoito caminhões estacionados na minha rua e na minha porta, estava sentado um sujeito de uma companhia de cinema, perguntei o que estavam filmando e ele disse, "*Brewster's Millions*". E aí disse que é meio-irmão de Carol LaBrie – Carol, nossa estrela em *L'Amour*. Nos levou até um caminhão enorme ali perto e lá estava Richard Pryor. Está com um aspecto muito melhor do que da última vez em que o vi. Bonito, na realidade. Não sei se Carol também está no filme.

Estava realmente quente e úmido no caminhão, o ar-condicionado não estava funcionando muito bem, e eu ia convidá-los para a minha casa mas o ar-condicionado lá não é muito melhor. Fiquei pensando em convidá-los, realmente fiquei. E era difícil escutar a conversa porque o ar-condicionado no caminhão estava funcionando. Richard disse que viu *Bad* uns dois meses atrás. Fiquei querendo saber se a cruzinha de ouro que ele está usando era dele ou se era só para o filme.

Quinta-feira, 9 de agosto, 1984. Cornelia ligou durante o seu leilão para o livro de debutantes que está fazendo com Jon e uma outra pessoa, e primeiro eram 28, depois eram 37 com pequenos direitos autorais e aí eram 35 com uma porcentagem maior.

Fui ao cinema com Keith e Bobby, o ex-namorado de Madonna que agora é meio amigo de Keith. Tive que autografar e eles ficaram impressionados com a quantidade de pessoas que gritaram o meu nome e conheciam um artista. Eu deveria ter perguntado para as pessoas que gritaram se elas sabiam o que eu faço na vida. Todos os negros me conhecem, devo ser a consciência deles. É o cabelo branco.

O cinema estava quase vazio mas deveria ter estado completamente vazio. Este filme, *Never Ending Story*, meu Deus... e é um grande sucesso na Alemanha. É meio como a minha filosofia – procurando o nada. O nada está tomando conta do planeta. É como *Alice no País das Maravilhas* ou *E.T.* ou "Rumpelstiltskin".

Depois Bobby conhecia todos os lugares por ali, porque Madonna o levou a todos. Fomos ao Jezebel's e aí Jezebel apareceu e é uma negra elegante. E aí quem entrou? Mickey Rourke. Que PH acaba de entrevistar para a capa de *Interview*. Mas não me viu e eu não o cumprimentei.

Segunda-feira, 13 de agosto, 1984. Jane Fonda ligou e eu atendi, fiz mal, porque ela sempre quer alguma coisa. É engraçada a maneira como ela liga para as pessoas sem mais nem menos e pede que elas façam coisas para ela. Quer que eu vá a Boston com as pinturas que fiz dela, que ela nem comprou – ela pediu uma emprestada mas já devolveu, e as cópias foram feitas para serem vendidas durante a campanha de seu marido – mas ele não pode estar concorrendo de novo, pode? Não foi só um ano atrás?

Terça-feira, 14 de agosto, 1984. O buldogue de Brigid caminhou sobre uma pintura que eu tinha acabado de fazer. Ficou com as patas cor de laranja e púrpura. Madame Defarge continua tricotando furiosamente. Trabalhei até as 7h. Não fui ao jantar com Edmund Gaultney e as pessoas que querem fazer um portfólio. Hedy e Kent Klineman. Ela é amiga de Jane Holzer. Mas tenho apenas uma sensação sobre isto: as pessoas financiam um portfólio e aí começam a ficar nervosas e inundam o mercado com todas as cópias (táxi $7).

Em casa às 10h30. Assisti Ann Jillian interpretando Mae West e ela está ótima. Sempre colocam um enorme love affair nesses filmes, sempre fazem com que seja a coisa mais importante.

Quarta-feira, 15 de agosto, 1984. Ainda estou procurando ideias. Este outono vai ter um new look, novas pessoas. Porque cinco anos depois é que a década começa realmente. Os anos oitenta. Vão ficar olhando para todas as pessoas e escolhendo aquelas dos últimos cinco anos que vão sobreviver como pessoas dos anos oitenta. É quando as pessoas dos primeiros cinco anos vão se transformar em parte do futuro ou em parte do passado.

Trabalhei até 4:30. De táxi até o médico dos cristais e desta vez foi uma experiência de verdade. A sessão foi como um exorcismo. Me fez deitar na mesa, fechar os olhos e aí me perguntou, "Você sabe onde está?", e fiquei perguntando, "Bem, o que você quer dizer com isso?", e ele ficou perguntando, "Você sabe onde está?", e fiquei perguntando, "Bem, o que você quer dizer com isso?", e finalmente eu disse que estava deitado na mesa dele e ele disse, "Ah, pensei que talvez você não soubesse porque estava de olhos fechados". E me tocou aqui e ali e quando não esbocei reação ele disse que eu não estava em sintonia com minha dor. É que não doeu. Mas ele disse que era porque eu ainda não estou sensível à dor e que eu teria que me tornar sensível. E pegou o meu cristal e perguntou, "Quanto tempo? Um minuto? Dois minutos? Uma hora? Um dia?". E aos quatro dias o cristal disse sim, aí é o tempo que vai levar para o cristal ser programado. Eu disse que poderia conseguir outro que ficasse pronto mais cedo. Ele disse que não. Então vou esperar quatro dias e depois vou ter que usá-lo sempre, e não mais do que a 4m de distância quando eu estiver dormindo. Mas realmente acho que toda essa bruxaria funciona. É pensamento positivo. E é por isso que as pessoas usam ouro e joias. *Tem* alguma coisa a ver. Se a gente coloca pérolas em volta de uma pedra, realmente isso faz alguma coisa por você. Ele disse que tenho alguns poderes negativos dentro de mim e eu perguntei por quanto tempo eu teria que consultar com ele e ele não respondeu. É tão abstrato. Mas a gente se sente melhor no final da consulta.

E a coisa mais engraçada é que peguei uma revista sobre dores na coluna e Jack Nicholson, nosso garoto de capa da *Interview,* está naquela capa também. Ao lado de um técnico em coluna que trabalha com as estrelas.

Briguei com Fred. A postura dele é tão – é como se ele fosse o editor-da-revista-ao-telefone. E não sei se ele entende das coisas ou não. Sei que ele está fazendo o possível, mas...

Quinta-feira, 16 de agosto, 1984. DeLorean foi libertado, está agradecendo a Deus.

Segunda-feira, 20 de agosto, 1984. Jean Michel ligou da Espanha mas eu estava no banho e não atendi. Esteve em Ibiza e agora está em Majorca, é o novo queridinho do grupo de Bruno. E só estou esperando o dia em que ele vai dizer, "Detesto todas estas pinturas, rasgue tudo", ou algo assim a respeito dos trabalhos que temos feito juntos. Ah, e Keith me contou que o nome que Jean Michel costumava usar, Samo, quer dizer "Same Old Shit", *"Aquela Mesma Merda",* e que Jean Michel é a maior influência nos artistas novos.

De táxi ao Jams para encontrar Philip, David, Keith e Juan ($6). A comida é muito boa, peixe feito com os temperos certos, coentro e sálvia – faz muita diferença quando a gente acerta com os temperos.

Tentei conseguir um design de Philip para uma casa de um quarto. Disseram que são pobres. Eu disse que sou pobre. Keith disse que é pobre. Todo mundo dizendo que é pobre. Tão louco. David bebeu três martínis mas ficou normal, não sei como. Ficamos lá das 7h30 até as 10h. Perguntei a Philip como era passar por um desastre de avião e ele disse que é excitante. Foi há uns sete anos. Ele foi o único que não se feriu. Aterrissaram em cima de umas cerejeiras (jantar $400).

Philip vai jantar com os Newhouse e Sandy e Peter Brant também estarão lá, Si Newhouse tem a pintura "Natalie" lá e estamos com esperança de que ele compre. E com aquele grupo a coisa pode ir para qualquer lugar. Porque Peter e Sandy poderão tentar vender uma pintura minha que eles tenham. Ou talvez queiram que ele pague muito pela "Natalie", de forma que o valor da pintura *deles* suba. Eu tenho uma outra "Natalie" em algum lugar, mas não consigo encontrar aquela "Warren". Não está na Factory. Quer dizer, deve estar enrolada em algum canto. E se Newhouse não comprar acho que eu deveria escrever uma carta para Robert Wagner. Creio que vão recolocar *Casal 20* no ar porque as pessoas têm escrito pedindo.

Quarta-feira, 22 de agosto, 1984. Gael Love ligou e disse que fechou um contrato com o pessoal da Swatch no qual quando a gente compra duas assinaturas de *Interview* ganha um relógio Swatch, e se comprar dois Swatches ganha uma assinatura. Disse que isso representa 30 mil novas assinaturas.

E esta manhã acordei com *The Toy,* com Richard Pryor, e foi engraçado. Pedi que PH escrevesse uma carta em meu nome dizendo que quero que ela faça a primeira parte da entrevista com ele quando ela estiver em L.A., semana que vem e que então farei a segunda parte quando ele vier a Nova York. Assinei a carta e mandei um livro *Philosophy*, agora vamos aguardar a resposta.

Terça-feira, 11 de setembro, 1984. PH finalmente voltou de L.A. O pessoal do Richard Pryor disse a ela que Richard estava "recolhido" no Havaí e que iam "esperar até outubro, quando ele voltar, para lhe dar a carta". Ela foi lá tentar vender um roteiro que escreveu – a Zoetrope do Coppola ficou dois anos com ele, não conseguiu financiamento e aí faliu. Enquanto ela esteve lá escreveu uma história a pedido deles sobre um "Garota do Ano" dos anos 60, querem mostrar para Jon e talvez ele consiga que a Paramount se interesse.

E é ótimo que ela esteja de volta porque quase foi despedida do seu emprego de um-minuto-por-dia. Enquanto esteve viajando Truman morreu. O antigo namorado dele, Jack Dunphy, recebeu $600 mil e ficou carregando as cinzas num livro dourado com "TC" impresso na lombada. Brigid chegou à conclusão de que Kate "Harrington" não é *sobrinha* de Truman – na realidade ela é Kate *O'Shea*! A filha do antigo namorado de Truman, Jack O'Shea. Aquele que morava em Long Island e tinha uma mulher e uma porção de filhos. E agora estou fazendo pinturas de Truman para a capa da revista *New York*.

Jean Michel acaba de ligar e fazia dois dias que eu não falava com ele. Agora está hospedado todo o tempo no Ritz Carlton em vez do Great Jones, seu quarto é algo em torno de $250 por noite. Fred foi ao casamento de Lord Jermyn. Jay foi convocado para ser mesário e Kate rompeu com ele e eu não sei, parece que ele está aliviado.

Li o artigo no *Times*, muito discreto, dizendo que Barry Diller está deixando a Paramount e se transferindo para a Fox! E que vai ganhar $30 milhões. Provavelmente Jon agora vai trabalhar para Frank Mancuso lá na Paramount ou algo assim. Na realidade será melhor para ele. Embora Barry tenha feito daquilo um lugar ótimo.

Trabalhei na "Judy Garland" para Ron Feldman. O anúncio "O que mais se transforma numa lenda".

Quarta-feira, 12 de setembro, 1984. Richard Weisman ligou e disse que o almoço com Kathleen Turner – de *Corpos ardentes* e *Romancing the Stone* – estava confirmado. Fui para a casa dele e Kathleen Turner na vida real é muito chique e bem falante. Disse que vai estrelar um filme ao lado de Jack Nicholson e não entendi o nome porque achei que deveria fingir que sabia. Ela acaba de casar com um tal de Jay, formam um casal engraçado. Ele tem mais ou menos a minha altura mas com salto alto ela fica mais alta que ele. Ele começou nos Mumps, o grupo de Lance Loud, e aí trabalhou para o pai e depois abriu um negócio com um amigo e comprou muitas propriedades durante a depressão de 1974, quando o preço estava baixo, e se transformou num milionário.

Richard estava com uma mulher que se parecia com Judy Holliday, só que burra de verdade. Realmente burra. Fazia muito tempo que eu não encontrava alguém assim. Não sei de onde ela terá saído. É aeromoça. Me disse, "Ih, você tem um ar muito estranho", e eles disseram, "Ele é um artista", e ela disse, "Eu tenho uma irmã que é artista, xi, e ela também tem um ar tão estranho quanto você". E me perguntou se eu fiz algo com o meu cabelo. E aí Richard a levou lá para cima para conversar.

Quinta-feira, 13 de setembro, 1984. Fui ao consultório do dr. Bernsohn e perguntei se podia colocá-lo na *Interview* e ele disse, "Não faço o tipo de coisa que gostaria que as pessoas soubessem". Mas a gente sente a energia quando sai de lá. É a mesma coisa com a dra. Li – a gente sente a energia. Aí algo acontece. Com aquele sujeito que Christopher me fez consultar eu não sentia nada de diferente. Mas estes fazem alguma coisa. Como quando Eizo faz a mão suar só pelo poder da mente. Dr. Bernsohn é estranho, diz que morou com os pais até bem pouco tempo. Agora está comprando um apartamento. Disse que vai me dar pedras que foram programadas para ele mas que vai reprogramar para mim. E disse que quer ir ao escritório e olhar as minhas pinturas para ver quais as vibrações que sente nelas, mas estou com medo que ele veja uma pintura de $50 mil e diga, "Eu quero aquela". E aí vou fazer o quê? Se eu disser que não ele vai querer curar meu negativismo. É como uma – como é a palavra? – uma "trampa". Mas a gente sente a energia, então a coisa funciona. Esses curandeiros têm mãos tão quentes. Deve ter alguma relação com a coisa toda.

De táxi até a 52 com a Lex para encontrar Jonas Mekas e Timmy Forbes no Nippon (táxi $6). Estão tentando conseguir dinheiro para a Filmmaker's Coop. Perguntei a Jonas se ele tem ido ao cinema ultimamente e ele disse que não, que está só tentando conseguir dinheiro. E na verdade (*risos*) ele *nunca* foi ao cinema. Nunca.

Trabalhei na capa Truman Capote para a *New York*.

Sexta-feira, 14 de setembro, 1984. Os prêmios da MTV foram excitantes, foi como aqueles shows do Brooklyn Fox nos anos 60 com *muitas* estrelas. Diana Ross foi minha acompanhante, mas ficou numa outra fila, a primeira, porque ia receber os prêmios por Michael Jackson. Lou Reed sentou na minha fila mas nem olhou em minha direção. Não entendo ele, por que agora ele não fala comigo? Rod Stewart e Madonna e Cindy Lauper e Bette Midler e Dan Aykroyd e Peter Wolf estavam lá.

Depois que terminou chovia demais. Como uma reprise do show de Diana Ross no Central Park. Fomos para a Tavern on the Green e todo mundo teve que ficar uns vinte minutos na chuva com os guarda-chuvas de todo mundo pingando no pescoço e aí lá dentro havia celebridades até o teto mas foram tão humilhadas na chuva que todo mundo ficou apenas reclamando uns para os outros.

Sábado, 15 de setembro, 1984. Jantar com Jean Michel, que trouxe uma mulher que está escrevendo um artigo de capa sobre ele para o *New York Times Magazine*. Ele vai ganhar uma capa! Contou toda aquela história sobre ter se prostituído uma vez mas ela não vai poder usar. Acho que ele contou porque quis ser fascinante. A mulher certa pode conseguir tudo dele.

Domingo, 16 de setembro, 1984. Aliás, John Reinhold me contou que ele faz um diário realmente íntimo. Esconde num armário e tira de lá e lê as anotações do ano anterior, mas só usa iniciais como, "Trepei com B". Se eu fizesse assim, esqueceria quem era "B".

Jean Michel ligou e me contou dos problemas que está tendo com Shenge, que cuida do apartamento dele na Great Jones Street. Shenge tem seu próprio apartamento no andar de baixo, mas aí sobe e usa a cama e o banheiro de Jean Michel, e agora, depois de ficar no Ritz Carlton, Jean Michel se acostumou a ter uma cama bem arrumadinha. Encontrou Shenge na rua, não estava morando em lugar nenhum. É como um rastafári. É casado, tem mulher e filho pequeno no Bronx, acho. A cama de Shenge ficava exatamente na frente da porta de entrada e dá a impressão de que ele foi arrancado da rua, é tão estranho.

Peguei um táxi e fui buscar PH para irmos ao Odeon jantar com Matthew Rolston, nosso fotógrafo de *Interview*, e Holland – ele é filho de Joanna Carson –, aquele garoto que PH acaba de conhecer em L.A. ($10). É muito bonito e eu ofereci para transformá-lo num "First Impression" com Matthew fotografando. Matthew disse que quando fotografou Joan Rivers para *Interview* ela contou que foi estilista fotográfica e trabalhou para Cecil Beaton. E Matthew usa broches. Foi ele quem fez Michael Jackson começar a usá-los. Quando fotografou Michael para *Interview* deu seu próprio broche para Michael que começou a usar essas coisas todo tempo. Mas Matthew deve gostar de mulheres, porque as torna deslumbrantes quando fotografa (jantar $150).

Segunda-feira, 17 de setembro, 1984. Vincent buscou os retratos pequenos que eu fiz de Truman Capote para a *New York*. Quando viram, disseram que pensaram que eu faria algo novo, mas eu fiz da minha maneira de sempre porque pensei que era o que eles queriam. Vão pagar pelo direito de reprodução. Mas não sei sobre esses preços baixos que ganho quando faço coisas para revistas, penso no tempo que Carl Fischer tirou minha foto para a *New York* por causa do livro *Philosophy* – quer dizer, ele construiu um set inteiro, e tinha oito assistentes ou algo assim, e pense só no quanto terá gasto *naquilo*. Aí fico preocupado pensando em como trabalho barato e isso me fez ligar para *Vogue* e perguntar onde está o dinheiro que eles me devem.

Keith me disse que alugou uma loja por $1.5 mil dólares do outro lado do Puck Building. Aí acho que ele é um pouco como Peter Max. Mas só que Peter Max nunca conseguiu as boas coleções de arte que Keith consegue. Keith disse que não vai vender os trabalhos dele em nenhuma outra loja, só na sua própria.

E Nick Rhodes compra arte, mas não ouve a opinião de ninguém, eu disse para ele que isso é idiota, que é exatamente como comprar ações. Mas ele disse, "Eu só compro o que gosto". E lembro de Kaye Ballard dizendo a mesma coisa quando comprou pinturas vinte ou trinta anos atrás e depois não pôde recuperar nem aquilo que pagou por elas.

E Bruno telefonou antes. As pinturas em conjunto de Jean Michel, minhas e de Clemente, que ele disse que eram "só uma curiosidade que ninguém vai querer comprar" e que ele pagou $20 mil por umas quinze, agora estão sendo vendidas por ele a 40 ou 60 mil cada uma! Sim! Tenho a estranha sensação de que na realidade ele está dando uma porcentagem maior para Clemente porque não consigo acreditar que ele faça isso por tão pouco. E *eu* deveria ganhar mais porque sou eu que faço os preços ficarem altos... ah, mas tudo bem, Jean Michel me levou a pintar de maneira diferente, então já é lucro.

Terça-feira, 18 de setembro, 1984. Cheguei em casa e assisti a Tyrone Power em *Jesse James*. E é realmente ver alguma coisa. Talvez ele não soubesse interpretar, mas ei.

Quinta-feira, 20 de setembro, 1984. Bem, era o dia dos grandes planos para ir consultar o chefe dos médicos dos cristais que está na cidade, dr. Reese.

De táxi ($3) até a 74 entre a Park e a Madison. Tive de pagar antecipado. E dão quinze minutos para a gente e aí fazem você sair bem rapidinho. Entrei numa sala e era como *Invasion of the Body Snatchers*: uma velha de uns sessenta anos, gorda e com ar de açougueiro, e o médico, um grandalhão como de Hick City. E a sala era muito pequena. Passam a mão na gente em lugares estranhos e ficam dizendo letras em código, você sabe, dizendo que encontraram um "buraco" ou algo como, "Há um buraco aqui querendo escapar", e dizem, "C-85, 14, 15 D-23, desvio 18, 75 traço 4...". E aí ele disse algo e o dr. Bernsohn disse, "Ah, ele não sente nada" – a meu respeito. E o médico disse para mim, "Digo alguma coisa a você semana que vem", depois que o outro médico disse, "Não sabia que era um caso tão grave". Mas depois eu não me senti aéreo nem nada. Quando entramos, havia um sujeito em transe. Depois Benjamin e eu fomos ao Fraser Morris, compramos o almoço e comemos num banco no Whitney Museum, nem sabíamos que havia uma exposição de Pop Art ali dentro.

E uma mulher surgiu, me viu comendo frango e disse, "É proibido", e estava certa. Não devo comer carne. Mas estou tentando ser mais normal. Dei uma porção de autógrafos. Aí fomos lá na loja de Vito Giallo e encontramos Paloma Picasso, que está na cidade por apenas um dia, para promover seu perfume. Está muito magra novamente, é incrível, e sem rugas.

Boas manchetes de jornal sobre Muhammad Ali e uma certa doença. Recortei para as novas pinturas "Primeira Página" que quero fazer. E John Reinhold ligou ontem de manhã e disse que o Polish Institute aqui ao lado está sendo vendido e que foi dar uma olhada – $2.7 milhões.

Depois fui à festa de Judy Green no 555 Park.

Arlene Francis estava lá com seu maridinho Martin Gabei, que ainda está vivo, mas que ela empurra como se fosse um brinquedo.

C.Z. me convidou para a cerimônia em memória de Truman.

Sábado, 22 de setembro, 1984. Liguei para Jon na Paramount e pedi que ele fosse se encontrar comigo no Moma. Entrei sem pagar na exposição de arte primitivista onde eles têm uns negócios primitivos velhos e coisas novas ao lado para mostrar o que foi copiado do quê. Depois fui à exposição de Irving Penn e lembro tão bem de suas fotografias, foram as que me fizeram vir para Nova York. Foi divertido ver de novo, não são nada de diferente, mas... E fico pensando que deveria ter comprado uma câmera quando cheguei a Nova York, porque fotografia se presta para tudo e se a gente pudesse fazer apenas o "tão bom quanto" seria ótimo. Quer dizer, você tiraria uma foto de uma pessoa famosa e não poderia dar errado. Eu hoje estaria fazendo comerciais para a TV. As coisas teriam sido diferentes. É só algo para ficar pensando. E as fotos de Irving Penn, é engraçado ver que os modelos eram todos mais velhos, com uns 35 anos. Ele usou muito a mulher – Lisa Fonssgrives. Lembro muito bem daquela foto em que as coisas caem da bolsa da mulher e são tranquilizantes e aquelas coisas todas. As exposições estão maravilhosas.

E Steve Rubell perguntou se queríamos ver seu futuro-novo-clube. É o Palladium Theater da Rua 14, que originalmente era a Academy of Music. Nos levou lá e foi aquela coisa, "Você não adorou? Você não adorou?". É *enorme*. Um famoso arquiteto japonês fez o projeto.

Domingo, 23 de setembro, 1984. Tentei falar com Jean Michel porque ele queria ir à exposição de Pop Art no Whitney e depois trabalharíamos juntos, mas não consegui encontrá-lo. Jon e eu fomos sem ele (ingressos $5). Autografei uma porção daqueles postais que estão à venda lá, as pessoas ficaram me passando. Postais "Marilyn" e uns outros. Não creio que tenha ganho dinheiro com os postais. Briguei com Fred, ele quer que eu feche um contrato com uma companhia de cartões porque diz que então essa companhia impediria as outras de imprimirem postais, mas não sei se é verdade.

Rauschenberg é o melhor da exposição, de alguma maneira os negócios dele parecem novos. Sei lá por quê. E os negócios de Jasper Johns são bons também. O Segal também parece bom porque é grande, mas é tão feio. Os pneus do lado de fora estão tão fantásticos que a gente pensa que o resto da exposição vai ser daquele jeito ou algo assim, mas o Whitney é pequeno. Tem algumas coisas minhas antigas, uma porção de coisas minhas. Jean Michel me disse que achou as minhas coisas as melhores, mas você sabe...

Então ficamos passeando por ali, fomos para casa e Jean Michel ligou. Agora ele está hospedado em *dois* hotéis. Um é o Ritz Carlton e agora ele se transferiu para o Mayfair Regent na Rua 65. Acho que ele está competindo comigo para morar na altura das elegantes 60 Leste. Eu disse que aqui a TV é terrível e ele não acreditou, mas quando chegou ao Mayfair e descobriu que não conseguia pegar o canal Showtime ou nada parecido aprendeu a lição. Boa TV é muito importante. Aí ele voltou para o Ritz Carlton. Lá tem uma Jacuzzi enorme.

Segunda-feira, 24 de setembro, 1984. De manhã fui logo até o consultório da dra. Li (táxi $4). Fiz alguns testes de sangue e ela atirou o sangue no meu corpo. Agora devo comer arroz três vezes ao dia, mas estou fingindo, estou comendo *bolachinhas* de arroz.

Tenho que ir à cerimônia em memória de Truman. Depois vai haver uma festa na casa de C.Z. Guest. Steve Rubell disse a melhor frase, me disse, "Você não vai ao meu velório, eu não vou ao seu". É o melhor dos acordos. Jay vai – acho que ele e Kate estão juntos novamente.

Perguntei a Paige se queria ir comigo à festa de Ahmet Ertegun no Carlyle (táxi $3). Ahmet estava na porta. As mesmas pessoas de sempre – Jerry Zipkin, Mica e Chessy. A iluminação estava muito fraca. Mrs. Buckley estava lá e Charlotte Curtis, Charlotte gritou, "Ah, você pintou suas sobrancelhas!" Então o que eu podia dizer? "Sim. De duas cores." Charlotte sempre tem um ar azedo. Mas eu gosto dela. Escreveu umas colunas ótimas nos anos 60. Paige era a mais jovem da festa.

Terça-feira, 25 de setembro, 1984. Esqueci que, quando eu estava no consultório da dra. Linda Li, Roberta Flack chegou e disse, "Ah, vi você na igreja St. Vincent domingo". Ela disse que vai a uma igreja batista e que só entrou por acaso na minha igreja.

Caminhei pela Quinta Avenida.

Crazy Matty passou pelo escritório e Brigid conseguiu que ele fosse embora. Está magro de novo mas está ok, não mais louco que o de sempre – só louco normal. Acho que não está mais morando com aquela mulher no quarto de seu hotel. Ah, mas como é que loucos conseguem namoradas e pessoas normais não conseguem? Você pode me explicar?

Fui convidado para ir ao iate de Malcolm Forbes com mrs. Marcos. Realmente quero fazer o retrato dela antes que, você sabe, algo aconteça por lá. Fred Leighton vai ficar tão contente quando souber que ela está na cidade. Ela vai à loja de joias dele e descarrega milhões de dólares. Trabalhei até as 7h.

Quarta-feira, 26 de setembro, 1984. Benjamin me buscou e nós saímos e caímos direto nos braços de – Crazy Matty. Pegamos um táxi e ele ficou, dois quarteirões depois veio até nosso táxi, que estava parado no sinal, abriu a porta da frente – eu tinha trancado a porta de trás – e pediu dinheiro. Então agora ele aprendeu a – extorquir.

Quinta-feira, 27 de setembro, 1984. Conversei com Keith Haring, disse que estava deprimido e aí foi ao Whitney e viu a exposição de Pop Art e viu meu "Dick Tracy" e adorou, disse que tinha acabado de ser vendido por $500 mil e que não era o suficiente, que valia $1 milhão e que se tivesse $1 milhão teria comprado. Foi gentil ter dito isso. E foi bom de ouvir. Si Newhouse comprou-o de Irving Blum.

Fui encontrar os Brant para jantar no Jams (táxi $6). Eu disse para o sujeito que queríamos ficar embaixo mas mais uma vez ele nos colocou lá em cima, mais tarde vi por que – Robert Redford estava bem atrás de mim, com talvez sua mulher e sua filha, acho. Eu não disse nada porque não seria cool, mas quando cheguei em casa li por acaso uma entrevista dele numa *Playboy* antiga e achei que *deveria* ter dito olá porque ele conta que uma vez tentou ser pintor e que foi diretor de arte duma revista em Nova York nos anos 50. Eu não sabia disso! Então ele teria sabido quem eu sou.

Será que contei ao Diário, aliás, que Merv Griffin recusou nosso programa de TV? Pois recusou.

Sábado, 29 de setembro, 1984. Conversei com Keith e Jean Michel. Eu queria que Jean Michel viesse para pintar mas ele estava dando uma festa de aniversário para a mãe, aí fui encontrá-lo e fui apresentado a ela. É uma senhora muito distinta, meio matrona, mas com um ar bom. De alguma forma ele se ressente dela – diz que ela entra e sai de hospícios e que se sente rejeitado. Mas ele não tem que se envergonhar dela, ela foi muito amável e tudo. O pai não apareceu. São divorciados e ele está morando com outra mulher. É contador.

E Jean Michel ainda está hospedado num quarto de $250 por dia no Ritz Carlton. E aquela mesa de concreto de 17 metros que pediu que Freddy o arquiteto fizesse especialmente para o apartamento da Great Jones encheu o apartamento todo e Jean Michel simplesmente quebrou tudo em pedaços. Robert Laughlin, que mora ao lado de Freddy, no apartamento que era de Kenny Scharf, me contou que quando Freddy se mudou havia pinturas de Kenny Scharf por toda parte, por todas as paredes, e Freddy pintou *por cima de tudo*! Pintou tudo de branco! Nem removeu as portas que tinham pinturas, teria sido tão fácil de guardar!

Segunda-feira, 1º de outubro, 1984. Frio lá fora. E o que que a gente faz quando velhas agressivas empurram você para o lado e pegam o seu táxi? Finalmente consegui um ($8), mas o tráfego estava muito lento.

Ah, e toda a tarde ficamos esperando que Stuart Pivar ligasse porque Michael Jackson deveria ligar para ele e vir ver os Bouguereaus. Mas Stuart saiu um minuto e perdeu a ligação, talvez venha hoje. Se for de verdade. Estes Bouguereaus valem agora 2 milhões cada um e Stuart tem uns quatro. Subiram de preço tão de repente. É engraçado, são as pinturas perfeitas para Michael Jackson – como garotas de dez anos com asas de fadas, em volta de mulheres lindas. E Stuart Pivar realmente gosta de corpos jovens. Ele acha que são os hormônios que o mantêm jovem. Ele quer os de dezessete anos, mas não consegue.

Terça-feira, 2 de outubro, 1984. Jean Michel veio ao escritório pintar mas dormiu no chão. Parecia um mendigo ali deitado. Mas eu o acordei e ele fez duas obras-primas ótimas.

Quarta-feira, 3 de outubro, 1984. Jean Michel ligou três ou quatro vezes, tem se drogado com smack. Bruno veio, viu uma pintura que Jean Michel ainda não tinha terminado e disse, "Eu quero, eu quero", e aí deu dinheiro para ele e levou, fiquei me sentindo engraçado, porque faz tempo que ninguém faz isso comigo. Assim é que costumava ser.

Fui à festa no iate de Malcolm Forbes para Imelda Marcos. Foi meio constrangedor porque achei que estava atrasado mas estava adiantado. A maioria das pessoas eram velhíssimas e todas moram na minha rua. Rua 66 Leste – acho que deve ser a rua mais rica do mundo. Imelda mora lá entre a Quinta e a Madison. Lee Radziwill veio. Está ótima de cabelo curto. Mas Imelda está um pouquinho gorda demais, aí se eu fizer o retrato dela vou querer fazê-la como era nos velhos tempos, quando foi Miss Filipinas.

Estava se fazendo de anfitriã e cantou, mais tarde depois do jantar cantou umas doze músicas – "Feelings", e depois aquela música do tempo da guerra, você sabe, aquela nojenta. Ah, como se chama? "Mares Eat Oats". Todo mundo diz que quando Imelda começa uma festa não consegue parar, que é sempre a última a sair, e é verdade, tem energia de sobra.

Depois de táxi ao Mrs. Chow's, onde Jean Michel estava dando uma festa de aniversário para a namorada, que o convenceu a fazer isso para ela. Ele convidou Diego Cortez e Clemente e outras pessoas, e quando cheguei lá ele estava dormindo, roncando mesmo. Nós o acordamos para que pagasse a conta, porque com essa eu não ia ficar.

Cheguei em casa e liguei o programa *Letterman* e lá estava – Malcolm Forbes! Falando de tudo. E pensei, ih, que grande nome para uma revista, *Forbes*. Acabam de dar esse nome a uma. E comecei a pensar numa revista chamada *Warhol*. (risos) Não, não, eu não adoro meu nome tanto assim. Sempre quis *mudá-lo*. Quando eu era pequeno queria adotar "Morningstar", Andy Morningstar. Eu achava lindo. E realmente cheguei bem perto de usar este nome na minha carreira. Foi antes daquele livro *Marjorie Morningstar*. Eu só gostava do nome, era o meu favorito.

Sexta-feira, 5 de outubro, 1984. Jean Michel veio. Trabalhamos toda a tarde. Rupert apareceu e agora está usando os fundos do 860 para organizar as novas gravuras. Os "Detalhes". Eu odeio elas. São como detalhes da "Vênus" de Botticelli. Mas as pessoas têm adorado. Me faz ficar pensando. Como adoraram a capa de James Dean que fiz para o livro de David Dalton. Estão comprando as gravuras feitas da capa.

Domingo, 7 de outubro, 1984. Lindo dia. Conversei com Jean Michel e ele queria ir trabalhar, aí combinamos de nos encontrar no 860. Fui à igreja e como não havia táxis terminei caminhando até a metade do caminho para o escritório (táxi $3.75). Deixei Jean Michel lá embaixo. Fez uma pintura no escuro, o que foi ótimo. Era o dia do casamento de Susan Blond com Roger Erickson e a coisa era no Café Luxembourg, eu não queria levar Jean Michel para casa comigo para pegar uma pintura de presente, aí nós dois fizemos uma pintura para ela lá mesmo. Jean Michel é tão difícil, a gente nunca sabe com que humor ele vai estar, com o que ele se drogou. Fica realmente paranoico e diz, "Você só está me usando, você só está me usando", e então se sente culpado por ter ficado paranoico e faz tudo para compensar. Mas aí também não consigo saber o que é que ele gosta de fazer. Fomos para o casamento de Susan e ele não gostou, não sei se é por causa das drogas, ou porque ele detesta multidões ou porque acha que é uma chatice. E eu fico dizendo que à medida que for ficando mais e mais famoso vai ter que fazer mais e mais essas coisas (táxi $10).

Conheci a mãe de Roger e ela se parece e age como Susan. Jonathan Roberts voou da Califórnia e eu perguntei por que ele tinha se importado com isso. Eu disse, "Só porque uma vez você saiu com Susan?".

Danny Fields foi o padrinho, fez um pequeno discurso. Steve Rubell estava lá e não foi cordial. Quer dizer, na verdade ele foi cordial, mas às vezes ele é cordial mesmo mesmo mesmo. Aí ele não foi cordial na medida certa.

Uma mulher na festa era de Los Angeles e ficou reclamando de uma mesa que comprou de Ronnie Levin, disse que ele pegou o dinheiro e ela não recebeu a mesa, e aí ela ligou para a mãe dele e a mãe dele disse que Ronnie tinha desaparecido. Perguntei a PH sobre isso e ela disse que é sério, que ninguém tem falado com ele há semanas e que com a boca que ele tem se estivesse vivo a esta altura já teria ligado para alguém.

Segunda-feira, 8 de outubro, 1984. Busquei Jean Michel, as pessoas ficam tocando a campainha dele de quinze em quinze segundos, me lembrou a antiga Factory. Ele diz coisas como, "Ouça, cara, por que você não ligou antes de vir?". Um sujeito para quem ele deu desenhos de brincadeira uma vez quando precisava de um lugar para ficar agora vendeu-os por uma fortuna – $5 mil ou algo assim. Jean Michel está descobrindo o que é estar nesse meio, como tudo deixa de ser divertido e aí a gente fica pensando: o que é arte? Será que vem realmente da gente ou é só um produto? É complicado.

Ah, esqueci de dizer que o garoto do dr. Rossi que há pouco se formou em Yale quer fazer vídeos e aí vou mandar ele conversar com Vincent. Dr. Rossi é o médico que salvou minha vida quando fui baleado, em 1968.

Terça-feira, 9 de outubro, 1984. Fiz algumas coisas para o aniversário de Sean Lennon e a pintura ainda estava molhada – uma pequena caixa de balas em forma de coração dizendo

"I love you" – e também levei um "pincel" que em vez de cerdas tinha uma pilha de tiras de papel vermelho. E uma pulseira feita de moedas de 1 centavo. PH me buscou e fomos para o Dakota (táxi $6.50). Havia fãs do lado de fora em homenagem àquele dia, ainda em "vigília". Porque o dia 9 é o aniversário de Sean e de John. Do lado de dentro do apartamento de Yoko todo mundo tinha tirado os sapatos e aí havia uma fila de sapatos no corredor. PH contou que quando ela foi ao Royal Palace uma vez no Havaí os guias deram pantufas para colocar *em volta* dos sapatos, acho que *essa* é uma ideia melhor para conservar a casa limpa. Aí quando ouvimos um copo cair e quebrar foi a nossa desculpa – não queríamos ficar só de meias onde poderia ter cacos de vidro. Yoko correu para chamar Sean e ele veio e perguntou, "Você trouxe o meu dólar?". Yoko contou que ele tem lembrado daquilo e quer a outra metade do dólar que eu rasguei em dois da vez passada. Aí eu dei para ele uma porção de notas rasgadas que eu tinha trazido e ele foi para um canto tentar encontrar o par da metade que *ele* tinha. Keith estava lá e trouxe Kenny Scharf como acompanhante. Walter Cronkite estava lá, e John Cage e Louise Nevelson e Lisa Robinson.

Só de brincadeira eu soletrei o nome de Sean "Shawn" em alguns dos presentes e aí quando Sean autografou guardanapos para mim assinou daquele jeito. Estava usando luvas tipo Michael Jackson, mas nas duas mãos, umas luvas que seu amiguinho Max Leroy, o filho de Warner Leroy, lhe deu de presente. Disse que também gosta de Prince, e deve gostar de Boy George porque mais tarde no computador ele fez um desenho de Boy George. Sean e Keith se deram bem de saída. Keith é muito bom com crianças – estava brincando superbem com um outro bebê que estava lá também, indo atrás dele com um animal empalhado. Sean sentou entre mim e Roberta Flack.

O bolo era um piano de cauda amarelo enorme. Sean foi quem teve a ideia. Há um piano no quarto. E cortou o bolo. Harry Nilsson puxou a cantoria do "Ele é um bom companheiro" e mais tarde Sean fez um discurso realmente bom, disse que se seu pai estivesse lá eles teriam cantado "*Eles são* bons *companheiros*".

Depois do jantar Yoko, Sean e algumas outras pessoas foram fazer o programa de rádio da WNEW que originalmente fariam lá mesmo no prédio, mas no último minuto o Dakota não deu permissão. Mas a maioria das pessoas ficou por ali. Fomos para o quarto de Sean – havia um garoto lá instalando o computador Apple que Sean ganhou de presente, o modelo MacIntosh. Eu disse que uma vez alguém tinha me ligado várias vezes querendo me dar um, mas eu nunca liguei de volta ou algo assim, e aí o garoto me olhou e disse, "Claro, era eu. Sou Steve Jobs". E tem um ar tão jovem, como um universitário. Ele disse que ainda quer me dar um computador. E que vai me ensinar a desenhar com ele. Ainda vem apenas em branco e preto, mas logo vão fazer a cores. E aí Keith e Kenny ficaram usando. Keith já tinha usado um para fazer uma camiseta mas Kenny estava usando pela primeira vez e me senti muito velho e fora de contato com tudo, ao lado daquele geniozinho que ajudou a inventar essa coisa.

O quarto de Sean tem dois colchões no chão e uma porção de fotos dos Beatles e uma foto enorme de Yoko feita por Rupert Smith pendurada na parede. Havia papel de presente e presentes por todo o chão e muitos robôs de brinquedo nas prateleiras.

Depois que saímos fiquei muito deprimido porque antes *eu* era o melhor amigo adulto de Sean e agora acho que Keith é. Eles realmente se deram bem. Ele convidou Keith para a festa da garotada no dia seguinte e acho que não estou convidado, fiquei magoado.

Sábado, 13 de outubro, 1984. Acordei cedo, está ótimo lá fora. Jay reatou com Kate Harrington e está tão feliz no casamento que não vai trabalhar. Benjamin também está feliz no casamento e não vai trabalhar. Aí fui sozinho ($6). A única pessoa que ligou foi Michael Walsh, o garoto de Newport que quer que eu dê uma olhada no trabalho dele. Trabalhei até as 8h sozinho. Fui para uptown ($6).

De táxi até a casa de Mick e Jerry para jantar na Rua 81 Oeste (táxi $4). Três guarda-costas corpulentos do lado de fora. Jack Nicholson estava lá, agora está na fase Bouguereau – tem aquele monte de Remingtons e agora está comprando Bouguereaus.

O bebê não estava lá. A irmã de Jerry, Rosy, estava e com duas tetas quase explodindo, o que é estranho, não sei por que ela se veste assim quando tem aquele imenso marido corpulento, sexy, ótimo. Conversei com Wendy Stark, me mostrou três fotos do filho, aí pareciam trigêmeos. Whoopi Goldberg apareceu e o tal do Garfunkel estava lá e Mike Nichols. Tina Chow estava na cozinha com a comida, eles é que fizeram. E falei a Jack Nicholson sobre ele fazer a história de Jackson Pollock que PH e eu estamos pensando em comprar os direitos de filmagem de Ruth Kligman, e nesse momento Fred chegou e disse que era uma ideia horrível, que Ruth Kligman é uma outra Crazy Matty, aí Jack disse, "Bem, vou deixar que vocês dois, grandes empresários de cinema, cheguem a um acordo". Jack estava com um terno que mandou fazer em Londres, ficou parecido com uma caixa.

Mick estava bêbado e muito cordial, veio e me abraçou algumas vezes, fiquei meio feliz por não ter vindo com Cornelia, porque ela seria "uma ameaça" a Jerry. Fiquei surpreso de ver Whitney Tower lá porque Jerry sempre o acusou de conseguir mulheres para Mick. Havia toda uma outra sala com mais estrelas.

Segunda-feira, 15 de outubro, 1984. Eu tinha uma consulta com dra. Linda Li. Eu estava quinze minutos atrasado e por isso tive que esperar. Ela me disse que sou alérgico a batatas, não sei se é mágica ou se sentiu o cheiro, porque eu tinha comido batatas. E me disse para não comer batatas por um tempo, aquelas brancas. Saí de lá (telefone $2, jornais $3).

Depois do trabalho saí com Jean Michel, finalmente ele ia desocupar seu quarto no Ritz Carlton, mas quando chegamos lá resolveu que é lindo demais para abandonar.

Terça-feira, 16 de outubro, 1984. Jackie Curtis ligou e contou que Alice Neel morreu. Eu estava pensando há tempos em ligar para ela. Era uma doce velhinha. Mas acho que já era suficientemente velha, por volta dos oitenta, eu acho. Parece que a vi há pouco no programa de Johnny Carson. Jackie quer colocar o anúncio de uma peça que ele vai estrear na *Interview,* mas será que podemos confiar que ele vá pagar?

Jean Michel, eu, John Sex e Fab Five Freddy fomos de táxi até o Lyceum downtown para o show de Whoopi Goldberg ($8). Estávamos atrasados e com lugares na segunda fila. Whoopi é ótima, por uma hora e meia só um palco vazio, mas consegue manter o interesse. Ela é realmente inteligente e tudo. Faz uma coisa na qual pede moedas de 25 centavos para o público e depois não devolve. Aí quando terminou e fomos aos camarins falar com ela, eu perguntei e ela me respondeu que normalmente devolve, mas que um sujeito deu uma nota de $1 para ela e isso a perturbou, agora tinha uns $4 e talvez dê o dinheiro para uma entidade de caridade dos católicos. Ela realmente gostou de Jean

Michel, eu a convidei para jantar, mas ela disse que estava com cólicas ou algo assim.

Quarta-feira, 17 de outubro, 1984. Nossa advogada, Risa Dickstein, é capa do *Post* porque é advogada da Mayflower Madam, e isso mostra que tipo de advogado tivemos a sorte de conseguir.

Aí Gloria von Thurn und Taxis, a princesa fada, veio almoçar no escritório com seu marido, o príncipe fada de 58 anos com quem ela casou quando tinha vinte ou algo assim e foi capa de todas as revistas alemãs porque ele é o bilionário que precisava de filhos para herdeiros. E agora têm três filhos. E Betsy Bloomingdale estava lá, também.

O príncipe Johannes von Thurn und Taxis começou a falar sujo. Disse que quando era jovem foi a Hollywood e foi apresentado a Marilyn Monroe, que ela deu em cima dele e o convidou para jantar em sua casa, mas ele disse que naquela época não estava a fim de mulheres – disse isso em alto e bom som. Eles falam assim. E a mulher fala de garotos, aí ele fala de garotos com caralhos enormes. É muito abstrato. Enfim, ele disse que perguntou a Marilyn Monroe quem mais estaria lá e ela disse uns nomes, aí ele chegou e Marilyn vem com um negligée decotado e ele pergunta, "Onde estão as outras pessoas?", e ela respondeu, "Todos cancelaram". Aí beberam champagne rosé e jantaram, e aí ela puxou uma cordinha e ficou ali em pé absolutamente nua e ele não conseguiu... aí disse que só a bolinou um pouco e falou, "Te vejo mais tarde, doçura". Ele disse que podia ter fingido e que poderiam só ter se enroscado um no outro mas que – ele repetiu de novo – naquela época não estava a fim de mulheres. Ela deveria saber que ele é rico. Ou talvez ele fosse bonito. Porque ele também disse que Pablo Picasso uma vez o viu e queria retratá-lo, disse que faria dois e daria um para ele, mas ele pensou que era só um velho a fim do corpo dele. Isto aconteceu na praia. Mas eu não sei se as histórias dele são verdadeiras. Provavelmente são, mas ele lembra algumas coisas sobre mim que eu não lembro, então... Como ele dizer que uma vez me convidou para sair e que eu disse que estava doente e que então ele telefonou para minha casa e eu não estava, mas eu sei que nunca dei o meu número de casa para ele.

E depois eu os levei até a limusine e Gloria queria um caralho desenhado na sua *Interview*. E Fred disse que essa foi a nossa primeira festa de alta sociedade no prédio novo. Teria sido ótima no salão de baile. Mas tem um vazamento lá. E Fred mandou fazer mesas para o terraço! Sei lá por quê. A pequena sala de jantar é agradável, mas não é a mesma coisa.

Segunda-feira, 22 de outubro, 1984. Fui ao novo escritório e encontrei o cara da construtora de quem Vincent e Fred gostam tanto. Fiquei brabo com ele quando soube que vai custar $100 mil fazer um terraço no último andar, e disse apenas "Só queremos um terraço velho e simples". E ri na cara dele quando me disse que estaria pronto no Natal. Ah, claro. Vou ter que pensar neste assunto.

Rupert disse que o apartamento dele foi assaltado e que eu não ficasse chateado se uma série de gravuras não assinadas começassem a aparecer nos leilões. Mas aí a polícia telefonou e disseram que conseguiram reaver algumas coisas.

Trabalhei até as 7h30.

De táxi para casa ($6), me colei e então fui jantar na casa dos Sackler na Park Avenue, jantar para a princesa Michael de Kent. E a gente deveria chegar lá antes dela mas me atrasei. Era um jantar para apenas oito pessoas. Havia uma mulher trancada no banheiro e todo mundo fingiu que nada estava acontecendo durante meia hora, quando ela saiu acusou Jill de tê-la ouvido e não ter feito nada e Jill disse que não tinha ouvido, mas quer dizer, *eu* ouvi, então...

Sexta-feira, 26 de outubro, 1984. Victor apareceu. Halston agora está trabalhando em casa.

Julian Schnabel estava dando uma festa de aniversário no Mr. Chow's e me convidou, mas Jean Michel e eu não queríamos ligar de volta porque sabíamos que ele queria vir e ver no que estamos trabalhando. Trabalhamos até as 7h50 (táxi $6). John Lurie, que estrelou *Estranhos no paraíso,* veio e bebemos champagne, foi um erro. Deixei-o às 12h30 (táxi $7).

Sábado, 27 de outubro, 1984. A foto de Kate está enorme na primeira parte do artigo sobre Truman Capote na revista *New York*, a segunda parte está sendo publicada e estou querendo saber se vão dizer que na realidade ela é filha do antigo namorado dele, Jack O'Shea.

Segunda-feira, 29 de outubro, 1984. Dia da maratona de Nova York, estava quente e úmido e por isso os competidores tiveram problemas. Um francês morreu – o primeiro a morrer na maratona. E a mulher que ganhou estava cagando nas calças, estava com diarreia e tentaram lavá-la, mas disseram, "Ela está sujando as calças de novo".

Kenny Scharf ligou e me convidou para um passeio no Cadillac que trouxe de L.A. e pintou. Agora ele colocou taças de champagne e monstros no carro. Ele e Keith vieram e o carro é realmente algo, a polícia ficou atrás mas estavam só curiosos, como todo mundo. Aí fomos uptown para a Rua 90 com East River Drive para ver o mural que Keith fez. Tem uns 90cm de altura por uns 70m de comprimento, quase três quarteirões de comprimento. Pintou de branco e fez umas figurinhas em spray preto e vermelho, mas teria ficado melhor se fosse apenas prata. E na realidade melhorou o aspecto da cidade.

Halston ligou e me convidou para jantar em sua casa, onde Jack, Anjelica, Steve Rubell e Alana estariam, e Bianca, e eu disse "Claro" e assisti TV e aí às 9h caminhei até lá. Ann Turkel, que foi casada com Richard Harris, estava lá. Bianca ficou beijando o namorado dela como se ela fosse Jade ou algo assim, na frente de Alana, que ficou falando de acordos financeiros. Essas mulheres. É tão estranho, como uma coisa sem propósito, falando de "acordos". Bianca ficou falando mal da casa de Alana em L.A., dizendo que era muito suja e de péssimo gosto, e ela e Alana quase se pegaram a socos. São amigas.

E a maior pessoa da festa foi Peter Wolf, contei a ele que todas as mulheres são loucas por ele, adoram quando aparece no seu videoclipe. O jantar foi ótimo. Halston está perdendo um pouco de cabelo. A casa dele perdeu aquele charme que tinha quando Victor morava lá.

Terça-feira, 30 de outubro, 1984. Ferraro está nos noticiários. Eu gostava muito dela no início, mas agora ela está como todos os outros, tão mecânica.

Jean Michel estava na cama com alguma nova mulher e não apareceu. Bruno chegou e nos surpreendeu. Com a mulher dele – Yoyo. Viram as pinturas enormes sobre as quais Jean Michel está imprimindo e fizeram uma cara azeda, disseram que arruinou seu "primitivismo intuitivo". Mas ele sempre *xerocou* antes e ninguém desconfiou, pareciam desenhos novos e se fez com aqueles negócios. Trabalhei até as 7h30.

Aí havia uma festa para Van Johnson no Limelight. Quando chegamos lá ele já estava indo embora. Era uma festa que ele tinha organizado para Janet Leigh. E foi muito cafona. Ele disse, "Ah, desde sempre estava louco para te conhecer!". Tem um ar de bêbado. Acho que não havia garotos lindos suficientes lá. Aí no centro da sala havia um chuveiro, uma mulher, sangue por toda parte e um sujeito parecido com Tony Perkins com uma roupa de avó. E no meio disso tudo estava a verdadeira Janet Leigh num vestido azul de lantejoulas.

Quarta-feira, 31 de outubro, 1984. Bruno acaba de ligar – a pintura de Jean Michel saiu por $20 mil no leilão da Christie's. Acho que ele vai se transformar no Grande Pintor Negro. Foi uma das suas pinturas mais ou menos grandes. Acho que as coisas mais antigas de Jean Michel são até melhores, porque então ele só estava pintando, e agora ele tem que pensar em coisas para pintar e para vender. E quantos negros gritando dá para pintar? Bem, acho que dá para fazer para sempre, mas. E ontem ele comprou uma máscara de $700 para o Dia das Bruxas. Mexicana. Ele só gasta dinheiro. Saiu do apartamento do Ritz Carlton e agora não pega limusines, já é um progresso. Mas o que ele deveria fazer – eu disse isso a ele – é ficar com as pinturas antigas e colocar num depósito para vendê-las mais tarde. Porque Bruno simplesmente compra tudo e vai vendendo aos poucos. Mas Jean Michel realmente deveria ficar com elas como pé de meia. As pinturas que ganham bons preços são as antigas de Rauschenberg e qualquer coisa de Jasper e Cy Twombly. Wesselman meio que vende... Os preços de Rosenquist são apenas médios, mas acho que ele é o melhor, acho mesmo.

Creio que finalmente vou enfrentar a mudança do 860 porque Stephen Sprouse alugou aquilo lá.

Me colei, busquei Gael e fomos a pé até o Jams encontrar Fred. O jantar foi realmente horrível. Era só eu reclamando. Eu deveria ter sido como um líder de torcida, dizendo, "O que podemos fazer para tornar nossa maravilhosa revista ainda melhor?". Mas não foi assim. Gael explicou os custos de impressão. E, realmente, eu deveria ter sido positivo. Sei que a gente consegue mais das pessoas ao encorajá-las. Embora eu tenha encorajado alguém antes – Chris Makos. O resultado é que esta semana ele está leiloando uma foto minha vestido de mulher, uma daquelas que ele tirou. E Gael não comeu aí fiquei achando que era porque estava chateada comigo, mas no fim era apenas porque está tentando fazer dieta porque engordou demais. Só que ela só me puxa o saco de maneira errada – acha que é tão ótima ou algo assim. Nós realmente não nos comunicamos. Não sei se ela é idiota ou se só se faz de burra para não fazer o que a gente diz para ela fazer (jantar $140).

Depois conversamos sobre as capas, quando seria a capa com Mick, quando vai ser o número sobre saúde, quando vai ser Mickey Rourke. Foi um jantar muito frustrante, nada foi realizado, só muita discussão. Tudo culpa minha. Teríamos feito melhor se tivéssemos ido a uma festa de Dia das Bruxas. Fred nos levou a pé para casa.

Quinta-feira, 1º de novembro, 1984. Julian Schnabel ligou e disse que viria com alguém do rock, Captain Beefheart. Eu não queria que ele fizesse isso e aí fiquei preocupado que Julian possa ter ouvido o que tenho andado dizendo sobre ele – que vai aos estúdios de outros artistas para descobrir coisas para copiar.

Tive que sair cedo para assistir ao primeiro desfile de modas de Christophe de Menil. Ela está se transformando numa designer de roupas (táxi $8). Fui para a 79 com a Quinta, o consulado da França. E os vestidos são só de linho e com mangas iguais a guardanapos dobrados, um ar de 1914. Mangas engraçadas. Não sei por que ela está querendo entrar nesse negócio de vestidos – não que ela tivesse que fazer uma "declaração". Bianca estava lá e Steve Rubell me contou que a razão de não querer ninguém na festa de aniversário que deu para Jade é que Jade engordou muito. Aí eu saí discretamente (táxi $4).

Cornelia e eu fomos a pé até o Pierre para a coisa beneficente da ASPCA. Conversei com C.Z. Guest e ela disse que Truman foi quem fez com que deixasse de ser uma dona de casa e mostrou que ela podia fazer coisas. E disse que nunca contou nada íntimo para Truman mas, quer dizer, estávamos lá só há cinco minutos e ela já tinha contado para *mim* todos os detalhes íntimos que a gente poderia pensar sobre a família dela... Quer dizer, você falava em bebida e ela ficava dizendo, "Vivi muitos anos com um bêbado, sei bem o que é isso".

Sexta-feira, 2 de novembro, 1984. Trabalhei até as 7h. Aí havia um vernissage de Schnabel. Fui para lá (táxi $6). Fiquei falando mal da pintura dele, sendo engraçado, e aí percebi que ele estava perto de mim mas não acho que tenha ouvido. Havia uma porção de pratos na parede. Schnabel disse que por um tempo foi cozinheiro dos pedidos rápidos do restaurante de Mickey Ruskin na University Place. Ih, pobre Mickey. Ninguém fala nele agora. Foi mesmo esquecido. A exposição é interessante mas tive que sair porque Cornelia vinha me buscar para o show de cavalos.

Domingo, 4 de novembro, 1984. Fui encontrar Alba Clemente, a linda mulher de Francesco Clemente, no estúdio deles no prédio da Tower Records. Ela estudou interpretação, tem uma grande risada, e é rica. Moram na Índia seis meses por ano. É por isso que as pinturas dele têm aquele ar, eu acho. Depois fomos para o Odeon (táxi $10). Foi divertido, fofocamos sobre arte. Havia grandes silêncios, porém. Jean Michel é difícil de conversar. A coisa com ele é que se apaixona por garçonetes, aí fica quieto e as observa. Alba disse que a garota que cuida de seus filhos tem uma queda por ele (almoço $90). E aí voltamos para a casa dela para que Jean Michel pudesse conhecê-la, Monica, mas ela tinha levado as crianças para passear. E aí Jean Michel começou a ficar inspirado com os trabalhos de Clemente e quis ir embora pintar.

Fomos para o estúdio (táxi $3.50) e trabalhamos duas horas. Jean Michel repintou as imagens que tinha apagado quando estava drogado com smack e produziu algumas obras-primas. Aí ligou para a mulher, Monica, e convidou-a para jantar. Ela queria ir ao Lone Star porque seu seminamorado, que é assistente de Schnabel, estaria lá, mas Jean Michel não queria porque ficou com medo que se houvesse competição ele poderia perder a foda.

Terça-feira, 6 de novembro, 1984 – Nova York-Washington, D.C. Dia da eleição. Foi o pior início que se poderia imaginar. Acordei às 7h, estava pronto às 8h. Liguei para Fred e ele estava fora da realidade. Fiquei furioso. Ele não dizia coisa com coisa. Talvez só tivesse dormido quinze minutos, sei lá.

Enfim, uma hora mais tarde estávamos em Washington. Fomos para o Madison Hotel. A princesa Elizabeth da Iugoslávia foi conosco. A filha dela, Catherine Oxenberg, começa em *Dinastia* semana que vem e chegaria mais tarde. E aí algumas das pessoas foram para a Casa Branca mas nós não tínhamos sido convidados e então ficamos nos nossos quartos.

Pedi o almoço e foi caro. Jean Michel pediu um vinho Château Latour de 1966 por $200 (almoço $500). Depois fomos de limusine até o *Sequoia*, o iate presidencial, estava frio, horrível e escurecendo. As mesmas velhas pessoas. Peter Max e a namorada, ela é linda, alta e texana, e não sei como está com ele. Ela aparece no início e no final de *Portal do paraíso*. Uma top model, esqueci o nome. Conversei com Chip Carter enquanto fiquei lá.

Depois voltamos para o hotel e Jean Michel enrolou um cigarro de maconha. Pedimos jantar, que foi nojento (gorjeta $5). Fred não se deu conta de que só tinha meias amarelas e sapatos marrons, aí não pôde vestir sua roupa preta. *Entertainment Tonight* me pegou na entrada e perguntou em quem eu tinha votado e eu disse, "No vencedor", e eles perguntaram, "Quem é ele?", e eu disse, "O vencedor é quem vencer". Nem *eu* sei o que isso quer dizer. Se algum dia eles juntarem todos os meus clips vão ver que sou um imbecil e finalmente vão parar de fazer perguntas.

Tirei fotos de Melvin Laird dançando. Com Jean Michel foi difícil de lidar, ficou tão paranoico. Foi uma "Festa Apartidária" que os Weisman estavam dando porque na última eleição deram uma festa para os democratas e desta vez todo mundo era democrata mas fingindo ser republicano.

Quarta-feira, 7 de novembro, 1984 – Washington, D.C.-Nova York. Liguei para o quarto de Jean Michel e disse que estaríamos saindo num segundo. Fui para o quarto dele e o fotografei levantando da cama de pau duro. E aí começou a enrolar um cigarro de maconha. Ele pediu uma refeição completa mas não trouxeram. De táxi até o aeroporto ($20).

Jean Michel e eu sentamos na parte de trás do avião e ele ficou puxando fumo, me dei conta de que ele tinha deixado seu novo casaco Comme des Garçons no quarto de hotel quando tinha enrolado os baseados e ele ligou e eu liguei mas garanto que nunca vão nos mandar o casaco. Ele sabe exatamente o que fica bem nele. Tem 2m ou 2m10cm, com todo aquele cabelo. Ele é realmente grande.

Pegamos um táxi para Manhattan ($22). Então fui para a Rua 33, sentei na minha sala e dei telefonemas. A calefação está estragada, estava gelado lá. E quero tirar a chave daqueles dois banheiros do lado de fora do meu escritório porque a todo minuto tem alguém entrando ou saindo e eu não aguento essa produção constante de mijo o dia inteiro. Vou fazer os garotos de *Interview* irem lá em cima num daqueles banheiros ou algo assim, porque quem é que aguenta ouvir essa coisa o dia todo.

Fui ao Private Eyes (táxi $7). Scott estava na porta, aí nos deixou entrar imediatamente. Madonna estava na plataforma e, já que Jean Michel uma vez esteve envolvido com ela, nos dirigimos para lá e o leão de chácara disse, "Abram caminho para mr. Warhol", e aí tentou bloquear a passagem de Jean Michel e eu disse que tudo bem, que ele estava comigo. Madonna beijou Jean Michel na boca, mas ela estava com Jellybean, que disse que suas fotos na *Interview* fizeram com que parecesse ter 2m de altura e aí ficou fascinado porque tem meio metro. Jean Michel ficou de mau humor porque Madonna agora é muito importante e ele a perdeu. Dianne Brill tentou chegar até a plataforma e o cara simplesmente a empurrou de volta e eu disse, "Você não sabe quem é ela? É Diane Brill", mas ainda assim ele não deixou que ela subisse. E ela estava superchamativa com sua roupa de borracha e com aqueles negócios do Frederick's of Hollywood e tudo, aí ficou realmente humilhada, e assim é que são as coisas – a gente acha que tem muito pizzazz e de repente algo assim acontece na frente dos seus amigos. Aconteceu comigo. Algum dia, em algum lugar, acontece a todo mundo. Eu disse a ela que falaria com a RP mas ela disse que não, que estava tudo bem.

Quinta-feira, 8 de novembro, 1984. Fui para a casa de Diane von Furstenberg e na mesma salinha estavam Bianca e seu namorado e Mick e Jerry e as duas irmãs dela, todo mundo estava tentando dar as costas uns para os outros. E finalmente, para quebrar o gelo, Bianca virou para Mick e disse, "Ah, você dormiu com todo mundo nesta sala", e ficou rindo e ele disse, "Ah, sim, veja só! Ali está Mark Shand! E Andy Warhol! Já comi todos!". Foi engraçado.

Marina Schiano estava lá e Jean Michel me perguntou se ela era um travesti. E Annina Nosei estava lá. Ela teve uma galeria no Soho e Jean Michel pintava no porão. Ela levava pessoas lá para vê-lo como se fosse atração e ele gritava, "Fora daqui, seus putos!". Uma vez ele destruiu vinte pinturas, arrancou-as da parede. E depois que ela lembrou esses velhos tempos, ele se sentiu engraçado por estar num lugar chique de uptown. Ele não está mais feliz agora que está uptown porque tudo está ainda por fazer e ele não sabe como começar. Eu disse a ele, "Olha, de qualquer forma aqueles escândalos eram só fingimento". Ele está confuso. Ficamos até as 11h30.

Segunda-feira, 12 de novembro, 1984. Fui ver *Estranhos no paraíso*. Não é bom.

Ah! e o dia iniciou com Eugenia Sheppard morrendo de câncer. Ela foi a primeira a juntar moda e fofoca. Acho que em 1955. Foi quando a princesa Grace casou?

Quarta-feira, 14 de novembro, 1984. Fui ao novo consultório da dra. Karen Burke, na 94 com a Park, e fiz meu tratamento de colágeno, doeu demais. Deveria ter novocaína naquele negócio quando injetam na gente, mas parece que não tem. Deve haver uma maneira de fazer isso sem dor. A última vez que fiz foi há um ano. Fred disse que gritou de dor quando fizeram o seu rosto. Quer dizer, é como mil agulhas furando o rosto da gente.

De táxi até o Mr. Chow's para a festa de Jean Michel (táxi $7). E foi ótimo. Sinto como se tivesse perdido dois anos circulando com Christopher e Peter, eles são apenas uns garotos que falam sobre os Bath e essas coisas, enquanto que agora estou circulando com Jean Michel e estamos fazendo muitos trabalhos juntos, e na festa estavam Schnabel e Wim Wenders e Jim Jarmusch, que dirigiu *Estranhos no paraíso*, e Clemente e John Waite, que cantou aquela música ótima, "Missing You". Quer dizer, quando a gente está com um pessoal criativo realmente dá para sentir a diferença. É estimulante dos dois jeitos, acho que os dois jeitos estão certos, mas...

Agora Chris está me agradecendo por eu não usá-lo mais para copiar minhas fotos, diz que isso está fazendo com que cace mais e trabalhe mais sério. E Bianca, que eu tinha convidado, ligou e não vinha mas depois vinha e finalmente chegou e ficou se fazendo de importante, como se não estivesse procurando emprego no cinema. Ela mudou de lugar e ficou com o lugar de Alba quando Alba foi ao banheiro, quando voltou Alba disse numa voz alta o suficiente para que Bianca ouvisse, "Ela tomou o meu lugar *de novo*", querendo se referir ao seu marido Clemente, mas parecia que Bianca e Francesco não se conheciam, da maneira como estavam agindo.

E Jean Michel se transformou no máximo da anfitriã na noite passada. Disse que tudo custou $12 mil – o Cristal estava jorrando.

Quinta-feira, 15 de novembro, 1984. Vincent disse que eu tinha uma grande gravação em vídeo para fazer e eu disse que meu rosto ainda está marcado por causa daquela coisa do colágeno de ontem, ele prometeu que não gravaria o meu rosto.

Havia uma porção de festas à noite, mas Dustin Hoffman ligou e disse que tinha deixado ingressos para *A morte do caixeiro viajante* e aí Benjamin e eu fomos para o teatro e encontramos Jean Michel às 7h58. No intervalo pessoas atrás de nós bateram no ombro de Jean Michel e perguntaram se eu era realmente quem sou. Dustin na realidade está bem, mas a peça é tão antiga. Vi anos atrás com Lee J. Cobb e Mildred Dunnock, e eles eram mais como gente de verdade.

Depois fomos para os camarins e havia café e tudo, Dustin estava realmente com todo o gás, se fazendo de besta e gritando, "Andy Warhol está aqui!". E nos contou uma história sobre ter visto uma mulher na Sotheby's que era igual à primeira mulher com quem trepou e ele a convidou para ver a peça e aí exatamente na mesma noite a primeira mulher com quem ele trepou veio ver a peça. E ele levou as duas para jantar, ficaram conversando e uma disse que não tinha um lugar para ficar e a outra disse que poderia ficar na casa dela e as duas saíram juntas em direção à felicidade. Ainda se pareciam, ele disse. E Dustin tem um ajudante que toma nota de tudo. Ele está colecionando arte e anotou o número de Jean Michel, e, quando vi o cabelo dele todo raspado, fiquei sem saber por que ele faz a peça com tanta maquiagem quando poderia fazer sem nada. Ele me disse que um dia me viu na rua e conversamos, tinha sido o dia do rompimento dele com a primeira mulher, coisa que então eu não sabia, e ele lembrou cada palavra da nossa conversa porque o dia tinha sido muito traumático para ele.

Sexta-feira, 16 de novembro, 1984. Lucio Amelio queria que eu ouvisse um cantor de ópera cantando em falsete e aí vieram até o escritório, o sujeito cantou e pensei que era uma comédia – era algo como o canto dos *castrati* – mas quando comecei a dizer como era engraçado Fred me deu um chute. E o garoto é muito bonito, parece que é hétero. Ficamos todos admirados. Foi como nos velhos tempos da Factory, quando de vez em quando alguém com talento de verdade deixava todo mundo em choque.

Sábado, 17 de novembro, 1984. Cheguei ao escritório ao meio-dia (materiais $11.96, $3.50, $4.20).

De táxi até o estúdio de Keith downtown ($5). Madonna chegou de peruca preta. Havia três limusines lá embaixo e fomos assistir àquela coisa "Greener Pastures" na Brooklyn Academy of Music no Brooklyn. Keith fez os cenários e Willi Smith fez os figurinos. Sentei ao lado de Stephen Sprouse, com quem é tão difícil conversar, mas estou simplesmente louco por ele, é adorável. E todos estávamos vestindo Stephen Sprouse. Foi um espetáculo realmente ótimo. Os penteados são ótimos. Com o marrom embaixo e vermelho em cima, eles usam tranças. Conversei com Stephen sobre fazer coisas de show-biz. Aí terminou.

Fomos ao Mr. Chow's para jantar. Depois fomos ao Area e vimos Keith fazendo vestidos em cima de John Sex. Perguntei a Madonna se ela se interessaria em fazer um filme e ela foi esperta, disse que queria algo mais específico, que ela não fala para que não roubem suas ideias. Ela é muito inteligente. Agora está realmente hot. Ficamos até as 3h, pessoas demais vindo falar comigo (táxi $8).

Terça-feira, 20 de novembro, 1984. Fomos à seção de perfumaria do Bloomingdale's e uma velha perto de mim ficou dizendo, "Estou ao lado dele. Nunca pensei que isso fosse acontecer. Estou ao lado dele". E eu nem tinha uma *Interview* de sobra para dar para ela, já tinha distribuído todas. Saímos e eu disse para Benjamin que já tinha tomado a minha dose de fama do dia. Fomos para a Rua 47 e compramos umas coisas de prata. Na realidade Benjamin comprou algo para ele – é só a segunda vez que isso acontece. Ele viu uma coisa e queria primeiro. Eu deveria ter comprado para ele mas foi muito desajeitado. Eu lembro quando eu estava com John Lennon e ele estava comprando milhares de dólares em roupas e não disse "Você gostaria de uma camisa?". Anos atrás. E encontrei mais polaroids dele e de Yoko Ono, só que fiz aquilo que Brigid fez, colei-as sobre madeira e elas enrugaram.

Vincent acaba de ligar e disse que tem uma foto minha – do robô – na *People*. O boneco que vai estrelar *Evening with Andy Warhol*. Estão conseguindo muita cobertura de imprensa por causa de nada.

Quinta-feira, 22 de novembro, 1984. Dia de Ação de Graças. Fui assistir a Boy George no Garden com Jean Michel e Cornelia. Não consigo gostar dele porque me lembra o que Jackie Curtis poderia ter sido, mas Jean Michel gostou muito. Boy George está muito gordo.

E aí Jean Michel ficou lembrando o Dia de Ação de Graças do ano passado na casa de Halston com peru e queria ir lá, então fomos embora (táxi $6).

O peru já tinha sido levado embora e tinham trazido a sobremesa. Bianca começou a soquear Jean Michel e eu realmente forte. Na realidade fiquei com um hematoma. Ficou gritando que tinha contribuído para a Brooklyn Academy of Music. Quer dizer, essa ordinária – essa bucetuda! Por que é que ela estaria pedindo coisas para os artistas quando ela mesma é que deveria estar circulando para se vender e conseguir o dinheiro dos ricos? Quem é que ela pensa que é! Quer dizer, ela acha que conhece tudo sobre artistas e conhece porra nenhuma! Fica com um rosto sério, faz entrevistas com eles e acha que algo está acontecendo, quer dizer... Ela é como uma adolescente, também, com esse namorado, Glenn Dubin – estão sempre se bolinando e se beijando. Não consigo ver a razão por que ela está usando este sujeito. Talvez só para conseguir um lugar para ficar.

Domingo, 25 de novembro, 1984. O grande telefonema do dia foi de Nelson Lyon e sua novidade é que agora está noivo de Barbara Steele. Ela não é mais atriz, é produtora. E ele disse que está tão humilhado e constrangido por causa das coisas sobre ele no livro sobre Belushi, *Wired*, que não consegue nem enfrentar as pessoas. Eu disse a ele que ninguém se importa, que é chique estar no livro e que ele esquecesse do assunto.

Estão vendendo o andar de Halston no Olympic Tower sem que ele possa fazer nada. É tão triste. O que foi que deu tão errado quando Halston vendeu seu nome? O que é que ele devia ter feito e não fez? É o que eu queria saber. E quero que *ele* me conte, quero sentar e descobrir o que eu deveria fazer se algum dia me vender. Descobrir quando e onde ele cometeu seus erros. No caso de algum dia querer deixar que uma grande empresa me compre e me transforme apenas numa figura de fachada. Porque deve haver um jeito de fazer isso sem perder todo o poder da maneira como Halston perdeu.

Segunda-feira, 26 de novembro, 1984. Dra. Linda Li não consegue descobrir a causa da minha alergia. Disse que meu baço ficou traumatizado quinze anos atrás.

Conversei com o editor de Harper & Row, Craig Nelson, e tive de dizer o que penso do que ele escreveu para o livro *America*: ele não sabe escrever.

Quarta-feira, 28 de novembro, 1984. Circulei pelo East Side com Benjamin. Distribuí o número de Natal. Fui ao dr. Bernsohn e ele disse que ele e o dr. Reese foram às pirâmides e que lá atirou umas bolas de cristal enormes que tinha levado. Fui consultar com ele para me livrar de um resfriado e aí (*risos*) ele também estava resfriado (táxis $4, $5, $5).

Fui ao aniversário de Cornelia no Regine's. Barry Landau estava lá. Barry é tão bom quanto Cornelia para atrair canalhas. E acho que isso significa eu próprio, porque eu estava lá. Mas Cornelia é esperta, colocou Marty Bregman ao seu lado e Roy Cohn do outro lado. Eu sentei ao lado do sujeito que dá aquelas festas de madrugada em Aspen depois da festa de Jimmy Buffet. Ele ofereceu seu cartão de crédito por algumas horas como presente de aniversário para Cornelia.

Quinta-feira, 29 de novembro, 1984. Jean Michel veio e pintou exatamente por cima de uma pintura linda que Clemente fez. Havia uma porção de espaços em branco onde ele poderia ter pintado, mas ele queria era ser cruel. E estava em câmara lenta, acho que tinha usado heroína. Se inclinou para amarrar o sapato e ficou naquela posição uns cinco minutos.

Sexta-feira, 30 de novembro, 1984. Último dia desta mudança infernal, deixando o 860 para sempre. O amigo de Stephen Sprouse veio pedir as chaves e perguntei se poderia ficar pintando, aí fiquei até as 8h30. E Stephen Sprouse ligou e me agradeceu pelos aparelhos de ar-condicionado que vou deixar nas janelas para ele. Aí Jay me deixou e só fiquei em casa, exausto.

Sábado, 1º de dezembro, 1984. Busquei Jon e fomos de táxi até a Tony Shafrazi Gallery para a exposição de Kenny Scharf ($8). O garoto loiro que conta para as pessoas que é meu amante estava lá. E o garoto me contou que ele é que tem pintado flores em frente à minha casa. Fingi que eu nem sabia que isso estava acontecendo, porque eu já o vi lá. E as pinturas de Kenny agora estão saindo por $30 mil e aí Keith ficou se sentindo estranho porque agora os dois estão com a galeria de Tony, mas Keith nunca quis que seus preços fossem muito altos. Ele iria só até 8, 10, 15.

Depois havia um jantar para Kenny no Area. O novo tema lá é "Religião", estão tentando roubar o tema do Limelight.

E a capa do caderno "Arte e Lazer" do *New York Times* de domingo está cheia de coisas sobre Schnabel, com Grace Glueck dizendo que ele é melhor que Pollock.

O jantar foi divertido. Kenny vendeu todas as pinturas. Depois fomos para a pista de dança e circulamos, vimos cruzes de fogo e essas coisas. O amigo de Benjamin, Bernard, estava fantasiado de São Sebastião. Keith e Kenny vão trabalhar mais ainda no seu artigo para *Interview*. Gael Love me contou que retirou a parte em que Kenny pergunta a Keith se é verdade que ele foi para a cama com Chris Makos para (*risos*) ser apresentado a mim.

Domingo, 2 de dezembro, 1984. E esqueci de dizer que sexta-feira Sean Lennon mandou a toalha de mesa da sua festa de aniversário em outubro de lembrança. Talvez ele queira um presente de Natal. O que posso dar para ele? Fiquei tão desapontado quando a música dele não conseguiu chegar às dez mais – achei que chegaria.

Segunda-feira, 3 de dezembro, 1984. Foi o primeiro dia em que fui ao novo prédio para trabalhar o dia inteiro. Fim de Union Square. Vai ser difícil conseguir táxis no novo bairro. Vou ocupar todo aquele andar enorme lá. E foi ótimo ver Brigid atrapalhada, não sabendo que botões apertar no telefone, finalmente trabalhando de verdade – sem tricotar. Sinto falta dos pedidos no Brownies, o suco de cenoura e aquelas coisas. O que vamos fazer quando precisarmos de comida aqui neste bairro? Só tenho visto uns cafés nojentos.

Jean Michel teve um encontro com Paige noite passada e acho que treparam de novo, o que é um erro.

E acabo de falar com Gael no telefone, há um ladrão em *Interview* – $20 foram roubados da caixinha. *Eu* deveria fazer isso, é uma maneira fácil de conseguir dinheiro. Só avançar na carteira de Brigid e tirar dinheiro.

Julian Schnabel ligou e disse que Ame Glimcher tem uma "data livre" para mim e Jean Michel na Pace Gallery. Quer dizer, pobre Leo. Todo mundo está querendo nos tirar de Leo.

Quarta-feira, 5 de dezembro, 1984. O Boston Museum veio e olharam cem pinturas e aí ofereceram a metade do preço por uma.

Esperei até as 7h pelo guarda-noturno que contratamos enquanto o prédio ainda está em obras. Trabalhei em algumas ideias, olhei a correspondência. Fui embora, não consegui encontrar táxi até ter caminhado um bocado. Acho que talvez comece a tomar o ônibus que sobe a Madison. Quanto é que custa agora – 90 centavos? Claro, seria bem mais fácil.

Quinta-feira, 6 de dezembro, 1984. Fred ligou e reclamou que eu tinha convidado muita gente para ir almoçar no escritório. Se fazendo de importante, muito calmo: "Você não deveria fazer isso, sabia?". E convidei John Sex para vir entrevistar Liberace comigo. Liberace queria que eu fizesse a entrevista. Ele parece que acha que já nos conhecemos, só que não lembro de ter sido apresentado a ele. Mas ele veio e foi realmente maravilhoso. Chegou como uma bola de manteiga por causa do casaco enorme que estava usando, mas ele é muito normal, nada como sua personalidade de palco, o que explica por que é tão importante, porque se realmente fosse aquele tipo de pessoa ele seria louco demais para fazer sucesso. Mas, ih, ele deve ter muito dinheiro – tem umas dezoito casas. Disse que ensinou Elvis a se vestir. Mal. Glenn O'Brien originalmente faria a entrevista, mas aí John Sex idolatra Liberace há anos e veio e fez umas perguntas muito idiotas como, "Qual é sua cor favorita?", aí fiquei com vontade de chamar Glenn para fazer a entrevista. Mas quando John Sex e Liberace se viram (*risos*) se apaixonaram, saltaram fagulhas. Mas Liberace é tão normal, dá para entender por que ganhou todos os seus processos.

Domingo, 9 de dezembro, 1984. Bem, eu queria ir trabalhar, mas de manhã Jed ligou dizendo que viria pegar os cachorros dentro de uma hora, aí uma hora mais tarde, quando tocaram a campainha, eu abri a porta sem olhar e quem estava parado ali? Crazy Matty! Deus, depois de meses e meses tentando convencê-lo de que não moro ali e todo mundo tentando dizer que ele tinha encontrado a casa errada! Não consegui acreditar. Ele riu e disse, "Problemas para você". Aí não saí de casa o dia inteiro, fiquei nervoso demais.

Terça-feira, 11 de dezembro, 1984. Acordei cedo, falei com PH, que está em L.A. Talvez devêssemos transferir para lá nossos grandes escritórios da revista. Ela disse que ainda não há nada certo sobre a entrevista de capa com Harrison Ford, provavelmente ele não vá fazer mas ainda não deu um não definitivo para Gael.

Ontem Maura e eu entrevistamos Chris Reeve, ele foi bom, ainda estava bêbado por causa da noite passada. Agora está com uma postura ótima, não como aquela de quando começou. Agora ele aceita qualquer papel.

Fred tem estado de mau humor ultimamente. Não estamos nos entendendo. Não sei se ele está chateado e quer ser decorador ou se o mau humor é assim mesmo. Ele fica com certas atitudes. E é assustador, porque tinha a melhor memória do mundo e agora ele fala baixinho, "Agora me diz, quem é esta pessoa que você me apresentou?". E ele estava se referindo a Dawn Mello, que ele *conhece*! É assustador.

Burt Reynolds estava no *Letterman* e foi tão engraçado porque ele ficou se fazendo de muito hétero e copiando Clark Gable e aí disse que foi George Maharis quem o trouxe para Nova York! Então agora estou muito surpreso porque nunca o encontrei nos anos 50 em Nova York.

Quarta-feira, 12 de dezembro, 1984. Fui ao consultório do dr. Bernsohn e quem estava na sala de espera senão o astro do meu filme *Blowjob*? Nunca sei o nome dele. Ele também vai ao Bernsohn.

Sexta-feira, 14 de dezembro, 1984. E Fred foi para a Europa. Fred e eu ainda não estamos nos entendendo, eu ainda não sei o que ele quer. Tudo o que posso pensar é que ele quer ser decorador, porque o único momento em que ele realmente gosta de assumir responsabilidades é quando se trata de arquitetura. Eu lembro uma vez, anos atrás, quando eu queria que Fred dirigisse a peça com Jackie Curtis e ele enlouqueceu, literalmente enlouqueceu, e disse, "Não, não, não, não!". Mas arquitetura é uma coisa que ele quer fazer.

Sábado, 15 de dezembro, 1984. Acordei cedo, tinha que ir trabalhar. Pedi que Jay e Rupert viessem. Durante a semana é impossível trabalhar no prédio novo, é o tempo todo gente chegando e falando sem parar.

Comprei três bonecas Cabbage Patch na rua com suas certidões de nascimento (3 x $80 = $240). Eles queriam enrolar as bonecas para que não as roubassem de mim na rua. Comprei livros para pesquisa ($180).

Domingo, 16 de dezembro, 1984. Kenny Scharf ligou e disse que me buscaria e que Sean Lennon estava no carro com ele.

Daí eu disse dentro de uma hora, só que então não consegui me aprontar, e quando ouvi a confusão lá na frente percebi que tinham chegado mas aí fiquei com medo de sair.

E, enquanto isso estava acontecendo, o telefone tocou e era Jean Michel da Suécia e quando ouviu que aqueles outros garotos estavam na minha casa começou a enlouquecer porque nunca veio aqui. Mas é que eu não gosto mesmo de nada préplanejado. Se ele só desse uma passada por aqui ou algo assim, estaria ok. Aí finalmente saí e levei uma câmera comigo e Sean pegou e ficou tirando fotos de mim e disse que estava esperando até eu me cansar de sorrir e aí ele tiraria uma. Aprendeu essa técnica com Yoko. E ele explicou que nunca sabe o que fazer quando os fotógrafos ficam à volta, se deve sorrir ou interpretar ou petrificar. Ele é tão esperto.

Aí fomos até o West Side para buscar os filhos de Mia Farrow que moram perto, do outro lado do Dakota – Sean brinca com eles –, mas aí não quiseram sair. E Yoko veio e as pessoas apenas mantinham distância do nosso carro – foi ótimo – cheio de pessoas famosas. E fomos buscar Jon.

Estávamos pensando num lugar para almoçar e eu sugeri o Odeon e ela disse ah, sim, deu impressão de que gostaria muito de ir mas aí disse que nunca esteve lá, que na realidade não sai muito. E buscamos acho que o namorado dela, embora eu não consiga chegar à conclusão se é ou não namorado dela. Sam Havadtoy.

Sabe, se acontecer algo com Sean será o fim para ela, acho. Realmente será. E fiquei dizendo para ela que Sean foi um anfitrião maravilhoso na festa de aniversário e ela disse que a primeira vez que deu uma festa ele se escondeu embaixo do sofá. Yoko queria pagar, mas eu paguei (almoço $200). Seu namorado é muito agradável. E as pinturas de Kenny estão vendendo que é uma loucura. Sua mulher e o filho estavam junto, acabam de comprar uma casa na Suffolk Street lá em downtown onde Ray Johnson morava. Perto da Orchard, lá embaixo. Portanto, ele está sendo homem. Um provedor.

Deixei Jon ($8). Depois fiquei em casa.

Terça-feira, 18 de dezembro, 1984. Fui para o escritório e fui para o lado de *Interview*. Estava movimentado lá. Gael estava excitada porque aquele dia tinham conseguido seiscentas assinaturas por causa do acordo com a Swatch. Está com esperanças de que continue assim. Nos velhos tempos isso era o quanto a gente conseguia por ano.

Paige está rompendo com seu namorado de dezessete anos. Ela vai para o Haiti.

Encontrei um daqueles garotos de Harvard dos anos 60, um dos amigos de Edie. Não lembro o nome. E mostrei a ele meus cristais e falei sobre o poder dos cristais e ele só ficou parado ali de boca aberta. Disse que não conseguia acreditar que alguém tão esperto como eu pudesse começar a acreditar em cristais depois de ter conseguido sobreviver aos anos 60 e tudo e rido daquele negócio dos hippies, e que isto é só uma reciclagem daquilo. Mas na verdade não é a mesma coisa, a gente tem que ser positivo, não negativo. Ele disse que está desenvolvendo contratos de terra no estado de Washington.

Quarta-feira, 19 de dezembro, 1984. Fred ligou da Europa. Bruno quer 28 pinturas no seu contrato de quatro anos, mas resolvi que só vai poder ter 25 e aí vou dar uma para ele mesmo, aí são 26. Este contrato é para os meus trabalhos conjuntos com Jean Michel. Mas não consigo entender, são pinturas *enormes* que ele está conseguindo a *preço de banana*.

E é engraçado, porque só as minhas pinturas "Desastres" são "in". Até as "Latas de Sopa Campbell" são "out". E realmente só tenho dois colecionadores. Saatchi e um pouco Newhouse. Embora Roy Lichtenstein e esse pessoal tenham quinze ou vinte colecionadores. Acho que não sou mesmo... um bom pintor.

Ficou movimentado no escritório. Sean Lennon vem às 4h para receber seu presente de Natal, um retrato dele, mas não sei se o retrato vai ficar pronto a tempo.

Depois em casa comi as coisas que não devo comer e fiquei com medo e comecei a sentir dores.

A festa de Natal da *Interview* é sexta-feira e vou só dar echarpes ou coisas assim.

Quinta-feira, 20 de dezembro, 1984. Quando eu estava voltando do dentista uma mulher bonita saiu correndo do Martha's gritando meu nome e eu olhei e percebi que era a mãe de Claudia Cohen, de Palm Beach. Ela disse que Claudia estava lá dentro comprando o vestido para seu casamento com Ron Perelman. Quando o encontrei a primeira vez achei que fosse um guarda-costas porque tem um ar um pouco mafioso. Mas é dono da Technicolor ou algo assim. Então fiquei fazendo força para ser convidado para o casamento.

Gerry Grinberg, da North American Watches, veio almoçar. Disse que a economia não vai bem. Acho que as pessoas não estão comprando relógios. Disse que as pessoas estão comprando presentes mais caros mas só para si próprias. Bob Denison me mandou metade do que mandou ano passado, mas Park Avenue tem cinco vezes mais árvores plantadas do que no ano passado.

Eizo, o massagista de shiatsu, escreveu um bilhete agradecendo por eu tê-lo apresentado a Yoko Ono. Ela quer vê-lo todos os dias, mas ele não pode fazer isso, e de qualquer forma o corpo necessita de uma semana para descansar. Ele vai trabalhar no pequeno Sean amanhã. E a mulher de Eizo, que é professora de poesia, me escreveu um poema pop, sei lá o que quer dizer. É como, "Eu te toco e você me toca e sentimos coisas". E a gente realmente fica sabendo as fofocas através desta rede shiatsu. Eizo me contou que o namorado de Yoko, Sam, tem um corpo flácido. E disse que Yoko está doente e com dor nas costas.

E aí fui ao 990 Quinta Avenida, na festa que Judy Peabody estava dando para Peter Allen. Fiquei conversando com um estudante de arte e de repente Peter veio e disse para ele, "Estou indo embora e você vem *comigo*!". Ele achou que eu estava roubando o seu namorado! Dá para acreditar? É a primeira vez que *isso* acontece comigo. Fiquei sem saber o que fazer, mas aí acho que Peter estava se achando ridículo porque mais tarde ficou tentando me divertir. Saí às 12h30, a festa estava começando a ficar animada.

Sábado, 22 de dezembro, 1984. Fui ao David Daine, o cabeleireiro. Kent Klineman, o marido de Hedy, estava lá e tudo o que ele vê em mim é uma isenção de impostos e tudo o que vejo nele é um cheque. Não sei se o contrato para um portfólio "Cowboys e Índios" que ele quer encomendar vai dar certo, porque não vou fazê-lo em regime de isenção de impostos. Veremos.

Domingo, 23 de dezembro, 1984. Fiquei em dia com a igreja depois de ter perdido três domingos querendo evitar Crazy Matty. Aí dei uma olhada para fora e fui correndo até lá. É tão engraçado pensar que Matty já foi casado com Genevieve Waite. Será que Genevieve e John Phillips ainda estão juntos? E estou tentando pensar, será que Matty *alguma vez* teve um emprego? Não, acho que não. Exceto por alguns meses nos anos 60, quando foi vice-presidente ou algo assim na Fox – quando todas as companhias de cinemas queriam o "mercado jovem" e ficaram dando emprego para os doidos. Lembro alguém lá que ficou fazendo Matty voar todo o tempo de L.A. para Nova York e vice-versa... Ah, esqueci, ele esteve em *Bad*. Portanto foi um dia de trabalho. Esqueci que ele foi o aleijado na cadeira de rodas...

Aí fui à igreja, voltei para casa, comecei a fazer limpeza e consegui arrumar exatamente uma gaveta. Fiz suco de cenoura e fiz uma sujeirama. Assisti *Jewel in the Crown*. Li um artigo num jornal de L.A. sobre o assassinato de Ronnie Levin. Ainda não encontraram o corpo mas acham que um grupo de garotos ricos o matou e também matou o pai de um dos garotos – um iraniano – encontraram o corpo *dele* no deserto e acham que o de Ronnie deve estar ali perto. Foi fascinante, li duas vezes.

Segunda-feira, 24 de dezembro, 1984. Stephen Sprouse apareceu e trouxe duas perucas para mim. Mas achei que seriam num estilo ou numa cor mais louca, eu teria preferido um new look. Mas eram cinza. Elásticas. E nunca sabemos o que dizer um para o outro, é sempre desconfortável.

Chamei um táxi e Benjamin me deixou em casa. Depois liguei para Halston e foi estranho, ele disse que eu não fosse lá, que na realidade ele não está fazendo nada este Natal.

Liguei para Chris Makos e ele estava dando uma festa para os vizinhos e pareceu muito ruim. Festas de Natal sempre são ruins. Exceto na casa de Halston – sempre foram tipo agradáveis. Saí e fui tocar a campainha da casa de Claudia Cohen na Rua 63 pois queria ser convidado para o casamento dela com Ron Perelman porque Liz Taylor vai ser madrinha de honra e o seu novo-futuro-marido, Dennis Stein, vai ser o padrinho, acho. Ele trabalha para Perelman, foi onde o conheci. Todas as luzes da casa estavam acesas mas não estavam em casa. Deixei suas echarpes lá.

Benjamin me buscou e fomos para o novo hotel de Steve Rubell, o Morgan's, até a cobertura (táxi $4). Steve está deixando Bianca morar lá. E suas roupas íntimas estavam jogadas por toda a sala da festa e aí qualquer pessoa poderia ter pegado qualquer coisa. E eu dei echarpes para ela e Jade. A dela estava emoldurada e mais tarde a vi em cima da cama, ela tinha *tirado* da moldura, não sei por quê. Quer dizer, mesmo que não gostasse, era uma obra de arte.

E Diane Brill me perguntou se eu conhecia Jayne Mansfield e acho que menti e disse que sim, não consegui lembrar se realmente conheço ou não. Porque li muitos livros sobre ela. Diane queria saber se ela morreu por causa de vodu.

Quinta-feira, 27 de dezembro, 1984 – Aspen, Colorado. Conversei com dr. Bernsohn. Ele disse que o segredo de dormir é arranhar o cristal e roçar nele e colocá-lo na testa.

Patti D'Arbanville e Don Johnson deram uma festa enorme, e, minha querida, Patti agora é uma lady. Evoluiu muito desde a sala dos fundos do Max's Kansas City, quando era a melhor amiga de Geraldine Smith e Andrea Whips. Ela e Don Johnson deram a melhor festa a que eu já fui desde que estamos indo a Aspen. Ela é a nata. Mas ainda não sabe se vestir. Nunca soube. Mesmo quando nós a filmamos em Paris no nosso filme *L'Amour* – mesmo em Paris ela não sabia o que era moda. Jane Forth e Donna Jordan tinham todo o estilo naquele filme porque foram vestidas pelos garotos. Na festa Patti estava com brincos de meio metro e um vestido branco que não mostrava a forma de seu corpo. Don parece um pouco velho, não é o jovenzinho que lembro ter encontrado anos atrás quando ele estava no *The Magic Garden of Stanley Sweetheart*. Antes da sua volta em *Miami Vice* e tudo, quando ele não estava trabalhando muito, ele ficava circulando com músicos e ele lembrou aquele tempo nos dias de Jimmy Carter quando nós dois estávamos em Nashville quando aquele sujeito que apoiava Carter, Phil Walden, da Capricorn Records, fechou o hotel inteiro para nós. Naquela época eu estive lá com Catherine Guinness.

Segunda-feira, 31 de dezembro, 1984 – Aspen. Conheci a Matriarca de Aspen, a Grande Dama. Fomos até a casa dela. O nome é (*risos*) Pussy Paepcke. Tem 82 anos e é muito linda, se parece com Katherine Hepburn. A casa dela é ótima, ao lado da de Jack Nicholson e da de Lou Adler. Uma casa imaculada e ela sobe e desce as escadas para pegar chá de ginseng, ela é ágil. Ela e o marido, que era um grande industrial, tinham um rancho em Denver e aí vieram e fundaram Aspen.

Jack Nicholson não veio este ano. Está filmando aquela coisa, *A honra do poderoso Prizzi*, em L.A.

Quarta-feira, 2 de janeiro, 1985 – Aspen-Los Angeles. Estamos hospedados no Mondrian Hotel. E se parece com um Mondrian. Colocaram pinturas valiosas no saguão e obras de arte por todo o lado. Fica no Sunset perto do La Ciénega. Não é em Beverly Hills.

Sabe, o fascinante é que Hollywood ainda está cheio daquelas senhoras delicadas que dão a impressão de terem sido beldades, todas coladas, nos seus carros, circulando por aí. Sem chofores, elas mesmo dirigindo. E a gente fica querendo saber o que faziam, que estrelas foram, que papéis fizeram. Aqui todo mundo me lembra Jane Wyatt. Essas belezas magrinhas e pequeninhas que usam turbantes e vão às estreias e coisas como essas. E já têm uns oitenta anos de idade. Como é que essas senhoras vivem? Quer dizer, se tinham um contrato, não devem ter ganho muito. Acho que um dos seus maridos deve ter sido rico. Mas será que isso não foi antes da criação das comunidades? Mas acho que não se precisa muito para viver. Por exemplo, a gente não paga aluguel se é dono da própria casa. E comida, bem, dá para ir ao McDonald's e sempre tem um fã bicha para te levar por aí.

Saímos de carro, tirei muitas fotos de Melrose. Fui ao escritório da *Interview* fora daqui, conversei com Gael e fiquei realmente chateado quando ela me contou que Peter Lester morreu em Los Angeles. Já são dois os editores da *Interview* que morreram de aids.

Quinta-feira, 3 de janeiro, 1985 – Los Angeles. Fomos ao estúdio que fica do outro lado da rua do Formosa Restaurant, é onde filmam *Dinasty,* o programa de TV de Doug Cramer. Os redatores de *Love Boat* estão trabalhando no meu episódio que vai ser filmado dia 30 de março, e estou começando a ficar com medo, não sei se vou conseguir passar por isso. O sujeito era realmente gay. E Joan Collins tinha terminado de filmar e disse oi, disse que ainda estou lhe devendo uma pintura. Foi ótima. E Ali McGraw acenou. Havia umas quinhentas pessoas trabalhando lá. E a direção é de Curtis Harrington, que foi um diretor de cinema underground dos anos 60 que fazia aquele tipo de coisa vodu, e agora está fazendo isso.

Depois fomos para o escritório da *Interview* e ficamos excitados com a revista. Acho que quero comprar um prédio lá, porque eles só alugam por uns poucos meses. Gael disse que a Rua 3 é a próxima que vai estar na moda. Fiquei excitado com Melrose. Jon está tentando se transferir para a produção na Paramount, e aí vai ter que vir mais frequentemente para cá. E, ei, não consigo acreditar que escurece na mesma hora que em Nova York. Parece que como é tão ensolarado deveria ficar claro mais tempo. Fiquei chocado.

Depois fomos para a estreia da restauração de *Wings,* que a Paramount está lançando, e foi absolutamente ótimo. A gente olha aquilo e se pergunta por que não fazem mais filmes como aquele. Buddy Rogers, que foi casado com Mary Pickford, estava lá. E Clara Bow está excelente no filme. A moda parece a de hoje. Foi um grande acontecimento. Cheguei em casa por volta de 11h30 ou meia-noite.

Sábado, 5 de janeiro, 1985 – Los Angeles. Trabalhei em Melrose. Estava quente e lindo e ensolarado. Ah, e fiquei sabendo de uma maneira de roubar coisas do supermercado e acho (*risos*) que vou tentar – trocar os preços das coisas.

Fomos ao novo museu lá no centro da cidade. Uma exposição de carros. Carros de verdade misturados com Matisses e Rosenquists. E colocaram uma pintura minha e deram o nome de "Acidente de Carro". Mas, quando vi o que era, não é um "Acidente de Carro", é um "Desastre". Aquele com o bombeiro. Será que devo dizer para eles? Como é que não perceberam, não há nenhum carro ali. E a exposição vai para Detroit. Em *Detroit* eles notarão que não há nenhum carro. Mas, de verdade, será que devo dizer alguma coisa?

Domingo, 6 de janeiro, 1985 - Los Angeles-Nova York. Jon me convidou para o café da manhã no Beverly Hills Hotel, estava um dia nublado mas comemos ao ar livre assim mesmo, colocaram estufas à nossa volta, aí não percebemos que estava frio.

Voei para Nova York. E na área da bagagem a gente percebe como as pessoas são insistentes. O sujeito de unhas polidas me deu um safanão e tinha uma mulher de cadeira de rodas que quando viu sua bagagem pulou da cadeira e correu para apanhá-la. (*risos*) Uma cena inesquecível. Em casa à 1h30 (gorjeta para o motorista $20).

Terça-feira, 8 de janeiro, 1985. Vincent acaba de ligar na outra linha e disse que temos que conseguir $500 mil em março para todos os pagamentos no novo prédio.

Fui até a casa de Earl McGrath para a festa de aniversário de Jann Wenner e Sabrina Guinness, dose dupla. E Jerry Hall estava lá, com uma aparência ótima. Parece uma daquelas mulheres que podem se casar com grandes milionários texanos. Ela é idiota por ter casado com Mick. Nem se casou *oficialmente.*

Aliás, Fred está com uma aparência ótima, fiquei pensando se ele fez plástica quando esteve na Europa. Não é nada chamativo, ele está apenas com um ar descansado. Mas acho que, se eu fizesse plástica, eu ficaria com aquele ar todo repuxado. Não me importaria se não conseguisse fechar os olhos. Como Monique Van Vooren.

Quinta-feira, 10 de janeiro, 1985. Fred disse que Si Newhouse desistiu de comprar minha pintura, acho que eu era hot antes do Natal e agora não sou mais. Era uma outra pintura, não a "Natalie" que ele já comprou.

E Fred me contou que ligou para a galeria de Leo e perguntou aos garotos que trabalham lá por que Leo disse todas aquelas coisas horríveis de mim naquele artigo do *USA Today* a meu respeito segunda-feira, eles disseram que vão descobrir. E contaram a Fred que Rauschenberg deixou Leo para expor na Blum-Helman. Não é incrível? Bem, é que Leo está ficando senil. Acho que sei por que ele disse aquelas coisas, ele está ficando senil.

Benjamin me deixou na casa de Jean Michel e havia umas vinte pessoas trabalhando para ele, preparando umas telas enormes. Agora o apartamento está realmente limpo e organizado, um ar ótimo. Ele comprou um televisor de $5 mil realmente enorme.

Depois fomos de táxi até a casa de Schnabel na Park Avenue South com a 20. Bryan Ferry estava lá. Julian tem seus próprios trabalhos lá e fica descrevendo cada um deles, fica parado ali e lê seus próprios trabalhos. Quer dizer, ele literalmente fica ali parado e (*risos*) diz qual é o significado das pinturas. E esta foi a primeira vez depois de muito tempo em que eu gostaria de ter levado um gravador.

Schnabel também faz sua própria mobília. Fez sua própria cama. Ferro fundido, bronze, pesado mesmo. Se caísse em cima de uma pessoa poderia matar. A filhinha dele estava lá e ficou levantando o vestido para mostrar a buceta. (*risos*) Estranho. E todas as pinturas dele estão mesmo por toda a parte, todas as telas com os pratos – ele foi cozinheiro de pedidos rápidos. E ele tem a melhor mobília dos anos 50.

Schnabel tem muita energia, tantos recursos, realmente tem. Bebemos vinho tinto. A novidade é beber vinho tinto durante toda a refeição, a gente não tem mais que beber vinho branco com peixe, essas coisas. É tão cafona quando fazem aquela coisa de provar vinho e estalar os lábios. Depois fomos até a casa de Clemente.

Lá a mesa foi feita por Schnabel, parece ótima. As pernas são feitas com coisas diferentes e o tampo é de gesso pintado à mão. E durante todo o jantar tocaram discos de Maria Callas! Foi incrível. Lançaram uma coleção de quarenta discos com tudo o que ela gravou, vem em duas caixas e é vendida nas bancas de revistas da Itália. Foi exatamente como nos anos 60. Quase que consegui ver Ondine se esgueirando na sombra. E deixaram as vaias e os aplausos nos discos.

A comida estava ótima e o aroma era fantástico. Alba Clemente cozinhou. Ela poderia ser uma grande estrela de cinema, a voz é tão grave e tão potente e tão sexy e interessante e ela é linda. E a conversa foi apenas sobre arte. Julian ficou falando mal de De Kooning e eu disse, ah, não, ele estava errado, que De Kooning é um grande pintor e finalmente Clemente disse que sim, ele realmente é.

Thomas Ammann ligou e disse que estava muito frio na Suíça. Bruno quer que eu vá lá para o vernissage de Jean Michel. Alguém contou que, quando os marchands souberam que havia um jovem artista negro talentoso que provavelmente morreria drogado muito em breve, se apressaram para comprar suas coisas e agora acho que estão frustrados porque ele ainda não morreu. Acho que Jean Michel vai ser o artista negro mais famoso depois que aquele artigo for publicado no *New York Times*.

Sábado, 12 de janeiro, 1985. Jean Michel ligou e disse que vinha trabalhar e veio, trouxe sua mãe. A mãe de Jean Michel é doce, trouxe um presente de aniversário para ele comprado em Mami – M-A-M-I. Depois fomos à galeria de Shafrazi, e Ronnie Cutrone estava lá com sua namorada, Tama Janowitz, contaram que ela acaba de terminar um romance que está interessando alguns editores. Ronnie disse que é algo como *Laços de ternura* mas aí outras pessoas disseram que é sobre downtown, que foi o que me interessou. Ronnie estava com um casaco vermelho Day-Glo de Stephen Sprouse.

Quarta-feira, 16 de janeiro, 1985. O escritório ficou movimentado. Me exercito muito, subindo e descendo aquelas escadas.

Conversei com Jean Michel e convidei-o para a festa que Fred vai dar para Natasha Grenfell no Le Club. E ele perguntou se poderia levar – ele disse, "Minha namorada", e eu fiquei chocado. Eu observei que ele nunca tinha chamado ninguém assim e ele contou que o corpo dela é tão hot que ele se acaba cinco vezes por noite. É uma negra que trabalha no Comme des Garçons. Trabalhei até as 8h.

Quinta-feira, 17 de janeiro, 1985. Ouvi pás de neve na calçada às 6 da manhã. E um ônibus enorme cheio de estudantes da Carnegie-Mellon que vêm ao escritório. Provavelmente acordaram às 6h30 e já estão na estrada neste momento. Ah, Deus, ah, Deus...

Conversei quase uma hora com Gael e ela disse, "Me diz que eu sou maravilhosa", e aí eu disse, "Você é maravilhosa". E ela contou que recusou um emprego ótimo na TV a cabo, mas se *era* ótimo ela deveria ter ficado com ele, só que, se eu dissesse isso para ela, ela iria para casa em prantos.

Terça-feira, 22 de janeiro, 1985. Conversei com Jean Michel, ele estava com um humor estranho. Acha que sua "namorada" não o ama e ele está se drogando com heroína novamente. A negra. Charlotte. Eu disse que iria visitá-lo. De táxi para buscá-lo ($8).

Fomos ao Odeon e ocupamos duas mesas, éramos doze. Boy George estava lá com aquele garoto, Marilyn. Jean Michel estava saindo do ar. Tinha um garoto com Keith que não falou nada e Keith não falou nada e eu não falei nada, aí Boy George é que conversou, ele é realmente inteligente, realmente esperto, e fala pelos cotovelos.

Disse que não sabe quem são seus amigos de verdade. Por exemplo, não sabe se Joan Rivers é sua amiga ou não, acha que algum dia vai chamá-la "só para conversar" e chegar a alguma conclusão. Ele não gostou do que ela disse sobre ele e seu namorado na entrevista em *Interview*, eu disse que não queria que aquela frase tivesse sido publicada. Ele usa pó de arroz o tempo inteiro. A maquiagem dos olhos estava linda.

Sexta-feira, 25 de janeiro, 1985. De táxi até a Rua 74 ($2) para consultar o dr. Bernsohn e ele ficou falando que acha que seus telefones foram grampeados pelo FBI. Será que esses tais cristais funcionam mesmo? Dr. Reese é de um lugar perto de Kansas City. É um médico de coluna, o mesmo que o dr. Bernsohn. E os cristais vêm do Arkansas, deveriam curar a gente. O cristal tcheco que estou usando é para me proteger. É meu "terceiro olho" (táxi $6).

Fui encontrar uma senhora para fazer seu retrato. É apenas alguém que viu o retrato de alguma outra pessoa. Sei lá o nome.

Bonita. E Jon entrevistou Shirley MacLaine para a capa do número sobre saúde de *Interview*. Ele mesmo está transcrevendo a entrevista para fazer a edição, acho, antes de passar para nós.

Foi um dia de subidas e descidas nas escadas. Fiquei observando Fred para descobrir se ele ainda estava de ressaca, para descobrir se ele ainda pode tomar conta dos negócios. Sei lá. Fiquei com vontade de dizer para ele que seu rosto desmanchou.

Quarta-feira, 30 de janeiro, 1985. Último dia de Benjamin antes de partir para L.A. por uma semana para visitar sua mãe.

Descobri que perdi o almoço do Kansai no Four Seasons no qual eu deveria ter ficado ao lado de Kansai porque Brigid se esqueceu de me avisar. Gritei com ela, aí hoje de manhã ela ligou para me acordar com toda a eficiência, avisando que hoje não tenho nenhum compromisso. (*risos*) Para confirmar o que eu já sabia.

Jean Michel me convidou para jantar com seu pai no Odeon (táxi $6). E o pai é um homem de terno com aparência normal, esperto, e então descobri de onde Jean Michel tirou sua esperteza.

E agora Jean Michel nem gosta mais de sua namorada do Comme les Garçons, Charlotte, porque ela pediu dinheiro emprestado. Ele gosta de dar dinheiro para as pessoas, mas aí fica achando que elas não deveriam aceitar. Ele diz, "Estão me usando". É uma postura engraçada. E uma vez num momento de paixão ele disse que a amava e ela disse que era uma "mulher livre", então ele a amarrou e perguntou como ela se atrevia a pensar que ele tinha dito aquilo *a sério*.

Sexta-feira, 1º de fevereiro, 1985. Tab Hunter ligou para saber se vou à projeção de *Lust in the Dust* que John Springer está organizando para ele e Divine (táxi $4). O filme é horrível mas tive que mentir para Tab e dizer que adorei. Ele ficou tentando literalmente ser ator! Tentou ser Clint Eastwood quando tudo o que precisava fazer era ser Tab Hunter.

Terça-feira, 12 de fevereiro, 1985. Me lavei e fui ao Waldorf para a festa das bonecas Barbie (táxi $4). Oscar de la Renta estava lá, está desenhando roupas para a Barbie. É tão doente, todo mundo muito envolvido com essa bonequinha idiota. Fiquei na mesa 1, ao lado da passarela. Sentei ao lado de Joan Kron e na mesa estava aquele tal de Beauregard, um quase travesti sulista que escreve para o *Details*, é esperto, um tipo Jackie Curtis mas mais humilde. Quando Joan foi embora, ele me contou que vive com o enteado dela.

Sexta-feira, 15 de fevereiro, 1985. Dolly Fox veio só para me ver. Veio de L.A., onde mora com outras duas mulheres. E uma delas vai casar com Bruce Springsteen. E a outra é sua namorada loira Dana, e ela a apresentou para Eric Roberts e agora ele abandonou Sandy Dennis para viver com ela.

E Gael está chateada porque um dos nossos editores está deixando *Interview* por um emprego melhor. Jane Sarkin. Vai para *Vanity Fair*. Mas agora tanta gente trabalha na *Interview* que não sei mais o que cada um faz, para mim todos são dispensáveis. Exceto Paige. Realmente gosto de Paige. E Marc Balet. Eu sentiria falta de Marc – tem talento e faz uma porção de coisas, embora pudesse fazer ainda mais se não se ocupasse tanto com seus negócios de free-lancer, aqueles anúncios para Armani, coisas assim.

Quarta-feira, 20 de fevereiro, 1985. O médico da companhia de seguros veio me examinar. Mais um daqueles médicos estranhos me passando por um exame estranho. As mesmas velhas perguntas sobre minha mãe e meu pai, e eu minto o tempo todo, sempre dou respostas diferentes. E ele perguntou a idade e eu disse que nem me atrevia a dizer, que eu sairia da sala e ele poderia perguntar a Vincent. Aí notei que estava usando um bracelete e perguntei, "Por que você está usando um bracelete?", e ele respondeu, "Bem, vou contar a você por que estou usando um bracelete". E começou a contar uma história longuíssima sobre como algo aconteceu em 1952 e como a pulseira se relaciona com a razão pela qual o papa foi baleado e com a razão pela qual os russos derrubaram o avião coreano, porque duzentas pessoas tinham morrido numa explosão na Sibéria, e a coisa continuou por uns vinte minutos. Aí perguntei onde ele tinha *conseguido* o bracelete e ele disse, "Teepee Town". Eu disse, "Teepee Town não existe mais". E ele disse, "Não, só se mudou da Rua 42 – agora funciona na rodoviária do Port Authority". E aí me pediu para urinar numa garrafinha. E fiquei pensando que ele bem poderia ir ao Port Authority para recolher urina em garrafinhas. Tinha uns 2m de altura, olhos estranhos, leitosos, como de um deficiente mental. Mediu minha pressão e auscultou meu coração. Foi a parte mais divertida do dia. Trabalhei até as 7h30.

Sábado, 23 de fevereiro, 1985. Levantei e era um dos dias mais lindos do mundo. Madison Avenue estava com mais de 1,5m de neve. Liguei para Jon e fui buscá-lo e perguntei sobre as novidades de Hollywood. Nada, ele disse.

E todo mundo está perguntando o que há de errado com Steve Rubell, porque o seu cabelo está caindo, as sobrancelhas também, isso é o que acontece quando a gente faz quimioterapia.

Terça-feira, 26 de fevereiro, 1985. Não entendo por que Jackie O. se acha tão importante a ponto de pensar que não deve ao público um outro casamento com alguém incrível. A gente pensaria que ela estaria sempre maquinando e conspirando para entrar para a história mais uma vez.

E Gael brigou com Glenn O'Brien porque ele vendeu a mesma entrevista que fez para *Interview* para a nova revista, *Spin*, que o filho de Bob Guccione está fazendo para competir com a *Rolling Stone*. Glenn disse que são só as partes que ela cortou, aí não tem importância.

Convidei Benjamin para a inauguração da *Forbes* no edifício deles na 13 com a Quinta, agora eles transformaram o saguão num museu (táxi $4). Malcolm Forbes estava lá, dei uma pintura "Cifra de Dólar" para ele, ficou fascinado, adorou. Conversei com um garoto que trabalha lá, contei que o que eu gostaria de ganhar de Natal eram as cartas comerciais que Malcolm Forbes recebe e ele me disse que vai me conseguir algumas. Gostaria que Truman tivesse me passado as cartas comerciais que me prometeu.

Sexta-feira, 1º de março, 1985. Um dia desses Ingrid Superstar ligou a cobrar. Não atendi. Quer dizer, se ela está ligando *a cobrar*... Eu não aguentaria ouvir sobre sua vida – filhos/sem filhos, casada/descasada. E David White ligou e perguntou se tudo bem que Rauschenberg vendesse o "Popeye" que dei para ele em 1962 por $1 milhão. Eu disse "Claro"... Não sei para quem ele vai vender. David disse que depois de fecharem o negócio ele me conta. Porque aí *nós* também iremos em cima dessa pessoa para tentar vender alguma coisa.

Quarta-feira, 6 de março, 1985. Harper & Row ligou para mim no escritório para dizer que Jane Fonda não permite que a gente use a foto dela no livro *America*. Não consegui acreditar! Mas que topete! Quer dizer; pode esperar – a próxima vez que ela ligar querendo alguma coisa grátis, a resposta vai ser apenas *não*.

Gaetana Enders ligou umas oito vezes para confirmar nosso jantar no Le Cirque. Ela me enlouquece, mas está vendo se consegue retratos, então... fuma um cigarrinho de nada e acha que é a mulher de um grande homem, muito esperta e forte e ótima – essa anã! Quer dizer, o marido tem 1m80cm e ela tem 80cm. Não sei de onde ela tirou a ideia que tem de si mesma. Não posso nem pensar em alguém parecido. Um pouco como Diane von Furstenberg. Aquele tipo que acha que é esperta e linda.

Sábado, 9 de março, 1985. Conversei com Jean Michel, me disse que estava normal, mas me pareceu drogado com alguma coisa. Estava com Jennifer, a irmã do Eric Goode do Area, é a sua nova namorada. Ele já passou por umas três ou quatro mulheres, mas continua apaixonado por Charlotte, do Comme les Garçons.

E Jean Michel ficou reclamando sobre a exposição que vai fazer com Bruno... ah, sei lá, acho que aquela época passou, quando ele vinha pintar aqui. Ele não tem vindo muito ao prédio novo, só veio umas poucas vezes, e – bem, agora ele se sente no topo com aquela exposição downtown, mas não sei se continua trabalhando.

Terça-feira, 12 de março, 1985. Fui à Sotheby's olhar as obras de arte e lá uma mulher me parou e perguntou se eu poderia ir olhar algumas pinturas minhas por alguns minutos para dizer se são autênticas ou não, aí fui e uma era uma daquelas "Cadeiras Elétricas" falsas, aquelas que Gerard nega que fez. Uma azul. Não estava montada da maneira certa. As pessoas ficam gananciosas e querem um quadro maior e este tinha uma margem em volta. Compram enrolado e depois montam dessa maneira. E tinha quatro pinturas "Flor" das grandes. Acho que todo mundo está vendendo meus trabalhos, se livrando deles (telefone $1.50, jornais $3). De táxi para encontrar Lidija ($4).

Quinta-feira, 14 de março, 1985. Noite do jantar de Dino de Laurentiis no Alo Alo. Liguei para Cornelia para perguntar se queria ir.

Saiu o novo número da *Interview*, o número sobre saúde, acho que está consistente e sério. Está lindo.

Pedi que Cornelia viesse me buscar às 8h30, ela veio de limusine ($25). E o novo restaurante de Dino ele organizou com aquele cara do Club A, é na Trump Plaza na 62 com Terceira. E Geraldine Smith estava lá com um tal de produtor, continua uma graça. E Cornelia ficou circulando pelo salão. Chris Walken estava lá e depois Mickey Rourke chegou e me contou que PH cortou a parte da entrevista dele para a *Interview* em que os dois tiveram uma briga enorme. PH já tinha me contado sobre isso, mas fingi que não sabia. E Geraldine disse que gostaria de ter sido *ela* a entrevistar Mickey Rourke porque o adora. Lembrei a ela da entrevista que fez com Harrison Ford e ficou sentada no colo dele por vinte minutos até se dar conta que ele era o entrevistado. Ela foi divertida. E Mickey é tão adorável. Burro, mas com alguma magia. E aí umas mulheres vieram buscá-lo e são todas do mesmo tipo, uns 1m80cm de altura, bonitas, nada de especial. E ele e Chris Walken se beijaram tão suavemente nos lábios quando se despediram, pareciam gays. E Chris Walken estava realmente bêbado, disse que se cansou do seu cabelo, que pintou de loiro e que agora precisa ser retocado. Cornelia deu o nome de um lugar onde fazem isso.

Segunda-feira, 18 de março, 1985. A cada minuto fico mais e mais nervoso com relação à minha participação em *The Love Boat*. No final parece que vou ficar lá uns dez dias. Agora que Jon está trabalhando em L.A. a maior parte do tempo, ele decidiu comprar a antiga casa de Joan Hackett na Angelo Drive de Benedict Canyon. É barato para Beverly Hills, só $100 mil, em comparação com as casas mais caras – Jon disse que o filho de Charles Bludhorn, o diretor da Gulf + Western, comprou uma na mesma quadra por $1.2 milhão.

A revista *Time* mandou uma foto de Lee Iacocca e se eu conseguir fazer um grande retrato a partir dessa foto acho que vão chover presidentes de indústrias. Se usarem o retrato eles pagam muito; se não usarem, pagam pouco.

Terça-feira, 19 de março, 1985. Paige disse que tinha ingressos para *Procura-se Susan desesperadamente*, que está em cartaz na Rua 86. Aí ela ficou me esperando e fomos até o Nippon (táxi $4). Madonna não tem muito o que fazer. Na primeira parte ela nem fala. Mas depois faz algumas coisas ótimas, dorme numa banheira, se arruma toda, rouba lojas. É como aqueles filmes dos anos 60, mas exatamente o contrário – os filmes dos anos 60 eram sessenta demais e história de menos e este tem história de mais e anos oitenta de menos. Uma chatice.

Mr. Winters, o caseiro.
(Foto de Andy Warhol)

Halston na cozinha.
(Foto de Andy Warhol)

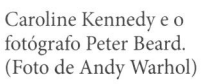

Caroline Kennedy e o fotógrafo Peter Beard.
(Foto de Andy Warhol)

Billy Boy em Londres, em 1986.
(Foto de Andy Warhol)

Fred Hughes relaxa em um hotel na Europa.
(Foto de Andy Warhol)

Gloria e Johannes von Thurn und Taxis em Londres, em julho de 1986.

(Foto de Andy Warhol)

Sylvester Stallone observa as polaroids que Andy acabara de tirar dele. (Foto de Andy Warhol)

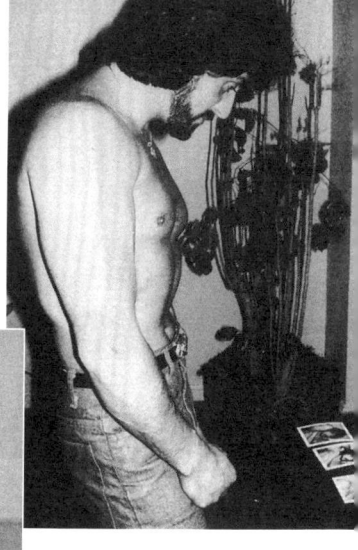

Jerry Hall posa para retrato polaroid. (Foto de Andy Warhol)

Jon Gould, Philip Johnson, e David Whitney. (Foto de Andy Warhol)

Tinkerbelle e Divine. (Foto de Andy Warhol)

Fred Hughes e Jerry Hall. (Foto de Andy Warhol)

Com um dos gêmeos Du Pont e Cornelia Guest.

Com Christopher Makos, em 1982.

Na Quinta Avenida, com Fred Hughes, Yoyo e Bruno Bischofberger.

Retrato que Jean Michel Basquiat fez dele e de Andy Warhol em outubro de 1982. (Foto de Andy Warhol)

Jean Michel Basquiat a caminho de sua exposição na Mary Boone Gallery. (Foto de Andy Warhol)

O artista Francesco Clemente. (Foto de Andy Warhol)

Dois dos "garotos do escritório": Wilfredo Rosado (*esq.*), editor de moda da *Interview*, e Sam Bolton. (Fotos de Andy Warhol)

Com Kenny Scharf e Keith Haring. (Foto de Patrick McMullan)

Peter Martins, em janeiro de 1987. (Foto de Andy Warhol)

Steven Greenberg e Tama Janowitz, em 1986.
(Foto de Andy Warhol)

O estilista Stephen Sprouse nos escritórios da rua 33.
(Foto de Andy Warhol)

Com a modelo e atriz Paulina Porizkova, Ric Ocasek e Vincent Fremont, em 18 de julho de 1986.
(Foto de Pat Hackett)

O produtor musical Jellybean e Madonna. (Foto de Andy Warhol)

Alba Clements e Julian Schnabel. (Foto de Andy Warhol)

Debbie Harry veste Stephen Sprouse, verão de 1986. (Foto de Andy Warhol)

Liberace e John Sex nos escritórios de Andy na rua 33, em 6 de dezembro de 1984. (Foto de Andy Warhol)

Yoko Ono, Sean Lennon e Sam Havadtoy. (Foto de Andy Warhol)

Kate Harrington, Jane Sarkin, Don Munroe, Glen Albin e Marc Balet no aniversário de Kate, em 1985. (Foto de Pat Hackett)

Stuart Pivar. (Foto de Andy Warhol)

Quarta-feira, 20 de março, 1985. Amos está com uma vértebra quebrada. A princípio o veterinário disse que era uma luxação na perna, depois disse que era um disco fora do lugar. Aí noite passada dormi com ele no chão. Agora ainda estou no chão, falando ao telefone, como um mártir.

Aí eu fiquei trabalhando no retrato de Joan Collins e em algumas outras coisas e então me mandaram um telegrama enorme de quatro páginas do *The Love Boat* dizendo que também querem mostrar minha arte no programa. A história é que eu embarco no *The Love Boat* e lá está uma mulher com seu marido, Mary, e ela foi uma superstar minha e não quer que o marido saiba que uma vez ela era conhecida como "Marina Del Rey". E eu digo só umas poucas frases, coisas como "Olá, Mary". Mas numa eu digo algo como, "Arte é só comercialismo barato", e isso eu não quero dizer.

PH também estará em L.A., aí vamos poder trabalhar um pouco no livro *Party* – fotografar os Oscars e essa coisa no *Love Boat*. Vou ficar em Bel Air.

Depois fui ao vernissage da Bienal no Whitney e esperei do lado de fora por Jean Michel. Estava com um sorriso novo no rosto. Fomos para cima e para baixo e vimos Kenny Scharf e sua mulher, são quatro andares completamente cheios de coisas. E uma mulher parou Jean Michel e ficou rasgando elogios dizendo, "É o meu artista favorito. Meu e do meu marido, é o nosso artista favorito", eu fiquei só ali parado e aí ofereço uma *Interview* autografada e ela diz, "Não".

Depois fomos a um lugar lá na Oitava com a 14 onde Jean Michel pede arroz e feijão, uma espelunca daquelas onde eu sempre digo que não vou comer, mas estava tão bom que comi.

E aí ligamos para Paul, o ginasta que trabalha para Lidija, estávamos bem perto do apartamento dele, que fica numa travessa da Abingdon Square, um bairro agradável, e aí fomos para lá e, Deus, é muito estranho quando a gente finalmente vê onde uma pessoa mora, é tão..., quer dizer, é só um quarto que ele subalugou há mais ou menos um ano e agora a mulher de quem ele subalugou está de volta, tem uns quarenta anos, é como uma hippie que quer conseguir financiamento para abrir um restaurante, e as camas deles ficam quase ao lado uma da outra e eles não ficam no apartamento ao mesmo tempo, é como se a gente soubesse que não pode ir para casa enquanto o outro estiver lá, aí a gente fica se sentindo como se na verdade não morasse em lugar nenhum... Porém acho que é então que a vida da gente fica realmente interessante, porque mantém a gente em ação, cria umas situações estranhas. Mas quer dizer, eu saio de lá e venho para *isto* aqui (*risos*), é tão abstrato. Sabe? Só não entendo como que ele deixou que o lugar ficasse daquele jeito. Deveriam ter comprado futons e não atravancar o espaço com camas. E só teria levado algumas horas para ficar com o apartamento definitivamente todo esse tempo que ela ficou na Europa.

E depois fomos ao Area. Jean Michel tem o direito de abrir caminho pela multidão. Me fez ir ao banheiro lá, o dos homens, e é tão estranho, mulheres se maquiando em frente ao espelho e homens mijando nos mictórios e seria ótimo não fosse o cheiro de merda. É bem o tipo de filme de que eu gosto. Acho que o banheiro das mulheres é a mesma coisa mas sem os mictórios. Depois saí de lá e fui para casa. Ah, e aquela mulher no Whitney que estava tão excitada com Jean Michel conseguiu que ele autografasse uma fotografia da pintura. Vale tanto quanto assinar a pintura, e aí a gente cola o autógrafo atrás. É por isso que Leo às vezes me manda fotografias.

Sábado, 23 de março, 1985. Trabalhei, fui ao consultório de Karen Burke (táxi $4). E fiquei seguindo Garbo pelas ruas. Tirei fotos dela. Tenho certeza de que era ela. Estava de óculos escuros, um casaco enorme, calças compridas e aquela boca, e ela entrou na loja Trader Horn para conversar com uma mulher sobre TVs. Exatamente o tipo de coisa que ela faria. Aí tirei fotos dela até achar que ela ficaria furiosa e então fui a pé para downtown. (*risos*) Eu também estava sozinho.

Passei a noite em claro até as 5h10 me aprontando para ir viajar para a Califórnia no dia seguinte para *The Love Boat* e agora talvez para um comercial da Coca-Cola também.

Domingo, 24 de março, 1985 – Nova York-Los Angeles. Placido Domingo estava no nosso avião e foi amável, se aproximou e conversamos (jornais $6). Beverly Sills também estava. E Fred disse que Alan King estava e me cumprimentou mas eu não vi. Aí uma limusine branca nos buscou e nos levou para o Bel Air Hotel. E quando entramos Philip Johnson e David Whitney estavam saindo. Philip veio dar uma conferência numa das universidades. Fomos para a piscina do Beverly Hills Hotel e todo mundo em

Nova York estava lá – Laura Landro, que escreve aquelas coisas sobre cinema para o *Wall Street Journal*, e Susan Mulcahy, e Ahmet Ertegun e Mark Goodson.

Segunda-feira, 25 de março, 1985 – Los Angeles. Acordei cedo e a princípio *The Love Boat* não mandaria um carro. Disseram que "não estava no contrato". Queriam que eu pegasse um táxi. Mas Fred conversou com eles. E, quando chegamos aqui, já que não tinham reservado um quarto para Fred, fiquei querendo saber se somos nós que vamos pagar. Acho que sim. Aí fui para o departamento de figurinos e pedi um par de tênis Reebok, mas só pedi um par e deveria ter pedido mais. E perguntei ao garoto que veio me buscar se ele estava tentando ser ator e ele respondeu, "Ah, não, eu sou o Capitão dos Carros". Uma graça. Fomos até os velhos estúdios Goldwyn no Santa Monica perto do La Brea.

Esses estúdios são tão gelados, a gente fica ali sentado todo o dia gelando e não admira que as pessoas queiram ser atores porque o único lugar quentinho é embaixo daquelas luzes.

Aí terminei o que tinha que fazer e me levaram de volta para o hotel e Suzanne Somers tinha dito a Doug Christmas que *tinha* que almoçar conosco, então fomos encontrá-la no Ma Maison e aí ela desmarcou. Mas Orson Welles estava lá na sua própria mesa e disse que queria me conhecer e eu fui lá e ele foi ótimo, realmente ótimo, é uma pessoa que eu mesmo gostaria de entrevistar. E depois fomos para a galeria de Doug e Roy Lichtenstein estava lá autografando algumas coisas, foi excitante.

E aí Jon foi se encontrar conosco e nos levou até Beverly Hills para drinques. Os táxis de lá até Bel Air são caros ($8). Me vesti e fomos até o Spago, onde Swifty Lazar estava dando sua festa dos Oscars. E o trânsito estava horrível, demorou muito para chegar lá. É no Sunset em cima da Tower Records. Tive que dar uns oitocentos autógrafos. Toda a imprensa estava lá, gente como Susan Mulcahy e Barbara Howar. E Cary Grant e Jimmy Stewart chegaram e praticamente todo mundo veio depois dos prêmios. Faye Dunaway e Raquel Welch e praticamente todo mundo.

Terça-feira, 26 de março, 1985 – Los Angeles. Acordei muito cedo. O jornal diz que eu fui a grande atração da festa de Swifty. Me buscaram para me levar até o set do *The Love Boat*. Tive que dizer minha frase "Olá, Mary" e o diretor gay ficou dizendo, "Me dá pizzazz – *O-lá, Ma-ry*!". E eu digo, "O-lá, Ma-ry".

PH foi me encontrar lá e ficamos sentados no camarim algumas horas enquanto rearranjavam as luzes ou algo assim. Meus paletós Stephen Sprouse estavam nos cabides e quando eu os uso acho que finalmente fico com o ar que as pessoas gostariam que Andy Warhol tivesse novamente, e agora estou achando que deveria ter usado aquele prateado para ir ao Spago e que quando estou fora de Nova York deveria esquecer aquele negócio de black-tie e me atirar no chocante. Conversei com PH sobre filmes e maneiras abstratas de escrever roteiros.

Liguei para Jon e ele disse que Shirley MacLaine estava tentando me ligar porque estava muito chateada com o cabeçalho ou o título na entrevista que fez com ela para o número sobre saúde. Dizia: "Madame Metafísica". E Jon deveria ter ido lá e dito para ela, "Não é minha culpa", porque assim é que a gente escapa dessas coisas. Ela provavelmente jamais teria se dado conta ou sequer pensado na legenda, mas agora está toda nervosa. Nem sei por quê. O significado de "Madame"? Quer dizer, é só uma palavra comum. E a introdução que acho que Gael escreveu, e são só coisas chupadas de outros lugares. Jon escreveu uma introdução mas não gostaram, disseram que tinha muito dele ali – Gael disse, "Você não é Arianna Stassinopoulos".

Voltei para o Bel Air Hotel e jantei com Vincent e Andrew Friendly, o filho de Fred Friendly que está tentando vender nosso programa de TV. E ele fala sobre sua "patroa", e quem no uso de seu juízo perfeito falaria dessa maneira? Foi um ótimo jantar e ele pagou a conta. E Joanna Carson veio e nos cumprimentou, é muito linda. Falamos sobre seu filho e a carreira dele.

Quarta-feira, 27 de março, 1985 – Los Angeles. Shirley MacLaine ficou telefonando para mim mas não liguei de volta, então ela ligou para Gael Love em Nova York e disse para a telefonista, "Deixe-me falar com Gael Hate". E agora ela está dizendo para Gael que quer ver as fontes de tudo o que está na introdução da entrevista. Fred disse que vai ligar para Shirley e ajeitar tudo.

Finalmente terminei de filmar as cenas daquele dia em *The Love Boat*. Cheguei ao hotel muito tarde e aí Fred e eu fomos para a casa de Doug Cramer, bem acima do Bel Air Hotel, uma casa enorme onde estão construindo mais salas para fazê-la ainda maior. E Linda Evans estava lá, e Joan Collins e Morgan Fairchild e James Brolin e o capitão do navio de *The Love Boat*, o careca.

E Calvin veio direto do avião e disse que não vai dar sua grande festa para a inauguração do novo clube de Steve Rubell. Disse que levou seis meses para formar uma nova imagem e que não quer estragá-la. Contei a ele que comprei um frasco de Obsession, um dos primeiros, e ele me perguntou por que eu tinha feito isso, já que ele tinha me mandado um frasco e eu disse que tinha comprado antes de receber o que ele me mandou.

O jantar só começou depois das 10h30. E Shirlee Fonda ainda está apaixonada por aquele tal dramaturgo, Neil Simon. E o amigo de Doug Cramer me fez fotografar com sua câmera de 3-D. Marcia Weisman estava com seu novo amigo. Havia cachorros lindos por lá. Thomas Ammann estava lá, e Jody Jacobs do *L.A. Times*, e os Spelling.

E aí fomos para o Mr. Chow's porque Jean Michel resolveu dar sua própria festa lá, já que não tinha sido convidado para a festa de Doug Cramer. E reuniu uns garotos e garotas que eram umas graças.

Quinta-feira, 28 de março, 1985 – Los Angeles. Jean Michel foi realmente doce e me mandou um desenho. Foi para o Havaí.

Dia de folga de *The Love Boat*.

O casal da A&M Records, os Moss, veio fazer um retrato, a mulher estava com bolsas ao redor dos olhos e tivemos que esperar que seus olhos fossem para o lugar.

Fomos para a casa de Tony e Berry Perkins num dos canyons. Uma casa enorme, seis dormitórios. Muito tráfego. Não há tráfego nenhum onde Jon mora. E Tony fez o jantar e ouça só o que era – pão de carne e polenta e pudim de pão. Há tanto tempo eu não comia assim. Desde os anos 50, quando as pessoas eram pobres. Ele usa um novo livro de receitas que tem uma porção de coisas dos anos 40 e 50, coisas como Rice Krispies Squares. O nome é alguma coisa como cozinha sem rodeios. Wendy Stark estava lá mas não de muito bom humor, talvez fosse só porque não estava bebendo. Sue Mengers foi divertida, falando sem parar, estava com o marido. Eles têm tapetes hindus. E Tony perguntou por Chris Makos. Berry estava beijando e abraçando. Nick e Lisa Love estavam lá. Ficamos até por volta das 11h e depois voltamos para o hotel.

Sexta-feira, 29 de março, 1985 – Los Angeles. Me buscaram às 16h para me levar para o set. O mesmo motorista que é uma graça. Gostaria que fosse bicha, mas não é. Fica tentando faturar todas as mulheres. E todas têm aqueles corpos de Barbie! Não dá para acreditar. Nenhuma cintura e tetas enormes. Ele acaba de se divorciar e disse que é um "rapaz do interior", vive "no vale" ou algo assim. Seu nome é Jay. O Capitão dos Carros. E fica sentado ali fazendo palavras cruzadas o dia inteiro quando não está dirigindo. E eu perguntei, "Por que você não tenta progredir na vida? Se você consegue fazer palavras cruzadas, você pode ser *diretor*".

Tive que dar autógrafos para todas as atrizes e bailarinas. Terminei às 9h30. Marion Ross, de *Happy Days*, interpreta a ex-superstar, é um pouco velha demais para interpretar uma ex-superstar dos anos 60, mas realmente gosto muito dela. É uma pessoa maravilhosa, me ajuda, tem tanto amor. E quando fazemos uma cena juntos ela faz coisas ótimas com o rosto para me ajudar com minhas frases. E, na realidade, Ultra Violet é provavelmente mais velha do que Marion.

E então fomos para o estúdio de *Dinasty* e tentamos falar com Catherine Oxenberg, mas ela disse que sofreu um acidente e estava chorando e não queria falar conosco, sei lá. Aposto que foi só uma briga com o namorado.

Depois me levaram downtown para fazer o comercial da Diet Coke. Havia um carro alegórico e umas oito ex-Miss América ou Miss Universo e policiais loucos de tesão, eu estava usando meu paletó Stephen Sprouse. E uma das garotas de maiô disse que esteve no grupo de Walter Steding. E eu fui esperar no meu próprio trailer privativo e usei o banheiro, foi divertido, e aí acho que a palavra que a equipe usa para chamar os atores é "talento", porque uma garota abriu a porta do trailer e perguntou, "Onde está o talento?", olhou à volta e como acho que não viu nenhum, foi embora. Sei lá, acho que não me reconheceu. E nos colocaram num carro alegórico cheio de flores. As mulheres sentaram no meio das flores e eu tinha que dizer, "Diet Coke", e foi a primeira vez que bebi Diet Coke.

Mais tarde fomos ao jantar de Wendy Stark para Sharon Hammond. Dennis Hopper estava lá, muito sóbrio. Pedi que refotografasse todas as fotos que fez durante os anos 60 e publicaríamos tudo na *Interview*. Fotografar Peter Fonda novamente e todas essas pessoas. Não seria uma maravilha?

E Wendy preparou curry com suas próprias mãos. Ninguém comeu, exceto Fred. E trouxeram bolo de banana para o aniversário de Sharon. No dia em que eu tinha ido comprar seu presente, só comprei coisas para mim, e aí dei para ela um cartão de "Eu Te Devo Um Presente". É muito estranho ver Sharon fora de Nova York ou Southampton. Estava com um vestido da North Beach Leather, parecia de borracha.

Ah, e Ron Perelman está aqui em Los Angeles e disse, "Quero ter uma longa conversa com você. Quero comprar sua revista para minha mulher. Com quem é que eu falo?". Eu disse, "Fred". Ele quer a revista para Claudia.

Sábado, 30 de março, 1985 – Los Angeles. Fui ser fotografado para um anúncio da L.A. Eyeworks às 4h. E uma das donas estava lá e uma bicha gorda chamada Teddy fez o meu cabelo e depois que saiu alguém me disse que é com ele que Joe Dallesandro viveu durante anos e talvez esteja vivendo de novo. Eu enlouqueci – porque teria sido muito divertido se tivessem me dito antes. Joe bem que seria *capaz* de viver com uma bicha gorda cabeleireira só para ser mau.

Fui jantar no Spago. Gene Kelly estava lá com o filho que disse que nos veria mais tarde na festa de Brad Branson (jantar $300). Então depois do jantar fomos para a Crenshaw Avenue, bem dentro do bairro negro de L.A. onde Brad Branson, que fotografa para *Interview*, estava dando sua segunda festa semanal. Faz como num clube, mas com nomes de amigos na lista. E na realidade estava ótimo, cheio de garotos que eram umas graças, dois andares e um jardim, e algumas pessoas disseram que Madonna tinha estado lá antes de nós chegarmos. Fred estava com Rupert Everett, e Nando Scarfiotti estava lá, e Susan Pile e Paul Jasmin e Toni Brasil. E todos os garotos vieram falar comigo, foi divertido. Fiquei de olhos bem abertos para encontrar alguém para ocupar a vaga de Minha Mulher Nova-Iorquina. E Mary Woronov estava lá e nunca tenho nada a dizer para ela. Realmente não consigo desculpá-la por ter sido tão calhorda em *Chelsea Girls* nos anos 60, pedindo dinheiro – dizendo que não assinaria os direitos de exibição até conseguir dinheiro. Nos arrancou $1 mil. Estava conversando com uma roteirista chamada Becky Johnson – é amigo de Jon. Ela e Mary estão no artigo da GQ sobre "As Mulheres Mais Cobiçáveis de Hollywood". O que quer que isso signifique. As mais desesperadas, eu acho.

Domingo, 31 de março, 1985 – Los Angeles. De manhã fomos procurar prédios no Sunset para o novo escritório de *Interview*.

Olhamos um elefante branco de $800 mil e havia um outro por $1 milhão e outro por $400 mil. Levou bastante tempo.

Aí era a noite da grande festa da Milésima Estrela Convidada de *Love Boat* no Beverly Hilton. Fred ia com Rupert Everett, mas Rupert cancelou na última hora, disse, "Meu smoking está amassado". E Jon me buscou e fomos para lá. Durante quinze minutos tiraram fotos minhas com Joan Collins, que aí nem foi jantar. Acho que não foi, porque ninguém a viu lá. Mas estava lotado.

Uma das filhas de Aaron Spelling ficou na nossa mesa, tem dezenove ou vinte anos, e Troy Donahue, que agora está com cabelo curto loiro-esbranquiçado. Lembrei a ele da vez que foi ao 33 Union Square no início dos anos 70. Ele disse, "O que vocês fizeram comigo aquele dia! O elevador estava estragado, aí tive que subir pelo elevador de carga dos fundos, e a porta abriu numa sala escura onde vocês estavam exibindo um filme e tive que sair por *detrás* da tela e todo mundo estava *de frente* para a tela vendo o filme, e eu tropecei em todo mundo sentado no chão no escuro, e eu estava viajando de ácido...".

Apresentaram uma porção de estrelas e aí finalmente Lana Turner chegou, a milésima estrela convidada, que fez as coisas bem mais difíceis por causa do seu atraso, foi por isso que o jantar atrasou. E aí me levaram para o palco com Carol Channing e Ginger Rogers e Mary Martin. E por alguma razão não mencionaram o retrato de Lana que me encomendaram. Mas finalmente a sessão de fotos com ela está marcada para quinta-feira.

A orquestra de Peter Duchin estava tocando. Ele é outra das estrelas convidadas no barco esta semana. Aí são Peter Duchin, Tom Bosley, Marion Ross, Cloris Leachman, Andy Griffith, Raymond St. Jacques, Milton Berle e eu.

Dei uma porção de autógrafos para os enlouquecidos caçadores de autógrafos de Hollywood. PH e eu tiramos fotos para o livro *Party*.

Segunda-feira, 1º de abril, 1985 – Los Angeles. Me buscaram às 8h15 para ir para *The Love Boat*. Errei meu texto de manhã, me senti culpado. Trabalhei todo o dia, Andy Griffith parecia magoado por estar em *The Love Boat*. PH veio por volta das 2h e fomos para a sala de maquiagem e abriu a boca para perguntar, "Então, quem está interpretando o seu travesti?", e Raymond St. Jacques se virou na sua cadeira, deu um olhar demolidor e disse, "Eu *não* sou um travesti?". E lá estava ele com batom e tudo e no roteiro original *diziam* que aquele papel era de um travesti.

Depois voltei para o set e fiz a cena onde vou até a recepção com Raymond St. Jacques e minha "entourage" e quando estávamos saindo uma mulher do *Love Boat* pergunta para Raymond St. Jacques, "Como é que um artista sabe que uma pintura é realmente um sucesso?". E ele responde, "Quando liberam o cheque". E uma vez erraram e foi muito melhor – ela disse, "Que uma pintura está realmente *terminada*?". Finalmente me liberaram, por volta das 6h.

Terça-feira, 2 de abril, 1985 – Los Angeles. Acordei às 5h e o mesmo motorista, Jay, me buscou às 6h15. Trabalhei todo o dia, fiz uma cena com Tom Bosley. Terminei tudo bem cedo, depois fui para uma sessão de autógrafos de *Interview* num bar chamado Nippers no Rodeo Mall, estava cheiíssimo. Sentei lá em cima e autografei sem parar. E Fred ficou lá embaixo e começou a beber e continuou bebendo, sei lá por quê. Algumas pessoas trouxeram números antigos para eu autografar – números do primeiro ano – o número com Helmut Berger dos *Deuses malditos* e o com Elvis e o com Raquel Welch. E na realidade acho que estragaram aqueles números com o meu autógrafo. E John Stockwell/Samuels estava lá com uma aparência ótima, há pouco esteve em Carolina do Norte filmando uma minissérie, *North and South,* com Liz Taylor.

Estava lotadíssimo. Muita garotada, muitos eu não conhecia. Molly Ringwald veio. Muito champagne. E aí voltei para o Bel Air com PH, que me fez companhia porque eu estava deprimido. Jon voltou para Nova York, acho que não queria ser associado à minha pessoa lá em L.A. Nunca me deu as chaves da sua casa nova, portanto acho que nunca vou me hospedar lá, e estou... ah, sei lá. A vida é interessante, eu acho.

Quarta-feira, 3 de abril, 1985 – Los Angeles. Me levaram de carro para *The Love Boat.* Conversei com Ted McGinley até a folga para o almoço. É tão bonito, realmente charmoso, todas as pessoas aqui são assim. O sujeito dos figurinos do estúdio é muito gentil com todas as estrelas e nunca diz nada errado. Disse a PH, "Todos aqui adoram Andy", isso me fez bem.

E aí PH e eu fomos até o Melrose e às lojas de antiguidades. E depois ao L.A. Eyeworks, onde compramos mais alguns óculos. Uns seis pares.

Tive que ficar trabalhando no set até as 9h30 e aí o motorista me levou de volta e, ei, esses caras são ótimos. E Fred já tinha ido jantar na casa de Sue Mengers e lá fui eu, e Barbra Streisand estava lá e ficou despejando nomes como Archipenko, o escultor, e disse que Steve Ross manda essas pessoas procurá-la, manda uma porção de coisas de valor depois que a viu admirando-as na casa dele. E perguntou o preço de um retrato e eu respondi que não consigo conversar sobre preços e aí ela perguntou para Fred e ele disse $25 mil e ela disse, "É mesmo? Assim tão barato?". E se virou para seu namorado da Baskin-Robbins e disse, "Talvez a gente devesse comprar um para Steve".

Barbra é magrinha mas se serviu três vezes de curry. Está com uma aparência ótima. Cabelo liso e um vestido que deixou tudo à mostra da maneira certa. Mas acho que o namorado foi quem dirigiu aquele vídeo horrível para aquela música que ela lançou, "Emotions", não tenho certeza. E ela está processando o seu prédio em Nova York por causa do teto – tem um vazamento. É na 92 com Central Park West e ela nem se lembrava que tinha me convidado para uma festa lá, foi há uns sete ou nove anos – eu e Jed fomos – e ela disse, "Eu já te conhecia? Você já era famoso quando foi à minha festa?". Como se ela fosse me convidar se eu não fosse famoso. Fiquei com vontade de dizer, "Sim, eu estava lá, e você tinha colocado etiquetas na comida como numa delicatessen – 'fígado em fatias' e 'guefilte fish' e, sei lá, 'halva'." Quase que chegou ao ponto de dizer uma coisa assim. E disse a ela, "Ah, tuas joias são tão pequenas, Barbra, por que você não compra coisas maiores?". E ela respondeu, "Oh! Comprei diamantes a $60 mil por quilate e no dia seguinte baixaram para 20 mil!". E é verdade, realmente aconteceu uma coisa assim três anos atrás. Mas eu disse que no dia em que isso aconteceu ela deveria ter comprado outros três e compensado as perdas. E Sean Connery estava lá mas não conversei com ele. E Alan Ladd Jr., com um aparência sensacional.

E aí conversaram sobre judeus tentando ser WASPs e ficaram falando de Woody Allen e Mia Farrow, realmente falando mal de Mia.

Quinta-feira, 4 de abril, 1985 – Los Angeles. Fui ao *The Love Boat* só para deixar uns pôsteres, os pôsteres hindus, porque eu tinha deixado de dar para muitas pessoas ontem, e eu sabia quem eram porque pararam de falar comigo, acharam que eu as tinha desprezado.

Depois voltei para o hotel para encontrar Lana. Foi adorável comigo. Estava insegura, como uma pessoa completamente diferente. Fechei meus olhos e era como estar com Paulette, aquele tipo de postura. Disse, "Me dá um beijo". E Lana também usa cristais. E está com uma fissura numa costela e culpou um vestido de Nolan Miller que a fez tropeçar, mas acho que ela devia estar bêbada. Ela usa uma pequena cruz de um centímetro.

Ah, e no último dia do *The Love Boat* Andy Griffith subitamente ficou realmente feliz, muito gentil com todo mundo, e ninguém conseguiu descobrir por que ele tinha estado tão mal-humorado a semana toda. Ele deve ter bebido.

Sexta-feira, 5 de abril, 1985 – Los Angeles-Nova York. Assim doze dias de felicidade no mais lindo hotel do mundo estavam chegando ao fim e aí *realmente* chegaram ao fim quando recebemos uma conta de $9.5 mil. Tivemos que pagar a metade. Acho que nos cobraram o serviço de quarto e o quarto de Fred. Mas conseguimos vários retratos. A mulher de Spelling e Doug Cramer e Lana.

Aí o carro veio e nos levaram para a Regent Air. É apenas $100 a mais do que a primeira classe. $800. Só umas quinze pessoas. E realmente dá para sentir a turbulência num avião pequeno. Nos 747 a gente não sente nada. A única pessoa famosa era Mark Goodson. O resto eram só tipos elegantes – uma mulher parecida com Milton Berle e um cara com correntes de ouro que deve ser roteirista em Hollywood ou algo assim (gorjeta $50). Passaram dois filmes um depois do outro durante o voo – *Protocol* e *Cotton Club* – e nenhum dos dois fez sucesso, mas dava para ver que têm qualidade, é triste. E os banheiros na Regent são três vezes o tamanho de um banheiro normal. E tinha uma mulher com um portfólio, um modelo ou uma puta ou algo assim, falando pelos cotovelos, cheia de entusiasmo. E eles vêm e fazem ovos mexidos na sua frente. Quando chegamos a Nova York a companhia aérea estava nos esperando com vinte limusines. Dei $20 de gorjeta para o motorista.

Aí cheguei e eram 6 da tarde em Nova York e isso realmente incomoda. Odeio. A gente está morto de cansado mas sente como se tivesse que começar o dia. E telefona para as pessoas mas é fim de semana de Páscoa e todo mundo está viajando. Mas aí o telefone tocou e era Cornelia me convidando para jantar no Le Cirque com Jane Holzer. Agora Cornelia está saindo com Eric Goode, do Area, diz que está tentando romper com Elizabeth Saltzman, cuja mãe é diretora da Saks.

Segunda-feira, 8 de abril, 1985. Fui consultar o dr. Bernsohn. Fiquei de combinar uma consulta para ele com dra. Karen Burke. Ele é hétero. Sua última namorada fazia musculação, mas ele a abandonou quando ela se transformou numa curandeira, porque disse que não podia admitir que ela curasse outras pessoas e absorvesse todas as coisas deles e então ficasse passando as mãos por todo o corpo dele depois de ter engolido aquilo tudo. Interessante, não? Deixei 25 exemplares de *Interview* lá. Eu não o incluí no nosso número sobre saúde porque o tratamento com cristais não está legalizado.

Jean Michel ainda está de férias com Jennifer a-irmã-do-Eric-do-Area. Me parece que foram a Hong Kong. Quando será que voltam? Quer dizer, por quanto tempo se fica chupando um caralho?... Ah, sei lá, acho que perdi muita coisa na vida – nunca cacei na rua ou essas coisas. Acho que a vida passou por mim (telefonemas $2).

Então ficou movimentado no escritório. Iolas veio. Aí tinha luz demais na cobertura para tracejar, depois ficou escuro e choveu, depois ficou claro novamente.

Encontrei Crazy Matty na Rua 74 e ele me deu 25 centavos e enlouqueceu (*risos*) porque eu aceitei.

De táxi até em casa ($6) e saltei na esquina porque gosto de caminhar um pouco pelo quarteirão, mas não vou mais fazer isso porque das sombras saltou Matty, estava aguardando num vão de porta e não consegui entrar rápido o suficiente, ele me pegou. Se foi sem problemas, mas não vou me arriscar mais. Isso significa que *qualquer pessoa* pode vir atrás de mim desse jeito. Disse que precisa de um emprego. Aí entrei e comi quatro bombons de amendoim da Reese e um sanduíche de alho e deixei a TV ligada e o *Sunrise News* me acordou.

Quinta-feira, 11 de abril, 1985. Uma pessoa veio ao escritório e ficou me falando do livro de Dotson Rader sobre Tennessee Williams, então mandei Michael Walsh comprar um exemplar ($18.75). Ele inventou um monte de coisas no livro, por exemplo, que Edie estava chupando alguém e também comendo a buceta de uma mulher, o que jamais seria verdade. E aí conta que Tennessee adorava Joe Dallesandro e que, quando Joe foi vê-lo, Tennessee fez o seu truque do desmaio para que Joe o segurasse nos seus braços. Deus, sempre achei que Dotson Rader fosse da CIA. Aquele tipo calhorda. E agora se bandeou dos Carters para acompanhar Pat Lawford. Quer dizer, o conhecemos em, acho, 1969, porque ele levou *Blowjob* para ser exibido na Columbia, onde ele dizia que estudava. Mas mesmo então ele parecia *velho* demais para ser estudante, o que sempre me fez ficar desconfiado.

Lidija veio e estou fora de forma por não ter feito ginástica nas duas semanas em que fiquei na Califórnia.

E há um radiologista no prédio ao lado do meu. Acaba de comprar um aparelho de $1 milhão e tiveram que demolir uma parede para colocá-lo lá, fico com vontade de saber se aqueles raios podem me atingir, porque o nosso sistema de aquecimento é o mesmo. Todo mundo diz que máquinas são "à prova de idiotas". Claro. E a embaixada polonesa do outro lado, agora querem vender o prédio por 4 milhões. Acho que eu deveria ter comprado quando estavam pedindo um e trezentos.

Tive que sair cedo, de táxi até o Radio City Music Hall ($6). O sujeito que está escrevendo o livro sobre Liberace estava perto de nós e contou que Liberace realmente estava apaixonado por aquele motorista que deu todas aquelas entrevistas para o *National Enquirer* e que a coisa toda o deixou arrasado – Scott Thorsen. Agora está com um novo motorista. E o show é magnífico. Uma capa toda cravejada que parece um céu de estrelas. Muitas piadas gay e piadas sujas, e ele coloca no palco uma porção de garotinhos que são seus protegidos e que ficam tocando piano enquanto ele vai descansar. E ele apresenta os garotinhos como "meu querido amiguinho, meu melhor amiguinho...", mas as garotinhas não. E ela mostra um filme dos seus dedos e fala sobre cada um dos anéis.

Domingo, 14 de abril, 1985. Fui à igreja e depois fui encontrar Stephen Sprouse no Mayfair e ele estava nervoso por causa do que ia me falar e finalmente despejou tudo e pensei que pediria minha mão em casamento, mas pediu (*risos*) um empréstimo de um milhão e meio de dólares. E na realidade estou feliz, seria ótimo entrar no mercado na moda. Não vou dar a ele um milhão e meio sozinho, mas garanti que falaria com Fred para procurar investidores para ele e que nós ficaríamos com uma parte do negócio por termos feito isso.

E Stephen me deu duas perucas (chá $25), fui para casa e conversei com Fred e ele concordou que é uma boa ideia.

Liguei para Jon, que está na cidade em seu próprio apartamento no West Side, e aí caminhei através do parque para encontrá-lo e encontrei Archie e Amos no seu dia de folga e eles nem me reconheceram. Fiquei arrasado. Estavam com Jed, sem coleira, e nem me deram atenção. E aí encontrei Jon e fomos até o Café Luxembourg e jantamos e nem conversamos muito sobre a nova vida dele ($75).

Segunda-feira, 15 de abril, 1985. Li umas dez revistas diferentes e fiquei muito nervoso porque tudo é glamouroso demais. Até pessoas doentes ficam glamourosas nestas revistas.

Ah, a respeito do livro sobre Tennessee Williams escrito por Dotson Rader. Chris Makos me contou que se vê muito no personagem "David", o garoto de programas que Dotson afirma que tinha o seu aluguel pago por Tennessee Williams e pelo "Astro de Cinema" – Tony Perkins. Cada um pensava que estava pagando o aluguel integral. Isso *realmente* se parece com Chris, mas o resto, sei lá, parece que é tudo da cabeça de Dotson.

Quarta-feira, 17 de abril, 1985. Fred está trabalhando naquela coisa do Stephen Sprouse, já conseguiu interessar Richard Weisman.

E Eric Goode me convidou para uma festa no Area em homenagem (*risos*) ao "unicórnio". O unicórnio do circo que está em todos os jornais. PH e eu deveríamos fazer a cobertura da festa para o livro *Party*. É engraçado.

Sexta-feira, 19 de abril, 1985. Dia dos cristais o dia inteiro. O maioral, dr. Reese, está na cidade, e minha consulta estava marcada para as 12h30 no consultório de Bernsohn – ele me levaria para almoçar com Reese e examinariam o meu crânio. Perguntei ao Reese quando ele começou com os cristais e respondeu que, quando era pequeno, "mr. Morning" veio vê-lo. Quando era bebê. Ele viu "mr. Morning" mas ninguém mais viu. E aí o exército ficou interessado em eletricidade e no corpo e em todas essas coisas. Reese ficou falando da sua viagem onde ele colocou cristais por todas as pirâmides e também no Muro das Lamentações. Ele pede coisas como café e rosquinhas. Mas purga o café passando o cristal sobre a xícara umas dez vezes. E contou que conhece alguém na África do Sul que foi ao Muro das Lamentações e agora quer tirar todo seu dinheiro da África do Sul para investir em cinema. Reese é episcopal, aí de alguma forma me senti melhor com ele do que com os judeus dos cristais, porque sabendo que ele acredita em Cristo não preciso ficar com medo que os cristais de alguma maneira sejam contra Cristo. E sua assistente – uma mulher – ficou perguntando, "Devemos contar para ele? Devemos contar para ele o que queremos que faça?". E finalmente Reese disse, "Sim". Aí a mulher disse, "Suas forças estão conosco. Você tem que ir ao Tibet conosco. Você tem a capacidade de fazer grandes coisas". E aí ficaram falando da necessidade que pessoas patrocinem seus estudos. Você acha que aí vão me pedir dinheiro? Que então é isso? Bernsohn é tão materialista – novos toca-discos laser e o apartamento novo. E aí ficam me dizendo que fui chinês numa outra vida e que tenho que ir ao Tibet com eles... Veja, eu *sei* que esse pessoal é ridículo, mas é nos cristais que eu acredito. Eles *funcionam*. Quando a gente pensa que os cristais estavam no centro da terra e têm toda essa energia...

Ah, e recebi uma carta da minha sobrinha Eva de Denver que diz, "Deus te abençoe e, a propósito, roubei teus desenhos dez anos atrás, você os quer de volta?". Por volta de 1970, quando ela estava morando aqui, cuidando da minha mãe. Me contou que enrolou algumas gravuras "Flor" e levou-as com ela e ainda estão no porão de sua casa. Mas a carta é tão cheia de Deus-te-abençoe e Nossa-Casa-Abençoada e Nosso-Abençoado-Tudo que parece que agora ela é da Moral Majority. E meu sobrinho Paul ainda mora em Denver – o ex-padre que casou com a ex-freira agora tem dois filhos.

Sábado, 20 de abril, 1985. Keith me ligou, quer trabalhar o dia inteiro pintando o elefante. Fred o pintou de branco para que Keith pudesse pintar em cima. É o elefante que eu tive que comprar para o desfile de fantasias de Diana Vreeland no Met, "Marilyn Monroe" desfilou em cima dele. Era cor-de-rosa, mas depois do desfile trouxeram para Fred na Factory e aí Jean Michel e Victor pintaram algumas coisas nele, não muito, e mesmo assim eu o conservei como se fosse um Jean Michel embora não fosse muito grande, mas Fred achou que seria melhor se fosse um Keith Haring, então Keith vai pintá-lo, agora que está branco.

De táxi para o jantar com Cornelia no Mortimer's ($4). Ela não estava, mas Cosima von Bülow estava lá com seu pai, Claus. É bonito. Ele disse, "Obrigado por ter sido bom comigo antes que eu me tornasse uma estrela". Sei lá se estava sendo engraçadinho. Acho que ele queria se referir à época em que vinha almoçar no escritório, quando Catherine Guinness trabalhava lá. E aí foi embora e disse que sabia que Cosima estaria em boas mãos. Ela é muito bonita. Conversei muito com ela. Disse que não queria ser atriz porque um dos seus professores num desses colégios tipo Brearley a desencorajou depois de vê-la numa peça – disse que não dava para a coisa ou algo assim. Todo mundo só vem até ela e pergunta sobre seu pai. Absolutamente todo mundo. Pessoas que nem a conhecem. Mas ela é uma boa atriz, sabe lidar com essas coisas.

Segunda-feira, 22 de abril, 1985. Engordei, estou com 58 quilos e quero voltar aos 56.

Fui à Sotheby's, leilões de joias a semana inteira e agora aquilo lá se afundou mesmo nesse tipo de coisa. Parece que todo mundo está comprando nos leilões em vez de comprar nas lojas. Então acho que as lojas vão sofrer, se já não estão sofrendo. Mas tenho certeza de que elas mandam seu pessoal dar lances para subir o preço das suas coisas. E encontrei Ivana Trump no porão dando uma olhada naquelas coisas baratas que eles têm lá.

Ah! E quem eu encontrei no leilão de joias? Meu empregado que jamais consigo encontrar, Rupert Smith! Eu disse, "Então é *assim* que você passa os dias". Ele ficou chocado de me ver.

Ah, ei, vi Lee Radziwill na capa de uma *Life* antiga e ela realmente era bonita, entendi por que Truman queria que ela fosse atriz.

Quarta-feira, 24 de abril, 1985. A grande novidade na TV é que a Coca-Cola está mudando sua fórmula. Por que fariam uma coisa dessas? Não faz sentido. Poderiam apenas lançar um novo produto e deixar a Coca-Cola em paz. Parece uma loucura. E todos os programas de TV adoram essas coisas, ficam fazendo matérias sobre as pessoas testando o novo sabor.

Fui ao consultório do dr. Bernsohn de manhã e Bernsohn disse que Reese achou que sou um "Janooky", que posso vir a ser alguém realmente importante. "Janooky" são os líderes do pessoal dos cristais.

Saí de lá e encontrei David Whitney e convidei-o para almoçar para descobrir coisas sobre o mercado de arte. Ele disse que Peter Brant pagou $40 mil por uma gravura de Jasper Johns. Uma *gravura*!

Vincent estava chateado porque a Polygram ligou e disse que Lou Reed não quer voltar para o Velvet. E a Polygram quer comprar nossas fitas por $15 mil, é muito barato. E, quer dizer, não consigo entender como eu nunca ganhei nem um centavo por aquele primeiro disco do Velvet Underground. O disco realmente vende e eu fui o produtor! Será que eu não deveria ganhar alguma coisa? Quer dizer, será que eu não deveria? E não consigo descobrir por que Lou deixou de gostar de mim. Quer dizer, ele até foi e comprou dois dachsunds como os que eu tenho e aí depois deixou de gostar de mim, só não sei exatamente por que ou quando. Talvez tenha sido quando casou com sua mulher mais recente, talvez tenha decidido que não queria ver pessoas esquisitas. Sabe que estou surpreso que não tenham tido filhos?

Trabalhei nos retratos de Lana Turner, transformando essa mulher de sessenta anos numa de 25. Levou um tempão. Gostaria de ter podido trabalhar sobre uma foto antiga, teria sido uma pintura linda. Mas dessa maneira não vai sair um bom retrato.

Quinta-feira, 25 de abril, 1985. Dr. Bernsohn diz que não quer ser relacionado unicamente aos cristais, porque pode perder sua licença – disse que o pessoal de Massachusetts *perdeu* as suas. Mas, quer dizer, se a gente realmente acredita em alguma coisa, parece engraçado não querer assumir as consequências.

Estou tentando encontrar uma outra loja que venda a escultura da "Última Ceia" que tem meio metro de altura – está à venda numa daquelas lojas de importação da Quinta perto da Lord & Taylor, mas lá é muito caro, uns $2.5 mil. Então estou tentando encontrar uma mais barata em Times Square. Estou fazendo a "Última Ceia" para Iolas. Para Lucio Amélio estou fazendo os "Vulcões". Portanto, acho que sou um artista comercial. Acho que essa é a verdade.

Sexta-feira, 26 de abril, 1985. Trabalhei toda a tarde e pretendia trabalhar até as 8h mas a lâmpada da máquina de tracejar queimou e tive que parar. Liguei para Jean Michel para ver se eu estava convidado para a casa de Schnabel porque então eu iria buscá-lo, e Shenge atende o telefone e eu digo que gostaria de saber se estou convidado e Shenge diz, "Ah, ele está convidado? Que bom. Vou contar para ele". E lá fico eu gritando, "Não, não, não!". Era uma festa de aniversário para a mulher de Schnabel, Jacqueline.

Me colei. De táxi até a Rua 20 Leste ($6). E foi ótimo voltar ao velho bairro da Union Square. Philip Niarchos estava lá e me contou que está de filho novo. Eu tinha esquecido que ele tinha casado e não consegui me lembrar exatamente com quem. Mas aí lembrei que é com Victoria Guinness. Do lado banqueiro da família, eu acho.

O bolo de aniversário era italiano. O tempo voou. Em casa às 12h15, dormi vendo TV.

Sábado, 27 de abril, 1985. Estou tentando pensar onde podemos conseguir alguns vídeos do Velvet Underground. Porque, quer dizer, agora que Lou não quer voltar e se reunir com os outros, estou só pensando que realmente tenho que encontrar uma maneira de conseguir dinheiro por causa daquele primeiro disco. Quer dizer, eu *produzi* o disco! E agora Vincent encontrou o master! *Nós* temos o master! E não vou me preocupar em descobrir se temos ou não o direito de usar o master ou fazer um vídeo a partir dos velhos clips. Eles que tentem me processar, sabe?

Keith veio ao escritório pintar o grande elefante, e fez um trabalho lindo. É branco e preto sobre uma base vermelha. Acho que eu teria gostado mais se fosse só branco e preto, mas está ótimo. Keith é ótimo. É um cartunista de verdade. Dizem que é como Peter Max, mas na realidade não é. Ele tem um algo mais. Peter Max era só um homem de negócios tentando ser artista. Me copiou um monte. E agora ganha $100 mil por retrato. Veja. Ele trabalha assim: a gente conhece um pessoal rico e fica circulando com eles e uma noite eles bebem um pouco e dizem, "Eu compro!". Depois eles dizem para seus amigos, "Você *tem* que comprar um trabalho dele, querido", e isso é tudo o que a gente precisa. Quer dizer, é como Schnabel sentado lá com Philip Niarchos. É só isso que precisa. E o teu preço fica feito. Entendeu?

Segunda-feira, 29 de abril, 1985. Fred foi para Zurique. Sei lá fazer o quê. Viagem misteriosa. Talvez vá fazer plástica nos olhos ou se tratar com glândulas de carneiro. Mas não sei por que ele está fazendo tudo isso e não faz uma plástica no nariz.

Cornelia e também Jay me contaram que viram o meu comercial para a Diet Coke na TV e que apareço um bocado.

Fui ao Tuileries e consegui uma mesa enorme nos fundos e aí uma matrona chegou e uma garota veio e disse, "Você tem que ser gentil com Roxanne", e aí me dei conta que era Roxanne Pulitzer e que estes são realmente os anos oitenta. Quer dizer, depois de encontrar Von Bülow e tê-lo na minha mesa conversando comigo algumas noites atrás, e aí vendo-o na TV chorando durante o julgamento porque tinha que voltar para sua casa, e agora mais esta, é abstrato demais, sabe – todas essas celebridades dos julgamentos. Gosto disso. Deve ser como os gângsteres nos anos 20.

Terça-feira, 30 de abril, 1985. Fui à inauguração de Calvin Klein. Cheguei lá às 11h05 e lá estava Bob Colacello todo emperiquitado. As roupas deles são sempre tão perfeitas, tão imaculadas. Não sei como consegue. As mulheres de Calvin eram carnudas – cinturas minúsculas e quadris largos, é o new look.

Fui à Sotheby's. Encontrei Patricia Neal no elevador e perguntei se ainda está saindo com Barry Landau e ela disse que sim, aí evitei falar mal dele. Ela estava vendendo um Bacon e estava chateada com o lance mínimo – $250 mil. Acho que está precisando de dinheiro. Disse que venderam um outro Bacon para matricular o filho numa escola de pastelaria, o que foi um erro porque ele não trabalha nisso. Estava caminhando de bengala. Uma aparência ótima.

Encontrei John Richardson e fiquei perguntando sobre Andrew Crispo, e aí as câmeras de TV estavam à nossa volta e eu não queria que descobrissem sobre o que estávamos falando, então comecei a chamar Crispo de "ela" e John entendeu logo. Ele disse, "Nunca a conheci realmente bem, sempre achei que ela era uma calhorda". E John ficou falando sobre o Hellfire Club e estou surpreso de jamais ter ido lá. Estou surpreso de nunca ter acabado lá num fim de noite. Mas não suporto o cheiro desses lugares – mesmo o Surf Club, que é tão arrumadinho, é difícil de aguentar.

Consegui catálogos e a pintura que fiz de Happy Rockefeller, uma antiga de 1964, está à venda. A estimativa é de $30 ou $40 mil. Se ela tivesse doado para um museu poderia ter ganho 500 mil de isenção por causa dos novos preços, então não sei por que está vendendo. Talvez sejam os filhos. Ela também vendeu o Nelson Rockefeller alguns meses atrás.

E é a Semana da Moda e por toda a cidade todo mundo é só beleza, é tão deprimente!

Ah, e Victor ligou e disse que não quer vir me visitar, disse que vem amanhã. Mora na Rua 57 – está com alguém, sempre vai conseguir se arrumar, com aquele seu caralho enorme.

E não sei por que *Interview* está publicando todas aquelas fotos editoriais de Bruce Webber com gente nua. Quer dizer, páginas e páginas de gente sem roupa – nenhuma citação de *moda*?! Qual é o objetivo? Não entendo! Temos que pensar nos anunciantes. Vou baixar uma lei: "Roupas de aniversário estão proibidas".

Quarta-feira, 1º de maio, 1985. Fui a Vito Giallo dar uma olhada nos livros raros. Depois fui almoçar com David Whitney, e Peter Brant está de volta ao mercado de arte. Comprou um Rosenquist. Ainda estão muito baratos. Mas vão ficar sem pessoal e vão patrocinar uma grande exposição dele e aí os seus preços vão explodir. Quer dizer, estão vendendo um David Salles pelo mesmo preço de um Rosenquist!

Quinta-feira, 2 de maio, 1985. De táxi até a 82 e a Primeira ($4) para a festa de aniversário de Bianca. Seu namorado, Glenn Dubin, ligou. E Bianca está me enlouquecendo, diz que está pesquisando sobre meus tempos de Pittsburgh para seu livro sobre Grandes Homens e ficou falando nisso e em como eu rompi com o sistema, rompi com o sistema, rompi com o sistema, eu quase que disse para ela, "Olhe, Bianca, só estou *aqui*. Sou apenas um trabalhador. Como é que eu rompi com o sistema?". Meu Deus, como é burra!

Sexta-feira, 3 de maio, 1985. Choveu de manhã. Circulei com Benjamin. Tinha um compromisso com Stephen Sprouse à 1h15 para ver o desfile de modas que ele organizou para *Vogue* e para mim (táxi $6). Fui ao 860 Broadway, nosso antigo estúdio, e foi ótimo dizer aquele endereço novamente para o motorista do táxi: "17 com a Broadway".

Dividiram o espaço em salas menores e aí a frente foi pintada de dourado e havia uns modelos lindos para mostrar as coisas para nós e foi divertido, realmente excitante, quero mesmo comprar todas as roupas dele.

Aí eu tinha prometido um jantar no Le Cirque para Jean Michel. Benjamin me deixou, me colei e fui para lá. Ele convidou Eric Goode e sua namorada e Clemente e sua mulher, Alba, e aí quando pediu o vinho mais caro da casa disseram que estava em falta, aí quando pediu o mais caro depois daquele também disseram que estava em falta. Acho que não queriam dar esses vinhos para nós, porque era um jantar *grátis*. Sirio me dizia há anos que queria me dar um jantar, então tinha chegado a hora. E pediram um milhão de desculpas e aí Jean Michel pediu o vinho mais barato, e *este* eles tinham. E na realidade era gostoso. Mas, enfim, ainda tive que dar gorjeta ($200). Ah, e a última vez que estive no Le Cirque encontrei um modelo que disse que era amigo de Tom Cashin, e vê-lo lá com um homem um pouquinho mais velho, no Le Cirque, quer dizer, realmente me fez chegar à conclusão de que não se pode ir a um restaurante hétero só com garotos, fica meio estranho. A gente fica pensando o que estão fazendo lá, é uma coisa que incomoda.

Segunda-feira, 6 de maio, 1985. Ronnie está com uma aparência ótima ultimamente e seus trabalhos ainda estão vendendo mesmo. Está saindo com aquela tal de Tama Janowitz que escreve tão rápido, escreve uma porção de histórias. Ele é como Gerard Malanga. Ambos continuam imaturos emocionalmente. Ronnie tem um caralho enorme. Ele faz o serviço nas mulheres e continua jovem, exatamente como Gerard – eles não crescem.

E Debbie Harry ligou e disse que contaria um grande segredo, que acaba de assinar um contrato com David Geffen. E Stephen Sprouse está tão feliz com isso que até está recusando a fazer roupas para gente como Madonna, porque foi Debbie quem realmente lhe deu o empurrão inicial e ele quer ser leal a ela, é assim que ele é. Portanto agora ela vai estar nas paradas novamente.

Terça-feira, 7 de maio, 1985. Fred ligou da Europa e disse que volta hoje.

Jean Michel disse que resolveu não fazer nada para o novo clube de Steve Rubell porque perguntou o que ganharia com isso e Steve disse, "É pela glória, pelo prestígio". Dá para imaginar ouvir isso de Steve? Ainda estou tentando juntar os tickets para bebidas que estou desenhando para ele, portanto vou perguntar que dia PH e eu podemos gravá-lo para o livro *Party* assim que eu der os tickets para ele, para fazê-lo sentir-se culpado.

Quarta-feira, 8 de maio, 1985. Uma grande festa no Area. Jean Michel me buscou e fomos para lá. E minha vitrine tinha uma "Escultura Invisível" e os trabalhos de Jean Michel estavam ótimos – um disco enorme – e Keith e todo mundo estavam lá. E as instalações são ótimas. Steve Rubell estava circulando e dizendo, "Ótimo, ótimo", morto de inveja, desejando que fosse seu novo clube.

Quinta-feira, 9 de maio, 1985. Fiquei sabendo que há um vestido "Lata de Sopa" num dos shows da Broadway porque vi no anúncio da TV, não sei em qual show, talvez seja *Grind*. Fui buscar Jean Michel na sua casa (táxi $6). Ele está trabalhando novamente e seus trabalhos são maravilhosos, é tão excitante, acho que ele é para sempre.

Fomos ao Odeon e jantamos e conversamos com Steve Rubell e Eric Goode sobre inaugurações de clubes e essas coisas e foi divertido, e Steve está convencendo os artistas a fazerem coisas para seu novo clube, o Palladium, e Keith fez um pano de fundo que desce do teto até a pista de dança e Steve ficou sentado ali dizendo, "E se não for bom, a gente só baixa o pano de vez em quando". Quer dizer... (jantar $240).

E então o motorista de Steve nos levou ao Palladium e é igual aos filmes dos anos 30 – sujo por fora e por dentro, colunas imaculadamente brancas, tudo enorme e laqueado, postes azuis e escadas como aquelas que as mulheres da Ziegfeld Follies desciam. E Clemente está pintando o teto. Mas, quer dizer, ainda assim é só um outro lugar para ir e o Area já é tão bem-sucedido nessa coisa e muda de temas a todo momento, aí sei lá. Ele e Ian estão só "gerenciando" o clube porque a gente não pode ter ficha na polícia e ser dono de um clube. Lembra que tiraram nossas impressões digitais e nos investigaram quando tínhamos o nosso clube, The Dom, em 1965? Depois todo mundo foi para o Area e eu fui para casa (táxi $6).

Ih, Madonna era só uma garçonete do Lucky Strike um ano atrás.

Domingo, 12 de maio, 1985. Jean Michel ligou, está trabalhando na sua pintura para o Palladium. Mas é desmontável, para que ele possa levá-la embora a qualquer momento.

Segunda-feira, 13 de maio, 1985. Ian Schrager ligou e eu finalmente terminei o design dos tickets de bebidas, Vincent fez um xerox e eu fui ao Palladium com Benjamin para mostrá-los a Steve Rubell. PH e eu gravamos Steve para o livro *Party* durante uma hora e meia. Conseguimos uma ótima fita e voltamos para o escritório.

Terça-feira, 14 de maio, 1985. O dia da inauguração do Palladium. O dia começou com aquele problema da doença do Amos. E o sujeito pintando o telhado do outro lado da rua veio e disse que o meu também estava precisando de uma pintura. O zelador daquele prédio deu meu nome para ele, acho, eu concordei com a pintura e ele pintou. Depois me apresentou uma conta de $4.9 mil. Não lembrei de pedir um orçamento. Minha culpa. Aí recebo um bilhete do meu vizinho dizendo que agora meu telhado está cor de *prata* e que eles não aguentam nem olhar para ele. Estão dizendo isso para a pessoa certa, certo? Prata não. Enfim. Eu pedi que ele repintasse e perguntei quanto custaria *desta vez* e ele disse que usaria trinta galões de tinta para spray e que custaria $1.2 mil. E pintou em cinco minutos. *Cinco minutos!* Achei que levaria horas. E aí mais tarde ele me disse que eram $1.5 mil e lembrei-o que antes ele tinha dito que seriam $1.2 mil.

E no meio de todos esses problemas Benjamin veio me buscar mais cedo e fomos de táxi até o escritório ($4) e aquilo lá é muito grande, espalhado, fico subindo e descendo as escadas, para cima e para baixo e de lado, para cima e para baixo e de lado. Essa é a minha vida lá. Isso é que faço para viver desde que nos mudamos para lá.

Keith apareceu. Ficamos esperando que Kenny Scharf ligasse para dizer se queria ir comprar uma roupa no Stephen Sprouse, mas aí ele foi sozinho. Comprou uma calça Stephen Sprouse cor-de-rosa de cintura baixa e agora está usando com uma blusa feita pela sua mulher, Teresa. Mas não acho que seja atraente ver o rego da bunda. Nem em mulheres. Realmente não gosto. Depois buscamos PH e fomos até o Paladium com Keith, entramos pela porta dos fundos na Rua 13 e os eletricistas e os operários estavam trabalhando a toda velocidade. Subimos para o escritório de Steve Rubell e os telefones estavam tocando e ele dizia, "Não há lista na porta, os convites foram distribuídos ontem e *não há* lista". Enquanto isso as pessoas entravam com a lista. Aí fui embora depois de ter gravado um pouco mais para o livro *Party* e ter tirado algumas fotos. Deixei PH ($5). Fui para casa e me colei.

Busquei Cornelia, ela estava linda, teve a ideia de usar uma fita enorme nos cabelos e ficou parecida com Britt Ekland ou alguém assim (táxi $6). E Halston saiu de seu retiro para ir lá, foi um acontecimento. Aí, enfim, entramos e paramos em alguns lugares. E Benjamin estava lá na sua versão Ming Vauze, numa blusa decotada cor de uva com uma saia de tule. E Beauregard, que escreve para *Details*, também estava travestido. Boy George estava lá com Marilyn, que é sempre tão desagradável, estava com uma câmera. Eric e Shawn do Area estavam lá com ar de enterro.

Chris de roupa listada estava lá, reclamando que as bebidas não eram grátis, mas Cornelia ganhou Cristal de Dan, o motorista de Steve de Nova Hampshire, agora ele é o "gerente-geral" de lá, mas acho que não vai funcionar porque ele é gentil demais, não é o tipo que conseguiria gerenciar alguma coisa.

E Jean Michel estava com um humor do cão. Comprou um vestido para Jennifer usar na inauguração e nem veio com ela, deixou-a em casa. Não conversei com ele sobre heroína porque não quis brigar. E estou com medo que Ming esteja se tornando um alcoólatra, porque vi o que aconteceu com Curley – inicia muito feliz e divertindo-se a valer mas termina daquele jeito. E o Palladium. Sei lá, uma boa noite de inauguração mas vão ter que aguentar o pessoal do outro lado do rio se quiserem encher aquilo lá todas as noites. E, se for um sucesso, aí teremos certeza de que não há recessão.

E a coisa engraçada de colocar trabalhos de arte numa discoteca é que no final, quando você enche o lugar de gente, não faz a mínima diferença. Realmente não faz. A gente nem enxerga as coisas. É como aquela "sala de discoteca" *Embalos de sábado à noite*, que eles colocaram lá – quando está cheia nem se percebe o que é, são só corpos dançando e a gente não nota o resto.

Portanto agora Steve Rubell tem uma história: cadeia e aí A Grande Volta Por Cima. "Jamais perdi a fé", é o que ele diz. Mas perdeu cabelo. Fui embora às 2h30.

Quarta-feira, 15 de maio, 1985. Bem, foi um dia horrível.

Fui ao consultório do dr. Marder na 80 com a Segunda para ver Amos. Ainda vai ficar lá hoje. Espero que esteja bem. E dr. Marder cometeu um *faux pas* e disse que se lembrava do meu "beagle".

Depois liguei para o escritório e disseram que os Talking Heads estavam lá esperando por mim, eu tinha esquecido e quando cheguei (táxi $6) o líder já tinha ido embora. São amigos de Don Munroe e ele e Vincent estão tentando fazer alguns trabalhos de vídeo. Mas sempre achei que os conhecia há muito tempo. Estudaram na Rhode Island School of Design.

Cornelia ligou umas dezoito vezes.

Depois, um pouco antes de sairmos do escritório, alguém ligou e disse que Jackie Curtis morreu de overdose. Se foi. Não era uma coisa que eu gostaria de ter sabido.

Segunda-feira, 20 de maio, 1985. Depois do trabalho me aprontei para a festa de Claudia Cohen no Palladium. Me atrasei para buscar Cornelia, ela estava esperando lá embaixo. Fomos de táxi até a Rua 14, estava cheia de limusines.

Saul Steinberg estava lá com sua terceira esposa, Gayfryd, que é muito bonita, se parece com a garota "Me Desenha" daquelas revistas antigas. E a mãe de Claudia estava lá, tão glamourosa, realmente linda, embora Claudia seja só "uma graça". Mas ainda levará um tempo até que Ron Perelman a troque e enquanto isso ela pode ajudá-lo um bocado.

A festa era só uns velhos dançando com suas novas e jovens esposas recém-trocadas.

E quando a gente chegava na porta havia um sujeito com uma vela e na subida, de tempos em tempos, havia outro sujeito com uma vela e depois mais outro. E serviram drinques na sala Mike Todd e colocaram mesas com flores na pista de dança e cada flor tinha um spotlight, era lindo. Por exemplo, se a flor era azul, a luz era azul e tudo ficava ainda mais azul. Parecia brilhante. Se era cor-de-rosa, era uma luz cor-de-rosa e tudo ficava ainda mais cor-de-rosa. E cadeiras pintadas de prateado. Cinco copos para cada pessoa. E o som do Palladium é realmente bom. Um palco enorme com um sistema de som ótimo. E Peter Duchin tocou a noite inteira. Veio e me cumprimentou, só que disse que estava trabalhando. Mas acho que ele parou de tocar para jantar.

Outro dia Steve Rubell me contou que Claudia estava pagando $100 mil para as Pointer Sisters. Elas cantaram depois da sobremesa, umas seis ou oito músicas. E fiquei no melhor lugar, exatamente em frente delas na mesa 7. Cornelia estava na mesa 1 com Roy Cohn e seu namorado, que estava com um smoking azul que era metade de couro. Boy George e Marilyn vieram no final. Cornelia e Marilyn logo se deram bem e em vez de ir embora comigo ela preferiu ficar dançando com eles.

A comida estava bem boa – Glorious Food. Mas os garçons não são mais aquelas belezas. A gente não desmaia mais. Agora tem aquele ar tipo 35 anos. Outras pessoas devem estar contratando aquelas belezas, porque dava a impressão de que os garçons eram escolhidos a dedo por Steve Rubell – aquele tipo de aparência. E os garçons da Glorious Food agora usam luvas brancas, acho que a Glorious os obriga a fazer isso para impedir que a foda com a mão se espalhe por aí. É uma boa ideia, porque reconheci um dos amigos de Victor entre eles. A única personalidade brilhante lá era Geraldo Rivera.

Terça-feira, 21 de maio, 1985. Meu dia começou com destruição. Peguei um tapete e as traças tinham feito um buraco nele. Todas no lado do avesso. Vou ter que espalhar mais naftalina. Por enquanto só arrasaram o tapete hindu, mas imagine se tivessem passado para minhas roupas Stephen Sprouse.

Benjamin veio e decidimos caminhar pela Madison até o escritório. Não tínhamos nenhuma *Interview*. Rupert chegou às 6h30 e trabalhou um pouquinho. Seu namorado veio buscá-lo com o Rolls-Royce de Rupert, ficou lá fora esperando feito uma esposa emburrada, mas acho que é assim que Rupert gosta. O pobre Rupert é mandado como uma esposa. E estou só esperando pela grande briga deles. O sujeito queria sair para passear. Aí ficou lá esperando naquele elegantérrimo Rolls com a direção no lado esquerdo. E me deram uma carona até em casa porque estava chovendo e seria difícil conseguir um táxi.

E durante o dia comprei uma porção de revistas por causa das capas com os sêxtuplos ($2). E a revista *People* tem um artigo sobre artistas plásticos e dizem, "Andy Warhol, 58". E aí "Keith Haring, 22". Então, se alguém perguntar, diga apenas que tenho oitenta. Sempre. "Ele tem oitenta".

Quarta-feira, 22 de maio, 1985. Encontrei mais traças.

Andy Friendly ainda não nos deu dinheiro para nosso programa de TV, aí acho que vamos ter que fazê-lo nós mesmos, com Paige tentando conseguir patrocinadores.

Fui à festa de Keith no Palladium e estava lotado, aquela coisa enorme – *lotado*!

Depois resolvi ir ao Private Eyes, o video club. Era uma Noite Gay e estava lotado, de ponta a ponta. Se você encontrasse aqueles garotos na rua, jamais pensaria que são gay. Se parecem com os garotos de L.A. Fiquei uns minutos. Aí cheguei em casa às 2h (táxi $6).

Quinta-feira, 23 de maio, 1985. Alguém me contou que o *New York Times* publicou um longo obituário de Jackie Curtis. Ainda estou tentando me convencer de que foi tudo um fingimento, como o casamento dele. Dizem que tinha 38 anos, então quando o conheci deveria ter quanto? Dezoito?

Hete de Düsseldorf, o sócio de Hans Mayer, veio almoçar no escritório. E Fred e eu ficamos nos desentendendo porque ele estava com ares tão elegantes e pomposos e disse para mim em frente de Hete, "Por que você não diz a Hete o que você realmente sente a respeito daquela galeria que não pagou você". Sabe, fiquei numa enrascada. Fred está realmente chateado. Quer mudar, acho eu.

Como Paul Morrissey.

E aí Paige me buscou, mas só de táxi, não num carro. E eu disse que tinha pedido que ela conseguisse "um carro" e ela disse "Bem, isso aqui é um carro". (táxi $9). Fomos para o Apollo e havia um milhão de guardas. Era uma gravação de Hall and Oates em benefício do Negro College Fund. Hall and Oates entraram no palco e foram ótimos, cantaram todos os seus hits. Boy George foi com Cornelia e ficaram num camarote, ele ficou atirando beijos. E aí dois dos Temptations entraram em cena e fizeram uma jam-session com eles, foram ótimos, dava realmente para ver que foram eles que Hall and Oates copiaram. E quando terminou saímos e os guardas ficaram enlouquecidos com Boy George. Nunca vi nada parecido. Todos estavam loucos pelo autógrafo dele e Marilyn disse para um deles, "Quero ter um affair com você", e o guarda disse, "Conheço alguém que você vai adorar." Quer dizer, nunca vi uma coisa dessas acontecendo com guardas.

Sábado, 25 de maio, 1985. Caminhei até o trabalho, Kenny Scharf apareceu. E disse que não sabe o que fazer porque gosta de se sentir livre e fazer o que quiser mas ama Teresa e o bebê, só que acha que não pode perder aquele sentimento de liberdade. Então Kenny ficou lá horas a fio e aí foi embora às 7h.

E, sabe, aquela pizzaria ao lado do escritório na Rua 33, aquela cujos donos são coreanos ou chineses, foi muito triste. Eles estavam fazendo uma limpeza e jogando fora tudo, acho que do porão, livros e coisas, e fiquei com vontade de dar uma olhada, mas não dei. E uma mulher estava segurando dois enormes cachorros brancos e não sei se ela era de lá ou não. A gente nunca sabe nada sobre essas pessoas. Todo mundo apenas faz suas próprias coisas em sua própria escala. Havia um bebê nu no meio do salão.

Domingo, 26 de maio, 1985. Outro dia quente. Passeei de carro pela cidade e até Nova Jersey com Chris e Randall. Peter e Chris estão tentando resolver se devem continuam juntos ou não. E

Randall é um ginasta que veio conhecer o mundo em Nova York e a primeira pessoa que viu foi Chris e aí você pode ter uma ideia do tipo de mundo que ele está conhecendo.

Depois fui para casa e assisti TV. *Deceptions* com Stephanie Powers. Fui dormir, enfrentando a vida sozinho.

Quarta-feira, 29 de maio, 1985. Benjamin veio me buscar e tinha um bilhete de Crazy Matty na porta. Ele tem deixado bilhetes para Brigid no escritório.

Depois de táxi ($4) para encontrar Paige para seu almoço no escritório com alguns anunciantes. E a razão de Paige vender tantos anúncios é que na realidade ela gosta das pessoas que ela encontra ao vender anúncios, ela *gosta* de diverti-los a trabalho, o que não é todo mundo que consegue.

Aí Jean Michel veio pintar e ficou rindo e brincando com as pessoas e Paige me ligou e gritou, "Tira ele *daqui*!". E eu fiquei sem saber o que dizer, ela bateu o telefone na minha cara antes de eu sequer poder pensar e aí foi embora do escritório. Chamou Jean Michel de calhorda e tudo.

De táxi ao Canastel's ($5) para o jantar de Katie Ford no qual ela tinha dito que só teriam modelos masculinos. É aquele lugar onde o sujeito queria que eu fizesse um mural numa parede mas não nos daria publicidade suficiente – eu iria pintá-lo com Jean Michel, e no final a parede valeria mais que o restaurante inteiro. Mas aquilo lá é ótimo, lotado mesmo, luzes cor-de-rosa e comida ótima e legumes no vapor de entrada, tão fartos quanto um prato no Odeon. Tipo comida da Califórnia.

Aí eu fiquei com um modelo loiro com olhos pretos penetrantes, e ele sabia tudo sobre "penetradores". É quando alguém "penetra" no teu corpo. Faz sentido. Acontece se a gente está traumatizado ou doente ou algo assim. E, sabe, quando eu era pequeno me lembro de ter estado realmente doente e eu não gostava de ir à escola e tinha que ser arrastado até lá e de repente um dia mudei – a partir de então passei a adorar a escola e tudo, aí acho que alguém me penetrou... Não tenho certeza de quem são os penetradores. Almas. Não tenho certeza de onde vêm.

Segunda-feira, 3 de junho, 1985. Benjamin me buscou e fomos até o consultório de dra. Linda Li no West Side. Ela me contou que Fantastik é veneno, que não devo usar (telefone $2). Resolvi ficar fora o maior tempo possível porque há alguns dias tenho ficado muito dentro de casa, estava um dia lindo. Fui ao Bagel Nosh ($10) e fiquei na fila dos ovos mexidos e tudo era muito sujo mas estava gostoso, resolvi enfrentar. Caminhei pela Rua 46. Vi as paisagens. Tirei fotos de mulheres bêbadas dormindo nos bancos de parque e fiquei com a sensação de que a vida é horrível. E não sei por que fico tentando conseguir uma boa aparência. Todo mundo é tão horroroso quando a gente olha de perto. Tão animalesco.

E aí chegou a hora de ir ao vernissage da minha exposição "Rainhas Coroadas" na West Broadway com a Greene Street. A exposição que George Mulder organizou. Uma coisa de uma noite só em benefício dos holandeses. A "mulher" de Rupert nos buscou com o Bentley e a patroa estava braba. E aí chegamos lá e estacionamos ao lado da limusine de Victor. Victor entrou em acordo com Halston. Acho que assinou alguma coisa dizendo que jamais vai falar sobre Halston, mas quer dizer, *isso* significa o quê? Agora está feliz com sua bolada de dinheiro, mas quando o dinheiro acabar...

E cheguei ao fundo do poço. Essa exposição. É o fundo do esgoto. O fundo do poço no fim da linha. Era como ter um vernissage na quitinete de alguém. Quer dizer, havia até jornal tapando um espelho! E serviram uns canapés que acho que estavam fazendo na cozinha. E gente da TV holandesa por todo o lado. Tão vulgar e barato. Fred não estava. Já tinha ido embora, não quis enfrentar, acho que ficou em estado de choque. Mais tarde o encontramos perambulando pela Christopher Street, a caminho do Ballroom para a coisa beneficente do Scavullo para a igreja do Greenwich Village. O encontramos por acaso e demos uma carona.

Aí saímos de lá e fomos para aquela coisa do Scavullo, sentei mas aí Cornelia começou a gritar que tinha um desfile de moda do qual eu deveria participar, então alguém me pegou e me levou para um porão cheio dos modelos mais famosos, tetas saltando por todo o lado. Vesti um Stephen Sprouse e Cornelia e eu recebemos os maiores aplausos. E Boy George estava na plateia com Marilyn e sugeriram que a gente fosse jantar, estavam de limusine, mas mesmo assim peguei um táxi, fomos para o Mr. Chow's (táxi $6).

Eram eu e Benjamin e Boy George e Marilyn e Cornelia e Couri Hay e todas agem como demoniozinhos terríveis – Couri gritou para Dianne Brill, que estava do outro lado da sala, "Traga a sua buceta para cá", e é um restaurante de gente normal, e aí Cornelia dizia para as pessoas que pediam que ela ficasse quieta, "Você parece um pato seco", ou algo assim. Realmente horrível. E aí Marilyn viu Mary Wilson numa mesa e foi lá e Benjamin desmaiou porque é sua cantora favorita, e aí ela veio e me agradeceu por ter patrocinado seu retorno à vida artística alguns anos atrás (jantar $400).

E Boy George e Marilyn gostam de mim, acho, porque podem dizer coisas cruéis e aí não sou rápido o suficiente para pensar numa boa resposta, portanto não sou uma ameaça para eles.

Quarta-feira, 5 de junho, 1985. Benjamin me buscou. Coloquei todas as coisas com naftalina lá fora, chocado com a quantidade. Dra. Linda Li e dr. Bernsohn me avisaram que naftalina é um verdadeiro veneno. Bernsohn disse que não chega nem a 20m de distância de uma bolinha.

Pedi ao Bernsohn algumas ideias para pinturas. E toquei no assunto dos "penetradores" e contei que acho que alguém me penetrou quando fui baleado, além daquele penetrador de quando eu era pequeno. Mas de algum modo essas teorias sobre os penetradores não fazem muito sentido para mim. Ele disse que, se o corpo da gente está realmente fraco e adoentado, ninguém vai querer penetrá-lo. E aí eu disse, "Mas as pessoas poderiam penetrar a gente o restante do tempo". Ainda não entendi.

De táxi com Jon, que está de volta por uns dias, fomos ver *Rambo* na Rua 32. E o filme é ridículo. Igual a *Sexta-feira 13* mas com explosões.

Quinta-feira, 6 de junho, 1985. Fui à Macy's para ser jurado num concurso de sósias de Madonna. Esperavam duzentas garotas mas só havia cem. Aquelas garotas gastaram uma fortuna em roupas e joias. Acabou logo, às 5h10, tinha começado às 4h30.

Fui ao concerto de Madonna no Radio City Music Hall (táxi $6). O show é ótimo. Simples e sexy, e Madonna está linda. Agora está mais magra, muito bem. E depois descemos para uma festa particular, lá no andar dos banheiros femininos. E Madonna desceu com Jean Michel – acho que ele tinha ido aos camarins. Disse que ia ao Palladium e que talvez fosse ao jantar de Keith, foi amável e gentil. Aí saímos e fomos de carro até o Iso, na 11 com a Segunda, e Madonna realmente foi, apareceu um caminhão. E a colocaram ao meu lado, ela foi ótima.

Estavam brincando com ela por causa de suas sobrancelhas falsas, dizendo que eram maiores que as de Louise Nevelson. E todo mundo ficou fascinado, os garçons estavam quase de joelhos. Ela ficou desenhando caralhos nas calças de Futura.

Segunda-feira, 10 de junho, 1985. A manhã iniciou com a campainha da porta tocando forte e era Crazy Matty e os vizinhos estão começando a ficar indignados por ele estar por aqui o tempo todo. Quando Benjamin chegou ele foi lá falar com ele, e Matty tem os seus dias todos planejados – a agenda dele é tão grande quanto a minha. Por exemplo, à 1h ele vai incomodar Warren Beatty no Carlyle, às 3h vai fazer uma ligação desagradável para Woody Allen e aí às 8h ele vai à entrega dos Emmys ficar atrás dos cordões de isolamento gritando com Celeste Holm quando ela entrar, coisas assim. Dei 25 centavos para que ele pudesse ligar para Brigid no escritório e para tirá-lo de perto de mim.

Realmente não sei o que mandar para Leo para a exposição que ele está montando. Qualquer coisa que eu mandar vai ficar parecido com o negócio que a garotada está fazendo agora, só que eles fazem *melhor* que eu. Aí ninguém vai querer copiar. E Jean Michel contou que recebeu uma conta gigantesca — algo como, acho, $100 mil – do seu marchand de L.A., Gagosian, por todos os gastos que fez quando esteve morando e esbanjando lá.

Quinta-feira, 13 de junho, 1985. Aí peguei um táxi e o motorista sabia tudo sobre mim, disse que viu *Bad* em vídeo e sabia tudo sobre o prédio da 33. Ele disse, "Ganhei a noite". Isso é o nome de uma música (*canta*) "Ganhei a noite, ganhei a noite", aí me senti na obrigação de dar uma gorjeta maior ($7).

Sexta-feira, 14 de junho, 1985. De manhã fui ao edifício Seagram's para aquela coisa de vídeo "How to Paint" daquela companhia de computadores, Commodore, da qual querem que eu seja o porta-voz. E acho que consegui o emprego. Fiquei com medo de que colocassem um spot em mim e me fizessem desenhar na frente de setecentas pessoas, mas foi tudo bem. É um aparelho de $3 mil que é como um Apple mas pode fazer cem coisas mais.

Quarta-feira, 19 de junho, 1985. De manhã Amos ainda não estava se sentindo bem. Dei metade de um Valium quando ele estava latindo ontem e achei que melhoraria. Quando liguei para Jed para pedir que o levasse ao veterinário, Jed tinha ido viajar. Aí eu mesmo levei (táxi $3). Dr. Marder não estava lá, aí o dr. Greene nos atendeu, depois levei Amos de volta para casa. Então fui lá para o consultório do dr. Bernsohn e foi interessante. Contei a ele que o cristal que coloquei na cozinha do escritório para espantar as baratas não está funcionando, que há mais baratas do que nunca. Ele disse que vai ligar para o dr. Reese para perguntar sobre isso e à tarde ele ligou para dizer que agora o cristal está reprogramado para se reverter, então veremos a prova. Mas, enfim, enquanto eu ainda estava lá a coisa mais interessante foi que ele pediu que sua secretária Judy subisse na mesa e fingisse ser Amos e ele perguntou o que havia de errado com ela e ela disse que tinha uma vértebra deslocada no lado esquerdo ou direito. E eu não tinha contado nada para ele! E ela contou para ele que mais abaixo tinha uma úlcera, talvez. E aí Judy disse que não queria ser mais cachorro, que queria ser humano de novo, aí voltou a si. Ele me recomendou que desse cânfora para Amos por causa da úlcera.

Grande almoço no escritório. Os Moss vinham, os da A&M Records – eu fiz o retrato da mulher. O filho deles vai ser desagradável.

Quinta-feira, 20 de junho, 1985. Amos ainda não está bem. Deixei-o solto por ali mas não sei se devia.

Encontrei David Whitney e Michael Heizer, me convidaram para ir até o Whitney dar uma olhada no que estão fazendo. Fui lá e fiquei louco de inveja. As pessoas podem caminhar através de tudo. Texturas de serigrafia em pedaços enormes de papelão. Grande como um casa. E depois que a exposição terminar vão apenas jogam tudo fora. É como uma formação rochosa.

E alguém me contou que nosso velho amigo Ted Carey, com quem uma vez rachei o custo de um retrato de Fairfield Portem – ele nos pintou juntos – está com você-sabe-o-quê.

Saí cedo do trabalho (táxi $6) e quando cheguei em casa Paige estava ligando, chorando histericamente e dizendo que o grande vernissage do artista mexicano Julio Galan que ela organizou para aquela noite tinha sido proibido pela junta dos diretores do prédio onde tudo aconteceria. No mesmo prédio onde ficaram furiosos quando ela organizou uma exposição de artistas negros de grafite. Eu apenas disse a ela que tinha que fechar tudo e reorganizar num outro lugar.

Aí de táxi até o Indochine para o jantar para Elizabeth Saltzman. Shawn Hausman estava com um carro lindo dos anos 50 e depois do jantar nos levou até o Area, onde havia uma porção de garotos fazendo aqueles saltos com pranchas de skate. Parece muito perigoso, arcos de 25 ou trinta graus, 5m de altura. Um garoto caiu porque ficou ofuscado pelas luzes.

Wilfredo, que trabalhava para o Armani e que trabalha para nós, estava lá e seu irmão o buscou para levá-lo para casa em Nova Jersey. Porque Wilfredo foi despejado do seu apartamento e agora tem que ir para casa em Nova Jersey todas as noites, e sua mãe é muito cuidadosa e faz o irmão vir até a cidade para buscá-lo e o irmão realmente adora fazer isso porque aí vai a todos os clubes *com* Wilfredo. Aí fomos para o Palladium. O irmão de Wilfredo foi dirigindo. Cornelia estava lá com Philippe Junot. Fiquei cinco minutos e fui para casa (táxi $6).

Sexta-feira, 21 de junho, 1985. Ontem gritei um bocado com Brigid. Jogou fora uma importante obra de arte. Era um rabisco que Michael Viner queria que eu transformasse numa pintura para sua mulher, Deborah Raffin.

O almoço foi para o pessoal do Krizia. E àquela altura Paige era uma pessoa totalmente nova, completamente recuperada da noite passada, quando teve que ficar na frente do prédio horas a fio dizendo para as pessoas que vinham para a exposição que tudo tinha sido cancelado, e alguém que esteve lá me contou que cada vez que Paige tinha que dizer isso caía em prantos. Perguntei como conseguiu se recuperar tão rápido e ela disse que faz parte do seu trabalho. Isso foi bom. Eu disse a ela que deveria investir o dinheiro de suas comissões pelos anúncios num estúdio e montar quatro ou cinco exposições por ano.

Resolvi ir ao casamento de Whitney Tower, que era às 5h no St. Bart's. Fred foi um dos pajens (táxi $3.50).

A noiva estava linda. Fiquei ao lado de Charles Evans. Nick Love, de L.A., leu um bom parágrafo da Bíblia. Tem um estilo anos 30 que acho que vai voltar para os atores. Não fui convidado para a recepção. Estava de tênis e caminhei uptown com Joan Quinn.

Liguei para Jean Michel mas ele ainda não ligou de volta. Acho que lentamente ele está se distanciando. Telefonava para mim todos os dias, estivesse onde estivesse.

Sábado, 22 de junho, 1985. Vesti black-tie para a festa de aniversário de Roy Cohn. Liguei para PH dizendo que estava saindo naquele minuto para buscá-la, mas aí percebi que tinha um bilhete de Matty do lado de fora da porta, por isso esperei alguns minutos, olhei pela janela e não o vi, corri até a Park e peguei um táxi. Busquei PH. Chegamos ao Palladium (táxi $5.50). Ficamos na mesa de Vera Swift e Philippe Junot e Jacqueline Stone e um príncipe da Áustria e a filha de Vera, Kimberly, e um homem que não sei quem era e duas mulheres que não sei quem eram. Cumprimentei Barbara Walters, que algumas semanas atrás anunciou seu noivado; está com uma aparência ótima.

E todo mundo ficou dizendo que Roy parece doente, que está morrendo. Steve Rubell me contou semana passada que Roy tem câncer mas que está em remissão – que não é aids, é câncer mesmo. Não estava com boa aparência.

E Jacqueline Stone ficou falando de suas preocupações com seu filho Oliver, que está em El Salvador dirigindo um filme que escreveu, ninguém recebe notícias dele há uma semana. E mais tarde lembrei que Boaz Mazor estrelou o primeiro filme de Oliver Stone e me contou uma vez que a mãe de Oliver era uma mãe de palco, distribuindo poppers para os atores para ajudá-los a interpretar.

E aí depois do jantar começaram os discursos dos políticos. Stanley Friedman, do Bronx, discursou e mencionou o Líbano e os reféns do voo 847 e disse que não podemos esquecer dos lugares problemáticos do mundo como o Afeganistão e a Nicarágua mesmo estando naquele agradável jantar no Palladium.

E durante toda a conversa dos políticos Philippe Junot ficou só sentado ali praticamente dormindo. Mas quando alguém no pódio apresentou um "Donald Trump de 29 anos", Philippe levantou a cabeça e disse, "Donald não tem 29 anos!" E aí o último a discursar foi o próprio Roy e antes de começar a falar dois grupos enormes de monitores de TV foram baixados e as telas ficaram cheias de cenas antigas do rosto de Roy fazendo os seus discursos anticomunistas nos anos 50. Foi excitante, foi a melhor coisa. E trouxeram um bolo enorme e trombetearam a gravação de "God Bless America" com Kate Smith pelas caixas de som, e "aquela bandeira lá em cima" sobre a qual todos tinham se referido em seus discursos realmente desceu e na realidade eram faixas vermelhas, brancas e azuis. De plástico. Conversei com Richard Turley e a mulher que inventou o programa Weight Watchers. E aí a música para dançar começou e todo mundo levantou. A essa altura os garotos que o pessoal tinha deixado entrar no clube estavam no andar de cima olhando aquele jantar no andar de baixo.

Quarta-feira, 26 de junho, 1985. Fui ao Whitney ver a exposição de Michael Heizer porque não tinha sido convidado para o jantar de abertura aquela noite, achei estranho, porque lá estavam meus bons amigos David Whitney e Michael Heizer planejando todo o jantar com uma lista e tudo e nem me colocaram nela. E David foi frio comigo. Quer dizer, ali estava o homem que quer casar comigo quando Phillip Johnson bater as botas e nem me convidou para o jantar. Está usando a roupa Stephen Sprouse que dei para ele. E Tom Armstrong não me convida mais para nada porque não tem mais que me fazer a corte agora que o Whitney conseguiu todos os meus filmes antigos (telefone $4, táxi $5.50).

Quinta-feira, 27 de junho, 1985. Stuart Pivar está fundindo bronzes para Stallone e não sabe o que fazer, porque acaba de ver um *original* do que está fundindo num leilão a um preço mais barato do que a *cópia* que está fazendo para Stallone (*risos*), aí ele não sabe o que fazer, está com medo que Stallone descubra. E a namorada de Stuart, Barbara Guggenheim, esteve em L.A. vendendo obras de arte horas a fio para Stallone quando PH tentou desesperadamente conseguir vinte minutos a mais com ele para a entrevista de capa do nosso número sobre cinema.

Ah, e esqueci que encontrei uma mulher na Rua 45 que disse que seu pai foi quem fez o parto de Ted Carey e do irmão dele e me perguntou como ele está e não tive coragem de dizer que está com aids.

Sexta-feira, 28 de junho, 1985. A campainha tocou, a chuva começou, e Benjamin veio me buscar, mas aí Matty estava esperando por mim do lado de fora. Dei $1 para ele e sugeri que (*risos*) ligasse para Warren Beatty. Está muito magro. Demos uma *Interview* para ele e ele nos seguiu até o Versace e ficou lendo do lado de fora enquanto esperava e tão absorto que conseguimos escapar dele, nem nos viu. Mal sabíamos que ele estaria esperando por nós downtown na Rua 33 quando chegamos ao escritório. Benjamin tentou conversar com ele e agora Matty vai pensar em me dar folga nos fins de semana.

Cornelia ligou e tentou me contar um "segredo" mas eu disse que não se incomodasse, que era óbvio que ela estava saindo com Philippe Junot. Todas as mulheres querem descobrir o que foi que Caroline jogou fora.

Sábado, 29 de junho, 1985. Bianca foi atropelada por um carro em East Hampton quando estava tentando aprender a andar de bicicleta. Gold & Fisdale a atropelaram. São aquele velho duo de pianistas que agora escrevem sobre culinária. Steve Rubell está com uma grande indenização em vista.

Domingo, 30 de junho, 1985. Dia da parada gay. Peguei um táxi e o motorista era uma bicha feliz, perguntou, "Oi! Você foi à parada?", e eu só respondi, "Que parada?", e ele largou o assunto ali mesmo, ficamos conversando sobre o tempo (táxi $5). E segundo os noticiários os reféns do voo 847 foram libertados, mas aí não foram libertados e então foram libertados.

Stephen Sprouse ligou e combinamos de nos encontrar. Disse que o buscaria às 9h e iríamos jantar no Odeon (táxi $7). Estava meio vazio (jantar $70). Depois fomos a pé até o Area. Então lembrei que havia uma festa para o Dia Gay no Palladium. Começamos a caminhar até lá. Vi alguns guardas perto do estábulo onde deixam seus cavalos na Varick Street. Estavam chegando da parada, rindo. Um deles estava com o cassetete apontando para mim, estavam rindo das suas experiências do dia. Um que era uma graça me disse oi (táxi $7).

Terça-feira, 2 de julho, 1985. Almoço no escritório para Emanon, aquele rapper de catorze anos, e a pequena Latosha. Emanon é uma graça, verdade. Acho que ele deveria passar do rap para o canto. E Latosha realmente canta como Ella Fitzgerald. Quero adotar negrinhos.

Keith ligou e queria confirmar nosso encontro para a festa de aniversário de Jerry Hall. Disse que me buscaria às 9h. Trabalhei até as 8h. Keith me buscou com sapatos de couro vermelho, fomos para o Mr. Chow's (táxi $9). Mr. Chow está lutando contra a sindicalização, porque disse que precisa do tipo de jovens garçons atraentes que se pode pegar diretamente na rua. Bebi um copo de champagne. Jed estava lá com Alan Wanzenberg. E percebi que as festas de aniversário de Jerry estão ficando mais pesadas a cada ano. Antes eram só amigas modelos e seus namorados, agora é gente da pesada, nenhuma amiga modelo.

Quinta-feira, 4 de julho, 1985. Fiquei em casa durante o dia, o cachorro está doente. Assisti às novelas, são ótimas, sujeitos lindos e mulheres lindas, eles realmente sabem beijar.

O iate de Forbes está ancorado na Rua 30 com o East River e não no Hudson como pensei. E quando Stephen Sprouse e Cornelia e eu chegamos lá tinha uma multidão na rua gritando meu nome, aí fiquei atrapalhado e não tirei fotos.

Peter Brant estava no iate, me contou que tentou comprar o *Voice*, que realmente queria comprar, mas que perdeu porque Leonard Stern pagou 55 milhões e ele só tinha oferecido 51.

Anne Bass estava lá com seu marido, Sid, e os filhos, não dei o escândalo que acho que deveria ter dado. Sentei com Mick e Jerry durante o jantar. Assisti aos fogos de artifício e era como se eles estivessem flutuando sobre o iate. "Suzy" estava lá com seu filho, não sabia que ela tinha filhos. Depois o iate saiu e demos a volta por Manhattan até aquele lugar na Rua 23 com o Hudson onde geralmente ele fica ancorado. Vinte quilômetros por hora.

E Cornelia ainda está com Philippe Junot e mrs. Vreeland está furiosa com ela, diz que está jogando sua vida fora, o que é verdade, mas ela diz que não quer casar, que só quer se divertir.

Depois que cheguei em casa Stephen ligou e disse, "Obrigado por ter me divertido tanto", e por alguns segundos eu (*risos*) não tinha ideia de quem era.

Sábado, 6 de julho, 1985. Acordei para trabalhar mas resolvi que não conseguiria, então fiquei em casa e li. Tentei ler o livro de Dominick Dunne, *The Two Mrs. Grenvilles*, mas é muito chato porque não é real e não é ficção. Aí comecei a ler o exemplar de *Savage Grace* que Steve Aronson autografou para mim. É sobre aquela mulher da Bakelite assassinada por seu lindo filho bicha e todas as pessoas de sociedade dando depoimentos e umas cartas fascinantes do pai – acho que alguém vai fazer um filme ótimo dessa história porque as pessoas são fascinantes e é uma boa história – mães que querem que seus filhos sejam bichas para que durmam com elas.

Pedi que Stephen fosse se encontrar comigo às 7h30 em ponto na casa de Diana Vreeland para jantar. Caiu um temporal mas amainou às 7h40 e caminhei até lá. Stephen Sprouse já tinha chegado, muito gentil. Trouxe algumas roupas para mrs. Vreeland. Liguei meu gravador e ela veio e disse, "O que é isso?", e eu (*risos*) disse, "Uma câmera", porque achei que ela não conseguia enxergar. E ela disse, "Não, não é". Aí eu contei a ela que seria como nos velhos tempos, gravando novamente, e ela disse que tudo bem. Disse que contratou uma mulher para ficar com ela no quarto enquanto dorme. Achei muito estranho que tivesse feito uma coisa dessas. Mas, aí, acho que ela está doente, então... Bebeu quatro vodkas e fumou uns quinze cigarros.

Ela me disse que André Leon Talley vem ler o livro sobre os Rotschilds para ela amanhã. Não consegue se lembrar de nomes, mas na realidade ela *nunca* lembrou. E a coisa mais engraçada que ela disse foi que uma pessoa que estava procurando coisas para ela encontrou sua certidão de nascimento, foi num 29 de agosto e não num 29 de setembro, a data que ela comemorou a vida inteira porque foi a que os pais contaram para ela. Portanto ela descobriu que é de Leão.

Segunda-feira, 8 de julho, 1985. Esqueci de dizer que na TV durante o fim de semana vi aquele velho episódio de *Cidade nua* dos anos 60 com Sylvia Miles e Dennis Hopper, foi durante as filmagens daquele episódio que conheci Dennis, quando Henry Geldzahler me levou até a Rua 128 no East Side, onde estavam filmando, e acho que Sylvia também estava lá, mas naquela época eu não a conhecia. E *já então* ela interpretava putas velhas.

Fred acaba de voltar de L.A. e talvez a gente consiga o prédio perto da Doheny com Melrose para nosso escritório de *Interview*. É uma casa, mas o bairro é comercial. Baixaram de $1 milhão para $500 mil. E primeiro ele disse que não vamos precisar fazer nada, mas agora diz que precisa de ar-condicionado e instalação elétrica.

Dr. Bernsohn me contou que Jon vai ao Tibet com dr. Reese – pela sua saúde, eu acho. E para pesquisar para roteiros sobre cristais, eu acho. Sei lá... se foi completamente de Nova York. Está só trabalhando lá em L.A. Acho que encontrarei alguém melhor para desenvolver projetos para cinema. Quer dizer, essa foi a razão principal de eu me envolver tanto com ele, portanto...

Enfim, dr. Bernsohn disse que esteve em Sedona, Arizona, e que curou suas costas. Eu nem sabia que ele continuava com problemas. Sedona é um dos três grandes pontos. Os outros são as pirâmides e o Triângulo das Bermudas.

Fui examinar o número de setembro sobre cinema de *Interview* no qual estão trabalhando e não gosto das letras tipo iluminura que iniciam cada seção – acho que deveriam ter usado um tipo *moderno*, não esse tipo todo enroladinho. E as fotos de Stallone que Herb Ritts tirou não são diferentes das fotos dos filmes, não há nada que as faça excepcionais, é só Stallone com calções de boxeador. Por que será que Ritts não pediu ao menos que ele segurasse um *lencinho* ou algo assim numa das fotos, para deixar claro que *são fotos nossas* e não alguma foto de *Rocky IV*?

Terça-feira, 9 de julho, 1985. Noite passada encontrei um sujeito da Paramount chamado Michael Bessman, acho que tem o emprego que todos querem – encarregado de desenvolvimento. Acho que deve ter conseguido o emprego que Jon queria. Não sei se Jon seria competente. Nunca gostou de nenhum dos meus projetos, mas agora está tentando entrar na produção. Estou só esperando – provavelmente vou ver *minhas ideias* sendo anunciadas como *seus* novos projetos. Como o "Music Hotel", aquele que eu ia fazer com Maura Moynihan. Jon sempre pensa que a ideia é *dele* depois que o filme é lançado. Como *Footloose*. Ele conhecia Dean Pitchford, o amigo de Peter Allen, e lembrou que uma vez tinham conversado sobre aquilo numa festa e depois Dean Pitchford transformou num filme e Jon sempre disse que a ideia também era dele. Mas essas coisas estão sempre no ar, e quem *faz* é que importa.

Me contaram que Cosima von Bülow cancelou sua sessão de fotos para *Interview* porque se queimou no sol. Mas, quer dizer, ela mora em Newport, como é que não sabe se proteger do sol?

Mandei Benjamin fazer um servicinho e me custou $1 mil! Dei a ele $2 mil para me conseguir uma escultura em tamanho natural da Última Ceia que negociei com um sujeito que queria me vender por $5 mil. Aí ele foi lá e a coisa não estava mais lá. A Última Ceia vem nos tamanhos grande, médio e pequeno. Aí numa outra loja consegui que o sujeito reduzisse o preço de $2.5 para $1 mil pelo tamanho médio. Mas Benjamin esqueceu que tínhamos conseguido um preço mais *baixo* e comprou o tamanho médio por $2 mil! Não *lembrou*! Na realidade é o tamanho que eu queria, mas ele acabou pagando pelo tamanho médio dessa outra loja o que iríamos pagar pelo tamanho grande na primeira loja. Portanto, isso mostra que ele não tem cabeça para fazer contas – $1 mil é muito para jogar fora. Não consegui acreditar, depois de eu ter barganhado tanto.

Fui ao Marylou's na Rua 9 para o jantar dos modelos (táxi $5). Joey Hunter estava lá. E todos os garotos modelos numa ponta da mesa estavam desesperados sem namoradas e aí na outra ponta as garotas modelos estavam cansadas e reclamando que não têm namorados.

Quarta-feira, 10 de julho, 1985. Refiz o retrato daquela senhora de Boston e demos um almoço para eles para que pudessem ver os novos retratos. Aprendi uma lição: nunca devo mostrar um retrato quando *sei* que não está bom. A primeira vez eu sabia que a tinha feito ficar parecida com um cavalo, mas mesmo assim mostrei para eles. E a coisa é que a mulher realmente é bonita, só que é uma daquelas pessoas que não fotografam bem – saliências nos lugares errados. A saliência do nariz sai completamente errada nas fotos e na vida real é um nariz absolutamente perfeito. Mas agora adoraram os retratos, levaram três.

Jean Michel veio e fez uma obra-prima lá em cima. Quer terminar alguns trabalhos antes de viajar novamente. Ficou lá preenchendo pinturas e vou fazer com que Jay também preencha. Ele tentou roubar Jay de mim, mas Jay não quer trabalhar para ele.

Sábado, 13 de julho, 1985. Vi aquela coisa, Live Aid, na TV. Ficaram ligando do escritório de Bobby Zarem querendo que eu fosse nessa coisa, mas quando a gente fica junto com tantas outras celebridades jamais ganha publicidade suficiente. Mais tarde aquela noite Jack Nicholson apresentou Bob Dylan e o chamou de "transcendental". Só que para mim Dylan nunca foi realmente de verdade – sempre copiou pessoas de verdade e as anfetaminas fizeram com que parecesse mágico. Com as anfetaminas ele conseguia copiar todas as palavras certas e fazê-las parecer verdadeiras. Mas aquele garoto nunca sentiu absolutamente nada – (*risos*) a mim ele nunca enganou.

Alguém me deu uma cópia do vídeo de sexo de Leo Ford e eu coloquei para ver quando fui para cama, ele fica massageando aquela salsicha mole dele e tem um outro sujeito fazendo a mesma coisa com *sua* salsicha mole, caí no sono e quando acordei ainda estavam (*risos*) fazendo a mesma coisa.

Segunda-feira, 15 de julho, 1985. Fui encontrar dra. Li e foi divertido. Tínhamos planejado voltar para o East Side mas o tempo estava tão horrivelmente úmido que só fomos até downtown. Uma mulher parecida com Edie veio, mas eu disse que não podia fazer nada por ela. Acho que queria que a levasse para jantar, que lhe desse de beber, que mudasse sua vida, mas, quer dizer...

Gael apareceu, está emagrecendo. Disse a ela que deveria ir a programas de TV para promover *Interview* e fazer com que pareça glamourosa.

Hoje Tina Chow foi buscar seu cristal. O cristal na cozinha do escritório ainda não está funcionando – ainda não está espantando as baratas. Vincent diz que as baratas até ficam passeando em volta do relógio do fogão, embaixo do vidro. Vou devolver esse cristal para o Bernsohn novamente.

Quinta-feira, 16 de julho, 1985. De táxi para encontrar Ric Ocasek, do Cars, que está gravando um disco solo, estamos filmando para o piloto de nosso programa na MTV, *Andy Warhol's Fifteen Minutes* (táxi $6).

Houve uma grande tempestade com granizo, foi excitante. Corremos para colocar baldes embaixo dos furos do telhado. Trabalhei com Rupert até as 8h.

Aí fui jantar com Susan Mulcahy, da Page Six do *Post*. E, sabe, descobri ao observá-la noite passada que está mais dura. Ainda é doce e tudo, mas aquele emprego a colocou numa posição de poder, é estranho. Tem que encher uma página e posso vê-la se transformando em alguém como Bob quando Bob é agressivo e duro. Agora ela age mais como um homem e está aceitando a ideia de que é bonita.

Quarta-feira, 17 de julho, 1985. Encontrei Sylvia Miles e disse a ela que realmente temos que ir juntos ao vernissage da galeria tromp l'oeil de Marianne Hinton na próxima terça porque se chama "Opening of a Loo". Porque depois Sylvia e eu finalmente vamos poder dizer que estivemos no vernissage de um vaso sanitário.

Segunda-feira, 22 de julho, 1985. Fui à pré-estreia de *Beijo da mulher aranha* (táxi $5). É o filme que Jane Holzer produziu com David Weisman, aquele cara do *Ciao Manhattan*. Não o suporto, portanto odeio ter que dizer que gostei do filme. Acho que agora as pessoas estão querendo mais filmes de arte, ou algo assim, é a hora certa.

Tive que ir cedo para casa e pintar meu cabelo por causa da minha participação ao vivo naquela coisa dos Commodore Computers no Lincoln Center amanhã. Também pintei minhas sobrancelhas. De preto. Sempre pinto primeiro de preto e aí deixo algum branco e tudo. Eu sou artístico, benzinho.

Terça-feira, 23 de julho, 1985. O dia começou com angústia, acordei dos meus sonhos e pensei sobre minha participação ao vivo e sobre como não vale a pena toda essa preocupação, esse acordar-se com sensação de terror. Tinha que estar no Lincoln Center às 9h, por isso acordei às 7h30 (táxi $4). Debbie Hurry chegou lá antes de mim. Está loira novamente e emagreceu outros 5kg. E estava vestindo um modelo de Stephen Sprouse que nunca vi ninguém usar antes – sapatos colados à meia. Ensaiamos e a parte mais fácil é ensaiar nossa coisa para a imprensa, é tão fácil. Disseram que tínhamos que estar de volta às 5h30.

Passei o dia inteiro me sentindo nervoso e dizendo para mim mesmo que se conseguisse me sair bem nesse tipo de coisa então poderia ganhar um monte de dinheiro e não precisaria pintar.

Aí quando voltei para lá às 5h30 começamos e achei que ia desmaiar. Me forcei a pensar no próximo trabalho que poderia conseguir se não desmaiasse. Segui a coisa e o desenho saiu horrível mas eu disse que era "uma obra-prima". Era realmente uma sujeira. Eu disse que gostaria de ser Walt Disney e que se tivesse esse equipamento há dez anos eu poderia ter sido Walt Disney. Aí depois as pessoas viram os retratos de Debbie e acharam que eram (*risos*) cópias xerox.

E os noticiários só falam de Rock Hudson com aids em Paris. E agora acho que finalmente as pessoas vão acreditar que Rock Hudson é gay. Quando antes a gente dizia isso, ninguém queria acreditar.

Quinta-feira, 25 de julho, 1985. A campainha da porta tocou, era Doc Cox me buscando para o jantar no Il Cantinori para Chris e alguns vencedores do concurso da *Interview*. E eu lhe disse que, embora não tenha ido consultá-lo há muito tempo, fui examinado pelos médicos da companhia de seguros e que ele não se preocupasse. Os garotos pareciam ótimos até que um modelo de verdade chegou, aí dava para ver a diferença, a gente se dá conta de que um modelo é um modelo.

Depois levei todo mundo para a festa dos anos 60 do Palladium, foi fácil colocar todos lá dentro porque Steve Rubell estava bem na porta. Entramos e, Deus, odeio aquilo lá, tão lotado, tão quente. E eu nunca suo. Nunca. Mas naquela coisa comecei a suar um pouquinho. Todas as mulheres que me cumprimentaram eram uma "Edie". E de alguma maneira nunca conseguem se pentear direito – o cabelo de Edie era bem puxado para trás e pintado como o de um garoto e realmente branco, mas essas mulheres geralmente colocam franjas ou algo assim. Ninguém acerta o look de Edie, sei lá por quê. Fazem algo diferente que não está certo (drinques $20).

Martin Burgoyne apareceu e me convidou para ser seu acompanhante no casamento de Madonna em L.A. em agosto.

Sábado, 27 de julho, 1985. Liguei para Keith para contar que fui convidado por Martin a ir ao casamento de Madonna. Keith também me convidou. Fui de táxi com Paige até a Wooster com a Broadway ($5). Uma festa para Clemente organizada por uma mulher da *Artforum* num estúdio imenso e lindo. Bianca estava de muletas, portanto fiquei feliz de ter enviado flores para ela. Ela me agradeceu por ter contado sobre Eizo, porque ele ajudou sua perna. Rammellzee, o grafiteiro negro, estava lá e me atrapalhou ao dizer, "Me divirta, me mostre por que você é grande". Fiquei paralisado. Tem sobrancelhas longuíssimas. Decidimos ir até o Il Cantinori para jantar.

Chegamos lá e ficamos esperando por Jade e seu namorado. E Jade estará acabada se não crescer mais um pouco – sabe o que quero dizer? É realmente linda mas ainda é menor do que Bianca. E num certo período ela foi a garota mais alta da sua turma. Ela ficou dizendo que todo mundo comenta que é a garota de mais sorte do mundo por ter aqueles pais maravilhosos, mas que eles não sabem como é difícil. Também disse que não pode nem esperar para casar e ter um bebê que grite "Vovó!" e "Vovô!" para Bianca e Mick. Eu disse que ela deveria casar com Steve Rubell e ela respondeu, "Ele não seria fiel", e Steve perguntou, "Bem, e *você* seria fiel a *mim*?", e ela disse, "Eu teria que pensar no assunto". Uma boa resposta.

Keith disse que ia a uma festa de ácido na 108, aí nos deixou.

Segunda-feira, 29 de julho, 1985. Keith ligou e disse que Calvin lhe contou que o Bel Air é para velhas senhoras e que Steve Rubell está tentando conseguir um acerto com o Beverly Hills. Para o casamento de Madonna. Acho que querem levar gente para casa e no Bel Air a gente não pode.

Fui encontrar a dra. Linda Li e ela esvaziou meus bolsos e fez um teste contra magia negra com os números de telefone que eu tinha anotado. Ela faz essas coisas. Coloca a mão no peito da gente e dá para perceber se há energia ali. A gente estende o braço e ela testa a resistência – a gente fica lá na horizontal feito alguém da Juventude Nazista. Semana passada ela esvaziou meus bolsos e encontrou apenas aquelas coisas que eu estou sempre carregando. Duas chaves, coisas do Japão que John e Kimiko Powers me deram, alguns números de telefone.

Fui para o Café Luxembourg (táxi $4). Carl Bernstein estava lá e me deu um abano lá do outro lado do restaurante. Estava com três mulheres. E David Bryne, do Talking Heads, estava lá mas nunca sei como falar com ele. Martin Burgoyne estava conosco, penteou o cabelo para cima e ficou parecendo uma mulher. Tem 21 mas tem um ar acabado. E Keith disse que, quando Madonna estava hospedada com ele, dormindo em seu sofá, que histórias ele poderia escrever sobre as pessoas com quem ela fodeu...

Terça-feira, 30 de julho, 1985. Corri para encontrar Patty Raynes e o bebê. É a filha de Marvin Davis (táxi $4). Ela foi gentil. Me contou que Tatum também quer fazer um retrato, foi excitante saber disso.

Fred resolveu ir conosco a L.A. para o casamento de Madonna.

E mais tarde aquela noite Keith me contou que pediu $200 mil emprestados para Yoko Ono. Fiquei chocado. Pediu para a loja dele. Eu disse, "Keith, você tem dinheiro que chega", mas ele disse que agora não quer vender suas pinturas porque acha que mais tarde valerão mais. E contou que ela disse que todo o dinheiro dela está investido, que sim, que tem muito dinheiro mas não na ponta dos dedos. Fiquei mesmo chocado que ele tenha pedido, realmente fiquei, mas parece que para ele foi normal.

Encontrei Yoko e seu namorado, Sam Havadtoy, e voltamos para o Dakota com eles. Pois ele é húngaro e está voltando para a Hungria para comprar uma casa enorme. E não deixa que Yoko dê ordens. Come açúcar, bebe, e não dá atenção a ela, e acho que agora ela quer ser mandada. E ele ficou dizendo que não quer que Sean seja ator, que acha que ele deveria ser alguma outra coisa, ficou parecendo um pai. Acho que ele só toma conta de Yoko. Mas é difícil. Tinham três gatos no apartamento e Yoko disse que desde que John morreu os gatos não miam a não ser que ela coloque um disco. E Sam nos mostrou todo o apartamento, é enorme.

Nunca tinha visto *todos* os quartos. O quarto de dormir e tudo, aí acho que dormem juntos. Mas ele também está procurando um apartamento para morar, aí já não sei o que isso significa. Sam preparou chocolate quente mas ninguém estava muito a fim. Sean está num acampamento de férias, está adorando.

Sexta-feira, 2 de agosto, 1985. O show de Tina Turner foi ótimo. Achei que ela estava copiando Mick Jagger, mas aí alguém me contou que foi *ela* quem *o* ensinou a dançar. E, ah, qual é o problema de Ron Delsener? Não nos conseguiu passes para os camarins e ficou reclamando de Cornelia para mim, porque ela queria ingressos grátis. Fiquei com vontade de dizer, "Olhe, você quer entrar na sociedade – bem, algum dia talvez ela te convide para uma grande festa, sabia?".

A mulher de Glenn Frey, do Eagles, veio até onde eu estava e Cornelia gritou, "Vai embora, sua groupie!" – muito má, rude. Ela agora fica com essas coisas depois de ter circulado com Boy George e Marilyn.

Segunda-feira, 5 de agosto, 1985. *Enquirer*, *Star*, *People*, *Newsweek*, *Time* – todas colocaram Rock Hudson na capa. Deveríamos tê-lo colocado na capa da *Interview*. Agora seria engraçado colocar uma entrevista inventada com ele em todas as bancas de revistas – "Por que sou hétero", por Rock Hudson.

Gael ligou e disse que Kim Basinger vai ser nossa capa de novembro e eu disse, "O quêêêêêêêê?". Quer dizer, ela é velha e não vai ser ninguém mesmo que seja alguém, qual é a vantagem, me diz. Estou cheio dessas estrelas-de-cinema-para-yuppies.

Estava no consultório da dra. Li e ela disse para não comer mais bananas e trigo e brócolis e comida apimentada.

E quero uma manchete sobre Madonna – aquela do *Post*: "FOTOS DE MADONNA NUA – E DAÍ?" – e usar uma fotografia dela de um dia diferente que sirva direitinho, mas Keith quer usar uma foto que *ele* tirou dela com Sean Penn. Que é meio sem cor. Mas vou fazer dos dois jeitos. Vamos fazer uma pintura juntos como presente de casamento.

Walter Stait ligou e disse que Ted Carey se foi em East Hampton. Ele faria um vernissage de todas as suas pinturas lá no sábado. Não sabia que ele morava no prédio de Jed na 67 Oeste. No prédio de Stuart Pivar. Com aquele garoto italiano. Eu sabia que ele estava indo. Walter tinha me avisado semana passada.

Terça-feira, 6 de agosto, 1985. Benjamin veio me buscar de manhã, estava um dia lindo. E já que era meu aniversário decidi me atirar no açúcar, fazer um dia só de açúcar, não me privar de nada (táxi $6).

Todo aquele negócio de "Feliz aniversário". Bernard, o travesti, me trouxe o melhor presente, ele é realmente esperto. Um belo pacote da Van Cleef & Arpels, com um lindo estojo de pulseira dentro, tudo perfeito e lindo, estou tão excitado, e dentro do estojo havia um cartão datilografado dizendo, "Andy Warhol não quer nada de aniversário", porque isso é o que eu sempre digo para as revistas que seria o melhor presente. "Nada." Não sei se ele teve que pagar pelo pacote; Aí fiquei cara a cara com minha filosofia e fiquei (*risos*) muito deprimido. Foi ótimo. Receber o que você disse de volta numa caixa da Van Cleef & Arpels é pior do que ter que se retratar.

Cornelia ligou e foi muito azeda. Nem mandou um presente ou algo assim e não mencionou meu aniversário.

Stephen Sprouse me trouxe um presente, uma das suas pinturas antigas. Keith perguntou com quem eu gostaria de jantar. Disse que seu presente de aniversário seria me levar ao jogo do time de softball de Glenn O'Brian no qual Matt Dillon estaria, lá na Leroy Street, contra os grafiteiros, algo para esperar ansiosamente.

O time de Glenn ia jogar contra o time Futura dos grafiteiros com Matt Dillon. E Ronnie estava no time de Glenn e aí uma mulher passeando com seu cachorrinho parou e disse oi, e adivinhe quem era? Gigi! Contou que ela e Ronnie voltaram há duas semanas. E eu olhei para o cachorro e só consegui pensar em Ronnie afogando os gatos quando ele e Gigi romperam. E agora ele rompeu com Tama Janowitz, que era realmente ótima. E Maria, a designer de joias, foi gentil, também. Gigi disse que está trabalhando em cinema.

E Matt Dillon só jogou bola fora, mas estava uma graça. E aí Lidija foi lá, disseram a ela no escritório que eu estaria lá. Jay não jogou porque machucou um braço ou uma perna. E Wilfredo está tão doido por Matt Dillon que carrega um livro chamado (*risos*) *A vida de Matt Dillon*. Não estou brincando, é um livro de verdade.

Quarta-feira, 7 de agosto, 1985. Alguém me contou que Jon Gould conseguiu que um sul-africano rico financie filmes e tem uma combinação com a Paramount que eles entram com o mesmo dinheiro que a África do Sul.

Compromisso para jantar com Fred noite passada, mais Bob Denison e sua nova mulher, aí não consegui ir com Karen Lerner e Steve Aronson assitir John-John Kennedy na sua peça no Irish Theater – era só para convidados, alguém do elenco é que tem que convidar. John-John recusou ser capa da *Interview*. Acho que teria que falar muito para ser nossa capa, enquanto que na *People* ele ganha uma história enorme e não tem que abrir a boca.

Bob Denison casou com o tipo de mulher que o tipo dele casaria – narizinho arrebitado, loura, um tipo Joan Lunden, um pouco passada dos trinta, num vestido Valentino e com um bom anel de safira. Ela faz o *Today Show* das manhãs, aquele segmento sobre beleza e moda. Não sei seu nome. Fiquei reclamando tanto de dinheiro que Bob me deu $1 e fez sua mulher assinar para que eu ficasse sabendo o nome dela, mas aí não consegui ler o nome e Bob nunca a chamou por nome nenhum. E Fred ainda está usando seu sotaque britânico. Mas ele é esperto, é uma coisa boa. Sabe como entrar nos assuntos, é uma coisa que eu não sei. E conversamos sobre o perfume mais chique e o homem mais chique e o show mais chique e o carro mais chique.

No caminho para casa vindo do Le Cirque um sujeito bem-vestido carregando uma maleta nos parou e disse que sua carteira tinha sido roubada e tudo e Fred acreditou e deu dinheiro para ele. Mas eu não acreditei, porque uma pessoa na realidade não pediria, faria alguma outra coisa, iria a algum outro lugar. Mas Fred deu dinheiro e ele se foi em direção ao subway. Mas aí Fred se deu conta que tinha esquecido seu guarda-chuva e voltou, e lá estava o mesmo sujeito fazendo a mesma coisa com outras pessoas. E Fred gritou que ele era um ladrão.

Quinta-feira, 8 de agosto de 1985. Tama Janowitz veio ao escritório para encontrar Paige. Tama está chateada porque Ronnie voltou para Gigi e eu fiquei dando foras e falando em Ronnie sem querer. Me deu a impressão de que ela estava se segurando bem, mas mais tarde desabou e disse que ainda está apaixonada, que não sabe o que fazer, e eu disse que ela é muito talentosa e muito bonita, que tem tudo, e que eu não sabia como Ronnie podia abandoná-la e voltar para uma pessoa tão realmente horrível como Gigi, ela disse que estava emocionada de me ouvir dizer aquilo. Eu disse que ela deveria passar por cima desse affair e usá-lo apenas como material para suas histórias.

Segunda-feira, 12 de agosto, 1985. Cornelia estava com uma aparência ótima noite passada na festa para o filme *Key Exchange*. Foi na joalheria Harry Winston da Rua 55 com a Quinta porque o filho dele, Ronnie Winston, foi um dos produtores, eu acho. Cornelia estava com um vestido amarelo-ouro e uma longa trança loira. Algumas semanas atrás ela viu alguém usando a mesma e ela é ótima nessa coisa, logo descobre onde compraram as coisas e no dia seguinte vai lá e compra. O vestido era da Bloomingdale's, $40, e nela parecia que tinha custado milhares. Folgado em cima e com uma minissaia. Ela foi a mais bonita da festa. Mas vai ter que perder aquela papadinha de champagne, é a única coisa. E fizeram com que ela se sentisse mal por não estar em Hollywood.

E ela foi muito gentil, noite passada, não foi aquele demoniozinho. Ficou dizendo que sua mãe nunca a ajuda – que compete com ela e não quer colocá-la na capa de *Town and Country* – e eu disse que ela mesma se poderia colocar na capa, mas que deveria esperar até que estivesse vendendo alguma coisa, ou vai ser um desperdício. E disse que não fosse rigorosa demais com sua mãe, expliquei que, "Você sabe, quando você envelhece e *se sente* velho, você quer estar com a nova geração e ser parte dela...". E ela disse que realmente sente falta do seu pai porque era o único que se preocupava com ela. Bem, acho que ela vai para Hollywood por um mês para tentar conseguir papéis no cinema.

Terça-feira, 13 de agosto, 1985. Dolly Fox foi ao escritório e eu queria apresentá-la a Cornelia. E se deram muito bem, ficaram falando sobre pessoas que são apresentadas e depois se apaixonam e ficaram perguntando por que isso não acontece com elas e Dolly disse que é porque são ricas. Porque Dolly teve que convencer Julianne a ir assistir Bruce Springsteen e depois foram até os camarins e os olhos de Bruce e Julianne se encontraram e foi aquilo. Perguntei a Dolly se ela fodeu com Bruce antes de tê-lo apresentado a Julianne e ela disse que não, mas quase. E perguntei se Julianne e Bruce foderam na primeira noite e ela disse que não, na primeira noite não. E Dolly também apresentou sua amiga Dana para Eric Roberts e ele imediatamente abandonou Sandy Dennis e agora vão casar. Dolly estava linda – suas sobrancelhas são perfeitas e a maquiagem dos olhos também.

Quarta-feira, 14 de agosto, 1985. Ontem Keith veio e queria usar meu tracejador, aí acho que ele sabe que tenho um e (*risos*) eu tive que admitir que tenho. Estava com um jogador de beisebol. E meu acompanhante para o casamento de Madonna, Martin Burgoyne, está sendo levado para jantar e para beber pela revista *People*, porque estão tentando fazer com que ele revele coisas sobre o casamento – ele e Madonna uma vez dividiram apartamento. Ninguém sabe ainda onde o casamento vai ser. E Martin vai ter que ficar na porta para deixar todas as pessoas certas entrarem, por exemplo, aquelas pessoas importantes que Sean e Madonna encontram e resolvem convidar de última hora.

E ontem atendi o telefone e era Dolly Parton, foi uma graça, disse, Oi, Andy! Sabe quem está falando?". E eu respondi, "Meu Deus, com essa voz...". Ela quer dar um retrato para seu agente Sandy Gallin e perguntou o preço e fiquei muito constrangido, pedi que falasse com Fred ou Vincent. Ela disse que está indo para L.A. na sexta-feira e aí marcamos um compromisso para tirar fotos lá às 11h da manhã de sexta, espero que tudo dê certo.

Hoje deveríamos estar recebendo o número com Stallone. Todo mundo está falando sobre a entrevista com Stallone – dizem que ele ficou parecendo esperto. Será possível?

Quinta-feira, 15 de agosto, 1985 – Nova York-Los Angeles. Ficamos em terra por umas doze horas. Não deixaram o avião decolar por causa das tempestades nas regiões por onde voaríamos. E aí Diane Keaton brigou com uma aeromoça, queria desembarcar e não deixaram porque finalmente tínhamos chegado ao segundo lugar na fila de decolagem e no final o comissário de bordo estava quase chorando e dizendo que era sua pior experiência, que àquela altura ele não daria meia-volta para desembarcá-la. E Steve Rubell teve uma briga enorme com a aeromoça. Não enquanto estávamos na pista, porque não queria ser expulso do avião, mas logo que decolamos ele começou, "Sua puta, quero saber seu nome". Era Pan Am.

Finalmente chegamos a L.A. por volta da 1h30 e fomos para o Beverly Hills Hotel.

Sexta-feira, 16 de agosto, 1985 – Los Angeles. Foi mesmo o fim de semana mais excitante da minha vida. Martin foi ao cabeleireiro mais cedo para arrumar o cabelo. Fomos de limusine até Malibu e quando vimos os helicópteros lá longe desconfiamos que era por causa do casamento. Alguém tinha dado uma dica para os repórteres sobre o local do casamento e uns dez helicópteros estavam ali por cima, era igual a *Apocalypse Now*. E num dos helicópteros havia uma fotógrafa com o corpo para fora e todos estavam tentando entrar na foto. E o pessoal da segurança encontrou fotógrafos camuflados no jardim. Olhei para Madonna bem de perto e ela é linda. Ela e Sean estão muito apaixonados. Estava de branco, um chapéu-coco, não sei o que isso significa. E alguém contou que Sean tinha dado tiros nos helicópteros noite passada. A única celebridade chata mesmo era Diane Keaton. E era uma mistura certa de ninguéns e celebridades. Sean veio nos cumprimentar e a família bonita de Madonna estava lá, todos os irmãos. E dá para perceber que Madonna e Sean se amam muito, foi a coisa mais excitante do mundo.

Durante o casamento Steve Rubell estava fora de órbita, acho que por causa dos Quaaludes. E acho que vi Madonna chutando-o para longe e mais tarde ele vomitou no carro. Ela dançou com um garotinho. E a gente conseguia ver todo mundo que estava lá, era embaixo de um toldo, não estava muito cheio. E os atores jovens pareciam estar usando as roupas dos seus pais, tipo Emilio Esteves e Tom Cruise. Todos os garotos de cinema com pernas fortes que têm mais ou menos 1m80cm de altura. Acho que é o new look de Hollywood. Tipo os atores no grande encarte fotográfico de Matthew Rolston no número de Stallone. Será que comentei que está ótimo? Agora Matthew é nosso melhor fotógrafo – usou cenários ótimos e deu um "look" à garotada. Fez os garotos parecerem lindíssimos – como *astros* – deu classe a eles. Ah, e quando estávamos indo embora não consegui acreditar: Tom Cruise pulou para o nosso carro para fugir dos fotógrafos. O carro dele estava mais longe. Tirei uma foto dele.

Fred e eu achamos que o casamento de Marisa foi mais glamouroso, mas este foi espetacular por causa dos helicópteros.

Sábado, 17 de agosto, 1985 – Los Angeles. Odiei mesmo o Beverly Hills Hotel. Duas TVs mas sem controle remoto. E o banheiro era pior do que um dos Holiday Inn dos anos 50. Não sei como uma mulher conseguiria usá-los – nem eu consegui usar direito. Mal-iluminado. Mas eles instalaram uma coisa nova lá, acho que talvez fosse um secador de cabelos. Ou talvez fosse só um telefone. E o pessoal da segurança do Beverly Hills é exatamente isso – no Bel Air a gente nem nota.

Steve Rubell decidiu não ir conosco encontrar Dolly Parton. Ficou na cama e deu telefonemas. Sabe, é estranho observar Steve, porque ele se esforça para ser "um personagem". Como se tivesse lido um livro sobre como ser lembrado e causar boa impressão e estivesse fazendo tudo que recomendaram. Pede comida e aí a deixa por ali. E nós todos pedimos gelo e ele fez uma cena pedindo que a gente esperasse até que o fundo derretesse para então chupar o gelo, disse que gosta de fazer isso porque é o que fazia quando o seu pai comprava picolés quando ele era pequeno.

De táxi para encontrar Dolly Parton na casa de Sandy Gallin. Dolly não quer que ninguém saiba onde ela mora por causa das ameaças de morte. Aí chegamos e acho que Dolly ficou assustada porque levamos muita gente conosco, mas Keith e todo mundo queriam ter um dia cheio de estrelas. Sandy Gallin já tinha tirado as medidas das paredes onde quer colocar os retratos. Depois voltamos a pé para o hotel.

Telefonei para Cher e era uma gravação dizendo que todas as pessoas que estivessem ligando para o seu número particular estavam automaticamente convidadas para o churrasco que estava acontecendo lá.

Aí fomos para a casa de Cher e a porta se abriu e nos deixaram entrar, mas percebi que Cher e o namorado ficaram chocados de nos ver. E Cher serviu porco e feijão ótimos e não queria dizer qual era o segredo, mas no final admitiu que tinha aberto uma lata de Campbell's e colocado muito molho apimentado. O pequeno Allman, Elijah, estava feito um demônio, cortando todas as flores, todas que estivessem prestes a se abrir. E Cher foi divertida, contou uma história sobre uma garça que ficou por ali dois dias e comeu todos os peixes. E aí mais tarde fomos para a casa de Lisa Love e ela disse, "Ah, uma garça acaba de pousar no meu jardim e está comendo todos os peixes". Portanto é uma garça que viaja. E nos contou que durante o casamento Madonna pediu a ela que lhe ensinasse a cortar o bolo. Cher disse, "Como se eu soubesse". E aí Madonna ficou perguntando para as pessoas se deveria colocar o bolo nos pratos e ficou passando as fatias com a mão. Sabe, estava sendo "bem terra".

E lá havia um exemplar da *Star* com uma história sobre Cher. E de alguma maneira *todo mundo* terminou lendo aquilo. E Cher estava chateada porque diziam que ela nunca toma banho. E dizia, "Próxima semana: o encontro de Cher com Jackie Kennedy". E ninguém teve coragem de perguntar se alguma vez elas se encontraram. E Cher lembrou que me encontrou num aeroporto num lugar como Atlanta em 1965. Numa das nossas primeiras tours. Ela estava com Sonny.

David Horii, o novo ilustrador de *Interview*, foi jantar conosco no Mr. Chow's, comentei com Fred que David é muito bom e Fred estava num dos seus humores e disse, "Tenho que examinar o trabalho dele, ainda não vi seu portfólio". E eu disse, "Bem, Fred, *eu* estou dizendo para você, o cara é muito bom" (jantar $530).

E então fomos para a casa de Brad Branson. Ele foi assistente de Paul Jasmin e agora também é fotógrafo. No final nos divertimos muito porque levam Keith e todo mundo até uma porno-shop que vendia um spray chamado "Peido" e passaram no carro e todo mundo teve que sair correndo (gorjetas no hotel $50).

Domingo, 18 de agosto, 1985 – Los Angeles-Nova York. Chegamos a Nova York e pedi que a limusine (minha parte $50) me deixasse na esquina e quando caminhava pela 66 para minha casa uma mulher gritou, "Andy!". Como eu não me virei, ela gritou, "Sua mãe é uma puta!". Estranho uma mulher gritar uma coisa dessas. Me trouxe péssimas lembranças de Valerie Solanis e do atentado.

Quarta-feira, 22 de agosto, 1985. Conversei com Sandy Gallin sobre aquela coisa da Dolly Parton. Fred pediu que ele enviasse um depósito, ele disse que faria isso.

Segunda-feira, 26 de agosto, 1985. Vi o beijo televisivo de Linda Evans e Rock Hudson no *Enquirer*.

Tão úmido lá fora.

Tentei ler *Final Cut* mas é como ler o *Wall Street Journal*.

Terça-feira, 27 de agosto, 1985. Fiquei trabalhando até as 7h15. Susan Blond ligou e disse que tinha ingressos para o show de Boy George à noite em Asbury Park e disse que eu poderia ficar com dois e que Keith poderia ficar com outros dois. Em benefício da B'nai Brith. Ron Delsener organizou tudo, estava com Susan e queria que eu fizesse propaganda do show, e eu disse, "Ah, e como é que você explica aquela noite no show de Tina Turner quando você não nos deixou entrar nos camarins?". E ele disse, "Oh-oh-oh, ah, era impossível". Não lhe disse umas verdades, mas queria ter dito. Aí fomos para lá com Susan, nos atrasamos e perdemos o primeiro número. Fomos até os camarins. E depois voltamos para a plateia e a garotada ficou gritando, *"An-dii, An-dii!"*. Uns engraçadinhos. George deu três bis. E um milhão de autógrafos, agora que está com os pés no chão – antes ele sempre se recusava. Ficou deslumbrado de nos ver. Marilyn não estava por lá e Susan nos pediu que não o mencionássemos perto do namorado de George, acho que tem ciúmes.

E Keith e todo mundo ficaram tirando sarro de Asbury Park, de George ter feito um show lá, algo como, "Ah! Todos os jornais de Asbury Park vieram". E "Ah, a TV de Asbury Park está fazendo uma entrevista!". E George perguntou para Keith, "Onde está minha pintura?". Porque, no aniversário de Keith, George tinha dito que cantaria "Parabéns a você" se Keith lhe desse uma pintura. E Keith disse que daria, mas porque queria dar, não porque George cantou "Parabéns a você".

Quarta-feira, 28 de agosto, 1985. O pessoal do *Miami Vice* ligou e me ofereceu $325 para aparecer num episódio. E Fred meio que riu e disse que podem ligar quando puderem oferecer mais dinheiro. Mas mesmo assim mandaram o roteiro e não descobri qual seria o meu personagem. Disseram que era um "bandido porto-riquenho", mas *todo mundo* em *Miami Vice* é um bandido porto-riquenho.

Agora Gael está com uma aparência ótima, magra. Ela veio e Chris previu que ela falaria sobre um presente de aniversário e (*risos*) não deu outra.

Convidei Wilfredo para o jantar que Paige daria no Texarkana para os anunciantes ($5). É parte da nova estratégia de Paige, porque ela está cheia do pessoal de terceiro nível se enrolando para dar os anúncios e resolveu convidar só os presidentes das empresas, mas no final muitas vezes eles não têm nada a ver com aquilo, se chateiam, ficam loucos para dar o fora.

Deixei Wilfredo (táxi $10). Quando cheguei em casa assisti a um pouco do *Letterman*, e Eddie Murphy estava no ar, cool e leve, e aí Dick Cavett apareceu e foi realmente engraçado. Ele agora está parecendo e agindo mais gay e Letterman ficou nervoso porque Cavett estava sendo muito engraçado, ficou meio escanteado. Dick se esforçou para caramba, usou palavras intelectuais engraçadas, fez trocadilhos.

Domingo, 1º de setembro, 1985. Fomos até Meadowlands para o show de Springsteen e foi excitante, um mar de gente. Tínhamos ingressos para a cabine de imprensa, mas ficamos na plateia. Dolly Fox e Keith não podiam acreditar no número de autógrafos que tive que dar para a garotada de Nova Jersey.

O show foi longo, das 7h às 11h30. O Boss realmente diz coisas idiotas, é democrata mas não diz claramente – só fica falando de recuperar os empregos nas usinas de aço e essas coisas. É como verdadeiro fogo de palha. E a coreografia, bem, se aquilo é coreografia, então eu também posso fazer coreografia. E, a propósito, acho que eu seria ótimo fazendo slam dancing. Acho mesmo. A risada de Bruce é uma graça, ele solta risadinhas. E está muito bonito. Quando era mais jovem não era tão bonito. E quando voltamos para a cidade demos uma chegada no P.J. Clarke's. Cheguei em casa por volta das 2h (jantar $110).

Terça-feira, 3 de setembro, 1985. Benjamin veio e demos de cara com Crazy Matty e eu perguntei por que ele não ia incomodar Greta Garbo lá na Rua 52 Leste, aí ele anotou o endereço. E posso até ver nos jornais depois que ele assassinar Greta Garbo: "Foi Andy Warhol quem me deu o endereço".

Ah, sabe, ontem eu estava conversando com alguém e fiquei sabendo que Bruce Springsteen realmente distribui muito do seu dinheiro, aí fiquei gostando dele. Talvez a gente consiga que ele seja nossa capa quando estiver a fim de fazer publicidade para o Farm Aid.

Vi *American Flyer*. E fiquei observando aquela garota no filme com um nariz adunco e me dei conta de que era Jennifer Grey. Quer dizer, é realmente triste, o pai dela está com nariz novo e não deixaram que ela fizesse o mesmo. Não é cruel? Ah, mas vá ver o filme por causa daquele nariz – você *tem* que ver.

E pelo Kevin Costner, a carreira dele vai ser grande. O filme é realmente bom.

Quarta-feira, 4 de setembro, 1985. Não consigo dizer em que noites Fred bebeu e em que noites não bebeu. Não sei se ele é pomposo quando bebe ou quando não bebe. De vez em quando ele acha que é Condé Nast ou alguém assim. E observei que o número de *Interview* com Stallone está ótimo, mas que não sei como vai se pagar. E ele disse, sim, sim, que sabia como tinha custado caro, que ele sabe t-u-d-o. E eu disse, "Ah, bem, ok, se você sabe tudo, você sabe tudo. Mas lembro que aquela vez que tivemos aquela dívida enorme ninguém sabia de nada, mas é ótimo se você sabe tudo".

Fui à festa de Keith no seu novo estúdio (táxi $3). E Keith também está com um novo grupo, muitas mulheres. Martin Burgoyne estava lá e me contou que Madonna está chateada porque deixamos que a *People* fotografasse as pinturas que Keith e eu demos de presente de casamento. Eles me telefonaram e eu disse que não, mas aí disse que se quisessem poderiam tentar ligar para Keith. Aí Martin disse que Madonna nos odeia por termos feito isso e eu disse para Martin que ele deveria tê-la feito *não* nos odiar.

Quinta-feira, 5 de setembro, 1985. Jean Michel ligou e disse que queria ir conosco ver o show do contratado de Susan Blond, Luther Vandross, no Radio City Music Hall (táxi $3). E uma negra disse que indicaria nossos lugares e nos levou pelo corredor e me fez assinar uma coisa e nos deixou lá plantados e aí me dei conta que ela só queria um autógrafo, que nem trabalhava lá. Foi engraçado. Mas, quer dizer, ela pelo menos poderia ter nos levado pelo corredor *certo*. Então encontramos nossos lugares e disseram que Eddie Murphy estava por ali mas não consegui enxergar.

Aí Luther cantou, suas músicas são histórias longuíssimas. Mas muito boas, o público adorou. Depois fomos de táxi até o Area ($7).

E Lester Persky estava lá, bêbado, beijando todo mundo, dizendo que o tiramos da sarjeta e o transformamos em alguém e (*risos*) acho que eu contei essa história tantas vezes que agora ele está achando que é verdade. E queria conhecer Boy George, aí me fez apresentá-lo para ele e quando os deixei sozinhos acho que Boy George perdeu o interesse porque Lester voltou e pediu para ser reapresentado.

E o amigo de Lester que não suporto, Tommy Dean, estava lá. Ainda lembro quando ele disse para Lester não nos dar o dinheiro para produzir *Bad*. E foi tão mau-caráter. Ah, ainda lembro aquilo. Muito mau-caráter.

Benjamin me levou até um táxi e fui para uptown ($8).

Sexta-feira, 6 de setembro, 1985. Jean Michel veio e nossa exposição será no sábado. Mas na realidade as exposições que fazem sucesso são as de outubro e novembro, ainda é um pouco cedo, mas vai ser ok, só uma coisinha pequena.

E, no seu estupor, Jean Michel deixou cair tinta no retrato de Dolly Parton e fez uma sujeira. E Sandy Gallin fica ligando, diz que quer o retrato imediatamente, gostaria que eles não me apressassem porque quero fazer algo realmente bom e ainda não está pronto.

Sábado, 7 de setembro, 1985. Eu ia até o consultório da dra. Karen Burke para o tratamento de colágeno mas estava muito quente e fiquei sem vontade de enfrentar a dor.

Wilfredo veio ao escritório e me ajudou. Parece que *Interview* está fazendo Madonna para o número de Natal. Vai ser entrevistada por Sean Penn e uma outra pessoa. Terry, a ex-assistente de Chris que agora faz as cópias para mim, me devolveu as fotos do casamento de Madonna, que realmente sabe como se maquiar daquele jeito ótimo de Hollywood. Alguém deve ter lhe ensinado, ou deve fazer sempre para ela – tudo pintado com perfeição. Sean vai ser o novo Dustin Hoffman. Vai ficar muito tempo por aí.

Depois decidi ir ao clube Pyramid assistir Ann Magnuson. Ela faz "Edie e Andy" e "Gala e Dali" e "Prince e Fallopia". Como se fosse Apollonia, entendeu? Aquela intelectual de downtown. Ela não é engraçada, mas é uma boa atriz e trabalha duro – tem alguma coisa nela.

Segunda-feira, 9 de setembro, 1985. Hoje no *Donahue* eles estão entrevistando Betty Rollins, que matou a mãe. Ela e o marido ensinaram para a mãe que pílulas tomar para se matar, quantas e em que combinação, e ficaram sentados na sala com ela enquanto ela tomava os comprimidos e agora Betty Rollins vai escrever um livro.

Ligações a respeito do retrato de Dolly Parton – "É um sinal de nascença ou o quê?". Eu tinha tirado, mas querem colocar de volta, aí liguei para Rupert e disse que era tudo de novo.

Depois fui ao La Colonna com Paige porque Estée Lauder está lançando um novo perfume chamado "Beautiful". Não é ótimo? Alguém me disse que hoje as pessoas querem usar perfumes que sejam identificados imediatamente. Como Giorgio. É uma coisa de status. Não é interessante? Sentei ao lado do editor de *Elle*, comprei um exemplar um dia desses e a revista é ótima.

Fui para casa e liguei para PH para contar sobre o meu dia "Beautiful" porque quero que a gente desenvolva uma linha de perfumaria juntos, e tivemos ótimas ideias para os nomes e para a embalagem de três aromas diferentes.

Terça-feira, 10 de setembro, 1985. Chris vendeu uma foto minha para a revista *In Touch*, que vai publicar uma entrevista.

Ele venderia a gente até para o esgoto. Vou ter que lembrar de especificar que é só para usar uma vez, quando eu ceder direitos para ele.

Sandro Chia veio me visitar, foi realmente gentil. E a novidade é que Carl Andre, o artista, talvez tenha empurrado a mulher da janela do apartamento naquele prédio do Village onde moravam. As manchetes dizem que ele é suspeito, mas aí o artigo só diz que provavelmente ela caiu. E Sandro disse, "Ótimo, ótimo, deveriam matar todas as mulheres". Está se divorciando da sua.

Quarta-feira, 11 de setembro, 1985. Alguns dos retratos de Dolly Parton saíram claros e outros saíram escuros. E ficam me ligando de L.A. para perguntar se já estão prontos, se já estão prontos, e encheram tanto minha paciência que eu disse sim, estão prontos. Mas eu poderia ter feito algo melhor.

Quinta-feira, 12 de setembro, 1985. Pete Rose está no *Donahue*. Gostaria de fazer outro retrato seu. Agora olhando para ele, é tão bonito, um nariz ótimo e um cabelo ótimo – eu poderia fazer um trabalho realmente bom só com a cabeça dele.

Jean Michel ligou e estou só me preparando para a grande briga que ele vai provocar logo antes da nossa exposição de pinturas conjuntas na Shafrazi Gallery. O vernissage é sábado.

Ah, e dei um lance de $1.2 mil por um bracelete para aquela mulher da casa de leilões e depois do leilão ela ligou para dizer que saiu por $850 e que não conseguiu dar o meu lance a tempo. E eu disse, "Ah, mas não é ótimo?". Quer dizer, posso viver sem aquele bracelete, porque posso viver sem coisa alguma, mas foi ótimo. E continuo procurando a mulher que tem os brincos que combinam com o anel que dei a PH e, em vez de baixar o preço, toda vez ela *aumenta* mais. É uma dessas pessoas desesperadas que têm um parafuso a menos. É teimosa. Tenho que conseguir falar com ela no dia em que tiver que pagar suas contas.

Convidei Stephen Sprouse para jantar no Il Cantinori (táxi $6). E aí Paloma veio com Fran Lebowitz e seu marido. E eu perguntei, "Gostariam de nos acompanhar?". E Fran foi ríspida, "Não! Estamos esperando uma outra pessoa". E não estavam. Ninguém mais apareceu. Aí acho que Fran só estava sendo horrível, porque o jantar poderia ter sido muito *divertido* – não falo com Paloma há tempos.

Sexta-feira, 13 de setembro, 1985. Jean Michel ligou e disse que foi convidado para aquela coisa dos prêmios MTV. Keith ligou, mesma coisa. MTV deve estar querendo que os artistas desenhem os logotipos para eles. E Keith estava chateado porque seus ingressos são para o mezanino. Jean Michel veio numa limusine. Disse que não queria ir com Keith porque Keith é muito agressivo. E mais tarde ficou muito louco – Keith queria demais ser fotografado. E queria ir comigo só para se assegurar de que seria fotografado.

Aí chegamos no Radio City e tinha uma multidão, porém as câmeras de TV já tinham ido embora e Keith ficou realmente chateado.

Ano passado minha acompanhante foi Maura Moynihan. Está na Índia há oito meses. O namorado é hindu e Sam Green me contou que ela está usando saris e fazendo reverências – que coisa horrível.

O show de Eddie Murphy foi uma graça, ele disse um bocado "mijo" e "merda" e foi até o banheiro feminino e trouxe uma mulher e aí foi lá fora e buscou um apresentador convidado. Sabe, aquela coisa do David Letterman, o-homem-da-rua, aquela velha coisa do Steve Allen. Mas foi uma chatice. Não foi jovem o suficiente.

Aí terminou e estávamos famintos. Fomos para o Odeon. Mas Keith quis ir imediatamente até o Palladium porque não queria perder as estrelas, queria ver Cher novamente. Aí chegamos no Odeon e ele queria ir embora imediatamente. Disse que não estava com fome, disse, "Já jantei". Mas a gente sabia que ele não tinha jantado, porque fazia *horas* que estávamos todos juntos sem comer. Quer dizer, eu gosto de Keith, mas é tão neurótico. O jantar foi barato, acho que porque ninguém bebeu ($135).

Depois fomos de limusine ao Palladium. Ficamos umas duas horas. A única pessoa que vi foi David Lee Roth.

Sábado, 14 de setembro, 1985. Um daqueles dias abstratos que a gente gostaria de apagar. Trabalhei até as 7h. Liguei para Jean Michel e disse que o buscaria e foi o que fiz.

Fomos até a Shafrazi Gallery (táxi $5) e estava cheio de ponta a ponta. Contrataram o porteiro da Danceteria. Te levavam para dentro e te traziam para fora. Gerard Malanga pediu meu autógrafo. Taylor Mead estava lá. René Ricard. As pinturas estão realmente ótimas, deu a impressão de que todo mundo gostou.

Iman estava lá, rompeu com o marido. Tony recebeu as pessoas lá embaixo para beber champagne, mas eram as mesmas velhas pessoas e os mesmos velhos assuntos. Meus acompanhantes eram duas lojas – Lee, da Matsuda, e Philip, da Fiorucci, mais Benjamin. Conversei com Madelaine Netter, que estava de abrigo de corrida. Fred pediu que Sabrina Guinness trouxesse David Lee Roth.

Eu estava usando um paletó Stefano com o retrato de Jean Michel pintado atrás, mas cheguei à conclusão de que não posso usar coisas estranhas, fico parecendo um louco. Vou passar a usar só preto.

Segunda-feira, 16 de setembro, 1985. Fred está indo para L.A. porque o prédio na Doheny não deu certo, não conseguiram alterar o zoneamento. E saiu o novo número da *Interview* com a capa do Schwarzenegger que eu adoro, tem um ar de revista em quadrinhos. Eu gosto de todo o número. Tem o ar do que *Vanity Fair* deveria ser. Exatamente a quantidade certa de coisas estranhas.

Laura Ashley morreu depois de sofrer uma queda na escada de pedra da filha. Mas ela nunca anunciou conosco. Fico pensando nesses ingleses que só sugam sugam sugam e nunca fazem nada pela gente. Nunca conseguimos nada do melhor amigo de Fred, Lord Jermyn. Mas sabe aquelas gravuras de Mick Jagger que os Hesketh iam jogar no mercado? Pois deu tudo certo – compramos de volta e agora são as mais populares depois das "Marilyns", é uma coisa boa.

Paige convidou pessoas para o almoço e eu fiquei olhando para suas joias e achando que eram fantasia e ficaram me dizendo o preço e eu disse, (*risos*) "Ei, é quase o que uma coisa verdadeira custaria". E na realidade *eram* de verdade.

E Gael não trabalhou porque era feriado judeu, embora ela tenha me dito que é católica, e uma vez me disse que era episcopal.

Terça-feira, 17 de setembro, 1985. Benjamin e eu fomos à Sotheby's ver a grande exposição hindu. Milhões de coisas. Perdi o almoço de Kenny Lane para Jackie O., um tal maharani está na cidade e Jackie escreveu aquele livro sobre a Índia. Foi um dia movimentado.

Trabalhei até as 7h30, me atrasei.

Fui a uma festa no Pier 17, onde todos os garotos de rock'n'roll deveriam estar (táxi $7). É um restaurante novo sobre a água, enorme, um quarteirão de comprimento. A festa estava praticamente terminando. Jellybean saindo. Matt Dillon bêbado com seus amigos ficou se exibindo para eles, "Ooooi, Andy", me dando um aperto de mão e colocando a mão no meu ombro, me apertando. E depois meio que me beijou.

Quarta-feira, 18 de setembro, 1985. Benjamin e eu saímos e lá estava nosso guarda-costas, Matty. Dei $1 para ele e pedi que desse o fora, mas ele não se tocou, ficou ao meu lado. Está mais magro e mais sujo e feriu a perna e está mancando, é triste – ele caminha tanto pelas ruas. E depois fui ao consultório do dr. Bernsohn.

Fiquei lá um tempão descobrindo coisas sobre o fantasma que eles estavam expulsando. Judy, a secretária, não foi trabalhar três dias e depois veio e surpreendeu dr. Bernsohn chorando porque a força era muito grande. E contaram que ele não deveria ter chamado o fantasma porque ele é judeu, que Judy é quem deveria ter feito aquilo, porque é católica e mais leve, foi diferente do que se tivessem me contado qualquer história inventada. Quer dizer, por que inventariam uma coisa dessas? *Tem* que ser verdade. Fui embora. E Matty ainda estava esperando.

Eu disse a Matty que ele deveria ir a museus e leilões para aprender alguma coisa. Deveria conseguir um emprego num lugar como esses e parar de ficar na rua. Me deu uma longa resposta – algo como pegar um avião e mirar na Madison Avenue e matar os judeus. Falou um bocado nisso. A coisa é que nós levamos a mesma vida. Vamos aos mesmos lugares. Ele ficou dizendo que sou atraente. Mas é só *ele* que eu atraio (revistas e jornais $4).

E a novidade mais horrível do dia foi que, depois de não ter sabido nada sobre Sandy Gallin e os retratos de Dolly Parton, ligo para lá e a secretária atende e diz, "Ahhh, Sandy está muuuuito constrangido" e fica dizendo que não se parecem com um trabalho meu. Sandy não gostou dos retratos, ela disse. E depois de quinze minutos jogou a pergunta sobre se ele poderia ter seus $10 mil de volta. E eu disse, "Bem, claro, sabe, mas será que ele não quer que eu *refaça*?". Ela disse que pensaram que seria mais colorido, mais pop. Mas, quer dizer, eu deveria ter desconfiado, porque tudo iniciou muito estranho, com aquela ligação de Dolly dizendo que *ela* é quem queria comprar o retrato – um presente para Sandy – e era só para conseguir um preço melhor, acho, porque quando eu disse, "Bem, eu gostaria de te *dar* um retrato, Dolly, por você ser tão amável, e dar os outros para Sandy" eles ligaram de volta e disseram, "Bem, já que você vai dar um retrato *grátis*, então por que apenas não dar um desconto?". Sabe? Hollywood. Bem, é assim que se aprende. Próxima vez eles vão ter que trabalhar duro, tipo vir e olhar e dizer se gostaram dos retratos e tudo isso a cada passo do caminho – fazê-los trabalhar duro. Ah, e eles até disseram que eu poderia tentar vender o retrato. Disseram que dariam "permissão". Foi horrível.

Quinta-feira, 19 de setembro, 1985. Dia movimentado no escritório. Fred teve uma reunião com Bruno. Rupert teve a ideia de esticar as telas sobre uma caixa para aquela coisa de Campbell's. Fui embora cedo, dei uma passada no veterinário (táxi $6).

E perdi o vernissage do artista mexicano organizado por Paige. Foi a segunda tentativa e, pobre Paige, no meio da coisa toda veio a notícia do terremoto no México que foi realmente violento – acho que 7.8. Esse garoto não tem sorte, esse artista.

Jean Michel me buscou de limusine e fomos ao Rockefeller Center numa festa que aquele tal de Steven Greenberg estava dando no seu escritório que fica dois andares acima do Rainbow Room. Duas sacadas e trabalhos de arte valendo $10 milhões. Esse Greenberg – ele usa um cabelo branco de pajem – é o que me conseguiu aquele trabalho de demonstração do computador Commodere no Lincoln Center. Aquela coisa com Debbie Harry. É um acionista, acho. Alguém me disse que ele dá conselhos de negócios para as empresas e recebe ações em pagamento. Ele também conseguiu que Clive Davis nos usasse. E havia tantos garotos jovens, foi ótimo. Lindas maquiagens, garotos andróginos, lindo mesmo. Garotos de downtown. E fiquei pensando que seria realmente ótimo se o Rainbow Room pudesse ser revitalizado.

E no caminho para o Area decidimos ir para o Odeon. Quando estávamos lá pedi o jornal e lá estava a grande manchete, no *Times* de sexta-feira: "O pas de deux de Basquiat e Warhol". E só li uma linha – falam que Jean Michel é o meu "mascote". Ah, Deus.

Sexta-feira, 20 de setembro, 1985. Tinha que ir ao meu vernissage na galeria de Leo Castelli, o portfólio "Rainhas Coroadas", odeio George Mulder por estar expondo essa coisa nos Estados

Unidos. É uma coisa só para a Europa – aqui ninguém se importa com a realeza e mais uma vez vou receber críticas péssimas. Pedi que Jean Michel não fosse. Perguntei se ele estava brabo com aquela matéria que o chamou de meu mascote e ele disse que não.

Domingo, 22 de setembro, 1985. Fui à igreja. Sempre vou por cinco minutos. Dez ou cinco minutos. É tão vazia, mas às vezes tem um casamento. Depois, de táxi até o mercado das pulgas da Sexta com a 26 (táxi $6). Lindo dia. Sempre dá para comprar Fiestaware barato. Acho que nunca deslanchou.

Segunda-feira, 23 de setembro, 1985. Benjamin distribuiu *Interviews* enquanto eu consultava dra. Li. Me disse que falou com Jon Gould e que ele conseguiu um contrato de produção de $100 milhões – que aquele tal sul-africano dos cristais vai entrar com 50 milhões e que a Paramount vai entrar com o resto.

Recebi um bilhete de Sandy Gallin dizendo, "Obrigado por ser tão paciente". Não tenho a mínima ideia do que isso quer dizer.

E Fred não quer que eu deixe seu novo secretário de Newport, Sam Bolton, mal-acostumado. Não quer que eu saia com ele, mas é um garoto ótimo para ir ao cinema.

Terça-feira, 24 de setembro, 1985. O pessoal.das sopas Campbell's adorou a pintura – aquela cor-de-rosa da caixa de sopa.

Recebi um recado para ligar para a secretária de Sandy Gallin em casa, liguei, e ela estava radiante, me perguntou se eu tinha recebido as flores – as menores orquídeas que eu já vi –, ficou falando sem parar e tudo e eu fiquei com vontade de dizer, "Ah, dá um tempo e me diz o que você quer". Mas sei que estava só fazendo seu trabalho e na realidade não deveria estar fazendo aquilo, ficou toda borbulhante e despejando aquele discurso falso e pediu que eu devolvesse o dinheiro dele. Eu disse, bem, claro, mando para você.

Às vezes Fred adora brigar com as pessoas, talvez ele devesse tomar conta disso e no final eu ainda ficaria parecendo um bom sujeito. Quer dizer, que coisa foi essa, me apressando apressando apressando para terminar o retrato e tudo? E aí, depois de tomar um chocolate quente, assisti TV e adormeci.

Sexta-feira, 27 de setembro, 1985. Assisti ao furacão Gloria na TV a manhã inteira porque não tinha outra coisa para ver. Por alguma razão decidiram cancelar o *Today Show* e tudo para dar notícias a toda hora sobre a tempestade, fizeram com que parecesse uma coisa muito horrível. Mas nem atingiu Nova York.

Domingo, 29 de setembro, 1985. Muito quente no sol, talvez eu tenha me queimado. Fui para a 86 com a Terceira, o leilão conjunto das coisas de Louis Armstrong e de James Beard no Doyle's. Foi estranho, duas vidas diferentes colocadas juntas, e todas as coisinhas e potezinhos e partiturazinhas estavam à venda, com gente se atirando nas coisas. Fico surpreso que não façam esses leilões lá mesmo nos apartamentos. Comprei dois catálogos ($20).

Segunda-feira, 30 de setembro, 1985. Ninguém se importou comigo ontem.

Fui aos mesmos lugares e com a mesma cara, mas, em vez das multidões à minha volta, ninguém se importou. É engraçado, o que é que torna os dias diferentes (jornais $2, telefone $1)?

Quinta-feira, 3 de outubro, 1985. Ah, por que é que eu tenho que envelhecer? Aquele artigo que fez Frank Sinatra processar o *Enquirer* dizia que quando ele se levanta de manhã fica tão preocupado com a idade que pergunta à sua mulher, Barbara, "Como está minha aparência *hoje*?". Ah, Frankie. Lembro quando fui a pé até Pittsburgh para assisti-lo, para descobrir por quem as mulheres estavam suspirando. Entrei e encontrei um outro garoto que tinha ido vê-lo cantar com Tommy Dorsey. Foi uma das primeiras coisas que fiz sozinho, ir à cidade assisti-lo.

Fui ao Whitney. Fui lá "propagandear" minhas pinturas "Caixa de Sopa Campbell's". E por todo o trabalho e toda a publicidade eu deveria ter cobrado algo como $250 mil – quer dizer, são uma empresa imensa – em vez de só cobrar o preço de um retrato. Acho que estamos ficando loucos. Depois de vinte anos lá estava eu ainda com aquela coisa da sopa Campbell's, me senti como num cartoon da *New Yorker*. E Rita Moreno estava lá, acho que é porta-voz da Campbell's, e ficaram me tratando como se eu fosse mais importante do que ela, dizendo que só queriam *me* fotografar, e ela disse, "Mas ele me pediu para ficar na foto", e eles disseram, "Só queremos *ele*". Porque é apenas uma categoria diferente. É como quando eu faço o retrato de um grande jogador de beisebol, eles *o* fotografam e me empurram para o lado.

E estou tão magoado – vi a foto de Dolly Parton no jornal, ela está na cidade, foi ver um show da Broadway com Sandy Gallin e nem me ligaram. Ainda não fiquei sabendo a verdadeira história sobre o retrato. Vou fazer Steve Rubell me contar uma noite em que estiver bêbado.

Todas as manchetes só falam da morte de Rock Hudson.

Keith ligou para me dizer que Grace Jones vai fazer um show no Garage às 4 da manhã. Como é que vou fazer? Ir para a cama e acordar cedo?

Segunda-feira, 7 de outubro, 1985. A mulher na loja de papéis disse, "Bem, então você é uma estrela de TV". Deve ter lido algo que eu disse sobre minha participação no *The Love Boat* deste sábado. Comprei jornais ($2). Histórias sobre Rock Hudson dizendo que havia duas estrelas de beisebol em sua vida e (*risos*) quarenta caminhoneiros.

Terça-feira, 8 de outubro, 1985. Paige e eu resolvemos que vamos começar a organizar "Jantares com pessoas que não se conhecem" porque vai ser um jeito ótimo de conhecer novas pessoas e divertir os anunciantes ao mesmo tempo. Vamos colocar Tama Janowitz com o dr. Bernsohn, acho que ela vai conseguir um bom material com ele, e estou com um modelo da Ford em mira para Paige.

Steve Rubell ligou para falar sobre aquele caso Dolly Parton/Sandy Gallin. Disse que na realidade era *Geffen* que estava comprando a pintura. Disse que Dolly nem chegou a ver a pintura, que ela não entendeu que era para cima da lareira, mas eu disse não, que ela sabia *exatamente* para onde era porque estava ali parada quando Sandy me mostrou onde colocaria a pintura.

Peguei um táxi às 8h e fui buscar Cornelia. Fomos para o Regine's ($4), eu estava com um casaco bem leve e esses lugares têm um ar-condicionado fortíssimo, é realmente assustador (porteiro $4, limusine $25). Era uma festa à fantasia e Anthony Quinn estava lá com Pelé e Lee Radziwill, uma gente velha.

E o marido de Mariel Hemingway, Steve Crisman, foi muito gentil, muito agradável, e começou a se fazer de hip comigo, dizendo, "Me dá dois", e estendendo os dois dedos, e eu disse que não sabia daquela conversa hip e ele disse ah, que ele também não, na realidade. Conversou sobre Mandrexes e viagens à Índia, esse tipo de coisa.

Cornelia queria ir ao Zulu Lounge, por isso saímos e fomos para lá. Gael Love estava um pouco constrangida por eu tê-la visto lá dançando com aquele sujeito enorme que se faz de corpulento e que escreve para a revista. Alguém que Bob descobriu há cinco anos – Chuck Pfeiffer. Alguém me disse que é casado, mas nunca está com a mulher e é muito – *muito*, entende?

Tama estava com Gael e disse que seu romance com Bob Guccione Jr. não deu certo, que ele deveria tê-la levado para L.A. e não levou.

Quarta-feira, 9 de outubro, 1985. As notícias são apenas sobre o problema com aquele navio, o sequestro do *Achille Lauro* no Egito. E agora todo mundo provavelmente vai assistir ao *The Love Boat* desta semana por causa disso, é o episódio comigo. Muitas pessoas têm me dito que estão planejando assistir. Gael veio, suspirou e disse que tem se esforçado muito para encontrar alguém para Tama. Por que é que todo mundo está tão preocupado em conseguir um novo namorado para Tama? Mas jantares para pessoas que não se conhecem é uma ideia divertida. A gente encontra alguém, nem precisa ser alguém muito bom, a gente só *convida* e na realidade alguém pode gostar dele, sabe-se lá.

E eu matei uma barata e foi um trauma. Um trauma enorme mesmo. Fiquei me sentindo horrível.

Aí era a hora do jantar para as pessoas que não se conhecem. Na realidade eu organizei tudo porque quero que Tama escreva sobre mim em uma de suas histórias, quero participar delas. É uma maneira ótima de encontrar novas pessoas. Todo mundo leva uma pessoa para alguma outra. Eu levei dr. Bernsohn para Tama, ela foi divertida, como uma mãe judia – usando roupas chinesas porque íamos ao Mr. Chow's, brincos de cristal para que o médico dos cristais pudesse examiná-los. Mas agora estou com medo que ela escreva sobre *Bernsohn* e que lhe cause problemas. Porque, veja, usar cristais e essas coisas para tratamento de doenças na verdade não é legal. Ah, e noite passada quando Tama ficou ao lado de Sylvia Miles eu até pensei, *vamos esperar vinte anos e ela vai ficar igualzinha à Sylvia* – ela tinha bebido um pouco e seu cabelo estava desarrumado.

E Tama está em desespero – contou que atendeu o telefone, era engano, mas mesmo assim ela marcou um encontro com o cara. Ele estava tentando encontrar sua ex-namorada que estava casando e depois que falou com Tama conseguiu falar com a ex-namorada e contou para ela o que tinha acontecido e agora ela vem ao jantar com Tama e ele. Esse é o desespero das pessoas (táxi $5, jantar $350).

E o meu sujeito, ah, Deus, detestei-o desde o primeiro momento. O que levaram para mim. Um garoto gay que Paige conheceu noite passada e que estudou na Columbia.

Encontrei Gerard, agora trabalha para o Departamento de Parques no prédio do zoológico do outro lado da Rua 64.

E no começo dr. Bernsohn estava interessado em Paige, porque Tama se parece com sua mãe, aquele tipo. Eu conheço a mãe dele. E o sujeito da ligação por engano com quem Tama vai sair é da delegação egípcia das Nações Unidas, por aí você pode ter uma ideia. A princípio levariam um médico para mim, mas ele foi chamado de última hora. E meu acompanhante saiu para ligar para seu namorado. Mas é fascinante conhecer novas pessoas. Aí o modelo Ford que eu tinha levado para Paige desapareceu. Mas de qualquer modo ela ficou desapontada porque ele era um cabeça de vento, só falava aqueles assuntos de modelos. E encontramos Holly Woodlawn, que estava comemorando sua plástica – sim, ela fez plástica! Está contando para todo mundo. Com todos os seus problemas, fez *plástica*! Acho que ela nunca fez a operação de mudança de sexo. Paige me deu uma carona até em casa.

Quinta-feira, 10 de outubro, 1985. Ontem foi o dia de ler tudo sobre Yul Brynner, fizeram com que ele parecesse muito importante. Aí mais tarde noticiaram que Orson Welles morreu e colocaram os dois como se estivessem no mesmo nível. Ah, mas foi um prazer tão grande conhecer Orson Welles antes que morresse! Era ótimo. Não seus filmes, mas *ele* mesmo.

Ontem todos os governos só disseram mentiras sobre aquela coisa do *Achille Lauro*. Se eu fosse os Klinghoffer eu iria direto ao tribunal e os mataria a tiros, todos os quatro. Eu não conseguiria dar quatro tiros no tribunal, mas eu mataria pelo menos um. Não me importa qual. *Um* já seria suficiente. Eu sei, eu sei – ontem eu fiquei tão preocupado por ter matado uma barata. Mas isso é diferente – a barata não tinha feito nada para ninguém e eu não matei direito e ela ficou se sacudindo e era muito grande, tinha chegado àquele *tamanho*. Ah, ouça, vai haver uma guerra. Vamos começar a estocar coisas. Meias de seda. Doces (táxi $4.30, telefone $1.50, jornais $2).

O sujeito da Coleco Cabbage Patch apareceu. E não gostou das pinturas que eu fiz das bonecas Cabbage Patch, mas vai pagar assim mesmo. Conversamos e ele disse que Peter Max foi seu inspirador, que ele foi ilustrador e agora é um executivo. Propôs fazer uma linha de roupas Andy Warhol comigo, disse que nós dois poderíamos ficar ricos. Que seu computador lhe disse que sou o mais famoso artista vivo. Eu disse a ele que conhecia alguém que estava pronto a entrar no mercado de roupas, Stephen Sprouse. Mas ele nunca tinha ouvido falar. E contei para ele sobre Keith Haring e suas camisetas e sua loja, mas ele também nunca tinha ouvido falar.

Ah, e todo mundo está comentando *The Love Boat*. O anúncio do *TV Guide* mostra apenas as Mermaid Dancers, eu não apareço. Por que não me colocaram na capa?

Sexta-feira, 11 de outubro, 1985. Milan, organizador de festas, ligou e disse que organizou um jantar para o príncipe da Bélgica no Tuileries e que o príncipe queria conhecer Mick Jagger e por acaso Fred estava falando com Mick por telefone e Mick disse que iria. Trabalhei até as 8h30 (táxi $5). O príncipe nem abriu a boca, foi uma chatice. Jantar horrível, todo mundo entupido de coca. Começaram a falar dos "milhões" de fotógrafos do lado de fora e levaram duas horas resolvendo como sair de lá, e era só Ron Galella! Quando a gente não está drogado não dá para acreditar nessas pessoas. Se a gente ouvisse a conversa deles sem saber que tinham cheirado, chegaria até a pensar que é algo de verdade.

Depois fomos ao Palladium, uma festa para o Festival de Cinema. Uma mulher ficou tentando me levar para casa na sua limusine, mas não fui porque seria mais uma pessoa para conhecer e convidar para sair. Cheguei em casa por volta das 2h30 ou 3h.

Domingo, 13 de outubro, 1985. Fui à Sotheby's e estão expondo minha pintura das "Dez Liz". Uma prévia do próximo leilão. Cortaram muito essa pintura, acho que esticaram para fazê-la ficar "bonita". Outras pinturas minhas vão ser leiloadas – pinturas de $200 ou $300 mil. A "Liz" é $400 mil. São todas de Philippa e Heiner Friedrich, da Dia Foundation. Encontrei uma porção de velhas senhoras que disseram que me viram no *The Love Boat*.

Aí caminhei até em casa e liguei para aquele garoto, Stephen Bluttal, do Moma, que tinha me convidado para o encerramento do Festival de Cinema do Lincoln Center (táxi $3). E o filme no

Festival de Cinema eram cinco histórias unidas por um pássaro com um sino no pescoço. Se passava na Itália naquelas lindas cidades vazias que eles sempre encontram para filmar.

Segunda-feira, 14 de outubro, 1985. Tama saiu novamente com dr. Bernsohn, eu perguntei a Paige o que tinha acontecido e ela disse que não acha que os dois tenham se entendido. Vamos fazer outra coisa para pessoas que não se conhecem semana que vem. E conseguiram o dono de um construtora e um médico para mim, não resolvi se realmente quero conhecer alguém, é divertido fazer isso para *eles*, me fazendo de avozinho, observando a garotada se divertindo.

E ah, ontem eu senti tanta falta de Jean Michel. Liguei e ele estava se fazendo de distante ou estava drogado. Disse que tenho sentido muita falta dele. Ele tem saído muito com Jennifer Goode, acho que quando romperem ele vai estar disponível novamente.

E, ah, para o próximo encontro de pessoas desconhecidas eu consegui um instrutor negro de 2m10cm de altura da academia de Lidija para Paige, mas Paige disse que uma pessoa assim não é "material de casamento". Aí já não sei. Ele é hétero. Embora tenha saído da (*risos*) Dmitri Fashions. Mas ele diz que não é gay e a gente tem que *acreditar* nas pessoas, não é verdade?

Quando eu estava indo a pé para casa passei pelo pessoal de segurança que ainda monta guarda na frente da casa de Nixon na Rua 65. Achei que ele tinha vendido aquilo lá. E havia policiais por perto, eles sempre me reconhecem, aí fiquei com vontade de perguntar quem mora lá já que ainda estão ali, mas não perguntei porque eles teriam que registrar por escrito que eu tinha perguntado.

Terça-feira, 15 de outubro, 1985. Fui à Sotheby's. É tão horrível, a gente observa as pessoas puxando o forro das poltronas e tudo, realmente rasgando tudo, e a gente pode fazer isso, só para conferir se conservaram a madeira americana original por todo o móvel. É tão louco.

Depois de táxi para encontrar Paige no escritório ($5, jornais $2, telefone $1.50). E Paige e eu tivemos uma briga enorme por causa daqueles chocolates que a mulher dos chocolates Neuchatel levou para nós. Quer dizer, Paige é absolutamente esquisita. Conversei com Fred e ele diz que não é bom a gente se envolver com o pessoal do escritório e talvez ele tenha razão, porque a gente vê apenas um lado e existem outros lados.

E aí essa mulher trouxe uma quantidade enorme de chocolates e Paige ficou dizendo para ela que todo mundo lá adora chocolate mas *não provou nenhum pedaço*! Eu fiquei dizendo, "Paige, *prove* um pedaço", e ela ficou dando gritinhos e rindo histericamente e recusando categoricamente e finalmente *eu* comi muito chocolate e ninguém mais comeu. Lá estava aquela mulher que é *anunciante* e lá estão todos os apreciadores secretos de chocolate e ninguém chegou *nem perto* de um pedaço de chocolate! Aí finalmente eu levei tudo lá para cima e *então* Paige veio e queria um pedaço mas me recusei a dar para ela.

Finalmente li um xerox da história de Tama para *The New Yorker* e foi divertido ler como era a vida com Ronnie – ela o chama de "Stash" na história – e ela se chama de "Eleanor", que não é escritora mas sim uma designer de joias.

E nenhuma das pessoas com quem estou saindo agora bebe ou faz alguma coisa. Wilfredo não bebe e Paige não bebe. E noite passada PH me lembrou que eu costumava falar mal de pessoas que não bebem, que eu dizia, "Elas acham que são boas demais para beber", e é verdade, eu costumava me sentir assim, mas quando a gente mesmo não bebe, a gente vê as coisas de uma maneira realmente diferente.

Quinta-feira, 17 de outubro, 1985. Cedo de manhã liguei para Rupert e foi a "esposa" dele que atendeu e vou ter que dizer para ele que tem que se livrar dele. Dá para perceber a coisa toda – ele vai querer uma casa e um cachorro e um carro num acordo de divórcio. Quer dizer, é um horror. Mas quando a gente diz isso para as pessoas elas não querem acreditar porque estão apaixonadas. Em lugar disso vão e contam para a pessoa o que a gente acaba de dizer. É a natureza humana. Estão apaixonadas e ficam cegas e falam tudo o que ouvem.

Vincent disse que o *Times* vai escrever sobre nosso programa de TV *Fifteen Minutes*. E esta semana o *Voice* fez uma crítica excelente.

Fui ao iate do Forbes para a festa beneficente anual para o acervo de Jonas Mekas. Jonas comprou mais um prédio. Quando o vi ele riu e disse que seu horóscopo tinha lhe dito para não comprar imóveis mas ele comprou o prédio por $50 mil e agora vale $1 milhão. Não sei por que o pessoal de Hollywood não dá cópias de *tudo* para Jonas. Ele é uma das únicas pessoas que ainda se importa. Deveriam dar coisas para eles. Não consigo acreditar que Hollywood não tenha *nenhuma* cinemateca. É um nojo. A gente pensaria que poderia ter feito pelo menos uma coisa assim. E Shirley Clark estava lá com a mesma aparência de cinquenta anos atrás.

E ficamos sabendo que o número de *Interview* com Stallone é o que mais vendeu até hoje.

Sábado, 19 de outubro, 1985. Fui de táxi até dowtown ($5.50) para encontrar Vincent, que abriu sua casa, e a mãe dele, que veio da Califórnia para passar duas semanas aqui e aí depois que ela for embora o pai dele virá. Não dá para acreditar em toda a energia dela. Diz que tem a minha idade, mas parece a irmã de Vincent. E faz pinturas lindas, realmente direitas, bom material. Quer ser a nova Alice Neel. Acho que a viu num desses programas de TV.

Encontrei o artista Bill Katz, que se rasgou em elogios sobre minha exposição conjunta com Jean Michel na galeria de Tony Shafrazi. Encerra esta semana. Jean Michel está ganhando todos os elogios, não eu. E Tony não está muito contente, parece que não vendeu muita coisa. São caros – $40 ou $50 mil. É muito cedo, eu acho. É a razão pela qual ainda não expus minhas pinturas "Mijo".

Domingo, 20 de outubro, 1985. Quadragésimo aniversário das Nações Unidas e acho que mrs. Marcos está na cidade. A coisa está ficando muito assustadora nas Filipinas. Alguns jornais dizem que os Marcos estão comprando o que podem nos Estados Unidos, mas pode não ser verdade, os jornais às vezes mentem. Acho que o nosso governo deve querer que eles deem o fora de lá. É como quando os Estados Unidos queriam que o xá caísse. Mas vejamos, será que queríamos perder a Guerra do Vietnã? Não, mas, depois de tudo que li nos jornais esta semana, acho que os Kennedy estavam ocupados demais com seu affair com Marilyn para se preocupar com o Vietnã.

Segunda-feira, 21 de outubro, 1985. Liguei para Keith e ele não podia vir, mas nos convidou para irmos lá. George Condo, o artista, estava trabalhando lá. Bruno acaba de fechar um contrato com ele e no final agora esse "pobre artista" alugou um apartamento embaixo do de Nick Rhodes no Ritz Carlton – Bruno comprou todas as suas pinturas! Umas trezentas (táxi $5)!

Quarta-feira, 23 de outubro, 1985. Estamos ligando para a Europa tentando encontrar o "Mao" que Mr. Chow quer, é uma venda certa se conseguirmos achar, mas é uma das pinturas que Leo emprestou e que nunca foi devolvida. Agora meu acordo com Leo é que, se ele vende alguma coisa, ganha comissão. Mas ele nunca se esforçou para aumentar os meus preços. Sei lá, acho que Roy e Jasper mantêm aquela galeria. Ele poderia ter montado uma exposição minha e de Jean Michel, mas não quis as pinturas. Tony Shafrazi é quem realmente queria.

Quinta-feira, 24 de outubro, 1985. De táxi até o Palladium para a festa de Debbie Harry ($6) por causa de sua música produzida por Jellybean, "Feel the Spin". Quando Debbie chegou, nos viu no mezanino e subiu porque achou que lá seria o lugar para (*risos*) estar, e aí *se transformou* no lugar para estar porque todos os fotógrafos vieram atrás dela. Ela está ótima. Na realidade, Debbie foi a primeira Madonna.

Sexta-feira, 25 de outubro, 1985. Pela segunda vez aquela recepcionista que Gael contratou não sabia quem eu era quando liguei, deveria ser despedida imediatamente (telefone $2, táxis $3, $4).

Sábado, 26 de outubro, 1985. Vernissage de Keith Haring, fomos de táxi até a galeria (táxi $4). Keith disse que mais cedo quando foi à galeria com sua mãe e Joey Dietrich – acho que deve ter sido por volta do meio-dia – dois garotos jogaram piche e penas neles e o único a ser atingido foi Joey. E ficamos tentando descobrir o que isso significa – piche e penas. Quando é que a gente faz uma coisa dessas, que tipo de pessoa faz uma coisa dessas? Qual é a mensagem?

Ah, e os jornais de fofocas dizem que um grande produtor de TV está com aids, quem poderia ser? Estou te dizendo, jamais quero conhecer alguém na minha vida. É muito melhor apenas ir jantar. Há maneiras diferentes de se divertir, diferentes tipos de pessoas com quem se divertir. Não preciso de romance.

Segunda-feira, 28 de outubro, 1985. Caminhei meio sem rumo, fui lá para o West Side (táxi $4). Uma mulher chamada Ann Marie, com quem dra. Li quer que eu tenha aulas de postura, me deu uma aula grátis sobre ficar na ponta dos pés. As aulas custam $75. Mas não consigo ver o objetivo. Ela tem 55 anos mas parece que tem treze. Como eu. Seria como pagar alguém só para cuidar da gente. Peguei um táxi (táxi $5.50, jornais $2, telefone $2).

Fui para o escritório. Depois do que aconteceu com Keith sábado passado, fiquei nervoso de ter que ir à sessão de autógrafos na B. Dalton da 8 com a Sexta.

Está sendo difícil devolver os $10 mil de Sandy Gallin. Já perdi o endereço dele não sei quantas vezes.

De táxi até a B. Dalton ($5). Não era uma multidão enorme se acotovelando, ficaram em fila o tempo todo, uma fila comprida como um spaghetti que levou duas horas e meia e comprou 150 livros, e Craig Nelson, da Harper & Row, ficou se comportando como uma estrela. Chris Makos veio e ficou impressionado com minha popularidade. E Christopher estava examinando o livro *America* e dizendo, "Ah, Deus, metade destas fotos foram tiradas na *Europa*!" (*risos*). E ele acertou em cheio! Foi ótimo ouvi-lo falar mal de Craig. Adorei. E o livro custa $16.95 e estavam dando um desconto de 10% e uma mulher comprou seis exemplares e tive que autografar longas frases para ela, tipo, "Querido Harry, espero que você tenha passado uma boa temporada nas Adirondacks".

Tenho esquecido de comentar que a nova instalação "Disco" no Arca colocou Diana Vreeland e eu tentando entrar no Studio 54. É engraçado.

Terça-feira, 29 de outubro, 1985. Quebrei uma coisa e me dei conta de que deveria quebrar uma coisa por semana para me lembrar de como a vida é frágil. Era um ótimo anel de plástico dos anos 20. Caminhei pela Madison e estava frio na sombra e quente no sol. Estava com aquele casaco que Marina me deu e que eu adoro, o Calvin Klein com capuz, mas os bolsos não servem para nada. São grandes mas cortados de uma maneira estranha, tudo o que a gente coloca dentro acaba caindo. Fui a pé até o escritório e o sol refletia tanto nos olhos das pessoas que muita gente não me reconheceu. Fred está voltando de L.A.

E Craig Nelson ligou algumas vezes. Eu o odeio tanto que estou pensando em levar Christopher comigo para algumas das cidades da excursão para divulgar o livro, só para enlouquecer Craig um pouco.

Li na "Suzy" sobre a festa do Kluge em Virginia que eu perdi, todo mundo foi. Eu não queria quebrar minha rotina mas, ih, eu deveria ter ido – todos os retratos que eu deveria fazer estavam lá.

E dizem que o filme de Paul Morrissey, *Mixed Blood*, ainda está atraindo multidões. O Cinema 5 nos devolveu os direitos de *Trash* e é engraçado, a gente tem que ir em pessoa a um determinado lugar e recolher os direitos.

E minha grande pintura "Mao" está perdida em algum lugar da Europa, acham que em Nice. É culpa de Leo. E Leo está ficando tão mau quanto Huntington Hartford – dizem que ele diz sim para qualquer mulher que lhe pede alguma coisa.

Quarta-feira, 30 de outubro, 1985. Acho que não vai dar mais para adiar esse negócio.

[*NOTA: Por vários dias, Andy adiou o relatório dos acontecimentos deste dia para o Diário. Finalmente, no dia 22 de novembro, ele contou o acontecido.*]

Bem, vamos nos livrar dessa coisa. Quarta-feira. O dia em que o meu pior pesadelo se realizou.

O dia começou com Benjamin não indo me buscar (telefone $2, revistas $2). Não fui ao desfile de modas de Matsuda. Vou falar sobre isso bem depressa, senão não vou conseguir.

Ninguém do escritório queria ir comigo à livraria Rizzoli do Soho, mas o antigo assistente de Rupert, Bernard, tinha passado no escritório para visitar e disse que iria comigo. Rupert nos deu uma carona. A livraria é comprida e a sessão de autógrafos era no segundo andar, no mezanino.

Eu já estava autografando os livros *America* há uma hora quando uma mulher me estendeu o exemplar dela e aí – ela fez o que fez. O Diário mesmo pode contar o que aconteceu.

[*Ela arrancou a peruca de Andy e atirou-a lá para baixo para um homem que saiu correndo da livraria. Bernard segurou a mulher enquanto o pessoal da livraria chamava a polícia, mas Andy decidiu não dar queixa. O pessoal da Rizzoli perguntou se ele queria interromper a sessão de autógrafos, mas como ainda havia gente na fila ele disse que não, que iria até o fim; colocou o capuz de seu casaco Calvin Klein na cabeça e continuou a autografar.*]

Não sei o que me impediu de jogá-la do mezanino. Era tão bonita e tão bem-vestida. Acho que a chamei de puta e perguntei como ela tinha feito uma coisa daquelas. Mas está bem, não me importo – se publicarem uma foto, azar. Havia muita gente com câmeras. Talvez coloquem na capa da *Details*, sei lá. Se eu tivesse batido na mulher ou algo assim, então *eu* seria o errado e haveria processos e tudo. Novamente está começando a ficar violento lá fora, como nos anos 60. Eu normalmente faço essas coisas de pé, mas lá eu tinha sentado e as pessoas estavam num nível acima de mim e a organização estava errada e eu fiquei esgotado e odiando Craig Nelson e não fui rápido o suficiente e tudo aconteceu tão depressa e Bernard foi realmente gentil. Mas, sabe, a gente está num lugar e todo mundo é muito amável e a gente nem pensa que algo possa acontecer. Ela era realmente bonita, uma mulher bem-vestida, de boa aparência. A prenderam num canto por algum tempo e depois a deixaram ir. Foi tão incomum. Acho que aquelas pessoas tinham circulado *dizendo* a todo mundo que fariam aquilo, porque depois uma porção de gente disse que ouviu coisas. Foi chocante. Doeu. Fisicamente. E doeu que ninguém tivesse me prevenido.

E acabo de conseguir um outro cristal mágico que deve me proteger e impedir que coisas assim aconteçam. Fiquei no bagaço, foi como num filme. Acho que autografei por mais uma hora e meia, fingindo que nem me importava com aquilo, e no fim nem me importava mesmo. A gente tem que conviver com essas coisas. Foi como ser baleado novamente, não foi de verdade. Eu estava como um ator, agradando as pessoas. Muito parecido com o Dia das Bruxas. Depois Bernard me levou até em casa e eu lhe dei $10.

Cheguei em casa e comi dois bolos ingleses com margarina, o que não é muito bom, e alho, e bebi duas xícaras de chá e suco de cenoura e experimentei a sopa desidratada da Campbell's. Sem nada dentro.

E aí PH ligou para saber a que horas estou indo para Washington amanhã, mas desliguei o telefone rápido, não queria contar o que tinha acontecido para ela porque eu não queria nem pensar naquilo.

Mas acho que ela descobriu, porque ligou de novo uma hora depois e me disse que estava orgulhosa de mim e que eu era "um grande homem". E (*risos*) isso eu não esperava. Bem, então chega dessa coisa e agora não quero voltar a esse assunto nunca mais.

Quinta-feira, 31 de outubro, 1985 – Nova York-Washington, D.C.-Nova York. Acordei às 5 da manhã e meus nervos ainda estavam à flor da pele por causa de ontem. Christopher ia me buscar às 7h. Eu só consegui dormir às 2 da madrugada e tive que acordar cedo demais mas de alguma maneira consegui me arrastar para fora da cama. Ter que acordar imediatamente é muito horrível, sem conseguir falar com o Diário por uma hora ou algo assim, me acostumando lentamente com o fato de estar acordado. Mas acordei e o motorista que Chris contratou era bom (motorista $40).

Chegamos ao LaGuardia e Craig Nelson estava lá (revistas $8) e pegamos a ponte-área para Washington. Uma senhora nos buscou no aeroporto num carro minúsculo. Nos levou para um programa de rádio e dizem que o sujeito é o melhor da cidade mas foi a entrevista mais horrível. Eu ainda estava muito chateado por causa de ontem e não consegui pensar em nada engraçado e ele queria saber do livro e eu não sabia nada e ele disse, "Acho que você não escreveu o livro", e eu respondi, "Acho que não". Foi uma das suas entrevistas mais difíceis. Ele nunca mais vai esquecer.

E, Deus, eu detesto Craig nestas viagens. Ele fica dizendo, "Andy e eu estamos interessados em sexo." E eu digo, "Craig, eu *não* estou interessado em sexo". Quer dizer, Chris é um pedaço do paraíso se comparado com Craig. Embora (*risos*) na realidade sejam parecidos. Pensam apenas em comida, comida, comida e no que eles podem levar para casa. Embora Craig seja mais gordo. E ambos caminham com os pés para dentro. Mas Christopher finalmente está pagando o que deve, me acompanhando nessas coisas – nem tira fotos e anota números de telefone, na realidade está trabalhando, tomando conta de mim e me organizando.

A senhora do carro minúsculo nos levou para o aeroporto e o avião estava atrasado, saímos às 8h50 e encontramos Susan Mulcahy. Parece que não soube do que aconteceu na Rizzoli, acho que está de férias do *Post*, talvez não tenha ido trabalhar aquele dia, aí fiquei sem saber o que fazer. Quando a gente é amigo de uma pessoa, deve-se contar essas coisas e esperar que eles não passem para o jornal ou o quê? Fiquei sem saber o que fazer. Então não contei nada, ela estava muito sem jeito porque a surpreendi lá. Acho que talvez tenha ido se encontrar com alguém com quem está tendo um affair, estava toda feminina e muito bonita, como se tivesse terminado um árduo dia de trepadas. Portanto ela nem estava pensando em mim, estava preocupada consigo mesma.

Assim Chris e Craig me deixaram em casa e quando eu desembarquei do táxi sabia que eles começariam a falar de mim, embora não se entendam muito bem. Craig passou o dia contando para as pessoas o que aconteceu na quarta-feira. E eu estava exausto, comi pão de alho e fui para cama à 1h.

Sexta-feira, 1º de novembro, 1985 – Nova York-Detroit-Nova York. Acordei às 5h, uma tortura. Mais uma vez foi horrível acordar e ter que levantar imediatamente. Christopher me buscou com a mesma limusine. Craig foi para o aeroporto por conta própria. Chegamos ao aeroporto por volta das 7h. A ex-secretária de Fred – Vera, a mulher mais rica de Portugal – estava lá com um grupo de mexicanos ricos, iam para Acapulco.

Compramos as passagens e jornais para Chris ($7). Dei uma olhada no *Daily News* e lá na coluna de Liz estava a história sobre o que aconteceu comigo, está bem, ela foi discreta. E há uma história sobre o homem dos cachorros-quentes da 33 com a Park que foi atacado por um grupo de garotos enlouquecidos, roubaram seu dinheiro e viraram o carrinho. Mas no dia seguinte ele voltou para a mesma esquina porque tem que ganhar a vida, mesmo com queimaduras de segundo e terceiro graus.

Entramos no avião e fomos para Detroit. Lá havia uma gorda com o livro *America* para mostrar que era nossa motorista. Uns 100kg. Amável. E Detroit cresceu demais. Parece L.A. E todo mundo trabalhando em todos os lugares é negro. Fomos para o último andar de um hotel, o restaurante com vista para Detroit, almoçamos.

Tive que ir ao banheiro e havia um negro que foi muito amável, dava impressão de que era uma cantada, aí saí bem depressa. E aí Craig foi ao banheiro e só voltou 25 minutos depois.

Depois fomos para a sessão de autógrafos no Detroit Museum. E o sujeito que deu aquela festa de casamento em Detroit nos anos 60 na qual a gente foi estava lá! E ainda tem o convite para a festa e a velha capa do Velvet Underground autografada por todo mundo exceto, eu acho, por Lou. E meu autógrafo mudou muito desde então. Eu autografava com uma esferográfica... eu autografei os "Mick Jaggers" com lápis e depois passei a assinar *sempre* com hidrocor.

Depois fomos para Bloomington. Vendemos quatrocentos livros e 190 *Interviews*. Vendemos tudo. Tivemos que sair às 7h30 para pegar o avião das 8h30. Acho que as pessoas entram na fila novamente para repetir tudo. E então no caminho para o aeroporto, depois de um dia inteiro de nada a não ser autógrafos, a motorista gorda subitamente surge com uma *pilha* de livros que *ela* queria que eu autografasse! Realmente, parecia cena de filme.

Entramos no avião. Estava uma noite linda, clara, quando chegamos a Nova York.

Sábado, 2 de novembro, 1985. Todo mundo está sendo muito (*risos*) *gentil* comigo. Ninguém fala nada do que aconteceu quarta-feira.

Domingo, 3 de novembro, 1985. Resolvi não ir ao escritório, apenas ficar em casa. Stephen Sprouse ligou e disse que tinha estado em L.A. e que tem uma loja lá chamada "Perucas de Andy Warhol" e queria saber se é minha.

Ah, e como é que a gente se livra de ficar velho? Minha mãe tinha a idade que tenho agora quando veio para Nova York. Naquela época eu achava que ela era realmente velha. Mas aí ela chegou aos oitenta. Tinha muita energia.

Segunda-feira, 4 de novembro, 1985. Consultei a dra. Li e não contei nada sobre os horrores da semana passada, ela me examinou e puxou meus dedos e disse que estou perfeitamente equilibrado. Então depois de tudo o que passei estou muito forte ou (*risos*) *ela* está muito forte. Disse que meu cristal foi invadido. Que estava com baixa energia e que eu tenho que colocá-lo no sol para recarregar. A gente coloca a "cota" deitado. Não pode ser de pé. A gente aperta os olhos até ver amarelo... Ela se preocupa com as mesmas coisas que Bernsohn – fígado, rins, intestino grosso... E, em vez de meu irmão ser o invasor, acredito que seja a mulher da livraria. Me disseram que em breve meu irmão iria invadir o cristal e eu pensei, bem, *talvez*, porque numa entrevista eu falei algumas coisas sobre meu sobrinho que deixou a batina e casou com uma freira mexicana e pensei que talvez isso tenha enfurecido meu irmão. Mas acho que foi aquela mulher que invadiu o cristal.

Li e Bernsohn não fazem as mesmas coisas. Dra. Li é melhor. Ela poderia lidar com cristais mas decidiu fazer cinesiologia, massagear os pontos de pressão e fazer nutricionismo.

Depois do trabalho fui àquela coisa beneficente para Sloan-Kettering com meu casaco prateado e meus óculos escuros e quando cheguei lá o RP que tinha ligado para saber se eu ia me levou para um canto e disse, "Não há nenhum cartão para o senhor, mr. Warhol" (*risos*). E esse é o sujeito que Brigid *jura* que telefonou para RSVP.

Terminei indo embora e na realidade foi ótimo. Mas se eu não tivesse ido até lá eu poderia ter passado uma ótima noite no cinema com os garotos ou algo assim. E foi isso.

E ontem Edmund Gaultney foi a um médico de verdade depois de passar muito tempo consultando um homeopata. Está doente, é assustador. Sei lá. Sabe, não me surpreenderia se começassem a colocar gays em campos de concentração. Todas as bichas vão ter que se casar para não serem mandadas para os campos. Vai ser parecido com o que as pessoas fazem para conseguir um green card.

Quarta-feira, 6 de novembro, 1985 – Nova York-Boston. Os preços estavam realmente baixos no leilão de Philippa de Menil e Heiner Friedrich noite passada. Thomas Ammann ofereceu $350 mil a Dagny Corcoran pela "Liz" azul, mas ela pensou que sairia por $500 mil e resolveu levá-la a leilão e não vendeu, o lance mais alto foi $250 mil. E os Jasper Johns que deveriam ter saído por 2 milhões saíram por 700 mil.

Não sei por que os De Menil não vendem suas pinturas privadamente, não sei por que as colocam em leilão. Ah, e Philip Johnson comprou os "Selos" por $150 mil. Estava dando lances contra Thomas Ammann. Mas acho que deveria ter saído por $500 mil.

Quarta-feira, 13 de novembro, 1985 – Nova York. Benjamin me buscou e fomos para o consultório de Bernsohn. Contei para ele que a dra. Li tinha dito que meu cristal e minha cota tinham sido infiltrados. A diferença entre "cristal" e "cota" é que a cota é a coisa que cura e o cristal redondo é o que eu uso no pescoço. O cristal é protetor. Preventivo. Embora não tenha me protegido daquela mulher na livraria. Ou talvez tenha. Sei lá. Bem, eu continuei autografando. Não entrei em pânico.

E a mulher que fez aquilo ligou para o escritório ontem. Disse que não sabe por que fez. Talvez estivesse tendo um ataque de nervos por causa da coisa toda. Provavelmente vai ser o maior acontecimento da vida dela, sabia?

E então fomos para a Rua 15 com a Quinta para encontrar Paige na agência de publicidade que faz os anúncios do Rose's

Lime Juice. Fazem os anúncios com uns quase ninguéns e dizem que estão se dando muito bem. Disseram que o anúncio com John Lurie deu ainda mais certo que o com James Mathers e agora querem uma mulher. As semicelebridades recebem $5 mil e Paige está tentando conseguir que Tama faça o anúncio. Acho que foi Tama quem fez Paige procurar tão desesperadamente por namorados – aquela postura. E Paige está exigindo ser apresentada a John Lurie – acha que ele é atraente. Acho que ela ficaria a fim dele se ele estivesse num anúncio.

Depois voltamos para o escritório. Trabalhei lá até as 7h30. O cara das bonecas Cabbage Patch passou por lá.

Quinta-feira, 14 de novembro, 1985. O namorado ou marido de Yoko Ono, Sam, ligou para dizer que Yoko daria um jantar de improviso para Bob Dylan. Convidei Sam Bolton, o secretário de Fred, para ir comigo.

Fui para casa e assisti *Entertainment Tonight* enquanto me aprontava. Falaram naquela coisa de Dylan no Whitman noite passada na qual não fui, mas depois de ver no programa fiquei com vontade de ter ido. Perguntaram às pessoas de que forma Dylan as influenciou. E eu não sabia que ele vendeu 30 milhões de discos. Sam me buscou e fomos para lá (táxi $8).

E tivemos que tirar os sapatos e agora eu os tiro, mas minhas meias estavam furadas. E entramos e foi da pesada, todo mundo sentado em círculo. Comida toda comprada fora – frango cortado. E David Bowie estava lá e fiquei desapontado, seu terno era modesto demais. Todo mundo estava com uma taça de champagne mas na realidade ninguém bebeu. Madonna chegou, tinha acabado de ver o filme de Paul, *Mixed Blood*, porque aquele amigo dela, Bobby, está no elenco. Disse que estava aliviada que seu marido Sean não estivesse com ela, porque assim poderia se divertir a valer. E ela estava se sentindo desconfortável sem sapatos porque estava sem meias – disse que se sente mais confortável nua da cintura para cima do que sem sapatos.

Yoko fez Sean trazer um pôster para que todo mundo autografasse, uma doação para um lugar qualquer, ele observou cuidadosamente cada autógrafo porque não sabia muito bem quem eram todas aquelas pessoas.

Sexta-feira, 15 de novembro, 1985. Fui à Fiorucci às 3h porque Richard Bernstein estaria lá autografando seu livro *Megastar*.

Divine estava com ele, vestido de homem (táxi $4). Voltei para o escritório. Trabalhei até a hora de encontrar Keith no Nippon com Grace Jones. Levei Sam (táxi $5).

Grace estava esperando com seu namorado, Dolph, que mudou seu nome para Hans. Está na cidade para promover *Rocky IV*. E Dolph se livrou quase totalmente do sotaque, emagreceu 12kg e Grace diz que agora as pernas dele não soam como se estivessem cortando a água quando ele vai em sua direção. Ela estava muito divertida, imitando o som do roçar das pernas dele. Grace tirou um bolo de notas de $100 e ia pagar a conta mas aí eu disse que pagaria (jantar $280).

Segunda-feira, 18 de novembro, 1985. Ah, e outro dia eu estava deitado lendo e Halston discou o meu número por engano e pediu para falar com Bianca, eu reconheci a voz dele e disse, "Ah, claro, ela está bem aqui na minha cama". Foi engraçado.

Cornelia ligou e eu disse que iria buscá-la para o jantar de Marty Raynes no "21". Todos os ricaços estavam nesse jantar com as modelos certas, todas as ex-modelos que se deram bem na vida. Casando com um ricaço. Todos eles têm milhões e milhões de dólares, chiques, de black-tie com essas mulheres lindas. Eu, eu estava um horror. Serviram caminhões de caviar. Comi tudo porque estava nervoso. Levei Cornelia para casa. E no momento em que chegamos no Olympic Tower, onde ela está morando agora, Kashoggi estava chegando, nem ela nem eu nunca tínhamos sido apresentados a ele. Ela é a amiga da filha dele e de Nubila. Ele é enorme. Não parece estrangeiro. Realmente enorme. Amável.

Quarta-feira, 20 de novembro, 1985 – Dallas-Nova York. Acordei às 6h depois de ter autografado 1.2 mil livros noite passada. Fomos para o aeroporto. Fiquei desapontado que ninguém mais use chapéus de cowboy em Dallas. O look cowboy desapareceu, acho eu.

Voltamos para Nova York. E Chris estava muito agressivo, disse que tinha uma reunião e ficou dizendo para o motorista da limusine que *eu* estava pagando que *ele* estava morto de pressa e ficou *me* perguntando se eu me importava de desembarcar a duas quadras da minha casa e ir caminhando. E deu um pontapé em Craig, disse, (*risos*) "Sinto muito, mas você vai ter que pegar um ônibus ou qualquer coisa assim" (limusine $100).

Por falar nisso, Chris engordou de novo. Tem um pneu de cinco centímetros em volta da cintura. Porque voltou para Peter e aí são aquelas tortas de abóbora e aquelas tortas de maçã feitas em casa.

Quinta-feira, 21 de novembro, 1985. Benjamin me buscou. Caminhamos pela Madison. Parei numa ótima loja de chocolates atrás do prédio da AT&T, me deram uns doces grátis e espero que tenham sucesso.

Edmund Gaultney veio, engordou um pouquinho e está com uma boa aparência novamente. Largou a macrobiótica. Peter Wise está cozinhando para ele.

E aí os Sackler estavam fazendo uma coisa no Metropolitan Club e eu tentei chegar a uma conclusão de quem levar comigo e acho que deveria ter levado a dra. Li, porque acabei sentado ao lado do dr. Linus Pauling, mas levei Paige e ela se divertiu a valer. A dra. Karen Burke iria ficar a fim de todos os homens e as mulheres ficariam furiosas com ela. E ninguém está tentando conseguir retratos para mim. Ainda estamos sentindo falta de Bob Colacello.

Então de táxi até o Metropolitan Club ($5). E lá estava Paige sentada no saguão. Aqueles porteiros horrorosos não queriam deixá-la entrar porque não estava de casaco de peles! E encontramos Richard Johnson, que trabalha no *Post*, contou que Susan Mulcahy acaba de pedir demissão. Ele seria uma daquelas ótimas pessoas disponíveis para ter nos nossos jantares para pessoas que não se conhecem.

E dr. Pauling me deu o braço, ia receber um prêmio. Lá em cima fiquei ao lado de Jill Sackler, em frente a Martha Graham, e Jill disse, "Martha está morta de vontade de conhecer Linus Pauling há anos e agora está do lado dele e nem se dá conta".

Conheci um homem que disse que inventou a vitamina B ou C.

E dr. Pauling nos contou que a única coisa que faz mal mesmo é o açúcar e aí Paige e eu ficamos baratinados quando mais tarde serviram a sobremesa e ele ficou ali se empanturrando de biscoitinhos. Paige me largou em casa.

Domingo, 24 de novembro, 1985. Faz um mês que Jean Michel não telefona para mim, aí acho que está tudo terminado mesmo. Foi para o Havaí e ao Japão e agora está só em L.A., era de se pensar que ele iria ligar. Mas talvez ele esteja curto de grana, talvez não esteja jogando dinheiro fora como costumava fazer.

Ouvi dizer que ele trancava a porta do quarto quando saía de casa para que Shenge não entrasse lá e também não deixava nenhum dinheiro para ele. Você consegue imaginar como seria estar casada com Jean Michel? Seria pão e água a vida inteira.

Aí, como Philip Johnson foi para o Texas, David Whitney deu um jantar para mim e Michael Heizer no Odeon (táxi $8). David estava bebendo o primeiro dos seus mais ou menos sete martínis e uma cerveja. E estava falando mais uma vez de "quando Pops bater as botas". Mas David provavelmente vai bater as botas antes de Pops. Agora usa o mesmo tipo de óculos de Philip. Se parece com Philip como ele era há vinte anos, quando o conheci. E David organizou a exposição de Mike Heizer no Whitney e organizou a minha exposição e a próxima vai ser a de Eric Fischl, acho que é o novo top artist da pesada.

Quarta-feira, 27 de novembro, 1985. Encontrei o modelo que arranjei para Paige e, ei, é tão bonito. Paige disse que é um cabeça de vento, mas ali está aquele garoto lindo e musculoso, peitaria farta e dentes perfeitos, e de Nova Jersey, o que significa que a gente pode transformá-lo em qualquer coisa, pode convencê-lo a começar a ler ou algo assim.

Quinta-feira, 28 de novembro, 1985. Victor ligou e disse que Halston estava me convidando para o jantar do Dia de Ação de Graças e que tinha um possível retrato em vista. Liguei para Paige e fui buscá-la e fomos para a casa de Halston e Jane Holzer estava lá e Bianca estava patética com suas muletas. Falei com ela sobre a dra. Li, porque ela está indo a uma clínica homeopática e pode ser perigoso se não for à clínica certa. E aí havia uma senhora lá que disse que tinha um cheque de $999 milhões na bolsa para entregar à Revlon. Disse que tinha se encontrado com advogados o dia inteiro e perguntamos como ela conseguiu fazer isso no Dia de Ação de Graças e ela respondeu, "O dinheiro fala mais alto".

Halston sempre serve a melhor torta de guisado com um furo no meio – sei lá onde ele consegue. Ninguém nunca come, ele é quem gosta, mas também não come. Depois Paige me levou a pé para casa, fiquei vendo TV.

Sábado, 30 de novembro, 1985. Acordei e fui até a cozinha e comi o peru que Nena e Aurora tinham preparado. Ia ligar para a dra. Karen mas não consegui nem pensar na tortura das agulhas do colágeno. Não queria nem ligar para desejar um feliz Dia de Ação de Graças.

Aí estou no escritório e o telefone toca e é Geri Miller ligando do asilo feminino gritando ou "Seu saco de merda!" ou gentilezas. E berrando para algum guarda ali perto, "Crioulo filho da puta!", e eu conseguia ouvir que ele estava ficando furioso com ela e aí depois ela berrou para a assistente social, "Sua crioula lésbica filha da puta, me larga!". E disse que Mario Cuomo é o pai dela – outro dia ligou e disse que Muhammad Ali é quem era – e aí sabe de tudo – sabe que eu fiz uma capa com Cuomo para a revista *Manhattan, inc*. E fica dizendo, "Ele tem uma marca de nascença aqui e uma de nascença lá, portanto ele é meu pai!". É como conversar com Crazy Matty. Ambos têm toda essa energia. Ela disse, "Quando você me viu na rua eu estava trabalhando em negócios imobiliários para Alice Mason". Foi *exatamente* o que ela disse. E tenho a estranha sensação de que ela é uma jovem senil. Depois de assistir a todos aqueles programas *Donahue*. Porque ela diz que eles afirmam que é esquizofrenia, mas não acho que seja. Uma judia que veio de Nova Jersey – na época de *Trash* ela era nossa superstar mais sensível – aí subitamente nos anos 70 ela enlouqueceu. Um dia está com os pés no chão, preocupada com sua carreira de dançarina de topless, e aí no dia seguinte aparece descalça no 860, dizendo que a Máfia a obrigou a tomar LSD porque ela sabe demais! Acho que porque trabalhou muito naqueles bares de topless que eles têm lá na Rua 45.

E aí ela liga dos asilos e a coisa mais estranha é que ela lembra todos os detalhes de coisas que aconteceram com ela há muito tempo. Por exemplo, ela mencionou que trepou com Eric de Rothschild nos anos 60 e disse que depois que treparam ele ligou para Jane Holzer convidando-a para passear no parque e ela disse "Por que será que ele tinha que ligar para Jane Holzer – será que não podia *me* levar para passear?". Quer dizer, todos os *detalhes*. Será que isso significa que nada aconteceu na vida dela desde então?

Ah, e mais atualizações dos anos 60: minha prima de sessenta anos ligou e disse que está na cidade com seu filho e queriam vir ao escritório, aí vieram. E o filho é aquele que conheceu Ondine em Pittsburgh. Uma vez fez aqueles cursos de cinema que Ondine (*risos*) deu por lá, me contou que agora Ondine está vendendo cachorros-quentes no Madison Square

Garden. Sério. Sabe, Ondine "alugou" todos aqueles filmes de nós mas nunca os devolveu. *Loves of Ondine*, *Chelsea Girls*. E há uma história sobre Gerard Malanga na *New York*, sobre ele ser o novo arquivista do Departamento de Parques e por alguma razão Vincent ficou chateado que Gerard estivesse dizendo que tem 38 anos. Mas semana passada tirei uma foto de Gerard e ele realmente está com um ar ótimo. Mas que idade terá realmente? Uns 42 ou 43? E ah, Deus, no meu questionário da Blue Cross eu só faço garranchos e invento a data o tempo todo, e aí recebo coisas que dizem que nasci em 28 de agosto de 1982, aí se eu sofrer algum acidente provavelmente não vão me dar (*risos*) dinheiro algum.

Domingo, 1º de dezembro, 1985. Chuvoso lá fora, eu meio que queria ficar dormindo. Os cachorros estão com Jed. Fiquei pensando nas traças no tapete e só fiquei fazendo nada por ali.

Fui encontrar Wilfredo, Bernard e PH na peça de Matt Dillon, *Boys of Winter* (táxi \$4). E a peça, quer dizer, o que se pode fazer depois de *Apocalypse* Now? Se tivesse sido lançada oito anos atrás poderia ter sido um sucesso incrível. Todo mundo morre, é triste, mas aí o final é muito cafona, porque o sujeito jamais mataria seu amigo daquela maneira. E é a peça mais gay da Broadway. Uma das críticas deveria dizer isso e aí talvez eles tivessem sucesso. Porque é só sobre homens se preocupando muito uns com os outros.

Estava chovendo e caminhamos em direção à Oitava Avenida. Conseguimos uma limusine que ia passando (\$20). Aí fomos para o Hard Rock e Matt já tinha chegado. Me apresentou à sua mãe. E lembra que eu contei que da última vez ele me apertou o ombro e me deu um beijo? Bem, noite passada só me apertou o ombro. Talvez porque estivesse na frente da mãe. Mas aí fiquei pensando que a última vez que a gente se viu ele provavelmente estava ensaiando a peça e queria ver como era beijar uma bicha em público.

Sentei com Linda Stein e ela contou que está tentando vender uma casa para Stallone. Ele ligou para ela de seu avião e disse, "Linda, aqui é o Sly. Só uma coisa antes que a gente discuta os detalhes: se Elvis estivesse vivo hoje, ele moraria num *apartamento* ou numa *casa*?". E estou tentando resolver se deveria tentar vender minha casa para ele por \$5 milhões. Ela me disse que ele terá que ver a casa antes. A casa ao lado saiu por \$1.9 milhão, mas como vou saber o que ela conseguiria?

Bernard foi e se perdeu, ficou conversando com Susan Dey no bar. Ele é um fodedor de estrelas ultrapassado. Susan Dey estava toda emocionada com a peça e disse que agora está protestando contra a guerra. Sei lá *qual* guerra. A da Nicarágua, acho eu.

Saímos e a chuva tinha se transformado numa névoa brilhante. E passamos por um sujeito com casaco de camuflagem que estava indo em direção ao Hard Rock e PH berrou, "Harry Dean!", porque achou que se parecia com Harry Dean Stanton e era mesmo ele, ficamos conversando uns minutos. Sempre achei que ele era um adolescente que tinha ficado com uma aparência horrível depois de ter se drogado demais, mas no final ele *não* é um adolescente – tem quase sessenta, aí, ei, ele está *ótimo*! Depois Bernard e Wilfredo me deixaram e eu dei uma nota de $20 para eles porque era só isso que eu tinha.

E aí no trabalho aquela tarde eu derramei chá numa pilha de polaroids de alguns retratos e não consegui desgrudá-los, ficaram todos embolados. Todos aqueles cartazes que eu coloquei em todas as paredes, tipo "Não leve água para a sala das cópias", e *eu* termino fazendo uma coisa daquelas.

Terça-feira, 3 de dezembro, 1985 – Nova York-Richmond, Virgínia. Tivemos que vir porque os Lewis deram uma galeria para o museu de Richmond. Fred e eu fomos até a Butler Aviation e esperávamos algumas poucas pessoas num avião particular, mas eram umas cem pessoas. E todo mundo do passado que eu estava louco para reencontrar, certo? A sensação mais horrorosa. Eu disse para Fred, "Quero ir para casa". E Corice Arman disse a mesma coisa quando viu aquelas pessoas. Tipo encontrar mr. e mrs. Philip Pearlstein e me sentir de volta a 1949, quando cheguei pela primeira vez a Nova York num ônibus com eles. Durangelo, que faz aquelas pinturas nas estradas, estava lá. E Michael Graves. E Venturi apareceu em Virginia, mas não sei se foi no mesmo avião. Tom Wolfe estava lá com sua mulher.

Lucas Samaras estava no avião, o único com quem fiquei com vontade de conversar. Sempre acho que esses garotos agora são ricos, mas me disse que ainda mora no mesmo velho lugar. Ficou falando mal de Schnabel. E eu disse que ele era o Schnabel de vinte anos atrás. Sabe aquele jeito que o Schnabel tem de não cumprimentar alguém que lhe estende a mão e aí um minuto depois chega alguém melhor e ele cumprimenta? Arne Glimcher estava lá, está produzindo o filme de Robert Redford sobre o mundo da arte.

Fomos para a casa dos Lewis. Ficamos conversando por ali e aí as pessoas tinham que mudar de roupa e vestir black-tie na casa dos Lewis para ir ao museu. Eu estava apenas com um suéter de gola alta e um casaco, aí ficou parecendo o dia inteiro que eu estava pronto para sair. Meu casaco Calvin Klein com capuz. Mas por alguma razão ninguém achou estranho. Me disseram que às 6h iriam me transmitir ao vivo pela TV, aí fiquei nervoso por ser ao vivo. Mas depois nem me importei e me livrei da coisa.

Julian Schnabel e sua mulher vieram, tinham perdido o avião, Alex Katz também perdeu seu voo.

E tive que ir ao banheiro por causa de todas as vitaminas C que estou tomando agora e o banheiro estava cheio de sujeitos com charutos e eu realmente vou ter que superar essa minha fobia a banheiro porque eu me sinto tão... Quer dizer, tinha só um mictório mas alguém estava ocupando, tentei esperar a vez, mas... E eles disseram, "Ah, você é Andy Warhol", e eu fiquei tentando mijar e aí logo depois que a gente mija querem apertar a sua mão.

Leo Castelli estava lá com Toiny, ela está perdida e completamente fora de órbita. Mas a coisa mais horrível foi ver todo mundo parecendo trinta anos mais velho. Estou tão mal-acostumado com essa coisa de circular com a garotada de dezenove anos. Pelo menos Ivan Karp tem muita energia e é divertido. Ah, e Ivan diz que agora está (*risos*) colecionando joias bárbaras, consegue numa loja dos 90 Leste. Os bárbaros – os originais.

Sexta-feira, 6 de dezembro, 1985 – Nova York. Fizeram uma projeção de *Young Sherlock Holmes* no prédio da Gulf + Western mas quero evitar aquilo lá – agora Jon Gould vem a Nova York e nem me telefona.

Trabalhei até as 8h30, depois fui para a casa de Schnabel na 20 com a Park. Tão fascinante, a árvore de Natal já está montada. Fred estava lá, num clima de arte. Jantar encomendado do Il Cantinori. Todas as mulheres estavam com as saias mais curtas que eu já vi e meias tipo Madonna. Marisa Berenson estava com uma minissaia preta. Ela tem o corpo certo. Aquela bunda de garoto. E a mulher de Schnabel também estava com uma saia meio metro acima dos joelhos.

Domingo, 8 de dezembro, 1985. Fui à igreja. Paige ligou e está pensando em ir a um lugar uptown para se tratar da sua fixação em chocolate, o mesmo tratamento que aplicam nos viciados em heroína. E disse que finalmente está curada de Jean Michel. Aconteceu no desfile de modas do Comme des Garçons. Contou que ele parecia um idiota na passarela desfilando aquelas roupas, foi aí que ela se curou dele.

Bob Colacello estava dando um jantar para São Schlumberger no Mortimer's às 9h. Cheguei lá quando estavam começando a jantar. Sentei ao lado de uma hindu chamada Gita Mehta e de uma brasileira portuguesa que é casada com um irlandês.

Fiquei conversando com Fred que ontem foi às galerias e essas coisas com Twinkle Bayoud e seu marido Bradley, e ele me disse que tenho que começar a desenvolver novas ideias para pintar. Disse que Roy Lichtenstein está vendendo todas as pinturas, que todas estão com adesivos vermelhos e que todas valem $200 mil ou $300 mil.

Segunda-feira, 9 de dezembro, 1985. Jean Michel ligou para mim de manhã cedo para contar da briga que teve com Philip Niarchos sexta-feira à noite na galeria de Schnabel. Acho que ele ainda lembra de um comentário maldoso que Philip fez uma vez sobre estarem "deixando crioulos se hospedarem no St. Moritz".

Os dois garotos artistas McDermott-McGough vieram me visitar. Estão morando lá no Lower East Side e já que fazem todo o estilo século XIX, não têm nem telefone nem cozinha, mas agora estão instalando essas coisas numa única sala do apartamento. Ou seja, estão evoluindo. Mas ainda se vestem como no século XIX. Disseram que acabam de ter reuniões na Paramount com Jon Gould e esta coisa é sobre aquelas fitas deles que *eu* gravei e que Brigid datilografou. Agora dizem que *ele* quer produzir um filme a partir delas. Bem, eu tinha previsto isso, não é? Que sujeito admirável.

Quinta-feira, 12 de dezembro, 1985. O Boston Museu devolveu uma pintura "Cadeira Elétrica" porque dizem que o tom de vermelho está errado. É um pouco diferente e eu disse a eles que poderia fazer algo mais interessante, mas mesmo assim eles quiseram devolver e ficar pensando no assunto. Se tivessem colocado perto do painel preto não teria feito a mínima diferença. Acho que estão só procrastinando. Mas custa uns $4 mil cada vez que a gente tem que transportar uma coisa dessas, por causa do seguro e estas coisas. E Fred vai para Atlanta.

Domingo, 15 de dezembro, 1985. Depois de ver a peça de Sam Shepard noite passada, acordei e fui ler as transcrições daquelas fitas que gravei com Truman nos dias em que ele ia ao massagista, depois ao psiquiatra, depois beber, depois jantar, mas estraguei tudo porque fiquei falando demais. Eu deveria ter ficado de boca fechada. Fiquei dizendo que tudo era maravilhoso que todo mundo era maravilhoso – você sabe, o de sempre. Achei que poderia transformar aquelas fitas em peças e elas seriam minha pequena fortuna, mas não são, são um horror.

Paige disse que ela e PH vão ao "musicale" de Stuart Pivar porque PH quer escrever sobre ele no livro *Party*. O motivo pelo qual não quero ir nessa coisa é porque não aguento ouvir Archie e Amos latindo no apartamento de Jed ali ao lado nas suas folgas de fim de semana. Sabe o que quero dizer?

PH ligou depois e contou que foi um tipo de evento como numa comédia onde o garoto leva a namorada num lugar assim para provar que é sensível, que os homens e mulheres que estavam lá eram muito intelectuais e com ar sonhador, sentados em cadeiras do século XIX e essas coisas, escutando música linda.

Segunda-feira, 16 de dezembro, 1985. Brigid acaba de ligar na outra linha, me leu um artigo do *New York Times* e acho que é sobre o namorado de Rupert. Espere... fala num "Patrick McAllister", não sei se esse é o sobrenome dele, mas está com aids, não falam no nome de Rupert mas dizem que o namorado trabalha para um "famoso artista". E agora fiquei me sentindo mal porque sempre fui tão mau com Patrick. Descobriu que está com aids em agosto – ah, mas eu o odiei por anos a fio. Mesmo assim agora me sinto mal, e isso explica uma série de coisas que Rupert está fazendo agora, tipo macrobiótica e cursinhos de meditação.

Chrissy Berlin esteve no escritório e adorou seus retratos. Eu estava um pouco ocupado. Fred vai para a Europa vender trabalhos de arte.

Meu antigo acompanhante modelo Sean McKeon está na cidade, esteve fora um ano fazendo peças na França. E uma mulher me perguntou sobre Sean, "Ele é hétero?". E eu disse que sim. Porque, quer dizer, como é que eu sei que não é? O conheci quando ele estava com uma *mulher*! E você deve acreditar no que te *contam*, certo?

Trabalhei até as 8h20, depois caminhei até o Ritz Café, que é o novo restaurante onde era o La Coupole, fui encontrar um modelo da Ford que Paige levou para mim. Acaba de voltar do Japão e detestou aquilo lá, foi exatamente como escutar a cópia de qualquer outro modelo – de Nova Jersey, conversa sobre motos, passarelas, comida, detestar o Japão. Mas são bonitos e isso basta. Nariz perfeito e tão parecido com Sean McKeon que a gente pensaria que usaram o mesmo molde. E se a gente coloca óculos neles, eles parecem tão intelectuais, mas nem sabem pensar.

Paige levou um advogado judeu negro chamado Rubin para Tama e ele parecia (*risos*) negro e judeu. E Tama levou um romancista para Paige que escreveu quatro romances e está com inveja de Tama porque ela publica na *New Yorker* e Tama está com inveja dele porque ele publicou seus quatro romances.

E tudo isso foi a troco de procurar novos rostos e cérebros e ideias. Ficamos numa cabine para seis pessoas e foi divertido.

Em casa antes da meia-noite, não assisti *Letterman*. Mais cedo eu tinha visto o noticiário sobre aquele tiroteio da Máfia em midtown, muito abstrato. Agora já fazem essas coisas nas ruas.

Quarta-feira, 18 de dezembro, 1985. Alguém está tocando a campainha com muita insistência. Muita insistência. Talvez seja Crazy Matty. Não tem vindo aqui há algum tempo. Ah, é o homem do chocolate. Veio trazer chocolates. Só um pouquinho...

Estão dizendo que é o dia mais frio do ano, mas no sol não estava muito ruim. Fomos ao consultório do dr. Bernsohn e ele me deixou de mau humor. Me mostrou um cristal e disse, "Paguei $1 mil por ele mas normalmente custa $5 mil, mas para mim vale milhões, não há nada como ele no mundo". E eu disse tudo bem, que talvez eu pudesse trocar por uma gravura ou algo assim e ele disse, "Uma gravura? Uma gravura? Eu estava pensando numa coisa assim como dois retratos, um para minha mãe e outro para mim". Ele quer $50 mil em retratos! Disse que vou ter que dar uma resposta até sexta-feira porque se eu esperar mais tempo o dr. Reese será "desmarcado".

Acho que nem vou ligar para ele. A gente tem que estabelecer limites de alguma forma.

Quinta-feira, 19 de dezembro, 1985. Depois de ler aquele artigo enorme sobre Carl Andre e sobre se ele empurrou a sua mulher da janela ou não, ficou tão fácil imaginar uma briga. Gostaria de saber se estavam brigando e ela resolveu se atirar pela janela e ele tentou impedi-la. Ele disse que está arranhado no rosto porque estava "arrumando os móveis". Não devia ter dito isso. Ficarei desapontado se ele for declarado culpado. Acho que se fosse teria dito, porque ele dá a impressão de ser íntegro. Assim, se ele for culpado, por que está tentando livrar a cara? Eu ficaria desapontado com ele. Acho que ele deveria apenas dizer que é culpado.

E lady Ann Lambton está num filme sobre Sid Vicious e sua namorada. Foi fazer o teste disfarçada de roqueira punk e ganhou o papel.

Tina Chow ligou e disse que haveria um jantar para Jean Michel às 9h, realmente íntimo. Jean Michel estava lá com a mãe e um amigo. Levei um presente para ele, uma das minhas próprias perucas. Ele ficou chocado. Uma das minhas perucas antigas. Emoldurada. Escrevi "83" ali mas não sei de quando é. É uma das minhas perucas Paul Bochicchio. É um "Bochicchio Autêntico".

Sabe, escutei os garotos do escritório falando sobre as minhas perucas e quando eu penso no tempo que eles gastam fofocando sobre mim... Quer dizer, agora Brigid tem Sam para odiar, porque eu o levo a todos os lugares mas, quer dizer, ele é só o meu babysitter. E Wilfredo é realmente o melhor babysitter. É doce mas tem jogo de cintura. E anota os números de telefone e desenvolve os contatos de negócio. Mas ele está ocupado demais com o trabalho de estilista na *Interview* e ainda trabalha para Armani aos sábados.

Deixei Sam. Dei uma boa gorjeta para o motorista porque é Natal ($10).

Sábado, 21 de dezembro, 1985. Liguei para PH e disse que iria até a casa de Jean e conseguiria os brincos que ela adora e que a buscaria para irmos à festa de Natal de Vincent e então os daria para ela (táxi $6.50). Eu não gostava daqueles brincos a princípio, mas agora acho que talvez sejam de Schiaparelli, realmente acho. Ela ficou emocionada, não sabia que também ganharia o broche. E quando os colocou fizeram com que ela ficasse diferente – são incomuns – linhas de ouro que ficam dançando com rubis no centro.

Domingo, 22 de dezembro, 1985. Stuart Pivar ligou e me convidou para explorar ideias com ele. Fui à igreja (táxis $4, $5). Fui ao mercado das pulgas da Rua 76, é dentro de um prédio. Comprei outra estátua do Papai Noel, realmente não sei o que pintar.

Fred me ajuda o tempo todo a conseguir ideias. Realmente ajuda. Mas no final ideias são apenas a força braçal para realizá-las. A gente acha que é fácil quando encontra uma ideia, mas não é. É exatamente como escrever. Como a peça de Truman Capote que eu queria fazer – se eu apenas tivesse dado uma olhada naquilo antes de ele morrer eu teria ficado junto com ele mais três dias e teria calado *minha* boca e obtido alguma coisa. Aí ficamos passeando e as pessoas se cutucavam quando nos viam.

Depois fui ao almoço de aniversário de Jean Michel que Marsha May, do Texas, organizou no Mortimer's. E finalmente dei algo para Jean Michel que ele realmente gostou – o conjunto de seis discos de rhythm & blues que a Atlantic acaba de lançar. E Ahmet Ertegun escreveu algumas das músicas, aquela foi a sua melhor época. Jean Michel ficou lendo as notas de capa durante todo o almoço.

E depois Jean Michel queria ir ao Bloomingdale's, eram 4h30. Aí fomos para lá. Ele queria dar um vale-presente de $3 mil para sua mãe e quando quis pagar com seu cartão-ouro American Express o balconista pediu para ver a carteira de identidade dele, mas o outro balconista só o cutucou e disse, "Não tem problema".

Segunda-feira, 23 de dezembro, 1985. Perguntei a Jay o que ele queria de Natal e ele disse que em fevereiro, quando tiver negócios para serem resolvidos em Paris, ele quer ir e resolver tudo por mim, aí eu disse que estava bem, porque aí vai me liberar para ficar trabalhando aqui.

Minha postura este ano é receber-tudo-dar-nada. Vou dar relógios Keith Haring e livros *America* autografados para os garotos de *Interview* que conheço.

Trabalhei até as 8h30. Sean McKeon passou por lá mas por agora estou contente só com minhas duas crianças – Sam e Wilfredo. Ultimamente Benjamin tem andado muito ocupado com suas outras coisas. Fazendo RP para designers de moda. Mas ele é uma ótima companhia. Gostaria de poder organizar as coisas que ele faz para que ele continuasse a trabalhar para nós. Mas ele não quer muita responsabilidade constante. É um espírito livre.

Vi *A cor púrpura* e no filme os homens são muito cruéis com as mulheres. Um verdadeiro dramalhão. E Whoopi Goldberg me lembrou demais Jean Michel. As mãos tapando a boca quando ri, tudo mesmo (ingressos $18).

Terça-feira, 24 de dezembro, 1985. Benjamin me buscou. Fazia treze graus, mas parecia dezesseis, realmente agradável. Fui a todos os lugares e me diverti muito. Quando chegamos ao escritório a festa da *Interview* estava animadíssima. Não fui até lá, mas as pessoas invadiram o nosso lado do prédio. Terminou bem por volta das 4h.

Pedi que Gael viesse posar para umas fotos porque quero desenhá-la, Fred me disse que eu deveria fazer isso. Agora ela está com uma aparência ótima, bem magra. O cabelo é lindo, uma pele forte, e ela não usa maquiagem. Seu marido, Peter, tinha vindo buscá-la, ela estava com um vestido de couro rosa-claro e eu disse, "Ah, onde você comprou este vestido bonito?", e a primeira coisa que ela diz é, "Bem, você sabe, eu *nunca* aceito *nada grátis*, mas este eles me venderam por $10 porque ninguém queria". Desde o início ela ficou na defensiva para me contar isso, como se soubesse que tenho sabido de todas as coisas que ela recebe de presente de seus admiradores de negócios em L.A., flores, doces, essas coisas. Esqueço que esses editores de *Interview* são realmente poderosos. Eu disse que ela deveria sair para jantar constantemente, como gente como Annie Flanders da *Details* faz, e ela disse, "Não sou mulher de programa".

E Greg Gorman, o fotógrafo de L.A., estava na festa da *Interview* e me contou que Joe Dallesandro conseguiu um grande papel numa série de TV sobre policiais que vai ao ar em janeiro. Depois fui para casa, Gael e Peter me deram uma carona.

Encontrei com o filho de 2m de altura do meu vizinho, dr. Hamilton. Cresceu muito de repente este ano, agora que foi para a universidade. É bonito. É aquele que jogava bola na rua com o pai e que disse que costumava ver Yul Brynner entrar correndo no prédio do outro lado da rua para encontrar uma certa mulher, e esse garoto cronometrava o tempo que eles levavam.

Levei um grupo para o Nippon para um jantar de véspera de Natal, distribuí as pequenas pinturas "Be somebody with a body" (jantar $280).

E depois fomos para o estúdio de Kenny Scharf na Great Jones. Kenny colocou aqueles desenhos originais das histórias em quadrinhos dos Flintstones e dos Jetsons no quarto de dormir, disse, "Jon Gould conseguiu para mim". Realmente disse isso para *mim*. Foi muito estranho de ouvir. Contou que Jon conseguiu-os num leilão. Quer dizer, você conhece alguém, essa pessoa mora na sua casa, e aí subitamente não te conhece mais mas ainda visita os seus amigos. Eu não conhecia ninguém lá, era um bando de esquisitões.

Deixei PH e Paige e Bernard (táxi $20).

Quarta-feira, 25 de dezembro, 1985. Fui encontrar Paige na 90 com a Quinta, a sopa dos pobres da Igreja do Descanso Celestial. Episcopal. Tama já tinha ido embora porque acho que foi difícil demais. E Paige ficou chateada porque percebeu que a comida era horrível demais para aquelas pessoas. Mas é que estamos acostumados com coisas excepcionalmente boas. E estamos acostumados com pessoas perfeitamente lindas. É apenas um mundo diferente.

E o ministro estava bebendo bourbon, uma graça. A igreja hospeda vinte pessoas por noite e as alimenta mas não sei se são sempre os mesmos ou se são escolhidos. Distribuí *Interviews*.

Sexta-feira, 27 de dezembro, 1985. Sabe, ainda recebo coisas da igreja tcheca porque acho que não sabem que minha mãe está no céu. Eu leio a lista de nomes e são muito simples e muito ótimos, não sei se abreviaram ou não. Tipo Coll. Ou Kiss. Não sei como conseguiram estes nomes. E aí existem os Warholas e os Varcholas e os Varhols...

E na época de Natal eu realmente penso em minha mãe e me pergunto se fiz a coisa certa ao mandá-la de volta para Pittsburgh. Ainda me sinto muito culpado. [*NOTA: v. Introdução*]

Sábado, 28 de dezembro, 1985. Susan Blond ligou e combinamos de ir jantar mas no fim do dia eu já tinha convidado mais dez ou onze pessoas e resolvi que Bud's seria mais barato que, por exemplo, Jams, e aí resolvemos ir para lá (táxi $6).

George Condo veio, é o novo artista. Faz aquelas coisinhas pequenas. E George e Paige estavam se entendendo muito bem mas aí Kenny Scharf tinha convidado a atriz Carole Davis para ficar com George e ela chegou atrasada, depois do jantar – ela foi a menina judia em *The Flamingo Kid*. Aí George ficou sem saber quem era sua acompanhante. Ela foi o sucesso do jantar. Realmente divertida. Acaba de romper com um cirurgião plástico armênio ou hindu de L.A. Disse que ele fez três gerações de narizes, falou sobre sua plástica no queixo, mas acho que ela também fez uma no nariz. Contou que sua melhor cena em *The Flamingo Kid* foi cortada, quando ela tentava dar uma chupada tipo pedra de gelo em Matt Dillon. Disse que Matt não fechou com ela (jantar $600 incluindo gorjeta).

Bernard me deixou ($10). E não existem mais motoristas de táxi americanos. Esse era do Afeganistão ou algo assim. Será que é porque estes estão a fim de arriscar suas vidas e os americanos não?

Domingo, 29 de dezembro, 1985. Fui à igreja. Depois fui encontrar James Brown, o artista, no mercado das pulgas. E um sujeito disse que tinha uma capa de livro que eu desenhei para um livro chamado *Adventures of...* alguém, esqueci. Um livro da New Directions. Uma edição inglesa e não colocaram o meu nome nem nada, e *sei* que a New Directions nunca me pagou por uma edição inglesa de o que quer que seja. Era um desenho cheio de máscaras africanas e com a caligrafia da minha mãe, mas eles estragaram tudo me obrigando a desenhar uma mulher bonitinha ali em cima. Pelo "apelo comercial". Eu entreguei sem a mulher e aí me mandaram acrescentá-la. Não sei como ele sabia que a capa era minha. Talvez ele tivesse visto a edição americana em que colocaram o meu nome.

E então fomos para o estúdio de James Brown perto da delicatessen Katz, ele mora no terceiro andar de um prédio e no térreo há um puteiro que já tinha sido revistado três vezes aquele dia e todas aquelas mulheres porto-riquenhas estavam ali à volta com seus (*risos*) espartilhos de seda, a cafetina era muito parecida com Regine. O assistente dela era realmente bonito, tipo assistente bicha. E os sujeitos ficam indo lá, acho que é como comer. Fazem para não enlouquecer e saem em cinco minutos e está tudo terminado. Como comprar um bilhete de loteria. É um prédio reformado e a cafetina colocou um espelho inclinado no corredor para controlar quem chega. Isso me lembrou demais de Billy Name – espelhos inclinados. Paige ficou fascinada com o puteiro. Queria filmá-lo.

Terça-feira, 31 de dezembro, 1985. Bem, uma véspera de Ano-Novo muito sem estrelas. Me sinto excluído. Acho que Calvin está dando uma festa e não me convidou e Bianca está na cidade e não falou comigo, nem ligou para dizer que estava vindo pegar seu presente de Natal. E, quer dizer, ela não tem muitos *outros* amigos. Mas o Ano-Novo foi leve e sem emoções. Ninguém foi piegas.

Durante o dia Jay ficou meio deprimido pelo escritório mas tem melhorado, depois que conversei com ele e disse que provavelmente é seu negativismo que causa todas aquelas aftas na boca.

Comprei jornais e vi que a ótica passou para os jornais a história que compro os meus óculos lá e que são à prova de balas como os do presidente da Nicarágua (jornais $5, táxis $3, $2). Quer dizer, não vou mais lá. Por que inventaram isso? Quer dizer, o que são óculos *à prova de balas*? O que poderiam fazer por você?

Eu ia ligar para uma porção de gente desejando Feliz Ano-Novo mas no final não consegui ligar para ninguém.

Sam buscou PH e vieram me pegar (táxi $10). Aí fomos para a casa de Jane Holzer e é claro que ela não estava pronta, isso depois de ter me dito que queria estar na festa de Roy Cohn às 9h para poder explorar as salas em busca de clientes para seus negócios imobiliários. Ainda estava com seu roupão de banho. Aí colocou maquiagem e vestiu seu casaco preto Armani com calças compridas. Está um pouquinho mais pesada.

E aí fomos para a townhouse de Roy Cohn e foi realmente triste vê-lo daquele jeito. Não parece velho mas, Deus, como parece doente. Não sei nem como descrever. E lá estavam pessoas como Joey e Cindy Adams.

Steve Dunleavy, o jornalista australiano, disse, "Me dá um *bon mot* para o novo ano" e não consegui pensar em nenhum. A tia de Roy que tem noventa anos estava lá, é dona das camisas Van Heusen, foi a que me deu permissão para usar o velho anúncio de Ronald Reagan para a Van Heusen na minha pintura. É como uma matriarca WASP, só que com um nariz aquilino, e ainda é completamente lúcida. Jane foi até ela e disse, "Tenho certeza que você não se lembra de mim", e ela disse, "Ah, sim, eu lembro, Jane, e como vai seu maravilhoso filho Rusty e seus passeios a cavalo?".

E Doris Lilly estava lá. E Roy, o sobrinho ou qualquer coisa assim de Roy, estava lá, é de Palm Beach e escreve para o *Miami Herald* e quer escrever para *Interview*. Monique Van Vooren estava lá, passou pela sala da frente escondendo o rosto, disse,

"Ah, meu Deus, são as mesmas luzes maravilhosas de sempre". Porque estava horrível e luminoso e com todas aquelas velharias era mesmo um espetáculo de terror.

E aí Regine estava lá e nos convidou para o jantar-concerto de Julio Iglesias, a $2 mil o talher, que ia acontecer logo depois na Essex House, aí ficamos excitados com a ideia.

Ah, e recebi um cartão de Natal de Jann Wenner e sua mulher e um bebê. Tiveram um filho ou adotaram um bebê? O nome é "Wenner". Não lembro que ela tenha estado grávida.

E a melhor coisa na Essex House foi uma mulher que veio e deu chaveiros para todo mundo reproduzindo os ingressos do show que diziam: "Julio Iglesias, Essex House, 31 de dezembro de 1985, $2.000". E Angie Dickinson estava lá, ela é sempre muito gentil. Sam foi lá e tirou a foto dela e contou que trabalhava para mim e ela disse, "Ah, eu adoro ele". Regis Philbin fez uma introdução cômica falando das pessoas que o chamam de Phoebus Region e Regus Philbin e coisas assim e então ele apresentou as celebridades e o spotlight caiu em cima de mim, fiquei paralisado. E aí à meia-noite soltaram lantejoulas enormes dos canhões. E haviam orquídeas e foi divertido e a melhor frase de Julio foi quando ele pisou no palco e disse, "ESTOU ME SENTINDO CULPADO! ADORO VOCÊS!". E ficou falando sobre sermos todos uma família. E todo mundo que ficou sabendo do preço dessa coisa disse que deveria ser beneficente, mas não era, era tudo para Julio.

Saí de lá e fui para o Hard Rock Café e o pessoal do rock'n'roll que estava lá era o pessoal mais cafona do mundo. Um pessoal da CNN me entrevistou e perguntou o que eu farei no ano que vem e eu disse que vou trabalhar numa Barbie. E aí alguém nos contou que Ricky Nelson tinha acabado de morrer num acidente de avião no Texas.

Quarta-feira, 1º de janeiro, 1986. Sam é muito dedicado a mim, acho que porque o deixei mal-acostumado. Fred me avisou que eu poderia virar a cabeça de Sam, mas na nossa primeira saída eu o levei à casa de Yoko Ono e ele ficou sentado lá com Dylan e David Bowie e Madonna, e isso detonou um processo na sua cabeça e agora ele só quer saber de estrelas.

Enfim, ele ligou e queria muito ir trabalhar mas eu estava com vontade de ficar em casa descansando, foi o que fiz, resolvi apenas assistir TV e fazer feriado. Matei algumas traças.

Quinta-feira, 2 de janeiro, 1986. Trabalhei no escritório. Pintei alguns "Hambúrgueres". Fui para casa. Cozinhei batatas para mim. As comédias são os líderes de audiência na TV – *The Cosby Show* e *Family Ties*. *Dinasty* caiu para oitavo lugar e *Dallas* caiu para nono – acho que deveriam ser transformados em comédias. Não seria divertido?

Sexta-feira, 3 de janeiro, 1986. O filme de Paul, *Mixed Blood*, está em cartaz no Waverly à meia-noite, aí Sam e eu fomos assistir (ingressos $10, pipoca $5).

E eu adorei o filme. É tudo o que ele já fez antes, mas a fotografia é ótima e ele parece saber muito sobre o Lower East Side e o Alfabeto – Avenidas A, B, C e D – para alguém que não mora em Nova York há tanto tempo.

Sábado, 4 de janeiro, 1986. Dia de sol. Karen Burke finalmente foi aprovada para exercer a medicina. Mandou um cartão me contando.

Cheguei ao trabalho às 4h. Passei os olhos por algumas revistas *Soldier of Fortune* porque quero pintar cenas de guerra. Fiquei tirando xerox, pedi para Sam fazer isso, e quando fui olhar ele tinha jogado umas mil folhas no lixo! Tinha feito os xerox num papel de tamanho errado e as fotos saíam cortadas e eu disse alguma coisa e ele não aceita crítica, gritou, "Não me deixe nervoso!" E, quer dizer, ele entende de dinheiro, não compreendo por que jogou tanta coisa fora.

Terça-feira, 7 de janeiro, 1986. Eu ia à festa de Earl McGrath em homenagem aos quarenta anos de Jann Wenner, mas antes fui com Benjamin ao novo prédio no bairro das joalherias que é de mármore mas foi malfeito. Era um desfile de modas num lugar chamado Roupas Masculinas de Bill Robinson. E os modelos masculinos estavam todos sobre pedestais! Um ar ótimo, realmente uma maravilha, as mulheres tentando pegá-los e os sujeitos só ficavam lá nos pedestais olhando e lá embaixo ninguém mais – era perfeito. E deixaram que a gente tocasse as roupas e a cara da gente (*risos*) ficava bem na altura do saco deles. A festa terminou às 7h30 e os modelos desceram dos seus pedestais.

Encontrei Wilfredo lá e caminhamos até a 61 com a Quinta, para o vernissage de Fereydoun Hoveyda na David Mann Gallery. Muito ventoso, forte e frio. Espero não ter me resfriado. Fereydoun ficou emocionado de nos ver. Seus desenhos eram abstratos mas agora parecem ilustrações para *As mil e uma noites*. Agora são descritivos.

Depois de táxi até a casa de Earl na 57 com a Sétima ($6). Ahmet foi frio comigo. Costumava me beijar e contar histórias mas nas últimas vezes tem sido realmente frio. Por exemplo, elogiei a valer sua caixa de sete discos e ele só ficou ali ouvindo e aí ficou enfadado e deu as costas. Tenho que mandar uma pintura ou algo assim para ele. Tentar descobrir o que fiz de errado. Metade das pessoas tinham acabado de voltar de um cruzeiro com Jann Wenner. Conversei com Jane, sua mulher, que contou que estão casados há dezenove anos. E que acabam de adotar um bebê. E Jann está muito, muito, muito gordo, é incrível.

Fred me deu uma carona e cheguei em casa às 12h. E Jean Michel teve um vernissage em L.A. e estou me sentindo horrível, esqueci de ligar para ele.

Quarta-feira, 8 de janeiro, 1986. Minha cunhada ligou esta manhã, está na cidade. Quer me vender um vibrador por $90 porque comprou três e não precisa de todos. É reflexologista. Massageia os pés das pessoas por cinco horas e os livra de todas as doenças. É exatamente como as pessoas que consulto, mas acho que, se me consultasse com ela, perderia toda a graça, sabia? E meu irmão Paul, o homem do ferro-velho, está bem, comprou uma fazenda, uma fazenda de verdade. Acabam de matar seis porcos para fazer salsichas e essas coisas. E ele está comprando imóveis num bairro negro e o preço realmente vai subir. Na margem do rio no North Side. E a mulher do meu sobrinho George ainda o está processando. Já casou de novo. E George foi visitar seus filhos, tem dois garotos que são umas graças, e ela saiu correndo da casa e tirou uma foto do seu Cadillac para tentar arrancar mais dinheiro dele. Ele não tem namorada, ainda está chocado pela separação, é um bom garoto. E acho que sua mulher é uma graça. Irlandesa ou algo assim. George é o bonito da família, eu acho (táxi uptown $5).

Liguei para Jean Michel em L.A. e ele disse que nenhuma estrela foi ao seu vernissage, contou que Jon Gould tinha estado lá mas por alguma razão não quis falar sobre ele comigo.

Quinta-feira, 9 de janeiro, 1986. Trabalhei toda a tarde. Saí às 5h para ir uptown à festa de aniversário de Sabrina Guinness no apartamento de quinze quartos de Ann Ronson no San Remo na Central Park West – ela é casada com Mick Jones, do Foreigner.

Cada sala tem um estilo diferente. Uma sala é inglesa, outra é art déco, outra é trompe l'oeil. Nenhuma comida. Só três pedaços de sushi de frango. Encontrei um pouco de caviar numa bandeja num canto de uma sala onde ninguém pensaria em procurar.

Havia uma negra lá que era uma dessas mulheres superefusivas que não suporto – da África, ela disse, mas aí disse que era muito bom sair com pessoas porque ela vive trancada em Greenwich com sua família, aí o que você acha que ela queria dizer? Contou que estudou nos melhores colégios de Londres. E acho que Michael Douglas gosta de negras, porque disse, "Ouça, benzinho, deixe seu número de telefone comigo antes de sair", e, quando se levantou para fazer alguma coisa, disse para ela, "Volto logo".

Earl McGrath estava lá, azedo, até que finalmente conseguiu um baseado com John Taylor do Duran Duran. E aí me apresentou para Randy Hearst, o pai de Patty, e no final Patty também estava lá com seu marido policial, fui apresentado a ele e aí Patty veio e foi muito amável e doce, está com uma aparência ótima.

E Nile Rodgers estava lá, o produtor de discos. Segue as modas cegamente, seu cabelo é cortado quadrado como o de Grace Jones, ele é realmente agradável.

Sexta-feira, 10 de janeiro, 1986. Richard Weisman ligou e disse que vai casar, é no próximo sábado aqui na cidade.

Terça-feira, 14 de janeiro, 1986. Chris me contou que foi tuberculose quando Edmund esteve muito doente, mas que agora está se recuperando. Minha mãe teve tuberculose quando já estava aqui em Nova York, a gente tem que tomar uma porção de antibióticos. Ela nunca tossia ou nada disso, e não sei como conseguiu pegar aqui em Nova York, acho que é só um vírus. Doc Cox descobriu que ela estava doente e ela se curou em um mês. E o pessoal do Departamento de Saúde continuou fazendo controle por vários anos.

Brigid disse que vai a Paris por duas semanas com Charles Rydell. Contou que a mãe comprou o caixão para o pai. Estão esperando que ele se vá a qualquer momento. Colocaram uma sonda garganta abaixo para alimentá-lo.

Assisti *A joia do Nilo*, uma chatice (ingressos $18, pipoca $7). O nariz de Michael Douglas está ficando aquilino. Gostaria de saber se o pai dele fez plástica no nariz.

Quarta-feira, 15 de janeiro, 1986. Um inglês veio e quer que eu faça novos "Autorretratos". Estou trabalhando nas imagens de guerra e são tão difíceis, não tenho ideia de como devem ser feitas. Estou fazendo "Armas", mas já fiz isso antes.

Sábado, 18 de janeiro, 1986. Coloquei black-tie, peguei um táxi até a United Nations Plaza, casamento de Richard Weisman (táxi $4.50). E quem estaria sentado no saguão senão Crazy Matty? Nem estavam chutando-o para fora ou algo assim. Richard estava meio fora de órbita. Sua filha mais moça estava com o filho da mulher com quem Richard morou por cinco anos e não casou. E aí acho que conheceu essa mulher e resolveu casar imediatamente. E quando ela chegou fiquei chocado porque ele não tinha dito que ela é oriental e o pai dele, Fred Weisman, teve uma experiência horrível com uma mulher oriental, e agora o próprio Richard está casando com uma. É modelo. É meio americana e meio coreana.

O casamento em si levou só um segundo. Nem deu para perceber. "Aceita esta mulher como esposa?" "Sim." Foi isso. E aí comi quatro fatias do bolo de noiva. E perguntei por que Suzie Frankfurt não tinha ido e alguém me contou que ela e Richard brigaram porque ele lhe deu $20 mil para raspar o estuque das paredes e ela não fez nada.

E todo mundo estava dizendo que não sabia se esse casamento aconteceria mesmo. John Martin, da ABC, contou que antes de vestir o smoking tinha ligado para confirmar. E a mulher de Richard disse que tudo o que ela queria de presente de casamento era ir ao Superbowl. Ah, claro – "O Superbowl, querido, é *tudo* o que quero". E então quando fui embora, Matty ainda estava no saguão. Eu perguntei para o porteiro, "Como você pode deixar uma pessoa aí este tempo todo em vez de jogá-la na rua?" e ele respondeu, "É que ele trabalha para *Interview*".

Segunda-feira, 20 de janeiro, 1986. Jean Michel me acordou às 6 da manhã e depois voltei a dormir e agora minha língua quase nem se mexe. Ele está com problemas para tirar Shenge de casa, disse que o sustenta há três anos, mas a razão principal é que agora (*risos*) Shenge está pintando como Jean Michel. São cópias das suas pinturas. Jennifer não está lá. Ah, e deve ser tão difícil viver com Jean Michel. Contei que jantei com Kenny e os Chow e ele queria saber por que não o convidei e eu disse que tenho ligado há três dias e ele nem ligou de volta.

Fred disse que o pessoal do Boston Museum ainda está reticente sobre se vai ou não comprar a grande "Cadeira Elétrica" agora.

Terça-feira, 21 de janeiro, 1986. Acho que esqueci de contar sobre a mulher da 57 com a Park que tirou toda sua roupa e mijou no meio da calçada e depois voltou e colocou toda a roupa de novo. Em frente àquela loja de malas que está sempre vazia. A esquina sudoeste, sabe? Todo mundo fingiu que nada estava acontecendo. Ela estava de salto alto.

Benjamin me buscou e no caminho para downtown encontramos Jimmy Breslin, que estava só de suéter, disse que tinha acabado de atravessar o parque, que todos os dias vai a pé do West Side até o *Daily News* e disse que caminharia conosco, mas ficamos em pânico porque estávamos a caminho do Bulgari, e aí você pode ter a ideia de que coluna ele poderia escrever sobre *isso*. Por isso dissemos que íamos a uma reunião de trabalho com alguns anunciantes, foi difícil nos livrarmos dele. Mas, ei, ele faz uma caminhada e tanto todo o dia, não é?

Grace Jones foi ao escritório para buscar seu retrato e estava vestindo um Issey Miyake com um chapéu que era como um penteado rastafari, beijou todo mundo na boca, até o Sam. E ela está muito excitada porque vai a Hollywood interpretar um Drácula feminino. Quer dizer, e pode haver outra pessoa para interpretar um Drácula feminino? Está muito excitada. Contou que deram "controle artístico" para ela. Disse que vai ficar amarela e depois branca e depois verde, e aí fiquei me perguntando se não deram apenas controle artístico do rosto dela.

Sábado, 25 de janeiro, 1986. Fomos para a casa de Julian Schnabel. A comida já tinha terminado e os pratos já estavam de volta na cozinha quando chegamos. Acho que, quando disseram que seria às 7h30, era mesmo. Aí Julian nos levou até a cozinha e ficamos ali sentados comendo cuscus. Muito bom. Me deu um exemplar do seu livro para que eu lesse e desse minha opinião. E minha opinião é que é realmente influenciado por *Popism*. Começa falando sobre como ele veio de Waco, Texas, e como ia ao Max's e encontrava pessoas. Fala de todo mundo menos de mim. É meio interessante porque ele vai e volta do passado ao presente, tipo "Agosto 1983" e escreve alguma coisa. Não sei se é o prólogo de um livro ou se é um catálogo ou sei lá o quê. Vai vender um monte.

Aí trouxeram o bolo de aniversário. Fiquei fotografando e aí uma pessoa colocou um chapéu no rosto e saiu e eu nem sabia quem era, fui até a cozinha e aí Diane Keaton chega e diz, "Olá, garotos, como vão?". E, quer dizer, quem ela pensa que é? Eu estava fotografando o *bolo*. E quer dizer, ela vai por toda cidade fotografando todo mundo que quer, aí como é que ela tem o topete de *agir* dessa forma? E aí desceu e fiquei falando alto, dizendo que a acho ridícula e talvez ela tenha escutado, mas não me importo. Se a enxergar de novo vou colocá-la no lugar dela de uma vez por todas, aquela grande falsa. Julian tinha vários novos trabalhos por ali. Está comprando todos seus trabalhos antigos de volta, aqueles que ele vendeu por $600 ou algo assim, está pagando $40 mil porque sabe que tem que pagar. Não sabe como tratar comigo e Jean Michel. Nos deve algumas pinturas (suprimentos $1).

Havia vários trabalhos de Joseph Beuys por ali. Joseph Beuys morreu na sexta-feira. E Tinkerbelle morreu. Estava nos jornais de sexta. Contam que ela morreu na terça-feira depois de pular de uma janela.

Edit deAk estava com um chapéu afegão e contou que uma vez disse para Diane Keaton "parar de usar aqueles chapéus idiotas" e que agora ela própria estava com um chapéu idiota e deu de cara com Diane Keaton, ficou muito constrangida.

E o número sobre música está saindo e realmente tenho que ligar para Eric Anderson, ele tem telefonado para mim, e colocá-lo nesse número. *Interview* não me pede mais para fazer entrevistas ou coisas assim. Costumavam pedir que eu entrevistasse pessoas de vez em quando. Será que minhas entrevistas eram muito ruins ou...

Domingo, 26 de janeiro, 1986. Fui ao mercado das pulgas e estava chovendo. Depois fui à exposição no Arsenal no East Side. Acabam de vender uma mesa por 1.2 milhão na Sotheby's. Um recorde. E no Arsenal estavam todas as pessoas de quem eu comprava lixo por $35. Se eu tivesse comprado as coisas que valiam $100 na época, agora estariam valendo muito mais, mas só comprei as coisas baratas. E agora as pessoas querem peças exclusivas. Exatamente o oposto da minha arte.

Terça-feira, 28 de janeiro, 1986. Brigid veio e disse que seu pai morreu e que queria ir para casa e eu disse que ela deveria continuar trabalhando. Paige foi muito compreensiva, mas eu estava só tentando, sabe, tornar a coisa menos traumática para ela.

Quinta-feira, 30 de janeiro, 1986. Benjamin Liu veio e me deu a trágica notícia de que seu negócio de joias para figurinos está fazendo sucesso e que ele vai trabalhar full-time nisso e não virá mais me buscar todas as manhãs. Portanto, uma época terminou. Acho que irei direto para o trabalho, tanto faz, vou conseguir trabalhar mais. Há outras possibilidades de pessoas para experimentar, mas Benjamin era especial.

George, secretário de Yoko Ono, ligou e me convidou para um jantar em homenagem à grande projeção do filme que ela e John fizeram em 1972 naquele concerto beneficente no Madison Square Garden, acho que para Bangladesh. Havia uma porção de outras coisas para fazer, mas resolvi ir. Perguntei se poderia levar mais alguém e mais tarde ligaram para dizer que sim, aí convidei Sam Bolton. É o único que se interessa por celebridades.

Sam veio me buscar e fomos de táxi até a projeção na Amsterdam com 64 ou 65, sentei ao lado de Jann Wenner (táxi $4). E John era um grande ator cômico, muito natural no palco, fazendo uma série de pequenos movimentos engraçados e dizendo textos ótimos. Yoko fica só berrando, era uma daquelas suas performances antigas.

Depois havia um jantar no Jezebel's e Jann nos deu uma carona em sua limusine. Roberta Flack estava lá, e Earl e Camilla McGrath, entramos e eles ficaram chocados com aquilo lá, uma coisa elegantérrima que eles não conheciam, Jezebel reformou tudo e agora parece muito mais limpo. Ela me beijou forte no rosto. Sentei ao lado de Roberta Flack e um dos irmãos Spinks chegou com um casaco de peles imenso. E Michael Douglas chegou mais tarde.

E acho que não sei conversar com o pequeno Sean Lennon. Sou abstrato demais. Porque Roberta Flack foi ótima com ele. Ele perguntou, "Roberta, o que é uma cantora de fossa?". E ela respondeu, "Bem, Sean, uma cantora de fossa canta sem muito acompanhamento, muito baixinho, com muito sentimento". E aí ele achou que tinha entendido. A torta de batata doce estava realmente boa e aí me dei conta de que talvez tivessem usado gordura animal na massa.

Depois Jann Wenner me ofereceu uma carona até em casa e aí Sam e eu fomos com ele e eu disse que ele não precisava levar Sam até downtown, que ele desembarcaria na 66 comigo e pegaria um *táxi* para casa e Jann disse que não se importava com o que faço na minha vida particular. Aí descemos na 66 com Park e dei dinheiro para Sam pegar um táxi e caminhei até em casa ($5).

Sábado, 1º de fevereiro, 1986. Paige e eu fomos à Global Furniture – são anunciantes. Tinha uma coisa parecida com um guarda-chuva ocupando a sala toda e estou pensando em conseguir uma coisa assim para o prédio da Madison Avenue, para que as pessoas do outro lado da rua não me vejam pintando. É um toldo imenso, uns 7 x 7. Custa só $800. Ficamos lá toda a tarde.

Domingo, 2 de fevereiro, 1986. Fiquei matando tempo e aí fui para a igreja e enquanto eu estava *rezando* um sujeito veio me vender uma rifa de $100. Dá para acreditar? Para a igreja. Me empurrou o cupom, era um decorador meio bicha, e depois fiquei escutando ele contar para alguém lá atrás que tinha vendido para mim e acho que na realidade ele estava querendo se livrar do *seu* cupom. Estão vendendo 300 cupons a $100 cada um e isto faz, o que, $30 mil? E estão dando um prêmio em dinheiro de $10 mil, aí dá para ver o que isto significa – se a gente ganhar vão querer de volta como um donativo. Ele disse, "Sinto muito perturbar a sua reza, mas...".

Quarta-feira, 5 de fevereiro, 1986. Peguei um exemplar da revista *Status* dos anos 60, muito interessante, todos os arrivistas daquela época *ainda* continuam sendo. Wyatt Cooper era o editor. O último marido de Gloria Vanderbilt.

Paige estava dando um jantar de negócios para Janet Sartin e Steven Greenberg, que levaria Margaux Hemingway como sua acompanhante. Nos buscou com sua limusine e quando Paige e eu entramos os surpreendemos no maior beijo, ficaram constrangidos. Fomos para o Mr. Chow's.

E a melhor coisa é que Burgess Meredith estava lá e meio que o conheço há anos, ele saía com uma mulher que morava naquele apartamento imenso que eu dividia com todos aqueles garotos na Rua 103. Quando foi embora veio me cumprimentar e perguntou, "Como está Paulette, sua ex-mulher?". Acho que na realidade ele também é um dos que pensam que fomos casados. Estava com uma mulher linda, não consegui ver direito. Podia ser sua filha ou uma namorada, sei lá.

Segunda-feira, 10 de fevereiro, 1986. O carro da Mattel veio às 7h30 para me levar ao Pier 92 na 55 com a Décima Segunda onde Billy Boy estava fazendo sua grande exposição de bonecas Barbie, iam descerrar meu retrato e o retrato é muito ruim, não gosto dele. Barbie (*risos*) tem problemas. As Barbie dos anos 50 tinham uma boca mais fechada e lindos lábios sensuais, mas as Barbie dos anos oitenta sorriem. Não sei por que colocaram aquele sorriso nelas. Jamais consegui empatizar com Barbie, sempre foi tão insignificante. Alguém me contou que os árabes acabam de encomendar uma Barbie maior. Fred disse que eu consegui o retrato por causa de Billy Boy. Acho que ele pediu a Billy Boy que sugerisse a coisa à Mattel. Tenho de saber de todos os detalhes com Fred, fiquei surpreso. Não sabia como tudo tinha acontecido. E acho que Billy Boy tem uns negócios ótimos dos anos 60 porque todas as fotos nas vitrines eram dele – fotos de Edie e de mim e de todas as coisas da *Vogue* e o pôster "Vaca". Não sei como tem tempo de fazer tudo isso – colecionar roupas antigas de alta costura e desenhar suas próprias joias. Acho que Bettina fez muito por ele. Fred disse que Bettina foi a modelo da primeira Barbie. Conversei um minuto com Mel Odom, que desenhou uma porção de coisas na exposição, é muito talentoso.

E descerraram minha pintura e o presidente da Mattel disse que mal podia esperar para vê-lo e eu só me encolhi de medo.

Aí saímos e fomos para a festa de aniversário de Peter Allen no Bud's da Columbus com 77. Liberace veio e estava com uma aparência ótima. Os jornais dizem que ele está doente, mas não parece. Me chamou para ser fotografado com ele mas ainda assim sempre fica parecendo que eu é que insisti.

Quarta-feira, 12 de fevereiro, 1986. Paige deu um grande jantar de negócios no Café Condotti. Rupert nos deu uma carona até lá, no 38 Rua 58 Leste. Aquilo lá é uma graça, mas do tamanho de uma barraquinha da Coca-Cola. Fiquei chocado quando entrei e vi que Jed estava lá. Eu estava acompanhado por aquele nutricionista que Tama e Paige me apresentaram algumas semanas atrás num daqueles jantares para pessoas que não se conhecem e que eu pensei que era loiro mas no final, na luz, é grisalho, e Bernsohn. Steve Greenberg e Margaux Hemingway vieram. E Bettina veio com Billy Boy e estava com seu traje preto de Azzedine. As roupas dele ficam muito bem nela. Jed decorou o restaurante e colocou minhas gravuras "Uvas" nas paredes.

E aí depois Stephen Sprouse caminhou comigo até em casa, disse que The Limited lhe ofereceu um contrato mas que ele não vai aceitar.

Quinta-feira, 13 de fevereiro, 1986. Fui ao apartamento de Martin Poll na Park Avenue, festa para Sylvester Stallone e Brigitte Nielsen (táxi $5). Todo mundo deveria estar vestindo vermelho e preto, por isso ela estava de verde. Stallone usou o meu tipo de frases comigo. Disse, "Li algo sobre você nos jornais." Eu disse a mesma coisa e ele contou que até a sua mãe foi entrevistada pelo *Star*, eu disse que tenho lido. Foi tudo o que ele disse e isso bem no final, quando já estavam indo em direção à porta.

E dei uma daquelas pinturas "Be somebody with a body" de presente para Stallone, ele adorou.

Sexta-feira, 14 de fevereiro, 1986. Trabalhei um pouquinho e então fiquei na Fiorucci das 4h às 6h para autografar o livro *America*, autografei 185. E Billy Boy apareceu na loja e aí Paige veio e nos levou até o Café Condotti para tomar chá. E foi divertido. Quando a gente se senta sob todas as minhas gravuras "Uvas" parece que o lugar é *nosso* ou algo assim.

Enquanto isso, Jean Michel está realmente infeliz – Shenge tem dado escândalos. E quer dizer, ele (*risos*) faz isso tão bem quanto Jean Michel. E Jean Michel o jogou na rua e mudou as fechaduras, mas aí finalmente o deixou entrar para pegar as pinturas dele.

Segunda-feira, 17 de fevereiro, 1986. Gritei com as mulheres da *Interview* porque uma delas disparou o alarme e custa $50 cada vez que o pessoal do alarme aparece. Mesmo que a gente ligue para eles um segundo depois dizendo que foi engano, eles querem os $50 e aí dizem "Nosso pessoal já foi para aí" e vêm.

Rupert me deu uma carona. Ouvi as notícias sobre o mistério do Tylenol. Assisti *Letterman* e de repente ele ficou tão confiante em si mesmo. Muito maneiroso. Isso não fica bem nele. Raquel Welch estava no programa. Ah, e Sandra Bernhard também e tinha levado umas toalhas de papel marca Diane von Furstenberg e disse, "Andy Warhol liga para Diane von Furstenberg e diz, 'Vamos sair para dançar', mas ela diz, 'Não, tenho de fazer a limpeza com minhas toalhas de papel Diane von Furstenberg'."

Quarta-feira, 19 de fevereiro, 1986. Sem Benjamin, acho que realmente está tudo terminado. E também estou perdendo Lidija porque agora ela vai abrir sua própria academia e só pode fazer ginástica comigo pela manhã e isso eu não quero, aí vou ter que encontrar outra pessoa. Fui a pé para o trabalho.

Fui ao 50/50 e depois ao Speakeasy. Depois fomos até o escritório (táxi $4). Aí fiquei sabendo que o amigo de Rupert, Patrick, morreu às 3 da madrugada quando estava no chuveiro. Estava num hospital em Maryland e passava os fins de semana na casa de Rupert em Nova Hope, Pennsylvania. Normalmente ele sempre levava duas pessoas, mas resolveu tomar um banho e morreu ali. Era cobaia de um novo tratamento, então não sabem exatamente o que aconteceu com ele. Portanto, essas foram as más notícias. As boas notícias são que Edmund teve alta do hospital. Peter Wise vai lá para cozinhar. Eu gostaria de poder ajudá-lo de alguma forma, mas foi bom saber que ele teve alta.

Kent Klineman esteve conversando com Fred no escritório sobre o portfólio "Cowboys e Índios" que ele encomendou.

Fui à exposição de Eric Fischl no Whitney e está realmente interessante. As pinturas são malfeitas, as perspectivas estão erradas, mas de alguma maneira dá certo. São como ilustrações da *Playboy*. Conversei com Eric. Agradeci a Mary Boone por nos ter convidado.

Quinta-feira, 20 de fevereiro, 1986. Almoço no escritório para três dos anunciantes de Paige e também para Billy Boy, para lhe dar o retrato da Barbie. Bettina estava com ele. Rupert veio trabalhar um pouco antes do velório de Patrick. Anthony d'Offay veio de Londres para dar uma olhada nos "Autorretratos".

Terminei o dia assistindo ao *Letterman* com Ron Reagan Jr. e ele realmente está mudado. Fiquei surpreso que esteja tão atrevido. E Letterman estava tão fascinado por poder entrevistá-lo. E a filha dos Reagan conseguiu a capa da *People* por causa do seu livro de revelações, portanto a família toda anda por aí caçando dinheiro.

Sexta-feira, 21 de fevereiro, 1986. Trabalhei toda a tarde. Rupert não veio porque ainda está no velório. Vamos viver dia a dia, Querido Diário. Trabalhei até bem tarde.

Sábado, 22 de fevereiro, 1986. Sam tentou tirar fotos de mim no escritório, preciso delas para trabalhar nos "Autorretratos" para a exposição na Inglaterra. Encaracolei meus cabelos e tudo e Sam não conseguiu acertar e quando não consegue acertar fica frustrado e larga tudo e tem chiliques e dá para perceber que é por isso que nunca terminou a escola.

Domingo, 23 de fevereiro, 1986. Fui à igreja. Ainda não paguei a rifa daquele cara. Não ganhei, aí você acha que eu deveria mandar os $100 pelo correio para ele? Não sei. Acho que é isso o que vou fazer.

Fred ligou e disse que os "Foices & Martelos" saíram barato. Meus preços estavam altos até aquele leilão do De Menil, aí baixaram. E a exposição na Tony Shafrazi foi ruim para todo mundo. Se pelo menos ele tivesse esperado e feito este ano. Não havia pressa, e aí nós ainda estaríamos pintando juntos. Mas aí todas as exposições são assim – você faz uma exposição e então está tudo terminado e você não tem mais material para usar.

Segunda-feira, 24 de fevereiro, 1986. De táxi até o escritório para encontrar Rupert, que voltou do velório ($5). Não conversei sobre isso até mais tarde, à noite, porque eu não queria entrar no assunto, mas ele disse que foi esquisito.

E Edmund fica ligando para Rupert o tempo todo, a toda hora, porque está nervoso demais. Depois do trabalho convidei Rupert para ir ao cinema.

Foi uma tarde movimentada, com gente passando por lá. Gael veio me mostrar fotos de Joe Dallesandro que Greg Gorman fez para *Interview*, e, Deus, ele ainda está muito bonito, está realmente bem – a sua pele é realmente forte, eu acho.

Ah, e Dolly Fox está saindo com Steven Greenberg e me pediu para descobrir qual é a história dele com Margaux. Ela contou que ele foi buscá-la às 8h e ainda estava com ela às 5h e que queria vê-la novamente na terça.

Vi o filme de Rob Lowe sobre skating, depois levei Rupert ao Serendipity para comermos torta e os garçons cantaram e ele se sentiu melhor ($20).

Terça-feira, 25 de fevereiro, 1986. Jean Michel ligou e disse que ontem encontrou um cadáver no quintal. Chamou a polícia, ficaram no quintal o dia todo e às 6h ainda não tinham levado o corpo embora. O sujeito morava no cortiço ali ao lado. E Jean Michel mandou o gato que não pegava ratos para Atlanta, mandou-o por avião para uma galeria de lá, custou $100. Provavelmente jamais tomou conta do pobre gato – quer dizer, dá para imaginar um gato nas mãos de Jean Michel?

Tentei trabalhar com Fred e com Vincent, mas minha sala está cheia demais de lixo, não consigo sair dessa coisa. Experimentei perucas da Fiorucci, mas ficaram parecendo demais aquelas perucas tipo chapéu, muito chocantes. É para os "Autorretratos". Paige ligou algumas vezes da clínica de emagrecimento e foi divertido falar com ela. O número sobre música vai custar muito dinheiro. A capa vai ser com Cyndi Lauper.

Quinta-feira, 27 de fevereiro, 1986. Ah, e aquela senhora que Halston traria para fazer um retrato cancelou, mas, quer dizer, qualquer pessoa que diz que tem um cheque de $999 milhões na bolsa está tendo um ataque de nervos ou está entupida de coca.

E Arnold Schwarzenegger nem ligou de volta. Ele queria que eu fizesse o retrato de Maria Shriver como presente de casamento dele, e também o retrato da mãe dela e dos primos.

Sexta-feira, 28 de fevereiro, 1986. Sam e eu fomos ao Eastside Cinema assistir *Hollywood Vice* (ingressos $12, pipoca $5). As pessoas atrás de nós reclamaram que não conseguiam enxergar por causa do meu cabelo, aí fiquei perturbado e trocamos para duas poltronas ao lado. Mas não troquei minha mochila de lugar. Durante o filme a porta de saída abriu algumas vezes. Depois que terminou saímos e quando chegamos lá fora me dei conta de que tinha esquecido a mochila, então Sam voltou para buscar e tinha desaparecido. Procuramos por tudo, em todos os banheiros, por todos os lados, em todas as cestas de lixo, avisamos o pessoal do cinema, mas não estava em parte alguma e eles nem se importaram. Eu coloquei meus extratos bancários ali dentro, minha maquiagem, um cinzeiro de um restaurante e recibos. Nenhuma chave. Três laranjas, contas telefônicas, meus cartões de seguro-saúde da Prudential, algum dinheiro. Então saímos pelo quarteirão procurando em todas as cestas de lixo, Sam ficou se sentindo horrível, e um caminhão quase nos atropelou mas desviou e foi contra um poste de luz. Então fui para casa me sentindo violado. Roubaram o macaquinho das minhas costas. Mas na realidade é um alívio. Resolvi que não vou substituí-lo.

E meu irmão me contou que Victor Bockris colocou um anúncio num jornal de Pittsburgh pedindo que pessoas que me conheceram lá fossem falar com ele por causa do livro que está escrevendo sobre mim.

Domingo, 2 de março, 1986. Fui à igreja e vi Adolfo e fiquei magoado porque ele passou ao meu lado e nem me cumprimentou. Na minha cabeça sempre o vejo num terninho tipo Chanel. Acho que ele deveria usar alguma versão daquelas coisas que eles desenham.

Fui à Christie's e à Phillips e já que minha mochila foi roubada fiquei tendo sonhos de invasão. Loucos sonhos com invasões. Fui para casa.

Sam e PH me buscaram e fomos ao Hard Rock Café para o show de rádio de Paul Shaffer ao vivo (táxi $7). E Paul tinha levado Christopher Reeve e ele disse que adorou as fotos que Greg Gorman fez dele para *Interview*. E Peter Frampton estava lá e dois do Grateful Dads e dois do Cars. E conhecemos Steve Jordan, o baterista do conjunto de Paul Shaffer no *Letterman*, é adorável – inteligente e sexy.

Na saída as garotinhas me cercaram e dei autógrafos e aí pegamos um táxi e dei algum dinheiro para que Sam nos desse uma carona ($7).

Quarta-feira, 5 de março, 1986. Jay voltou de Paris e disse que se divertiu muito lá. Toda a família De Menil também estava lá, porque Pierre Schlumberger faleceu (telefone $2, jornais $2).

Quando cheguei ao escritório peguei o final de um almoço para um sujeito chamado Springfellow que está abrindo um clube na Rua 21 Leste, ficou agindo engraçado e saiu de um jeito esquisito, fiquei pensando que talvez tivesse sido porque eu não tinha participado do almoço todo. E Fred também não entendeu qual tinha sido o problema, mas mais tarde Paige ligou para a mulher que estava com ele e descobriu que aquilo *tinha sido* o problema, que ele se ofendeu porque eu não estava lá. É inglês. Mas aí mais tarde ligou e resolveu anunciar conosco.

Sexta-feira, 7 de março, 1986. Um gelo lá fora. Fui assistir *Entre dois amores* no Greenwich Theater com aquele nutricionista que conheci no jantar para pessoas que não se conhecem. Duas horas e meia de duração. Mais um daqueles filmes onde nada acontece – fazem isso e fazem aquilo e aí fazem isso e fazem aquilo, mas não há ação.

Sábado, 8 de março, 1986 – Nova York-New Hope, Pennsylvania-Nova York. John Reinhold veio me buscar no seu carro japonês e fomos para New Hope conversar sobre projetos de arte com Rupert. A casa dele é como um cenário. Na cidade Rupert é pretensioso, com seus dois Bentleys. Antigamente a casa era um moinho, se parece com a velha Roma e suas ruínas. Quatro gatos persas. Lareiras acesas o tempo todo. Sua prima veio de Nova York para fazer um bolo para nós e também fez pão, o que foi o melhor de tudo.

New Hope é 90% gay. Fomos a um lugar chamado Ramona's e um travesti nos serviu e as pessoas estavam lá bebendo às 2h da tarde. Bichas velhas. Gay demais para mim, me enlouqueceu. Como o túnel do tempo. Um hotel-motel gay. O travesti era igual à mãe de Rupert com aquele coque-banana louro. Estava de calças mas com um cinto de couro de 10cm de largura apertando bem a cintura. E um sujeito veio e disse que Rupert era um estrangeiro e Rupert disse, "Não sou estrangeiro. Sou Rupert Jason Smith" (almoço $60). E aí Rupert disse que eu deveria deixar uma gorjeta para o travesti, já que ele tinha deixado aquilo lá aberto para nós (gorjeta $25). Me deu arrepios. Então fomos a lojas de filhos gay e mães gordas. Lojas de antiguidades. Depois voltamos para casa e a garota preparou uma sobremesa e nós comemos um bocado de pão. Aí às 7h30 voltamos para Nova York e depois de John me deixar lembrei que tinha sido convidado para a festa de aniversário de Chastity Bono.

Então fui de táxi até a Sexta entre a 9 e a 10, um restaurante mexicano ($6). A festa estava a pleno vapor. Todas as mulheres eram estrelas de cinema, quer dizer, aquele mesmo estilo. Umas se pareciam com Molly Ringwald, três ou quatro eram Madonnas. Cher não foi à festa porque ela e Chastity brigaram. Chastity estuda na School of Performing Arts. Fiquei até as 12h30 (táxi $7).

Domingo, 9 de março, 1986. Dizem no *Times* que Imelda Marcos deixou 3 mil pares de sapatos nas Filipinas. Talvez ela *fosse* lixo. Quer dizer, quando penso naquelas pessoas que eles convidavam para os comes e bebes. E encontraram material pornô no quarto de Marcos. É como se alguém entrasse no apartamento da gente e escrevesse sobre o que viu (*risos*) no *New York Times*. "Este é seu apartamento". Seria um ótimo programa de TV. "Cá estão duas xícaras que aparentemente foram roubadas do Plaza Hotel. Conte-nos sobre elas." Poderiam fazer isso na Rússia. Na Rússia *realmente* poderiam fazer. "Então, gosta de perfume de mulher, mr. Warhol?"

Encontrei Billy Boy e seu casaco verde-claro comprando frascos antigos de perfume Schiaparelli e Chanel no mercado das pulgas. Ele realmente tira o dinheiro e paga o que lhe pedem, acho que gastou cerca de $1 mil. Tem um bom olho, realmente consegue descobrir as melhores coisas.

Quinta-feira, 13 de março, 1986. Chovendo forte. Paige e eu fomos ao Paris Theater assistir *Uma janela para o amor*. Na realidade nada acontece, é uma coisa tipo *Entre dois amores*, mas é lindo. Ótimas paisagens de Florença.

Sexta-feira, 14 de março, 1986. Ei, esses artistas estão vivendo a vida de Riley. Keith partiu para o Brasil e ouvi dizer que Fischl está conseguindo $100 mil por tela, mais que Schnabel.

Steven Greenberg veio me buscar de limusine e fomos até a casa de Stuart Pivar para um jantar com os anunciantes. E Paige estava com seu robe chinês, por isso Stuart vestiu o seu e aí Dennis Smith, o ex-bombeiro que escreveu um best-seller, colocou um chapéu *caballero* na cabeça e uma rosa na boca, ele é irlandês, ficou cantando e se aprontando para o Dia de São Patrício, foi inusitado, foi divertido. Depois mencionou que tem cinco filhos e não sei o que terá acontecido com sua mulher. Paige esteve interessada nele, mas ouvir sobre os "cinco filhos" foi um pouco demais para ela. Mas ele é realmente ótimo, muito inteligente. Agora está procurando uma hostess.

Domingo, 16 de março, 1986. Fui à igreja. Adolfo estava no último banco. No caminho dei uma *Interview* para o porteiro de um dos edifícios, um negro, sempre me sinto bem dando a revista para os negros quando há um negro na capa, como no número de Grace Jones e este de agora com Richard Pryor.

E os Marcos ainda estão nos noticiários. Agora encontraram 3 mil calcinhas pretas. E é engraçado ouvir um congressista dizendo, "Por que ela precisava de tantas calcinhas?". Eu gostaria de ainda ter a camisa que o filho de Marcos uma vez tirou e me deu, alguns anos atrás. E a conta deles no Bulgari chegava a $1 milhão.

Terça-feira, 18 de março, 1986. Arnold Schwarzenegger ligou para dizer que os retratos de Maria estão confirmados.

Agora Paul Morrissey está fazendo filmes com David Weisman.

Ontem bati a cabeça e fiquei tonto. Acho que estou levemente contundido.

Aí fui de táxi até um restaurante chinês na 44 com a United Nations Plaza para encontrar Paige e Henri Bendel (táxi $5). Mr. Bendel era o dono da Bendel até que vendeu a marca em 1955. Agora ele é dono só da fábrica de sapatos feitos à mão, Belgium Shoes. Disse que se sente só, eu comentei que ele devia comprar um cachorro e ele disse que tinha um beagle e aí estava passeando com ele na coleira e o cachorro parou numa esquina e um táxi passou por cima dele mesmo com a coleira. E ele teve de voltar e contar que o cachorro tinha sido atropelado para sua mulher, que então ainda vivia. Ele é da Louisianna.

Fui para casa e vi *Letterman*, ele colocou no ar alguns truques ótimos com animais.

Quarta-feira, 19 de março, 1986. Lindo dia. Eu tinha uma reunião com Martin Poll e nem sabia para quê. Fui a pé até o escritório dele na 57 com a Sétima e ele disse, "Queremos fazer a história da sua vida", e começou a falar dos anos 60 e sobre misturar quatro histórias, eu disse que já fizeram um filme ótimo sobre os anos 60 – *The Magic Garden of Stanley Sweetheart* – e ele disse, "Fui eu que fiz". Eu tinha esquecido completamente. Eu nem sabia. Ele descobriu Don Johnson. Iria contratar Richard Thomas e resolveu mudar para Don Johnson. Então mencionei dinheiro e ele disse, "Dinheiro? Dinheiro? Que dinheiro? Isso vai ser publicidade para você". Aí eu disse que ele deveria conversar com Fred, que o que ele deveria fazer era comprar os direitos de filmagem de *Popism* e que nós seríamos consultores do filme. PH escreveria o roteiro. E aí quando ele começou a falar sobre Viva e Joe Dallesandro e tudo resolvi sair correndo de lá (jornais $2, táxi $6).

Fui ao jantar na casa de Walter Stait na 57 Leste (táxi $6). Depois levei Sam ao Serendipity. Pedi um sundae com chocolate quente e todo aquele açúcar me fez dar uma gorjeta grande. Me senti generoso ($25).

Cheguei em casa, liguei no *Letterman* e vi o programa do qual eles queriam que eu participasse, aquele com o mico e a câmera, convidaram a dra. Ruth Westheimer. Não seria engraçado se a dra. Ruth não tivesse sotaque algum? Brigid acaba de ligar e disse que todo mundo do escritório está nos Alcoólicos Anônimos – Don Munroe, a empregada de Yoko Ono de quem eu gosto, Kate Harrington e Sue Etkin e não admira que eles nunca façam nada –, temos um bando de bêbados trabalhando para nós.

Ontem quando liguei para o escritório e pedi a Michael Walsh que olhasse um número de telefone no Rolodex ele se foi por dois minutos e voltou e me deu o *meu próprio número*! Aí berrei e ele disse, "Ah, desculpe, acho que ouvir o seu nome me fez procurar o seu número".

Quinta-feira, 20 de março, 1986. Si Newhouse veio ao escritório e não tem certeza se vai comprar o "Elvis" e o "Atum".

Segunda-feira, 24 de março, 1986. Deram no noticiário que prenderam uma quadrilha de pornografia, levaram um chefe de escoteiros e um professor amarrados com cordas. (*risos*) Muito estranho.

Fui para casa depois do jantar com Jean Michel e ainda peguei os Oscars. Vi Geraldine Page dizendo que mereceu o seu e todas aquelas velhas damas enroladas em quilômetros de tecido – Debbie Reynolds e Cyd Charisse e June Allyson e Ann Miller e Katherine Grayson.

Terça-feira, 25 de março, 1986. Maria Shriver ligou e adiou para a semana que vem porque quebrou quatro dedos do pé.

Fui com Keith aos Emmys no Grand Hyatt. Eu disse para eles que não queria dizer nada, por isso anunciaram que eu estava com laringite e por isso não falaria nada. Mas quando disseram isso várias pessoas riram – elas sabiam. Aí um sujeito que disse ser o médico dos Emmys veio e disse que daria um jeito na minha laringite, aí eu expliquei que na realidade não tinha nada.

Depois que aquela coisa terminou, caminhei até o escritório e havia um almoço acontecendo. Mrs. De Menil estava lá com Iolas e Fred mostrou as novas instalações para eles e ficou furioso porque não fiquei tempo suficiente com ela. Roubaram as malas de Iolas, mas ele disse que adora fazer compras no Alexander's para repor tudo.

Quarta-feira, 26 de março, 1986. Ah, aqueles comerciais de TV para o *Enquirer*. Esta semana é com Carroll Baker falando do livro que escreveu sobre suas experiências na África em 1970. Honestamente, acho que ela inventou tudo aquilo. Ela provavelmente leu um livro sobre natureza e agora diz que tudo aconteceu com ela. Quem poderia dizer que não aconteceu? Ela conta que uma vez estava faminta e arrancou a cabeça de um lagarto e bebeu o sumo. Mas quer dizer, talvez ela estivesse dando uma chupada em alguém numa barraca e aí um lagarto passou por ali e ela começou a fantasiar.

Convidei Sam para a estreia do filme de Fellini no Moma, *Fred e Ginger*. Fico muito envolvido com Sam, a gente pode perder um dia inteiro com uma pessoa e seus probleminhas idiotas.

E aí Fred disse, "Por que é que trabalho aqui se você não vai ser um bom artista?". Ele não gosta do meu trabalho. E contei para ele que, se eu fizesse outras coisas, a garotada faria melhor. Realmente, qual é o sentido da vida? A gente adoece e morre. E é só. Por isso a gente tem que se manter ocupado.

Chegamos ao museu realmente cedo. E, depois que terminou, Fellini estava sendo fotografado e me viu e foi ótimo, me chamou e me beijou nas duas faces e me apresentou a sua mulher, que pessoalmente realmente tem um ar ótimo.

Quinta-feira, 27 de março, 1986. Fui jantar com Gael e Paige e alguém da Young & Rubican no Le Cirque. Claire Trevor entrou com Donald Brooks e me disse que sou maravilhoso e eu disse que ela também é e ela disse, "Não, você é mais maravilhoso" e eu disse que não, ela é. Ela jantou como Paulette e outras mulheres – pediu ovas de peixe com três fatias de bacon e cigarros e sorvete de baunilha. Aí Keith Haring estava dando uma festa por causa do seu segmento em *20/20* (táxi $6). Chegamos lá bem quando estava terminando.

Domingo, 30 de março, 1986. Domingo de Páscoa. Acordei e novamente era um lindo dia. Paige ligou e disse que estaria pronta às 12h30 e aí Wilfredo ligou – eu pedi que ele também viesse. Ajudaríamos a servir o almoço de Páscoa para os pobres na Igreja do Sagrado Descanso na 90 com a Quinta Avenida. Busquei Paige e ela disse que Stephen Sprouse já estava a caminho, de metrô (táxi $3). No final estavam mesmo precisando da gente porque se não estivéssemos lá não haveria pessoal suficiente para ajudar. Não olhei nos olhos das pessoas, olhei para os lados e para cima e para baixo. Tudo correu bem. E as pessoas ficaram colocando laranjas e maçãs e ovos de Páscoa em sacos de compras, armazenando coisas, e algumas pessoas estavam levando os copos e até os talheres de plástico.

E vamos ver o que mais... uma senhora colocou a dentadura num guardanapo e um sujeito foi ali limpar a mesa e ela ficou excitada. Foi muito trabalho pesado. Wilfredo foi ótimo, distribuiu o presunto, trabalhou pesado. Serviram seis daqueles containers de café tipo de restaurante. E nós quatro rezamos e eu observei uma mulher trazendo uma planta num vaso para trocar por uma das melhores plantas dali. Muitas daquelas senhoras se pareciam com a minha mãe. Um homem se parecia com alguém de *As mil e uma noites*, todo encapuzado. Foi ótimo, me diverti. Lá fora estava claro e ensolarado e saímos a caminhar.

E James Cagney morreu.

Segunda-feira, 31 de março, 1986. Foi engraçado, mas depois de ver dra. Ruth em pessoa naquele negócio dos Emmys descobri que ela não se parece com a da TV. A magia da TV é que a faz ficar parecendo cheia de estilo. Ao vivo é só uma pessoa normal que a gente tem vontade de chutar para o lado.

De táxi até o West Side ($3) e dra. Linda Li. Ela ficou desarrumando minha peruca, meu cérebro tinha parado de funcionar. Não sei o que ela faz, mas a gente se sente melhor quando sai de lá (telefone $2).

O Folk Art Museum me expulsou da sua junta de diretores! Enfim, era ridículo, mas, quer dizer, nem se preocuparam em me enviar uma *notificação*!

Terça-feira, 1º de abril, 1986. Stuart e eu fomos ver a exposição de Rock Hudson na William Doyle Gallery (táxi $3). E a coisa toda é muito efeminada, nenhuma coisa boa. A gente pensaria que um astro de cinema brutamontes teria todos aqueles negócios formidáveis dos anos 50, talvez aquelas grandes peças Knoll enrugadas, mas era só lixo efeminado e descomprometido do seu apartamento de Nova York. Havia só uma coisa mais ou menos boa, uma caixa de madeira horrorosa na qual Elizabeth Taylor tinha escrito alguma coisa.

Fran Lebowitz veio pegar alguns trabalhos que Bob Colacello prometeu para ela quando ela escrevia para *Interview*. Veio no seu táxi Marathon Checker bege e foi embora nele.

Quinta-feira, 3 de abril, 1986. Fui direto para downtown porque Maria Shriver estava marcada para as 11h (táxi $5). É realmente bonita e fotografa bem. Bunda um pouquinho grande. Uma graça, falou um bocado.

Paige e eu queríamos chocolate a caminho de casa, por isso demos uma passada no Neuchatel e nos deram pacotinhos grátis de 100g e ficamos caminhando pela Madison comendo chocolate. Dra. Li deu um negócio de água de flores para Paige e depois que ela come doces deve dizer, "Adoro o que acabo de fazer, mas não vou fazer de novo", e aí tem que beber a Flowers of Providence púrpura.

Sexta-feira, 4 de abril, 1986. Rupert cometeu alguns enganos na impressão. Está com um novo namorado que estuda em Princeton e que é igual a ele. Exatamente igual. É muito esquisito. Elizabeth Saltzman nos convidou para uma festa de aniversário surpresa para Wilfredo lá em Coney Island. Mandou táxis da All-City para nos buscar.

Foi um pouco excitante lá num lugar chamado Carolina's, um lugar tipo Máfia. Spaghetti. Coney Island estava fechado, tempo chuvoso. Eram só Wilfredo e Benjamin travestido e Kate Harrington. O dono, um italiano, descobriu quem eu era e pediu autógrafos. Depois as luzes apagaram completamente e vieram com um bolo iluminado cantando "Parabéns a você" e uns garçons corpulentos de cinquenta anos de idade entraram, e Wilfredo gemeu e se conformou e se preparou, aí ficamos esperando e eles passaram reto e foram para uma outra mesa! (*risos*) Foi muito chocante. É como quando a gente acha que ganhou um Oscar e na realidade o prêmio foi para outra pessoa. Foi ótimo. Não deu para acreditar. E aí mais tarde finalmente fizeram aquela mesma coisa para Wilfredo.

Domingo, 6 de abril, 1986. Jean Michel ia me buscar para irmos assistir Miles Davis no Beacon, estava chuvoso, frio, me enrolei todo e assisti um pouco de TV e comi um pouco de alho e então ele ligou e pediu que o fosse encontrar lá (táxi $4). O táxi dele chegou depois do meu, ele estava com Glenn O'Brien e algumas outras pessoas. Ele e Glenn fizeram as pazes. B.B. King tocou antes e foi ótimo. E aí Miles Davis entrou no palco, loiro, de lamê dourado, toca uma música fantástica. Salto alto. Depois fomos jantar no Odeon.

Terça-feira, 8 de abril, 1986. Trabalhei até as 8h. Tenho que terminar logo aquela coisa de Maria Shriver. Acho que não vou poder ir ao seu casamento porque não vão me deixar levar ninguém. E tenho que ficar em Boston e ir sozinho até Hyannis. Fred não foi convidado. Não foi convidado nem para o casamento de Caroline. Acho que o dela é antes do de Maria.

Quarta-feira, 9 de abril, 1986. Paige me buscou às 11h. Fomos até a Elektra Records, ela ficou com um humor engraçado o dia todo, não conseguiu mudar.

Aí, no fim da noite, me passou a câmera de vídeo e disse que não queria, que não vai mais fazer gravações.

Quinta-feira, 10 de abril, 1986. Perdi o almoço no escritório, mas consegui umas boas horas de trabalho. Paige me devolveu o resto de sua câmera, os acessórios, eu disse que não poderia usar um equipamento com essa voltagem em Paris e ela disse que eu fizesse o que bem entendesse, que para ela chegou.

Sábado, 12 de abril, 1986 – Paris. A galeria é bem bonita, acho que o sujeito está só tentando fazer nome (táxi $5). Lavignes-Bastille. Agora o dólar baixou em Paris, aí as pessoas estão se interessando mais por arte. Fiz dez daquelas coisas "Estátua da Liberdade" (táxi $6). Passeei por Paris com Chris Makos e Fred. Fomos ao Café Flore e não encontramos ninguém (jantar $100). Fiquei em casa e vi TV, coloquei o sono em dia.

Terça-feira, 15 de abril, 1986 – Paris. Faríamos TV ao vivo naquele programa muito famoso tipo Johnny Carson. Quando chegamos lá estavam preparando tudo. De repente anunciaram que a Líbia tinha sido bombardeada, então o apresentador principal teve de sair e deixou uma mulher no seu lugar, aí já não estavam interessados mais em mim, mas fingiram que estavam, não sei se estavam preparando mesmo as coisas ou só fazendo de conta. Acho que só fingiram. Nem me perguntaram nada e me deu a impressão de que era tudo de mentira. Disseram que gravaram em fita, mas acho que não gravaram (táxis $10, $5).

Fomos a um restaurante árabe ou líbio, um daqueles tipos de restaurantes no bairro rico perto do YSL. Foi divertido, começou a chover mais forte. Cuscus (almoço $75).

Jantamos com Billy Boy e todo o pessoal da galeria, foi como um jantar de vinte pratos e Billy Boy disse que só come comida saudável e não bebe, mas lá estava ele na minha frente bebendo enquanto me contava essas coisas. Também comeu carne enquanto me contava que não come carne. Foi uma grande companhia, porque a gente só precisava dizer "Barbie" e ele ficava falando pelos cotovelos e isso resolveu todos os problemas, ninguém precisava se preocupar em puxar assunto. Nos divertimos e aí Chris foi embora com Billy Boy para percorrer os clubes.

Segunda-feira, 21 de abril, 1986 – Nova York. Sam não ligou. Paige não ligou.

De táxi até a 33 com a Quinta ($6) e aí começaram os problemas da festa. Eu estava planejando dar uma festa surpresa para Sam, mas aí Paige já tinha organizado uma, mas Paige não fala comigo. Eu liguei para ela na *Interview* e ela disse, "Estou trabalhando. Não posso conversar". Eu disse, "Paige, sou *eu*". E ela respondeu, "Sim, muito bem, estou muito ocupada". Portanto ela está braba comigo, mas eu sabia que ela está braba comigo desde antes de eu ir para a Europa porque me devolveu a câmera, e agora sem sua câmera Paige não é mais ela, não há mais aquela correria, aquela histeria. E foi assim toda a tarde e aí Jean Michel ligou e veio e Paige apareceu quando estávamos sentados por ali e tudo ficou tenso, e então ela disse que arranjaria tudo para o jantar de aniversário de Sam no Odeon, mas que não iria. Depois saiu mais cedo do trabalho. E aí alguém do escritório conversou com Paige e me contou o que estava errado e demos um jeito na questão – ela estava furiosa porque eu não liguei durante todo o tempo que estive na Europa, pois *ela* sempre liga para *mim* quando sai de férias e também porque disse que a enganei até o fim, deixando que pensasse que eu acertaria tudo com Fred para que ela fosse *a* Paris, mas em lugar disso levamos Chris. Fred não queria trabalho extra – é tão mais fácil largar Chris num hotel e com Paige teríamos que achar um hotel agradável e ir buscá-la e jantar e visitar os anunciantes e toda essa coisa. E Fred estava de muito mau humor durante toda a viagem, eu disse isso a ele e ele respondeu, "Sou velho o suficiente para ser podre se quiser".

E aí no escritório conversei com a mulher do casamento de Schwarzenegger, eles não vão deixar que eu leve ninguém, aí avisei que não posso ir sozinho e ela disse, "Você pode ir com Grace Jones". Eu disse, "Grace não é confiável. E se ela for ao casamento, de qualquer maneira levará seus próprios amigos". E aí disseram, "Bem, Fulano vai, você pode ir com ele", e eu disse, "Não conheço Fulano". E aí disseram "Sicrana vai", e eu disse, "Não conheço Sicrana". E aí disseram, "Lady Beltrana vai, você pode ir com ela", e eu disse, "Não conheço lady Beltrana". Quer dizer, quem são esses ninguéns? Eu disse, "Acho que não vou". Portanto acho que não vou. E Fred pediu que eu não tentasse fazer com que o convidem, já que não foi convidado por seus próprios méritos. E Maura Moynihan ligou e disse que não foi convidada mas que vai a Boston assim mesmo, porque Kerry Kennedy e Mary Richardson vão estar lá.

Enfim, Paige e eu meio que fizemos as pazes e tudo terminou, foi interessante. É esquisito que Paige tenha ficado tão alterada a meu respeito. E tive que ser criativo e pensar em presentes de aniversário durante a briga com Paige. Enchi aquele cartão de aniversário tipo-de-avó de dinheiro, colei notas de dinheiro numa tela e aí lembrei que até fazem uns lençóis de dinheiro, mas com a minha tela a gente pode arrancar o dinheiro se precisar de algum, por exemplo, para gorjetas. Fui para casa e Geraldo Rivera tinha começado a abrir as salas secretas de Al Capone ao vivo na TV, direto de Chicago, mas tudo levaria umas duas horas.

Sam me buscou (táxi $10) e fomos para o Odeon. E Paige levou alguns anunciantes para falar de negócios e eu pedi que ela convidasse Keith e seu novo Juan, e aí Billy Boy tinha acabado de voltar de Dallas e Paige o convidou, então na realidade foi divertido e sem tensões. E Keith deu um rádio da Pop Shop que inaugurou há pouco para Sam e Paige deu um livro sobre a Casa Branca e Wilfredo deu calções Armani.

Terça-feira, 22 de abril, 1986. Fiquei matando tempo fazendo nada. Fui para o escritório. Gael veio e começou a fazer aqueles ruídos mm-mm que ela faz e ficou ali mm-mmando e foi olhar seu retrato. Decidi transformar num retrato, e não num desenho, só porque fica mais fácil. Ela é difícil de fazer. Tem olhos ótimos mas o maxilar foi difícil. Ficou emocionada, eu acho. Grace Jones ligou para dizer que está com laringite e eu disse que talvez alugue um avião para irmos ao casamento de Schwarzenegger no sábado, por isso talvez a gente vá todos juntos.

Quarta-feira, 23 de abril, 1986. Ontem não liguei para Grace mas acho que vamos ao casamento de Schwarzenegger porque parece que o tempo vai estar bom.

Caminhei um pouco e depois peguei um táxi ($3) e havia um almoço imenso acontecendo. Pessoal do Whitney Museum e dos cosméticos Shiseido e alguém da Guy Laroche. E o pessoal da Laroche comentou que estão no mesmo prédio da Adolfo e que o pessoal da Adolfo espalha perfume pelo saguão e aí o pessoal da Guy Laroche vai lá e lava e coloca o perfume *deles*, e assim por diante.

Billy Boy veio para conversar alguma coisa com Gael, consegui falar com ele antes que saísse e o convidei para subir, foi bom que eu tivesse feito isso porque ele divertiu o pessoal da Shiseido, ocupou todo o almoço com sua conversa sobre Barbie.

Quinta-feira, 24 de abril, 1986. Brigid entrou correndo no meio do almoço para a Fiorucci e não sei o que há de errado com ela – estava com um bracelete de ouro e disse, "Comprei dum sujeito na rua por $40 em vez de 60". E eu só olhei para ela e disse, "Você está falando sério?" Ela disse, "Veja, é 14 quilates em quatro lugares". E Jay riu e perguntou, "Era um negro?". E ela disse que sim. E eu disse, "Você não sabia que eles ficam ali na rua com sua pequena impressora e imprimem as marcas de 14 quilates?". E ela não queria acreditar, eu disse que ela deveria ir até a joalheria da esquina e tirar informações. Apostei $5 e quando ela voltou me mandou $5 lá para cima porque o joalheiro só *olhou* para o bracelete e disse, "Não". Mas eu não queria o dinheiro – só queria que ela fosse lá tirar a prova. E Jay estava de terno. Ele fica bem de gravata e paletó, mas aí a gente não pode pedir para ele *fazer* nada.

Liguei para Rupert para descobrir onde ele andava e ele disse que Edmund Gaultney foi levado às pressas para o St. Vincent. Acaba de voltar de Taos. Ia se mudar para lá. Não sei por que está andando de avião, realmente a gente pode pegar vírus em aviões. Como quando ele foi a Key West. E acharam que ele estava tendo um infarto, mas era um ataque epilético. Agora está em coma.

Sexta-feira, 25 de abril, 1986. Conversei com Dolly Fox e ela contou que Charlie Sheen enviou-lhe uma passagem para as Filipinas. Foi excitante. Li nos jornais que Grace Jones vai me levar ao casamento Schwarzenegger-Shriver no *seu* avião, aí acho que Grace ligou para o seu assessor de imprensa e pediu para divulgar, portanto acho que estamos mesmo indo. Liguei para ela algumas vezes durante o dia e ela atendia o telefone, dizia alô com uma voz grave e pastosa e aí desligava. Acho que passou a noite em claro e estava atendendo o telefone dormindo.

Peter Wise concordou em voar conosco – o casamento é bem perto da casa dele no Cape – e nos dar uma carona de volta para o avião, portanto isso vai ser bom.

Fui ao consultório de Bernsohn e foi até divertido. Me abraçou forte e perguntou se alguém já tinha me abraçado daquela maneira e eu disse que não. Mas eu não disse que não queria ser abraçado assim.

Trabalhei nos desenhos de Maria Shriver que vou dar de presente de casamento.

Sábado, 26 de abril, 1986 – Nova York-Hyannis, Massachusetts-Nova York. Levantei às 6h, liguei para Peter às 7h. A campainha da porta tocou meia hora mais cedo e era Peter sem Grace. Disse que tinha ido buscá-la e acordou-a e ela pediu que ele voltasse dali a uma hora. Tempo um pouquinho instável. Algumas nuvens.

Fomos buscar Grace no Village e ela veio com roupa de baixo de lã preta de Norma Kamali. E um chapéu de pele Kenzo. Maquiou-se no carro e no avião. Chegamos ao aeroporto com uma hora de atraso. O voo foi bom, todo tempo através de neblina cinzenta, nada aconteceu, embora às vezes com tempo claro a gente possa entrar num vácuo e despencar. Peter alugou um carro, uma caminhonete amarela, sabia onde ficava a igreja e nos deu uma carona até lá. Aí foi dar uma olhada na sua casa em East Falmouth.

A multidão do lado de fora da igreja gritou, "Grace!" e "Andy!". A maior multidão que já vi em volta de uma igreja. Entramos e tinham colocado cadeiras de armar perto da porta. Oprah Winfrey discursou. Jamie e Phyllis Wyeth estavam na nossa frente e se viraram e disseram que tínhamos causado muita confusão do lado de fora, foram divertidos. E naquele lugar onde alugamos o carro vimos todos aqueles nomes glamourosos como "Clint Eastwood" e "Barbara Walters" e aquela mulher St. James, mas nenhum deles estava lá. E apreciando aquele casamento de conto de fadas não dava para deixar de pensar em como vai ser quando chegar a hora do divórcio.

Jackie comungou e por isso caminhou por toda a igreja com John-John só para se mostrar, estava linda. A missa durou uma hora e o casamento levou quinze minutos. Uma mulher cantou "Ave-Maria". Peter ficou esperando lá fora e mais tarde nos contou que Arnold e Maria foram gentis com os fotógrafos quando saíram, abaixaram os vidros do carro e sorriram e posaram. Mas Jackie não sorriu para ninguém, uma buceta azeda. E acho que há três dias estavam dando festas ou algo assim, porque todo mundo me contou que numa coisa na noite anterior Arnold tinha dado meu retrato de Maria para os Shriver e disse, "Estou ganhando uma mulher e vocês estão ganhando uma pintura". E todo mundo ficou me dizendo como estava bom, realmente adoraram. E aí um amigo de Arnold trouxe uma escultura que Kurt Waldheim mandou para eles, um horror. E Arnold sempre fica dando discursos, disse, "Meus amigos não querem que eu mencione o nome de Kurt por causa dos recentes comentários sobre nazismo e por causa da controvérsia com as Nações Unidas, mas eu o amo e Maria também e por isso te agradecemos, Kurt".

Fora da igreja havia uma limusine e um sujeito nos empurrou para dentro e não conseguimos enxergar Peter. Aí chegamos ao lugar da festa e Peter nos viu entrar na limusine e nos seguiu até lá. Me alcançou os desenhos que fiz de Maria, mas àquela altura eu não sabia o que fazer com eles. Mas Eddie Schlossberg me viu e disse que os levaria para dentro e eu agradeci.

Estava um gelo. Encontrei um austríaco que nos levou para uma barraca onde abridores de ostras estavam aprontando as ostras e Grace queria algumas imediatamente, mas disseram que serviriam para as pessoas na outra barraca, mas aí alguém veio com um prato só para ela e ela comeu trinta ostras e aí mais vinte, chupou uma depois da outra.

E Christopher Kennedy estava por ali, é uma gracinha. Jackie estava sentada com Bettina. E Marc Bohan. Não olhei para Jackie, fiquei me sentindo engraçado. Depois houve música e dança. Peter Duchin e sua mulher. Ele ainda (*risos*) tocaria em outra festa. Trabalha duro. Grace começou a dançar e foi como num filme, todo mundo parou para olhar. Dançou com um garotinho. Ficamos na mesa de Joe Kennedy e sua mulher. Conversei com Nancy Collins. Perguntei se estava fazendo a cobertura e ela disse, "Ah não, não, não. Vim por conta própria". É muito amiga de Maria, não sei desde quando. Conversamos sobre a matéria sobre Stallone que ela fez para a *Rolling Stone*, que não era lá muita coisa, ela está chateada com Stallone, disse que ele adiou seis vezes e aí nem deu muito tempo para ela. Mas ele só deu uma hora para PH e a matéria em *Interview* ficou ótima, fora do normal. Fiquei tentando fotografar mas não podia ir lá e abrir caminho à força. Os amigos de musculação de Arnold estavam com câmeras e aí os Kennedy realmente não podiam impedir que *eles* fotografassem, mas eles estavam com seu próprio fotógrafo e diziam, "Ah, Chuck, você poderia tirar uma fotografia aqui?". Portanto, todas as fotos pertencem aos Kennedy.

Como no casamento de Madonna, deveriam ter deixado que os convidados tirassem fotos, porque num casamento as pessoas só querem fotos para elas mesmas. Talvez *anos* mais tarde alguém pensaria em usá-las, mas a gente não iria empurrá-las para o *New York Post* na manhã seguinte.

A comida estava ótima, legumes frescos que eram passados no vapor bem ali na frente das pessoas. Grace e Ted Kennedy dançaram. Aí Grace e Arnold conversavam sobre o que ela deveria fazer com Dolph, porque ele está fodendo todas as amigas dela. Eu disse que ela deveria casar com Dolph só um pouquinho, porque seria um casamento ótimo. Mas sempre dou conselhos errados para Grace. Fui eu que disse que ela só conseguiria sucesso se civilizasse sua aparência, que as pessoas jamais aceitariam algo tão radical.

O bolo tinha uns dois ou três metros de altura. Todo mundo continuava vindo e dizendo que tinha adorado a pintura. Shriver discursou, estava de casaca. E ficou dizendo que estava "perdendo uma filha". Bem, quer dizer, ela tem 29 anos – que sorte a dele, perdê-la.

E Arnold discursou e disse aquelas coisas amorosas maravilhosas, tipo que a faria feliz. Foi a primeira vez que vi amor verbalizado assim em alto e bom som.

Aí era hora de ir embora e dois dos garotos Kennedy levaram Grace até a porta e um ficou roçando o caralho nela. Então fomos para o aeroporto.

Domingo, 27 de abril, 1986. O dia começou cedo com meu irmão John e sua mulher. E foi muito estranho, são duas pessoas que não conheço muito bem e que são tão diferentes de mim, suas ideias são tão esquisitas e é mais uma coisa para me fazer pensar sobre qual é o sentido da vida. O seu filho Donald ainda está na universidade, se forma em agosto, é um especialista em computação e talvez devêssemos contratá-lo para *Interview* se não for muito tarde, se não precisarmos de alguém antes disso.

Fui ao mercado das pulgas e encontrei Billy Boy com Mel Odom. Quando havia sol ficava quente, mas quando desaparecia ficava frio. Billy Boy não estava a fim de gastar muito. Os vendedores percebem que ele está vindo e aumentam o preço dos Schiaparelli. Ele poderia ser bonito, é bem-proporcionado, mas é encurvado e caminha com os pés para dentro, aí a gente não percebe. Mas aí ele tem 2m10cm e estava com um casaco de leopardo e calça de malha e sapatos de bico fino e uma cruz tipo Chanel e óculos de sol e sem maquiagem.

Imelda Marcos apareceu nos noticiários choramingando que ainda está no Havaí, é como naqueles filmes ingleses em que os parentes vão até a masmorra e dizem, "A gente adora você, querido, mas vamos ter que cortar a sua cabeça porque é o que nos resta a fazer".

Segunda-feira, 28 de abril, 1986. Fui ao consultório da dra. Li e ela disse, "Você bebeu champagne e comeu bolo", porque obviamente ela tinha lido no jornal que eu tinha estado no casamento. Enfim, deu um fora.

Depois fui para o escritório (táxi $6). Fred deu um escândalo quando me viu, com dentes à mostra e tudo, disse que não pode se ocupar de todas aquelas pessoas, que era a mim que estavam esperando encontrar. E eu disse, "Bem, eu estava no médico".

Uma senhora estava sendo preparada para um retrato. Uma daquelas pessoas que a cirurgia plástica não consegue ajudar, porque não faz muita diferença. Mas tinha um sorriso lindo e uma personalidade aberta, amorosa. O almoço foi encomendado no Café Condotti e veio muita comida. Outro dia gritei com Valerie, da *Interview*, que estava jogando no lixo uma porção de tomates frescos e manjericão, ela disse que estava fazendo aquilo porque já eram 3 da tarde e ninguém tinha comido nada ainda. Esses garotos estão muito mal-acostumados.

Aí uma equipe de TV com umas cinquenta pessoas veio me filmar para uma coisa de um segundo para o Chemical Bank e ficaram ali levando um tempo enorme para ajeitar tudo e depois me filmaram.

Suren Ermoyan ligou e me pediu para fazer a capa da revista *Madison Avenue* com Ted Turner e eu aceitei porque ele me deu um dos meus primeiros empregos, era o diretor de arte da Hearst nos anos 50, e aí Fred gritou comigo. Me sinto mal, porque uma vez também recusei fazer uma bandeira americana para eles.

Terça-feira, 29 de abril, 1986. Cheguei ao escritório e tive uma conversa com Fred sobre o seu mau humor de ontem. Ele ainda se lembra do que eu falei para ele em Paris, acho que ficou impressionado, que ele deveria ter uma postura jovem e parar de ser rabugento.

Keith ligou e disse que viria me buscar às 6h para a coisa beneficente de aids que Calvin organizou no Javits Center, iam tirar uma foto imensa – em várias seções – com Liz Taylor e uma porção de celebridades.

Chegamos lá, havia cem alunos da F.I.T. e da Parsons. Aquilo lá é enorme e cheio de voltas. Liz Taylor se atrasou porque estava sendo vestida por Calvin. E o garotinho de Indiana que dizem que tem aids e que não estão deixando que vá ao colégio estava lá. Uma gracinha. Brooke Shields estava lá com um ar muito glamouroso. É a mais linda boneca de carne e osso que já vi. E sempre pensei que Cornelia era linda, mas ao lado de Brooke fica parecendo um patinho feio, tudo no lugar errado, e ficou dizendo coisas para Brooke, mas entre os dentes, tipo "Dê o fora!". Não queria ficar ali ao lado dela – ela *se deu conta*.

Finalmente o prefeito chegou e entrou no salão e Liz ainda não tinha aparecido. Eu deveria estar na foto com ela e Calvin e o prefeito. Fiquei conversando com um garoto e aí ele contou que está com aids e você fica sem saber o que dizer – "Ei, que festa fantástica!". E aí olhei mais de perto e lá estavam as manchas, foi como um choque de realidade.

Aí Liz chegou e todo mundo enlouqueceu e foi para cima dela e Keith disse, "O que é que a gente tem que fazer para ser famoso assim?". E então a arrastaram para o outro lado do salão e aí todos os fotógrafos se foram para lá e a sufocaram e amassaram e quando terminaram só a largaram de mão e a deixaram lá parada, sozinha, tinham conseguido o que queriam. Foi estranho de ver.

Peguei minha limusine e fui para o Mr. Chow's e cumprimentei todas as pessoas de quem eu tinha me despedido. Grace Jones estava dando telefonemas para Roma – acho que Tina não percebeu.

Quinta-feira, 1º de maio, 1986. Fred estava gentil comigo e aí descobri por quê. Ele disse, "Se você for à festa dos Thurn und Taxis na Europa vai arruinar a minha viagem". Porque ele acha que vai ter de tomar conta de mim. Acho que ele quer se sentir livre ou algo assim. Mas eu realmente não tenho ninguém mais para levar comigo, não sei porque ele está tão preocupado, não tenho de ir *com ele*. É uma festa de aniversário imensa que a mulher de Johannes, Gloria, vai dar para ele – serão dias e dias de eventos.

E Sam estava com um humor podre e brigamos, pedi que ele me conseguisse uns potato chips e ele se recusou. Estava só de mau humor. E Vincent pediu que ele fizesse uma coisa e ele não fez. Diz que quer um trabalho mais "importante".

Sábado, 3 de maio, 1986. Dei uma passada na Sotheby's. Olhei minhas pinturas. Alguém vai levar a leilão uma das minhas pinturas "Ingressos para o Studio 54" e alguém vai ganhar $5 ou $7 mil, é a estimativa... Gostaria de saber quem está vendendo. Dei essas pinturas para Halston e Barbara Allen, gente assim.

Paige me buscou e fomos ao vernissage de Kenny, mas antes passamos pela Pop Shop, a loja de Keith que inaugurou semana passada e à qual eu ainda não tinha ido. Ele colocou cinco pessoas trabalhando lá, dois chefes e três garotos. Ganham $8 por hora. Mas é difícil de encontrar a loja, é só um pouquinho fora de mão, mas é o pouquinho que faz diferença. Não sei se as pessoas irão até lá, mas havia gente lá. Comprei relógios de pulso.

Fomos para a casa de Kenny. Boa festa. Três cozinheiros fazendo massas sob o tipo certo de luz, um ar muito chique. Kenny estava extraordinariamente drogado.

Segunda-feira, 5 de maio, 1986. De táxi até o escritório ($6), estava realmente movimentado. Anthony D'Offay, de Londres, estava lá e resolveu que adorou os "Autorretratos". Antes eles estavam tão inseguros que achei que não comprariam, e aí quando Keith os viu e disse que queria usá-los para camisetas eu disse claro, e acho que ele fez umas duzentas, então agora acho que vamos ter de comprar tudo de volta.

E Bruno veio, e o senador Dodd, sei lá por quê, e Peter Beard apareceu e tudo ficou convergindo. Mostrei tudo para todos.

Aí Sylvia Miles pediu que eu a buscasse às 8h para o tributo a Liz Taylor no Lincoln Center. De táxi uptown ($5). E Sylvia estava toda arrumada, caminhamos até o Lincoln Center. Liz se atrasou uma hora e meia. Finalmente chegou, mostraram cenas dos seus filmes, discursaram. E não sei como ela consegue trabalho, está sempre *atrasada*. E sua mãe estava lá, linda. A única pessoa a quem Liz agradeceu. E o problema de beleza de Liz é que quando ela emagreceu seu nariz não diminuiu. Todo o álcool ainda está lá. Mas agora está com uma cintura de 50cm.

Terça-feira, 6 de maio, 1986. Wilfredo me buscou e fomos para o ateliê de Calvin Klein na 38 com a Broadway, parece uma armadilha, a gente espera o elevador horas a fio. John Fairchild estava vinte minutos atrasado e atrasaram o início do desfile esperando por ele. Foi ótimo ler na Page Six que a agência de propaganda de Jerry Della Femina fez um anúncio para Perry Ellis com um garoto modelo lendo um livro com a palavra "foda" escrita e Fairchild se recusou a publicá-lo no *Women's Wear Daily* e Della Femina disse algo como, "Quem John Fairchild acha que é? Talvez ele consiga mandar em gente como Jerry Zipkin, mas não em agências de propaganda". Portanto, foi ótimo sentir alguém colocando Fairchild no seu lugar.

Achei que o desfile foi um Halston amansado, com os suéteres amarrados ao redor dos ombros e coisas assim, casacos e chapéus e calças e todos os tamanhos, mas Fred disse que o estilo era "Wasp Rico".

Tentei trabalhar (táxi $4). Bruno tinha deixado doces para mim e fiquei sentado ali só conseguindo pensar nisso, aí comi e fiquei cheio de energia.

Rupert veio e ainda está com um pouco de tosse, mas disse que o seu psiquiatra assegurou que essa é só uma maneira dele continuar ligado ao seu namorado que morreu.

Quarta-feira, 7 de maio, 1986. Encontrei Bianca e ela me agradeceu por lhe ter salvo a vida ao recomendar que fosse consultar Eizo para fazer shiatsu e agora ele recomendou ainda uma outra pessoa para fazer um tratamento adicional. Ela não está mais usando bengala.

Claudia Cohen Perelman estava dando uma festa para Bill Blass. Fui lá às 7h30 (táxi $5). Da pesada. A casa deles é muito chique, convidaram Jerry Zipkin e Nan Kempner e Carolina Herrera. Você acha que eles estão comprando Bill Blass? Uma mulher do *Women's Wear Daily* estava lá, é aquele tipo que não usa batom e faz perguntas duras, está indo longe demais.

E a grande novidade na mídia é que Joan Rivers vai competir com Johnny Carson, foi Barry Diller quem a levou para a rede

Fox. Vai entrar no ar meia hora mais cedo que Johnny. Mas não sei, o tiro pode sair pela culatra. A gente pode se cansar das pessoas, ela pode se expor demais, aquele mesmo estilo todo o tempo. Pobre Johnny – uma mulher a mais com quem se preocupar.

Quinta-feira, 8 de maio, 1986. Wilfredo me buscou e fomos ao desfile de Perry Ellis na 40 com a Sétima (táxi $6). E no final fizeram uma pausa e trouxeram Perry. E algumas pessoas estavam chorando, disseram que ele está com aids. Antes estavam dizendo que estava só adoentado e com problemas nervosos porque o namorado morreu de aids.

Fomos ao Palladium para a última sessão do desfile de modas de Andre Walker. E, quando estávamos no mezanino, meu cristal saltou da minha barriga para a pista de dança e tive que descer lá para encontrá-lo. Na realidade foi Wilfredo que encontrou. Tony Shafrazi estava ao meu lado quando o cristal caiu. Poderia ter matado alguém. Eu o uso na barriga entre as faixas cirúrgicas, caiu sem mais nem menos.

Sábado, 10 de maio, 1986. Gente entrando aos borbotões pela porta da nova loja de Ralph Lauren na Madison Avenue com 72 – parecia gente entrando no metrô na hora do rush.

Tive uma discussão esquisita com Tama sobre nosso jantar para pessoas que não se conhecem no Odeon. Ela começou a dizer coisas para mim tipo, "Você acredita em filhos?" e "A gente sempre pode adotar um" e "Você deveria se casar". E aí ela disse, "Talvez seja muito pessoal para você, mas talvez possamos voltar ao assunto outra vez". Agora fiquei pensando que talvez Tama tenha colocado ideias sobre mim na cabeça de Paige, porque foi estranho que Paige tenha ficado tão chateada quando não liguei para ela da Europa. Mas aí pensei que talvez Tama esteja fazendo isso para *si mesma*. Sei lá, é esquisito demais. O que há de errado com elas? Será que não percebem que estão atirando no alvo errado? Alguém deveria contar para elas.

Quinta-feira, 15 de maio, 1986. Na outra linha Vincent disse que nosso programa *Fifteen Minutes* ganhou o Fashion Show Video Award no Palladium noite passada. Fiquei evitando Paige porque estou me sentindo estranho com todas aquelas coisas que Tama me disse uns dias atrás.

Ah, e conversei com Halston e ele disse que eu deveria conseguir cobertura de "imprensa artística" para a coisa beneficente de Martha Graham e eu disse para ele, "Ah, Halston (*risos*), arte realmente não tem 'imprensa'." E ele disse, "Nenhuma imprensa artística? Nenhuma imprensa artística?". Foi uma novidade para ele. Ele disse, "Bem, então vamos ter que conseguir a UPI e a AP".

Sexta-feira, 16 de maio, 1986. Trabalhei até as 8h. Thomas Ammann me buscou às 8h45 para irmos ao jantar no Aurora na 49 Leste. O dono é Joe Baum, que foi dono do Four Seasons e do Windows on the Worlds e do Brasserie. Lá encontrei Stuart Pivar e Barbara Guggenheim, aquilo lá tem uns sessenta lustres, parece uma loja de lâmpadas. Mas Stuart adorou. Por que será que Stuart fica correndo atrás de mulheres, se Barbara está assim tão apaixonada por ele, ela que é bonita, inteligente e agora até está ganhando muito dinheiro. Por quê? É uma loucura. Quer dizer, por que será que ele abandonou a família para viver da maneira como está vivendo, se preocupando todo tempo em encontrar mulheres para trepar? E, na realidade, acho que ele só se interessa por garotinhas de doze anos. Eu observo quando ele fica olhando para elas. É doente. Nojento. E tenho a sensação de que ele gosta de fazer coisas como cheirar roupa de baixo suja. É a minha sensação (*risos*) a respeito dele. Barbara gosta dele porque diz que é como estar com ninguém, pois ele fica totalmente absorto em suas próprias coisas. Mas é realmente interessante, ele sabe tanto sobre arte e música e história e tudo. A comida estava fria, mas veio naquelas travessas com tampas como se estivesse quente.

Sábado, 17 de maio, 1986. Fred estava chateado porque estou fazendo as "Martha Graham", mais trezentas gravuras minhas vão entrar em circulação. E estou chateado porque o contrato de Kent Klineman para o "Cowboys e Índios" permite que ele dê "aprovação final". Não sei como Fred deixou que isso acontecesse.

E há aquele problema com a gravura "John Wayne", não conseguem obter a permissão porque ninguém pode dar a permissão. É a foto de um filme da Warner e nem sei por que o *nome* é John Wayne, porque nem dá para perceber que é ele.

Encontrei Tama, ela disse, "Sinto muito ter feito todas aquelas perguntas pessoais outro dia".

Domingo, 18 de maio, 1986. Fomos ao Javits Center para o desfile de acessórios. Distribuí 250 exemplares de *Interview*. Fiquei muito chocado com o desfile porque eu tinha acabado de comprar umas bolas de uma mulher que se tornou quase uma amiga minha no mercado das pulgas, é do tempo do Max e tudo, e até me contou uma *história* de como conseguiu aquelas bolas exclusivas, aí chego no desfile de acessórios e vejo uma *caixa cheia daquelas bolas*! Fiquei magoado porque achei que aquela mulher era uma *amiga*.

É por isso que deixei de comprar primitivos americanos, porque as pessoas podem pintar essas coisas e enterrar por um dia e depois vender para a gente. É por isso que mudei para art déco, porque neste caso existem etiquetas e informações nos livros. Mas Stuart sugeriu uma grande ideia para eu ficar quite com ela, vai dizer para ela, "Sabe aquele cavalo que eu comprei de você por $12? Pois vendi por $10 mil. Descobriram que era o *protótipo* de todas aquelas falsificações". Ele vai dizer apenas isso. Não é esperto? Não é ótimo?

Ah, e será que eu disse que Tama me contou que uma vez conheceu uma mulher que trabalhava no apartamento de Stuart e achava que ele era muito esquisito porque tinha um quarto de litro de leite azedo guardado no refrigerador e uma vez por hora ia lá e cheirava?

Quarta-feira, 21 de maio, 1986. Anthony d'Offay veio de Londres e disse que não gostou dos meus "Autorretratos". Eis aí um marchand se fazendo de diretor de arte. Disse que gostou dos outros que eu fiz mas não desses, nos quais meu cabelo está como o de Jean Michel. E Rupert tem trabalhado duro neles. Edmund ainda está em coma. Estão falando em desligar os aparelhos. Estou com muito medo de ficar senil e aí como é que vou saber? Eu disse para PH que ela teria que decidir, que vou designá-la para me dizer quando eu estiver ficando senil, ela disse, "Prometo que vou dizer a você, mas juro que você não vai acreditar".

Stephen Sprouse ligou, ia à festa de aniversário de Keith no Palladium. Fomos buscar Debbie Harry no Chelsea (táxi $5). A festa foi divertida, exceto por um ator que era uma graça, chamado Tim, que roubou minha companhia, Sam (*risos*), porque quando Tim disse que ficaria mais um pouquinho Sam disse, "Acho que também vou ficar". Mas não fiquei chateado, fiquei feliz porque isso significa que não preciso ficar culpado de ir a lugares com Wilfredo. Realmente, estou feliz porque não quero me envolver. É tão bom não ser incomodado por ninguém. Alguém me perguntou se Sam é homossexual ou apenas imaturo. Sei lá. Ele gosta de mulheres mais velhas, talvez goste de uma mãezona. Quem é que vai saber? Eu gostaria de ter vinte anos e passar por tudo isso novamente, mas eu jamais gostaria de passar por tudo ou por alguém novamente em toda a minha vida. Sam e eu só brincamos. Mas ele faz boa limpeza e aprende depressa as coisas. Mas quando alguém o corrige, às vezes ele fica com uma certa postura e isso é difícil de arrumar.

Quinta-feira, 22 de maio, 1986. Acabo de ler uma entrevista que o sujeito da revista *Splash* fez comigo e não sei como conseguiu que saísse tão boa porque *eu* não estava bem quando fiz aquilo.

Havia uma equipe fotográfica esperando no escritório, uma coisa dos ingleses que D'Offay organizou, não sei o que era. Só conversei em meias palavras.

Saí cedo. Sam me buscou às 8h (táxi $8). Chegamos ao Beacon para o show de palco que Yoko faria, ela já tinha começado. Encontrei Stephen Sprouse lá. Ela estava refazendo os anos felizes entre 1980 e 1981 através das roupas masculinas e dos Reeboks, sei lá por que está fazendo isso. Ela está ótima mas a performance é muito idiota, ela deveria estar lá com muitas peles e Armanis, parecendo podre de rica. E deveria deixar John descansar em paz. Só posso pensar que Sean deve realmente querer que sua mãe pare com tudo isso. Deve ficar constrangido.

Depois fomos à festa de aniversário de Grace Jones no Stringfellow's, foi como uma viagem de volta aos anos 70, pista de dança de néon e coelhinhas bundudas. Como não havia jantar saímos de lá, queríamos algo para comer, estávamos famintos, aí fomos ao Caffe Roma para algo rápido e calmo e caímos numa cena gigantesca, era um jantar para o príncipe Albert. Bob Colacello estava lá, mais Cecilia Peck e Cornelia Guest. Cem pessoas para cumprimentar. Deixei o queijo de lado e comi a pizza.

Segunda-feira, 26 de maio, 1986. Dia em memória dos soldados mortos. Saí novamente com Stuart e fomos aos mesmos lugares, as casas de leilões, e é ótimo ir lá mais de uma vez porque as coisas começam a não parecer tão boas e a gente fica enjoado sem nem sentir vontade de comprar. Encontrei Tom Armstrong e sua mulher.

Terça-feira, 27 de maio, 1986. Fred vai para a Europa na sexta-feira para aquela coisa enorme dos Thurn und Taxis. Eu não vou – ele não quer cuidar de mim.

Trabalhei até as 6h45 e aí todos os pratos do almoço ainda estavam na cozinha, eu disse para Fred que a cozinha estava imunda e ele olhou para mim e disse, 'Bem, *eu* não vou lavar a louça". Diana Vreeland tem sido uma péssima influência para ele. Eu deveria ter separado os dois. Nos velhos tempos Fred seria a primeira pessoa a arregaçar as mangas e começar a lavar. Eu já tinha chamado um carro, por isso só tive tempo de limpar a jarra do café e acho que Jay limpou o resto. Jay tem andado de bom humor ultimamente. Talvez esteja com uma nova namorada. Thomas Ammann viu os trabalhos de Jay e adorou, mas são pinturas de uma ocasião só, ele agora não está pintando mais assim. Agora os artistas jovens estão todos fazendo pinturas abstratas porque agora é *disso* que eles estão tirando sarro. Passam por *tudo*, tiram sarro de todos os períodos.

Fui ver o balé de Martha Graham com Jane Holzer e Halston. Halston desenhou os figurinos. Fizeram os balés de algo como 1906 e 1930 e foi divertido ver como eram os bailarinos naquela época – eram como umas meninas queridinhas. (*risos*) O balé precisa de mais alguém que fuja da Rússia – a gente vê aqueles bailarinos russos e percebe que não há nada parecido por aqui. Eu assisti um grupo russo dançando "O lago dos cisnes" e deu para sentir a diferença.

Quinta-feira, 29 de maio, 1986 – Nova York-Boston-Nova York. Li um artigo sobre os garotos do "Billionaire Boys Club" que estão indo a julgamento por terem assassinado Ron Levin.

Fred e Kate Harrington me buscaram às 2h30 porque tínhamos que ir a Boston. De táxi até o aeroporto. New York Air. Fiquei lendo o livro de Peggy Guggenheim e a melhor parte é quando Iris Love descobre (*risos*) que é judia, a levam para um lado e contam para ela, na escola.

Ted Turner está no *Donahue* neste momento. É tão convencido. Detesto Ted. Desde aquela vez em que ele não me cumprimentou na Casa Branca.

Mary Richardson nos buscou quando chegamos a Boston e nos levou para um Hilton Hotel. E Joe Kennedy veio e discursou, não é um bom orador. Disse, "Aquele grande artista americano que jogou a arte..." – Fred quase desmaiou – "para o povo americano". Bem, acho que a Pop Art fez isso, mas ele realmente não fala bem. Soou muito falso, sem alma.

Domingo, 1º de junho, 1986. Edmund Gaultney e Perry Ellis morreram semana passada.

Segunda-feira, 2 de junho, 1986. Joe Kennedy veio com Michael Kennedy e não sei como ele pode estar concorrendo a cargos, ele é um tipo esquisito.

E trouxeram um guarda-costas, estiveram em Wall Street. E depois que foram embora eu tive problemas tentando secar uma pintura a ar.

Quarta-feira, 4 de junho, 1986. Almoço para 45 pessoas no escritório, para Chris Alexander que está se aposentando. Peggy Cass estava lá e contei a ela que deveria fazer um filme sobre a operação na perna, operaram a perna errada e ela ficou com as duas aleijadas. E tudo porque ela queria ser uma boa católica e poder ajoelhar, foi por isso que ganhou na justiça.

Kent Klineman foi ao escritório e não gostou da "Annie Oakley", perguntei como ele podia não ter gostado se tinha sido feita do jeito que *ele* queria. E aí perguntei se conseguiu resolver aquela coisa de John Wayne e ele disse, ah, sim, que o filho de John, Patrick Wayne, daria permissão se eu desse uma pintura que ele pudesse doar a alguma instituição beneficente, foi assim que ele resolveu a coisa e eu disse, "O quê?". Ele disse que Fred concordou, mas sei que Fred jamais faria isso. Quer dizer, isso é uma responsabilidade de Klineman e não vou arcar com ela. Se Patrick quer uma pintura, Kent pode me pagar que eu faço e aí *ele* que faça a doação. E aí era a hora de ir para o Museum of the American Indian para o meu vernissage, tive que subir até a Broadway e a 155 com Kent depois dessa briga toda, tentando esquecer e deixar tudo de lado porque a gente tem que fazer isso – hoje em dia a gente tem que ter brigas de negócios e depois continuar sendo amigo.

E Crazy Matty estava lá para me cumprimentar, bebendo vinho. O museu é um pátio e uns prédios pequenos. Muito agradável, a exposição está bem montada. Cheio de gente.

Sexta-feira, 6 de junho, 1986. Jantar para os biscoitos Oreo no Waldorf, eu realmente quero fazer o retrato do biscoito. Está comemorando seus 75 anos.

Resolvi levar Wilfredo. E todos os vendedores de biscoitos estavam por lá, todos vestidos na última moda, e é triste ver todas essas pessoas que vieram de todos os pontos do país vestir suas melhores roupas para ir a uma festa para um biscoito. Quando estávamos entrando, um segurança perguntou (*risos*) "mr. Warhol, o senhor por acaso está entrando de furão?". A RP teve que vir e dizer que estava tudo bem. E o biscoito grande tem um ar ótimo. O novo Oreo tamanho gigante, que vem só um por pacote. Umas cinco vezes maior que o tamanho normal, com uma porção de creme e um chocolate muito preto e amargo, uma loucura.

Me vesti de preto e branco e fiquei parecendo um Oreo e quando ligaram as câmeras eu comi biscoitos e disse, "Miss Oreo precisa que alguém pinte seu retrato". Espero que os chefões entendam a mensagem. Ah, seria tão bom de fazer. O mestre de cerimônias foi Jerry Lewis.

Quarta-feira, 11 de junho, 1986. Rupert e eu tivemos uma briga enorme no escritório por causa do funeral de Edmund, sobre se eu ia ou não, e aí eu fui. O tráfego estava péssimo e agora eu sei por que as pessoas que têm que circular morrem de infarto por causa do estresse, não que eu estivesse com pressa ou algo assim, mas se eu estivesse teria sido um horror. Chegamos lá no final. O pai de Edmund parece um evangelista sulista, um personagem de cinema. Muito esquisito.

Aí Paige e eu caminhamos até o Plaza para aquela coisa de Yoko Ono e ela estava sem sapatos e eu disse que ela era louca. Eu a obriguei a usar sua camiseta *Interview* ao avesso, porque era black-tie (táxi $4). Yoko e Sean estavam lá. Nona Hendryx também e Roberta Flack chegou lá uma hora atrasada. Cab Calloway foi condecorado. Era uma coisa beneficente para a adoção de crianças do Harlem. E quando a gente enxerga aqueles garotos realmente quer adotá-los. São umas graças. Vou dar dinheiro para qualquer pessoa que adote uma daquelas crianças. Pode espalhar.

Depois fomos ao Hunter College, onde havia uma festa por causa do filme de Rodney Dangerfield, *Back to School*. Chegamos lá e enxerguei Sam e PH ali no meio do povo e, meu Deus, que groupies! Estavam todos aglomerados em volta dele com câmeras e PH pediu que ele tirasse uma foto comigo e ele foi realmente gentil, disse, "Andy, tenho que tirar o chapéu para alguém que tenha sobrevivido tanto tempo quanto você". Paige foi a pé comigo até em casa e todo os outros foram para a Harley-Davidson Biker Night no Arca.

Domingo, 15 de junho, 1986. Fred disse que o bolo de aniversário da festa dos Thurn und Taxis foi um daqueles velhos bolos de caralhos dos anos 60, você sabe, centenas de caralhos no bolo e todo mundo ganhou o seu!

Segunda-feira, 16 de junho, 1986. Uma equipe que está me filmando para a TV inglesa foi ao escritório e eu disse que eles deveriam andar comigo pela cidade e filmar sem som, aí disseram que tudo bem, então peguei o cachorro de Brigid, Fame, e demos a volta na quadra. Fame cagou e eu limpei e foi uma cena ótima. Aí fomos até a Rua 27 procurando lojas e havia dois sujeitos parados lá e um deles disse, "Eu tirei fotos de você e de Brooke Shields", e o outro disse entre os dentes (*risos*), "Chupador de caralho". Foi realmente ótimo. Não sei se ele realmente me conhecia, mas havia muita cor lá na rua.

Keith estava de limusine e resolvi ir com ele ao Carlyle na festa para aquele garoto Ellis que escreveu *Abaixo de zero*. Ele se formou na Bennington. E quando entramos uma mulher careca com um vestido elegantemente feio também estava entrando. Gostaria de saber se roupas normais alguma vez vão ser usadas novamente, se a garotada algum dia vai se vestir normalmente como, sabe, Phil Donahue. Uma graça de festa. Não li o livro dele, mas alguém mandou para mim. Todos os garotos com seus cabelos perfeitamente na moda e suas roupas perfeitamente na moda. Sempre acho que a garotada da Califórnia é alta, mas os garotos todos tinham 1m de altura.

Nick Rhodes ligou de Londres e me pediu para ligar para ele quando for lá, Julie Anne está esperando um bebê para agosto. Ele disse, "Estamos esperando uma escultura".

Terça-feira, 17 de junho, 1986. Desfile de modas das roupas de Bernard Perris no Pierre. Paige veio me buscar. Aquelas roupas são iguais a fantasias. Como se alguém tivesse desenhado qualquer coisa e depois de alguma maneira mandado executar. Pistoleiras no Harry's Bar usariam estas coisas, são caras e a gente olha e percebe que custam bastante dinheiro, mas não se consegue chegar à conclusão de quem teria desenhado. Bem, agora você sabe – Bernard Perris, todas estão usando Bernard Perris. É aquele mesmo tipo de coisa de Nolan Miller, roupas de TV. E ao meu lado estava Hebe Dorsey, escreve para o *International Herald Tribune* e ficou falando maravilhas de Peter

Marino. Adoro o nome dela, He-be. Se algum dia eu tiver uma filha vou chamá-la de Hebe.

Quinta-feira, 19 de junho, 1986. Cheguei ao escritório e aquela senhora da Flórida, amiga de Dorothy Blau, estava lá e não gostou do seu retrato, quer que eu faça o cabelo mais cheio e eu sei que não vai dar certo. E Dorothy me mandou mais alguns daqueles doces realmente maravilhosos. Finalmente saí e fui com a equipe até a Rua 42. Por que é que todas as equipes e todo mundo sempre quer ir *lá*? Quer dizer, não tem nada lá.

Fui para casa e vi que havia uma festa que Mark Goodson estava dando para Norman Lear, aí fui até lá, no One Beekman Place (táxi $4). Bianca estava lá com Carl Bernstein. Cindy e Joey Adams estavam lá e eu mencionei Roy Cohn e ela disse que ele está quase no fim, que o viu quando esteve na cidade para um pequeno coquetel que alguém organizou para ele. E uma senhora estava lá e disse que está muito enfadada desde que parou de trabalhar e seus filhos cresceram e eu disse, "Por que a senhora não adota um bebê do Harlem?". Contei para ela que são umas graças e, se a gente vai lá e mostra o dinheiro, é pagar e levar.

Segunda-feira, 23 de junho, 1986. Fred foi fazer um exame de sangue com o Doc Cox, é da opinião que devemos saber de tudo. Sei lá por quê. Mas Rosemary não estava lá para fazer o exame.

E Iolas ligou do aeroporto e disse que estaria no escritório em vinte minutos e estava! Como é que conseguiu chegar tão rápido? E Brooks Jackson estava com ele, um aspecto péssimo. Não quis perguntar sobre sua mulher, Adrianna, me contaram que está morrendo. O câncer.

Jay deu seu ingresso para a première de *American Anthem* para Len, o novo recepcionista, que tem dezessete anos e está prestes a ir estudar na Brown, aí Sam perguntou para Len se ele queria ir conosco, o que me surpreendeu, porque normalmente ele não faz isso, e Sam ficou chocado ao descobrir que Len só tem dezessete anos e então ele não é mais o garoto mais jovem do escritório. Mas Len é realmente esperto para quem tem dezessete anos.

Quarta-feira, 25 de junho, 1986. Houve uma projeção de *Ruthless People* e aquele tal de Danny DeVito é uma graça, deveríamos todos casar com ele, verdade. É adorável.

Domingo, 29 de junho, 1986. Era o Dia Gay e a parada estava acontecendo. Fui ao mercado das pulgas e encontrei Corky Kessler, que eu não via há trinta anos. Talvez quarenta. Uma vez me deu aulas de dança moderna. Deve ter uns 55 ou 58. Ela fez plástica no nariz e aí ficou com aquele ar de alguém de fora mas com um corpo jovem ótimo. Mas aí não sei se o corpo dela é sustentado por sutiãs e essas coisas. Não dá para saber. Me perguntou sobre o resto do nosso velho grupo.

Havia milhões de mulheres na parada do Dia Gay.

Stuart ligou e disse que Mario Amaya morreu de aids, estava muito chateado e eu tentei tornar a coisa leve, ele estava chateado dizendo que Mario tinha sido a pessoa mais importante de sua vida e foi quem lhe ensinou tudo sobre arte. E eu disse, "Mas Stuart, você não é gay, porque você está tão chateado?". E por alguma razão sempre esqueço que Mario também foi baleado por Valerie Solanis aquele dia que ela atirou em mim – por acaso ele estava visitando a Factory. Mas o tiro só pegou de raspão.

Segunda-feira, 30 de junho, 1986. PH está de volta do seu fim de semana em Miami entrevistando Don Johnson e a coisa mais fascinante que ele contou é que nos seus dias de rua da amargura ele costumava aplicar golpes em L.A., junto com o desaparecido-e-provavelmente-assassinado Ronnie Levin!

Terça-feira, 1º de julho, 1986. Arnold Schwarzenegger estava dando uma festa para a Estátua da Liberdade do Café Seiyoken e nem fui convidado. Também não fui convidado para o casamento de Caroline Kennedy.

Sexta-feira, 4 de julho, 1986. Sam me buscou às 2h num táxi da All-City e fomos até a Décima Avenida com a 23. Compramos alguns souvenirs ($20). Não parecia um Quatro de Julho, havia milhões de gente por toda a cidade. O barco da MTV zarpou às 3h15. Todo mundo se embebedou. Realmente não havia grandes astros. Vitas Gerulaitis estava lá e Janet Jones, a atriz de *Flamingo Kid* e *American Anthem*. Ninguém de rock exceto uma mulher do Bananarama. Annie Leibovitz tirou fotos, mas só dos barcos. Vincent e Shelly estavam lá.

Tive que bater num gongo e foi horrível. A comida estava péssima. Doritos e hambúrgueres malpassados do Hard Rock e porco e feijão.

O barco da MTV era o único feio – balões por todo o lado. Os outros barcos eram só simples e elegantes. Assistimos ao discurso do presidente em duas TVs. Don Johnson chegou às 7h30. Um barquinho o trouxe até o barco da MTV, ele estava com quinze guarda-costas e com um chapelão imenso e não queria subir a não ser que baixassem a escada. Estava com uma mulher parecida com Patti D'Arbanville – mas não era – segurando um bebê, subiram a bordo e se trancaram numa sala e nem saíram para falar com as pessoas.

E às 9h45 começaram os fogos de artifício, nós estávamos bem longe deles. Finalmente nosso barco atracou e jogaram Don Johnson numa limusine, olhamos à volta e havia alguns táxis vazios por ali.

Ah, e a melhor coisa foi que, quando estávamos saindo, o pessoal do ZZ Top nos viu e nos levou para a sala ZZ Top e foi divertido, querem que a gente vá visitá-los quando voltarem, em agosto (táxi $30). Deixei Sam.

Domingo, 6 de julho, 1986 – Nova York-Londres. Chris veio me buscar cedo (limusine $70, revistas $30, carregador $10). Embarcamos no Concorde. Anthony d'Offay foi nos esperar, nos levou para o Ritz Hotel (carregadores $20). Me deram um apartamento duplo realmente enorme, tipo três quartos. O telefone tocou e era Billy Boy. Aí Tina Chow ligou e disse que o jantar estava confirmado. Eu pedi que ela não fizesse nenhuma festa para mim, mas ela fez assim mesmo.

De táxi até o Mr. Chow's ($7.50). Foi divertido, ela convidou uma porção de gente ótima. Mick e Jerry Hall, Nick Rhodes, Billy Boy e todos os grã-finos ingleses. Todo mundo foi realmente gentil conosco. Tessa Kennedy, Jennifer D'Abo, Ramon, Robert Tracy, Rifat Ozbek, Manolo Blahnik, Jerry Zipkin.

Segunda-feira, 7 de julho, 1986 – Londres. Billy Boy estava sempre por perto. Fomos à galeria e foi ótimo, vimos as pinturas, foi até excitante (táxi $5).

Pedi canapés antes do jantar. De táxi para jantar no clube de Mark Birley, Mark's (táxi $7).

Terça-feira, 8 de julho, 1986 – Londres. Fui almoçar na galeria porque meu vernissage era naquela noite. E depois voltamos para o hotel (gorjeta $5). Pedi mais canapés. Consegui algumas joias com Billy Boy para usar no vernissage. Depois fomos para a galeria e estava realmente cheio, por isso autografei por duas horas. Umas graças de garotos que estavam lá querem que a gente faça um videoclipe – "Curiosity Killed the Cat". Chris deu seguimento ao assunto, ligou para eles. Muitos fotógrafos. Depois houve um grande jantar num velho clube de arte chamado Café Royale, onde os artistas costumavam fazer grandes vernissages, tipo Augustus Johns. D'Offay convidou umas cem pessoas, deve ter custado uma nota. Aí Fred me levou para casa. Pedi canapés.

Quarta-feira, 9 de julho, 1986 – Londres. Esta é a semana entre Wimbledon e o casamento de Fergie, uma coisa excitante. A semana que Boy George está nos jornais por causa de seus problemas com heroína, grandes manchetes, estão tentando encontrá-lo.

Chris e Billy Boy vieram tomar café da manhã no meu quarto (gorjeta $10). Aí fiz a mesma velha coisa de sempre – saí sem rumo por Londres (táxi $8).

Quinta-feira, 10 de julho, 1986 – Londres. Tirei fotos do Big Ben e essas coisas. Todos os lugares britânicos engraçados. Comprei algumas revistas ($20). Fui jantar e aí tinha que ir ao Heaven encontrar Gloria Thurn und Taxis e seu marido, Johannes. Ela estava meio que caçando para ele. Billy Boy e Chris estavam lá.

Fred e eu saímos discretamente. Billy Boy teve uma briga com os paparazzi (*risos*) porque *queria* sair nas fotos (táxi $10). Convidei-o para meu quarto para fofocarmos e ele disse que não, que só queria "ir para casa dormir".

Sexta-feira, 11 de julho, 1986 – Londres. Descobri que Billy Boy foi correndo de volta para a discoteca e passou a noite toda em claro tentando subir na vida.

Almoço de sociedade na casa de Marguerite Littman em Chester Square (garçom $5, táxi $8). Foi realmente divertido. Ela é muito bem-composta. Seu marido é o advogado da rainha. Dagny Corcoran e outras senhoras glamourosas estavam lá. Aí depois disso fomos para King's Road com Chris. Não convidamos Billy Boy.

Sábado, 12 de julho, 1986 – Londres. Nossa excursão à casa de Catherine. Tomamos café, pegamos um carro e viajamos duas horas e meia até Gloucestershire. Catherine foi divertida. Agora se chama lady Neidpath. Caminhou conosco e nos mostrou tudo. Durante o almoço deixou cair um prato cheio de spaghetti e apenas juntou tudo e colocou num outro prato com cacos de vidro e tudo e serviu para as pessoas que vieram mais tarde com Kenny Lane. Fizeram churrasco mas começou a chover. Deixaram cair um prato de amoras e também juntaram. Lindo serviço de mesa, muito elegante. Uma sujeira na cozinha, com crianças e cachorros e empregadas. Gente servindo com bebês no colo. Catherine realmente fez uma porção de coisas sozinha.

Domingo, 13 de julho, 1986 – Londres-Nova York. Acordei às 7h30, não sei como. Tinha ficado lendo a biografia de Cecil Beaton. Apareço um bocado, por causa daquele tempo em que o conheci. E Sam Green está na vida de *todo mundo*, tem um papel principal – já teve Yoko Ono e John Lennon e Cecil Beaton e Greta Garbo e eu.

Conseguimos muitos trabalhos, vendemos uma porção de pinturas em Londres – uma para a Carnegie-Mellon – e Anthony d'Offay até disse que pagaria a conta de hotel de Chris, ele vai ter um ataque quando descobrir os dezoito telefonemas diários que Chris deu para Nova York. E Chris conseguiu *cinco trabalhos* lá – um para a Polaroid – e na realidade ele me *agradeceu* pela viagem. Eu só gostaria de poder pensar numa pessoa mais merecedora de todas essas oportunidades. Mas a seu modo Chris sabe tomar conta de mim.

A exposição. A exposição. Quer dizer, quando a gente entra numa sala cheia dos piores retratos da gente mesmo, o que se pode dizer, o que se pode fazer? Mas não foram os retratos que eu escolhi. D'Offay foi o "diretor artístico" de toda a exposição – me dizia que queria determinado retrato e aí acho que esquecia, aí eu fazia o que *eu* gostava e quando ele voltava a Nova York ele dizia que não tinha sido aquele que *ele* tinha escolhido. E não quis a grande camuflagem, quis os retratos pequenos. Mas ele mostrou muita classe, chegou no hotel com sua mulher às 7h30 da manhã para se despedir. Achei que iriam conosco ao aeroporto, mas não foram, então foi ótimo. Acho que a conta do hotel vai custar uns $10 mil para ele. Sim, ele foi ótimo.

Ah, e Deus, Billy Boy se transformou num pesadelo! No final da viagem todo mundo o estava detestando. A coisa mais arrivista do que qualquer coisa que Suzie Frankfurt jamais tenha feito e, como Fred disse, pelo menos Suzie sempre foi uma amiga fiel. Ele anotava o número de telefone de todas as pessoas, um minuto depois que o apresentávamos para elas, ficou convidando-as para almoçar e distribuindo seus brincos e tudo! Quer dizer, ele apareceu no *meu* programa de TV *horas* a fio! Aquele que fizeram comigo. E surgiu em todas as fotos e um fotógrafo pediu que ele saísse e aí Billy bateu no sujeito (*risos*) com sua própria câmera. E eu ficava lendo até tarde, tipo 5 da manhã, e aí de manhã cedo o telefone sempre tocava: "Billy Boy está aí?". Ele disse para as pessoas que estaria tomando café da manhã no meu quarto! Embora numa manhã ele realmente tenha me levado flores. Ele é um Jackie Curtis mais coerente. E Chris realmente o detesta, também. Eles brigaram porque, quando encontramos Gloria Thurn und Taxis e seu marido no Heaven, Billy foi gentil com eles mas depois disse, "Odeio esses fascistas", e Chris se enfureceu com ele. Creio que Billy Boy achou que deveria ter sido convidado para a festa deles ou algo assim.

Tentei telefonar mas mal consegui mexer as mãos. Fred disse que todas as pessoas chiques estavam na Europa, que deixaram passar aquela coisa da Estátua da Liberdade. Como Jerry Zipkin e Ahmet. Como é que podem fazer uma coisa dessas? Será que ligaram para Nancy Reagan e perguntaram, "Será que essa coisa da Estátua vai ser interessante?" e ela respondeu, "Não"?

Segunda-feira, 14 de julho, 1986. Foi ótimo ver novamente os nossos jornais velhos conhecidos de Nova York (jornais $4). Li a coluna de "Suzy" sobre a festa que Tina Chow fez para nós em Londres, parece que foi ótima.

Paige ainda parece braba comigo. Acho que agora só está vivendo sua própria vida. Melhor assim.

Gael disse que Albert Watson ganhou o emprego de fotógrafo da rainha. Isso enquanto estou lendo sobre Cecil Beaton e sobre como aquele emprego era importante para ele.

Terça-feira, 15 de julho, 1986. Wilfredo preparou Milton Berle para *Interview* e conseguiu o seu autógrafo para mim, eu não tinha conseguido quando fiz *The Love Boat*. Ele há pouco esteve num destes programas matinais, ele entra no ar como se fosse dono da TV, é ótimo ter tanta confiança assim. Ele perguntou a Wilfredo, "Tenho que autografar com meu caralho?". Se parece com um velho alfaiate.

Victor veio e disse que Halston quer se encontrar comigo sem o Paul para conversar sobre Montauk. Mas não estamos ganhando nada com o aluguel de Halston, só dá para a hipoteca.

Quarta-feira, 16 de julho, 1986. De táxi até o Palladium ($6). John Sykes estava no palco. E estavam mostrando aquele programa de TV que um garoto da MTV montou em cinco horas, era ótimo. Era uma porção de gente dizendo coisas, falando mal de John, tirando sarro dele.

E Steve Rubell estava lá, comprou o Diamond Horseshoe que pertencia a Billy Rose. Acho que fica na Oitava na altura das ruas 40 Oeste. Levei Dolly Fox comigo e consegui que me contasse algumas fofocas. Ela ainda está vivendo com Charlie Sheen, ele deu pérolas para ela, lindas – acho que são pintadas de preto, mas mesmo assim são lindas – e também um anel de diamante.

Ah, e ontem Gael me pediu para checar se Ron e Doria Reagan estão rompendo. Eu disse que, se ela conseguisse um furo, deveria ligar para a revista *People* para ganhar $150 (*risos*).

Brigid acaba de desligar na outra linha, disse que sua mãe não tem muito mais tempo de vida. Não me pareceu nem um pouco triste, exatamente a mesma coisa de quando seu pai morreu. Ela até parece excitada (*risos*). Não sei por que estou dizendo uma coisas dessas, mas enfim. Ela vai herdar milhões.

Como é que esses médicos realmente se sentem a respeito dos pacientes? Será que se importam com a gente e realmente querem que a gente melhore ou será que é só um negócio? Quer dizer, penso sobre pintar retratos e será que me importo se saem bons, não será apenas um trabalho? E isso só num nível superficial – não é vida ou morte.

De manhã convenci Stuart a ir ao médico dos cristais comigo. Perguntou por que vou ver essas pessoas se sou considerado esperto. Aí fomos ao consultório de Bernsohn e havia um médico visitante lá, americano mas mora no Japão. Ele tem um novo cristal que é só para massagens, um grande, redondo. Faz a mesma coisa daquelas massagens quando massageiam todos os músculos, mas sem torcer. E o médico experimentou em mim e me disse para pensar em luz branca e setas brancas e Bernsohn e ele ficaram num círculo à minha volta de mãos dadas e Stuart só revirou os olhos, ele nem conseguia acreditar.

Sempre uso dois cristais – um "vitalizador" e um outro. Parecem diafragmas. O filho do dr. Reese faz os cristais. São chamados Harmônicos.

Quinta-feira, 17 de julho, 1986. Trabalhei até 7h. E aí Ric Ocasek veio nos buscar para nos levar ao Madison Square Garden.

Ric tem uma namorada, Paulina, que é uma grande modelo, é tchecoslovaca, e sua mãe estava com eles, parece ainda mais moça que a filha. E acho que talvez eu não seja tcheco, *porque não entendi nada do que estavam conversando*.

E fomos para o Garden, eu não sabia que dava para fazer isso, a limusine foi até lá dentro do Garden. A gente entra (*risos*) direto no palco. *Sim*, é verdade. Ric e Dylan têm o mesmo empresário. E ele ficou dizendo para mim, "Você tem total liberdade, total liberdade. Vá por toda parte, tire fotos onde quiser – nos banheiros, no palco, qualquer lugar". E nos levaram para os camarins e Dylan estava lá, mais Tom Petty e Ron Wood. E a filha de Tom Petty estava por ali, ou talvez fosse sua mulher. Era igual a ele.

E Dylan está ótimo, botas de cowboy de bico prateado, bebendo Jim Beam. E mesmo que tivessem me dito que eu teria "liberdade total", estou contente de ter *pedido permissão* para tirar uma foto daqueles três, porque Dylan negou. E aí mais tarde Ric descobriu que Dylan estava de mau humor porque tinha brigado com a namorada que tem quarenta ou cinquenta anos e que eu acho que trabalha para a companhia de discos e no final da briga ela disse algo para ele tipo, "Ah, vai lá fora e toca o teu 'mr. Tambourine Man' ou uma coisa daquelas". É uma coisa para destruir qualquer humor – quando o seu amante diz que todo o trabalho que você fez a vida toda é (*risos*) "uma coisa daquelas". Aí acho que ele estava com o ego lá embaixo e ainda com um show pela frente.

E o garoto Pressman, que é dono da Barneys, estava lá, esteve na festa da MTV noite passada, vai a todas essas coisas de música, sei lá por quê. Eu menti e contei a ele que vi as vitrines da Barneys sobre a Estátua da Liberdade.

Realmente não consegui nenhuma boa foto, só tirei uns quatro filmes de clima. E Ron Delsener estava circulando, enlouqueceu no final porque se o show passa das 11h, os sindicatos cobram $1 mil extra por minuto.

Depois, naquele novo restaurante da 81 com Columbus, Metropolis, Dylan chegou com toda sua família – todos os seus filhos e sua mãe, que tem um ar ótimo, cabelo branco. Não parece judia, mas todos os outros sim. Perguntei ao empresário de Dylan se agora ele é cristão ou se voltou para o judaísmo e ele disse que Dylan é ortodoxo e é por isso que não faria o show da noite seguinte – não trabalha sextas à noite a menos que a grana seja *realmente* alta.

Keith Richards deveria ter ido ao concerto, mas Patti Hansen estava em trabalho de parto. Ah, também, o road manager gostou da mãe de Paulina, a namorada de Ric Ocasek, e ela deu seu endereço para ele. Ele é hindu. Paulina disse, "Temos que fazer mamãe trepar antes de ir embora de Nova York".

Sexta-feira, 18 de julho, 1986. Grace estava tão bem no *Today Show* que eu deveria ligar e dizer isso para ela.

Foi o dia em que perdi minha câmera em algum lugar. E o filme que estava na máquina era o filme mágico – aquele com Dylan e toda sua família, os filhos e a mãe. Todos os outros filmes eram só do show e aquelas coisas.

Vincent tinha combinado um jantar com Rick Ocasek e sua namorada, Paulina, e seu empresário que também é o de Dylan, Elliot Roberts e sua mulher ou namorada, Sylvia, uma loira que é representante de um designer japonês. Depois do trabalho Rupert me deu uma carona até uptown.

Liguei para PH, busquei-a às 8h30, fomos para o Caffe Roma. E a mãe de Paulina não foi porque tinha saído com o road manager hindu. Ric não vai sair na mesma foto de Paulina porque ainda está casado.

Ric perguntou se eu gostaria de ir até o Eletric Lady, o estúdio de gravação na Rua 86. E fomos a pé pela Quinta Avenida, e começou a chover. Primeiro todo mundo reconhecia Ric – ele tem 1m90cm – e depois me reconheciam, aí ficavam doidos, paramos para dar autógrafos e foi aí que percebi que minha câmera tinha sumido. Ouvi o disco de Ric e agora entendi finalmente como conseguem transformar a voz da gente. São 24 canais.

Ele tocou o disco e dava para ouvir os mínimos detalhes, dá realmente para ouvir o que muitas horas de estúdio e trabalho podem fazer por um disco, embora eu não saiba o que tudo isso significa – as pessoas não estão fazendo uma música melhor, apenas mais comercial, eu acho, e aí... Mas todos os detalhes estão muito *claros*. Ric disse que aluga o porão daquilo lá há *dois anos* e você sabe o quanto custa comprar horas de estúdio! Ele disse que gastou milhões. Liguei para o Caffe Roma para perguntar se minha câmera estava lá, fiquei naquele clima de ter perdido alguma coisa (telefone $.50).

Sábado, 19 de julho, 1986. Fui ao consultório do dr. Burke (táxi $5) e aquela gordinha, Diana Balton, que trabalhava para *Inter-*

view, estava lá fazendo uma limpeza de pele. Agora trabalha para a *Elle*, estava com sapatos cor-de-rosa e um vestido justíssimo, está ficando atraente. Disse que, depois de dar o aviso-prévio para *Interview*, a *Time* cancelou a oferta de trabalho e ela ficou constrangida demais para nos contar, então foi embora assim mesmo e então conseguiu o emprego na *Elle*. Aí passei por aquele tratamento de colágeno e meu rosto ficou sangrando, vermelho.

Domingo, 20 de julho, 1986. Tive de levar os cachorros para passear e eles cagaram na calçada da esquina, eu juntei mas no caminho de volta alguns minutos depois notei que o pessoal da loja já tinha lavado a calçada, acho que viram lá de dentro. Aí fiquei constrangido.

Encontrei o médico e sua família, aqueles aqui do lado. E estavam com um bolo em cima de uma cadeira de rodas e disseram que sua filha casaria às 4h. E o bolo era lindo. Tinha sido feito de marzipan três dias antes, por isso já estava ficando amarelo, mas era lindo. Tirei uma foto para o livro *Party*.

Terça-feira, 22 de julho, 1986. Tenho assistido a essas coisas sobre Fergie e gostaria de saber por que a rainha-mãe não casa de novo. Aquela jornalista inglesa foi muito cruel com Fred. Lemos o artigo dela e ela usou quatro palavras que eu nunca tinha visto antes na vida para descrevê-lo e Sam buscou o dicionário e no final todas queriam dizer "escravo". Uma era "um lindo amanuense". Mas ela foi gentil comigo, não publicou nenhuma das coisas idiotas que eu disse.

Paige veio e conversou comigo, aí acho que finalmente ela não está mais furiosa comigo. Sabe, todos aqueles sujeitos tipo homens de negócios de Wall Street estão sempre loucos por Paige porque acham que ela poderia transformar suas vidas em algo glamouroso, e estão certos – ela poderia. Mas nunca se interessa por eles – ela só gosta daquele tipo de artistas jovens. Os viciados em drogas.

Eu gostaria de colocar (*risos*) Ann Lambton na capa da *Interview*. Todo mundo grita comigo quando eu digo isso, mas realmente gostaria. Acho que ela vai ser uma grande estrela, é realmente interessante, aí temos que fazer a primeira grande entrevista com ela.

Fui à estreia de *A difícil arte de amar* e quando cheguei lá uma senhora me disse, "Poderia passar à direita para ser fotografado?". Aí fui e absolutamente ninguém (*risos*) tirou fotos. Exceto Ron Galella, porque a situação foi tão esquisita que ele resolveu ser gentil.

A boa cena do filme é Jack cantando "My Boy Bill". Ele é mágico mesmo, realmente a gente fica querendo se apaixonar por ele, mesmo que ele seja velho. Ele realmente tem algo mais. E noite dessas quando vi Carl Bernstein perguntei sobre o filme e ele disse, "Mandei que mudassem tudo". Mas no final ele ainda é o vilão da história.

Depois fomos à festa no Metropolis. Mike Nichols me apresentou a Nora Ephron, ela escreveu um dos primeiros artigos sobre Edie para – o que poderia ter sido? *The Herald Tribune*, talvez? Estava com a cabeça nas nuvens, não queria conversar. Está igual. Fiquei surpreso com sua boa aparência. Pedi três sobremesas. Wilfredo me deixou em casa (táxi $6).

Quarta-feira, 23 de julho, 1986. Ah, e parece que Paige voltou a ser ela mesma, porque recebeu sua nova polaroid com uma porção de lentes e está excitada novamente. Jamais fiquei sabendo qual tinha sido o problema.

As luzes nos nossos telefones não funcionam e por engano peguei uma linha e Brigid estava conversando com sua mãe e foi uma tristeza. Realmente tive de ficar ouvindo. Sua mãe estava falando sobre ter tirado a peruca e observado os caroços na sua cabeça. Ela cuidou de um homem a vida toda e, no segundo em que ele morre, ela descobre que tem câncer. Nem teve a chance de sair e se divertir.

Então Rupert nos levou até a 14 e a Oitava onde aquele sujeito do Odeon, Keith McNally, está inaugurando Nell's com Nell Campbell, do *The Rocky Horror Picture Show*, como anfitriã. E pediu nossas opiniões sobre a comida, e se ele deveria cobrar $15 ou 5 de entrada. Embaixo é uma discoteca e em cima é silencioso, sem barulho. Eu disse que o pessoal de downtown reclamaria de ter que pagar ingresso e que isso transformaria a coisa numa discoteca, nada mais que isso, não seria nem um clube privado ou algo assim. O andar de baixo parece uma armadilha.

Quinta-feira, 24 de julho, 1986. A Robert Miller Gallery e a Pace-MacGill querem montar uma exposição das minhas fotografias costuradas juntas em outubro. Acho que Fred quer a Miller. Mas vou fazer uma exposição das pinturas "Mijo" em outubro na nova ótima galeria de Larry Gagosian no prédio de Sandro Chia na Rua 23, e sempre há uma exposição Dia em outubro e acho que fazer tudo isso ao mesmo tempo é muito depreciativo, aí talvez a exposição de fotografias tenha que ficar para mais tarde.

Anthony d'Offay veio com sua mulher e, se são tão ricos, por que é que ela não tem um dente? O filho deles de dezessete anos me mandou uma carta muito simples e muito adorável, mostra o que é possível dizer com uma carta, muito verdadeiro. Mas ele menciona Billy Boy, aí talvez tenha problemas.

Deveriam vir me buscar de limusine para a foto de Elliott Erwitt para *Travel and Leisure*. Resolveram que também queriam Grace, aí tudo se transformou em Esperando Grace.

Os garotos me conseguiram um táxi e fomos para o apartamento de Erwitt no Central Park West, porque ele ligou e disse que a luz estava indo embora, que não esperássemos por Grace. Grace mora lá ao lado do Anvil. Ela chegou e mesmo que ela *seja* a pessoa mais atrasada do mundo, é gentil, é divertida. Acha que deveríamos nos transformar num casal e que ela poderia me fazer feliz. Você consegue imaginar os seus amigos cheios de cocaína correndo pela minha casa? Ela ainda não conseguiu superar o fato de Dolph tê-la abandonado, disse que sem ela ele não vai ser ninguém, acho que tem razão, ele deveria ter tirado ainda mais dela antes de abandoná-la. Ela contou que ele percorre as piscinas com seu calçãozinho e as mulheres enlouquecem. E ficou reclamando porque Jean-Paul Goude nunca vai visitar o filho deles, que agora está com cinco ou seis anos. Mas Grace acha que ele precisa de uma figura paterna, aí (*risos*) encontrou uma bicha para morar lá com ela.

Segunda-feira, 28 de julho, 1986. Fui de táxi até a festa de aniversário que Peter Marino fez para seu cachorro, foi inacreditável ($5). E um sujeito do *Daily News* estava lá fazendo a cobertura, vamos ver de que ângulo ele vai contar a história. Havia dois pratos com os nomes "Archie" e "Amos", mas eu não os levei, só queria tirar fotos para o livro *Party*. A mulher de Peter, Jane Trapnell, é figurinista de *Kate & Allie*, o programa de TV, e por isso Jane Curtin levou seu cachorro até lá. Caminhei pelo escritório de Peter, que é realmente grande, ele tem manequins e amostras de tecido por todo o lado, deve ter umas quarenta pessoas trabalhando para ele. E o negócio de decoração de Jed também está indo bem – ele cobra milhões.

Terça-feira, 29 de julho, 1986. Joan Quinn ligou. Disse, "Quando é que você vai fazer meu desenho e meu retrato?" e eu disse, "O que você quer dizer?". E ela disse, "Bem, você me prometeu e já faz sete anos que sou a editora de *Interview* para a costa oeste." E eu disse, "Mas você não é editora para a costa oeste porque é arrivista? E não está sendo *paga* por isso?". E ela disse que eu tinha dito para ela no Polo Lounge logo que ela começou a trabalhar que eu faria seu retrato. E eu realmente nunca tive a intenção de fazer. Talvez tenha feito uma *brincadeira* sobre isso porque ela andava arrancando todos aqueles retratos grátis dos outros artistas, mas eu nunca disse nada sério. Aí então eu disse apenas sem rodeios que não vou fazer. Quer dizer, especialmente com arte eu sempre cumpro minha palavra e *lembro* quando prometi coisas. E aí liguei para Gael e Gael disse, "Ouça, não me envolva nisso". E isso realmente me deixou chateado. E não sei se adoeço porque fico brabo ou se fico brabo porque adoeço.

E aí um garoto deixou cinquenta convites para uma festa de uma novela de TV no Area que diz "Andy Warhol convida você..." e eu fiquei furioso. Quer dizer, ele ligou *uma vez* e perguntou se podia usar meu nome com uma porção de *outros* nomes, aí eu disse que sim só para ajudar o Area, e no fim eu sou *o único nome* no convite! E eu não faço isso para ninguém, então por que deveria fazer para esse garoto que mal conheço?

Depois tive que ir ao estúdio de Sue Etkin por causa daquele vídeo *Curiosity Killed the Cat*, que Vincent e Don Munroe estão fazendo, alugaram uma caminhonete com meio quarteirão de comprimento. O grupo está hospedado no Chelsea e está adorando. Umas graças, garotada nova.

Depois, de táxi ao Mr. Chow's (táxi $8) para um jantar com Gael e Paige e Steven Greenberg – ele nos convidou. E ele estava com um grandalhão irlandês, Bob Mulane, do Bally Casino de Las Vegas, disse que coleciona autógrafos, tipo o de Mini Ha-Ha e aí mencionou o de Patrick Henry e disse que ele escreveu, "Sinto muito ter apenas uma vida para dar ao meu país", e, depois que terminou, Stuart disse, "Sinto te dizer, mas essa frase é de Nathan Hale". Portanto eu (*risos*) descobri ali mesmo que a coisa vai mal. Talvez eu tenha misturado os nomes, talvez fosse o outro sujeito e a citação era "Dê-me liberdade ou dê-me a morte", mas enfim, era Nathan Hale quando deveria ter sido Patrick Henry ou vice-versa. Sei lá. Stuart sabia. E estávamos embaixo em vez de ter ido lá para cima, o barulho estava muito alto, comecei a me sentir mal. E realmente percebi que tudo deu errado quando me ofereci para pagar o jantar e Steven Greenberg não me impediu (jantar $300).

Quinta-feira, 31 de julho, 1986. Stuart Pivar veio me buscar. Fomos para a Robert Miller Gallery, que é onde era a Andrew Crispo Gallery. Disseram que se eu deixar que eles façam uma exposição com minhas fotos costuradas eles me darão espaço extra. Steve Aronson estava lá fazendo uma história para *Vanity Fair* sobre a galeria, também acabou de escrever um artigo sobre Stuart para a *Architectural Digest*. E já há algumas semanas Stuart tem pegado leve, me contando que não quer publicidade, que quer manter um perfil discreto, que quer apenas ser uma pessoa privada, mas quando estava conversando com Steve dava para perceber que quer publicidade *desesperadamente*.

Enfim, a exposição de fotografias lá era muito interessante, eu tinha esquecido (*risos*) que é possível roubar ideias. Gostei daquelas em que Bruce Weber chapou uma cor – azul, cor-de-rosa... Acho que é algo que costumavam fazer com sépia. E superposições estão voltando. Paige está usando loucamente sua nova Polaroid, os flashes estão começando a incomodar meus olhos.

Não mandei nem um bilhete para Liza, o pai dela morreu sexta-feira. Achei que sairia rápido do noticiário e eu poderia dizer que não soube de nada, mas estão fazendo um escarcéu, aí vou ter de escrever algo, mas o quê? Talvez fazer outro retrato dele. Mas eu já fiz tantos.

E aí notei algo esquisito que Stuart faz com as mãos – ele exercita cada dedo como os pianistas fazem. Ele diz que o tendão do dedo médio vai até atrás. E me fez tocar nos dedos dele, tem se exercitado há quatro meses, se parecem com garras. Não consegui nem movê-los.

O cara da Pace-MacGill veio, é muito estranho ser procurado por duas galerias ao mesmo tempo, nunca aconteceu comigo antes, e ambas estão oferecendo as mesmas coisas, é como ter dois namorados ou namoradas. O que é que eu faço?

Sábado, 2 de agosto, 1986. Wilfredo conseguiu ingressos para o show do Prince, aí fomos de táxi até o Madison Square Garden ($3). Conseguimos fazer entrar Debbie Harry e Stephen Sprouse, que estavam lá, sentamos exatamente no momento em que Prince apareceu nu, ou quase, e é o melhor show que já vi lá, muita energia e excitação. Avistei Ron Delsener e ele nos convidou para a festa de Prince no Palladium. Prince foi embora numa limusine no segundo em que o show terminou.

Fomos para a sala Mike Todd e estava quase vazia, mesas preparadas, reservadas, e lá, com um casaco branco e umas calças boca de sino cor-de-rosa, como uma porto-riquenha num baile de debutantes, *absolutamente sozinho*, lá estava Prince. Ele é ótimo, aquela imagem de ele ser esquisito e andar sempre com guarda-costas e tudo caiu por terra, ele veio e cumprimentou todas as pessoas uma por uma, disse que estava feliz por termos ido, e dançou com cada uma das mulheres – todas aquelas estranhas mulheres com vestidos dos anos 60. Literalmente *todas as mulheres*, e ele nem é um bom dançarino. E lembrou os *nomes*, tipo, "Que bom que você veio, Wilfredo". Que bons modos! E Wilfredo estava no céu. Perguntamos a Prince se ele gostaria de ser a capa de nosso número de dezembro e ele disse que teríamos que conversar com seu empresário e dissemos que fizemos isso e que o empresário nos disse para perguntar para ele mesmo, aí disseram que combinariam tudo. Ficamos tremendo, foi muito excitante. E Billy Idol estava lá e, sabe, vendo esses dois garotos cheios de glamour, é como se eles fossem as novas mulheres glamourosas de Hollywood, como Harlow e Monroe. Muito esquisito.

Domingo, 3 de agosto, 1986. Liguei a TV e vi Jimmy Swaggart fazendo suas pregações para um auditório enorme cheio de gente, mais gente que no show de Prince.

Fui à igreja e havia apenas música de órgão e depois fui para o mercado das pulgas da Rua 26 e enquanto estive lá tirei a prova da falsificação – que uma falsificação é uma falsificação. Era um retrato meu, na realidade uma boa cópia. Fizeram um bom trabalho, só não emolduraram direito e um pouco da tela de algodão branco estava à mostra.

Segunda-feira, 4 de agosto, 1986. Fui para o escritório. O garoto hare krishna do Max's dos anos 60 apareceu – o que acaba de participar de *Hannah e suas irmãs*. Foi ao Gimbel's, que está fechando, e disse que é uma pena ver uma loja tão tradicional fechar as portas, que um nome muito importante está desaparecendo. Mas é só um nome. E daí? E lá estava aquele hare krishna dizendo uma coisa daquelas, foi engraçado. Acho que a Macy's vai ser a única coisa acontecendo lá em Herald Square.

Li o obituário de Roy Cohn escrito por Cindy Adams. Ela disse que descobriu que ele estava morrendo numa festa no Palladium quando tiveram que ajudá-lo a subir no pódio e que quando ele apertou-lhe a mão se apoiou todo nela. Fred está furioso porque relacionaram meu nome ao de Roy em todos os obituários, disseram que fui um dos seus amigos. E as coisas de Roy vão ser iguais às de Rock Hudson nos leilões. Todas aquelas coisas esquisitas que a gente se pergunta como conseguiram serão colocadas dentro de uma casa, coisas que as pessoas davam para ele. A casa dele na cidade sempre esteve prestes a se transformar num pardieiro, mas a de Greenwich era mais arrumada, mais sofisticadinha.

Quarta-feira, 6 de agosto, 1986. Todo dia as pessoas sussurraram "Feliz aniversário", não disseram em alto e bom som. Paige estava organizando um jantar de negócios para a noite, fiquei com medo de que fosse um jantar de aniversário disfarçado, aí eu disse que ela teria que estar com pelo menos quatro anunciantes lá, ou haveria problemas.

O dia ficou estranho quando Kenny Scharf ligou e disse que Martin Burgoyne estava na Flórida com sua família, doente. O que pensavam que fosse rubéola não era. E eu disse que as pessoas que sabemos que têm "aquilo" têm os melhores cuidados que o dinheiro pode pagar, e foram os primeiros a ir, aí eu não sabia o que dizer. E a Flórida parece um lugar saudável para se estar. Madonna está nos jornais, comprando livros na Columbus Avenue para um "amigo doente", aí acho que é Martin.

Cheguei ao Caffe Roma às 8h e eram Stephen Sprouse e Debbie Harry e Chris Stein, que está bonito, e Debbie teve que sair cedo para ir trabalhar no seu novo disco. E tinha um sujeito da Polaroid lá e finalmente disse para ele que se a esta altura a Polaroid não anunciasse conosco eu jamais usaria o nome deles novamente na minha vida, e ele disse, "Ah, não diga isso, não deixe que isso estrague nossa amizade". E meu deu algo que disse ter muito significado para ele (*risos*) – era uma polaroid. De um pôr do sol.

Tama vai ficar com Paige quando vier da Princeton University nos fins de semana, estará "em residência" aqui. Compramos os direitos de todas as histórias de Tama em *Slaves of New York*, nas quais ela conta sobre sua vida com Ronnie – quer dizer, com "Stash", e Vincent está procurando financiamento para transformá-las num filme.

Sexta-feira, 8 de agosto, 1986. Como nos velhos tempos, Benjamin veio me buscar. Demos uma passada na E.A.T. e vimos nossa garota favorita, que nos dá coisas grátis. Isa. Trabalhava numa comuna nos anos 60, aí (*risos*) acho que *é por isso* que nos dá tanta comida extra, realmente serve um bocado a mais. Demos gorjeta (comida $35). Benjamin e eu conversamos sobre os negócios de joias e foi divertido.

Domingo, 10 de agosto, 1986. Encontrei a mãe de Dolly Fox no mercado das pulgas, ela foi Miss América nos anos 50. E também encontrei Little Nell comprando coisas para colocar no seu novo clube.

Terça-feira, 12 de agosto, 1986. Kent Klineman esteve por lá. Trouxe um contrato de quarenta páginas para eu assinar, ainda aquela coisa sobre John Wayne.

E ficou dizendo, "Não gosto da cor. Que cor você vai fazer a boca dele?". E quer dizer, é um *rosto azul*! Que diferença vai fazer a cor da boca quando o *rosto é azul*? Quer dizer, é ridículo.

Quarta-feira, 13 de agosto, 1986. Saí e os operários da construção assobiaram e aí distribuí *Interviews* para eles. E surpreendi meu reflexo numa vitrine e eu me destaco da multidão como um marciano.

Beauregard, da *Details*, veio e deixou o novo número, agora estão circulando nacionalmente.

Fui assistir *Stand by Me* no Coronet ou no Baronet. Aqueles quatro garotos, o gordo, o brilhante, o louco. A única coisa que me desapontou é que o garoto que vira escritor e que mostram escrevendo a história numa fase posterior da vida, uma graça de garoto, cresceu para se transformar em Richard Dreyfuss! Deveria ter sido Richard Gere. Aí eu teria ficado contente.

Quinta-feira, 14 de agosto, 1986. Uma vez deixei de comer carne para ver se era alérgico, mas não sou, e agora não como apenas porque não sinto falta.

Candy Pratts passou pelo escritório, estava realmente chateada por causa de Way Bandy, tinha estado com ele uma semana antes, estava ótimo. Há um rumor de que bebeu Clorox para se matar. Mas uma vez eu o assisti na TV dizendo que sempre lavava sua comida com Clorox, aí será que foi por causa disso que o rumor começou?

Sexta-feira, 15 de agosto, 1986. Li a seção de fim de semana do *New York Times* que publicou muita coisa interessante sobre arte, algo sobre um garoto que desenha cédulas de dólar, paga refeições com elas e depois ganha troco.

Sábado, 16 de agosto, 1986. Fui jantar com Wilfredo e Len e Beauregard no Barocco ($165) e depois caminhamos de Church Street até um novo lugar chamado Saturday's, que durante a semana tem outro nome. Chegamos lá e estava cheio de modelos hétero, vestidos na última moda, acessórios tipo joias e camisetas rasgadas da maneira certa, como fotos de Weber, e todos parecem como se tivessem saído das páginas de uma revista. A idade certa, tipo 28 ou trinta. Suas motos estacionadas na frente. E lindas mulheres, também. Aquilo lá se esparramou pela calçada, tudo muito chique. Poderia ter ficado mais tempo, mas fui embora às 2h30 (drinques $40).

Domingo, 17 de agosto, 1986. Meu sobrinho está na cidade, se diplomou na University of Pittsburgh e quer um emprego para informatizar o nosso escritório e o da *Interview*. Donald. Tem um amigo que vai nos aconselhar sobre hardware e ele vai dar sugestões de software, os aplicativos. Pedi que ele conversasse com Gael, telefonasse para ela no interior. Ele provavelmente faria um bom trabalho. Provavelmente ele vai se apaixonar por alguma daquelas garotas da *Interview*. É um bom partido – uma graça, esperto. Se trabalhar para nós, vou obrigá-lo a mudar seu nome para Warhol – eu não aguentaria um "Warhola" circulando pelo escritório. Ah, e Beauregard me contou que *Details* vai publicar uma coisa sobre os nomes verdadeiros das pessoas. Por exemplo Annie Flanders, que era algo assim como Schwartz. Realmente deu certo para ela. E o nome verdadeiro de Beauregard é Billy Stretch.

Fui à exposição de Hollywood no Cooper-Hewitt e havia *muita* gente vendo aqueles negócios de estrelas de cinema. Não posso acreditar que não exista um museu do cinema em algum lugar. Colocaram um "Marlon" lá, mas por alguma razão o cartão caiu e aí não sei quem foi que emprestou.

Segunda-feira, 18 de agosto, 1986. O dia começou com Jean Michel ligando para a casa de Josie, ela é a modelo sul-africana de Calvin Klein. Agora ele não está com nenhuma galeria. Deixou Mary Boone e ambos estão satisfeitos. Ele quer fechar com Leo, mas acho que Leo não está contratando ninguém. Jean Michel adoraria fazer uma exposição lá, mesmo sabendo que Leo não vai vender nada.

Terça-feira, 19 de agosto, 1986. Consegui fazer com que convidassem Wilfredo para o jantar de Tama Janowitz que todo mundo quer ir, mas aí ele disse que assistiria um harpista no Radio City Music Hall. Não consegui acreditar. Ele disse que iria depois do jantar.

Sam me buscou. Eu estava trabalhando na minha pintura "Peruca". Atacamos um táxi e fomos para o Petaluma, na 73 com a Primeira Avenida, para o jantar de Alan Rish para Tama, estava cheio de gente. Alan Rish finalmente deu uma festa realmente ótima. Paul Morrissey estava se fazendo de engraçadinho, sabe que odeio David Weissman desde *Ciao Manhattan* e o trouxe e disse para mim, "Andy, queria te apresentar David Weisman" e eu só – nem consegui fazer nada. Eu não podia fazer com que águas passadas fossem realmente águas passadas. Olhei para o outro lado, me recusei a falar com ele. Agora Weissman está produzindo *Ironweed*, Jack Nicholson vai ser o ator principal. Paul Shaffer veio e perguntou por que não fazemos um especial de TV juntos, por que não fazemos a produção. Eu disse que ele poderia ser o novo Ed Sullivan e ele gostou. A festa começou quando Dianne Brill chegou com suas tetas e uma versão maior e mais bonita do seu ex, Rudolf, e aquela Savitt estava com uma versão não tão atraente de Rudolf com *ela*. Foi a cena tipo *crème de la festa*. Patrick McMullan e eu conversamos, ele disse que agora está realmente ficando a fim de mulheres.

Me colocaram na mesa com Tama e seu editor, Crown. Que. também é editor do nosso livro *Party*, eu acho mas ninguém me disse nada sobre se ele sabe disso. Uma festa louca, muita gente trocando de mesa, e Tama estava com seu namorado texano milionário. A descoberta de ator de Paul Morrisey em *Mixed Blood*, o pequeno Rodney Harvey, estava lá, e René Ricard e Susan Blond e seu marido. Anita Sarko e Michael Musto vestindo uma fantasia de escravo. Billy Norwich, do *Daily News*, estava lá, e a mulher de Lou Reed, Sylvia. E Steve Aronson com Kathy Johnson. Por isso foi divertido. Tama foi embora, acho que foi para casa foder com o namorado. Algumas pessoas estavam indo para uma festa no Revolution. Sam caminhou comigo até em casa, compramos o *Enquirer* e uma Dove Bar no Food Emporium. Cheguei em casa e PH ligou para saber se eu tinha visto alguém perto da sua sacola dourada da Fiorucci – foi roubada na festa com sua câmera e suas chaves dentro.

Segunda-feira, 25 de agosto, 1986. Martin Burgoyne ligou e me pediu para fazer um desenho dele para uma festa beneficente para ajudar a pagar suas contas de hospital.

Gael me trouxe o número Don Johnson Miami/Las Vegas que acaba de sair. Parece até excitante, eu disse isso a ela. Aí Fred me disse para eu fazer o favor de dizer a mesma coisa para a garotada da *Interview*, então à medida que os via eu dizia. Até disse para Robert Becker que gostei da parte sobre arte, gostei mesmo, pela primeira vez – fala de coisas jovens, os clubes e essas coisas. Ah, e a melhor citação nesse número é de John Sex – que o hotel Fountainebleau causou-lhe uma forte impressão quando era criança e que desde então ele está tentando se vestir como o saguão do hotel.

Terça-feira, 26 de agosto, 1986. Martin Burgoyne ligou e disse que me levaria uma fotografia dele e de Madonna para o meu desenho, mas eu disse que ele deveria descansar e economizar energia, que eu mandaria buscar.

Quinta-feira, 28 de agosto, 1986. Linda Stein cancelou meus ingressos para assistir Madonna na peça de David Rabe, *Goose and Tom Tom*. Disse que seu ex-marido Seymour disse que sou "imprensa" e não quis me deixar ir. São todos iguais, esse pessoal das gravadoras, então agora ela está na minha lista de pessoas cagalhonas. Martin e Keith vão.

Fred está guardando todas as fotos daquele garoto Chambers que matou a mulher no parque. Sei lá por quê. E disse que está recontratando Robyn Geddes! É como contratar Brigid, vai ser outro zumbi. Quer dizer, se ele estivesse mesmo recuperado de seus problemas (*risos*) ele não quereria trabalhar conosco, certo? Fred disse que Robyn foi "o melhor empregado" que já teve.

E Paige ficou chateada com Fred porque ele a criticou por causa daquela coisa que ela faz durante os almoços quando fica nervosa – ela meio que folheia a revista – e ela disse que aquilo é o seu estilo de venda e que se ele iria criticá-la, que então ela não organizaria mais almoços. Me pediu para não contar a Fred que está chateada, mas eu liguei para Fred e lembrei-o de que ela vende mais anúncios do que qualquer outra pessoa e ele disse que não fez de propósito.

Nick Rhodes ligou de Londres um dia desses e disse que tiveram uma menina. Acho que está desapontado. Virão para Nova York em setembro.

O pessoal da Dinamarca conversou com Fred, querem que eu faça um portfólio e "*Hans Christian Andersen*".

Sábado, 30 de agosto, 1986. Martin ligou pela manhã e queria me dar seu ingresso para a peça de Madonna. Já assistiu e estava muito cansado para assistir tudo de novo, mas disse que me encontraria depois para me levar à festa no Sardi's. Trabalhei até as 7h. Fui até o Mitzi Newhouse Theater (táxi $6).

A melhor coisa da peça são os figurinos feitos por Kevin Dornan, que uma vez foi editor de modas em *Interview*, o primeiro. Madonna muda de roupa o tempo todo, de uma roupa linda para outra roupa linda. E Sean Penn estava com um coldre e meias e sapatos fúcsia. A peça é como se fosse de Charles Ludlam, abstrata. Madonna está bem quando não tenta ser Judy Holliday ou Marilyn. Mascou chicletes durante duas horas inteiras, e eu também. Fez bolas e tudo. Não agradeceram os aplausos. Liza estava lá, fui até ela para cumprimentá-la, e depois de ter lido no *Enquirer* que ela está pesando 90kg, realmente não a achei gorda. Marc Balet estava lá, fiquei furioso com Kevin porque conseguiu *dois* ingressos para Marc e não me ofereceu nem um.

Depois da peça Martin se encontrou comigo nos camarins, havia uma imensa perna de chocolate da Krön, todo mundo comendo um pedaço, Martin também. É tão triste, ele está com feridas por todo o rosto, mas foi ótimo ver Madonna comendo a perna também, não se preocupando em pegar alguma coisa. Martin dava uma mordida e Madonna dava outra mordida. Gosto de Martin, ele é gentil.

Fomos ao Sardi's na limusine de Madonna e Sean Penn. Aqueles guarda-costas imensos estavam com eles e disseram para os fotógrafos, "Vamos matar vocês se tirarem alguma foto". E lá estava Ron Gallela, me senti mal, mas o que é que eu podia fazer?

Warren Beatty veio e disse, "Oi, como vai?". Está velho, aparência não muito boa, mas acho que se faz de pouco atraente de propósito, porque se desse um jeitinho ele poderia ser um arraso novamente.

Fui embora às 2h, caminhei até a Broadway sozinho e peguei um táxi, nenhum dos fotógrafos se importou porque eu estava sozinho.

Domingo, 31 de agosto, 1986. Fim de semana de doença. Foi Martin e foi aquele pé de coelho que Stephen Sprouse me deu no último Natal – quando o peguei, se desintegrou. Eu deixei Martin na festa, estava se divertindo, mesmo às 2h. Os cachorros não estavam se sentindo bem. Jed está em Londres, acho, eles sentem falta das suas férias de fim de semana.

Terça-feira, 2 de setembro, 1986. Fred recusou aquele contrato de cessão de marca, bem que foi um alívio. Foi o que ele disse, também. Disse que não teria tempo para tudo aquilo.

Quarta-feira, 3 de setembro, 1986. A manhã começou mal, com a má notícia de que nosso vídeo com Ric Ocasek foi cancelado, depois que Vincent gastou uma semana pesquisando locações.

Stephen Sprouse veio e me levou o novo disco de Debbie para o qual eu desenhei a capa, está ótimo, esperto, ele realmente é um bom diretor de arte, sabe como usar sua caligrafia e tudo. Ric Ocasek veio, cheio de culpa.

Robyn veio e Fred ficou brabo comigo porque não quero que ele trabalhe conosco novamente. Fred diz que Robyn é uma outra pessoa, mas Nova York tem ação demais, não sei se ele fez a coisa certa voltando. Agora ele sabe como imprimir serigrafias. Aí meu sobrinho que sabe tudo de software veio e ficou esperando pelo outro garoto que sabe tudo de hardware, iam conversar com Gael. O nome do amigo é David Patowsky ou algo assim. Também é de Pittsburgh. Esses garotos deviam mudar de nome antes de vir para Nova York.

Yoko ligou e me convidou para assistir aquela *Medeia* à moda japonesa no parque. Convidei Jay e fomos de táxi para a casa dela e o tráfego estava tão ruim que levamos uma hora para chegar até a 72 Oeste (táxi $7.50). Quando chegamos ao Dakota vimos que a limusine ainda estava ali, subimos e estavam todos se preparando para sair, tinham ligado e ficado sabendo que era um espetáculo "com qualquer tempo", esqueci de dizer que estava realmente chovendo.

Aí fomos e sentamos no parque, foi o primeiro dia que eu não usei minha jaqueta dupla, estava chovendo a cântaros. Sean foi embora. Comecei a mascar chicletes apenas para me aquecer. É uma versão moderna de um grupo japonês encenando *Medeia*. Parou de chover. Depois fomos aos camarins e por alguma razão os japoneses têm muito interesse em mim. Entrevistaram Yoko e eu. Encontrei uma porção de amigos que não via há quarenta anos.

Aí pegamos a limusine e voltamos para a casa de Yoko, ela serviu comida comprada pronta, foi igual aos almoços no escritório. Sean conversou conosco, foi muito gentil, mas estava enfadado. Mas Jay sabe aquele segredo de rasgar um catálogo telefônico em dois – a gente coloca no forno, deixa secar e aí rasga. Eu disse, "Bem Sean, se você está chateado, porque você não lê o catálogo telefônico? Quer dizer, sabe qual é a *última* pessoa no catálogo? Sabe qual é a *primeira* pessoa?". Aí começamos a procurar e a ligar para informações e perguntar pelo número do AAAAAAAA Bar e eles respondiam, "O AAAAAAAA Bar? Sim, senhor". E aí ligamos e pedimos o número de Richard M. Nixon e responderam, "Só um minuto" e então escutamos um clique como se estivessem checando para ver quem era e Sean ficou com medo e desligou e aí o assustei ainda mais dizendo que assim o telefone não está *realmente* desligado, mesmo quando coloca o fone no gancho. E aí Sam – o Sam da Yoko – ligou para a Casa Branca e uma gravação disse que se a gente quisesse falar com o presidente Reagan deveria ligar entre 1h e 5h da tarde. E aí discamos T-E-F-O-D-E e T-E-A-M-O para ver o que acontecia, nos divertimos muito.

Quinta-feira, 4 de setembro, 1986. Uma senhora veio buscar seu retrato, notei um arranhão nele e fiquei bem ali em frente tentando esconder e aí Rupert entrou e fez um enorme discurso. Sobre o arranhão. Um daqueles dias.

Trabalhei até as 8h. Levei Wilfredo e Sam comigo ao jantar com Philip Johnson e David Whitney no Castellano. David não bebeu, foi discreto. Philip ficou excitado com a garotada. Fomos a pé até o apartamento de Philip e David e eles nos convidaram para subir, primeira vez que recebiam gente lá, e uns garotos estavam saindo do prédio quando entramos e gritaram coisas horríveis tipo, "Vocês estão indo foder".

Aquilo lá está ótimo, meu papel de parede "Vaca" no banheiro. E a vida deles é tipo ótima, jantar no mesmo restaurante todas as noites. Depois fomos até downtown para a coisa beneficente para Martin Burgoyne no Pyramid da Avenida A (táxi $8, ingresso $30). Martin nos beijou para valer e aí entrei em parafuso. Fiquei cinco minutos. Madonna tinha estado lá mas já tinha ido embora.

Sexta-fera, 5 de setembro, 1986. Benjamin veio me buscar, esqueci que ele vinha. Levamos *Interviews*.

Trabalhei toda a tarde. Steve Rubell ligou e disse que às 7h45 receberia pessoas nos camarins para um rápido jantar antes dos prêmios MTV, que seriam no Palladium. Nenhum táxi. Continuei a caminhar com as mãos cheias de pacotes. E naquela chuva e com minhas mãos ocupadas as pessoas ainda ficavam me parando para pedir *autógrafos*! Tão ridículo. Deixei os pacotes e peguei um táxi até o Palladium. Colocaram cordões de isolamento e a gente precisava de um ingresso (*risos*) para passar para a calçada (táxi $8).

Nossos lugares eram no mezanino. Grace Jones ficaria na minha mesa, mas é claro que ainda não tinha chegado. O empresário dela me perguntou se eu aceitaria o prêmio por ela se ela não chegasse a tempo e eu disse, "Não!". Grace finalmente chegou, alguns segundos antes de ser chamada ao palco, com um chapéu de 1m50cm de diâmetro, bateu em pessoas de ambos os lados.

Fui para casa (táxi $6) e li o livro de Tony Zanetta que diz que David Bowie conseguiu suas ideias porque copiou Andy Warhol no início de sua carreira, ideias sobre como atrair a atenção da mídia.

Segunda-feira, 8 de setembro, 1986. Vincent ligou e disse que afinal a gravadora quer que a gente faça o vídeo de Ric Ocasek, se conseguirmos terminar até o dia 16.

Não consegui táxi. Então duas senhoras pararam seu carro e disseram, "Entre no carro", e aí entrei. Uma disse, "Levo você a qualquer lugar. Sou só uma dona de casa do interior". Disse que estava procurando trabalho e recomendei que ela ligasse para Gael. Talvez pudesse ser nossa motorista. Me levaram para o West Side, foi ótimo, não falaram muito (jornais $6).

Quarta-feira, 10 de setembro, 1986. Finalmente tenho um novo guarda-costas. Tony, o irmão de Agosto. Vai caminhar comigo de manhã e ajudar no escritório à tarde. Agosto está chateado porque eu acho que vai ter que se comportar, mas eles nem vão se encontrar.

E Sam estava lendo *Popism* e me perguntou quem era "A Duquesa". Ele não sabia. Fica ao lado de Brigid o dia inteiro e nem desconfiou que era ela.

Susan Pile ligou de L.A. e me contou que Jon Gould está lá internado num hospital.

Quinta-feira, 12 de setembro, 1986. Paige levou o retrato de Dolly Parton para ser gravado pelo *Today Show*, num segmento sobre o catálogo da Neiman – Marcus.

Estou fazendo a capa sobre Gotti para a *Time*.

Continua o processo contra a companhia das roupas Gitano. Eles fazem roupas *Interview* e até vieram nos ver para fazermos uma campanha publicitária conjunta – foi assim que descobrimos tudo. Custa $30 mil para abrir o processo e não abriríamos se a fiança fosse muito alta, mas era só $10 mil, e aí abrimos, e então Gitano transformou as roupas em "Interview". E disseram que usariam letras *quadradas* no logotipo, mas aí mudaram para letras *script*, então de qualquer maneira ficou *realmente* parecendo com *Interview*. Foi o que Gael disse, por isso estamos continuando o processo.

Sábado, 13 de setembro, 1986. Caminhei um pouquinho na direção de downtown e depois peguei um táxi ($5). Sam já estava lá, tinha de preencher papéis para Fred. Me mostrou seu diploma de equivalência de ensino médio e portanto ele realmente cumpriu o que tinha prometido e conseguiu o diploma, o que é bom. Trabalhei no desenho de Gotti.

Saí às 8h para assistir Elton John no Madison Square Garden (ingressos $40). Ele apareceu no palco como um anjo com uma auréola e uma peruca vermelha, mais uma peruca tipo machadinha de índio. E, ah, Deus, como está gordo! Estava com um caftan de lamê prateado, mas justo – um *caftan* justíssimo – e o público adorou. As pessoas vieram pedir meu autógrafo o tempo todo. Um sujeito corpulento agradeceu por eu ter dado um autógrafo para a namorada e aí a levou até o banheiro, que sorte a dela, é tão bom ter alguém para cuidar da gente. Quando voltaram ele me agradeceu novamente. Às 10h Elton ainda continuava no palco mas eu tive que ir encontrar Wilfredo no Indochine.

Segunda-feira, 15 de setembro, 1986. Acho que a *Time* provavelmente quer uma pintura de Gotti, mas eu fiz uma colagem porque acho que fica mais interessante, mais abstrato. Mas provavelmente não vão gostar, provavelmente vão dizer que queriam uma tela.

Gerry Grinberg, da North American Watches, não gostou da minha ideia de um design pendurando vários mostradores iguais numa única pulseira. Você sabe, "múltiplos", como as minhas pinturas. Ele disse que homens não usariam algo assim. Só querem um mostrador e uma pulseira.

Meu smoking tem buracos de traças. Quer dizer que agora elas também chegaram *naquele* armário, porém não quero tirar as roupas para fora, sob pena de espalhar as larvas por todos os lados. Vou ter que dar uma boa aspirada.

Fui à projeção do novo filme de Blake Edwards no Coronet. Atrás de nós estavam Tony Bennett e seu professor de arte. Tony disse que está fazendo um retrato de Frank Sinatra.

Terça-feira, 16 de setembro, 1986. Fui àquela coisa de Calvin Klein no Bergdorfs. Cobriram toda a fonte da Grand Army Plaza com um toldo e também montaram um outro toldo, era um desfile de modas dos primeiros modelos exclusivos de Calvin. Realmente sofisticado. Me lembrou um dos desfiles de Halston, foi realmente triste. Calvin está passando dos bluejeans para a alta costura. Fred estava lá, e Kate Harrington.

Paige caminhou comigo até em casa.

Quarta-feira, 17 de setembro, 1986. Charles Rydell passou pelo escritório semana passada, ele mora em Port Jervis, Nova York, e conheceu um garoto no ônibus quando veio de lá, por acaso começaram a conversar sobre Bridgehampton e depois de uma hora e meia o garoto disse, "Só conheço uma pessoa em Bridgehampton – Charles Rydell". E Charles disse, "Mas *eu* sou Charles Rydell". E o garoto olhou atentamente para ele e disse, "Ah, sim, é mesmo, não é?". Quer dizer, que coisa mais abstrata. Charles vem ter aulas de francês em Nova York uma vez por semana e levou o garoto ao escritório.

E todo mundo está falando sobre o Bass, Sid, que abandonou sua mulher para viver com Mercedes Kellogg. E naquela coisa do Calvin Klein eu encontrei Billy Norwich, o colunista do *Daily News*, que disse que seu nome é Billy Goldberg, mas que ele é *de* Norwich, Connecticut. Disse que telefonou várias vezes para Mercedes em Paris tentando conseguir uma declaração e ela nem respondeu as ligações, aí finalmente ele deixou um recado na recepção dizendo que era Mick Jagger e em cinco segundos ela ligou de volta – "Oi, Mick!". E ele disse, "Não é o Mick, Mercedes – é Billy Norwich", e ela disse, "Seu demônio, como se atreve a fazer uma coisa dessas!". E ele disse, "Já que você está falando com alguém da imprensa, porque não me dá uma colher de chá?". Foi "Suzy" quem deu o furo. Se eu fosse Anne Bass, pegaria um revólver e daria um tiro em Mercedes. Onde já se viu, roubar o marido de outra mulher?

Sexta-feira, 19 de setembro, 1986. Sabe, eu acho mesmo que fui eu quem iniciou essa coisa de usar bluejeans-com-um-casaco-de-smoking, porque anos atrás eu fiz isso em alguns eventos e fui fotografado, aí todos os garotos começaram a me copiar e *ainda* estão copiando.

Sam e eu brigamos, ele ficou furioso e não quis mais falar comigo. Ele quer se fazer de importante e aí marca *entrevistas* para todas as pessoas que querem me mostrar seus portfólios, e então fico sem saída e perco um tempo imenso olhando aquelas coisas só para que Sam se faça de muito importante.

E o contrato com a MTC – Vincent diz que vai sair, que vão mandar o contrato esta semana, vamos fazer programas semanais de meia hora.

Sábado, 20 de setembro, 1986. Esperei pelo meu guarda-costas Tony, mas ele não apareceu. Esqueceu. Saí por conta própria e distribuí revistas uptown. Um garoto me apanhou e o levei até a Christie's comigo, seu nome é O'Riley e disse que fez um trabalho sobre mim no colégio, mas depois de ficar todo excitado começou a falar sobre uma "namorada", foi frustrante, mas não me importo, era um bom menino.

Caminhei até o escritório. Liguei para Jean Michel e ele ia a uma festa no Madame Rosa's, aquele clube downtown, aí fui para lá (táxi $6) e é um lugar cool – quando alguém famoso entra, ninguém se importa. Depois saímos de lá e fomos a pé jantar no Odeon e vimos uma "pistoleira" na rua e no final era Jane Holzer. Está muito gorda, não consegui acreditar. Ela disse, "Estamos fazendo o vídeo de Lou Reed. Eu apareço nele". Estava com a roupa do seu personagem.

Cada vez odeio mais Lou Reed, é verdade, porque não dá nenhum trabalho de vídeo para nós. Jane ganharia $100 pelo trabalho daquele dia, ficou envolvida desde as 9h. Lou nem estava lá, filmaria sua parte no dia seguinte.

Domingo, 21 de setembro, 1986. Kenny Scharf ligou e disse que haveria uma festa de aniversário para Teresa, sua mulher, no parque, perto da ponte móvel que a gente usa para atravessar o lago.

Encontrei Stuart e fomos para lá e finalmente encontramos a festa, não havia muita gente, mas em poucos minutos subitamente todo mundo chegou e havia sete bolos de aniversário. Keith apareceu e Alba Clemente estava com sua filhinha e Marisol estava lá e está abrindo falência, as suas coisas vão ser vendidas na terça-feira.

Ann Magnuson estava lá, gosto dela. Ninguém falou ainda sobre seu filme. Acho que estão esperando para ver as reações.

Susan Pile ligou e disse que conseguiu um emprego na Twentieth Century Fox e começa em outubro, portanto está deixando a Paramount. E o próprio Diário pode escrever sobre a outra notícia de L.A. sobre a qual não quero falar. [*NOTA: Jon Gould morreu no dia 18 de setembro com 33 anos de idade, depois de uma "prolongada doença". Chegou aos 31kg e estava cego. Ele jamais admitiu, mesmo para os amigos mais chegados, que estivesse com aids.*]

Stephen Sprouse ligou com boas notícias, disse que assinou um contrato com Andrew Cogan e que eu sou o responsável, pois os dois se conheceram através de mim, ele queria que eu fosse o primeiro a saber. Não é ótimo? Ele vai ter sua própria loja e sua própria coleção.

Segunda-feira, 22 de setembro, 1986. Tony me buscou e fomos à cerimônia organizada por Liza Minnelli em memória de seu pai no Moma (táxi $4). Fiquei no fundo ao lado de Bobby de Niro, mas não o reconheci por causa do rabo de cavalo.

Doug Cramer, que me arrumou o papel em *The Love Boat*, estava lá e disse que Shirlee Fonda vai fazer uma festa para mim quando eu for a L.A. no dia 3 de dezembro. Não sei nada sobre essa viagem e tenho a sensação de que tenho algo na mesma época. Acho que aquilo lá estava cheio de estrelas de cinema, mas são tão diferentes à luz do dia. Martin Scorsese discursou, mostraram cenas de *O pirata*, com Judy, e de *Some Came Running*, foi ótimo.

Li nos jornais sobre aquela mulher que caiu dezenove andares por um poço de elevador, e no final descobri que ela foi a um dos almoços de anunciantes de Paige no escritório. Trabalhava para Chanel. Estava no elevador com seu marido e outro casal quando o elevador trancou. Como não havia ninguém por lá ela saiu por cima da cabine e caiu. Você pode imaginar como deve ter sido horrível ficar dentro da cabine *sabendo* que ela estava despencando?

E Sam ainda está furioso comigo, aí, para dar-lhe uma lição e fazer com que ele perceba que está perdendo muito glamour com essa história de fúria, quando cheguei no escritório fiz Wilfredo escrever na minha agenda para cada noite da semana: "John Travolta... Diana Ross... Warren Beatty", mas ele escreveu tudo com a mesma caligrafia, não foi esperto o suficiente para mudá-la, aí acho que Sam vai se dar conta de que é tudo mentira. Porque, veja, Sam sempre dá uma olhada na minha agenda e quando vê algum programa fascinante para a noite fica se fazendo de bonzinho o dia inteiro só para que eu o convide.

Meu sobrinho Don e seu amigo David estiveram por lá, trabalhando naquela coisa dos computadores para *Interview*. Não sei se realmente sabem o que estão fazendo. E aí Donald diz que não tem certeza se quer ser sócio de David, que ele é uma pessoa difícil de tratar – estou deixando que eles fiquem naquele meu apartamento downtown em Hanover Square, aquele que Richard Weisman disse que vai ser um bom investimento quando se transformar em cooperativa.

Terça-feira, 23 de setembro, 1986. Tony me buscou e fomos até o Animal Medical Center consultar o veterinário dos cachorros. Vou ter que levá-los lá semana que vem para fazer exame de sangue. Voltamos para downtown. Comprei números extras da revista *Time* ($6). Com minha capa do Gotti, escolheram uma boa para a capa, é uma dessas semanas em que *Time* e *Newsweek* realmente saem com capas diferentes.

De táxi downtown ($6) e Sam leu minha agenda e viu que eu estava indo "Jantar com Cher" e imediatamente recomeçou a falar comigo. Acho que ele realmente acredita que esta semana também vou encontrar John Travolta e Diana Ross.

Quarta-feira, 24 de setembro, 1986. Me contaram que uma manhã dessas, bem cedo, Diane Keaton esteve no escritório, tipo 9h ou 9h30, queria conhecer o prédio. Se recusou a vir almoçar. Quem ela pensa que é?

Trabalhei até as 8h. Sam ficou. Fred viu todas aquelas coisas sobre Diana Ross e Cher e Warren Beatty na agenda e começou a me dizer que quando eu estiver com Warren tenho que me comportar ou algo assim – *ele* também pensou que aquilo fosse verdade – eu o interrompi imediatamente. Sam deve ter contado para ele sobre minha "grande semana", ele ainda não sabe que tudo não passa de uma brincadeira. Agora estou me arrependendo de ter feito isso porque no final vai ser uma coisa cruel, Wilfredo está rindo pelos cantos sobre a coisa toda e todo mundo no escritório está sabendo de tudo e ficam observando Sam se fazendo de gentil comigo, esperando ser convidado para todos esses jantares e, ah, realmente vou ter que dizer que todos eles foram cancelados de última hora ou algo assim.

Quinta-feira, 25 de setembro, 1986. Calvin Klein casou com Kelly em Roma. Cheguei ao escritório e Sam me perguntou sobre o jantar daquela noite com Warren e Cher e eu disse que não poderia ir mas perguntei se ele queria ir jantar e depois pegar um cinema e ele aceitou. E ai de quem contar para ele.

O investigador da polícia de L.A. que está com o caso de Ronnie Levin ligou para *Interview* atrás de PH, porque leu na entrevista que ela fez com Don Johnson que Don menciona ter conhecido Ronnie. Aí ela deu o nome de duas pessoas em L.A. com quem ele deveria conversar para tentar provar que Ronnie não está vivo em lugar nenhum, que é o que os garotos do "Billionaire Boys Club" que estão sendo acusados de tê-lo assassinado estão dizendo.

Liguei para Keith para conseguir o número de telefone de Martin Burgoyne. Eu disse que realmente queremos Sean Penn para nossa capa e Martin se ofereceu para conversar com ele.

De táxi até a Rua 52 para encontrar Sam e assistir *Shanghai Surprise* ($5). Eu fui o único a ficar acordado no cinema, mas o filme não é ruim. Madonna está linda, roupas ótimas. Sam me deixou (táxi $4).

Domingo, 28 de setembro, 1986. Paige estava indo ao Brooklyn assistir Christopher O'Riley, aquela graça de pianista que é amigo de Stuart Pivar, e não me convidou para ir, acho que deve estar interessada nele.

Estou lendo o nome de Lincoln Kirstein em vários artigos sobre Anne Bass e, ei, gostaria de eu mesmo fazer uma ótima entrevista com ele. Esses garotos da antiga vão empacotar muito em breve e são muito interessantes. Uma vez estive na casa dele na Rua 19. Jamie Wyeth me levou.

Segunda-feira, 29 de setembro, 1986. Convidei Sam para almoçar e ele meio que recusou. Está começando a ter aulas de datilografia, nós estamos pagando, e também está com aulas de francês.

De táxi até o Nippon, na 59 com a Park ($6). Sam e eu falamos de negócios (jantar $77). Depois fomos ao Baronet (ingressos $12). Não havia fila para *Veludo azul* e aí pensamos que estaria vazio lá dentro, mas entramos e estava lotado. E que filme bom! Muito estranho e assustador. Vários casais se retiraram. E finalmente Dennis Hopper está bem. Agora ele deveria fazer papéis normais. Ele é bonito, poderia conseguir todos os velhos papéis de Rock Hudson. Isabella Rossellini poderia ter ficado muito linda sem aquela peruca horrorosa. Não acredito que tenha conseguido fazer o filme sem romper seu contrato com a Lancôme. Fui para casa, me cuidando dos tipos esquisitos.

Assisti a um filme de Betty Grable na TV e o colorido é ótimo, ela era uma lindeza, e agora não conseguem mais esse tipo de colorido. Ótima cor e ótima maquiagem.

Terça-feira, 30 de setembro, 1986. Levei umas cinco caixas de cápsulas do tempo para o escritório. São divertidas – quando a gente procura lá dentro encontra coisas que não quer jogar fora. Algum dia poderia vendê-las por $4 ou $5 mil cada uma. Achava que poderia vender por $100, mas agora acho que esse é meu novo preço.

Peguei o jornal e havia uma história dizendo que (*risos*) a Lancôme adorou tanto Isabella Rossellini em *Veludo azul* que decidiram renovar seu contrato por mais cinco anos.

Quinta-feira, 1º de outubro, 1986. Fred me ligou pela manhã, uma fúria, perguntou como é que Paige e Vincent e eu colocamos um anúncio de retratos Andy Warhol no catálogo da Neiman-Marcus. Ele estava na Europa ou algo assim quando colocamos o anúncio, está uma fúria, disse que é de muito mau gosto e que agora nos transformamos na piada do ano. Eu disse apenas que a vida é curta demais para ficarmos tão chateados por causa de um erro idiota.

Fui consultar o Bernshon e ele disse que acaba de comprar $2 mil em roupas da Charivari e que vai encher seu armário com roupas de Armani e fico pensando, "Deus, então é por isso que ele cobra tão caro".

Convidei Sam e Wilfredo para a festa de James Brady para seu livro na New York Deli. Steve Rubell me trancou na porta, conversando e cuspindo na minha cara como sempre faz. Andrea Reynolds, a namorada de Claus von Bülow, estava lá. Disse que atira uma galinha na panela para Claus, porque acredita que gente rica deve cozinhar. Ela é tão idiota. Deus. Foi uma divertida festa de nada.

Depois do jantar fomos até o prédio Puck para uma festa por causa do primeiro número da revista *Spy* (táxi $7). Deixei Sam (táxi $6). Wilfredo, também. Em casa à meia-noite, assisti a *The Tonight Show* e todo o pessoal de TV tem uns dentes muito brancos e não há nada tão branco no programa inteiro. É de enlouquecer. Será que não poderiam ser um pouco mais naturais?

Quinta-feira, 2 de outubro, 1986. Enquanto jogava cuspe na minha cara, Steve Rubell também me contou que Barry Diller quer dar uma grande festa por causa do novo casamento de Calvin Klein e perguntou onde ele deveria fazê-la.

Levei Sam à festa do Whitney Museum para Keith e Kenny que foi organizada em meu nome. Michel Roux, da Absolut Vodka, foi quem patrocinou. Keith me perguntou que grandes estrelas de cinema eu levaria. Ele contou que Nick Rhodes está na cidade e não sei por que Nick não me ligou. Sei que ele já está aqui há um tempo. Está se fazendo de distante.

Peter Allen cantou lá dentro, mas eu perdi e mais tarde quando ele me perguntou se eu tinha ouvido e eu disse que não e ele me deu as costas. *Outra* pessoa distante. Se eu encontrar Sylvia Miles e *ela* se fizer de distante, saberei que estou realmente com problemas. Aí fui embora às 9h15. Jane e eu fomos ao La Reserve no 4 Oeste Rua 49, o jantar que Michel Roux estava dando para Keith e Kenny, ambos fizeram pinturas da garrafa da Absolut Vodka. Me diverti lá.

Jane caminhou comigo até em casa. Assisti *Letterman* e gostei daquela mulher almirante que colocaram no ar. Ah, e Quentin Crisp estava no Whitney com um ar mais jovem do que nunca, muito ótimo. Me contou que Letterman, quando a gente vai ao programa dele, age como se fosse gay – sabe, sempre olhando *através* da gente, procurando alguém *melhor*. Contou que Letterman é assim no ar.

Eu tomei meu um quarto de Valium e fui para a cama. E acho que tenho de confessar ao Diário que sou viciado em

Valium. Porque li os sintomas no jornal e tenho todos. E a partir de dezembro vão ser necessárias mais assinaturas para comprar Valium, aí vou ter de começar a fazer estoque desde agora.

Sexta-feira, 3 de outubro, 1986. Conversei com meu sobrinho, Donald. Seu amigo David está fazendo a vida social de Nova York e Donald é mais sério. David está a fim das mulheres da *Interview* e não está pensando muito sobre trabalho.

Domingo, 5 de outubro, 1986. Stuart não conseguia resolver se ia ao mercado das pulgas ou dava uma conferência em Bridgeport, Connecticut, para ganhar $200 dólares, mas resolveu ir a Bridgeport porque estava a fim (*risos*) do dinheiro, aí deu sua conferência, acho que ele faz bem essas coisas, e encontrou umas liquidações de antiguidades em Bridgeport e conseguiu uma ótima enciclopédia natural por apenas $3, eu paguei $75 por uma nova e a dele tem desenhos e tudo. Essa foi sua "viagem ao interior". Ele nunca sai da cidade. Stuart é muito esquisito. Cheio de parafusos frouxos. E depois ficou excitado porque mais tarde uma limpadora de canos viria. É assim que ele chama as mulheres que vão lá trepar.

Fiquei trancado na parada do Dia Polonês. Nick Rhodes ligou durante o dia mas perdi as ligações. Um dos Taylor não está mais no grupo mas Nick é dono do nome, então ainda se chamam Duran Duran.

Me contaram que Billy Boy está na cidade, mas ele não ligou para mim nem para Chris. E agora realmente o odeio – suas joias quebram! Todos os broches quebraram! Todos! Mas não posso imaginar por que não ligou. É um arrivista, portanto deve estar à procura de alguém melhor.

Depois fui encontrar um garoto chamado Steven Bluttal, do Museum of Modern Art, e fomos ao encerramento de temporada da peça de Lily Tomlin. Ótimos lugares. A "Lata de Sopa Campbell" está em toda a peça, que me lembrou muito o livro *Philosophy*. Ela interpreta uma mendiga que realmente parece mendiga. Tem um corpo ótimo. No final Jane Wagner subiu ao palco e houve lágrimas e beijos, muito feminino. Havia uma festa depois, mas não fui.

Bianca e Glenn Dubin romperam. Nunca entendi por que se juntaram, não sei o que ela poderia tirar dele. Porque ela *é* uma pistoleira e estava realmente a fim de Calvin – percebi como estava *muito* a fim dele. Mas casar com Bianca não abafaria os rumores sobre ser gay, e Kelly é uma mulher de verdade. Mas Bianca deveria ter ido atrás de alguém como Sid Bass. Quer dizer, se Mercedes Kellogg conseguiu ficar com ele – ela é meio cadela, aquele cabelo desarrumado...

Terça-feira, 7 de outubro, 1986. Festa para Beverly Johnson no Mr. Chow's. Todas as pessoas do mundo estavam lá. Beverly Johnson me convidou para sentar na mesa de Eddie Murphy mas não consegui. Só havia uma cadeira e eu não saberia o que conversar. Eu teria de me fazer de macho. É engraçado como neste último ano o nome dele desapareceu, não é verdade? Acho que as pessoas querem ver muitos B-movies baratos e rápidos. As grandes estrelas fazem uns poucos filmes caros, ficam filmando durante um ano inteiro. Ele está com um novo filme sendo lançado, *Golden Child*. Grace Jones chegou tarde e sua entrada foi um escândalo.

Peter Beard estava lá, está realmente bem. E sua nova namorada não é nada parecida com suas outras namoradas, é do Afeganistão. E ouvi dizer que Robert Mapplethorpe e Sam Wagstaff estão *ambos* no hospital. Paige me deixou (jornais $6).

Quarta-feira, 8 de outubro, 1986. Sam está se comportando direitinho comigo porque há dias não o levo a parte alguma. E Paige me contou que agora Sam não fala mais *com ela*. Não sei por que ele fica assim. Grosseiro. Me contou que Paige não gosta dele. Ele quer se fazer necessário de uma maneira engraçada. Em vez de trabalhar (*risos*), quer se fazer necessário. Mas, se trabalhasse, então *seria* necessário. E Fred é realmente duro com Sam. E com todo mundo. Fred é inacreditável. Não posso acreditar em como ele mudou. Quando alguém faz algo errado, ele diz apenas, "Cai fora!". Bem assim, "Cai fora!". Exatamente como mrs. Vreeland.

Steve Greenberg levou vários de nós para a coisa beneficente para o Actor's Studio de *A cor do dinheiro*, veio me buscar de limusine e fiquei tentando trancar tudo, houve um problema e por isso deixei Vincent lá e fui para o Ziegfeld com Steven Greenberg. Entramos logo depois de Tom Cruise e Paul Newman, por isso ninguém prestou atenção em nós. Paige me conseguiu pipocas. Vi Aidan Quinn e Mariel Hemingway e seu marido. Sentei junto com Cornelia que está mais como era antigamente, e Jane Holzer e Rusty vieram. E Victor Hugo estava lá, Ellen Burstyn discursou e Paul Newman também. E o filme, dormi a maior parte do tempo. É que não me interesso por bilhar e não explicam nada no filme. E Paul Newman não deveria trepar com a garota, porque aí pelo menos existiriam conflitos. Não se sabe por que todo mundo está fazendo aquelas coisas e também não importa, mas o texto é bom. Todo mundo "in" estava lá.

Depois fomos à festa do Palladium com Halston, transformaram aquilo lá num grande cassino – grandes balões tipo bolas de bilhar no teto, cores diferentes, era como entrar no Studio 54 dos velhos tempos, quando realmente faziam uma festa com um tema específico. Mas foi uma chatice. Depois Paige insistiu em me levar até em casa. Não sei por que ela fica assim. Não sou um bebê – se consigo pegar um táxi, está tudo bem.

Segunda-feira, 13 de outubro, 1986. Comprei o *Enquirer* com Sean e Madonna na capa e era sobre Martin, contam que ele foi companheiro de quarto de Madonna e agora está com aids. E aí Martin me ligou e deve ter sido horrível ler aquele artigo dizendo que ele está morrendo.

E depois li o artigo de Steve Aronson na revista *New York* sobre o affair Sid Bass/Mercedes Kellogg, fascinante, ele realmente conseguiu todas as informações. Colocou até aquela coisa sobre Mercedes ter respondido o telefonema de Billy Norwich pensando que era de Mick Jagger. Um diário de como o affair aconteceu. Tenho a sensação esquisita de que Mercedes jamais vai conseguir chegar ao altar. O divórcio levará dois anos e não é possível passar todo esse tempo na cama. Deveríamos começar a fazer apostas?

O alarme disparou e eu gostaria de saber se a empresa de alarmes pode dispará-lo por controle remoto.

Terça-feira, 14 de outubro, 1986. Briguei com Fred. Ele está ficando cada dia mais parecido com Diana Vreeland. Eu digo que *Interview* é uma revista pequena e ele diz não não, não é. E não me deixa dar opiniões sobre o assunto. Eu digo, "Fred, *Time* é uma 'revista grande'. Eles cobram $75 mil por página. Nós cobramos 3 mil." E ele diz, "Não, não, nós cobramos $3.1 mil". Quer dizer, que diferença faz?

Paige lembrou que haveria a inauguração do Nell's e que Steven Greenberg estaria com alguém para quem ela o tinha apresentado e que ele nos levaria todos ao Le Bernardin, aquele restaurante caro de frutos do mar no prédio do Equitable. Fomos e é muito elegante, muito distinto, uma comida bem ordinária, mas muito cara. Meu peixe veio cozido em chucrute, foi ótimo, exatamente como comer um cachorro-quente na banquinha da esquina.

Depois fomos com Steven buscar Donna McKechnie, ela está estrelando *Chorus Line* novamente. Steven conhece todas essas mulheres que estão entrando nos quarenta mas que estão à frente de tudo. Como Elizabeth Ray e Margaux Hemingway. Donna McKechnie estava dando uma entrevista para Frank Rich e na realidade ela é linda, mas numa categoria com a qual não resta muito a fazer – 44 anos e um corpo lindo, mas vai ser difícil encontrar um outro show para dançar. Ela tem classe de uma maneira um pouco puta, estava com um vestido mostrando toda sua nudez. É pretensiosa demais para o meu gosto, mas gentil.

Depois fomos para a inauguração do Nell's na Rua 14 e foi realmente excitante. Rupert Everett foi com seu próprio astro coadjuvante. E Nell foi gentil, disse que eu seria o único que poderia fotografar. Mas eu realmente não queria ficar circulando. Bianca estava lá e Lauren Hutton e Schnabel, todo mundo que em circunstâncias normais estaria no Odeon. Paige foi para o andar de baixo, ficou dançando com Benjamin e Schnabel e Alba Clemente e todas essas pessoas. Peter Beard estava lá com sua entourage. Cobram $5 de ingresso. Não sei se os garotos de downtown vão pagar, estão acostumados a boca-livre. Depois saímos e fico me sentindo engraçado quando Steven sai conosco, porque ele gasta muito dinheiro por nossa causa e bem lá no fundo tenho a sensação de que ele talvez seja (*risos*) uma pessoa barata em segredo. Sabe? Ainda não descobri como ele pensa. Mas ele é sempre muito generoso conosco. Nos deixou. E Steven e Nell ambos fazem a mesma coisa – carregam uma escova, tiram do bolso e ficam escovando o cabelo o tempo todo. Acho que aquele cabelo tipo George Washington de Steven Greenberg é sua riqueza, a sua marca registrada.

Quarta-feira, 15 de outubro, 1986. Chris Makos ligou. Peter Wise está indo para a Europa com Hedy Klineman para torná-la conhecida nas galerias, ela está desesperada para ser uma pintora famosa. E Chris foi ao escritório com aquele garoto da força aérea que foi barman lá na Flórida e que ele conheceu quando esteve em Key West algumas semanas atrás. O garoto é realmente bonito, poderia ser o melhor de todos os modelos. Chris, você sabe, como sempre (*risos*), vê a si próprio como um garotinho naquele garoto. O nome dele é Ken.

Fui caminhando até o trabalho. Stuart ligou e queria se assegurar de que vamos à festa no Buccellatti's para arrecadar dinheiro para sua escola de arte. Disse a Paige que a encontraria lá às 8h. Ela e Wilfredo. Sam tem aula de datilografia.

Aí às 8h Paige ligou e perguntou onde eu estava. Fui para o Buccellatti's (táxi $3) e bem em frente eu disse para Wilfredo, "Estou com medo de entrar", e um homem que estava ali perto (*risos*) veio e disse, "Isso é muito interessante, sou psiquiatra e estou hospedado no Waldorf, caso você queira conversar comigo sobre isso, sou especializado em fobias". Foi exatamente como num filme de Peter Sellers.

Aí Stuart estava lá e Paige cometeu um *faux pas* e contou a Barbara Gugenheim tudo sobre os "musicales" que Stuart vem promovendo. Barbara não sabia nada sobre eles. E Paige fica rindo histericamente quando se dá conta que cometeu um *faux pas*.

Quinta-feira, 16 de outubro, 1986. Brigid está realmente chateada porque sua mãe está muito mal e ela finalmente se deu conta de que vai ser órfã.

Tive que sair cedo do escritório, às 6h30, porque era a noite da festa japonesa no barco, era black-tie e eu estava de black-tie mas com meus Reeboks brancos, mesmo assim Fred e eu fomos.

Rupert passou pelo escritório com finalmente algumas boas pinturas que fiz. Na realidade eu poderia montar uma ótima exposição, as "Camuflagens" de 2,5 x 9. Aí o carro nos buscou. Não consegui ligar o alarme, eu estava um lixo e sabia que seria uma daquelas coisas em que a gente é tratado como realeza para que vá até lá, mas que depois quando a gente desce do barco no final da viagem nem te dão uma moedinha para o subway, já te "usaram".

Mr. Kuraoka, da Nippon, estava uma graça, a comida era toda dele. E Dick Cavett conseguiu fazer Bianca falar ao microfone e ela deu uma olhada em mim e perguntou, "*O que* você está usando?". Estou dizendo, eu estava *realmente* um lixo. Botões desabotoados, gravata torta, camiseta aparecendo sob a camisa. E Skitch Henderson estava lá, eu disse que tenho sentido falta dele na TV e que foi ele quem realmente começou aquela coisa que é usada ainda hoje de o apresentador conversar com o maestro da orquestra. E eu só conseguia pensar naquele enorme problema que ele teve com os impostos.

Durou até as 9h30 e Fred estava como nos velhos tempos, charmoso e gentil com todo mundo. Mas no final sussurrou, "Vamos tentar ser os primeiros a desembarcar". E é claro que não havia nenhum carro nos aguardando. Fazem de tudo para levar você lá e absolutamente nada para largar você em casa. Aí pagamos para que uma limusine ($25) nos levasse e Fred me deixou.

Sábado, 18 de outubro, 1986. Stuart ligou para dizer que estava interessado na flauta de platina que vai a leilão na Christie's e tentou me interessar pela flauta de ouro. Encontrei Stuart e Sam lá e olhamos as flautas, realmente dariam um ótimo colar. Stuart resolveu não dar lances acima de $120 mil pela flauta de platina. A de prata saiu por $4.4 mil e aí comecei a dar lances pela de ouro mas meu último lance foi $22 mil e saiu por 40 mil. A flauta de platina estava estimada em 40 mil mas os lances continuaram subindo cada vez mais. Stuart conservou sua plaqueta levantada e eu podia perceber o corpo dele tremendo ao meu lado, como se ele estivesse tendo um orgasmo. Ele estava em pânico, tentando descobrir quem era a outra pessoa dando lances, mas olhamos à volta e não conseguimos descobrir de onde vinham os outros lances, quando tudo terminou a flauta era de Stuart por $170 mil, que com mais impostos e comissões vai dar uns 200 mil. Stuart estava em choque. Absolutamente em choque.

Todo mundo lá pensou que eu é que tinha comprado a flauta, e não Stuart. Pessoas começaram a me dar cartões e me empurrar exemplares da revista *Flutist*. Foi realmente engraçado. Aí os repórteres me perguntaram por que eu queria a flauta e para alguns eu disse que era porque tinha o emblema da Feira Mundial e aí eu precisava dela para completar minha coleção de talheres de plástico da Feira Mundial, para outros eu disse que a estava comprando para derreter. Stuart não conseguia nem abrir a boca para dizer que a flauta era *dele*, ainda estava tremendo, então o tirei de lá. No final o outro sujeito dando lances era de Nova Hampshire e parecia rico. Eu sugeri que Stuart o convide para uma de suas soirées musicais e tente vender a flauta para ele. A flauta tem toda uma história, alguém deixou-a em testamento para a amante, mas depois que ele morreu a família não conseguiu acreditar que ele tivesse tido uma amante, e por isso a guardaram por dez anos. É americana. Boston. Kincaid.

Aí Stuart quis dois martínis duplos e quatro chocolates quentes, saímos e fomos beber tudo isso.

Depois fomos ao Antiques Center ver se conseguiríamos encontrar outra flauta, mas por $2. Stuart ficou tentando pensar em como vai pagar pela flauta. Depois foi para casa e eu peguei um táxi ($6) downtown. Tinha feito planos de assistir *Sid and Nancy* com Stephen Sprouse. No 57th Street Playhouse (ingressos $18, pipoca $5). Ann Lambton faz seu próprio papel, o filme é doente, verdadeiro – ninguém mais vai querer ser punk depois de assisti-lo.

Domingo, 19 de outubro, 1986. Stuart ainda está em estado de choque por causa da flauta de $200 mil.

Segunda-feira, 20 de outubro, 1986. A flauta de Stuart está na primeira página do *USA Today*, mas não mencionam o nome dele. Só dizem (*risos*): "Preço recorde pago por uma flauta". E ele é engraçado, finge que não quer publicidade alguma, mas aí dá para perceber que fica arrasado quando não consegue publicidade nenhuma. Como aquela história que Steve Aronson escreveu, ele está muito excitado com ela mas ainda assim finge não estar.

John Powers me ligou do Japão e está procurando um "Elvis" para comprar. Um vai a leilão daqui a pouco e há poucos ainda no mercado. Diz "Três Elvis" mas não sei se é aquele bem grande ou é apenas aquele no qual as imagens foram superpostas três vezes.

Terça-feira, 21 de outubro, 1986. Diane von Furstenberg deu um festa para seu namorado, Alain Elkann, que foi casado com a filha de Agnelli. É francês. Escreveu quatro livros e na França, se a gente é intelectual, não tem de trabalhar, te tratam como um grande "intelectual". Como o marido de Loulou de la Falaise, que dizia ser romancista mas que acho que nunca terminou nada. Portanto, Diane está seguindo o caminho de Marilyn, casando com os homens pelos seus nomes, e agora está saindo com o sujeito que vai escrever livros sobre ela.

Trabalhei. Fred resolveu também ir à festa. Fechamos rápido. Fomos para o Carlyle, encontramos Sue Mengers no elevador, tinha estado há pouco na festa, estava com seu mesmo marido, magra, não sei o que tem feito. Agora está morando aqui. O bolo tinha a forma de um livro. Bob Colacello estava lá.

Li o artigo que ele escreveu sobre Bianca na nova *Vanity Fair*. Ela está voltando à moda, fotos suas caminhando com crianças salvadorenhas no campo.

Jean Michel ligou, de volta da Costa do Marfim. Disse que vendem carne com 4 milhões de moscas em cima – cortam um pedaço e vendem com as moscas. Ele estava soando normal, como se não estivesse drogado e estivesse com saudade dos velhos tempos, quer fazer gravuras junto comigo.

Sexta-feira, 31 de outubro, 1986. Benjamin deveria vir me buscar mas não apareceu. Caminhei por ali. Dia da festa de aniversário surpresa que Steven Greenberg estava dando para Paige no Nell's. Há vários dias tenho percorrido as listas para a festa de Paige, tentando ajudar Tama a conseguir uma ótima lista de convidados, mas não consegui organizar tudo, aí Gael tomou conta e fez tudo rapidamente. Trabalhei toda a tarde. Fui para casa e aí Paige foi me buscar e, tanto quanto ela sabia, iríamos a um jantar de pessoas que não se conhecem no Nell's.

Aí chegamos ao Nell's e Paige ainda não tinha desconfiado de nada e aí exatamente no último segundo, bem do lado de fora da porta, a mulher de Glenn O'Brien, Barbara, desceu de um táxi e disse, "Oi, Paige, viemos para a sua festa surpresa". Não deu para acreditar, mas Paige estava desconcentrada e aí nem percebeu direito, acho que ela realmente ficou chocada quando entrou no clube e todo mundo gritou, "Surpresa!".

Gael fez um bom trabalho de organização e a festa estava muito boa. Sentei exatamente no mesmo lugar da noite de inauguração – ao lado da porta de entrada – e não me mexi nenhuma vez. A festa tomou conta de todo o andar térreo, e aí então deixaram o público entrar às 10h, mas só para o andar de baixo. E é o new look dos restaurantes tentar imitar um look tipo rico. Sombrio com mobília estofada.

E vejamos, Thomas Ammann estava lá e Tama, e Nick Love de L.A., que está hospedado na casa de Fred. E Larissa estava lá, e Jay, e Wilfredo, e Gina e Peter Koper. E o novo garoto que trabalha na *Interview* e que era da Paramount, Kevin Sessums.

O Dia das Bruxas se transformou num feriado importante. Antes era só para crianças e agora é a cidade inteira. Todos os travestis vieram e não reconheci Kenny Scharf, não mesmo. Finalmente reconheci Joey Arias. Cheguei à conclusão de que era ele. E Jean Michel chegou atrasado com seu rosto enrolado em papel laminado e ninguém sabia quem ele era (*risos*) – Paige até ficou conversando com ele porque também não sabia.

Vamos ver quem mais estava lá. Calvin veio com Kelly e Bianca e Steve Rubell e Doug Henley. E a mulher de Jimmy Buffett. Uma porção de gente ótima. Queria que Martin Burgoyne viesse, mas ele disse que está com câncer pelo corpo todo, aí isso foi... isso foi triste.

Domingo, 2 de novembro, 1986. Richard Turley me ligou para dizer que Monique Van Vooren estava na TV num filme de Tarzan. Então liguei a TV e foi muito incrível – lá estava ela com cabelo preto e um nariz diferente e feia demais, o filme era com Lex Barker. No final ela leva um tiro no estômago.

Encontrei Janet Sartin na Park Avenue quando eu estava jogando pão para os pombos no meio da avenida. Ela me contou que também faz isso.

Segunda-feira, 3 de novembro, 1986. Fui até o consultório da dr. Li no West Side (táxi $5, jornais $6). Um dia realmente lindo. Um pouco movimentado no escritório. Sam estava deprimido, o que não é novidade. Olheiras fundas, parecia que tinha passado a noite em claro. Vicent ficou acordado até as 6 da manhã trabalhando num vídeo.

A Dia Foundation promoveria um vernissage meu. E havia uma festa dos anos 60 que Jane Holzer estava dando no Ritz, Fred disse que tínhamos que ir. Doc Cox ligou à tarde, queria um ingresso para essa coisa no Ritz. Estou surpreso que ele não quisesse pagar, pois era em benefício das crianças carentes ou deficientes.

Assim, depois daquela coisa da Dia Foundation fomos para a festa de Jane e ela não apareceu durante todo o tempo em que estivemos lá. Estávamos saindo e vimos Stephen Sprouse, ele está absolutamente sem dinheiro. Talvez até seja despejado do seu apartamento. O acordo que assinaríamos ficou muito complicado. Tudo parece ótimo até a gente começar a tratar com os advogados.

Quarta-feira, 5 de novembro, 1986. Stuart veio me buscar e fomos até a Christie's e (*risos*) se recusaram a dar-lhe uma plaqueta porque ele ainda não pagou sua flauta. Paguei pelo almoço de Stuart na Sotheby's ($3,15). Pediu um sanduíche de mortadela que parecia ótimo. Você lembra desse tipo de sanduíches? Com mostarda. E umas fatias bem grossas. Tipo 1cm de espessura. A garçonete tossiu sobre o meu café, mas cheguei à conclusão de que, já que o chá estava muito quente, deveria estar esterilizado.

Depois Stuart me deu uma carona até o escritório e ele é ótimo, o maestro brasileiro, me levou até lá realmente depressa.

Chovia a cântaros. Sam ia comigo ao iate do Forbes, mas não levou casaco e gravata como eu tinha recomendado ontem, aí o desconvidei e levei Fred que ficou deslumbrado por poder ir.

Aí fomos para o iate. A festa era para divulgar uma nova linha de roupa de baixo. James Brady foi muito divertido, Susan Mulcahy estava lá e Fred estava naquele seu humor que o faz levantar saias. Mr. Tisch e sua mulher e (*risos*) nós ficamos lá de pé dizendo que tudo era uma cafonice e exatamente nesse instante uma senhora texana veio até mim e disse que tinha acabado de ver meu anúncio de retratos (*risos*) no catálogo de presentes de Natal de Neiman-Marcus. Então isso me colocou no meu lugar e comecei a rir e Fred me deu um olhar tipo, "Espero que você esteja contente", e também riu. Ainda está furioso porque eu concordei com o anúncio enquanto ele estava na Europa. Então foi uma coisa bem engraçada.

Quinta-feira, 6 de novembro, 1986. Eu pensava que esta seria a noite na qual Larry Gagosian iria me oferecer um jantar pré-vernissage, mas aí Fred meio que me contou que tudo tinha sido cancelado. Por alguma razão ele não me queria lá. Falo disso daqui a um pouquinho. Aí quando Paige ligou e disse que havia um jantar de negócios no Chantilly's, que é um ótimo restaurante na Park com a 57, eu disse que iria.

Paige me buscou e chegamos quarenta minutos atrasados ao restaurante. Steven Greenberg e Margaux Hemingway estavam convidados e Michael Gross, da *Time*, e Barbara Hoades, com quem ele acaba de casar, ela fazia designs para a Paraphernalia e ainda mantém a mesma aparência dos anos 60. Sonja Rykiel também estava lá.

Aí Steven queria ir ao Nell's, então fomos para lá, entramos e vimos Larry Gagosian e aí vimos Fred com Faye Dunaway e Jerry Hall! Verdade! Não sei o que aconteceu, como se elas estivessem lá e só por coincidência tivessem sentado com ele, mas parecia que *este* era o jantar que Larry deveria estar oferecendo para *mim*. Fred ficou balbuciando algo sobre querer conversar de negócios sozinho com eles ou algo assim. Mas eu acho mesmo que o jantar era para mim e ele disse que tinha sido cancelado só para que eu não fosse.

E Gagosian me disse, "Consegui o seu 'Teste de Rorschach' para minha exposição na Califórnia" e eu perguntei, "Onde você conseguiu?". Ele disse, "Com o Leo", e eu disse, "Ah, é mesmo? Você *comprou*?", e ele respondeu, "Não, estou com ele em consignação". E eu disse, "Bem, você não pode levá-lo". Fiquei furioso e me fiz de duro. Porque é apenas mais uma exposição para não fazer. E Larry, sei lá, é realmente esquisito, já teve problemas por fazer ligações obscenas e tudo. É esquisito.

Sexta-feira, 7 de novembro 1986. Uma nojeira de dia, chovendo e tudo. Vi um vídeo ótimo dos Models na MTV, tipo anos 60, como os filmes underground, mostram Edie e eu, e o "eu" é uma graça, uma camisa listrada, é ótimo. Não sei o nome da música.

Meu vernissage estava acontecendo na Gagosian's e Stuart mandou um carro me buscar, tranquei tudo, fomos para lá e demos de cara com o Stellan, da Suécia, que tem uma namorada que trabalha na seção da moda da *Interview*, Marianne. E Yoko Ono estava lá. Vimos a exposição e Stuart ficou dizendo, "São obras-primas", e não sei se queria me puxar o saco ou o quê. São as pinturas "Mijo", as "Oxidações". E aí umas senhoras muito gentis me perguntaram como eu tinha feito as pinturas e não tive coragem de dizer o que eram na verdade, porque o nariz delas estava colado às telas. E estava muito cheio de gente.

Depois fui ao Nippon com Sam e Wilfredo e Benjamin e Stuart e Barbara Guggenheim (jantar $280).

Sábado, 8 de novembro, 1986. Sam ligou e disse que foi a quatro clubes com Benjamin: Rolodex, Beat the Zombie – algo assim – e Save the Robot. Dolly Fox ligou e disse que a peça com Demi Moore estava confirmada para a noite. Stuart ligou e me buscou e fomos para aquele lugar dos esqueletos na Rua 14, onde a gente vê esqueletos de alguém de um ano de idade até um de alguém de 26. Depois fui para o escritório e trabalhei toda a tarde.

Fechei tudo e fui para a Sétima com a Rua 4 (táxi $5, ingressos $30) e depois da peça fomos para os "camarins", que no final eram (*risos*) na rua. Consegui que Demi Moore me convidasse para seu casamento com Emilio Estevez no dia 13 de dezembro, será uma ótima oportunidade para aparecer, é uma época ótima para vender arte.

Elizabeth Saltzman me convidou para jantar no Indochine. Convidou Barry Tubbs e eu seria a terceira pessoa. Mas agora ela está saindo com Jellybean. De táxi até o Indochine ($6). Barry Tubbs nem apareceu. Elizabeth não pagou a conta, foi estranho porque o convite era dela (jantar $200). Alguém veio e nos contou toda a história da noite passada no Nell's – Fred subiu numa mesa e tirou as calças na frente do restaurante todo.

Depois fomos ao Nell's e éramos oito (ingressos $40) e nos conseguiram uma mesa nos fundos. Ficamos lá umas duas horas e aí fugi sem pagar a conta. Me deu vontade (táxi $10).

Domingo, 9 de novembro, 1986. Donald passou pelo escritório, meu sobrinho, ele está voltando para Pittsburgh, desistiu de seu trabalho no escritório. Eu disse a ele que estaria abandonando uma grande oportunidade. Ele nem alterou o nome de Warhola para Warhol, isso deveria ter servido para me alertar. Ele realmente não gosta de Nova York, acho eu. Eu nunca o levei a lugar nenhum, não sei se teria feito alguma diferença. Acho que não, sei lá. Ele disse que vai voltar para cuidar dos pais porque eles foram muito bons para ele. Eu disse, sim, claro, conte essa para outro. O pai dele, John, trabalhou na Sears, acaba de se aposentar.

Liguei para Fred e ele ficou se fazendo de pretensioso comigo, me criticando. Não aguento isso. Eu disse ele estava soando muito pretensioso para alguém que tinha tirado as calças no Nell's e então ele se transformou numa outra pessoa – ele achava que eu não sabia, ficou petrificado.

Vi MTV – a reprise do nosso programa *Fifteen Minutes* – para ver se envelheceu bem, e ainda parece atual, tem um look moderno. Mas deveríamos conseguir que as cores ficassem mais vivas. Tenho que trabalhar nisso. Deveria ter aquele ar da Madonna naquele vídeo "Papa Don't Preach", em que ela dança como Marilyn ou Kim Novak. Aquelas cores fortes. Cabelo loiro e batom cor de laranja sobre preto.

Segunda-feira, 10 de novembro, 1986. Iolas deu uma passada, foi operado da próstata e por isso minha exposição "Última Ceia" está sendo adiada para 15 de dezembro, gostaria que fosse adiada ainda mais, para março. Conversei com Michael Roux sobre pintar as garrafas das suas novas águas minerais.

Era a noite do desfile de modas da Barneys em benefício dos pacientes de aids, lá na loja feminina. Wilfredo ia e a princípio Sam disse que não queria ir, mas quando descobriu que Madonna estaria lá começou a achar que gostaria de ir.

Fomos para lá (táxi $8) e perguntamos se Madonna já tinha chegado e disseram que não, mas deve ter ido disfarçada, porque quando Iman desceu as escadas Madonna se atirou na direção dela e aí todos os fotógrafos se atiraram na direção de Madonna. O desfile estava ótimo – casacos lindos. Boas ideias. Todo mundo estava no desfile – Joey Aris e John Sex e aquela mulher do perfil, Dianne Brill, e Teresa Scharf. Madonna estava com o casaco de brim de Martin Burgoyne. E aí, quando estávamos indo embora, Chris Makos atirou algumas freiras em minha direção para fotografar e aí outra pessoa começou a tirar fotos e Chris gritou, "A foto é *minha*, *eu* preparei a cena!". As freiras eram do St. Vincent's, o desfile beneficente era para elas.

Howard Read, da Robert Miller Gallery, estava lá e tinha acabado de vir do leilão em que a pintura de Jasper Johns saiu por $3.3 milhões! O que chega a $3.6 com impostos, comissões, essas coisas. É o preço mais alto já pago por uma pintura de um artista vivo. E nem era uma grande pintura, existem melhores. Era um "Alvo" ou – talvez fosse o "Números". Eu tinha um "Notas de Dólar" neste leilão e saiu por $385 mil e uma "Mona Lisa", saiu por $70 mil.

Wilfredo e Paige me deixaram (táxi $6). Cheguei em casa e assisti à reprise do noticiário no Canal 4, Sue Simmons comentou que eu tinha estado naquela coisa da Barneys. Deus, ela é linda. Fui apresentado a ela uma vez num jantar no Plaza, ela estava comendo coisas realmente engorduradas, muita comida.

Quarta-feira, 12 de novembro, 1986. Os leilões ainda estão acontecendo.

Um Rosenquist saiu por $2 milhões. Um desenho de Jasper saiu por 800 mil. Um desenho! Mas o desenho de Rauschenberg só levou $90 mil.

E acho que David Whitney deve estar multimilionário, ele tem muitos Jasper Johns.

Quinta-feira, 13 de novembro, 1986. Fred disse que Nell vai ser capa da *Vanity Fair* e cá estamos nós com todas essas mulheres acabadas – Cybill Shepherd, Diane Keaton... Mas as pessoas gostaram da entrevista com Cybill Shepherd – dizem que ela foi realmente sincera. Ainda não li.

Sexta-feira, 14 de novembro, 1986. Julian Schnabel veio com sua filhinha. Estamos discutindo sobre eu imprimir alguma imagem diferente em cima duma falsificação de um trabalho meu que ele comprou – uma daquelas pinturas que acho que Gerard Malanga fez. Julian não sabia que era uma falsificação quando comprou.

Mr. Murjani ligou e me convidou para jantar, perguntei se podia ir com Benjamin e ele sugeriu que eu também levasse Paige. Aí Stuart nos buscou e fomos para o apartamento de Murjani na United Nations Plaza. E quando entrei imediatamente vi uma caixa com um microfone em cima e logo reconheci o que era, porque era igual à que Imelda Marcos levou para o iate do Forbes para cantar, e aí mr. Murjani começou a brincar com a caixa, cantou "Feelings" acompanhado por ela. É uma caixa que reforça a voz, a pessoa canta algumas músicas e há uma orquestra inteira fazendo o acompanhamento. Ele tem uma voz realmente boa, como aquele ídolo juvenil hindu dos anos 60, Sajid Khan, ou algo assim, e aí Stuart pegou a caixa e foi divertido. Stuart consegue imitar qualquer uma das estrelas da Broadway.

Aí mr. Murjani nos levou a um lugar onde eu acho que ele vai para caçar mulheres. Na 77 com Segunda. E no jantar havia uma mesa só de mulheres perto de nós e mr. Murjani e Stuart foram lá e tentaram caçá-las. Mulheres de uns vinte anos, iam a uma festa no Union Club. E mr. Murjani contou a Paige que, numa noite dessas no jantar para o qual *ele* as tinha convidado para jantar, Gael pensou que fosse um dos jantares de Paige e perguntou para ele, "Bem, já que o senhor está gastando tanto com esses jantares, por que não anuncia conosco?". Não entendo Gael, será idiota ou o quê? Mas mesmo assim foi memorável, ele sempre lembra das coisas, o que é bom. A comida estava horrível – spaghetti – não deu para comer.

Katharine Hamnet ficou trabalhando até bem tarde com Vincent naquele vídeo, mas aí ela também foi ao jantar, foi muito gentil. Mas a coisa estranha é que tinha um garoto com ela que ficou atrás dela e não comeu, e tinha até uma cadeira vaga ao lado dela. Finalmente eu perguntei, "Bem, ah, você não gostaria de sentar?". E ela disse, "O quê? Ah, sim, sente". Era o assistente dela. Devia estar morto de fome.

Aí Murjani e Stuart deram uma carona para Paige e para mim porque iam ao Union Club tentar encontrar aquelas mulheres, mas aí não conseguiram entrar porque era black-tie e eles nem se lembravam da cara das mulheres.

Sábado, 15 de novembro, 1986. Fui à Saks e havia uma multidão para aquela coisa do Swatch. Keith e eu autografamos juntos.

Stuart me buscou, Michael Jackson está hospedado do outro lado da rua, no Helmsey Palace, fomos até uma galeria lá perto olhar os Bouguereaus. Stuart vai tentar visitá-lo desta vez. Da última vez tudo deu errado. Michael Jackson ia ao apartamento dele às 3h30 mas Stuart chegou em casa *depois* das 3h30 e ele já tinha passado por lá. Mas agora Michael está na cidade novamente, com peruca marrom, óculos escuros e uma máscara branca contra gases, então se você enxergar uma coisa *assim* vindo pela rua...

Domingo, 16 de novembro, 1986. Bruno ligou e me convidou para almoçar. Fui à igreja, depois peguei um táxi até o Harry Cipriani's no Sherry ($4). A comida parece feita num forno de microondas, vai ver que é mesmo.

Wilfredo ligou, tinha assistido a *A missão* pela terceira vez. Não é estranho? Uma vez ele quis ser jesuíta.

Terça-feira, 18 de novembro, 1986. Stuart veio me buscar em casa, aí esperei por ele lá dentro. E agora temos uma câmera de vídeo para controlar o lado de fora e aí vi um homem tentando abrir a porta com chaves e tudo e parecia Stuart, de alguma maneira. Aquela postura. Mas no final *não era* Stuart e o sujeito *continuou* tentando usar uma chave para abrir a porta. Resolvi abrir e ver quem era, aí abri e acho que era um bêbado ou algo assim. Perguntou algumas vezes pela dona da casa e fiquei dizendo a ele que *eu* era a dona da casa. E então voltei para dentro e o telefone tocou e era Stuart me dizendo que havia um homem na porta da minha casa tentando entrar e eu disse que já sabia e então Stuart voltou para me buscar e eu fui para o carro e passei pelo homem, que ainda estava lá. Entrei na limusine e Stuart estava chorando, literalmente em prantos. Lágrimas escorrendo pelo rosto. Foi chocante, absolutamente chocante. Eu disse, "Foi tão estranho, primeiro achei que fosse *você*". E Stuart ficou soluçando, perguntando o que aconteceria se *tivesse* sido ele e como eu podia *deixar aquele homem* lá. E eu disse, "Bem, acho que é um bêbado e que mais eu posso fazer?". E aí ele disse para levar o homem a algum lugar, colocá-lo num táxi e mandá-lo para onde quer que estivesse indo, mas como vou *saber* onde ele queria ir? Aí pedi $20 emprestado para Stuart, dei para um motorista de táxi e pedi que levasse o homem onde ele quisesse ir, mas provavelmente só o jogou ali por perto mesmo. Estava bem-vestido. Tipo espanhol, com botas espanholas cor de creme e elegante. Aliás, Michael Jackson nem apareceu, ligou e cancelou alguns minutos antes do encontro marcado.

Quinta-feira, 20 de novembro, 1986. No final do trabalho estava chovendo forte. Paige ligou e disse que Steven Greenberg nos levaria ao Missoni de carro e chegamos lá atrasados, acho que na realidade é a melhor hora de chegar a algum lugar, realmente atrasados, porque aí a resistência das pessoas está baixa, estão cansados, aí você os ataca para vender um anúncio. É como nos anos 50 quando eu circulava e visitava diretores de arte à procura de emprego. Se eu ia cedo de manhã, nunca conseguia nada, mas aí eu esperava até o meio-dia, hora do almoço, porque àquela altura eles tinham parado de receber telefonemas e estavam cansados e minhas chances eram melhores. As pessoas realmente param de ligar para os escritórios na hora do almoço, imaginam que as pessoas estarão fora.

Aí fomos naquela coisa no Missoni e depois fomos ao Le Cirque. Gael estava lá jantando com o amigo de Steven, mr. Mulane, o sujeito do Bally Casino. É realmente gentil, conhece todo mundo.

Chovendo forte. Cheguei em casa e liguei a TV e vi John Tesh, nosso velho amigo que fazia o noticiário aqui, ele agora é o apresentador principal de *Entertainment Tonight* com Mary Hart.

Sexta-feira, 21 de novembro, 1986. Sam foi embora às 5h e eu não tinha combinado nada para levar Fred para casa depois da sua operação de cinco horas no joelho. Ele foi para o hospital às 8h15 da manhã. Quando cheguei em casa ele ligou e disse que tinha chegado há pouco em casa por conta própria, que tinha ficado na sala de espera até o meio-dia, me pareceu um pouco grogue. Contou que acha que "brincou com" o médico enquanto esteve anestesiado e, ah, Deus, posso bem imaginar o que tinha dito. Fred pode realmente ser mau nessas circunstâncias. E eu reclamei muito da minha vida pessoal para Fred, não deveria ter feito isso. Devo sempre dizer que tudo está cool. Ele me disse que não devo me envolver na vida pessoal dessa garotada, como Sam e Len, porque não é da minha conta. E ele tem razão. Eu ia gritar com Len por não ter me contado sobre Sam ter passado a noite no apartamento do namorado de Jill algumas semanas atrás – mas aí não é da minha conta. E também acho que Sam se envolveu com Victor uma noite dessas, porque Victor ligou e disse, "Eu estou com alguém que você conhece muito bem aqui...", e eu não conseguia pensar quem seria e ele disse, "Aquele loirinho que trabalha para você... Sam". Fiquei chocado.

Sábado, 22 de novembro, 1986. Assisti a *Young Bobby Kennedy*, um documentário, de manhã. Acho que colocaram no ar porque é o aniversário da morte de JFK.

Sempre me surpreendo que nenhum dos garotos Kennedy tenha procurado saber o que realmente aconteceu, quem realmente matou JFK e Bobby Kennedy. A gente pensaria que Caroline teria interesse e diria, "Pouco me importa se me matarem, mas quero saber".

Fui à Doyle's e depois à Sotheby's e consegui catálogos (táxis $4, $5). Um pouquinho antes da hora de fechar. E lá me contaram que tenho me saído muito bem. A "Sopa" número dois saiu bem alto por $6.6 mil. Esqueci que eu mandei Jay dar lances pelo "Senhoras e Senhores", um conjunto daqueles, e alguns "Flores". O conjunto "Números" de Jasper saiu por $140 mil.

Havia um jantar às 7h30 na River House e Paige disse que me buscaria. Chegou com um balaio de flores na cabeça. Uma sobra da sessão de fotos para o livro de Tama, *A Cannibal in Manhattan*, que tinha sido aquela tarde na Tavern on the Green. Paige está fazendo a direção de arte para o livro, colocando as fotos. Stuart tinha me dito que aquele "chapéu" era lindo, mas era apenas – ridículo. Ela estava com uma roupa prateada, mas para o jantar trocou por um Gaultier preto, mas com o mesmo chapéu na cabeça. O jantar era para Francesco Clemente, organizado por aquela senhora Angela Westwater que é a dona da Sperone Westwater Gallery, e a primeira pessoa de quem apertei a mão terminou sendo Alan Wanzenberg – a princípio não o reconheci. E aí me dei conta de que Jed estava bem na minha frente. Aí Edit deAk veio e disse para Paige e para mim, "Ah, vocês dois deveriam casar". Uma frase tipo Tama. Cometi um *faux pas*. Perguntei a Alba Clemente, "Bianca vem?". Esqueci que Bianca teve um affair com Clemente. Ela disse, "Não. Ela não é uma de minhas amigas". E Thomas Ammann disse que Mary Boone quer ser minha representante e que eu deveria pensar no assunto. Keith e seu amigo Juan estavam lá. E aí umas 35 pessoas estavam indo para o Nell's. Eu não queria ir mas Paige queria, então eu disse que ela fosse, mas ela insistiu em me dar uma carona – estou sentindo que todos aqueles problemas estranhos vão recomeçar.

Quando chegamos à minha casa, as flores do chapéu de Paige tinham caído, ela estava indo para casa com um balaio vazio na cabeça.

Terça-feira, 25 de novembro, 1986. Segundo dia dos leilões na Sotheby's – Renascença. Benjamin me buscou. Stuart chegou atrasado, parecia o Drácula. Perdemos tudo, foi divertido – foi só aprender e ver e tocar e sentir, não custou um centavo. Saímos de lá e caminhamos um pouco.

Ah, e Stuart me contou que sou o único que conversa com todos os negros que trabalham nas casas de leilão, pergunto a eles o que acham das coisas. (*risos*)

Voltei para o escritório e trabalhei das 6 às 9 e todos os outros também ficaram trabalhando até tarde. Fred está caminhando com uma bengala. Depois convidei Paige e Rupert para jantar no Nippon. É bom não ter mais Sam para me preocupar. Não me sinto responsável por ele, depois que descobri que tem uma vida secreta e fica trepando por aí.

Quinta-feira, 27 de novembro, 1986. Dia de Ação de Graças. O telefone tocou e era Wilfredo dizendo que não poderia ir conosco alimentar os pobres, que ia para casa em Nova Jersey. Paige ligou e disse que me buscaria em dez minutos, mas ela e Tama e Stephen Sprouse só chegaram depois de meia hora.

Neste meio-tempo Victor ligou, o convidei para alimentar os pobres conosco. Não sei se ele está drogado ou se agora é apenas paranoia.

Então fomos para a Igreja do Repouso Celestial, na Quinta Avenida com 90, e aquele padre bonito foi transferido para St. Thomas, aquela enorme igreja chique. E me pareceu que havia gente demais – tipo um voluntário para cada pessoa. Todo mundo com seu próprio garçom. Aí fomos lá para cima e havia uma sapatona enorme tipo irlandesa dando tarefas para os auxiliares, ela disse, "Vocês vieram pela comida?". E Victor se ofendeu e isso fez com que ele começasse a insultar as pessoas na fila, dizendo, "Comam rápido e deem o fora e vão para o inferno para que a gente possa limpar tudo". Numa *igreja*! E finalmente eu disse para ele, "Victor, estamos aqui porque *queremos*". E havia uma porção de fotógrafos, não sei se eram dos jornais ou o quê. Aí a sapatona disse para mim, "Vou colocar você com o pessoal da segurança, para manter as pessoas em ordem". E eu disse, "Não posso fazer isso". E ela disse, "Bem, é o que você vai fazer". E eu disse, "Não, não mesmo". Aí nem dei atenção a ela e continuei servindo a comida, é uma igreja ótima, também havia comida para as pessoas levarem para casa, fiquei dando muita comida para todo mundo. Se há tanta gente faminta é porque alguma coisa anda errada. Mas muitas pessoas pareciam que tinham ido comer lá só para não ficarem *sozinhas*. Talvez até morassem no Park Avenue, não dava para dizer.

E no final fiquei com nojo, os vereadores vieram e balançaram os braços, no caso de alguém estar tirando fotografias, para mostrar que se preocupam com aquilo tudo.

Saímos de lá e Victor me deixou e disse que odeia Stephen e Paige e Tama, que são uns falsos e uns ridículos, e aí mais tarde ligou e ficou dizendo que *sabia* que eu o estava gravando no telefone e aí ficou falando para "as pessoas do outro lado do gravador" e não sei se ele está drogado ou só alucinado por conta própria. Há algo errado com ele.

Vi nosso vídeo dos Cars, "Hello Again", na MTV. Colocaram no ar novamente, e ainda parece muito bom. Não posso acreditar que saiu do nosso escritório. E não posso acreditar que ninguém mais tenha nos convidado para fazer vídeos depois deste. Ah, e comprei algumas revistas. Uma porção de revistas ($25). Passeei com os cachorros e Paige ligou mas eu estava muito bem-acomodado em casa para ir jantar. E aí Jean Michel ligou, está furioso com Paige porque finalmente descobriu que ela usou o pai dele no papel de um canibal no seu encarte de fotos para o livro de Tama, *A Cannibal in Manhattan*, tinha acabado de ler algo sobre o assunto na Page Six. Ele disse, "O que ela está tentando fazer? Será que está a fim do meu pai?". E disse que seu pai está escrevendo um livro, disse (*risos*), "Ele nem é viciado em drogas – como pode escrever um livro? Sobre *o quê?*" Foi a primeira vez que ouvi Jean Michel dizer algo engraçado. Gostaria de saber se o senso de humor dele é assim. E ele não foi à Alemanha para sua grande exposição lá.

Sexta-feira, 28 de novembro, 1986. Tony me buscou e distribuímos *Interviews*. De táxi até o escritório ($7). Fred estava trabalhando, esperando uma ligação de Hamburgo de Hans Mayer, para saber a que horas ele chega amanhã. A senhora alemã veio com seu namorado para que eu tirasse fotos para um retrato. Estavam com um boneco gremlin, sabe, daquele filme do Spielberg, *Gremlins*, eles dormem com o boneco e querem que *ele* também apareça no retrato. Ela tem uns 36, ele uns dezoito. Na realidade o gremlin não é muito feio, não é tão ruim quanto a gente pensaria.

Fred fez reservas para levá-los ao Nell's. Acho que se associou àquilo lá. É $200 por ano, eu acho, mas ainda não está muito bem-estabelecido. Não vou me associar. Acho que é um nojo essa coisa de se associar.

E eu não telefono mais para Sam, agora tudo mudou – meus olhos se abriram. Acho que ele estava drogado quando perdia as coisas. Não sei quando começou, talvez sempre tenha se drogado. Talvez ele sempre saísse para circular depois de me deixar em casa. Em retrospecto, acho que eu não estava vendo o que não queria ver. Novamente. Quando é que isso vai terminar? Será que algum dia vou ser esperto?

Sábado, 29 de novembro, 1986. Fred ligou e disse que tínhamos um almoço com Hans Mayer e o cara da Mercedes-Benz no bar de Harry Cipriani. E o sujeito é bonito e o almoço foi divertido. Acho que vou tentar (*risos*) arrancar um carro e um chofer deles, absorvendo o "clima" para as pinturas. Vou pintar velhos Mercedes para eles.

Depois Katy Ford e seu marido, Andre Balazs, me levaram ao concurso de Miss Olympia no Felt Forum e depois fomos para a casa de Tommy Tang lá na Duane Street. Foi divertido. Richard Johnson, da Page Six, estava conosco e disse que estava trabalhando na sala de redação do *Post* quando atendeu uma ligação e era Timothy Hutton dizendo, "Alô, aqui é o Timothy Hutton. Alguém daí ligou para cá?". E Richard perguntou para as pessoas ali perto e todo mundo disse que não. E aí Timothy Hutton perguntou, "Bem, alguém ligou para a Madonna?". Acho que ela estava com ele. Você sabe como são essas coisas, você recebe um recado com um número de telefone. E disseram que não. E aí ele perguntou, "Bem, e para onde estou ligando?". E disseram, "O *New York Post*. E, já que você está no telefone, podia nos dizer o que está fazendo com Madonna?". Ele desligou no mesmo momento.

Domingo, 30 de novembro, 1986. Stuart estava de carro e fomos para a Christie's e Stuart teve que se esconder para que não o vissem – ainda não pagou pela flauta, ligam para ele todos os dias. Stuart se arrependeu de ter comprado porque, quer dizer, o que vai lucrar se quiser vendê-la? E depois fomos para o pier olhar a Antiques and Collectibles Exposition (ingressos \$15). E são apenas as mesmas coisas em todo lugar. Pequenas e as mesmas, sem caráter. Nada impressionante. Mas a exposição de Modernismo no Arsenal semana passada estava ótima. Mas estavam pedindo \$5 mil por uma coberta de mesa da Feira Mundial para oito ou doze pessoas! Não consegui acreditar. Perguntei se podia comprar uma colher grande porque tenho uma coberta imensa e já gastei as colheres grandes e aí o sujeito me deu o preço e aí eu perguntei se naquele caso eu poderia vender o *meu* conjunto.

Depois fomos até o mercado das pulgas. Encontramos um dos editores da *Interview*, o novo, Kevin Sessums. Estava sozinho, comprando um retrato de uma mulher decotada, foi esquisito (material de pesquisa \$210). Depois me deixaram.

Depois fiquei sabendo que Martin morreu. Morreu no apartamento no Village que ele comprou com todo o dinheiro que arrecadamos para ele naquela coisa beneficente no Pyramid. Ele comprava tudo o que queria. Era um garoto doce, tão amigo, tão generoso. Com seu afeto ele também era generoso.

Terça-feira, 2 de dezembro, 1986. Trabalhei com Rupert, aí começou a chuva e foi isso o dia inteiro. Convidei Wilfredo para a festa de aniversário de Cornelia, então tivemos que ir para casa trocar de roupa. Cornelia está na capa da *Spy*. Trabalhei até as 8h30. Conversei com Keith. Havia um serviço fúnebre para Martin, acho que organizado por Madonna. Mas era muito difícil chegar lá, aí não fui. Vesti black-tie e Wilfredo me buscou e fomos até a casa de Cornelia e foi uma festa horrível (táxi \$8). Trataram

Wilfredo muito mal, o deixaram sentado num canto e eu fiquei ao lado de Tony Peck. Ele contou que fez um cruzeiro com Dianne Brill e quando perguntei apenas se eles tinham fodido ele ficou chateado, não sei por quê.

Quarta-feira, 3 de dezembro, 1986. Stuart me buscou depois do trabalho e fomos a uma aula de anatomia na Rua 23 Leste porque cortariam cadáveres. Muito cheiro de formol, um dos cadáveres estava suspenso pela cabeça e um outro estava de barriga para cima. A pele meio raspada, meio ainda ali, os estudantes de arte desenhando os músculos. Foi um nojo.

Sexta-feira, 5 de dezembro, 1986. Noite passada Archie e Amos estavam doentes. Jed os buscou e levou ao veterinário. Encontrei-o mais tarde, estava com Katy Jones, falando sobre o que há de errado com os cachorros. Estão ficando velhos. Eu disse a Jed que lhe daria uma das pinturas "Cachorro". A vida é muito curta e a vida de um cachorro é ainda mais curta – os dois irão para o céu muito em breve.

Domingo, 7 de dezembro, 1986. Stuart disse que me levaria à noitada de Liz Taylor na sua escola de arte. Joseph Papp alugou o prédio por uma noite – uma coisa beneficente por causa da aids organizada pela Creo Society. Stuart achou que era black-tie e então foi o único de black-tie, ficou parecendo um garçom. Houve primeiro um coquetel de uma hora no apartamento de Papp, ali ao lado no Public Theater, depois armaram uma calçada de plástico para as pessoas chegarem até a escola de Stuart, e fizeram isso de uma maneira linda, com flores e comida. Eu disse a Stuart que olhasse bem em que o cortiço onde ele mora poderia se transformar. E as primeiras pessoas que vi foram Anne Bass e Peter Martins e Jock Soto. E fiquei duro, porque tinha comido muito alho e não queria jogar meu hálito em cima de ninguém.

Leonard Bernstein estava lá, chorou. Sempre chora. É um esquisitão. Aquele tal de Hamlisch tocou, Eileen Farrell cantou e Marilyn Horne e Linda Ronstadt e um sujeito cantaram "Ave-Maria" tipo beb-bop ou rap ou rock'n'roll, igualzinho ao *Ed Sullivan Show*. E não houve discursos porque Liz Taylor não apareceu. Um repórter do *New York Times* me perguntou o que eu tinha achado da performance e eu disse que aquelas estrelas deveriam levar o show para a Broadway, porque a maioria delas está desempregada – que já que não há mais *Ed Sullivan Show*, jamais conseguimos assisti-las. E aí Papp veio e disse, ah, não, essas pessoas são *grandes* demais para trabalhar na Broadway, que só organizaram aquilo porque era uma noite especial. E, quer dizer, quão "grande" a gente pode ser se está *desempregado*!

E aí Bernadette Petters estava lá com suas tetas penduradas para fora do vestido e eu já a tinha cumprimentado mas Stuart queria ser apresentado a ela, insistiu, e aí eu a interrompi e ele começou a falar e então seus dedos de violinista começaram a percorrer o corpo dela, ele fez tudo o que ela deixou que ele fizesse. E Stuart, de pé ali com toda aquela tensão, perguntou para ela, "Posso te dar uma carona?" e ela respondeu, "Não, obrigada, querido, tenho o meu próprio carro".

Segunda-feira, 8 de dezembro, 1986. De táxi até o West Side para consultar dra. Li ($4), fiz o que tinha de fazer lá.

Aí Paige estava dando um almoço para o pessoal de balé no escritório (táxi $5, jornais $2). Anne Bass foi com Peter Martins e Heather Watts e Ulrik Trojaborg e Bruce Padgett. Queriam que eu desenhasse uma cortina e um pôster, eu deveria ter dito que conversassem com Fred. Não vou conseguir fazer grande coisa com aquele pequeno camafeu com o leão-dourado de Noguchi que Peter Martins levou para me mostrar – se é isso o que eles querem, deveriam ter pedido logo para *Noguchi*. Mas se querem que *eu* faça algo, então deveria ser algo mais americano.

Ah, e Jock disse que a razão pela qual eles não foram ao Indochine depois daquela coisa beneficente da aids, domingo à noite, é que Mercedes Kellogg e Sid Bass costumam ir lá e ninguém queria que Anne Bass se encontrasse com eles, então foram ao Nell's.

Fred veio com Mary Boone em seu casaco de pele, ela quer que eu assine com sua galeria. Ainda não conversei com Fred sobre o que eles discutiram durante o almoço. Ela fica sentada ali e sorri. Aquele sorriso tipo Ileana Sonnabend.

E Fred, depois de uma outra briga semana passada que acho que esqueci de mencionar, com Paige e tudo, me ligou e disse que quer mudar, então fez uma volta de 90 graus e está tentando se transformar numa outra pessoa.

Terça-feira, 9 de dezembro, 1986. Tony me buscou e fomos ao médico de coluna que a Prudential Insurance quer que eu consulte. Nossa companhia de seguros de saúde do escritório.

Ele atende no segundo andar de um velho hotel da Rua 72 Oeste (táxi $4). Não acredita em vitaminas, não acredita em nada. Tem uns quinze diplomas pendurados na parede mas não sei se servem para alguma coisa. Menti minha idade no questionário do seguro, disse que nasci (*risos*) em 1949. E aí Stuart me disse que isso é crime.

Assisti a *Letterman* e, Deus, odeio quando ele passa a língua nos dentes e tenta se fazer de bonito para a câmera. É como se ele estivesse em casa se olhando num espelho.

Quarta-feira, 10 de dezembro, 1986. Achei que teria de tirar fotos de Tatum pela manhã para o retrato que estou fazendo, por isso preparei todo o equipamento em casa e tudo, mas aí liguei para ela e ela achou muito difícil me encaixar na sua agenda, disse que deveríamos esperar até depois de Aspen. Acho que provavelmente a família O'Neal é uma família muito idiota na qual o pai por acaso fez sucesso num único filme. Porque ali está essa menina que se acha muito esperta, se acha muito inteligente. Ela foi avançada quando era uma garotinha, mas...

À tarde, um sujeito foi ao escritório para ser retratado, um daqueles sujeitos que fumam charutos e falam sobre si mesmos, tem um ar jovial, recém-saído da academia de ginástica. Uns 55 anos. Mike Todd devia ser assim.

Outro dia a voz de Victor soou muito doente, achei que era a doença mágica, mas ontem pareceu bem, totalmente recuperado. Acho que Elsa Peretti está depositando montanhas de dinheiro na conta dele. Ele sabe como não abusar demais. Acho que está entediado de morar em East Hampton. Tem uma casa inteira lá por $1.5 mil mensais. Está sendo sustentado no estilo com o qual está acostumado.

O pessoal mais velho continua dizendo que adoram o programa de TV.

Steven Greenberg estava de carro e fomos ao balé assistir *O Quebra-Nozes*. Eu mandei flores para Heather e Jock e Ulrich... Paige mandou por mim. As crianças na plateia todas muito ricas, com as roupas certas, o cabelo certo, comendo os (*risos*) chocolates certos. É como se tivessem sido vestidas por Sandy Brant. Jock e Heather dançaram os papéis principais. Heather está começando a ficar com um ar cansado, mas é uma bailarina realmente ótima. A performance foi maravilhosa. Realmente, balé só é bom quando os garotos têm quinze anos e então dá para perceber aquele ar preciso, magrinho e frágil.

Quinta-feira, 11 de dezembro, 1986. Tony não veio me buscar. Gostaria de entender como a cabeça dele resolve quando vir me buscar e quando não vir. Caminhei pelas ruas, foi uma caminhada ótima, vigorosa. Parei na B. Altman's e para variar estava derramando de gente. Pelo menos parecia que estão faturando muito e tantos vendedores quiseram me atender que tive de ir embora.

Corice Arman ligou querendo me ajudar a conseguir um visto para a França. Quer dizer, aqueles franceses são horríveis, obrigam apenas os americanos a apresentar visto e deixam todos os outros entrarem sem problema. O escritório estava movimentado, trabalhei por lá. Começou a chover e a nevar, ficou realmente horrível lá fora.

Fui ao vernissage de Mark Gero, o marido de Liza, na Weintraub Gallery, que é bem pequena. Liza estava lá em cima sendo fotografada. Depois busquei Paige às 8h30 e fomos para a festa no apartamento de Liza na Rua 69 Leste. Uma multidão. Halston estava lá, e Calvin e Kelly e Steve Rubell. E Bob Colacello foi realmente gentil, disse que aprendeu muita coisa em *Interview*, que a experiência foi muito importante para seu estilo literário. Estava com aquele hálito de champagne fermentado que ele tem depois que bebe, então acho que está bebendo novamente.

Liza convidou o pessoal da *Vogue* e da *Details* e da *Vanity Fair*, se esforçando ao máximo para divulgar as pinturas de Mark que antes pareciam vaginas sensuais, mas agora parecem vaginas com problemas. Em volta delas há buracos com sangue e os nomes são algo como "Morte de um bebê". É igual à vida de Liza.

E Steve Aronson estava lá e foi divertido, contou a história de como não ganhou sua garrafa de champagne de Natal de *Interview* em 1977. E Ethel Scull estava lá, eu disse que ela deveria recomeçar a circular e ela falou que vai fazer isso em breve. Ethel fez plásticas demais ou teve um derrame, não descobri qual dos dois.

Paige e eu conversamos sobre nosso jantar para pessoas que não se conhecem da noite passada e ninguém foi bem-sucedido, exceto Steven Greenberg. O acompanhante de Tama, o veterinário de Amos e Archie, dr. Kritsick, não fez nada além de reclamar para ela – que não ganhou dinheiro com seu livro, que seus canos vazam – tudo isso. E o acompanhante de Paige elogiou-a demais, e o meu, bem... acho que meus acompanhantes nesses jantares deveriam ser bons contadores de histórias para poder divertir a mesa, porque eu não falo e Paige não fala e Tama não fala e aí fica muito chato.

Eu falei a Steve Aronson que ele deveria escrever a verdadeira história da Revlon, a história das três esposas Lachman – Ruth, Rita e Jaquine – ele disse que é uma boa ideia.

E Calvin e Halston estavam sentados na mesma cadeira, muito aconchegados. Foi estranho, e aí Calvin perguntou se não seria divertido ir para a casa de Halston, que seria uma grande diversão, aí entramos todos nos carros e fomos para lá e Dick Cavett foi, estava na festa com Bianca. E Bianca está um pouquinho gorda na bunda mas disse que emagreceu. E está com a aparência da idade que tem, não sei que idade é, mas é essa a aparência.

Sexta-feira, 12 de dezembro, 1986. Thomas Ammann ligou e disse que desde já tenho um convite para passar o Natal em Gstaad, foi ótimo. Nick Rhodes ligou e queria ir jantar. Eu ia sair com Keith e Kenny e Ann Magnuson, e Nick e Julie Anne queriam jantar muito cedo. Ficaram insistindo em 7h30 e finalmente combinamos para as 8h (táxi $5). Fomos para o Mr. Chow's e é claro que Nick e Julie Anne só apareceram às 9h ou 9h15. Ann concordou em fazer uma coisa de quatro minutos sobre arte e moda para nosso programa de TV. Aí todas as esposas – Julie Anne e Teresa – se levantaram e foram para o Nell's num mesmo carro, sabiam que seus maridos iriam logo depois mas queriam se expandir um pouco, tinham ficado muito presas.

Fui a pé para casa e havia bêbados por todos os lados, caindo pela rua. Começou a temporada de festas de escritório. Mas o tempo estava bom. Caminhei pela Park Avenue. Benjamin tinha ido no primeiro carro com as mulheres. Comprei revistas ($7).

Sábado, 13 de dezembro, 1986. Benjamin me buscou e fomos até o Arman's, na Washington Street. Deveria ser para um almoço mas, já que eu tinha dito a eles que não costumo almoçar, não tinham preparado (*risos*) nada e eu estava faminto. E fiquei com inveja, Arman me mostrou as joias que está fazendo, consegue uns coraçõezinhos e os refaz em ouro e os cola todos juntos. Pedi que ele participasse do nosso programa de TV. E aí fiquei com mais inveja ainda quando me falou dos vestidos que está fazendo – um "vestido-manga", feito só de mangas, um "vestido-bolso", feito só de bolsos. Quer dizer, por que é que *eu* não pensei nisso?

Ele repete imagens nos seus desenhos, mas não nas pinturas. E agora está fazendo pinturas que são só pinceladas de um lado a outro. Mas eu sempre quis saber se ele copia Cesar. Cesar foi um artista dos anos 50 e 60, um francês baixinho, um que fez aquelas mãos enormes onde a gente pode sentar e coisas assim. Ainda vive. Fez aquele plástico que fica maior e maior e parece merda e que era vendido individualmente. Gostaria de ter pensado naquilo. Fiquei pensando sobre o vestido que fiz para aquela exposição da Rizzoli, um chamado "Fantasia na Moda" – aquele do início dos anos 70. Era um vestido feito de pedaços de roupas de designers, todos costurados uns nos outros. Uma vez alguém usou-o num baile. Mas era muito cedo para esse tipo de coisa, porque foi mais ou menos a mesma coisa com aquela jaqueta bluejeans algumas semanas atrás na Barney's, naquele evento beneficente por causa da aids. Corice arranjou tudo para que eu receba um visto da França.

Levei Benjamin para almoçar, a mulher cortou o sanduíche ao meio e deixou cair no chão, riu e não sei se cobrou por ele ($19). Almoçamos no carro a caminho do estúdio, Paige me encontraria lá antes de irmos à exposição de Dennis Hopper na galeria de Tony Shafrazi.

E a exposição de Dennis: as fotografias não são nada de especial, acho que Tony está apenas atrás da publicidade gerada por um astro de cinema. Encontrei Keith e Kenny lá, foram divertidos. Paige ficou furiosa quando *ela* tirou uma foto de Keith e ele disse (*risos*), "Ah, Andy, por que *você* não autografa esta foto para mim?" Matt Dillon estava lá com uma loira que parecia uma Diane Lane jovem. Diane Lane só tem vinte anos, mas a loira era ainda mais moça. Todo mundo ficou dizendo para Dennis que ele está ótimo em *Veludo azul*. Tentei fazer com que ele participasse do nosso programa de TV, mas ele viaja amanhã.

Segunda-feira, 15 de dezembro, 1986. Tony vinha me buscar mas eu não sabia se ele estaria de carro. Não sei como ele resolve essas coisas, ele é muito abstrato, não tem rotina. John Powers ligou, está de volta do Japão, disse que tem um relógio mágico novo que usa um cristal em vez de uma pilha, mas ele soa cada vez mais velho, aí não sei se esses cristais funcionam. Vozes são engraçadas, Diana Vreeland ainda tem uma voz jovem. Forte.

Keith ficou criticando Schnabel, dizendo que ele sentou ao lado de Dennis Hopper no jantar que Tony Shafrazi ofereceu para Dennis durante o fim de semana e fez um discurso sobre Dennis embora nem o conhecesse.

Ah, e aquela noite Dennis me contou que cortaram uma cena de *Veludo azul* em que ele estuprava Dean Stockwell ou Dean Stockwell o estuprava e a bunda de alguém ficava cheia de batom.

Depois fomos para o Metropolitan Museum para a festa da Shiseido. Acho que talvez eles tenham financiado a exposição de roupas que Vreeland organizou, por isso tinham que fazer a festa lá. Colocaram duas grandes pinturas "Flor" minhas. Cor de pêssego com contornos pretos. Uma foi doada por Peter Brant e a outra por Irving Blum, que eu nem sabia que tinha essa pintura. O museu deveria conseguir *todas* elas – quer dizer, é assim que elas deveriam estar – *todas juntas*.

Depois Steven Greenberg nos deu uma carona do museu até a primeira festa no Tunnel, na Décima Segunda Avenida com a Rua 28, o clube que foi construído no túnel de uma estrada de ferro abandonada. Fui eu quem disse para o sujeito dos jeans Bonjour para chamar o lugar apenas de "Tunnel". E foi divertido lá, boa música e comida da Glorious Food. Serge, o maître da Glorious, me cumprimentou. Haoui foi o porteiro, Rudolf estava lá. O prédio é ótimo.

Ian Schrager estava lá mas deu o fora de uma das minhas fotos, acho que não queria ser fotografado no clube de alguma outra pessoa. Estava com um lindo terno azul e de gravata, engordou um pouco, está mais pesado, atarracado, com um ar de prosperidade. Bonito. Como James Caan. Steve Rubell estava de terno numa noite dessas, dizendo, "Ainda estou de terno, acabo de fechar um negócio".

Conversei com Stuart. Contou sobre um sujeito que está gastando um tempo enorme arrecadando fundos para a escola de Stuart, mas eu disse, "Veja, existe uma *razão* para que alguém dedique esse tempo todo, não é a troco de nada – ou ele está lá usando os telefones de vocês ou está fugindo da mulher ou está usando a limusine de vocês ou está tomando as bebidas de vocês – é sempre por causa de *alguma coisa*. Nunca é a troco de nada".

Terça-feira, 16 de dezembro, 1986. Tony me buscou, tive que ir visitar Schnabel. Ele me levou até a Rua 11 Oeste, aquele estúdio enorme. Muito grande. Com sacada e terraço. E há secretárias lindas atendendo o telefone, perguntei se Jacqueline fica com ciúmes e ele disse, "A gente tem de ter garotos e garotas lindos trabalhando para a gente". Ainda está fazendo aquelas suas pinturas em pratos, então acho que é o que ele tem vendido. E vai para o telefone e diz, "Quééééérido! Venha já para cá!". E sempre diz que é alguém como Al Pacino tentando se desvencilhar de Diane Keaton para vir *vê-lo*. Ou Dustin Hoffman.

E as secretárias dizem coisas para ele tipo, "Você pode conversar com seu editor na Random House às 2h44 e ficar livre às 3h32 ou às 3h46 e ficar livre às 4h34," e Julian diz, "Acho melhor às 2h44".

E ele está pintando sobre uns fundos japoneses lindos e arruinando-os. E ele tem uns encerados com palavras coladas e diz, "Estes são da minha exposição em San Salvador".

Foi a tarde mais pretensiosa que já passei. E saí de lá completamente convencido de que eu tenho de comprar um Schnabel. Fred também acha. Eu disse a Julian que lhe daria uma carona para uptown e saímos e havia uma limusine estacionada e ele foi naquela direção e eu disse, "Ah, Julian, aquele não é o meu carro", e indiquei o carrinho japonês de Tony. Aí me deixaram e eu disse a Julian que ele podia "ficar com o carro" – me fiz de grandioso e Tony o levou para onde Julian queria ir.

Quarta-feira, 17 de dezembro, 1986. Aí Tony me buscou e fomos para o Rockefeller Center e tiraram minha foto para o visto. Depois fomos até a casa de Calvin Klein deixar o presente de casamento. Fui para o escritório. Estava movimentado lá. Lisa Robinson estava entrevistando Ric Ocasek. Gael veio e disse que estão fazendo Charlie Sheen para a capa de fevereiro. Greg Gorman já o fotografou e hoje vão fazer a segunda parte da entrevista. Tenho a impressão de que ele não vai casar com Dolly.

Ric não quer aparecer no nosso vídeo. E Ann Magnuson é esquisita, disse que seria a mestre de cerimônias do nosso programa e agora não está certa nem se vai querer fazer uma coisinha de nada sobre arte e moda. Não entendo Ann – ela faz todas aquelas coisas grátis downtown e aí não quer fazer algo quando estamos tentando ajudá-la.

E Gael ligou para Sydney Biddle Barrows e perguntou se ela gostaria de ser nosso "presente de Natal" para Steven Greenberg e ela se ofendeu e reclamou do nosso atrevimento. Quer dizer, eu tinha dito a Gael, "O que faz você pensar que ela fará uma coisa dessas?". É como alguém ter sido preso por vender segredos de Estado, aí sai da prisão e a gente pergunta, "Será que você poderia roubar um segredo para mim também?". Quer dizer, o que Gael terá *dito* para *ela*? "Já que de *qualquer modo* você é puta..." E Gael tinha dito, "Ela fará isso por mim, vai fazer isso por mim". Quer dizer, só porque Gael conseguiu que Cris Alexander fotografasse Sidney na luz certa para *Interview* não significa que ela nos daria essa colher de chá.

E estou dando permissão para o Caffe Roma utilizar meu nome como anfitrião do seu réveillon.

Domingo, 21 de dezembro, 1986. Jed ligou e disse que teve de levar Amos às pressas para o hospital durante o fim de semana por causa de uma violenta dor de dentes. Fiquei me sentindo horrível, não percebi que isso estava para acontecer. Às 3h ele ainda estava aguardando para que lhe arrancassem três dentes. Dr. Kritsick deu o nome de um médico que trabalha 24 horas para Jed. Disseram que era um caso grave, mas nunca notei nada de errado.

Só saí de casa às 4h e fui à igreja. Stuart me buscou e fomos ao mercado de pulgas mas não conseguimos encontrar nenhuma pulga.

Aí John Gruen e sua mulher, Jane Wilson, a pintora, estavam dando uma festa de aposentadoria para Ulrik, que vai assumir um cargo administrativo no New York City Ballet. Fomos até o West Side para a festa (táxi $4).

Todo mundo foi tão gentil uns com os outros que parece que não fazemos parte desse grupo.

Heather disse bem na frente de Peter Martins que está cansada dos dezessete anos esperando que ele lhe dê uma aliança. E Anne Bass está no Texas.

Segunda-feira, 22 de dezembro, 1986. Fui à dra. Li (táxi $4, jornais $2, telefone $50, táxi $6). Li os jornais, distribuí *Interviews* e fui para o escritório. Resolvi me intrometer nas capas. Gael passou pela minha sala, como ela é ótima. A capa com Charlie Sheen é de Greg Gorman e ele também fez as fotos de dentro da revista, é a mesma coisa de sempre, um rosto bonito com roupas bonitas. Mas Charlie beija tão bem que eu gostaria de algo diferente, tipo ele beijando uma mulher, e mesmo assim poderíamos usar as mesmas fotos dentro, mas eu queria algo diferente para a capa. Gael disse que procurou coisas do Weegee, que ela também quer um novo look.

O escritório estava movimentado. Fred está agitado, vai para Paris dentro de um ou dois dias para fugir do Natal, que ele odeia. Me viu preparando uma lista de presentes para o escritório e gritou comigo, disse que não somos um escritório normal e que eu não preciso fazer coisas chatas como aquela e que ele queria que eu parasse com aquilo naquele momento mesmo. Aí eu disse (*risos*), "Ok".

E percebi este ano que quanto maior a caixa, menor é o presente.

Rupert me deu uma carona até em casa. Aí Sam ligou e queria sair, então fui encontrá-lo no Nippon (táxi $5, jantar $50) e conversamos sobre que tipo de trabalho ele deveria estar fazendo no escritório. E é muito engraçado, eu inventei coisas e o acusei. Tipo ter atacado alguém no corredor, e no final era *verdade*! Ele começou a admitir coisas, dizendo, "Foi apenas sexo". Mas talvez estivesse brincando. Foi como *Dynasty*, pessoas entreouvindo pessoas nos corredores. Na realidade eu disse (*risos*), "Eu te ouvi no corredor".

Terça-feira, 23 de dezembro, 1986. Fred cancelou sua viagem à Europa, finalmente entrou no espírito de Natal. E adorou os dois discos de ferro fundido que eu dei para ele, eram da West Side Highway. Comprei na Doyle's. Talvez eu devesse voltar lá e comprar mais outros. O garoto lá gosta de mim e me vende as coisas muito barato. Eles têm os melhores tecidos lá, tecidos antigos, eu deveria ter comprado uma porção deles para Fred. E Fred me deu um livro ótimo, um velho livro sobre estátuas gregas lindas, para minhas novas pinturas. Paige e Fred agora são os melhores amigos. Ela cedeu, ele cedeu. Dei algo para Paige que ela adorou, acho, porque deu gritinhos, era só um livro sobre Clemente. Mas o livro foi apenas um presente extra – eu estou devendo muito dinheiro para Paige. Espero que ela não pense que esqueci (telefone $2, jornal $2, táxi $7).

Quinta-feira, 25 de dezembro, 1986. Acordei e fui a pé até a casa de Paige e ela e Stephen Sprouse e eu fomos até a Igreja do Descanso Celestial para distribuir *Interviews* e alimentar os pobres. Não estava tão cheio de gente como no Dia de Ação de Graças. Stephen e eu caminhamos pela rua e eu tinha dito a John

Reinhold que passaríamos por lá e ele poderia nos levar para tomar chá e foi o que ele fez, nos levou ao Carlyle, e foi uma coisa tipo, sei lá, garotos esperando que suas avós morressem. Stephen me deixou. Recebi uma porção de telefonemas me convidando para festas de Natal mas decidi ficar em casa e adorei.

Domingo, 28 de dezembro, 1986. Ontem assisti a um programa ótimo num canal tipo canal J. Era uma (*risos*) ninguém entrevistando outros três ninguéns. Uma disse que era amiga de Milton Berle e tinha participado do coro de todos os filmes que você conseguir lembrar. E aí havia uma outra que também tinha estado nos coros e disse, "Cantei no Red Room do Downstairs Club e no Blue Corner do Uptown Spot", coisas assim. Foi muito triste. Aí ela disse, "Mostre as fotos, mostre as fotos, esta é a que vão usar quando me contratarem...". E tinha uma negra desafinada, ah, foi triste.

E finalmente vi o vídeo de Debbie Harry feito em L.A., ela está na piscina do Beverly Hills e não usa o vestido de camuflagem que fizemos para ela, aquela coisa do Stephen Sprouse. Acho que o diretor não quis que ela usasse, mas teria sido muito bom. Minha ambição, se eu realmente resolvesse fazer uma plástica no rosto e tudo, seria ficar igual a Debbie. A música dela pega a gente, "French Kissing".

Tive um vazamento e por isso fui olhar num armário e lá estavam os vestidos que comprei no leilão de Joan Crawford em 1977, descobri que a etiqueta de um deles diz Nolan Miller! Dá para acreditar? O designer de *Dynasty*! E agora estou lembrando que no leilão eu perguntei, "Quem é que conhece esse ninguém?". Então agora eu gostaria de escrever para ele e dizer que posso vender o vestido de volta para ele por algo como $4 mil. Vamos esperar e ver por quanto ele vai vender um vestido de Joan Collins e aí pediremos a mesma quantia. Os outros vestidos não têm etiquetas, mas se parecem e tenho certeza de que todos são de Nolan.

Segunda-feira, 29 de dezembro, 1986. Benjamin me buscou e fomos para o West Side consultar a dra. Li. Pedi que me tirasse algumas vitaminas, mas ela me receitou mais seis e não sei se me *tirou* alguma. Acho que todas as vitaminas que estou tomando é que estão me fazendo ter problemas para dormir. Por dois dias durante os feriados finalmente dormi um pouco, um dia dormi até as 10h45. E naqueles dias me senti descansado. Mas normalmente quando acordo de manhã estou todo dolorido. E *sou* viciado em Valium. Eu só tomo um quarto de comprimido por noite, mas, quando fiquei tentando não tomar nada por mais de um mês, me senti com a cabeça leve e com sintomas de ausência. Por isso recomecei a tomar.

Quarta-feira, 31 de dezembro, 1986. Fui ver o Bernsohn sozinho, fiquei curado por um momento, caminhei até downtown (telefone $2, jornais $2). Paige está chateada porque não havia garotos bonitos para o nosso réveillon e sua desculpa é sempre que precisamos encontrar alguém para Tama, mas ela também quer conhecê-los. Não sei por que Paige quer que a gente faça tudo isso por Tama – "Temos que encontrar um namorado para Tama". *Por quê?* Quer dizer, todo mundo nesta cidade está precisando de um namorado. O *mundo* inteiro precisa de um namorado. Enfim, Stephen Sprouse vem. Pobre Stephen, elas estão atrás até *dele*, eu acho, ele está apavorado.

Trabalhei até as 7h45. Os garotos do balé vieram, tirei fotos. É tão engraçado quando a gente olha bem de perto e percebe que Heather Watts tem o corpo um pouco deformado – e ela é a bailarina número 1 de Nova York. E seu nariz é muito grande e talvez ela o tenha feito ainda maior, mas seus olhos são lindos. São como olhos fascinantes de uma estrela de cinema, aquele tipo com círculos escuros em volta do azul.

Aí Steven Greenberg estava dando uma festa de réveillon no River Café no Brooklyn. Era black-tie e eu estava só com minha echarpe vagabunda. Saímos às 11h15 e atravessamos a Brooklyn Bridge e foi a parte mais divertida da noite, com Paige dizendo para Harold, o motorista, buzinar mais forte e Paige ficou dando aquele assovio penetrante que vem da garganta. Quando chegamos no meio da ponte, começaram os fogos de artifício. E aí Tama veio em outro carro e nos contou que Steven e Elizabeth Ray tinham acabado de brigar, então mais tarde eu perguntei a Steven, "E aí, você já teve sua briga com Elizabeth?", e ele respondeu (*risos*), "Não, não, ainda não, ainda não".

E depois fomos para a casa de Scott Asen em Turtle Bay e não havia muita coisa acontecendo por lá. Peter Martins estava telefonando no banheiro e seu filho estava quase indo embora – é lindo, dança. E Sirio, do Le Cirque, estava lá, o levamos ao Nell's conosco e ele foi divertido. Nell meio que tirou a roupa e se atirou na mesa para ser fotografada e eu disse a Sirio que ele teria que fazer a mesma coisa, se quisesse que o Le Cirque fosse um lugar realmente "in". Ele disse que sua mulher e seus filhos estavam viajando, que está passando o Ano-Novo sozinho. Nos convidou para jantar domingo.

Paige e Tama foram para o Tunnel, nós a deixamos lá, aí cheguei em casa por volta das 4h, passeei com os cachorros e fiquei com todo o meu equilíbrio do dia alterado, é tão idiota ficar acordado até tarde só porque é Ano-Novo.

Quinta-feira, 1º de janeiro, 1987. O tempo estava horrível, chuvoso. Fiquei em casa e descansei o dia inteiro.

Domingo, 4 de janeiro, 1987. Os garotos do balé quiseram nos levar para jantar no Indochine. Paige me buscou. Stephen Sprouse estava lá e também Ulrik e Bruce Padgett e Heather e Scott Asen e Julie Gruen – Peter Martins foi o único que faltou. É um grupo muito maravilhoso, tem tudo o que se quer. Heather disse que sempre pensou que Stephen fosse submisso, mas que mudou de opinião a partir do momento em que ele começou a desenhar figurinos para balé. Todos os outros sempre deram o que ela quis, ela disse, mas quando Stephen lhe deu o vestido e ela disse, "Ah, não quero esta coisa", ele disse, "Você vai vestir o que *eu* disser para vestir". Aí ela gostou disso e agora quer casar com ele. Portanto, eis mais uma mulher a fim dele. Heather pagou a conta.

Segunda-feira, 5 de janeiro, 1987. Há um programa de notícias na TV a cabo que assisto às 5h30 da manhã, quando acordo para mijar, que é ótimo. Não sei ao que sou alérgico. Dra. Linda Li diz que talvez seja a tinta que eu uso, mas agora nem chego perto daquela tinta, acho que é algo aqui em casa. Ou talvez algo nos prédios aqui do lado, talvez radiação do consultório do médico. Talvez seja o casaco de ursinho que coloco para dormir, embora a etiqueta diga que é totalmente de algodão. Sei lá. É um Armani. De algum modo sinto como se ele tivesse um pouco de poliéster, fico com aquela sensação de comichão. E eu também durmo embaixo do casaco de couro de Larissa que Jane Holzer me deu, é ótimo. Jane continua dizendo que nunca uso o casaco e eu digo que uso todas as noites.

Paige veio me buscar e fomos para o desfile de Adolfo no St. Regis. Roupas lindas, mas para mim é tão abstrato que alguém copie roupas Chanel há tantos anos, que alguém construa uma carreira copiando as roupas de outro estilista. São as mesmas roupas há décadas. Uma senhora muito alta sentou ao nosso lado, não sorri para ela nem nada; não sabia quem era, e aí mais tarde me dei conta de que era Evangeline Bruce. Havia muitas senhoras lá que eu deveria estar retratando, cada uma delas era uma dessas senhoras ricas. E ainda estão cheias de energia por não terem que trabalhar duro.

Sabe, Heather Watts é muito interessante. Faz parte do "grupo de leitura" de Anne Bass, todos os meses todas leem o mesmo livro e aí se encontram para discuti-lo. E são todas senhoras ricas tipo Brooke Astor e mrs. Rupert Murdoch e Drue Heinz. E toda semana se reúnem na casa de uma pessoa diferente, com mordomos e cozinheiros e empregadas, e Heather diz que é a única pobre do grupo e a única que lê os livros. Ela abandonou o colégio aos quinze anos. E você sabe como é vivaz, contou que ficou sabendo do grupo de Anne Bass numa festa e disse, "Quero fazer parte! Quero fazer parte!". Heather não consegue nem esperar até o grupo se reunir no estúdio dela e todas terem que sentar no chão.

Então Paige e eu fomos até Robert Miller Gallery, e a exposição das minhas fotografias está absolutamente ótima. Excelente. O catálogo está ótimo mas o artigo de Stephen Koch cita os mesmos velhos nomes, tipo Duchamp e Brassai. Brassai!!! Se tivessem pedido para alguém mais jovem escrever o artigo, teriam sido nomes diferentes e mais novos.

Resolvi ficar em casa, apenas descansar e me preparar para o vernissage da exposição.

Terça-feira, 6 de janeiro, 1987. Todo mundo queria me emprestar sua limusine – Steven Greenberg, Stuart Pivar, dias glamourosos – e Paige deu uma lista de mais de cinquenta pessoas para a galeria ligar e convidar de última hora. Dia cheio de trabalho. Cheguei à galeria às 5h e havia só um punhado de gente, mas começou a encher mais e mais e eu trabalhei quase até a morte. A exposição está ótima. Depois fui jantar com Steven Greenberg e aí fui para casa e fui cedo para a cama, achei que superaria o resfriado mas aí Jean Michel ligou às 3 da manhã, conversei com ele e meu sono ficou arruinado.

Ah, já assisti ao novo programa de Joan Rivers algumas vezes e é quase só sexo – uma chatice.

Quarta-feira, 7 de janeiro, 1987. Fiquei curado do resfriado quando fui ao Bernsohn pela manhã. Quando entrei não contei que estava resfriado mas ele disse que eu estava congestionado, aí trabalhou em mim e pela primeira vez usou uma porção de cristais, tipo aqueles longos e fininhos, e pela primeira vez eu realmente acreditei totalmente naquela coisa, quando saí de lá meu resfriado tinha desaparecido completamente. E ele perguntou, "Você se importa se eu passar a cobrar $10?". E eu respondi, "*Sim!*". Quer dizer, ele fica me contando de todas as roupas e discos que tem comprado. E então perguntou, "Bem, então quem sabe $5?" E eu disse, "Bem, o que posso dizer?".

Quinta-feira, 8 de janeiro, 1987. Sam me contou a fofoca sobre Fred que eu não deveria ficar sabendo. Ele escreveu uma carta para Neil pedindo desculpas por ter tirado as calças lá. E aí também fiquei sabendo que uma noite na Area ele tirou seu caralho para fora e ficou lá feito uma estátua até alguém se dar conta.

Paige ficou de mau humor porque pedi que Sam ligasse para ela e combinasse de irmos assistir à peça de Mary Tyler Moore da qual Barry Tubbs participa, ela veio até a minha sala e disse que não quer garotos de recados ligando para ela em meu nome. Ela realmente fica com outra personalidade quando quer, realmente consegue ser má.

Ah, e Len Morgan está de volta do seu cruzeiro de dez dias com Thurn und Taxis e ficou atendendo os telefones. E o príncipe ainda inventa histórias sobre mim. Contou para Len que uma vez eu disse a ele, "Todos te acham excitante, então *faça* algo excitante", e que aí pisei no pé dele. Não lembro nada disso.

Fui para o teatro (táxi $4). Lynn Redgrave é uma ótima atriz, diminuiu seu papel para dar mais oportunidade para Mary Tyler Moore. E aquele outro sujeito jovem do elenco fica mostrando seu caralho, depois na festa seus pais disseram que (*risos*) estão muito orgulhosos dele.

Sexta-feira, 9 de janeiro, 1887. Estou resolvendo quando vou a Milão. Minha exposição é na quinta-feira depois da próxima.

Dormi com a MTV ligada e tive pesadelos com videoclipes de rock.

Domingo, 11 de janeiro, 1987. Pee-Wee Herman está sendo processado por $130 mil porque não pagou sua (*risos*) conta de vídeo. Seu programa inteiro tem efeitos de vídeo.

Dois garotos têm tocado a campainha aqui de casa o fim de semana todo, um menino e uma menina. Acho que me viram entrar e ninguém mais está em casa – Nena e Aurora estão fora – e é assustador. Eu não atendo a porta.

Fui à igreja; aí Paige ligou e disse que me buscaria para irmos ao balé (táxi $5). Os balés foram ótimos. "Symphony in C", que eu não via há anos, e dois novos de Jerome Robbins. Ficamos com os lugares de Peter Martins. Jock e Heather estavam no palco voando de um lado para outro. E disseram que posso fotografar a companhia o tempo que quiser, então acho que vou começar a fazer isso.

Anne Bass não foi ao balé mas depois apareceu no jantar que Paige organizou no Baton. Eu e Paige estamos brigando. Ela disse coisas sobre Jean Michel, tipo, "Será que você vai recomeçar aquele affair gay com Jean Michel?", e aí foi a *minha* vez de dizer coisas, tipo, "Ouça, *eu* não iria para a cama com ele porque ele é muito sujo, não consigo acreditar que alguém faça isso. Quer dizer, foi *você* quem teve um affair com uma pessoa suja e que não toma banho". E aí brigamos por causa de Eizo e do shiatsu, porque, como o terapeuta dela está em férias, ela está usando Eizo. Perguntou se alguma vez ele fez algo na minha barriga e descreveu como ele colocou suas mãos e ficou agitando e como ela ficou nervosa e deu um tapa na mão dele. Aí eu disse, "Não, mas ele me disse que você está muito gorda" – era brincadeira minha – e então ela disse, "Tudo bem, acabou, não vou usá-lo mais". E então tentei convencê-la que ele *não* tinha dito que ela está gorda, mas ela não quis acreditar em mim.

E Peter Martins, que me encomendou uma cortina para o balé, realmente tem grandes ideias. Antes eu não pensava assim, mas agora penso. Ele conversou com Stephen Sprouse sobre aquele tal de Touch Tag, um jogo tipo futebol em que os garotos usam roupas com velcro e aí, em vez de obstruir a passagem do outro jogador e usar ombreiras de proteção, eles só têm de rasgar o velcro. Peter e Stephen estão trabalhando um balé "Laranja Fluorescente" e aí ficaram pensando em neve fluorescente.

E aí, quando Ulrik me contou que não tinha tido tempo de passear com seu cachorro aquela noite, usei a personalidade agressiva de Heather e disse, "Por que você não coloca o cachorro no palco e o faz cagar ali? Ninguém ia notar". Eu contei para todo mundo sobre uma ideia que sempre tive para um balé "Chuveiro"

– bailarinos nus entrando para baixo do chuveiro depois de um número pesado de dança e aí jogando água no público.

Os garotos do balé estavam quietos a princípio, mas depois de dez copos de vinho foram realmente divertidos. E Stephen Sprouse mostrou como escreve de trás para diante, é muito esperto e tem uma caligrafia linda. E aí aconteceu uma coisa surrealista. Um grupo enorme de garotos de oito anos de idade invadiu o restaurante, uns cinquenta, e encheram tudo no bar inclusive, tudo. Perguntamos o que estavam fazendo ali, disseram que estavam indo de bar em bar para fazer uma pesquisa para um trabalho de colégio. O restaurante ficou realmente barulhento, ensurdecedor. Contaram que depois iriam ao Nell's.

Segunda-feira, 12 de janeiro, 1987. Sean Lennon foi ao escritório. Todos os anos pinto o retrato dele, um por ano. Ele foi divertido. Fui jantar no Castellano's (táxi $6) com David Whitney, mas sem Philip, que tinha ido jantar com alguns ricaços. E David ainda fala que quer casar comigo e agora que fiquei sabendo quantos Jasper Johns ele tem até que valeria a pena. Está organizando a exposição de David Salle no Whitney. Contou que Jasper caiu de uma árvore em La Samanna, mas só quebrou o pulso. Ele e Rauschenberg desistiram de beber, então acho que vão viver para sempre.

Terça-feira, 13 de janeiro, 1987. Tive que ir ao Food Emporium da 70 com a West End Avenue para uma coisa chamada Focas de Páscoa que dr. Kritsick, aquele veterinário bonito, ajudou a organizar. O pessoal do cereal Almond Delight colocou notas de $100 em caixas e a gente tinha que percorrer a loja para encontrá-las. Como uma caçada aos ovos de Páscoa (táxi $4). Na realidade não havia celebridades, embora tivessem dito que haveria. Só um sujeito de caratê. Mas a grande e única celebridade era Eddie Fisher, foi *muito divertido*! Um ar jovem mas horroroso, mas ele é *muito divertido*! Posso entender por que Carrie Fisher casou com aquele tal de Simon, porque ele é igual ao Eddie só que com cabelo liso. Se eu tivesse conhecido Eddie nos anos 60 teríamos sido bons amigos. Agora ele só faz coisas beneficentes. A primeira coisa que disse foi, "Você fez um retrato meu". Aquele que fiz em 1962 – a primeira página de jornal com ele e Liz. Contei para ele sobre todos os meus médicos de cristais e médicos de coluna, ele ficou realmente interessado e aí mais tarde quando eu estava saindo do escritório às 5h – tive que sair cedo – ele ligou, tinha procurado o número de *Interview* e aí vou ligar de volta. Ele é muito divertido.

Enfim, durante aquela coisa percorremos a loja e só encontrei uma caixa, mas Kritsick encontrou dez e Eddie encontrou duas e aí dei a minha para que ele ficasse com três. E quando fui embora se ofereceram para me dar uma carona e fui elegante e disse que não, mas eu deveria ter aceitado porque lá fora estava um vendaval (jornais $5, telefone $2, táxi $5).

Quarta-feira, 14 de janeiro, 1987. Um lindo dia quente. Fui para o escritório e Ian McKellen estava lá para o almoço, um almoço organizado por Fred, e também Sarah Giles, da *Vanity Fair*. Ele é uma graça, muito sexy, sua peça *Wild Honey* acaba de encerrar a temporada na Broadway, eu gostaria de ter assistido, parecia tão boa nos anúncios de TV.

Fui com Sam e Len à festa para Dolly Parton no Gotham (táxi $3.50). Dolly estava entrando quando chegamos lá, deu um discurso dizendo que a festa era para comemorar a assinatura de seu contrato com a CBS Records depois de vinte anos de RCA. Acaba de fazer quarenta anos e está absolutamente linda, mas dá a impressão de que tudo é fabricado. É pequenina, mas as tetas são tão enormes que *têm* de ser implantes, porque ninguém poderia ser tão magra e ainda assim ter aquelas tetas imensas – tenho certeza de que teriam encolhido. Barry Diller foi com Calvin e Kelly, e David Brenner também apareceu, Dolly foi amável. Danny Fields estava lá, eu disse que gostaria de gravar a história da sua vida e ele disse que me dá permissão.

Todo o pessoal da *Details* estava lá, levaram o novo número com as fotos que Stephen Saban tirou numa cabine de fotografia em 1965 quando fomos à Universidade da Pennsylvania para minha primeira exposição de arte. Acho que naquele tempo ele era estudante e me pediu para autografar uma foto e Edie autografar uma foto e Edie autografou outra e Gerard outra. É uma página inteira, está ótima. Annie Flanders estava lá, e Michel Musto. James St. James estava com um salto de 10cm, Dolly também. E um negro chamado Childs estava lá e disse, "Sou Cedar Bar", querendo dizer que é alguém que costuma ficar lá, olhou para o jovem Sam sentado lá com sua postura blasé e disse, "Olho para essa garotada e só posso pensar em dizer, 'Vocês ainda vão pagar caro'." E ele está certo, Sam ainda tem muito o que aprender, e espero que aprenda. Eu o deixei mal-acostumado, levando-o aos lugares mais fascinantes quando sua cabeça ainda não estava preparada. Agora ele acha que isso é o que ele merece e é atrevido com todo o mundo.

Então Paige e eu fomos caminhando até o Nell's. Tempo lindo, entre cinco e dez graus. E Nell's é tão fascinante. Fred estava lá com Ian Mckellen e seu, acho, namorado Sean. E contra a parede estavam Claus von Bülow e Cosima e Andrea Reynolds, e Nell fica circulando tirando fotos de gente como Fred desmaiado sobre os divãs. Ela conseguiu uma foto engraçada de Taki cochichando no ouvido de Bob Colacello e Anthony Haden-Guest tentando escutar. E Sting estava lá, agora veste Cerutti, e Nell perguntou como sua carreira começou e ele disse que aconteceu isso e aconteceu aquilo e então falou, "E aí Andy me transformou numa estrela". Talvez tenhamos sido os primeiros a colocá-lo sozinho numa capa de revista. Disse que agora quer fazer teatro. Nunca entendi por que Sting fez aquele filme de Frankenstein, *The Bride*. Se tivesse sido um Frankenstein musical, aí sim teria sido interessante.

E aí Nell levantou de seu lugar e Bob Dylan veio, sentou, e disse que tinha acabado de ver minha exposição de fotografias na Miller Gallery – ele literalmente tinha acabado de vir de lá. E então Nell voltou e fingiu não saber quem ele era e disse que aquele era o lugar *dela*.

Quero que Nell fotografe para *Interview*, mas só fotografa colorido, por isso deixei alguns dos meus filmes preto e branco com ela.

Apresentei Von Bülow a Nell e depois a Dylan. Perdi minha echarpe e fiquei contente, era detestável. Mas aí a encontrei. Aquela echarpe de cashmere que encomendei de uma amiga de Brigid que a teceu à máquina deveria ser como aquela echarpe vermelha Halston que perdi, mas ficou muito mais pesada do que aquela. Paige me deixou em casa às 2h.

E a pobre Bess Myerson está suspenso. Está realmente com problemas porque dizem que tentou subornar o juiz para que ele reduzisse os pagamentos de pensão alimentícia do seu namorado, que ainda é casado. Não consigo acreditar nesses homens todos brigando por uma senhora de sessenta anos.

Sexta-feira, 16 de janeiro, 1987. Não consigo enfrentar uma viagem à Europa. E o noticiário da TV disse que na Rússia as pessoas estão se cobrindo de graxa de urso, está muito frio lá.

Fui ao vernissage de David Salle uptown. Bruno e Yoyo estavam lá. Trabalhos da década de sessenta de Jim Dine e Rauschenberg e Jasper e meus – todos lindos e muito bem-organizados. Uma exposição intelectual.

E Sam Wagstaff morreu alguns dias atrás.

Depois, de táxi para o jantar de Salle no Mr. Chow's ($5). Todos os marchands estavam lá. Inclusive Mary Boone, que quer organizar uma exposição minha, aquelas coisas "Rorschach". E o *Voice* fez uma boa crítica da minha exposição de fotografias.

Ainda quero fazer uma exposição com o "Pior de Warhol", todas aquelas coisas que não deram certo. Mas (*risos*) acho que vou ter de fazer mais coisas.

Bruno queria que eu sentasse com Robert Mapplethorpe, mas eu não quis. Ele é doente. Sentei noutro lugar.

Sábado, 17 de janeiro, 1987. Fiz um último Diário com PH antes da viagem à Europa, onde ainda está muito frio. Fui ao escritório e trabalhei até as 7h e aí Paige me buscou e fomos ao vernissage de Keith Haring.

A exposição de Keith está interessante, seus trabalhos são diferentes, como se ele quisesse mostrar uma porção de coisas e por isso tenha trabalhado rápido, não é nada muito planejado. Yoko e seu Sam estavam lá, mas Sean não foi, Yoko disse que ele tinha ido a uma festa de aniversário, que agora ele é grande o suficiente para fazer seus próprios programas. Mas mais tarde eu perguntei para Keith, "Oh, e onde está Sean?". Para me certificar que ele percebeu que Sean não foi. Para esfregar na cara dele. Acho que foi cruel da minha parte mas (*risos*) ainda estou com ciúmes porque Sean gosta mais de Keith do que de mim.

Domingo, 18 de janeiro, 1987 – Nova York-Paris. Tempo maravilhoso em Nova York, detestei ter que viajar. Acordei às 6h e fiz as malas. Tentei não pensar. A mala ficou muito pesada, não sei por quê. Nunca mudo de roupa na Europa e nunca tomo banho. Termino sempre dormindo de roupa todas as noites. Chris Makos me buscou às 10h. Buscamos Fred, estava no horário. Chegamos ao aeroporto (motorista $60). Vesti camadas de roupa, levei tudo nas costas.

Chegamos a Paris. Um motorista chamado Freddy nos buscou. Nos hospedamos no Hotel Lenox. É claro que para viajar Chris ficou com o melhor quarto. Meu quarto estava gelado mas era uma graça. Pequeno mas uma graça. Aquele velho tipo de madeira francesa muito agradável. Caminhamos pelo gelo até o Café Flore. Pedi uns sanduíches e foi só isso. Éramos os únicos lá, ficamos para fechar a casa ($35). De volta ao hotel, dormi com todas as luzes acesas. Chris foi esperto, mandou colocarem duas estufas no seu quarto.

Segunda-feira, 19 de janeiro, 1987 – Paris. Fomos ao Beaubourg e Chris conseguiu que entrássemos sem pagar e vimos a exposição de Schnabel, está ótima, ele parece um artista talentoso, depois vimos a exposição japonesa, parece que estão copiando tudo dos ocidentais, muito Frank Lloyd Wright. Almoço num café chique ($35). Fui mijar e era um banheiro maravilhoso, uma enorme parede de vidro com água escorrendo por detrás, a gente mija sobre o vidro. Muito moderno, muito esquisito. Se Chris não tivesse me dito, eu não saberia onde mijar. Parece uma fonte luminosa.

Terça-feira, 20 de janeiro, 1987 – Paris. Encontrei Art Kane, o fotógrafo, e passei algum tempo com ele. Disse que casou de novo, desta vez com uma francesa. Encontrei Fred, fui comer algo no Café Flore ($15). Comprei revistas, me atualizei com as boas ($20). Tentei convidar alguns garotos para jantar mas parecia que ninguém queria atender o telefone – James Brown e toda essa garotada. Chris examinou nossas passagens e notou que o voo era para Roma em lugar de Milão, aí resolvi que vamos despedir nossa agente de viagens. Chris foi para o telefone tentar ajeitar as coisas. Fiquei lendo revistas.

Quarta-feira, 21 de janeiro, 1987 – Paris-Milão. A polícia foi nos buscar no avião e nos passou pela alfândega e tudo porque Lisa Soltilis estava com Iolas e tinha conseguido que fizessem tudo para nós. Se estivéssemos contrabandeando marijuana ou drogas teria sido muito fácil. Ela foi muito amável, mas mais tarde nos contaram histórias loucas do marido dela prendendo Iolas num sanatório. Encontramos Iolas na sala VIP. Parecia uma velhinha enrolada em tecido. Mais tarde ficamos sabendo que tinha saído do hospital só para ir nos buscar. Aí começamos a descobrir toda a história. Iolas estaria só me *apresentando* no banco Credito-Valtellinese. "Alexander Iolas apresenta Andy Warhol." Deve ter ganho muito dinheiro para nos "apresentar". Minha exposição "Última Ceia" estava encerrando aquele dia e minha outra exposição estava inaugurando, por isso havia muita publicidade. Iolas foi realmente doce. Teve de ser levado de volta para o hospital. Lisa nos levou para o hotel. Quartos lindos. O Príncipe di Savoy. Christopher ficou com o melhor quarto e com a TV. Fred ficou no final do corredor (carregador $10, revistas $25, garçom $5). Daniela Morera ligou e começou a tomar conta. Disse que está resfriada e fiquei certo de que também vou ficar resfriado por causa dela. Fomos à galeria para fazer entrevistas com a imprensa e com a TV. Colocaram um carro à nossa disposição, 24 horas por dia.

Quinta-feira, 22 de janeiro, 1987 – Milão. Fomos até a galeria para a conferência de imprensa das 11 da manhã, 250 jornalistas. Assustadora e idiota. Terminamos. Autografei uma porção de pôsteres. Aí ficamos com algum tempo livre. Almoço com Gianni Versace, fomos para o seu castelo. O velho castelo de Rizzoli. Enormes estátuas romanas e gregas, e Suzie Frankfurt fez Versace comprar. Grandioso, enorme, fascinante. Nos divertimos muito.

Então tivemos que voltar à galeria para outra conferência de imprensa às 4h30. Fiquei até às 8h30, com Daniella tossindo na minha cara e eu assinando autógrafos. Gianni desenhou os figurinos para a *Salomé* de Bob Wilson no La Scala. Nos conseguiu ingressos para que eu pudesse dar o fora do vernissage quando me sentisse cansado. Finalmente Fred arrancou a caneta da minha mão e me levou embora.

Sentei num camarote para assistir à ópera e depois tive que ir a um jantar que estavam dando para mim. Lá vi a primeira namorada de Gerard Malanga, sobre a qual ele escreveu poemas, Benedetta Barzini. Estava com o marido, foi muito pretensiosa. Comi um bocado e Daniella ficou tossindo na minha comida. Resisti ao resfriado dela por dois dias completos, mesmo com ela falando direto na minha cara, mas finalmente não pude mais e peguei o resfriado. Fui para casa morto de cansado.

Sexta-feira, 23 de janeiro, 1987 – Milão. Acordei me sentindo um pouco engraçado, li os jornais (garçom $4). Daniela viria para nos levar para almoçar mas eu estava exausto e resolvi ficar no hotel e dormir um pouquinho. Minha temperatura tinha chegado a 38, por isso comecei a tomar vitamina C e fiquei mal do estômago. Aí Iolas ligou para dizer que viria nos ver, e aí nunca consegui completar uma boa-noite de sono. Daniela saiu com Chris e Fred e trouxeram remédios de farmácia que no final eram anti-histamínicos que me deixaram tenso em vez de me fazerem dormir, foi um dia de horror mas passou rápido.

Iolas pareceu bem. E Fred ficou um dia extra para discutir negócios com ele. Chris foi ao meu quarto e pediu sopa, ficou tirando minha temperatura a todo minuto. Subia e descia. Saiu e se divertiu bastante nas discotecas e eu fiquei tomando Valiums sem conseguir dormir. Minha temperatura baixou. Assisti TV e tentei dormir, me aprontando para acordar às 6h.

Sábado, 24 de janeiro, 1987 – Milão-Nova York. Acordei em Milão. Não preguei olho a noite inteira depois de tomar aqueles comprimidos que Daniela me conseguiu. Só me fizeram ficar ressequido e o supositório não fez nenhum efeito, mas minha febre estava desaparecendo, aí acho que era só uma gripe de 24 horas afinal. Tomei vitamina C e até aspirina. Christopher me levou sopa e pão. Mas aqueles comprimidos só ficaram ali durante a noite toda, ficaram trancados dentro de mim, sem fazer nenhum efeito. Odeio Daniela por ter me passado o resfriado e a odeio por ter me dado esses comprimidos. Mas eu também tomei Valium feito louco e nada aconteceu, mas aí de manhã tudo estava bem. Fui embora do hotel (concierge, $50, porteiros $25, bagagem $10, motorista $100, revistas $20). Chegamos sem problemas ao aeroporto.

E no avião algo inesquecível aconteceu – havia uma notícia sobre mim no *International Herald Tribune* e eu nem recortei. Eu só – nem – me importei. Portanto, cheguei a esse ponto. Talvez fosse porque eu estava me sentindo muito doente, mas mesmo assim não me importei. E Chris observou que aquela senhora de Milão que foi tão gentil e doce e fascinante quando me entrevistou escreveu coisas horríveis e cruéis.

Chegamos a Nova York e o motorista estava esperando (carro $7). Não pedi recibo. Realmente não estava me sentindo bem.

Domingo, 25 de janeiro, 1987. Paige foi gentil, me levou sopa e pão e sobremesa do Café Condotti. Ela realmente se esforça e tem muita energia, é como Chris, embora Chris só faça coisas para si mesmo, e Paige faça para outras pessoas. Dá para entender por que ela fica chateada quando coisas acontecem, ela investe muito nas pessoas.

E mrs. Aquino está sendo tão magnânima nas Filipinas, sorrindo sem parar, e seus guardas mataram treze pessoas no palácio. Por que não atiraram para o alto? Ou usaram gás lacrimogênio? Te faz pensar que os comunistas fizeram isso com outros comunistas só para causar problemas. Ou algo assim.

Domingo de Superbowl e olhando para as pessoas nas arquibancadas a gente vê que jogos de futebol são os melhores lugares para conhecer machos. Se Paige quer conhecer homens e casar, ela deveria ir a jogos de futebol e não ao balé! Ir jogar boliche no Brooklyn – Manhattan é sofisticado demais.

E aí tinham reservado ingressos para mim no Joyce Theater, onde Robert La-Fosse seria o convidado do balé de Karole Armitage. Essa é a coisa para a qual o namorado dela, David Salle, fez os figurinos, ele é o diretor artístico. E aí Paige tinha combinado um jantar no Indochine com o pessoal do New York City Ballet para discutir a cortina que eles querem que eu desenhe. Era às 9h45 ou às 10h.

O telefone tocou sem parar e meu estômago estava um horror. Eu não devia ter comido a sobremesa que Paige levou. Kenny Scharf ligou tentando me convencer a comprar terras no Brasil e eu estava pronto para lhe enviar um cheque, mas aí Fred gritou comigo por causa desse assunto quando estávamos na França, insistindo que são apenas vendas de mercado negro, sem contrato algum e nenhuma prova de que a gente é realmente o dono. Mas é muito barato. E Paige queria entrar nisso comigo e até iria lá durante uma semana para verificar as coisas. A gente ganha (*risos*) um coqueiro só para a gente. Mas dizem que há muitas mortes por lá e que podem tirar a terra da gente a qualquer momento. Mas, ei, é muito *barato*.

Stuart e eu fomos à Sotheby's e estava lotado, leilão de coisas americanas. Jamie Wyeth estava lá, mas sem Phyllis, está mais velho, perdeu seu charme juvenil, está mais sólido. Aí me senti pior e fui até uma farmácia e comprei alguns Maalox.

E Peter Wise ligou, eu sabia que ele iria telefonar porque fiquei sabendo que ele quer um emprego com Stuart Pivar. Mas desde aquela vez em que ele não aceitou minha palavra em lugar da de Kent Klineman eu acho que ele é apenas um imbecil... Alguma vez eu contei isso ao Diário? Aquela briga enorme que tive com Peter? Quer dizer, eu era amigo dele há seis anos e estava contando algo e subitamente ele diz, "Bem, isso não é o que Kent me contou". E eu disse, "Bem, se *eu* digo que algo é vermelho e você percebe que não é, mesmo assim você deveria acreditar em mim porque somos amigos". Aí eu disse que, se ele não queria acreditar em mim, que então fosse conferir com Fred, ele foi e no final eu estava certo, mas ele não acreditou *só* em mim, foi isso que me enfureceu, achei uma coisa muito horrível. E ontem quando ele ligou nem chegamos a falar sobre o emprego que ele quer com Stuart, mas sei que é disso que ele está a fim.

E agora de alguma maneira contratei Ken, o amigo de Chris, para vir me buscar todas as manhãs, vai ser meu novo guarda-costas. É um garoto loiro, alto, realmente bonito. Da Flórida.

Aí fui para o Joyce Theater e Tama nos encontrou lá, veio de Princeton (ingressos $40). A montagem é um horror, mas Robert LaFosse é um profissional e tanto...

Então depois do balé eu não podia nem pensar em enfrentar um jantar no Indochine, então fui apenas até uma banquinha de frutas e comprei um abacaxi, bananas e maçãs e fui para casa. O motorista pediu meu autógrafo, por isso tive de dar uma gorjeta maior (táxi $9). E aí fiz suco de frutas e quando terminei tinha levado tanto tempo que eu poderia ter ido jantar – depois de espremer tudo e limpar a máquina de suco. Tomei um comprimido para dormir e dormi a noite toda. Acordei às 6h.

Segunda-feira, 26 de janeiro, 1987. Ken me buscou, estava frio demais para distribuir *Interviews* e por isso não levamos nenhuma (revistas $6). Fui ao consultório da dra. Li, no West Side (táxi $4).

Nossa capa com Charlie Sheen saiu na hora certa. As pessoas só falam em *Platoon*. E *Interview* vai ficar uns 2cm menor, Gael disse. Vai nos custar $20 mil a menos com as novas tarifas postais. Acho que uma revista de tamanho grande não quer dizer nada – não sei o que é que quer dizer alguma coisa.

Paige avisou que há grandes jantares para anunciantes na quarta e quinta e Nikki Haskell ligou e me convidou para algumas festas no Tunnel naquelas noites. Não sei sobre esses jantares para anunciantes – a gente entrega uma noite da nossa vida só para tentar conseguir um anúncio. Mas por outro lado a gente conhece pessoas, e algumas vezes isso se transforma em mais *negócios* com eles.

Nick Rhodes ligou e queria ir jantar. De táxi até Il Cantinori ($5). E quando Pino não cozinha tudo é horrível. Lá estavam também Elizabeth Saltzman e seu novo namorado – *Glenn Dubin*! E foi tão esquisito vê-lo lá agarrado nela. E acho que no final ele tem mesmo dinheiro, eu não tinha muita certeza quando ele saía com Bianca. Tinham voado há pouco ao Superbowl num avião particular e ficaram no Beverly Hills e voltaram no dia seguinte. Simon LeBon e Nick Rhodes chegaram (jantar $240).

Ah, e conversei pelo telefone com Glenn O'Brien sobre o porquê de os anos 60 estarem voltando ou algo assim, ele está escrevendo um artigo para a *Elle*, foi divertido.

Cheguei em casa e à noite o telefone tocou e era Billy Name. Será que esqueci de dizer que ele tem telefonado? Está lá em Poughkeepsie organizando festas dos anos 60, tem uns três empregos lá, delegado auxiliar e tudo, e ficou jogando conversa fora – "Você sabe como te amo profundamente, benzinho" – dizendo que Gerard vai para lá e também Ingrid Superstar e que viriam me buscar e me levariam para a casa de Stephen Shore – que agora trabalha no Bard College – e todas essas coisas. Mas realmente vou ter de dizer para Billy que não consigo enfrentar o passado. E eu entrei em casa e não olhei onde estava pisando e aí fiquei conversando com ele com os sapatos cheios de merda de cachorro.

Terça-feira, 27 de janeiro, 1987. Manson apareceu no *Today Show* dizendo que realmente matou algumas pessoas – que ele poderia ter sido *realmente* grande e assassinado todo mundo. Não sei por que estão gastando todo esse dinheiro para mantê-lo vivo quando deveriam apenas matá-lo.

Michelle Loud foi trabalhar, voltou das férias e está trabalhando na máquina de costura, costurando as fotos pornôs que tenho tirado, mas tenho de ligar para o escritório e pedir que escondam as fotos por causa da garotada que agora trabalha lá – aquele pessoal da *Interview* que eu nem conheço – eles provavelmente dariam queixa na polícia. Seria a reprise dos anos 60, aposto que se *quisessem* ainda poderiam prender pessoas que tiram fotos pornô.

Quarta-feira, 28 de janeiro, 1987. Howard Read disse que Victor Bockris foi entrevistá-lo para o livro que está escrevendo sobre mim. Estou surpreso que Howard possa dar uma entrevista – ele não sabe de nada sobre mim.

Conheci um garoto chamado Cal que é uma graça mas só tem metade dos dentes, é um boy, e boys realmente se vestem melhor do que ninguém, mas acho que já fizeram aquele filme com Kevin Bacon sobre boys de bicicleta, mas ninguém fez um encarte de fotos com eles. Este garoto já foi atropelado por um ônibus algumas vezes.

Quinta-feira, 29 de janeiro, 1987. Eu já estava correndo às 9h30 da manhã porque tinha prometido a Phoebe Cates que iria à coisa beneficente no Hard Rock Café para a Covenant House, que é para garotos sem lar. Fui com Ken. É gentil mas muito lento. Mas caminha melhor que Tony porque escolhe as pessoas bonitas tipo *Interview* para dar a revista. Mathilda Cuomo estava lá.

Depois fui de táxi até o estúdio de Chris Makos para fotografar mais nus ($4, taxas de modelagem $300). Fiquei lá da 1 às 3 e enquanto eu estava lá ouvi Chris conversando com Paige pelo telefone, aí peguei o telefone para dizer para ela que La Vie en Rose talvez queira anunciar conosco e ela começou a gritar, dizendo que eu não tinha aparecido num almoço importante para anunciantes, reagiu como uma esposa reclamadora. E aí me acusou de estar lá no estúdio de Chris só para fotografar nus masculinos, o que é verdade mas, quer dizer, é trabalho! Quer dizer, só estou tentando trabalhar e ganhar dinheiro. Quer dizer, há uma porção de bocas famintas a serem alimentadas no escritório! Tenho negócios a desenvolver! Quer dizer, as fotos pornô são para uma *exposição*. São *trabalho*.

Sábado, 31 de janeiro, 1987. Paige tinha organizado um jantar para anunciantes no Caffe Roma. Trabalhei até as 8h (táxi $7). Heather Watts queria conhecer o garoto mais pobre de Nova York porque ela tem ficado muito tempo com Anne Bass, aí Stephen Sprouse levou um boy para ela, um com uma tatuagem de 30cm. Colocaram duas mesas para nós na parte da frente, e havia um sujeito tipo Máfia no bar que disse alguma coisa sobre o cabelo punk de Stephen e Stephen ficou com tanto medo que foi embora e aí Paige foi lá e começou a gritar com o sujeito e quase que levou o dela, realmente quase foi apagada ali mesmo. O sujeito era um calhorda, um touro, uns 1m90cm. Enorme. Aí Peter Martins se sentiu obrigado a ir até lá e defender Paige e Jock Soto foi lá também e tudo o que eu conseguia pensar é que o New York City Ballet inteiro seria arrasado num bar por este canalha da Máfia. Foi assustador. Muitas palavras tipo "bundão", coisas assim. Heather *adorou*.

Aí Peter se fez de homem. Defendeu Paige mas depois que o sujeito foi embora ele se sentiu tão aliviado que desabou sobre uma cadeira e disse, "Paige, nunca mais vou sair com você – você causa muitos *problemas*!".

Deixei Wilfredo e fui para casa dormir (táxi $6.50).

Segunda-feira, 2 de fevereiro, 1987. Ken me buscou. O amigo pianista de Stuart, Christopher O'Reilly, ganhou críticas ótimas no *New York Times* num artigo sobre virtuosos.

E Liberace está morrendo. Parecia tão saudável quando esteve no escritório ano passado, não é mesmo?

Liguei para convidar Nell para ser o mestre de cerimônias do nosso programa de TV desta semana mas ela disse que estava falando com a Austrália no outro telefone e que me ligaria de volta, e nunca ligou, achei estranho.

Algumas pessoas ligaram para dizer que estão escrevendo minha biografia. Fred disse a eles que não queria que fizessem isso, mas disseram que vão fazê-lo mesmo assim.

Trabalhei e então me buscaram para o jantar black-tie no Saint que o Rado Watches organizou em torno de uma pintura que eu fiz, Sarah Vaughn ia cantar. E ficamos todos com medo de comer, porque o Saint tem aquele ar gay ainda dos tempos em que era uma discotheque gay. Estava muito escuro lá e serviram a comida em *pratos pretos*.

Mas Sarah Vaughn cantou e foi ótima – gorda, suando, mas ainda com aquela voz. E aí queriam que a gente fosse ao camarim dela e aí nos levaram lá, ficava depois daquelas salinhas todas onde as coisas de sexo aconteciam. Seguramos a respiração. Dissemos a Sarah que ela é ótima, mas só estava interessada em sua bebida, disse para alguém, "Me arranja um brandy" ou algo assim. Em abril ela faz temporada no Blue Note.

Então estávamos com fome, por isso Paige e Wilfredo e eu fomos a um lugar ali ao lado chamado "103", na Segunda Avenida, e *lá* é que deveríamos levar gente para jantar, porque foram $11 por três chás, uma Coca-Cola, um prato de chili e dois sanduíches. Será que se enganaram na conta? Deixei uma gorjeta enorme ($20). E escolhemos uns garçons para Wilfredo usar como modelos nas cenas que ele está preparando em Atlantic City para *Interview*.

Terça-feira, 3 de fevereiro, 1987. Ken me buscou, ele é ótimo porque é grande e forte e pode carregar *todas* as *Interviews*, eu só tenho de autografá-las. Um lindo dia. Foi difícil pensar em ir trabalhar, por isso fomos almoçar ($15, telefone $2, táxi $7.50). Não encontramos ninguém.

Nell finalmente ligou e quando a convidei para fazer o programa de TV ela disse que teria de discutir com seus sócios, mas creio que ela apenas queria pensar no assunto. Acho que ela é como Ann Magnuson, é por isso que ainda não conseguiu ter sucesso. Quer dizer, no show business. Ambas são iguais – na última hora ficam esquisitas e não querem "entregar o ouro", mas de *qualquer maneira* não estão fazendo nenhuma outra coisa. Elas *precisam* de mais publicidade.

Quarta-feira, 4 de fevereiro, 1987. E o *Post* publicou uma foto de Ingrid Superstar com uma história enorme: "Estrela de Warhol some". Achei que ela participaria daquele encontro que Billy Name está organizando. Gostaria de saber se Gerard passou essa história para os jornais só para ter seu nome publicado, Brigid nunca me contou que ligaram para saber dela. Eu teria me *importado* se *Ingrid* tivesse desaparecido. A revista *People* tem ligado porque estão escrevendo uma história sobre Ivy Nicholson e querem que eu diga alguma coisa e por causa *dela* eu pedi que Brigid dissesse para a *People* que "nunca ouvimos falar dessa pessoa", mas é só porque se trata de *Ivy* – com *Ingrid* eu teria me importado. Mas aposto que aconteceu alguma coisa com ela. Contam que ela saiu para comprar cigarros e nunca mais apareceu. No norte do estado de Nova York. E a *People* diz que Ivy está preparando sua "volta" mas, quer dizer, ela vai voltar *como o quê*? Será que ainda pode ser modelo? Gostaria de saber como ela está agora.

Alba Clemente veio tirar sua foto para o retrato, é muito linda. A fotografei nua.

Andre Balazs me convidou para uma projeção de *Black Widow* com Debra Winger e Teresa Russel organizada pela *Details*. O filme é um nada, filme de lésbicas. A única coisa que eu realmente gostaria de saber é se aquele broche de viúva negra que ela ganha de presente de casamento é de ver ou se só faz parte do figurino, olhei para PH do outro lado do corredor e ela também estava se perguntando a mesma coisa.

Quinta-feira, 5 de fevereiro, 1987. Fomos até a E.A.T. e nossa garçonete favorita nos serviu comida extra (gorjeta $15). Comi tudo, o que foi um erro (telefone $.50, jornais $1, táxi $5).

E aí, no escritório, Sam tinha preparado chips de batata com vinagre e sal e comi uma porção porque eram tão exóticos. Vincent ficou preparando o programa de TV e como não tínhamos nenhuma celebridade para ser mestre de cerimônias utilizamos uma modelo que é uma graça. Mas fiquei sentado numa posição incômoda quando fiz minhas cenas com ela e surgiu uma dor que não quis ir embora.

Paige ficou em casa, doente, aí consegui uma noite livre, sem jantares para anunciantes, e Sam e eu decidimos ir ao cinema e então John Reinhold queria ir conosco para que antes a gente fosse jantar e pudesse conversar sobre aquele negócio de joias. Então fomos ao Nippon (táxi $6). Conversamos e depois resolvemos ver *Outrageous Fortune,* aquele filme com Bette Midler, já que é o sucesso de bilheteria da semana, mas quando saímos do restaurante senti uma pontada de dor e não consegui fazer mais nada. Fiquei com medo e disse que não iria mais ao cinema e eles me deram uma carona até em casa. Tentei ter pensamento positivo e fazer a mente dominar a matéria e quando cheguei à porta da frente foi como um milagre, subitamente a dor desapareceu. Desapareceu completamente. E então fiquei com vontade de ter aguentado alguns minutos mais porque aí não seria necessário dizer para ninguém que algo estava errado. Mas entrei e tirei os cachorros do meu quarto porque estavam me incomodando e fiquei brabo, eles não compreenderam que eu estava emocionalmente instável. Caí no sono e acordei quando Joan Rivers estava no ar e estava fazendo uma coisa esquisita no seu programa, resolvendo o mistério de um assassinato, como se fosse um jogo.

Então agora estou jogando fora toda a comida que não for sadia. Acho que foi um ataque de vesícula. E aí lembrei que a primeira vez que tive um ataque foi quando Fred me levou ao Waldorf para conhecer a velha mrs. Woodward, que naquela época tinha uns noventa anos – acho que foi em 1973 ou 1974 –, e teve de me levar para o hospital. Pois esta semana vão passar *The Two Mrs. Grenville* na TV, baseado no romance de Nick Dunne que na realidade é a história de Elsie Woodward, e fiquei achando que existe uma relação entre as duas coisas.

Sexta-feira, 6 de fevereiro, 1987. Ken me buscou e caminhamos pela Madison distribuindo *Interviews*. Lindo dia. Depois fomos com Stuart lá para baixo na Broadway ficamos olhando as coisas, aí ele nos largou no escritório. Rupert está fechando o seu escritório, por isso não foi trabalhar. Ele finalmente passou adiante aquele prédio da Duanne Street que era dele, conseguiu $1.1 milhão. Aqueles garotos que moravam lá foram muito horríveis, se recusaram a sair dos apartamentos. Rupert ofereceu indenização mas eles não queriam sair. Ele vendeu o prédio para os israelenses e você pode apostar que *eles* vão conseguir arrancar a garotada de lá.

Trabalhei toda a tarde e então resolvi tentar novamente assistir *Outrageous Fortune*. Wilfredo veio com Len e Sam, fomos primeiro ao Nippon discutir os artigos de *Interview* nos quais eles estão trabalhando (jantar $175).

Não conseguimos lugar para ver *Outrageous Fortune*, a fila estava longa demais, aí fomos ver um filme sobre a KGB, um filme inglês, nós todos caímos no sono, era uma chatice absoluta (ingressos $24, pipoca $5).

Wilfredo deixou todo mundo ($10). E aí assisti MTV e esperei pelos comerciais para o nosso programa de domingo, quando os vi achei que o programa até parece interessante, é sobre romance.

Domingo, 8 de fevereiro, 1987. Stuart me buscou na igreja e foi constrangedor sair dos degraus da igreja direto para uma limusine preta. Fomos comprar livros no mercado de pulgas da Rua 76. Um certo sujeito comprou a biblioteca de alguém e tem quarenta caixas de livros para vender e cada semana ele leva uma caixa e as pessoas começam a formar filas às 9h. Comprei alguns livros, até mesmo um catálogo do Museum of Modern Art de 1962, quando os De Menil fizeram uma exposição, naquela época eu nem os conhecia.

Stuart sempre compra um chapéu velho e sempre o perde. Adora roupas velhas, adora cheirá-las.

Assistiríamos Johnny Mathis e também conseguimos ingressos para Alba Clemente e John Reinhold, então Stuart me deixou e aí Paige tocou a campainha e trouxe abacaxis para mim e tive de deixá-los ali mesmo no hall de entrada porque eu já tinha fechado tudo. Ela estava cheia de energia, aquela coisa, "O-o-o-o-oi!". É um pouco demais. Fomos para o Radio City (táxi $5). No final foram duas horas de hits de Henry Mancini, ele abriu o show, tocou o tema da *Pantera Cor-de-Rosa* e todas aquelas outras coisas, foi muuuuuuito chato mas Paige ficou dizendo, "Não é óóóóótimo?". Ela *tem* de relaxar um pouco, eu queria dar um tapa nela, meus nervos ficaram à flor da pele. Aí Johnny Mathis entrou no palco e ainda está com a mesma voz. Eu nunca tinha notado que tudo depende de como a gente segura o microfone. E aí finalmente terminou, mas ele voltou ao palco e deu um bis. Então saímos. Paige me deixou e fiquei assistindo MTV.

Segunda-feira, 9 de fevereiro, 1987. Fui ao dentista bem cedo de manhã. Dr. Lyons e sua família perfeitamente americana vão bem. Depois Ken foi me buscar lá. A temperatura tinha caído rapidamente desde o momento em que eu saí pela manhã. De táxi ao West Side para consultar dra. Li ($4, jornal $3).

De táxi até downtown ($6). Brigid teve de ir para a casa dar uma injeção de morfina em sua mãe. Voltou umas duas horas depois, não levou muito tempo, ela está realmente chateada com a ideia de que sua mãe vai morrer no inverno e será outro enterro naquele chão frio, ela preferiria que fosse na primavera. Eu não sei por que não cremaram Liberace imediatamente em vez de fazerem uma autópsia – não deveriam ter feito isso.

Convidei Paige para ir àquela coisa do perfume de Dionne Warwick na Stringfellow's, fomos lá. Paige levou um exemplar da *Interview* para mostrar a Dionne, é o que tem a crítica que fizemos do perfume dela quando foi lançado ano passado, mas aí Jacques Bellini roubou-o de Paige antes que ela tivesse a chance de passá-lo para Dionne. E no final a própria Dionne estava distribuindo o perfume. Tem cheiro de torta de limão com merengue. Muito forte. E Stringfellow e sua filha estavam lá, foi muito fácil – fui fotografado e dei o fora de lá. Dei uma gorjeta para o porteiro ($5) porque achei que era o sujeito que sempre me conseguia táxis no Palladium e no Studio 54, mas não era ele. Fomos para o Nippon (táxi $6). Jantar, muita comida grátis – Paige pagou a conta. Conversamos sobre as exposições que vou fazer este ano – outra exposição de fotografias na Robert Miller e aí algumas novas pinturas na Mary Boone... ainda não sei o que vão ser.

Finalmente conseguimos assistir *Outrageous Fortune* e não é muito bom – não deram nenhuma grande cena para Bette Midler fazer.

Terça-feira, 10 de fevereiro, 1987. De manhã comprei muitas coisas enormes – backgrounds pintados enormes, vou ter de encontrar algum lugar para guardá-los no escritório. Fred vai gritar quando perceber o espaço que ocupam, são enormes.

Cheguei cedo ao escritório. Vincent me mostrou o vídeo no programa da MTV desta semana, parece interessante, diferente, tipo estranho.

De táxi até a casa de Clemente ($5). Achei que recebiam todo o tempo, mas disseram que o último jantar que deram foi aquele no qual estivemos. Robert Mapplethorpe estava lá. Está com um ar mais saudável do que da última vez que o vi, a cor voltou ao rosto. Acho que estão experimentando um novo remédio nele. Espero que ele supere essa coisa. E conversamos sobre as pessoas dos anos 70. Perguntei sobre sua antiga namorada, Patti Smith, ele contou que acaba de fotografá-la e eu sugeri que ele passasse as fotos para *Interview* e ele disse que já deu para a *Vogue*. E isso me lembrou que comprei uma revista *People* e lá estava o artigo sobre Ivy Nicholson – agora é mendiga em San Francisco e os seus gêmeos estão com 21 anos. Mas ela parece a mendiga mais linda que a gente já viu. Dizem que está com 53 anos. Na foto ela está apoiada numa parede com as pernas estendidas e uma blusa justa. Ela é como Nico – tudo fica *certo* quando é ela quem faz, ela até fica bem com aqueles trapos. Na realidade parece até um pouco hippie, três crinolinas e a fita esfarrapada (*risos*) certa. Fui embora às 11h. Paige me deu uma carona.

Quarta-feira, 11 de fevereiro, 1987. Fred me ligou para contar que ouviu que Bob Colacello está escrevendo um livro "sobre os anos 70" e aí foi, ah, ótimo de ouvir.

Ah, e Nancy Reagan estava na TV chorando e lendo uma carta daqueles 6 bilhões de cartas de drogados que ela tem – lágrimas enormes rolando pelo rosto abaixo, a melhor interpretação de todos os tempos – ela nunca faria isso por Ron Jr. ou Doria. E se Ron Jr. ainda não chegou lá é porque não é mesmo bonito. Se fosse, a esta altura já estaria com uma grande carreira. E o príncipe Andrew está muito feio, parecido com sua mãe. E vamos ver o que mais...

Bem, fui consultar dr. Reese, está na cidade. Com um ar muito mais jovem, como se estivesse usando Grecian Formula para se livrar dos cabelos grisalhos.

Aí saí de lá e Paige estava dando um almoço para fabricantes de preservativos, e disse que Sam ligou e disse que ela não podia misturar seu (*risos*) pessoal daqueles preservativos nojentos com o meu fabricante italiano de sapatos que quer ter seu retrato pintado. Quando cheguei ao escritório (táxi $6), disse ao pessoal dos preservativos que queria uma demonstração (*risos*) e todos mostraram as camisinhas, disseram que a abertura é adesiva para não escorregar. Aí eu disse (*risos*), "Ah, que bom, aí a gente pode *reutilizar* o mesmo umas três ou quatro vezes!".

Aí fiz planos para jantar com Wilfredo e David LaChapelle, o fotógrafo de *Interview*, e com o filho de Sophie Xuerbe que acho que quer conversar comigo porque deve ter lido que estamos transformando o livro de Tama em filme e quer um papel. Aí fomos ao Provence, é o restaurante daquele sujeito que trabalhava no Le Cirque. Conversamos sobre a revista (táxi $6, jantar $180).

Ah, e Dolly Fox ligou e disse que está no Chateau Marmont porque ela e Charlie Sheen romperam.

Quinta-feira, 12 de fevereiro, 1987. Paige estava dando um jantar da *Interview* no Texarkana, convidei Victor Love do *Native Son* para ela. Kenny e Teresa Scharf iam ao jantar, e Wilfredo também. Keith vai passar o inverno na América do Sul.

Ulrik passou pelo escritório para conversar sobre a cortina que estou fazendo para o New York City Ballet. Tenho que começar a trabalhar nela, está prometida para breve.

Aí fomos para o Texarkana (táxi $5). Heather Watts estava lá, e Stephen Sprouse e T.T. Wachsmeister, e Richard Johnson, do Page Six, e Freddie Sutherland. E Jeff Slonin de *Interview* é primo de Tama e tem dentes perfeitos, aquele sorriso lindo de pasta de dente. Ah, e Howard Read, da Miller Gallery, está hospedado no Gramercy Park Hotel porque seu apartamento incendiou e seu gato morreu no incêndio.

Fiquei lá até a 1h.

Sexta-feira, 13 de fevereiro, 1987. Ken me buscou. Fomos ao Bloomingdale's (telefone $.50, jornais $.70). Almoço no escritório para Pat Paterson e o novo presidente da Henry Bendel, ele me levou sabonete de presente.

E Howard Read trouxe uma senhora para ser retratada, foi divertido, trabalhei nisso. Trabalhei até as 8h. Aí a festa de aniversário para Barry Tubbs no Raoul's só iniciava às 11h e o que faríamos até então? Liguei para John Reinhold e Wilfredo. John me buscou e fomos jantar no Castellano's ($170). Depois fomos ao Raoul's e Barry tinha convidado uma gente esquisita – tipo

Larry "Bud" Melman e Judd Nelson e Lynn Redgrave e a irmã de Tom Cruise. É meio uma graça. Se parece com (*risos*) a irmã de qualquer pessoa. Ficamos lá até a 1h.

Sábado, 14 de fevereiro, 1987. Um dia realmente curto. Não aconteceu nada de muito interessante. Fiz compras, ajeitei algumas coisas, voltei para casa, dei telefonemas... Sim, acho que foi tudo. Realmente. Um dia curto.

Domingo, 15 de fevereiro, 1987. Minha casa está gelada. Fiquei na cama assistindo TV. Stuart ficou ligando, conversei com ele umas dez vezes. Sam ligou e Wilfredo também. E John Reinhold. Grande dia ao telefone, mas nada mais. Não saí, não fui nem à igreja. Estava muito frio mesmo. Assisti *Agnes de Deus* umas três vezes, uma chatice. E assisti *The Story of Will Rogers* com Will Rogers Jr. e Jane Wyman, o filho fez o papel do pai. Ele trabalhava no *Today Show* da CBS quando eu fazia os desenhos da meteorologia nos anos 50.

Fiquei acordado para assistir *Andy Warhol's Fifteen Minutes* na MTV.

Segunda-feira, 16 de fevereiro, 1987. Estou lendo *Dancing on My Grave*, o livro de Gelsey Kirkland, estou desapontado. Achei que teria mais lama.

Neste momento estou assistindo *Yankee Doodle Dandy* e, quando a gente vê todas aquelas estátuas de Abraham Lincoln, a gente fica se perguntando se não são *esses* cenários de cinema que (*risos*) terminam sendo vendidos nas casas de antiguidades – aquelas coisas que a gente não sabe *o que* são – e aí algum dia alguém vai descobrir e as coisas valerão cinquenta centavos e não $2 milhões e, quer dizer, é o macete da arte. Quando penso em todas as "antiguidades" francesas que já vi, provavelmente eram só enfeites de vitrine de loja...

Ken chegou. Posso descobrir a temperatura lá fora pela temperatura da minha cozinha – está sempre tão frio lá embaixo que as duas temperaturas são iguais. Fomos ao West Side para consultar a dra. Li (táxi $4).

Depois fui para o escritório, Julian Schnabel estava lá, muito atencioso com Fred, não sei o que quer dele. Uma vez ele já foi gentil com Fred, mas esqueci o que ele queria naquela época. Estava muuuuuito charmoso. O seu livro está sendo lançado. Quem ele pensa que é? É muito agressivo e muito cheio de energia. Bem, mas assim é a vida, ser agressivo e cheio de energia. Ele veio sem mais nem menos e disse que deveríamos despedir Gael e contratar sua esposa como nossa editora, que Gael é idiota e pretensiosa e gorda.

Levou Fred para o seu estúdio. Realmente gostaria de saber o que ele quer de Fred.

E Brigid está desaparecida há uma *semana*. Sexta-feira ela devorou um bolo em um segundo e aí anunciou que não viria esta semana porque estava indo para Londres fazer tratamento de emagrecimento. Será que ela iria para Londres por causa disso? Bem, quer dizer, é claro que ela tem dinheiro para fazer isso – ela cobra $2 mil por cada suéter que ela tricota lá na recepção enquanto deveria estar atendendo os telefones, e está vendendo para valer – até Paige comprou um.

Terça feira, 17 de fevereiro, 1987. De manhã fiquei me preparando para minha participação no desfile de modas que Benjamin estava coordenando no Tunnel. Mandaram as roupas e com elas fico parecendo Liberace. Será que eu deveria ser radical e *ser* o novo Liberace? Couro de cobra e pele de coelho. Julian Schnabel (*risos*) ficaria tão impressionado com essas roupas que começaria a usá-las.

Ah, e Brigid *está* naquela fazenda inglesa onde fazem tratamento para emagrecer e ela vai ser despedida quando voltar. Vou dar-lhe cartão vermelho. Eu vou dar cartão vermelho para seus *cachorros* – Fame e Fortune serão despedidos!

Depois fui para o Tunnel e nos deram o melhor camarim, mas ainda assim estava um gelo. Eu levei toda minha maquiagem. Miles Davis estava lá e tem uns dedos muito delicados. São do mesmo tamanho que os meus mas têm a metade da largura. Ano passado fui com Jean Michel ver seu show no Beacon, o conheci nos anos 60 naquela loja da Christopher Street, Hernando's, onde a gente costumava ir para comprar calças de couro. Lembrei a ele que o conheci lá e ele disse que lembrava. Miles é um dândi.. E temos uma combinação segundo a qual trocarei dez minutos dele tocando para mim por um retrato que farei dele. Me deu o endereço dele e um desenho – ele desenha enquanto arrumam seu cabelo. Seu cabeleireiro faz o cabelo em tranças, aquelas extensões.

Preparam uma roupa de $5 mil para Miles com notas e ouro e *tudo* e não fizeram *nada* para mim, foram muito cruéis. Poderiam ter feito uma palheta de *ouro* ou algo assim. Por isso fiquei parecendo o enteado pobre, e no final até disseram (*risos*) que eu desfilei muito devagar.

E as roupas no desfile eram realmente pobres. Jacaré, peles, rendas. E eu realmente trabalhei duro. A equipe japonesa estava mais interessada em mim do que em Miles. Repetiriam o desfile às 10h mas eu não tinha de participar, eu estive só no desfile para a imprensa. E depois Vincent chamou um táxi.

Quando cheguei em casa liguei para Fred e expliquei que eu estava exausto demais para ir ao jantar do Fendi, aí, quando ele ligou para eles dizendo que eu não iria e que ele levaria uma mulher em meu lugar, eles disseram que ele não se importasse, não o queriam lá sem mim.

Fui para a cama e Wilfredo ligou e aí Sam ligou e então caí no sono. Mas acordei às 6h30 e não consegui dormir de novo, por isso tomei um Valium e um Seconal e duas aspirinas e dormi tão profundamente que não acordei quando PH me ligou às 9h. E quando não atendi ela ficou com medo porque uma coisa dessas nunca tinha acontecido antes, por isso ela ligou para o outro número e Aurora atendeu na cozinha e PH pediu que ela viesse ao meu quarto para me fazer acordar mas eu gostaria que ela tivesse apenas me deixado dormir.

[*Andy não contou ao Diário, mas no sábado, 14 de fevereiro, ele foi consultar a dra. Karen Burke por causa de seu tratamento com colágeno; durante a consulta ele reclamou de dores na vesícula. No domingo, Andy ficou de cama o dia todo e a dor aliviou. Na segunda-feira ele manteve sua consulta com a dra. Linda M. Li no Li Chiropratic Healing Arts Center. Naquela noite dr. Burke ligou para Andy para saber como ele estava e, quando ele admitiu que estava sentindo violentas dores novamente, ela pediu que ele fosse urgentemente consultar seu médico clínico, dr. Denton Cox. Embora na terça-feira ele tenha feito sua "participação de celebridade" no desfile de modas japonês, ele sentiu dores pelo resto da noite. Finalmente às 6h30 da manhã ele tomou comprimidos contra a dor e um comprimido para dormir que não o deixou acordar para o telefonema do Diário de quarta-feira às 9 da manhã. Na quinta-feira, Andy estava respirando pesadamente quando atendeu o telefone às 9 da manhã. Ele me contou que tinha consultado dr. Cox e que ia para "aquele lugar" fazer "aquilo" (o medo que Andy tinha de hospitais e cirurgias era tão grande que ele não conseguia dizer essas palavras específicas) porque "me disseram que se eu não for, vou morrer". Disse que retomaria o Diário depois que "aquilo" tivesse terminado, que me ligaria "daquele lugar".*

Na sexta feira, 20 de fevereiro, Andy foi internado no New York Hospital como "paciente ambulatorial emergencial". No sábado sua vesícula foi removida e parecia que ele estava se recuperando bem da cirurgia – assistiu televisão, deu telefonemas para os amigos. Mas domingo de manhã cedo, por razões ainda em litígio, ele veio a falecer.

Algumas semanas mais tarde, a enfermeira que o tinha admitido no hospital me contou que Andy foi a única pessoa em toda a sua experiência que sabia de memória os seus números da Blue Cross e do seguro de saúde.]

ÍNDICE REMISSIVO

#

48 Hours (programa de TV) 88

A

Abzug, Bella 208
A cor do dinheiro (filme) 458
A cor púrpura (filme) 379
Adams, Brooke 46
Adams, Cindy 383, 440
Adams, Joey 425
Adler, Lou 200, 278
Adolfo 192, 398, 400, 409, 490
Agnelli, Marella 130
Albee, Edward 133
Aldrin, Buzz 94
Alexander, Cris 486
Alexander's (loja) 402
Ali, Muhammad – portfólios de Muhammad Ali 115, 174, 248, 371
Allen, Barbara 42, 45, 68, 98, 101, 176, 185, 233, 415
Allen, Joe 42, 176, 216, 233
Allen, Peter 276, 327, 393, 456
Allen, Steve 346
Allen, Woody 111, 210, 298, 319
Allman, Elijah 339
Allyson, June 402
Amaya, Mario 426
Amelio, Lucio 267
America (livro de Warhol) 61, 81, 83, 138, 160, 269, 286, 322, 360, 361, 364, 379, 394
American Anthem (filme) 425, 426
America, Paul 61
A missão (filme) 471
Ammann, Thomas 44, 47, 52, 56, 85, 96, 97, 106, 146, 166, 170, 171, 177, 203, 214, 282, 293, 366, 418, 421, 464, 474, 482
A&M Records 293
Andersen, Hans Christian 445
Anderson, Eric 390
Anderson, Laurie 157
Andre, Carl 345, 377
Andrew, príncipe 510
Anka, Paul 213
Annenberg, família 64
Ansel, Ruth 213
Apocalypse Now (filme) 337, 372

Apollonia (modelo) 344
Aquino, Corazon 501
Arbus, Doon 55
Archipenko (escultor) 298
Arias, Joey 464
Arman, Corice 373, 481
Armani 205, 285, 321, 378, 383, 408, 455, 490
Armitage, Karole 501
Armstrong, Louis 351
Armstrong, Tom 44, 108, 109, 112, 323, 420
Aronson, Steve 5, 105, 119, 121, 122, 127, 325, 335, 438, 443, 459, 463, 481, 482
Arquette, Rosana 236
Artforum 218, 331
Artschwager (artista) 35
Asen, Scott 489, 490
Ashley, Laura 347
Astor, Brooke 491
Atkins, Chris 119
Auchincloss, Lily 121
Aykroyd, Dan 193, 246
Azzedine 393

B

Bach, Bob 40
Bacon, Kevin 504
Bad (filme) 17, 18, 22, 74, 91, 138, 240, 277, 319, 343
Bailey, David 122
Baker, Carroll 18, 402
Baker, Tom 42, 74
Balazs, Andre 476, 506
Balet, Marc 17, 51, 75, 285, 445
Ballard, Kaye 62, 70, 247
Bally Casino 437, 472
Balthus (artista) 172, 177, 214
B. Altman 79, 481
Balton, Diana 433
Bandy, Way 59, 441
Bardot, Brigitte 128
Barish, Keith 223
Barker, Lex 465
Barrows, Sydney Biddle 485
Baryshnikov, Mikhail 88
Barzini, Benedetta 499
Basie, Count 209
Basinger, Kim 333

Basin, Walter 127
Basquiat, Jean Michel 77, 78, 84, 113, 125, 126, 147-149, 152, 165, 183, 349
Basquiat, Jean Michel – mãe de 251, 282
Basquiat, Jean Michel – pai de 284
Bass, Anne 79, 325, 451, 454, 478, 479, 486, 491, 493, 504
Bassirio, mrs. 61
Bass, Sid 458, 459, 479
Baum, Joe 418
Baxter, Ann 198
Bayless, Owen 37
Bayoud, Bradley 375
Bayoud, Twinkle 375
B. Dalton 360
Be somebody with a body (gravuras de Warhol) 380, 394
Beacon Theater 219
Beard, James 351
Beard, Peter 50, 92, 118, 125, 176, 180, 185, 216, 415, 458, 460
Beaton, Cecil 246, 429, 430
Beatty, Warren 139, 224, 319, 323, 445, 453
  retrato de Warhol 45, 243
Beaubourg, galeria (Paris) 79, 498
Beauregard 284, 311, 441, 442
Becker, Robert 444
Beefheart, Captain 262
Begelman, David 64
Bell, Arthur 223
Bellini, Jacques 509
Belushi, John 39, 114, 227, 269
Bendel, Henri 401, 511
Bennett, Tony 450
Bennington College 424
Benton, Barbi 31, 94
Berenson, Marisa 75, 374
Bergdorf, Goodman 150, 230
Bergen, Candice 91
Bergen, Frances 74
Bergen, Polly 44
Berge, Pierre 158
Berger, Helmut 182, 297
Bergman, Ingrid 128
Berle, Milton 296, 299, 430, 488
Berlin, Brigid (Brigid Polk) 10, 16
Berlin, Chrissy 376
Berlin, Richard E. (Dick) 10
Bernhard, Sandra 394

Bernsohn, dr. (médico dos cristais) 235, 239, 245, 248, 270, 273, 278, 283, 300, 302-305, 318, 320, 326, 329, 348, 352-354, 356, 365, 366, 377, 393, 410, 431, 489, 492
Bernstein, Carl 332, 425, 435
Bernstein, Leonard 478
Bernstein, Richard 226, 367
Berrigan, Ted 156
Bessman, Michael 327
Bettina 393, 395, 411
Beuys, Joseph 32, 228, 390
"Billie Jean" (música) 184
Billionaire Boys Club (Los Angeles) 421, 454
Billy Boy 393, 394, 395, 400, 406-409, 412, 413, 427-430, 436, 457
Birch, Pat 57
Birley, Mark 427
Bischofberger, Bruno 77, 126
Bischofberger, Yoyo 260, 497
Bisset, Jacqueline 142
Black, Karen 75
Blade Runner (filme) 60
Blahnik, Manolo 427
Blass, Bill 60, 416
Blau, Dorothy 425
Blond, Susan 47, 99, 234-236, 253, 340, 343, 381, 443
Bloomingdale, Alfred 66, 137
Bloomingdale, Betsy 52, 258
Bloomingdale's 63, 76, 143, 155, 268, 336, 379, 511
Blowjob (filme) 273, 301
Blue Note (clube) 505
Blum-Helman (galeria) 281
Blum, Irving 251, 484
Bluttal, Stephen 355, 457
Bochicchio, Paul 90, 378
Bockris, Victor 397, 503
Bohan, Marc 411
Bolton, Sam 350, 367, 391
bonecas Barbie 284, 393
Bonnier, Peter 182
Bono, Chastity 399
Boone, Mary 146, 166, 209, 211, 212, 395, 443, 474, 479, 497, 509
Bose, Miguel 115, 125
Bosley, Tom 296, 297
Bouguereau (artista) 256
Bourke-White, Margaret 91
Bow, Clara 280
Bowie, David 367, 384, 448

517

Boy George 209, 255, 268, 283, 311, 313, 315, 317, 318, 333, 340, 343, 428
Brady, James 34, 84, 456, 466
Brakhage, Stan 216
Brando, Marlon 219
   retrato de Warhol 442
Branigan, Laura 43, 91
Branson, Brad 295, 340
Brant, Peter 17, 174, 216, 243, 304, 308, 325, 484
Brant, Sandy 108, 112, 480
Brassaï (artista) 491
Brearley School 304
Bregman, Marty 270
Brenner, David 495
Breslin, Jimmy 389
Brian (amigo de Chris Mako) 143
Bride, The (filme) 496
Bridges, Jeff 89, 91
Brill, Dianne 265, 317, 443, 469, 478
Brodovich, Alexy (diretor de arte da Harper's Bazaar) 100
Brolin, James 292
Brooks, Donald 403
Brown, James 382, 498
Brown, Jerry 80
Bruce, Evangeline 491
Brynner, Rock 193
Brynner, Yul 354, 380
Bubbles (consultório do dr. Cox) 173, 217
Buffett, Jimmy 465
Bufman, Zev 31, 94
Bugarin, Aurora 20
Bugarin, Tony 7
Burden, Jimmy 195
Burgoyne, Martin 331, 332, 337, 343, 440, 444, 448, 454, 465, 469
Burke, dra. Karen 122, 130, 136, 151, 158, 171, 172, 187, 266, 290, 300, 344, 369, 385, 514
Burstyn, Ellen 459
Byrnes, Sean 128

C

Caan, James 484
Cage, John 200, 201, 255
Cagney, James 404
Caine, Michael 139
caixa de sopa Campbell's 351
Callas, Maria 282

Calloway, Cab 423
Calmette, Patrice 36
Campbell, Nell 435
Canby, Vincent 18
Cannon, Dyan 47
Capone, Al 408
Capote, Truman 173, 245, 247, 259, 379
Cardin, Pierre 58
Carey, Evangeline Gouletas 77, 491
Carey, Ted 320, 323, 333
Caroline, princesa de Mônaco 167
Carroll, Diahann 128, 129, 167, 211
Carson, Joanna 166, 246, 292
Carson, Johnny 257, 406, 416
Carson, Kit 124
Carter, Chip 264
Carter, Jane Bonham 219
Carter, Jimmy 278
Cartier 178
Cashin, Tom 58, 85, 179, 309
Cass, Peggy 422
Castelli Gallery 124, 186
Castelli, Leo 88, 349, 374
Cates, Phoebe 147, 504
Cats (musical) 87
Caulfield, Maxwell 57
Cavett, Dick 31, 49, 59, 149, 341, 461, 482
Chamberlain, John 32, 85
Chambers, Robert 444
Chanel 398, 400, 413, 453, 491
Channing, Carol 296
Charisse, Cyd 402
Charivari 116, 210, 455
Cher 42, 339, 346, 399, 453, 454
Chiang Cing (Madame Mao) 191
Chia, Sandro 45, 85, 124, 131, 345, 436
Chinatown (filme) 33, 83, 91, 103
Chong, Rae Dawn 37
Chorus Line, A (musical) 460
Chow, Mr. 47, 78, 120, 150, 221, 236, 259, 266, 268, 293, 317, 324, 340, 353, 359, 392, 414, 427, 437, 458, 482, 497
Chow, Tina 221, 256, 329, 378, 427, 430
Christian, Linda 79
Christie's 212, 261, 398, 451, 462, 465, 477
Christmas, Doug 291
Christos 85
Ciao Manhattan (filme) 329, 443

Cicogna, Marina 93
Cifras de Dólar (gravuras de Warhol) 32, 39
Cipriani, Harry 471, 476
Cisco (amigo de Robert Hayes) 75, 76, 106, 180, 204
Cisneros, Patty 203
Clark, Shirley 358
Clash (grupo) 83
Clemente, Alba 263, 282, 452, 460, 474, 506, 508
Clemente, Francesco 126, 263, 473
Clobber, George 138
Coady, Michael 68
Cobb, Lee J. 267
Cogan, Andrew 452
Cohen, Claudia (Perelman) 72, 146, 275, 277, 313, 416
Cohen, Leonard 68
Cohn, Roy 60, 61, 108, 134, 270, 313, 322, 383, 425, 440
Colacello, Barbara 103
Colacello, Bob 15, 16, 59, 97, 102, 104, 106, 107, 110, 120, 134, 144, 157, 188, 189, 212, 225, 229, 307, 369, 375, 404, 420, 463, 481, 496, 510
Coleman, John 94
Collins, Joan 107, 120, 192, 218, 279, 289, 292, 296, 488
Collins, Nancy 411
Conan the Destroyer (filme) 226
Condé Nast 342
Condo, George 358, 381
Connery, Sean 298
Conried, Hans 32
Cônsul honorário, O (filme) 139
Cooke, cardeal 166
Cooney, Gerry 57
Cooper, Ralph 227
Coppola, Francis Ford 33, 157, 202, 223, 244
Corações (gravuras de Warhol) 122, 162
Corcoran, Dagny 366, 428
Cortez, Diego 253
Cosell, Howard 229
Costner, Kevin 342
Cotton Club, The (filme) 139, 171, 190, 299
Coveri, Enrico 216
Cowles, Jan 36
Cox, dr. Denton 514
Cramer, Doug 279, 292, 293, 299, 452
Crawford, Joan 107, 488

Crazy Matty 107, 127, 250, 251, 257, 272, 276, 300, 316, 319, 342, 371, 377, 388, 422
Crazy Rona 61
Crisman, Steve 352
Crisp, Quentin 456
Cronkite, Walter 201, 202, 255
Cruise, Tom 338, 458, 512
Cunningham, Bill 215
Cunningham, Merce 200, 233
Cuomo, Mario 371
Cuomo, Mathilda 504
Curtin, Jane 436
Curtis, Charlotte 250
Curtis, Jackie 53, 145, 213, 220, 257, 268, 273, 285, 312, 314, 430
Cutrone, Ronnie 18, 77, 88, 160, 166, 282

D

D'Abo, Jennifer 427
Daine, David 276
Dali, Salvador 215
Dallesandro, Joe 13, 72, 154, 190, 295, 300, 380, 396, 401
Dalton, David 253
Dangerfield, Rodney 423
D'Arbanville, Patti 278, 427
Darling, Candy (Jimmy Slattery) 53, 57
Davis, Bette 107
Davis, Brad 39
Davis, Carole 381
Davis, Clive 349
Davis, Marvin 169, 332
Davis, Miles 405, 513
Davis, Peter 162
Dean, James 99, 124, 253
Dean, Tommy 343
DeCarlo, Yvonne 198
de Coppet, Laura 35, 88
Deitch, Jeffrey 185
de Kooning, William 282
de la Falaise, Loulou 463
de la Renta, Oscar 74, 284
de Laurentiis, Dino 116, 287
DeLorean, John Z. 242
Delsener, Ron 148, 333, 340, 432, 439
de Menil, Christophe 262
De Menil, família 14
de Menil, François 148
de Menil, Philippa (Friedrich) 366
DeMille, Cecil B. 198
de Niro, Robert 452

519

Denison, Bob 276, 335
Dennis, Sandy 285, 336
Derek, Bo 69
Derringer, Liz 60
Desastre (gravuras de Warhol) 280
Detalhes (gravuras de Warhol) 253
DeVito, Danny 425
Dey, Susan 373
Dickinson, Angie 384
Dickstein, Risa 258
Dick Tracy (filme) 139
Dick Tracy (gravuras de Warhol) 251
Diener, Hauser Bates 138
Dietrich, Joey 359
Diller, Barry 36, 50, 76, 93, 94, 98, 100, 104, 120, 140, 142, 199, 244, 416, 456, 495
Diller, Phyllis 61, 62
Dillon, Matt 38, 124, 141, 148, 149, 155, 165, 192, 193, 212, 334, 348, 372, 382, 483
Dine, Jim 43, 497
Dior, Christian 55
Disney, Walt 330
Divine 284, 368
Dobbs, Katy 133, 206
d'Offay, Anthony 395, 419, 427, 429, 436
Domingo, Placido 290
Donahue, Phil 206, 424
Donahue, Troy 296
Dornan, Kevin 445
Dorsey, Hebe 424
Dorsey, Tommy 351
Douglas, Michael 387, 391
Dreyfuss, Richard 441
Dubin, Glenn 269, 308, 457, 503
Duchamp, Marcel 491
Duchin, Peter 42, 88, 296, 313, 411
Dugan, Bill 134
Dugan, Nancy 134
Duguay, Ron 43
Duka, John 63, 150
Duke, Doris 72
Dunaway, Faye 76, 98, 291, 466
Dunleavy, Steve 383
Dunne, Dominick (Nick) 325
Dunnock, Mildred 267
Dunn, Timothy 203
Dunphy, Jack 244
Du Pont, gêmeos (Richard e Robert) 35, 128

Duran Duran (grupo) 71, 72, 97, 387, 457
Durangelo (artista) 373
D'Urso, Joe 81
Düsseldorf 314
Dwan, Virginia 217
Dylan, Bob 107, 328, 367, 496

E

Eastwood, Clint 57, 284, 410
Eberstadt, Isabel 41, 117, 229
Edwards, Blake 450
Eizo (praticante de shiatsu) 177, 211, 220, 245, 276, 331, 416, 493
Ekland, Britt 83, 311
Elizabeth II, rainha (mãe do príncipe Andrew) 510
Ellis, Perry 65, 120, 210, 416, 417, 422
Emanon (cantor de rap) 227, 324
Embalos de sábado à noite (filme) 124, 312
Emerson, Eric 51
Emmerich, André 239
Enders, Gaetana 77, 287
Ephron, Nora 435
Erickson, Roger 253
Ertegun, Ahmet 43, 159, 250, 291, 379
Erwitt, Elliott 436
Estátua da Liberdade
   gravuras de Warhol 136, 183, 406, 426, 430, 432
Estevez, Emilio 468
E.T. (filme) 54, 241
Etkin, Sue 402, 437
Evans, Charles 89, 321
Evans, Charlie (filho) 89, 222
Evans, Linda 292, 340
Evening with Andy Warhol (peça) 144, 268
Everett, Rupert 295, 296, 460
Evgenia (família Guinness) 122

F

Factory 9, 10, 13-18, 21, 25, 40, 51, 77, 190, 197, 204, 243, 254, 267, 303, 426
Fairchild, John, Jr. 84, 416
Fairchild, Morgan 90, 292
Faithfull, Marianne 58
Farrell, Eileen 478
Farrow, Mia 274, 298
Fassbinder, Rainer Werner 39, 48, 56, 69, 72

Fawcett, Farrah 52, 139
Feldman, Andrea "Whips" 36, 278
Feldman, Ron 50, 62, 112, 117, 194, 244
Fellini, Federico 403
Ferraro, Geraldine 260
Ferry, Bryan 281
Field, Patricia 225
Fields, Danny 67, 254, 495
Fields, W.C. 54
Fierstein, Harvey 34
Fifteen Minutes (vídeo de Warhol) 329, 357, 417, 468, 512
Fiorucci 78, 125, 166, 175, 179, 185, 225, 347, 367, 394, 397, 409, 444
Firefox (filme) 57
Fischer, Carl 247
Fischl, Eric 370, 395
Fisher, Carrie 494
Fisher, Eddie 494
Flack, Roberta 237, 250, 255, 391, 423
Flanders, Annie 380, 442, 495
Flavin, Dan 35
Fleishman, Mark 80
Flick, Mick 218
Flores (gravuras de Warhol) 473
Flynt, Larry 188
Fonda, Jane 38, 39, 50, 51, 128, 189, 191, 241, 286
Fonda, Peter 294
Fonda, Shirlee 293, 452
Fonssgrives, Lisa 249
Footloose (filme) 327
Forbes, Malcolm 159, 250, 252, 253, 286
Forbes, Timmy 245
Ford, Harrison 272, 288
Ford, Katie 316
Ford, Leo 328
Forrest, Frederic 34
Forsythe, John 229
Fortabat, mrs. 171
Forth, Jane 278
Foster, Jodie 90, 142
Fox, Dolly 172, 285, 336, 342, 396, 409, 431, 441, 467, 511
Foxe, Cyrinda 18
Frampton, Peter 398
Francis, Arlene 248
Frankenstein (filme) 14, 49, 496
Frankenthaler, Helen 239
Frankfurt, Suzie 66, 91, 144, 388, 429, 499

Fred e Ginger (filme) 403
Fremont, Vincent 7, 14
Frey, Glenn 333
Friedman, Stanley 322
Friedrich, Heiner 32, 355, 366
Friendly, Andrew 292
Friendly, Fred 292
Fuller, Jill 107, 195, 219
Furstenberg, mrs. Egon 194

G

Gable, Clark 273
Gagosian, Larry 211, 436, 466
Galan, Julio 320
Galella, Ron 70, 129, 355, 435
Gallant, Ara 121, 152
Gallin, Sandy 104, 337, 339, 340, 343, 348, 350, 352, 360
Gandhi (filme) 91, 117
Gandhi, Indira 68
Garbo, Greta 342, 429
Garbo, Greta (retratos de Warhol) 290, 342, 429
Gardner, Ava 52
Garet, Jedd 46
Garland, Judy 194, 244
Garland, Judy (retratos de Warhol) 177, 452
Garr, Teri 89
Gaultney, Edmund 49, 101, 241, 366, 369, 409, 422
Gaye, Marvin 198
Geddes, Robyn 176, 180, 444
Geffen, David 50, 67, 100, 101, 309, 352
Geldzahler, Henry 44, 58, 159, 219, 326
Gere, Richard 52, 73, 124, 125, 130, 139, 141, 169, 171, 216, 223, 441
Gero, Mark 481
Gerulaitis, Vitas 426
Giallo, Vito 248, 308
Gidal, Peter 213
Gil de la Cruz (Fire Island) 67, 68
Giles, Sarah 495
Giller, dr. 164
Gilman, Sondra 93
Gimbel's 439
Ginsburg, Ina 113
Ginsburg, Mark 68
Giorgio's 221
Glimcher, Arne 271, 373
Glueck, Grace 271

Goddard, Paulette 47
Goldberg, Whoopi 256, 257, 379, 450
Golub, Richard 37, 75
Gonçalves, Elizinha 52
Goode, Eric 218, 287, 299, 302, 308, 310
Goode, Jennifer 356
Goodson, Mark 291, 299, 425
Gordon, Ruth 138
Gorman, Greg 70, 380, 396, 398, 485, 486
Gotti, John 449, 453
Goude, Jean-Paul 436
Gould, Jay 207
Gould, Jon 109, 187, 334, 350, 374, 375, 381, 386, 449, 452
Grable, Betty 455
Grace, princesa de Mônaco 266
Graham, Martha 59, 86, 369, 418, 421
Granger, Fanley 121
Grant, Cary 291
Graves, Michael 205, 373
Grayson, Katherine 402
Greenberg, Steven 349, 392, 396, 400, 437, 438, 458-460, 464, 466, 472, 480, 481, 484, 485, 489, 491
Greene, dr. 320
Green, Judy 248
Green, Sam 346, 429
Gregory, André 55
Grenfell, Natasha 81, 82, 84, 282
Gretzky, Wayne 129, 176
Grey, Jennifer 70, 342
Griffin, Merv 251
Griffith, Andy 296, 299
Grinberg, Gerry 145, 276, 450
Grinda, Florence 216
Gross, Michael 466
Gruen, John 486
Gruen, Julie 490
Gualtieri, Leandro 166
Guardian Angels 187
Guccione, Bob 154, 286
Guccione, Bob, Jr. 353
Guest, Alexander 119
Guest, Cornelia 35, 56, 58, 66, 154, 420
Guest, C.Z. 61, 250, 262
Guggenheim, Barbara 323, 418, 467
Guggenheim, Peggy 175, 421
Guggenheim, Sandro 175
Guinness, Catherine 105, 278, 303
Guinness, Sabrina 280, 347, 386

Guinness, Victoria 306
Gurney's Inn (Montauk) 133

H

Hackett, Joan 72, 288
Hackett, Pat 27
Haden-Guest, Anthony 496
Hale, Nathan 437
Hall, Jerry 135, 136, 145, 147, 165, 183, 221, 280, 324, 427, 466
Halston 31, 37, 39, 50, 59, 63, 73, 77, 85-87, 93, 109-112, 120, 126, 128, 129, 131-135, 137, 143, 145, 147, 149, 164, 165, 167, 180, 188, 198, 206-208, 221, 259, 260, 269, 277, 311, 317, 368, 370, 397, 415-418, 421, 430, 450, 459, 481, 482, 496
Hamilton, Juan 49, 134
Hamlisch, Marvin 478
Hansen, Patti 115, 433
Hanson, Duane 44
Hard Rock Café 193, 384, 398, 504
Haring, Keith 84, 103, 104, 113, 114, 125, 135, 148, 156, 160, 164, 166, 171, 198, 207, 214, 217, 232, 251, 303, 314, 355, 359, 379, 403, 497
Harrington, Curtis 279
Harrington, Kate 188, 205, 238, 256, 402, 405, 421, 450
Harris, Richard 260
Harry, Debbie 98, 119, 309, 349, 359, 419, 438, 440, 488
Harry's Bar (Veneza) 424
Hartford, Huntington 361
Hart, Mary 472
Harvey, Rodney 443
Hausman, Shawn 218, 321
Havadtoy, Sam 200, 274, 332
Hawkins, Ashton 57, 79
Hawn, Goldie 188, 189
Hay, Couri 58, 91, 94, 128, 317
Hayden, Tom 39
Hayes, Ed 7
Hayes, Robert 48, 70, 75, 97, 106, 120, 134, 155, 168, 169, 180, 200, 203-205, 207, 211, 217, 219, 223, 224, 226, 230, 233, 234
Hayward, Brooke 41, 88, 170
Hearst Corporation 10, 58
Hearst, Patty 387
Hearst, Randy 387
Heat (filme) 14, 154, 224

Heinrici, Alex 19
Heinz, Drue 159, 238, 491
Heizer, Michael 320, 323, 370
"Hello Again" (vídeo) 225, 475
Hell's Angels 191
Helmsley Palace 174
Hemingway, Margaux 392, 393, 460, 466
Hemingway, Mariel 352, 458
Henderson, Skitch 461
Hendryx, Nona 423
Henley, Doug 465
Henry, Patrick 437
Herman, Pee-Wee 492
Herrera, Carolina 416
Heston, Charlton 198
Hete (de Düsseldorf) 314, 315
Hinton, Marianne 105, 329
Hisae 36, 217
Hitchcock, Alfred 91
Hoades, Barbara 466
Hoffman, Dustin 70, 174, 198, 267, 344, 485
Hofsiss, Jack 202
Holden, Michael 65
Holden, William 106
Holliday, Judy 45, 245, 445
Holm, Celeste 319
Holmes, Larry 57
Holstein, princesa Ingeborg 46
Holtzman, Liz 40
Holzer, Jane 32, 43, 59, 86, 97, 105, 110, 164, 194, 196, 241, 299, 329, 370, 371, 383, 421, 451, 458, 465, 490
Holzer, Lenny 119
Hooker, Jake 58
Hopper, Dennis 99, 294, 326, 455, 483, 484
Horii, David 340
Horne, Lena 228
Horne, Marilyn 478
Hoveyda, Fereydoun 385
Howar, Barbara 291
Hudson, Rock 330, 333, 340, 352, 404, 440, 455
Hughes, Fred 14, 19
Hughes, Robert 197
Hugo, Victor 459
Hulten, Pontus 79
Hunter, Joey 327
Hunter, Tab 94, 127, 128, 167, 284
Hunt, Marsha 183
Huston, Anjelica 94
Hutton, Barbara 168
Hutton, Timothy 70, 131, 132, 150, 200, 230, 476, 477

I

Iacocca, Lee 288
I, a Man (filme) 74
Idol, Billy 439
Iglesias, Julio 164, 384
I Love Lucy (TV show) 106, 114, 134
Iman (modelo) 36, 347, 469
Indiana, Bob 186
Ingressos para o Studio 54 (pinturas de Warhol) 415
Interview, revista 17
Invasion of the Body Snatchers (filme) 248
Iolas, Alexander 498
Ironweed (filme) 443
Israel, Marvin 213

J

Jackson, Brooks 425
Jackson, Jermaine 236
Jackson, Jesse 229
Jackson, Kate 38
Jackson, Michael 93, 102, 122, 184, 188, 190-192, 199, 236, 237, 245, 246, 252, 255, 471, 472
Jacobs, Jody 53, 293
Jagger, Bianca 53
Jagger, Elizabeth Scarlett 191
Jagger, Mick 43, 74, 135, 333, 347, 355, 451, 459
Jakobson, Barbara 85
Janis, Sidney 47, 238
Janklow, Mort 102
Janowitz, Tama 282, 309, 334, 335, 352, 443
Jarmusch, Jim 266
Jasmin, Paul 295, 340
Javits, Marion 147
Jellybean 265, 348, 359, 468
Jermyn, Lord 39, 43, 125, 244, 347
Jesse James (filme) 247
Jillian, Ann 241
Jobs, Steve 256
Johansen, David (David Doll) 71
John, Elton 70
Johns, Augustus 428
Johns, Jasper 35, 45, 114, 186, 196, 197, 233, 249, 304, 366, 469, 494

Johnson, Becky 295
Johnson, Beverly 458
Johnson, Don 278, 401, 426, 427, 444, 454
Johnson, Jay 58, 71
Johnson, Jed 13
Johnson, Kathy 121, 443
Johnson, Philip 109, 152, 174, 239, 290, 366, 370, 447
Johnson, Ray 217, 274
Johnson, Richard 369, 476, 511
Johnson, Van 261
Jones, Baird 38, 121
Jones, Grace 97, 98, 103, 226, 230, 232, 352, 368, 387, 389, 400, 407-409, 414, 420, 448, 458
Jones, Janet 426
Jones, Katy 478
Jones, Mick 386
Jordan, Steve 398
Josie (modelo) 443
Jourdan, Charles 205
Junot, Philippe 321, 322, 324, 325

K

Kamali, Norma 64, 410
Kane, Art 498
Kanin, Garson 138
Kansai 284
Karp, Ivan 238, 374
Katz, Alex 374
Katz, Bill 358
Kaufman, Andy 161
Keaton, Diane 337, 338, 390, 453, 469, 485
Keith, David 90, 106, 232
Kellogg, Mercedes 72, 108, 450, 458, 459, 479
Kelly, Gene 295
Kelly, Grace 76
Kempner, Nan 210, 416
Kennedy, Caroline 426
Kennedy, Christopher 411
Kennedy, família 412, 473
Kennedy, Joe 411, 421, 422
Kennedy, John-John 230, 335
Kennedy, Kerry 408
Kennedy, Michael 422
Kennedy, Robert 127
Kennedy, Ted (Edward M.) 412
Kennedy, Ted, Jr. 128, 210
Kennedy, Tessa 427

Kent, Rosemary 195
Kenzo 410
Kessler, Corky 426
Khan, Sajid 470
Kidder, Margot 86
Kilgallen, Dorothy 40
King, Alan 290
King, B.B. 405
King, Don 174
King, Perry 18
Kinski, Nastassia 90, 141
Kirkland, Gelsey 512
Kirkpatrick, Jeane 159
Kirstein, Lincoln 454
Klein, Calvin 36, 49, 50, 63, 66, 80, 85, 93, 210, 307, 360, 361, 374, 416, 443, 450, 454, 456, 485
Klein, Marcie 156, 157
Klein, Yves 84
Kligman, Ruth 257
Klineman, Hedy 460
Klineman, Kent 241, 276, 395, 418, 422, 441, 501
Kluge, John 360
Knoll (estrela pornô) 67, 404
Koch, Stephen 491
Koper, Gina e Peter 464
Kosuth, Joseph 85
Kritsick, dr. 481, 486, 494, 495
Krizia 321
Kron, Joan 284

L

LaBrie, Carol 240
LaChapelle, David 511
Ladd, Alan, Jr. 298
LaFosse, Robert 502
Lagerfeld, Karl 217
Laird, Melvin 264
Lambton, lady Ann 378
L'Amour (filme) 14, 123, 278
Landau, Barry 270, 307
Landau, Emily 203
Landro, Laura 291
Lane, Diane 52, 223, 483
Larissa 464, 490
Laroche, Guy 409
Latas de Sopa Campbell's 87
Lauder, Estée 344
Laughlin, Robert 252
Lauper, Cindy 246
Lauren, Ralph 417

Lawford, Pat Kennedy 301
Lazar, Swifty 291
Leachman, Cloris 296
Lear, Norman 425
LeBon, Simon 503
Lebowitz, Fran 218, 345, 404
LeFrak, mr. e mrs. Samuel 91, 95
LeFrak, Samuel 91, 92, 95-97
Lehman, Robin 135
Leigh, Janet 261
Leighton, Fred 200, 251
Lennon, John 268, 429
Lennon, Julian 199
Lennon, Sean 200, 236, 254, 271, 273, 275, 391, 494
Lerman, Leo 182
Lerner, Karen 335
Leroy, Max 255
Leroy, Warner 255
Lester, Peter 226, 279
Letterman, David 346
Letterman (programa de TV) 253, 273, 341, 346, 377, 394, 395, 398, 401, 456, 480
Levine, Les 125
Levin, Ronnie 115, 185, 254, 277, 426, 454
Lewis, Jerry 423
Liberace 272, 301, 393, 505, 509, 513
Lichtenstein, Mitchell 106
Lichtenstein, Roy 275, 291, 375
Liddy, Gordon 143, 144, 145
Lidija (trainer) 44, 49, 51, 78, 79, 85, 88, 103, 108, 143, 145, 147, 148, 153, 156, 158, 165, 166, 169, 177-179, 188, 199, 215, 220, 221, 230, 232, 234, 287, 289, 301, 334, 356, 395
Li, dra. Linda 200, 202, 207, 209, 214, 222, 226, 232, 250, 257, 269, 316, 318, 331, 404, 490
Lilly, Doris 61, 383
Littman, Marguerite 428
Liu, Benjamin (Ming Vauze) 78, 391
Locke, Sondra 57
Loud, Lance 244
Loud, Michelle 503
Love, Gael Malkenson 97, 103, 119, 169, 199, 200, 223, 243, 271, 292, 353
Love, Iris 90, 208, 421
Love, Lisa 293, 339
Love, Nick 321, 464
Love, Victor 511
Lowell, Robert 122
Lowe, Rob 140, 141, 142, 157, 396
Ludlam, Charles 60, 445
Luft, Lorna 58, 92, 142, 177
Lumet, Sidney 228
Lunden, Joan 335
Lundgren, Hans 97
Lurie, John 259, 367
Lyon, Nelson 106, 114, 269
Lyons, dr. 509

M

Mackie, Bob 147, 155
MacLaine, Shirley 207, 284, 292
Madison Square Garden
   Billy Squier 65
   Boy George 268
   Bruce Springsteen 336
   concerto beneficente Bangladesh 391
   Elton John 449
   luta livre 119
   Michael Jackson 234, 235
   Ocasek-Dylan 432
   Prince 438
   show de cavalos 263
Madonna 214, 240, 241, 246, 265, 267, 268, 288, 295, 309, 310, 318, 331, 332, 333, 337-339, 343, 344, 359, 367, 374, 384, 412, 440, 444, 445, 448, 454, 459, 468, 469, 477
Magnuson, Ann 216, 344, 452, 482, 485, 506
Maharis, George 273
Makos, Chris 53, 78, 128, 261, 271, 277, 293, 302, 360, 406, 460, 469, 497, 504
Malanga, Gerard 14, 53, 54, 309, 346, 372, 470, 499
Mancini, Henry 508
Mancuso, Frank 138, 244
Mann, David 385
Mann, Harvey 142
Mansfield, Jayne 277
Manson, Charles 503
Mao Zedong (gravuras de Warhol) 191, 192, 359, 361
Mapplethorpe, Robert 212, 232, 458, 497, 510
Marcos, Ferdinand 74
Marcos, Imelda 252, 399, 413, 470

Marder, dr. 312, 320
Marino, Peter 130, 424, 436
Marisol 87, 452
Marshall, Garry 62
Martin, John (ABC) 388
Martin, Mary 296
Martins, Peter 118, 478, 479, 486, 489, 490, 493, 504
Martin, Steve 219
Mason, Alice 371
Mason, Marsha 72
Mathers, James 367
Mathis, Johnny 508, 509
Mavroleon, Carlos 44
Max, Peter 247, 264, 306, 355
Maxwell, Elsa 38
Mayer, Hans 314, 476
May, Marsha 379
Mayor, James 35
Mazor, Boaz 322
McAllister, Patrick 376
McCarthy, Andrew 142
McCrady, lady 45
McDermott-McGough, garotos artistas 375
McFadden, Mary 68
McGinley, Ted 297
McGovern, George 22
McGrath, Camilla 391
McGrath, Earl 135, 136, 179, 280, 385, 387
McGraw, Ali 279
McIlhenny, Henry 195
McKechnie, Donna 460
McKellen, Ian 495
McKeon, Sean 58, 148, 168, 376, 377, 379
McMullan, Patrick 443
McNally, Keith 435
McNichol, Kristy 121
Mead, Taylor 346
Mehta, Gita 375
Mekas, Jonas 80, 245, 357
Melhado, Louise 181
Mellen, Chase 49
Mello, Dawn 273
Melman, Larry "Bud" 512
Mengers, Sue 104, 293, 297, 463
Mercedes-Benz (gravuras de Warhol) 476
Meredith, Burgess 392
Merman, Ethel 108

Michael de Kent, príncipe e princesa 259
Michaels, Lorne 219
Midler, Bette 110, 179, 246, 507, 509
Miles, Sylvia 326, 329, 353, 415, 456
Miller, Ann 402
Miller, Arthur 47
Miller, Geri 371
Miller, Nolan 299, 424, 488
Miller, Robert, Gallery 435, 438, 469, 491, 509
Minnelli, Liza 191, 452
Mitterrand, François 162, 163
Mixed Blood (filme) 361, 367, 385, 443
Miyake, Issey 48, 389
Moma (Museu de Arte Moderna) 109, 110, 217, 234, 248, 355, 403, 452
Mommie Dearest (filme) 37
Mona Lisa 233
Mondrian, Piet 238, 278
Monroe, Marilyn 47, 218, 258, 303
Monroe, Marilyn (retratos de Warhol) 172, 213, 217, 222, 233, 249
Montauk, casa de Andy em 31, 50, 63, 64, 73, 112, 132, 133, 143, 149, 171, 206, 430
Moore, Demi 467
Moore, Mary Tyler 121, 492
Moreno, Rita 351
Morera, Daniela 499
Morgan, Len 492
Morgan, Vicki 66, 137
Morley, Ruth 70
Morrissey, Paul 13, 40, 49, 69, 72, 95, 106, 132, 139, 143, 167, 188, 315, 361, 401, 443
Mott, Stewart 45
Moynihan, Maura 44, 91, 109, 327, 346, 408
Mulane, Bob 437
Mulcahy, Susan 291, 329, 363, 369, 466
Mulder, George 317, 349
Munroe, Don 224, 312, 402, 437
Murdoch, mrs. Rupert 49, 491
Murdoch, Rupert 186
Murjani, Mr. 470, 471
Murphy, Eddie 46, 88, 130, 193, 341, 343, 346, 458
Music Hotel (musical) 327
Musto, Michael 443
Myerson, Bess 115, 496

N

Name, Billy 13, 40-42, 382, 503, 506
Namuth, Hans 32, 35
Neal, Patricia 307
Neel, Alice 44, 45, 257, 358
Neidpath, Lord Jamie 105
Neiman, LeRoy 184
Nelson, Craig 160, 269, 360, 362, 363
Nelson, Judd 512
Nelson, Ricky 384
Netter, Madelaine 148, 347
Neuhaus, Lacey 210
Nevelson, Louise 255, 319
Newhouse, Mitzi 445
Newhouse, Si (Samuel I., Jr.) 45, 120, 228, 229, 243, 251, 281, 402
Newman, Fred 133
Newman, Paul 458, 459
Niarchos, Philip 305, 306, 375
Nichols, Mike 256, 435
Nicholson, Ivy 506, 510
Nicholson, Jack 94, 229, 242, 244, 256, 278, 328, 443
Nico 10, 68, 71, 510
Nielsen, Brigitte 394
Nilsson, Harry 255
Nin, Anaïs 207
Nixon, Richard 22, 55, 166, 170, 202, 356, 447
Noguchi 479
Nolte, Nick 88
Norwich, Billy 443, 450, 451, 459
Nosei, Annina 265
Novak, Kim 468
Nove semanas e meia de amor (filme) 223

O

Oakley, Annie 422
O'Brien, Glenn 272, 286, 464, 503
Ocasek, Ric 329, 431, 433, 446, 448, 485
O'Connor, John 119, 124
Odom, Mel 393, 412
O'Keefe, Georgia 37
Onassis, Christina 105
Onassis, Jackie (Jackie O.) 174, 210, 286, 339, 347
Onassis, Jackie (Jackie O.) (retratos de Warhol) 213
Ondine 10, 41, 282, 371, 372
O'Neal, Ryan 52

Ono, Yoko 224, 268, 276, 332, 367, 384, 391, 402, 423, 429, 467
Orentreich, dr. 122
O'Riley, Christopher 454
Osbourne, Ozzy 47
Oxenberg, Catherine 158, 159, 263, 294
Ozbek, Rifat 427
Oz, Frank 228

P

Pacino, Al 485
Padgett, Bruce 479, 490
Paepcke, Pussy 278
Page, Geraldine 402
Paley, Bill 42
Pantera Cor-de-Rosa, A (filme) 508
Papp, Joseph 478
Parton, Dolly 194, 219, 337-340, 343-345, 348, 352, 449, 495
Party (livro de Warhol) 289, 296, 302, 309, 310, 311, 376, 434, 436, 443
Pashun, Tommy 177
Patowsky, David 446
Patricia Field (cosméticos e maquiagem) 225
Pauley, Jane 127
Pauling, Linus 369
Payne, John 33
Peabody, Judy 276
Pearlstein, Philip e Dorothy 373
Peck, Tony 478
Pei, I.M. 83
Pelé 352
Penn, Irving 249
Penn, Sean 122, 141, 227, 333, 344, 445, 454
Penta Hotel 235
Perdidos na noite (filme) 193
Perkins, Tony 128, 261, 302
Perrich, Anton 217
Perris, Bernard 424
Persky, Lester 44, 74, 150, 164, 173, 343
Peters, Bernadette 219
Petty, Tom 432
Pfeiffer, Chuck 353
Pfeiffer, Michelle 56
Philbin, Regis 384
Philosophy (livro de Warhol) 16, 62, 90, 142, 228, 243, 247, 457
Picasso, Pablo 258

Picasso, Paloma 248
Pickford, Mary 280
Pignatelli, princesa 113
Pigozzi, Johnny 39
Pile, Susan 69, 70, 295, 449, 452
Pink Floyd (grupo) 219
Pino (chef) 502
Piserchio, Gino 196
Pitchford, Dean 327
Pivar, Stuart 35, 217, 252, 323, 333, 376, 378, 400, 418, 438, 454, 491, 501
Platoon (filme) 502
Plimpton, George 76, 178, 222
Plummer, Amanda 52, 150
Pointer Sisters (grupo) 313
Poitier, Sidney 128, 129, 167, 186
Police (grupo) 148
Polk, Bo 177
Poll, Martin 394, 401
Pollock, Jackson 257, 271
Pop Art 18, 87, 248, 249, 251, 421
Popeye (gravuras de Warhol) 286
Pop Shop 408, 415
Porter, Fairfield 238
Post, Henry 45, 46, 89, 103, 111, 224
Powell, Dick 60
Powell, Jody 202
Powell, Paige 69, 109, 116, 134, 147, 149, 167
Powers, John 463, 483
Powers, Stephanie 316
Power, Tyrone 247
Pratts, Candy 441
Presley, Elvis 18, 170, 171, 176, 272, 297, 372, 402, 463
Pressman, Gene 432
Príncipe di Savoy (hotel de Milão) 499
Pryor, Richard 185, 200, 240, 243, 400
Pulitzer, Roxanne 98, 306

Q

Queen (grupo) 65
Querelle (filme) 39
Quinn, Aidan 458
Quinn, Anthony 236, 352
Quinn, Joan 53, 185, 321, 437

R

Rabe, David 444
Rader, Dotson 235, 300, 302
Radio City, festa dos cinquenta anos do 44

Radio City Music Hall 301, 318, 343, 443
 concerto Johnny Mathis 508
 concerto Madonna 318
 luta Cooney-Holmes 57
 performance de Liberace 301
 prêmios MTV 346
Radner, Gilda 177
Radziwill, Antony 230
Radziwill, Lee 252, 304, 352
Raffin, Deborah 321
Rainbow Room 88, 349
Rambo (filme) 318
Rammellzee (grafiteiro) 331
Ramones 147
Ramos, Vic 192, 193, 212
Randall (amigo de Chris Mako) 315
Rauschenberg, Robert 32, 35, 45, 46, 138, 156, 175, 186, 189, 249, 261, 281, 286, 469, 494, 497
Ray, Elizabeth 460, 489
Raynes, Marty 229, 368
Raynes, Patty 332
Read, Howard 469, 503, 511
Reagan, Doria 65, 97, 431
Reagan, Nancy 105, 430, 510
Reagan, Ronald 383
Reagan, Ron, Jr. 199, 395
Redford, Robert 73, 251, 373
Redgrave, Lynn 492, 512
Reed, Annette 57
Reed, Lou 10, 109, 160, 245, 304, 443, 451
Reed, Rex 105, 186
Rees, dr. (cirurgião plástico) 122
Reese, Dr (doutor dos cristais) 248, 270, 283, 302, 320, 326, 377, 431, 510
Reeve, Christopher 398
Reinhold, Berkeley 86, 108
Reinhold, John 48, 58, 66, 69, 86, 116, 121, 137, 140, 179, 190, 200, 202, 204, 205, 210, 219, 220, 246, 248, 399, 487, 507, 508, 511, 512
Reinking, Ann 88
Remington (artista) 256
Renny o florista 238
Restanay, Pierre 88
Revlon 370, 482
Reynolds, Andrea 456, 496
Reynolds, Burt 273
Reynolds, Debbie 402

Rhodes, Nick 97, 247, 358, 424, 427, 445, 456, 457, 482, 502, 503
Ricard, René 40, 104, 186, 346, 443
Richards, Keith 115, 433
Richardson, John 307
Richardson, Mary 44, 211, 408, 421
Richardson, Tony 52
Rich, Frank 460
Rich, Marc 159
Richmond, Virginia 373
Ringwald, Molly 297, 399
Rish, Alan 443
Risko, Robert 100
Ritts, Herb 327
Rivera, Geraldo 314, 408
Rivers, Clarisse 135
Rivers, Joan 104, 224, 246, 283, 416, 491, 507
Robbins, Jerome 493
Roberts, Elliot 433
Roberts, Eric 285, 336
Roberts, Jonathan 254
Robinson, Edward G. 198
Robinson, Lisa 255, 485
Rockefeller Center 349, 485
Rockefeller, Happy 18, 307
Rockefeller, Happy (retratos de Warhol) 307
Rockefeller, Michael 40
Rockwell, Norman 231
Rocky IV (filme) 327, 368
Rodgers, Nile 387
Rogers, Buddy 280
Rogers, Ginger 296
Rogers, Will, Jr. 40, 512
Rollins, Betty 344
Rolston, Matthew 246, 338
Ronson, Ann 386
Ronstadt, Linda 478
Roon, Al 179
Rorem, Ned 206, 207, 209
Rosado, Wilfredo 321, 334, 341, 344, 357, 372, 373, 378, 379, 385, 403, 404, 405, 408, 416, 417, 419, 422, 430, 435, 438, 439, 442, 443, 447, 449, 453, 454, 456, 461, 464, 467, 469, 471, 474, 477, 478, 505, 508, 511, 512, 514
Rose, Barbara 197
Rose, Billy 431
Roseland 88
Rosenberg, Mary 197
Rosenquist, James 32, 261, 308, 469
Rose, Pete 345
Ross, Diana 36, 90, 93, 94, 99-102, 107, 122, 128, 140, 142, 245, 246, 453
Rossellini, Isabella 455
Rossi, dr. 254
Ross, Marion 294, 296
Ross, Steve 298
Roth, David Lee 346, 347
Rothschild, Eric de 39, 371
Rourke, Mickey 223, 241, 262, 288
Roux, Michael 468
Roxy (rinque de patinação) 200
Rubell, Steve 31, 36, 46, 50, 51, 61, 64, 66, 67, 77, 85, 86, 93, 97, 104, 110, 145, 169, 174, 180, 183, 226, 234, 249, 250, 254, 260, 262, 277, 286, 293, 309, 310-313, 322, 324, 330, 331, 337, 338, 352, 431, 448, 456, 465, 481, 484
Ruskin, Mickey 74, 124, 220, 263
Russell, John 146
Rydell, Charles 387, 450
Rydell, Mark 33
Rykiel, Sonja 466

S

Saban, Stephen 495
Sackler, Jill 369
Saks 299, 471
Salle, David 494, 497, 501
Saltzman, Elizabeth 299, 321, 405, 468, 503
Samaras, Lucas 373
Sant Ambroeus (loja) 121
Sant'Angelo, Giorgio 68
Sarandon, Susan 114, 139, 141
Sarkin, Jane 285
Sarko, Anita 443
Sartin, Janet 63, 76, 392, 465
Sartre, Jean-Paul 124
Savage Grace (livro) 325
Save the Robot (clube) 467
Scalia, Jack 229
Scarfiotti, Nando 48, 295
Scavullo, Francesco 128, 130, 153, 214, 317
Scharf, Kenny 125, 164, 166, 252, 255, 260, 270, 273, 289, 311, 315, 380, 381, 440, 452, 464, 501
Scharf, Teresa 469, 511
Schiano, Marina 210, 235, 265
Schiaparelli 378, 400, 413

Schiff, Dorothy 121
Schjeldahl, Peter 155
Schlumberger, Pierre 398
Schlumberger, São 39, 375
Schnabel, Julian 43, 84, 85, 114, 125, 126, 209, 259, 262, 271, 374, 389, 470, 512, 513
Schrager, Ian 43, 64, 134, 174, 310, 484
Schrecker, Regina 166
Schwarzenegger, Arnold 347, 397, 400, 407-409, 426
Scorsese, Martin 452
Scull, Ethel 18, 481
Scull, Jonathan 212
Sean (amigo de Ian McKellen) 496
Sedaka, Neil 83
Sedgwick, Edie 58
Sellars, Peter 144
Selleck, Tom 129
Senhoras e Senhores (gravuras de Warhol) 473
Serendipity 66, 77, 215, 396, 401
Serge (Maitre Glorious Food) 484
Serra, Richard 35
Sessums, Kevin 464, 477
Seurat, Georges 157
Sex, John 126, 135, 148, 197, 214, 257, 268, 272, 444, 469
Shaffer, Paul 398, 443
Shafrazi, Tony 124, 160, 182, 217, 270, 358, 359, 396, 417, 483, 484
Shand, Mark 265
Shea Stadium 148
Sheen, Charlie 409, 431, 485, 486, 502, 511
Shenge (amigo de Jean Michel Basquiat) 237, 246, 305, 370, 388, 394
Shepard, Sam 376
Shepherd, Cybill 469, 470
Sheppard, Eugenia 266
Sherry Netherland Hotel 54
Shields, Brooke 75, 127, 165, 414, 424
Shiva, Gil 147
Shore, Stephen 503
Shriver, Jay 7, 55, 58, 78, 115, 136, 161
Shriver, Maria 397, 402, 404, 405, 410
Sills, Beverly 290
Silver, dr. 85, 92, 110
Silvinha (amiga de Richard Gere) 52, 139, 141, 171, 216
Simmons, Richard 105, 133

Simmons, Sue 469
Simon, Neil 293
Simon, Paul 88, 171
Sinatra, Barbara 101, 138
Sinatra, Frank 36, 56, 88, 99-102, 351, 450
Sink, Mark 94
Sirio (Le Cirque) 308
Siu, Alfred 80, 81
Sklar, Michael 193
Sleep (filme de Andy Warhol) 54, 109
Sliwa, Curtis (lider do Guardian Angel) 187
Sloan-Kettering 101, 365
Slonin, Jeff 511
Smith, Dennis 400
Smith, Geraldine 18, 51, 60, 278, 287
Smith, Jean Kennedy 210
Smith, Kate 226, 322
Smith, Liz 90, 127, 142, 164, 208
Smith, Patti 510
Smith, Rupert 19, 214, 256, 304
Smith, Willi 268
Snore (filme) 54
Solanis, Valerie 56, 206, 220, 340, 426
Solomon, Holly 18, 47
Soltilis, Lisa 498
Somers, Suzanne 291
Sonnabend, Ileana 479
sopas Campbell's 350
Sotheby's 78, 107, 116, 200, 213, 222, 224, 267, 287, 304, 307, 347, 355, 356, 390, 415, 465, 473, 474, 501
Soto, Jock 478, 504
Southern, Terry 121
Spano, Vincent 212
Spelling, Aaron 296
Spiegel, Sam 88
Spielberg, Steven 53, 54
Springer, John 284
Springsteen, Bruce 285, 336, 342
Sprouse, Stephen 71, 210, 214, 239, 261, 268, 270, 277, 282, 292, 294, 301, 302, 308, 309, 311, 314, 317, 323-325, 330, 334, 345, 355, 365, 394, 403, 419, 420, 438, 440, 446, 452, 463, 465, 474, 487-490, 493, 494, 504, 511
Squier, Billy 48, 65
Stait, Walter 333, 401
Stallone, Sasha 138
Stallone, Sylvester 394
Stand by Me (filme) 441

Stanton, Harry Dean 373
Stark, Wendy 256, 293, 294
Stassinopoulos, Arianna 292
Steding, Walter 294
Steel, Dawn 31
Steele, Barbara 269
Steinberg, Saul 173, 313
Stein, Chris 71, 440
Stein, Dennis 277
Stein, Howard 66
Stein, Jean 40, 42, 58, 61, 76, 84, 156, 170, 209, 238
Stein, Linda 70, 236, 372, 444
Stella, Frank 114
Stellan (amigo sueco) 131, 189, 467
Stern, Leonard 325
Stewart, Jimmy 291
Stewart, Michael 164
Stewart, Rod 246
Stieglitz, Alfred 37
Sting 122, 148, 496
St. Jacques, Raymond 296, 297
St. James, James 495
Stockwell, Dean 484
Stone, Jacqueline 322
Stone, Michael 46
Stone, Oliver 322
Strasberg, Lee 38
Streep, Meryl 43, 117
Streisand, Barbra 70, 74, 297
Studio 54 (clube) 36, 38, 46, 60, 65, 80, 91, 117, 125, 360, 415, 459, 509
Sullivan, Ed 443, 478, 479
Sullivan, Tom 107
Summer, Donna 68
Sutherland, Freddie 511
Sutton, Joey 61
Swaggart, Jimmy 439
Sweet Baby Jane's (sorveteria) 194, 196
Swift, Vera 322
Sykes, John 205, 431
Sylbert, Dick 139

T

Taki 496
Talley, André Leon 187, 188, 231, 326
Tang, Tommy 476
Tarzan (filme) 69, 465
Taylor, Elizabeth (Liz) 31, 404
Taylor, John 387
Tennant, Victoria 219
Tesh, John 472
Tharp, Twyla 88
Thomas, Richard 401
Thorsen, Scott 301
Thurn und Taxis, Gloria von 258
Thurn und Taxis, príncipe Johannes von 258
Tiegs, Cheryl 92, 180
Tinkerbelle 390
Tisch, Laurence 466
Tisch, Wilma 185, 192
Todd, Mike 313, 439, 480
Tomlin, Lily 457
Tootsie (filme) 70, 89, 223
Tower, Whitney 148, 171, 257, 321
Towne, Robert 33, 103
Toye, Teri 210
Toy, The (filme) 243
Tracy, Robert 427
Trapnell, Jane 436
Trash (filme) 14, 15, 193, 361, 371
Tree, Penelope 208
Trevor, Claire 403
Trigère, Pauline 90
Trinder, Marsia 119
Trojaborg, Ulrik 479
Trump, Donald 184, 322
Trump, Ivana 108, 304
Tubbs, Barry 468, 492, 511
Tune, Tommy 62
Turkel, Ann 260
Turley, Richard 323, 465
Turner, Kathleen 244
Turner, Lana 76, 296, 305
Turner, Ted 413, 421
Turner, Tina 333, 340
Twiggy (modelo) 100, 233
Twombly, Cy 45, 261

U

Última Ceia, escultura 305, 327
Última Ceia, exposição 468, 498
Ultra Violet 294
Uvas (gravuras de Warhol) 393, 394

V

Vadim, Roger 51
Valentino (designer) 42, 76, 335
Vanderbilt, Gloria 190, 392
Vanderbilt, Jean 121
Vandross, Luther 343
Vanini, Peppo 219

Van Vooren, Monique 125, 145, 281, 383, 465
Varsi, Diane 218
Vasarely 200
Vaughn, Sarah 505
Veludo azul (filme) 455, 483, 484
Velvet Underground 10, 131, 305, 306, 364
Venturi, Robert 373
Versace, Gianni 499
Vicious, Sid 378
Videodrome (filme) 98
Vietor, Lita 83
Villella, Janet 236
Viner, Michael 321
Viva 10, 14, 32, 61, 114, 202, 225, 401
Vollbracht, Michaele 68
von Bülow, Claus 456
von Bülow, Cosima 303
von Furstenberg, Diane 42, 52, 68, 76, 100, 120, 180, 205, 265, 287, 394
von Furstenberg, Egon 67, 194
Vreeland, Diana 104, 303, 325, 360, 421, 459, 483

W

Wagner, Jane 457
Wagner, Robert 243
Wagstaff, Sam 458, 497
Wahl, Ken 71
Waite, Genevieve 276
Waite, John 266
Walden, Phil 278
Waldheim, Kurt 411
Walker, Andre 417
Walsh, Michael 256, 300, 402
Walters, Barbara 187, 322, 410
Wanger, Shelley 105
Wanzenberg, Alan 136, 324, 473
Warhola, Andrew (pai de Warhol) 57
Warhola, Ann (esposa de Paul) (cunhada de Warhol) 60, 121, 123, 215, 386
Warhola, Donald (sobrinho de Warhol) 412, 442, 446, 453, 457, 468
Warhola, Eva (sobrinha de Warhol) 123, 303
Warhola, George (sobrinho de Warhol) 215, 386
Warhola, James (sobrinho de Warhol) 121, 215
Warhola, John (irmão de Warhol) 412, 468
Warhola, Julia Zavacky (mãe de Warhol) 10
Warhola, Paul (irmão de Warhol) 215, 386, 397
Warhola, Paul (sobrinho de Warhol e ex-padre) 60, 303
Warhola, Sra. John (cunhada de Warhol) 412, 468
Warwick, Dionne 229, 509
Watson, Albert 430
Watts, Charlie 43
Watts, Heather 479, 489, 491, 504, 511
Wayne, John 106, 418, 422, 441
Wayne, Patrick 422
Webb, David 78, 91
Weber, Bruce 113, 438
Weegee (fotógrafo) 204, 487
Weinberg, Chester 67
Weisman, David 329, 401, 443
Weisman, Fred 56, 388
Weisman, Marcia 80, 293
Weisman, Richard 56, 57, 137, 158, 176, 229, 244, 302, 387, 388, 453
Welch, Raquel 151, 291, 297, 394
Weld, Tuesday 88
Welles, Orson 291, 354
Wenders, Wim 266
Wenner, Jann 52, 84, 96, 110, 136, 176, 177, 179, 280, 384, 385, 386, 391
Wesselman, Tom 261
Westheimer, Ruth (dr. Ruth) 401
West, Mae 241
Westwater, Angela 473
White, David 286
Whitman (artista) 46
Whitney, David 45, 108, 112, 152, 170, 174, 182, 196, 238, 239, 290, 304, 308, 320, 323, 370, 447, 469, 494
Whitney Museum 62, 112, 248, 408, 456
  Bienal 113, 289
  exposição Heizer 320, 323, 370
  exposição Lichtenstein 182
  exposição Pop Art 248
  exposição Ruscha 62
  exposição Salle 494
  retrospectiva Warhol (1971) 104
  Twombly 45
Who, The (grupo) 91
Wick, Doug 210
Williams, Tennessee 33, 110, 235, 300, 302
Williams, Treat 88

Wilson, Bob 499
Wilson, Earl 108
Wilson, Jane (Gruen) 486
Wilson, Mary 318
Wilson, Robert 189
Winfrey, Oprah 410
Winger, Debra 52, 70, 152, 190, 506
Winship, Joanne 162, 164
Winston, Harry 336
Winston, Ronnie 336
Winters, mrs. (Millie) 143
Winters, Shelley 157
Wintour, Anna 46
Wise, Peter 135, 175, 369, 395, 410, 460, 501
Wolfe, Tom 121, 159, 373
Wolf, Peter 179, 246, 260
Women in Revolt (filme) 14
Woodlawn, Holly 354
Wood, Natalie 99
Wood, Natalie (retratos de Warhol) 229, 243, 281
Wood, Ron 432
Woodward, Bob 86
Woodward, Joanne 38
Woolworth, Freddy 61

W (publicação) 7, 54, 189
Wright, Frank Lloyd 498
Wyatt, Jane 279
Wyatt, Lynn 52, 76
Wyeth, Jamie 210, 454, 501
Wyeth, Phyllis 410
Wyman, Jane 512
Wynn, Steve 101, 137, 138

X

Xenon (clube) 44, 66, 78, 89, 116, 138
Xuerbe, Sophie 511

Y

Yanna's (manicure) 152, 209
Young Sherlock Holmes (filme) 374

Z

Zadora, Pia 36, 144, 146, 147, 153, 154
Zanetta, Tony 448
Zappa, Frank 131
Zarem, Bobby 72, 328
Ziegfeld, teatro 138
Zipkin, Jerry 47, 73, 74, 141, 159, 164, 250, 416, 427, 430
Zoetrope, estúdio 244

IMPRESSÃO:

Santa Maria - RS - Fone/Fax: (55) 3220.4500
www.pallotti.com.br